KB077487

실학시대의 역사학 연구

실시학사 실학연구총서 11

실학시대의 역사학 연구

實學時代 歷史學 硏究

이강한·하우봉·정재훈·정만조·김태영 저

재단법인 실시학사 편

사람의무늬

實學硏究叢書를 펴내며

실학(實學)이 우리나라 학계에 연구주제로 떠올라, 정식의 학술논문으로 학술지에 등재(登載)되기 시작한 것은 1952년 이후의 일이다. 천관우(千寬宇)의 「반계 류형원(磻溪 柳馨遠) 연구」가 『역사학보(歷史學報)』 2 · 3집에 발표된 것이 그 시발점이다. 지난 계몽기(啓蒙期)의 몇몇 선학(先學)들이 실학에 대한 관심을 표명해 왔으나 일반 신문 · 잡지에 논설조(論說調)로 내놓은 것이 고작이었던 것에 비하면, 천관우의 글은 당시 비록 한편에서 저널리스트식 필치로 써내려 온 것이란 비판이 있었지만 일단 수미정연(首尾整然)한 체제를 갖춘 논문으로 주목할 만하였다. 그러나 당시 연구자의 수가 많지 않고 학계의 관심도 분산되어 있어서 개별 실학자에 대한 연구가 간헐적으로 있는 정도였고 그리 활발한 편은 아니었다. 그중에서 1961년에 한우근(韓㳓劤)의 성호(星湖) 이익(李瀷)에 관한 연구가 『이조후기(李朝後期)의 사회(社會)와 사상(思想)』이란 책으로 나와, 그의 실증사학(實證史學)으로서의 견고한 학풍을 보여 주었다.

그러다가 1970년에 이우성(李佑成)의 「실학연구서설(實學硏究序說)」이 나와, 그동안 유동적이었던 실학의 명칭문제가 일단 타결된 듯이 보이고, 나아가 실학의 내용을 경세치용(經世致用)·이용후생(利用厚生)·실사구시(實事求是)의 세 파로 나누어 설명함으로써 그 학문의 성격을 용이하게 파악할 수 있게 하였다. 또한 경세치용파를 근기지방(近畿地方)의 농촌토착적 환경에서, 그리고 이용후생파를 서울의 도시적 상황 속에 형성된 것으로 이해하면서 「18세기 서울의 도시적 양상」을 묘사하여 이용후생파의 성립 배경을 밝히려고 하였다. 다시 나아가 다산(茶山) 정약용(丁若鏞)에 이르러 위의 양파(兩派)가 회합(匯合)되는 동시에 호한(浩汗)한 경전해석(經典解釋)으로 실사구시파(實事求是派)를 추동(推動)시킨 느낌이 있어, 다산학이 실학의 대성을 의미하는 것이라고 언급하였다. 이후 계속해서 실학의 후속 학자로 최한기(崔漢綺)와 최성환(崔瑆煥)을 연구하여 최한기가 『기학(氣學)』과 『인정(人政)』을 저술하는 한편 서양 과학지식을 대폭 수용하고, 최성환은 중인(中人) 출신으로 국왕(國王)의 자문에 응한다는 취지에서 『고문비략(顧問備略)』을 저술하여 전반적 제도 개혁을 주장한 것을 높게 평가하였다. 특히 최성환의 바로 뒤에 중인층의 후배들이 개화운동의 배후 공작자로 활약하게 된 것을 말함으로써 실학사상(實學思想)과 개화사상(開化思想)의 연결관계를 미루어 알게 하였다.

한편 '실학국제회의(實學國際會議)'를 구성하여 한·중·일 삼국의 학자들이 각자 자국의 실학을 중심으로, 2년마다 돌아가면서 국제회의를 개최하도록 함으로써 동아시아 세계로 실학의 지평을 넓혔다. 그리고 '한국실학학회(韓國實學學會)'를 조직하여 국내 학자들을 수시로 발표시키고 1년에 두 차례 학보를 발행하여 우리나라 실학연구를 다소 진작되게 하기도 하였다.

실시학사(實是學舍)가 서울에서 근기(近畿) 쪽으로 옮긴 뒤에도 나는 젊은 학도들과 강독 및 연토(硏討)를 지속해 오고 있지만 연로신쇠(年老身衰)한 처지에서 불원 철수 은퇴할 것을 생각하고 있었다. 뜻밖에 나의 친구 모하(慕何) 이헌조(李憲祖) 형이 거액의 사재를 출연하여 실시학사를 재단법인으로 만들고 그 기금으로 실학연구에 박차를 가해 줄 것을 권유해 왔다. 나는 사회와 학문에 대한 그의 열정에 감동하여 사양치 않고 그의 뜻에 따랐다. 즉시 연구계획을 세우고 국내외 학자들을 널리 동원하여 1차 연도에 성호·다산을, 2차 연도에 담헌(湛軒)·연암(燕巖)과 실학파 문학을, 그리고 3차 연도에 반계(磻溪)와 초정(楚亭)을, 4차 연도에 농암(聾庵)과 풍석(楓石)을 다루기로 하였다. 각 팀에 5명을 한 단위로 하여 1년 동안의 공동연구 끝에 각자 논문을 제출하여 한 권의 책을 내기로 하였다.

어느덧 적지 않은 세월이 흘렀다. 여러 연도의 성과가 이미 여러 책으로 나왔다. 집필자들은 모두 해당 분야의 전문 연구자로서 가장 정예(精銳)로운 분들이라고 생각한다. 이제 5차 연도의 성과로 풍석 서유구(楓石 徐有榘)의 하책(下冊)과 실학시대의 역사학 연구의 두 책을 동시에 내기로 한다. 국내외 학계 여러분의 성원과 협조를 기대하여 마지않는다.

이 글을 마치려 함에 있어, 거듭 모하(慕何) 형에게 고마움을 표하면서 앞으로 그 뜻을 살려 더욱 성과를 내게 될 것을 다짐한다.

2015년 10월

實是學舍에서 李佑成

『반계수록』에서 보이는 유형원의 개혁론이 역사적 경험을 배경으로 하여 형성되었음이 밝혀지면서 실학자들의 역사인식이 일찍부터 주목을 끌었다. 그리하여 1960년대 초 성호 이익의 사론이 분석되는가 하면 근기남인의 정통론이 조명되고, 이후 순암 안정복, 다산 정약용 등 실학자의 사관(史觀)과 사론(史論)이 깊게 연구되었다.

거기에다가 1970년대에 들어와 단재 신채호의 민족사학이 재조명되면서 그가 높이 평가하였던 『동사강목』, 『동사(東史)』 등의 사서(史書)가 실학적 관점에서 주목되었다. 이후 안정복 · 이긍익 · 한치윤이 실학시대의 사학연구를 대표하는 인물로 손꼽히고, 그 저술인 『동사강목』, 『연려실기술』, 『해동역사』가 '실학삼사(實學三史)'라 하여 그 역사의식을 위시하여 사학이론이, 사론(史論)의 기초 · 사체(史體)의 선택 · 치사(治史)의 논리 · 찬사(纂史)의 태도라는 4가지 측면으로 고찰되었다.

이후 이러한 선행연구에 이어 시각을 달리하거나 『해동역사』, 『연려실기술』 같은 실학적 사서에 대한 심포지움 형식의 종합적 검토가 이루어지는 등 상당한 성과가 쌓였다. 현재까지의 연구에서 말해지는 실학시대 역사연구의 내용과 특징은 대개 다음과 같다.

우선 역사인식과 관련하여 경학(經學)으로부터 역사학의 독립과, 성리학적 명분론과 도덕사관으로부터의 탈피, 그리고 정통론과 같은 중국 중심의 역사인식에서 벗어나 한국사를 독자적으로 인식하는 자존(自尊)의식이 생겨났다고 한다.

다음으로 역사연구 방법론과 관련해서는 역사를 객관적으로 서술했으며 사체(史體)를 개발했고 사서편찬에서 고증학적 문헌비판을 강조했다고 하였다. 그리고 역사의 구체적인 연구에서는 단군과 기자(箕子)의 존재를 부각시키며 고조선의 활동무대를 요동과 만주로 확장하는가 하면 마한, 또는 고구려 정통론을 적용한 고대사의 체계화가 시도되고, 발해사를 우리 역사로 보아 한국사에 포함시키며 국조사(國朝史)를 편찬하는 경향이 나타났다고 한다.

실학의 역사분야 연구는 이처럼 많은 성과를 거두었으나 아직도 아쉬운 점이 없는 것은 아니다. 무엇보다도 같은 조선 후기에 살면서 실학자에 속하지 않는 역사가의 사학과 어떤 차이를 보이고 어떠한 특징을 갖는다고 할 수 있을까 하는 점은 여전히 분명한 해답을 얻지 못하고 있다. 그저 성리학적 사조와 실학적 사조로 구분하는 정도이지만, 그러나 『동사강목』을 양쪽에 다 포함시킬 수밖에 없을 정도로 그 계한(界限)이 모호한 것이 단적인 예라 할 수 있다. 이는 현실개혁을 위한 배경 구명에 초점을 맞추다 보니까 몇몇 실학자의 사론 검토를 통한 역사인식 연구에 치중한 데서 온 결과였다. 이를테면 실학시대에 들어와 역사학은 경학으로부터 독립했을지는 모르나 이제는 현실개혁의 틀에 얽매이게 된 셈이다.

따라서 현재 시점에서 필요한 것은 실학의 여러 분야 중 역사관련 저술을 직접 분석 검토하여 거기서 나타난 역사인식이나 역사연구 방법의 내용과 특징을 추출하고 정리하는 일이라고 본다.

이번 실시학사의 공동연구 주제로 '실학시대의 역사학 연구'를 기획한 이유는 여기에 있다. 실학시대의 역사학 분야 저술인 『동사강목(東史綱目)』(安鼎福), 『화국지(和國志)』(元重擧), 『동사(東史)』(李種徽), 『연려실기술(燃藜室記述)』(李肯翊), 『해동역사(海東繹史)』(韓致奫)를 대상으로 그 내용을 면밀히 분석하여 기왕의 연구성과와 대조 검토함으로써 종합적으로 고찰하며, 이를 통해 새로운 면모와 요소를 발굴함으로써 실학시대 역사학 전반에 걸친 이해를 새롭게 하고, 나아가 거기서 검출된 공통점을 찾아 실학이란 개념 확립에 일정하게 기여하고자 하는 것이 이 공동연구의 목표라 할 수 있다.

구체적인 연구에서 이강한은 순암 안정복(1712~1791)의 『동사강목』을 담당하였다. 『동사강목』은 실학의 시대를 넘어 한국 사학사상 기념비적인 역사저술로 평가되어 왔다. 따라서 본서에 의거한 순암의 역사학에 대해서는 그동안 많은 연구가 쌓여 왔다. 이강한의 「『동사강목』의 삼국 · 고려 시대사 서술에 대한 검토－특징과 의미, 그리고 한계」에서는 사론 위주의 분석에 토대를 두었던 기존 연구와는 달리 『동사강목』의 역사적 사실기술을 실제로 분석하고 이를 『동국통감(東國通鑑)』과 비교 검토하는 새로운 방식을 시도하였다.

『동사강목』 전체를 대상으로 각 시대별 몇몇 연도를 무작위로 선정하여 『동국통감』의 그것과 비교하는 샘플분석의 방식으로, 정보전달을 위한 '사료로서의 성격'과 '역사연구서로서의 입장', 포폄에 의해 도덕적 교화를 하기 위한 '목적서로서의 면모'의 세 가지 면으로 검토하였다. 그 결과 우수한 역사서와 역사가로서의 성과를 확인할 수 있었음과 함께 기존의 긍정 일변도의 평가와는 다소 다른 모습을 찾을 수 있었다고 한다.

순암이 자체적 안설(按說)을 제시하기보다는 기존의 사평(史評)을 이용한 경우가 더 많았고 고증은 고대의 지명 정리에 그치고 있으며, 개혁의지에 비해 관련기사 수록 비율이 현저히 낮은 점이 드러난다는 것이다. 정보전달 차원에서도 『고려사』, 『동국통감』에 비해 아쉬운 면이 있고 역사연구서로서는 '편향'된 관점이 보이며, 포폄서로서는 절반의 성공만 거두고 있어서 『동사강목』이 과연 효과적인 논평서, 즉 사론으로서의 소임을 다하고 있는지, 또는 일종의 경세서(經世書)로서의 면모를 충분히 담고 있는지에 대한 재평가가 필요한 듯하다는 조심스런 견해를 표명하였다.

다음 하우봉은 원중거(1719~1790)의 『화국지(和國志)』를 분석하였다. 『화국지』는 실학관계 저술로서는 다소 생경한 사서이다. 『화국지』는 원중거가 1763년(영조 39) 통신사행의 일원으로 다녀온 후 일본의 정치 · 역사 · 지리 · 대외관계 · 사회 · 경제 · 제도 · 문화 · 풍속 등을 서술해 놓은 일종의 '일본국지(日本國志)'이다. 1989년 하우봉 교수에 의해 처음 학계에 소개되었다. 이후 이에 대한 상당한 연구가 진행되어 최근에는 조선시대 일본학을 성립시킨 저서로까지 높이 평가되었으며 그 저자인 원중거는 실학자의 한 사람으로 자리하였다. 이번의 「원중거의 일본사회 이해와 역사인식-『화국지』를 중심으로」에서 하우봉은 원중거의 일본사회 이해와 역사인식 문제를 중점적으로 다루었다.

우선 원중거가 일본을 다녀온 후 유사시의 참고자료와 일본에 대한 정보의 체계적 정리의 필요성에서 『화국지』를 저술했음을 밝히고, 그 체제는 『한서(漢書)』 십지(十志) 중의 「지리지」 형식을 취하고 고증학적 방식으로 서술했다고 하였다. 원중거의 일본사회에 대한 이해에 대해서는 민족 · 정치 · 경제 · 사회풍속의 측면으로 검토한 후 당대에 가장 높은 수준에 도달하였고, 특히 사행(使行) 전까지 성리학적 명분론의 사고에 유래한 화이관으로부터 벗어나, 문화상대주의적 입장에서 일본인과 그 문화를 객관적으로 인식하였다고 보았다. 바로 이런 점에서 원중거는 이덕무(李德懋) · 유득공(柳得恭) 등 북학파 실학자들과 공통된 사유체계를 가졌으며, 그들을 포함한 18세기 말 이후의 조선 지식인들의 일본 이해에 상당한 영향을 미쳤다고 하였다.

18세기 중엽 기전체 형식의 『동사』를 저술한 수산 이종휘(1731~1797)에 대해서는 일찍이 단재 신채호에 의해 유가(儒家)의 사대적인 노예사상을 깨뜨리고 조선 고유의 독립적 문화를 개척했다는 높은 평가가 주어진 이래, 1970년대의 민족 주체성을 강조하는 분위기에 따라 새롭게 주목되어 많은 연구가 진행되어 왔다. 그러는 과정에서 단재류의 이러한 유교사상에 대한 부정적 시각을 비판하며 유교사상 내에서도 성리학의 보편주의에 따른다면 자주성을 내세우는 인식이 가능하다는 새로운 주장이 제기되었다. 정재훈의 「이종휘의 『동사』와 사학사적 의의」는 이런 새로운 해석을 대표하는 글이다. 이 글에 의하면 이종휘가 고구려에 정통을 맞추어 단군에 대한 인식을 심화시키는 과정에서, 종족적 관점에서는 '단군본기(檀君本紀)'를 설정하여 단군-부여로 이어지는 '단군족'(부여족)을 부각시키고, 문화적으로는 중국문화와 대등한 수준의 유교적 '기자문화(箕子文化)'를 설정해 이 두 가지 계통, 즉 단군혈통과 기자문화라는 두 계통이 고구려에 의해 동시에 계승된 것으로 보는 역사인식을 갖게 되었다고 한다. 그리고 이런 인식에 토대해 단군의 후예로 계승된 우수한 종족인 고구려가 근거했던 북방 중심의 우리 고대사 무대가 세계의 중심이었으며, 기자문화의 계승으로 조선이 가장 우월한 문화를 가진 것으로 보았다고 하였다. 이종휘의 이러한 역사인식은 조선 전기 이래 성리학적 보편주의에 입각해 동국의 역사를 탐색하여 온 학자들이 적용한 조선중화주의의 성과로서 '조선중화론(朝鮮中華論)'으로 개념화할 수 있다고 주장하였다.

『연려실기술』은 실학삼사(實學三史) 중의 하나로 손꼽혀 일찍부터 많이 연구되었다. 정만조는 「연려실기술의 종합적 이해」에서 『연려실기술』에 대한 지금까지의 연구를 종합하면서, 야사발달의 과정을 정리하고 편찬자와 편찬체제를 살피며, 내용분석을 통해 그 성격과 의의를 밝히고자 하였다. 그 결과 『연려실기술』은 이긍익(1736~1806)이 그 부친의 뜻을 받아 편찬한 가학(家學)의 산물로 보았고, 그가 살던 당대 사대부들의 국조사(國朝史) 이해의 편리를 위하여 특히 편찬체제에 유의하여 '유서(類書)' 형식에다가 '기사본말체'를 기본 사체(史體)로 하면서도 '기전체'적 형식을 도입하며 객관적인 기술방식을 취하는 등 중체(衆體)를 집성한 새로운 사체(史體)를 창안하였다고 보았다. 다만 그 내용을 검토해 보면 논란이 많은 사건에 대해서는 상반된 입장에서의 사료를 함께 제시하면서 독자로 하여금 스스로 시비를 판정하게 하는 독특한 실사구시(實事求是)의 방식을 취하는 등 지금까지의 평가에서처럼 객관적인 치사(治史)의 태도를 보이면서도, 사건 표제(標題)의 선정이나 채록한 기사의 배열에서 자신의 주관을 드러내고 있어, 이를 통해 현실과 실사(實事)를 중시하는 그의 사관의 일면을 엿볼 수 있었다고 하였다.

『해동역사』는 경전(經典)으로부터 총패(叢稗)에 이르는 무수한 외국 측(중국 및 일본) 자료에서 우리나라 관계 기사를 채록하여 그것을 유별해 기전체로 편찬한 사서이다. 고증학적 편사 원칙을 취함으로써 종래의 도덕적 · 가치론적 역사를 지양하고 사실 자체를 추구하는 실학적 역사서술의 지평을 연 것으로 여러 선행 연구에 의해 높이 평가되어 왔다.

김태영의 「한치윤의 『해동역사』 연구」는 『해동역사』의 형태상의 고찰과 해석에 치중해 온 종래의 경향과는 달리, 기전체이면서도 본기(本紀)와 열전(列傳) 부분이 빈약하고 지(志) 위주의 형태를 취할 수밖에 없었던 내면적 배경과, 특히 기사 내용의 분석을 통해 한치윤(1765~1814)이 본서를 통해 전하고자 한 해동지역의 실상이 어떤 것이었는가를 종합적으로 고찰하였다.

우선 형태상으로 『해동역사』는 명칭상 비슷한 중국 청(淸) 초의 마숙(馬驌)이 지은 『역사(繹史)』와는 별다른 연관성이 없으며, 기전체로서 완결적 사서 형태를 갖지 못한 이유는 외국 측 자료만으로 우리나라의 역사를 구성하려 한 한계에서 왔음을 밝혔다. 그 대신 외국인의 눈에 비친 해동의 풍속이나 당대의 현상을 정리한 자료가 상대적으로 풍부함으로써 정치사보다는 생활사 · 문화사로서의 가치를 갖는다고 하였다.

이어 내용 분석을 통해 『동사강목』과 달리 단군-기자-위만, 그리고 고구려 · 백제 · 신라 순으로 고대사를 기술하고, 위만과 부여를 한국사에 존속한 독립국가로 설정했으며, 다원론적 사관에서 우리나라 역대의 각국이 저마다 독자성을 지닌 것으로 편사하였고, 특히 지(志)의 분석에서 사대나 조빙(朝聘) 대신 교빙(交聘)이란 대등한 관계를 나타내는 표현을 쓴 것과 중국 측 사료에 실린 객관적 사실을 통해 해동문화의 우수성을 부각한 것 등의 예를 통하여 주체적 역사인식을 수립하려 했으며, 실사구시(實事求是)의 학풍에 따른 고증적 방식을 역사에 적용하는 모범을 보였다고 하였다. 다만 외국 사료를 채록함에서 오는 한계로 인해 체제의 미비는 물론, 사실의 오류도 적지 않게 찾아지는 점을 문제점으로 지적하였다.

이상에서 '실학시대의 역사학 연구'란 공동 주제 아래 다섯 학자의 역사저술을 대상으로 각 연구자가 수행한 연구개요를 정리해 보았다. 애초에 예상하였던 만큼의 성과를 거두었다고는 자신하지 않는다. 그러나 5종의 실학적 사서를 충실히 읽은 위에서 전체 내용을 조감하고 분석했다는 면에서 사론(史論)과 같은 특정 부면의 고찰을 확장해 사학 전반을 그려내던 종래의 연구에서 한걸음 더 내디뎠다고 자부할 수는 있을 것 같다. 겸하여 연구자들이 4차례의 중간발표와 마지막의 집담회를 통해 상호간의 연구시각과 방법을 조율하고 연구결과를 바탕으로 실학시대 역사학 연구의 특징과 문제점을 논의함으로써 지금까지 주장된 관련 연구성과를 비판적으로 검토해 보았다는 데 공동연구로서의 의미가 있지 않았나 생각한다.

이제 앞에서 제기했던 '실학시대의 역사학 연구'에서 보이는 역사인식이나 연구방법의 공통된 요소를 정리해 보기로 한다. 이번 연구가 역사저작물을 대상으로 분석하는 방식을 취하였기 때문에 자연히 역사 연구방법부터 먼저 말해 보자면, 전체적으로 정확한 사실의 재구성에 의한 역사적 진실을 추구하는, 바로 실사구시의 정신과 방법을 취하고 있었음을 공통적으로 찾을 수 있다. 실사구시의 유래가 오래된 만큼 유독 실학에만 국한시킬 수 없겠지만, 아래와 같은 내용의 학풍을 형성했다면 그 특징으로 삼아 무리는 없다고 보인다. 먼저 사서 편찬에 앞서 광범위하게 자료를 수집했으며, 이렇게 수집 채록한 자료를 그대로 전사(轉寫)하거나 축약(縮略)해 기술하는 술이부작(述而不作)의 방식을 취하고, 특히 가장 효과적인 실사구시를 위해 사체(史體)의 설정에 고심했다는 점이다. 물론 기전체, 편년체, 기사본말체, 지지(地誌) 형식 등 사서 편찬에서 구체적으로 적용한 사체는 각기 달랐다. 그러나 역사의 진실을 독자에게 전한다는 실사구시의 정신과 태도는 공통적으로 찾을 수 있었고 이것이 동시대의 도덕적 · 명분론적 사가(史家)들의 그것과 구별되는 5인의 역사 저작물에서 보이는 공통된 요소라 할 수 있다. 이런 실사구시적인 특징은 실상 선행의 연구를 통해 이미 밝혀진 것인데 이번의 내용분석을 통해 새삼 확인하고 심화시켰다고 할 수 있다.

다음은 역사인식과 관련해서이다. 그들의 저술에 보이는 5인의 역사가는 모두 현실의 파악이나 활용에 목적을 두고서 우리나라 역사 문제를 다루었다. 그러나 그 사상적 기반과 개인적 배경의 차이에 따라 혹은 성리학적 정통론과 도덕사관을 기본으로 하는가 하면 현실과 실사(實事), 그리고 실용(實用) 위주의 역사인식을 나타내기도 하여 성리학적 사조와 실학적 학풍이 착종하는 편차를 보였다. 그러면서도 정재훈이 이종휘의 정통론에 대해 "조선 후기의 소중화주의(小中華主義) · 조선중화주의(朝鮮中華主義) 사조가 팽배한 가운데 조선적인 '중화민족'의 원형을 찾으려는 노력으로 단군-기자-부여-고구려의 정통론이 나오게 되었다."고 하거나 김태영이 『해동역사』에서 중국 사서에서 보이는 해동문화의 우수성을 부각하려 했음을 특기한 데서 보듯이, 유교사상에 토대를 두면서도 자주적이고 민족자존의 역사의식

위에서 우리나라 역사를 재구성하려는 공통된 면모를 찾을 수 있었다. 다만 이 역사인식의 문제는 사서(史書) 분석에 초점을 맞추었던 관계로 깊이 있게 추구되지는 못한 감이 있다.

이처럼 애초에 목표하였던 실학자의 범주에 들지 않는 동시대 역사가들의 그것과 다른, 실학의 특징을 밝히는 문제는 종전 연구 이상으로 크게 진전된 결과는 드러내지 못하였다. 그러나 이번 연구에서 새롭게 밝힌 점이라면 역설적이기는 하지만, 적어도 사서의 세밀한 분석을 통해 볼 때 지금까지 실학시대 역사학의 특징으로 말해진 요소들이 너무 긍정적 시각으로 조명되었거나 과대평가된 문제점을 갖고 있다는 사실이었다. 『동사강목』의 사실왜곡(事實歪曲)과 변조(變造), 편향된 관점, 경세서로서의 성격에 대한 의문, 『화국지』에서 보이는 명분론적 역사인식의 미청산(未淸算) 문제, 『동사』에서 보이는 기자문화를 기준으로 삼는 화이론의 문제, 『연려실기술』의 객관성과 공정성에 대한 의문, 『해동역사』의 역사서로서의 완결성의 미비점과 사실파악의 오류 등이 그것이었다.

물론 사서 분석을 통해 드러난 이러한 문제점들이 지금까지 밝혀진 실학시대 역사학 연구의 특징이 잘못 설정되었다거나, 그것의 발전적 측면을 훼손한다는 뜻은 아니다. 5종의 저술을 철저히 분석해 본 결과가 종전의 연구성과를 재확인하는 데 머물 수밖에 없었다는 연구자들의 술회는 빈말이 아니었다. 다만 감상적 민족주의나 조선 후기를 미화하는 분위기에서 벗어나 좀 더 비판적인 학문적 자세로 접근할 필요가 있다는 점을 지적하고자 했을 뿐이다. 우리의 연구를 통해 제기되었던 문제점들이 한 단계 높은 실학시대의 역사학 연구를 위한 비판적 고언(苦言)이 되었으면 한다.

2015년 10월

집필진을 대표하여 정만조

| 차 례 |

李種徽의 『東史』와 사학사적 의의

| 정재훈 |

『燃藜室記述』의 종합적 이해

| 정만조 |

韓致奫의 『海東繹史』 연구

| 김태영 |

| 부록 |

『東史綱目』의 삼국·고려 시대사 서술에 대한 검토

— 특징과 의미, 그리고 한계 —

이강한 | 한국학중앙연구원 교수

1. 머리말

순암 안정복은 조선 후기의 대표적인 실학자이자 역사학자, 그리고 개혁사상가로 평가된다. "사(士)는 사(仕)다."는 그의 말에서도 드러나듯이 그는 현실을 인식하는 데 그치지 않고 직접 참여해 그를 바꾸는 데에도 관심을 놓지 않았던 것으로 보이는데, 그러한 면모가 역사에 대한 준열한 비판의식으로, 또 한편으로는 현재(조선 후기)의 사회문제에 대한 날카로운 지적으로 나타났다고 인식돼 왔다. 실제로 그는 과거의 역사에 대해 치밀한 고증, 다양한 포폄을 가했고, 당시대의 진단을 위해서는 여러 목민서들을 기술한 것으로 알려져 있다.

남인 성리학자로서의 그의 학문, 정치적 성향, 그리고 역사를 바라보는 명분론과 포폄에 대해서는 그간 적지 않은 연구가 발표돼 왔다. 실학자로서의 업적에 대해서도 그의 고증 위주의 역사서술 및 사회개혁론에 주목한 연구들이 발표되었다. 그의 그러한 면모는 한국의 고대사와 고려시대사를 망라하고 있는 『동사강목』에서 유감없이 발현된 것으로 평가돼 왔다. 그가 기술한 『동사강목』은 한국사학사상 기념비적 역사서술이자 실학자 역사기술의 대표적 사례로 거론되고 있다.

필자로서도 당연히 이 책을 통해 순암의 포폄 및 사회개혁론, 그리고 역사기술 방식으로서의 고증에 대한 그의 진지한 접근을 접하고 싶었다. 다만 기존의 연구성과에 의존하는 대신, 필자가 나름대로 어느 정도 지식을 갖고 있는 고려시대나 상대적으로 친숙한 통일신라시대의 역사에 대한 『동사강목』의 기술을 실제로 분석해 보는 것이 바람직할 것으로 판단하였다. 그러한 분석을 위해서는 『동사강목』과 분량 및 서술내용에 있어 가장 유사한 자료와 비교하는 것이 적절하다 여겨 『동국통감』을 비교분석 대상으로 선정하였다. 『동국통감』은 삼국시대사 · 통일신라사와 관련해서는 『삼국사기』의 본기 기사들을 편년 정리하였고, 고려시대사와 관련해서는 기전체 『고려사』의 기술을 역시 편년화해 놓고 있어, 『동사강목』의 서술이 정보전달 차원에서 최소한의 완결성을 갖추고 있는지, 그리고 기사의 취사선택에 있어 여타 사서에 비해 어떤 관점을 갖고 있는지를 확인하는 데 도움이 된다.[1]

다만 본고를 준비하면서 『동사강목』의 서술 전체를 검토하지는 못했음을 미리 밝혀 둔다. 대신 몇몇 연도를 무작위로 선정하여, 그 전후 연도들에 대한 『동사강목』의 서술을 동일 연도 『동국통감』의 서술과 비교하는 샘플 분석을 시행하였다. 한국의 고대사와 관련해서는 7세기 초 삼국 공존 당시의 역사에서 30여 년을, 통일 직후인 7세기 후반 문무왕 · 신문왕 등의 집권 시기에서 30여 년을 검토하였다. 고려시대사와 관련해서는 성종 대부터 공민왕 대까지 거의 모든 왕대별로 3~5년여씩의 연도들을 분석해 보았다.

검토의 결과로 언급해야 할 점들 중 하나는, 기존의 평가와는 다소 다른 모습들이 적지 않게 발견되었다는 점이다. 『동사강목』에 대한 종래의 평가는 긍정 일변도의 것으로 일관했다고 해도 과언이 아닌데, 다양한 안설(按說)을 통한 적극적 포폄, 전근대 지명들에 대한 철저한 고증, 그리고 현실개혁 의지를 담은 기사선택 등이 특히 높이 평가돼 왔다. 『동사강목』에 대한 대중의 애정 역시 그러한 평가에 기인한 바 큰

---

1 『고려사절요』의 경우 『동사강목』에 '전하지 않는다'고 표현돼 있는 것으로 볼 때, 순암은 『동사강목』 집필 과정에서는 그것을 참조하지 못한 것으로 판단된다. 그래서 비교 대상에서 제외했지만, 대신 『동국통감』의 저술이 『고려사절요』와 여러모로 유사하여 효과적인 분석대체재 노릇을 하였다.

데, 그에 부합하지 못하는 모습들이 필자가 추출 검토한 편린들에서 적지 않게 확인된 것은 필자에게도 당혹스러운 경험이었다.

『동사강목』이 실학자로 분류되는 조선 후기 역사가의 고유한 관점을 담은 중요한 업적임을 부인할 수는 없다. 그러나 순암의 자체적 안설을 제시하기보다는 기존의 사평을 인용한 경우가 더 많고, 고증은 대체로 고대의 지명 정리에 그치고 있으며, 순암의 현실개혁 의지에 비해 관련 기사들의 수록 비율이 현저히 낮다는 점에는 주목할 필요가 있다. 정보 전달 차원에서 『동사강목』은 '전사(前史)'인 『고려사』나 직접적 참고대상이 된 것으로 보이는 『동국통감』에 비해 아쉬운 면모를 보이고 있고, '역사연구'로서는 다소 '편향된' 관점을 내비치고 있으며, '포폄서'로서는 '절반의 성공'만을 거두고 있다는 느낌이다. 『동사강목』이 과연 고대·고려의 역사에 대한 효과적인 논평서 즉 '사론(史論)'으로서의 소임을 다하고 있는지, 그리고 일종의 '경세서(經世書)'로서의 면모 또한 충분히 담고 있는지에 대한 재평가가 필요하다고 여겨진다. 이러한 검토가 『동사강목』을 평가절하하기 위한 지적이라기보다 『동사강목』에 나타나는 역사가로서의 순암의 면모를 좀 더 정확히 평가하기 위한 노력으로, 그리고 조선 후기 지식인들의 한국 고·중세사 인식 수준을 가늠해 보는 노력으로 받아들여지기를 기대해 본다.

2. 『동사강목』의 '사료'로서의 성격: 정보전달 방식의 긍정성과 문제점

『동사강목』은 역사적 인물과 사건, 그리고 제도 등에 대한 서술을 담은 '사서(史書)'이지만, 그에 앞서 『삼국사기』, 『삼국유사』, 『고려사』, 『고려사절요』, 『동국통감』 등 각종 선행 사서들에 담겼던 '사료'들의 내용을 다시 한 번 또 다른 모습으로 담아 놓은 '사료집'이기도 하다. 따라서 『동사강목』의 여러 면모를 분석하는 본 작업에서도 우선 '사료모음집'으로서의 『동사강목』의 성취와 한계를 살펴볼 필요가 있다. 기존의 사서에 담긴 사료들 중 어떤 사료들을 어느 정도나 재수록하고 있으며, 어떤 방식으로 그 사료들을 배치, 열거하고 있는지를 살펴보도록 한다.

1) 긍정적 측면들 – '전사(前史)의 보정'

(1) 치밀한 고증, 다양한 문헌 섭렵

이른바 '실증' 또는 '고증'에는 사실관계나 위치비정을 따지는 맥락의 고증과, 제도의 연원 및 인물 행위의 배경을 따짐으로써 그 행위를 비평할 근거를 마련하는 차원의 고증이 존재한다. 전자는 정확한 정보전달의 차원에서 중요하기 마련이고, 후자는 주관적 가치평가가 최대한 타당하게 내려지는 것을 돕게 된다. 실학자들의 역사서술에 대한 긍정적 평가는 대개 이런 면모를 염두에 둔 것이었고, 『동사강목』 역시 이 두 면모를 담고 있는 것으로 평가된다. 전자의 경우 고증 대상 옆에 꼼꼼한 설명이 '부기'되었고, 후자의 경우 여러 '안설'의 형태로 소개되었다.

먼저 '고증'의 측면을 살펴보자. 『동사강목』의 고증 노력을 가장 잘 보여 주는 것은 주지하는 바와 같이 '부권'의 「고이(考異)」, 「괴설변(怪說辨)」, 「잡설(雜說)」 및 「지리고(地理考)」라고 할 수 있다. 이 중 특히 「고이」의 내용이 주목되는데, 단군 · 기자 · 위만 및 삼한과 관련된 종래의 사실과 믿음에 대한 본인의 판단을 상당한 비중을 들여 서술하고 있다. 기자가 평양에 고성을 쌓았다는 『고려사』, 「지리지」 기록에 대한 기술에서 드러나는 치밀한 사실 확인의 자세, '기자정전'이라는 표현은 거부하지만 '기자가 정전제 운영을 보였다'는 맥락의 서술은 가능하다는 세밀한 판단 등이 돋보인다. 고려인들의 말에 근거한 원조 『대원일통지』의 '평양성 밖 기자묘'설을 따르는 등 고려인의 구술과 중국의 사적을 대조 검토한 후 사료에 신빙성을 부여하는 모습, 『삼국사기』, 「악지」에 그 이름이 특정되지 않은 '음악을 좋아한 모 신라왕'을 『여지승람』에서 '경덕왕'이라고 확신 서술한 것은 음악을 좋아한 그의 이미지에 토대를 둔 근거 없는 오류임을 지적하는 신중한 태도, 『여사제강』에 참지정사 왕유의 934년 사망 기사를 (그 현손이 12세기 초에 졸했다는 기록 및 참지정사가 '934년 이후'에 등장하는 관직임을 들어) 잘못됐다고 지적한 것에서 드러나는 박식함 또한 순암의 면모를 유감없이 드러내는 대목들이라 할 만하다. 이러한 면모들은 「괴설변」, 「잡설」에서도 간간이 드러난다. 고조선 · 고구려 · 발해 등 고대 북방 지명들에 대한 고증을 오롯이 담은 「지리고」의 중요성은 재론할 필요도 없다.

순암의 이러한 고증 노력은 고조선 시대에 그치지 않고 삼국시대사 기술에서도 계속되었다. 고구려 · 백제 · 신라의 역사를 다루면서 순암은 다양한 사실관계 확인을 시도하였다. 632년 진평왕의 사망을 기술하면서 『동국통감』에는 빠진 "한지에 장사지냈다."는 기사를 『삼국사기』, 「신라본기」에 근거하여 복구하고, '한지'의 위치를 『여지승람』에 근거하여 고증하였다.[2] 672년 1월 "〔신라 문무〕왕이 장수를 보내어 백제의 '古省城'을 공격해 이겼다."는 기사를 수록하면서 이 '고성성〔泗沘城〕'의 위치를 고증하였다.[3] 673년 2월 『삼국사기』의 '서형산성(西兄山城, 경주 西岳山城) 증축' 기사에 "당총관 대장군 이근행이 고구려의 남은 무리를

2 『삼국사기』 권4, 「신라본기」 4; 『동사강목』 권3하.

3 『삼국사기』 권7, 「신라본기」 7; 『동사강목』 권4하.

호로하에서 격파, 수천 인을 포로로 잡자 나머지는 도망했다."는 기사를 덧붙인 『동국통감』의 서술을 '호로하' 위치 고증으로 보완하기도 하였다.[4] 674년 2월 "궁 안에 못을 파고 산을 만들어 화초를 심고 진금(珍禽)과 기수(奇獸)를 길렀다."는 『삼국사기』, 「신라본기」 기록의 '못'이 '안압지'임을 『신증동국여지승람』을 통해 확인하고, 그 산이 무산십이봉(巫山十二峯)을 모방한 사실과 그 서쪽에 임해전(臨海殿) 터가 있음을 추가 기술한 점도 눈에 띈다.[5] 675년 9월 "안북하(安北河, 德源 北面川)에 연하여 관성(關城)을 설치하고 또 철관성(鐵關城)을 쌓았다."는 기사를 수록하며 그 지명들의 위치도 고증하였다.[6]

이러한 치밀한 고증은 당연히 순암이 접한 문적의 종류가 광범위했기 때문이었을 것이다. 『동국통감』, 『여사제강』 등 선행 국내 사서들을 두루 참조했음은 『동사강목』 앞부분의 '채거서목'을 통해서도 확인할 수 있으며, 『고려사』에 채록되지 않은 고려 말의 기사들을 『양촌집』을 비롯한 고려 말의 문집에서 다수 채집해 수록했음이 주목된다. 무엇보다도 주목되는 것은 중국 사서들에 대한 폭넓은 참조다. 당조(唐朝)가 수립된 619년 이후 전개된 삼국 각기의 첫 입당조하(入唐朝賀) 기사들 아래에 순암은 『당서』의 「고구려전」, 「백제전」, 「신라전」의 내용을 참고용으로 축약해 『동사강목』에 소개하였고,[7] 『삼국사기』나 『동국통감』과는 달리 중국에 중요한 정치적 변동이 있을 경우 그것을 해당 연도의 기술 아래에 첨입했으며,[8] 1175년 조위총이 여진의 금나라에 구원을 요청한

---

4 『삼국사기』 권7, 「신라본기」 7; 『동사강목』 권4하.

5 『삼국사기』 권7, 「신라본기」 7; 『동사강목』 권4하.

6 『삼국사기』 권7, 「신라본기」 7; 『동사강목』 권4하.

7 『삼국사기』 권4, 「신라본기」 4; 권20, 「고구려본기」 8; 권27, 「백제본기」 5; 『동사강목』 권3하.

사실을 기록하며 『금사』의 내용을 인용하기도 하였다.[9] 아울러 원대의 역사에 대한 이해도 상당했음이 흥미로운데, 고종 19년 8월 몽고의 내침을 전하는 특정 기사가 『고려사』에 없고 『원사』에만 있음을 지적한 후, 『원사』를 근거로 그를 기록한 『여사제강』을 따른 것이 주목되며,[10] 1286년 1월 일본정벌 중지를 전하는 기사의 서술에서 '유선'이라는 인물이 글을 올려 '국가의 안위'를 거론하며 그 중지를 요청했음을 『원사』 열전을 근거로 기술하기도 하였다.

이러한 치밀한 고증과 광범위한 전거 참조는 순암 나름의 독창적이고도 적실한 과거사 판단으로도 이어졌다. 1357년 윤9월에 있었던 우필흥의 상서에 대한 순암의 언급이 대표적인 사례이다.[11] 그가 '우필흥이 도선의 '옥룡기'를 거론하며 고려의 의복 색상을 신분에 따라 특정 색으로 고칠 것을 제안했다.'는 기사를 수록하는 과정에서 성호 이익의 입장("우리나라의 푸른색, 검은색 숭상은 도선으로부터 시작됐다.")과는 다른 입장을 제시했음이 흥미롭다.[12] 태조 왕건의 '훈요십조'나 일찍이 충렬왕 원년(1275) 흰색 착용을 금지할 때에도 도선에 대한 언급은 없었음을 환기시키며, 흰색 금지나 특정 색 선호를 도선이 제창했다는 주장은 '이후에 보태어진' 것이라 판단한 것이 놀랍다.[13] 흰색을 금지하는 전통이 오래

---

8 『동사강목』 권4하, 684년 기술의 말미에 "이해 당 무씨 조가 당을 찬탈해 국호를 주라고 했다."는 사실을 수록하거나, 『동사강목』 권8하, 1127년 기술에 "송이 남방으로 천도했다."는 언급을 넣은 것이 대표적인 예다.

9 『동사강목』 권9하.

10 『동사강목』 부록 상, 「고이」.

11 『高麗史』 卷39, 世家 39, 恭愍王 6年(1357) 閏9月 戊申.

12 순암은 대부분의 경우 스승 성호 이익의 견해와 판단을 존중하고, 『동사강목』 자체가 스승의 가르침에 미치지 못하는 바가 있다고 부끄러워한 것으로 알려져 있으나, 이 대목에서만큼은 다른 입장을 견지한다.

13 『동사강목』 권14하.

된 것이었을 경우 승려들이 먼저 나서 그를 준수했겠지만 승려들도 흰 납의와 두건을 즐겨 입어 왔으니, 도선 때문에 그간 고려인들이 흰색을 쓰지 않았다는 해석에 동의할 수 없다는 입장에서는 본인의 판단에 대한 강한 신념이 느껴진다. 게다가 고려의 풍속을 거론하며 흰색을 금지할 것이면 기명이나 집기를 동과 철로 만드는 것 또한 다 금지해야 할 것 아니겠느냐고 항변하는 지극히 실용적인 면모도 드러냈는데, 그를 근거로 자신의 판단에 신빙성을 확보하는 전략이 재미있다.

이상에서 살펴본 바와 같이, 순암 안정복은 고증을 통해 사실관계를 확인하는 자세, 광범위한 전거 확보를 통한 최대한의 객관적 판단을 도출하려는 노력 등을 내비친 것으로 생각된다. 『동사강목』이 사료모음집, 정보전달서로서 견지해야 할 최소한의 덕목에 충실하려 노력하고 있었던 것으로 평가케 하는 대목이다. 이러한 『동사강목』이 결과적으로 종전의 역사서술을 적지 않게 보정할 수 있었던 것도 지극히 당연한 결과였다고 생각되며, 이에 관해서는 다음 항에서 살펴본다.

(2) 전거 엄선과 오류 시정

가장 대표적인 경우로 『동국통감』에서 수록하지 않은 사실들을 『삼국사기』의 삼국 본기나 『고려사』의 지와 열전, 그리고 『삼국유사』나 『신증동국여지승람』 등을 통해 마저 찾아 수록하는 모습을 들 수 있다.[14] 예컨대 622년 2월 신라의 내성(內省) 사신(私臣) 임명 기사를 수록하면서, 『삼국사기』, 「직관지」(권39, 잡지 9, 「직관」 중)의 전문을 인용함으로써 『동국통감』의 기술을 보완하는 경우 등이 있다. 이 밖에도 사례가 대단히 많아 일일이 거론하지는 않는다.

---

14 『삼국사기』 권39, 잡지 9, 「직관」 중.

심지어 『동국통감』의 삼국 본기 기사 정리 또는 편년 비정이 어색할 경우 그를 보정하거나, 『동국통감』이 삼국 세 본기 중 특정 국의 본기를 더 신빙했는데 그것이 어색할 경우 해당 나라의 사적을 최우선으로 신빙하는 것을 원칙으로 삼기도 하였다. 640년 삼국이 당에 학생들을 파견했음을 전하는 기사의 소개에서 전자의 모습을 엿볼 수 있다.[15] 『삼국사기』의 「백제본기」에 따르면 백제가 학생을 파견한 것은 2월, 「고구려본기」에 따르면 고구려가 학생을 파견한 시점은 불분명하긴 하나 2월 또는 '그 후'에 해당하며, 신라는 5월에 학생을 파견했음이 명확하게 확인된다. 그런데 『동국통감』은 고구려 및 백제 본기를 무시하고 양국의 학생파견 사실을 신라의 학생 파견 기사에 붙여 '이때 고구려·백제도 학생을 보냈다.'고 표현함으로써 그 시점을 '5월'로 단정지었다. 『동사강목』의 경우 이와 달리 '세 나라가 자제를 보내 당에 가서 입학하게 했다.'는 기사를 (5월 여부는 표기하지 않은 채) 2월 기사의 아래에 배치해 좀 더 합리적으로 기술하였음이 돋보인다.

후자의 경우 『삼국사기』, 「신라본기」의 642년 기사를 보면, 7월 "백제왕 의자(義慈)가 크게 군사를 일으켜 나라〔신라〕 서쪽의 40여 성을 공격하여 빼앗았다."고 기술하고, 8월에 "또 (백제가) 고구려와 공모하여 당항성(党項城)을 빼앗아 (신라의) 당에 통하는 길을 끊으려 하므로, 왕이 사신을 보내 당 태종에게 급함을 알렸다."고 기술하였다. 그런데 「백제본기」의 경우 7월 기사에서는 "〔백제〕왕이 친히 군사를 이끌고 신라를 쳐 미후성(獼猴城) 등 40여 성을 함락시켰다."고 수록한 반면, 「신라본기」의 8월 〔당항성〕 기사는 15개월 후인 '643년 11월' 부분에 수록하였다. 『동

15 『동사강목』 권3하; 『삼국사기』 권5, 「신라본기」 5; 권20, 「고구려본기」 8; 권27, 「백제본기」 5.

국통감』의 경우 일단 「신라본기」의 기록을 신뢰하여 2기사를 모두 642년의 일로 기록한 반면, 『동사강목』은 당항성 기사를 「백제본기」와 같이 643년에 수록하였다. 백제가 주체이자 신라와 고구려는 객체에 해당하는 기사들을 수록함에 있어 「신라본기」보다는 당사국인 「백제본기」가 더 정확한 정보를 담고 있다고 판단한 것이라 여겨진다.[16]

『동사강목』의 671년 9월 기술도 동일한 사례이다. "당 장군 고간(高侃) 등이 번병(蕃兵, 여기서는 말갈병) 4만 명을 거느리고 평양에 이르러 구거(溝渠)를 깊이 파고 성루를 높이 쌓고 대방(帶方)을 침범하였다."는 『삼국사기』, 「신라본기」의 기록을 『동국통감』은 그대로 수록한 반면, 『동사강목』은 "당 고간이 고구려의 남은 무리를 안시성에서 깨뜨리고 군사를 끌고는 평양에 도착하였다."고 기술하였다. 엄연히 다른 표현으로 이 사적을 정리했음이 흥미로운데, 이는 『삼국사기』, 「고구려본기」의 "〔咸亨〕 2년 신미년(671) 7월 고간(高侃)이 남은 무리를 안시성(安市城)에서 깨뜨렸다."에 등장한 표현을 채택한 것임이 확인된다.[17] 즉 순암은 이 부분을 기술하면서 「신라본기」 기록을 채택한 『동국통감』과는 달리, 「고구려본기」의 '멸망 후' 기록을 채택했던 셈이다. 고구려의 사적과 관련해서는 「고구려본기」를 채택하는 것이 더 적절하다고 생각했기 때문이라 여겨진다.

672년 8월의 경우도 비슷하다. 『동국통감』은 "한시성(韓始城)과 마읍성(馬邑城)을 공격하여 이기고, 군사를 내어 백수성(白水城)으로부터 거리 500보쯤 되는 곳에 진영(陣營)을 지었다. 우리〔신라〕 병사들이 고구려의 병사〔반군〕와 함께 싸우고 수천 명의 목을 베니 고간(高侃) 등이

16 다만 그 기사의 시점을 「백제본기」의 '11월'이 아닌 '9월'로 기재한 것은 아쉬운 지점이다.
17 『삼국사기』 권22, 「고구려본기」 10, 보장왕 하(668년 고구려 멸망 이후의 기사).

퇴각하였다. 이를 좇아 석문(石門)에 이르러 싸우다가 우리〔신라〕 병사가 패하여…… (여럿이 전사하였다).”는 「신라본기」의 기사를 준용해 ‘고구려군과 함께’라는 표현을 썼다. 반면 『동사강목』은 “〔咸亨〕 3년 임신년(672) 12월 고간(高侃)이 우리〔고구려〕의 남은 무리를 백빙산(白冰山)에서 싸워 파하였다. 신라가 군사를 보내어 우리를 구했는데, 고간이 이를 쳐 이기고 2천 명을 노획하였다.”는 「고구려본기」의 서술을 채택, ‘〔신라〕왕이 군사를 보내 고구려를 구하려다가 대패하고’라는 표현을 사용했음이 확인된다.[18]

이러한 자세로 인해 기존 서술의 오류 또한 많이 바로잡을 수 있었던 것으로 보인다. 관직명 등 기초 정보의 오기 · 오류 등을 바로잡는 경우도 있지만,[19] 문맥상 이상한 점을 발견해 적절한 방향으로 수정하기도 했기 때문이다. 1301년 상반기 ‘탐라군민만호부’를 둘러싸고 벌어진 고려-원 간의 공방에 대한 기술이 좋은 예다. 『고려사절요』나 『동국통감』 등에 따르면 이해 3월 “원에서 탐라군민만호부(耽羅軍民萬戶府)를 설치”하였고, 5월 “지도첨의사사 민훤(閔萱)을 원에 보내 보탑실련(寶塔實憐) 공주의 재혼 및 탐라총관부(摠管府)를 폐지하고 본국에 예속시켜 만호부를 설치할 것 등을 청했다.”는 기사가 수록돼 있는데,[20] 문맥상 두 기사의 관계가 어색한 측면이 있다. 3월에 설치된 것은 ‘탐라군민 만호부’인데, 5월에 고려가 ‘탐라군민 총관부’의 폐지를 요청하고 ‘탐

---

18 『동사강목』 권4하; 『삼국사기』 권22, 「고구려본기」 10.

19 예컨대 『동사강목』에서 『동국통감』의 1019년 8월 ‘예부경’ 기술을 ‘예빈경’으로 수정하거나, 1356년 9월 이성계의 조상 환조의 관직을 ‘대중대부 사복경’으로 표기한 『동국통감』 기술을 (당시〔공민왕 대〕 문종관제가 막 복구돼 있던 시점임을 고려하여) ‘태복경’으로 기술한 것이 좋은 예다.

20 『高麗史』 卷32, 世家 32, 忠烈王 27年(1301) 3月 癸卯; 5月 庚戌; 『동국통감』 권41.

라군민만호부'의 설치를 요구하고 있는 셈이기 때문이다. 이 두 기사간의 모순을 해결하기 위해서는 결국 『동국통감』이나 『고려사』의 3월 기사가 원래 '총관부'로 써야 할 것을 '만호부'로 잘못 썼다고 볼 수밖에 없는데, 바로 『동사강목』이 위의 두 기사를 합쳐 "원이 탐라군민총관부를 두었다가 이내 폐지했다."고 기술하였음이 주목된다.[21] 선행 사서들의 기술에서 '이상했던 대목'을 자연스럽게 바로잡은 의미가 인정되는 사례이다.

아울러 '합리적 전거 선택'이나 '오류의 시정'에서 한 걸음 더 나아가, 사실관계의 범위 내에서 자신만의 판단을 토대로 특정 정보를 더 부각시켜 기술한 경우들이 있음이 주목된다. 정보전달서이면서도 나름의 개성을 드러낼 수 있는 효과적인 방식이라 생각되며, 순암이 기사의 '초점'을 나름대로 추출해 제시한 사례들에서 그를 확인할 수 있다. 예컨대 1047년 6월 문종이 '율령을 교정하라'는 지시를 내린 바 있는데, 『고려사』나 『동국통감』의 경우 '서산업도 교정하라'는 지시가 함께 내려졌음을 전하고 있지만,[22] 『동사강목』은 '서산업 부분'을 과감히 빼고, 왕이 '형옥에 신중'했다는 일화를 대신 소개하고 있다.[23] 순암이 보기에 본 지시의 핵심은 '율과 령의 정비를 통해 가혹한 형정을 완화하는' 데 있었던 것 같다. 따라서 그러한 기사의 핵심을 극대화하여 독자들에게 전달하기 위해서는 그와 거리가 있는 '서산업' 부분을 축약하고, 대신 『동국통감』에는 8월 부분에 기록돼 있던 '형옥을 신중히 하라고 지시'한 일화를 6월의 율령 교정 지시 기사에 덧붙이는 것이, 기사와 국왕 지시의 취지

21 『동사강목』 권13상.

22 『高麗史』 卷7, 世家 7, 文宗 元年(1047) 6月 戊申; 『동국통감』 권16.

23 『동사강목』 권7상.

에 가까운 일로 판단했던 것이라 짐작해 본다.

1106년 3월 예종이 "유신들에게 명해 태사관과 함께 지리에 관한 여러 책을 교정, 산정해 『해동비록』을 편찬케 했다."는 『동국통감』의 기술에[24] 대비되는 『동사강목』의 서술도 유사한 사례라 할 수 있다. 순암은 해당 기사를 수록함에 있어 "음양서를 교정했다"는 '강'을 내걸고, 그 아래 '목'에 해당하는 기술에서는 『동국통감』에 '지리서'로 언급된 것을 '음양지리서'로 표현했음이 흥미롭다.[25] 이는 『고려사』 세가를 참조한 결과로 보이는데,[26] 기본적으로 '지리서'보다는 '음양서'로서의 성격이 강한 『해동비록』의 정체성을 정확히 간파한 후 그에 충실한 기술('음양서')을 택함으로써 그것을 '지리서'로만 표현한 『동국통감』의 미비점을 보완한 셈이라 할 것이다. 『동사강목』은 이 밖에 1108년 이자겸의 딸을 예종비로 들인 사실을 기록함에 있어서도, 『동국통감』이 관련 사실로 인용하긴 했으나 이자겸과 왕실 간 혼사의 역사적 의미와는 다소 거리가 있었던 일화(이자겸의 누이 순종비가 궁노와 간통)[27] 대신 "이자겸이 이자연의 손자였고 대대로 부자형제들이 권직에 배치됐으며, 이 비의 아들이 인종"임을 언급한 것은,[28] 『동국통감』보다는 훨씬 의미 있는 서술이었다고 할 만하다.

이상에서 '정보전달서'로서의 『동사강목』이 보이고 있는 여러 긍정적 측면들을 열거해 보았다. 이는 순암이 제시한 정보를 신뢰하고 또 그에 의지하고 싶게 하는, 『동사강목』만의 중요한 자산이라 할 만하다. 그러나 한편으로 문제 또한 없지 않다. 오류를 시정하려는 와중에, 그리고

24 『동국통감』 권19.

25 『동사강목』 권8상.

26 『高麗史』 卷12, 世家 12, 睿宗 元年(1106) 3月 丁酉(陰陽地理諸家書).

27 『동국통감』 권19.

28 『동사강목』 권8상.

자신만의 독특한 기술방식을 견지하는 과정에서 정보전달의 온전함 및 선명성이 저해되거나, 또 다른 오류를 낳는 경우도 발견되기 때문이다. 아울러 역사적 사실의 '시점' 및 '맥락'이 의도치 않게 왜곡될 수 있다는 점이 특히 문제로 여겨지는데, 다음에서 순차적으로 살펴보고자 한다.

2) 부정적 측면들 – 축약과 곡해(曲解)

'정보전달서'로서의 『동사강목』이 전혀 오류를 범하지 않은 완전무결한 책이기를 기대하는 것은 무리이다. 실제로 『동사강목』은 몇 가지 실수와 오기를 범하기도 한다. 『동국통감』에는 누락돼 있는 신라의 673년 '외사정' 임명 기사를[29] 『삼국사기』, 「신라본기」에서 찾아 수록하고, 『삼국사기』, 「직관지」의 기사를 근거로 "모두(凡) 33인"이라는 기술을 덧붙였는데,[30] 해당 기록에는 그 숫자가 '133'이라 돼 있어,[31] 인용 과정에서 오류가 발생했음을 엿볼 수 있다. 아울러 같은 내용을 두 군데 싣는 경우도 있다. 『동사강목』은 684년의 사적을 기술하면서 그 말미에 『삼국사기』, 「신라본기」나 『동국통감』에는 없는 '송악, 우잠 축성' 기사를 실었는데, 이 기사는 『삼국사기』, 「신라본기」에는 효소왕 3년(694)에 기록돼 있으며, 『동사강목』은 이해의 사적 기술에도 이 기사를 수록했음이 확인된다. 같은 기사를 684년과 694년에 두 번 수록한 것이다.[32]

『동사강목』이 『동국통감』의 기술을 보정하려다가 오류를 범하는 경

---

29 『삼국사기』 권7, 「신라본기」 7([이해] 처음으로 外司正을 두고 州에는 2명, 郡에는 1명을 설치……).

30 『동사강목』 권4하.

31 『삼국사기』 권40, 잡지 9, 「직관」 하.

32 『동사강목』 권4하.

우도 있다. 675년 "말갈(靺鞨)이 아달성(阿達城)을 겁략하는 와중에 성주(城主) 소나(素那)가 싸우다가 전사했다."는 기록을 수록한 것이 그 한 예다. 『삼국사기』, 「신라본기」에는 이 일이 이해 9월에 발생했던 것으로 돼 있지만,[33] 『동국통감』은 무슨 이유에서인지 이 기사를 '2월 아래 9월 앞'에 배치하였다.[34] 그리고 이후 『동사강목』은 다시금 「신라본기」를 근거로 (『동국통감』의 기술을 오류로 판단하면서) 당 기사를 9월에 배치해, 외견상 『동국통감』의 오류를 보정한 것으로 비치고 있다. 그런데 『삼국사기』 열전의 '소나'전을 보면, 이 침공이 '봄'에 일어났음이 명시돼 있다.[35] 개인의 행적을 전달함에 있어서는 열전 자료가 본기보다 더 상세하고 또 정확할 수 있음을 고려하면, 「신라본기」의 기록이 오히려 오류일 가능성이 제기된다. 이에 『동국통감』은 그를 바로잡는 차원에서 당 기사를 2월의 기사 특히 거란과 말갈 침노 기사 밑에 배치한 것인데, 『동사강목』의 경우 「신라본기」를 채택해 『동국통감』의 내용과 다른 기술을 하려다가, 『삼국사기』 열전의 내용은 미처 참조하지 못한 채 「신라본기」의 오류를 반복한 것이라 할 수 있다. 순암은 『삼국사기』의 지 및 열전을 통해 『삼국사기』 본기 기사만 수록한 『동국통감』의 기술을 보완하려 한 경우들을 자주 보이고 있어 이 실수 하나로 그의 노력을 폄하할 수 없지만, 경우에 따라 『삼국사기』 내의 여러 상충되는 다양한 기록들을 모두 파악하지 못해 결과적으로 '전사'인 『동국통감』의 『삼국사기』 보정을 '원상복구'시키는 오류를 범하게 되었음이 흥미롭다.

아울러 『동사강목』은 『동국통감』의 기술에 '안설' 또는 추가설명을

33 『삼국사기』 권7, 「신라본기」 7.
34 『동국통감』 권9.
35 『삼국사기』 권47, 열전 7, 「소나」.

보태려다가 평가 오류를 범하기도 한다. 순암은 1301년 9월 안향의 사망사실을 다루면서[36] 동년 동월 『동국통감』의 기록을 인용하고 그 뒤에 주세붕의 발언을 추가했는데, 주세붕의 발언 말미에는 "『고려사』에서는 안모〔안향〕가 섬학전을 두었기 때문에 종사한다고 하였으니, 그 고루함이 이와 같다."라는 문장이 있다. 이러한 서술을 첨입함으로써 순암은 결국 주세붕의 말을 빌어 '전사'인 『고려사』를 비판한 셈인데, 정작 『고려사』 열전 내 「안향전」은 "충숙왕 6년 문묘(文廟)에 종사할 것을 의논하매 어떤 이가 말하기를, '비록 안향이 건의해 섬학전(贍學錢)이 설치됐지만 어찌 그를 이유로 종사(從祀)하리오?'라고 했으나 그 문생이 힘써 청해 결국 종사하게 되었다."고 전하고 있다.[37] 즉 안향의 종사 배경을 섬학전 설치에서 찾은 것은 『고려사』가 아니었던 것으로, 안정복이 『고려사』의 서술을 제대로 확인하지 않고서 그를 비판한 주세붕의 언급을 답습해 『고려사』의 찬자를 비난한 것이라 할 수 있다.

근거 없이 이전 사서에 실린 기술의 문맥을 일부 바꿔 놓은 경우도 있다. 『고려사』에 따르면 충선왕이 1307년 '원나라의 제도에 의하여 군(軍)과 민(民)을 정하고자' 하는 일이 있었던 것으로 전하는데,[38] 『동사강목』의 경우 1307년 8월 최유엄이 원에 사신으로 가 무종의 즉위를 하례했음을 전하면서 "이때 폐왕〔충선왕〕이 원에 있으면서 원 제도를 좇아 병사와 농민을 '분별'하고자 했으나 〔최〕유엄이 간해 그만두었다."는 설명을 덧붙인 것이 그런 사례다.[39] '정군민'(『고려사』)이라는 표현에서 '분별병농'(『동사강목』)이라는 의미를 추출하는 것이 가능할 수도 있겠으나,

---

36 『동사강목』 권13상.

37 『高麗史』 卷105, 列傳 18, 「安珦」.

38 『高麗史』 卷32, 世家 32, 忠烈王 33年(1307).

39 『동사강목』 권13상.

당시 원제국의 군민관리 및 충선왕의 의도 등을 다룬 연구에 따르면 충선왕은 '분리'를 하려 한 것이 아니라 '새로운 결합'의 방식을 고민한 것으로 판단된다.[40] 따라서 『동사강목』에서 '정군민'을 임의로 '분별'로 윤색, 번안한 것은 후대의 오해를 부를 만한 서술이라 할 수 있다.

이상에서 열거한 사례들 중 단순 오류 사례들을 제외하면, 대부분이 바람직한 역사기술을 위해 서술상의 새로운 시도를 하다가 뜻하지 않게 오류를 범한 경우들이라 할 수 있다. 만약 오류를 피할 수 있었다면 역사서 서술에 있어 시도해 봄직한 경우들이라고도 할 수 있다. 그러나 그의 역사기술 방식이 야기한 문제들은 따로 있다. 아래에서 살펴보도록 하자.

(1) 시점 제시의 미비

역사서는 일반적으로 기사들을 수록하면서 그 '시점'을 기록하곤 한다. 기전체 사서의 세가든 편년체 사서의 본문이든 해당 연과 월에 발생한 사건들을 날짜순으로 기록하기 마련이다. 그런데 『동사강목』은 그와 다른 모습을 보인다. 상황들을 발생 시점과 순서에 맞춰 시계열적으로 서술하기보다는 관련 기사들을 한데 묶어 소개하는 경우가 다수 발견된다.

이러한 양상은 흔히 『동사강목』이 채택한 '강목체'라는 특정의 기술 형식에 기인한 것으로 관측되곤 하지만, 필자가 보기에 이러한 양상은 근본적으로 '서로 관련된 기사들을 한데 모아 함께 소개'함으로써 사건의 배경과 전개, 그리고 결과를 입체적으로 제시하고자 한 순암 나름의 기술 취지의 한 소산이었던 것으로 생각된다. 실제로 그러한 서술방침

40 이강한(2011).

이 여러 군데 흩어져 있는 유관 정보들을 한 군데에서 일목요연하게 보게 함으로써 당시의 사건, 정황, 인물 행위 등에 대한 역사적 관찰 또는 고찰을 용이하게 해 주는 측면이 없지 않다.

1047년 3월 문하시랑 평장사 황보영(皇甫穎)이 자신에게 후사가 없음을 거론하며 외손 김녹숭(金祿崇)이 대를 잇게 해 줄 것을 요청한 사실에 대한 『동사강목』의 기술을 그 한 예로 들 수 있다.[41] 『동국통감』에는 누락된 이 사적을 순암은 종법질서에 관련된 사항으로 간주하고 『고려사』에서 찾아 수록했는데,[42] 다만 해당 시점에 수록하지 않고 대신 동년 10월 황보영의 사망 사실을 전하는 기사 아래에 배치하였다. 순암으로서는 '황보영이 그러한 요청을 개진한 시점 및 사망 시점 사이에 몇 개월의 차이가 있었는지를 전하는 것'보다, '그가 종법질서에 결부된 이러한 요청을 중앙정부에 개진했다는 사실을 그의 사망기사를 통해 함께 소개하는 것'이 더 중요하다고 판단한 것 같다. 1303년 6월 "충렬왕이 전선(銓選)의 공정치 못함을 탄식했다."는 기사를 수록하는 과정에서도 유사한 판단이 엿보인다. 『동사강목』은 이 기사를 1303년 6월에 배치하지 않고, 이 기사(『고려사』)에서 충렬왕이 '모범적 전례'로 거론한 이혼(李混)의 1304년 1월 판밀직사사 임명 기사 아래에 배치했는데,[43] 순암으로서는 '충렬왕의 탄식이 1303년 6월에 있었음을 독자들에게 전달'하는 것보다, '충렬왕의 전선(銓選)에 대한 우려 및 그에 관련돼 있던 관료들의 동향을 묶어 제시하는 것'이 더 유의미하다고 판단했을 가능성이 높다.

정보전달서라는 정체성을 유지하면서도 일종의 개성을 발휘한 이러

---

41 『동사강목』 권7상.

42 『高麗史』 卷7, 世家 7, 文宗 元年(1047) 3月 辛卯.

43 『高麗史』 卷32, 世家 32, 忠烈王 30年(1304) 1月 丙子; 『동사강목』 권13상.

한 기사 수록 방식에는 그 나름의 취지와 의미가 적지 않다고 생각한다. 다만 한데 모아져 소개된 기사들이 복수의 시점을 포괄하고 있을 때 문제가 발생할 소지가 커질 것으로 예상된다. 실제로 『동사강목』의 경우 두 개 이상의 시점 또는 몇 개월에 걸쳐 진행된 정황들을 한데 모아 기술해 놓고는 정작 그 각각의 시점들을 제대로 기재하지 않아 문제를 키운 측면이 있다. '서로 다른 시점'에 진행된 정황들에 '하나의 시점'을 부여하면서 결과적으로 일부 기사의 시점이 부정확하게 기록되게 되었고, 결국 특정 사건 또는 정황의 발생시점이 의도치 않게 '왜곡'되는 결과로 이어진 사례들이 다수 발견되기 때문이다. 게다가 부수적으로 발생하는 문제도 있다. 각기 다른 시기에 발생한 정황들을 한 군데 몰아 기술함으로써 몇 개월에 걸쳐 진행된 정황을 한 시점에 진행된 것으로 오인케 하거나, 여러 차례 발생한 정황이 한차례만 발생한 것으로 오인케 할 소지가 있는 기술 역시 종종 눈에 띈다.

우선 삼국시대사 서술에서 발견되는 그러한 예들을 살펴보자. 『삼국사기』, 「신라본기」는 671년 1월 "〔신라왕이〕 당의 군사가 백제를 구하려 한다는 말을 듣고 대아손(大阿飡) 진공(眞功) …… 등을 보내 군사를 끌고 옹포(甕浦)를 지키게 했다."는 기사와, 6월 "장군 죽지(竹旨) 등을 보내 …… 석성(石城)에서 당군과 싸워 5천300명의 목을 베고는 백제 장군 2인 및 당의 과의(果毅) 6인을 사로잡았다."는 기사를 수록하고 있다.[44] 『동사강목』은 이 두 기사를 모두 수록했으나, 6월 기사를 '강'으로 설정하고 1월 기사를 그에 대한 설명 즉 '목'으로 배치했으며,[45] 후자의 시점이 '1월'임을 밝히지 않음으로써, 읽는 이의 입장에서는 이 두 기사가 5

---

44 『삼국사기』 권6, 「신라본기」 6.

45 『동사강목』 권4하.

개월의 시차를 두고 일어난 일들임을 알기 어렵게 만든 측면이 있다. 정보전달서로서의 면모에 부합하지 않거나 그러한 역할을 훼손한 경우라 할 수 있다.

679년 2월 "문무왕의 궁궐 중수가 화려했다."는 기사에 대한 수록 양태도 비슷하다. 『동사강목』은 이 기사 뒤에 "왕이 또 경성을 신축하고자 의상에게 물으니 …… 의상이 만류하므로 이를 중지하였다."는 내용을 추가하였다.[46] 통일 후 드러나는 신라 국왕의 자만심을 토목공사 사례의 증가를 통해 드러내려는 의도였음이 엿보이며, 그러한 의도의 취지와 의미가 인정되기도 하지만, 후자의 '경성 신축' 건이 『삼국사기』, 「신라본기」에는 681년 5월에 나오는 내용임을 유의할 필요가 있다.[47] 즉 문무왕은 궁궐 중수 2년여 후에나 경성 신축을 시도했다는 얘기가 되는데, 『동사강목』에서는 다만 "뒤에 왕이 또 경성을……"이라고만 기술하고 있어, 『동사강목』만 보면 궁궐 중수 및 경성 신축이 거의 동시에 전개된 것으로, 즉 문무왕의 '오만한 토목공사'가 실제보다 '훨씬 급하고 광범위하게' 추진되었던 것으로 오해할 소지가 발생한다.

"사손(沙飡) 무선(武仙)이 정병(精兵) 3천 명을 거느리고 비열홀(比列忽)을 진수하였다."는 『삼국사기』, 「신라본기」의 681년 1월 기사도 살펴볼 수 있다.[48] 『동사강목』은 이 기사를 수록하면서, "정천군(井泉郡)은 본시 고구려의 천정군(泉井郡)으로, 문무왕 21년(681)에 이를 취하였고 경덕왕(景德王)이 〔井泉으로〕 개명해 탄항관문(炭項關門)을 쌓았다."는 『삼국사기』, 「지리지」의 기록을 근거로[49] "무선을 보내 정병 3천으로 천정

46 『동사강목』 권4하.
47 『삼국사기』 권7, 「신라본기」 7.
48 『삼국사기』 권7, 「신라본기」 7.
49 『삼국사기』 권35, 잡지 4, 「지리」 2, 신라.

군을 취했고 이를 '정천'으로 고쳐 불렀다."는 부분을 기사 중간에 추가하였다. 그런데 『삼국사기』, 「지리지」의 기록만으로는 천정군을 취한 주체가 '무선'이었는지가 확인되지 않아 『동사강목』에서 '비열홀 진수'뿐 아니라 '천정군 획득'까지도 1월에 함께 전개됐다고 보는 것에는 근거가 충분치 않다고 할 수 있다. '정천으로의 개명' 역시 (문무왕 대가 아닌) '경덕왕 때'였다고 「지리지」에 명시돼 있으니, 『동사강목』처럼 그러한 '개명' 조치가 '천정군 획득'에 이어 바로(또는 연달아) 진행된 것처럼 기록한 것은 문제라 생각된다.

이러한 문제들은 고려시대사 서술에서도 마찬가지로 발견된다. 986년의 경우, 5월과 9월 지방관들에 대한 국왕의 독려 교서가 두 차례에 걸쳐 등장한다. 첫 번째는 지방관들의 권농을 장려하는 것이었고, 두 번째는 '목민'과 관련된 여러 다양한 사안들에 대한 것이었다.[50] 『동국통감』은 이 두 기사를 순차적으로 해당 월에 별도로 기재했지만, 『동사강목』은 5월의 기사를 '강'으로 삼고 9월 기사는 (시점 표시를 생략한 채) 5월 기사의 '목'으로 배치하였다. 국왕과 중앙정부는 986년 상-하반기에 걸쳐 지방행정 및 지방민 통치에 대한 관심을 견지했지만, 『동사강목』에서는 그러한 노력을 상반기에 몰아 소개한 결과, 이것만 볼 경우 고려 정부의 그러한 관심과 노력이 986년 상반기에만 존재했던 것으로 오인할 소지가 발생한다. 1097년 상반기에 있었던 공친간 혼인금지 조치에 대한 기술도 마찬가지다. 『동국통감』은 6월에 "거듭 공친간 혼인을 금지"한 조정의 조치를 수록하였고,[51] 사안의 맥락상 종법질서와 관련된 조치였던 만큼 『동사강목』도 당연히 이 기사를 수록했는데, 『동사강목』

50 『동사강목』 권6상.

51 『동국통감』 권18.

의 설명에는 "소공 이상의 친족을 취하여 낳은 아들은 벼슬길에 드는 것을 금지하였다."는 문장이 추가돼 있다.[52] 이 문장은 『고려사』, 「선거지」의 1097년 2월 기사를 인용한 것으로,[53] 『동사강목』이 『동국통감』의 기술을 보완하기 위해 『고려사』에서 추가 정보를 가져온 것임을 알 수 있다. 2월에 소공친 이상 친족간 출생자의 벼슬 금지 조치가 있었고, 6월에 거듭 공친간 혼인을 금지했던 것이니 『동사강목』의 서술이 『동국통감』의 서술보다 온전하고 우월한 것으로 평가할 수 있다. 그러나 연초와 연중 두 차례 다른 시점에 이뤄진 두 일이 모두 6월에 이뤄진 것으로 서술된 결과, 금혼령으로 인해 2월 이후 6월까지 이해 상반기에 계속되었을 사회적 혼란, 논란과 저항, 그리고 기타 여러 파장 등을 읽는 이들이 상상해 볼 여지를 봉쇄한다는 문제가 있다.

『동사강목』은 또 1113년 8월 『동국통감』의 예의상정소 설치 기사를 '강'으로 수록하면서, '목'으로 "관료들이 『시정책요』를 찬술해 국왕에게 진술"한 사적을 수록하였다.[54] 순암이 두 기사를 함께 제시한 이유는 분명치 않으나, 적어도 그의 관점에서는 두 기사를 함께 소개할 가치가 있었던 듯하다. 그런데 『시정책요』의 찬술은 11월로 확인되는바,[55] 3개월 뒤의 일을 함께 병기한 것은 문제라 생각된다. 1127년 5월의 사적에 대한 기술도 마찬가지다. 송이 금군을 격파했다는 '소문'에 정지상 등이 송의 군사를 규합해 금을 칠 것을 제안했으나, 확인해 보니 거짓이었다는 기사가 『동국통감』에 등장한다.[56] 당시 멸망해 가던 송에 기대려는 움직

52 『동사강목』 권7하.
53 『高麗史』 卷75, 志 29, 「選擧」, 銓注－限職.
54 『동사강목』 권8상.
55 『高麗史』 卷13, 世家 13, 睿宗 8年(1113) 11月 丙申.
56 『동국통감』 권21.

임이 고려 내에 있었고, 금과의 적대전선 형성에 적극적이었던 정치세력이 이미 이때부터 준동하고 있었음을 보여 주는 일화로서, 당시 고려의 상황을 보여 주는 중요한 기사라 할 수 있다. 그런데 『동사강목』의 1127년 5월에는 이 기사가 수록돼 있지 않고, 9월 금에서 사신을 보내와 송을 멸망시켰음을 알려온 기사 아래에 설명으로 이 기사가 제시돼 있다.[57] 함께 소개한 것은 좋으나, 그 발단이 4개월 전의 일이었음은 밝히는 것이 적절했을 것으로 생각된다. 『동사강목』은 또 원제국의 요구로 각 지역에서 전함 수리가 진행되었음을 전하면서 해당 기사를 1282년 11월에 수록했는데, 그 다음해(1283) 2월 원에서 그에 대한 보상으로 저화 3천 정을 제공한 사실을 함께 기술하였다.[58] 1283년 2월의 저화 제공이 1282년 11월의 지시에 대한 후속조치였음을 감안할 때 함께 소개한 의미는 있다고 여겨지나, 이 경우 3개월이라는 기간은 또 다른 함의를 지니는 역사적 정보에 해당한다. 『동사강목』의 기술을 보면 당시 '전함 수리'와 '저화 제공'이 동시에 이뤄진 것으로 파악할 소지가 있는데, 보상 제공이 3개월 이후에나 이루어진 데에는 여러 다양한 이유가 있었을 것임을 감안한다면(예컨대 보상 없이 강제로 지시한 작업이 부진하자 회유용으로 저화 제공이 이뤄졌을 가능성), 이러한 서술은 아쉬운 것이라 할 수 있다.

남경 천도와 관련한 정부 내부의 논의에 대한 기술은 더 큰 문제를 보인다. 『동국통감』이나 『고려사절요』에 따르면 김위제가 '도선기'를 인용하며 남경 천도를 최초로 요청한 것은 1096년 여름(8월)이다.[59] 그리

57 『동사강목』 권8하.

58 『동사강목』 권12상.

59 『동국통감』 권18.

고 이후 3년여가 지난 1099년 9월, 남경을 양주에 건설하는 것이 논의되고, 윤9월 국왕이 양주에서 도읍터를 살폈던 것으로 『동국통감』에 기록돼 있다. 그런데 『동사강목』의 경우, 1096년 여름의 논의는 해당 연도에 수록하지 않고, 1099년 10월 국왕이 남경 터로부터 환궁했음을 '강'으로 수록하면서 1096년 7월 김위제의 상서를 그 아래에 '목'으로 배치하였다.[60] 3년 전 1096년 7월조에 넣었어야 할 기사를 1099년 10월에 넣음으로써, 남경 관련 논의가 이미 3년 전인 1096년부터 시작되고 있었음을 드러내지 않은 셈이 된 것이다. 1255년 4월 북계병마사가 몽골군이 의주 · 정주에서 대부성까지 꽉 찼음을 보고한 사실을 『동사강목』이 9월의 기사에 첨부한 것[61] 역시 당시의 전황을 심각하게 왜곡할 수 있는 기사배치로서 대단히 부적절하다. 『동사강목』은 또 1304년 있었던 원제국의 충렬왕 측근(송방영 · 송인 등) 국문(3월), 원으로 압송(4월), 그리고 석방(8월) 사실 등을 수록함에 있어 시점의 구분 없이 '3월' 부분에(또는 바로 그 아래) 몰아 기술하고 있는데,[62] 3월부터 8월에 걸쳐 진행된 상황을 3월에 시작돼 종결된 것으로 오독케 할 만한 기술이라 할 것이다.

일찍이 1047년 2월 양리(良吏) 소현이 주민들로부터 신망을 얻었으므로 헤아려 쓰라고 지시한 것에 대한 기술도 유사한 사례라 판단된다. 『동사강목』은 이 기사를 '강'으로 수록하면서, 유사한 사례로 교주판관 이유백과 진주목사 최복규의 사례를 '목'으로 함께 소개했는데,[63] 당시 지방관들 중 선행 · 선정으로 지방민들의 지지를 얻은 경우들이 많아졌음을 드러내는 동시에 고려 지방제도의 안정화 과정을 드러내기 위해

60 『동사강목』 권7하.
61 『동사강목』 권11상.
62 『동사강목』 권13상.
63 『동사강목』 권7상.

관련 기사들을 함께 소개한 취지에는 이의가 없다. 그러나 최복규에 대한 조치는 1047년 10월에, 이유백에 대한 조치는 1049년 3월에 내려졌음이 『고려사』 등을 통해 확인됨을 감안한다면, 두 조치의 시점을 명시하지 않은 결과, 뒤의 두 사례 모두 1047년 초에 함께 일괄적으로 이뤄졌던 것으로 오해케 할 소지가 발생했음은 간과하기 어렵다.

이렇듯 시점이 정확하게 명시되지 않아 관련 정황의 전개과정이 온전하게 또는 적절하게 전달되지 않은 경우들이 『동사강목』에서 자주 발견된다. 이러한 문제들은 결국 『동사강목』이 사실관계의 시간순 전달에 그치지 않고, 역사적 사실들 중 대표적 사실들은 '강'으로, 그리고 관련된 사신들은 '목'으로 계통화한 후 '함께 제시'하려 한 결과라 할 수 있다. 역사적 사실들을 강과 목으로 재분류한 후 '강-목의 조합'을 통해 그들을 함께 제시한 셈인데, 그 결과는 정보전달서로서의 『동사강목』만의 독특한 정보전달 방식으로서, 유관한 정보는 한 군데 통합하되, (정황들 사이의) '시계열적 길이'는 사상시킨 채 정황의 전말(顚末)만을 포괄적으로 소개하는 방식이라 할 것이다. 지명 고증 등을 통해 '공간적 지식정보'의 정확한 제시에 큰 노력을 기울였던 『동사강목』으로서는 의외의 면모라 하겠다.

(2) 맥락의 변형 제시

정보전달서로서의 『동사강목』은 이상에서 살펴본 바와 같이 '시점'의 제시에 있어 여타 사서들과 다른 모습을 보이는데, 그러한 차이점 또는 독특성이 상황과 사건들의 '맥락'을 제시함에 있어서도 유사하게 확인되는 바가 있다. 아울러 '시점 제시'에서와 비슷하게, 『동사강목』만의 '맥락 제시' 방식에도 긍정적 측면과 부정적 측면이 있다.

일례로 629년 8월 신라의 고구려 침공 및 김서현의 출동을 전하는 기사를 수록함에 있어 『동국통감』은 김서현의 출신을 소개하고 그 뒤에 김유신의 출생, 그의 맹세, 그리고 이른바 '비결'의 일화 등을 소개했지만,[64] 『동사강목』의 경우 '맹세'의 일화를 제외한 나머지 부분을 김유신이 기생집 출입을 끊기 위해 말의 목을 베고는 이후 용화향도가 되었다는 서술로 대체하였다.[65] 김유신의 면모와 그의 업적의 맥락을 드러냄에 있어 다른 일화가 더 유용하다고 판단한 결과라 생각된다. 고려 의종이 1157년 4월 자신의 측근 정함(鄭諴)을 복직시킨 조치에 대한 『동사강목』의 기술도 예로 들어 볼 수 있다. 『동국통감』은 이를 당시 이뤄진 여러 조치들(2죄 이하 사면, 영선 참여자 포상) 중 한 조치로 대단히 간략히 처리한 반면,[66] 『동사강목』은 복직 당시의 논란을 정함 열전을 근거로 자세히 소개하고, 이지심 · 최우보 등 정함의 고신에 서명하기를 거부해 여타 관직으로 이동한 인사들을 일컬어 '좌천'된 것이라 평가하였다.[67] 상황을 포괄적으로 소개하고, 이어진 조치들의 맥락을 구체적으로 거론한 서술이라 할 수 있다. 『동사강목』은 아울러 1305년 6월 정해의 사망사실을 기록하면서, 『동국통감』의 기존 서술에 한 가지를 추가하였다.[68] 『고려사』, 「선거지」를 통해 그가 이해 (그의 사망 직전) 과거시험의 지공거를 맡았음을 확인하고,[69] 정해의 열전에서 그의 관장 아래 장자빈 · 한종유 · 김영돈 등이 과거에 급제했음을 확인해 함께 소개하였다.[70] 정해라는 인물의 마지막을 수록하면서 그가 어떤 인물이었는지

---

64 『동국통감』 권6.
65 『동사강목』 권3하.
66 『동국통감』 권24.
67 『동사강목』 권9상.
68 『동사강목』 권13상.
69 『高麗史』 卷73, 志 27, 「選擧」, 科目－選場.
70 『高麗史』 卷106, 列傳 19, 「鄭瑎」.

를 보여 줄 대목으로 그가 어떤 이들과 좌주-문생 관계를 맺었고 그의 활동으로 인해 어떤 인물들이 조정에 새로이 영입되었는지를 '선정'한 것에서, 그 나름의 관점 아래 '정해'라는 인물에게 하나의 맥락을 부여한 순암의 노력이 돋보인다.

다만 정보전달서 『동사강목』의 찬술자 순암이 나름의 관점 아래 특정 기사에 맥락을 부여하고, 그것이 기사의 수록 및 배치에도 영향을 미치게 되면서 몇 가지 문제가 발생한다.

우선 정보전달자로서 기존 정보의 원형을 존중해야 할 찬자가 자신의 주관적 판단을 과신하게 되면서, 오히려 과거 사건 또는 상황의 '맥락'을 훼손하거나 다른 맥락의 기사로 '곡해'해 제시하는 경우들이 발생한다. 1127년 3월 인종이 반포한 교서에 담긴 15개 항목의 내용 소개에서 그러한 점이 잘 나타난다. 일찍이 『동국통감』이 『고려사』의 세가 및 각종 지들을 통해 인종의 교서를 전문 수록한 바 있고,[71] 『동사강목』 역시 그 내용을 거의 그대로 수록했지만, 항목별로 내용을 조금씩 '축약'했음이 이채롭다. "군현에 사자를 보내 자사와 현령들의 현명함과 불초함을 살펴 포폄하라."는 『동국통감』의 기록에서 '포폄' 부분을 생략하였고, '수레와 의복의 간소함'을 언급한 항목에 대해서는 『동국통감』과는 달리 '군복(軍服) 검소'라는, (『동국통감』의 기술에 비해) '축소된' 표현을 사용하였다. "시종관들한테 인재 1명씩을 천거케 하고 천거된 자가 형편없으면 천거자를 처벌한다."는 『동국통감』의 기사에서 '천거자 처벌' 부분을 누락하였고, "군인들에 대한 무휼, 무예연습 강화, 열무 외 복역 금지"를 언급한 『동국통감』의 기사에서 (군인 보호를 위해서는 가장 중요한) '열무 외 복역 금지' 부분을 삭제하였다. 『동사강목』이 원 정보의 원

71 『동국통감』 권21.

형을 변형시킴으로써 그 본래의 맥락이 제대로 전달되지 않게 한 경우라 할 만하다.

아울러 순암이 특정의 맥락을 부여할 필요를 느끼지 못하는 기사, 또는 그 속의 일부 정보가 아예 수록조차 되지 못하는 경우들도 더러 발생한다. 별로 중요하지 않다고 여기는 '관청'의 경우 수록에서 제외하는 경우들이 그것이다. 예컨대 678년 5월 '선부령' 및 '좌우리방부(左右理方府)의 경(卿)' 설치를 기록한 『삼국사기』의 기사를[72] 재인용함에 있어, 『동사강목』은 "선부령을 두었다."는 「신라본기」의 기사를 수록하고, "옛날에 병부의 대감과 제감이 주즙(舟楫)을 관장케 했는데 이때 와 따로 두었다."는 설명까지도 「직관지」를 인용하여[73] 추가하였다. 그런데 그러면서도 정작 「신라본기」의 '선부령' 기사 옆에 붙어 있던 "좌우리방부에 경 1명씩을 더했다."는 기사는 누락시키고 있다. 사법 · 형법 기능을 담당한 것으로 추정되는 좌우리방부가 국가운영상으로는 선박 등을 관장한 선부보다는 중요했을 가능성이 높다고 여겨지지만, '선부령이 병부로부터 일정한 기능을 이관받은' 사실을 강조하기 위해 순암은 굳이 좌우리방부 기사를 빼버리고 선부를 더 부각시키는 서술을 취한 것으로 보인다. 기사에 일정한 맥락을 부여하고, 그 맥락에 대한 중시가 기사의 취사선택으로 이어지는 와중에, 정작 객관적으로 더 중요할 수도 있었을 정보가 전달에서 빠진 경우라 할 수 있다.

유사한 차원에서, 별달리 중요한 행적을 보이지 못한 인물들 역시 '생략'의 형태로 인사 임용조치 수록에서 누락되는 경우들이 더러 있다. 1305년 6월 『고려사』 세가의 기록을 보면, 충렬왕이 한희유와 김혼을

72 『삼국사기』 권7, 「신라본기」 7.

73 『삼국사기』 권38, 잡지 7, 「직관」 상.

중찬으로, 왕유소 등을 찬성사로 임명한 바 있고, 7월에도 별도의 인사조치가 있었는데,[74] 두 달 연속으로 이뤄진 두 차례의 인사조치에 대한 『동사강목』의 기록에서[75] 특정인(권영)이 계속 누락되었음이 확인된다. 그는 6월에는 지도첨의사사, 7월에는 도첨의참리가 됐는데, 재신의 가장 말단인 '지문하성사'급 관직이어서 누락된 것이 아니었음은 7월 인사에서 김태현이 지도첨의사사에 임명된 점은 수록됐음에서 엿볼 수 있다. 다른 사례도 있다. 1251년 5월 최항이 정안이라는 인물을 살해한 일을 수록하면서 『동국통감』은 (정안과) 모의한 사람들을 상세히 기록하였고 정안의 면모도 "음양 · 산술 · 의약 · 음률에 정통하다."고 묘사한 반면,[76] 『동사강목』의 경우 공모자들의 실명을 뺀 것은 물론이고 정안의 면모 또한 '재예가 많다는 것' 정도로 짧게 기술함으로써,[77] 정안 세력의 범위와 그 세력의 중심이었던 정안이 보유했던 재능의 종류들을 누락시키고 있다.

더욱 노골적인 사례는 고려의 '재신'과 '추밀' 임용에 대한 순암의 이상한 기술방침이다. 그는 인사와 관련한 기사들은 대부분 수록하지 않은 『동국통감』과 달리 『고려사』에서 주요 인사, 임용조치들을 찾아 대부분 수록하였다. 그런데 그러한 수록 과정에서 거의 예외 없이 고려의 권력직 두 종류 중 하나였던 '재신직(宰臣職)' 임명 기사만을 수록하고, '추밀직(樞密職)' 임명 기사는 채록하지 않고 있어 흥미롭다. 이러한 사례들은 대단히 많아 여기 일일이 열거하기도 어려운데, 굳이 시기별 추세를 언급하자면 고려 중기까지만 하더라도 대체로 재신 중 시중과 평장사급 인사만 기록되다가 고려 후기에는 5재가 대부분 등장하며, 추밀의 경우

---

74 『高麗史』 卷32, 世家 32, 忠烈王 31年(1305) 6月 辛丑; 7月 己巳.

75 『동사강목』 권13상.

76 『동국통감』 권32.

77 『동사강목』 권11상.

고려 후기 기사에서 제한적인 경우에 한해 최상위의 중추원사(추밀원사) 정도만이 가끔 등장할 따름이다. 고려 재/추직 간의 상관관계(역학관계)에 대한 조선시대인들의 인식이 반영된 결과인지, 아니면 고려 재신 · 추밀 제도에 대한 이해 부족 때문이었는지 그 배경에 대해서는 추가 궁구가 필요하지만, 궁극적으로는 고려 정치제도에 대한 이해 부족에 기인한 것이었다고 할 수 있다.[78] 그러한 가능성은 『동사강목』이 상서 복야, 사헌부의 관료 및 여타 관원들에 대한 임명 기사도 거의 예외 없이 생략한 점, 그리고 (1307년 3월처럼) 재신의 직함 옆에 병기된 겸직 사항(예컨대 고려 전 · 중기 6부나 고려 후기 전리 · 군부 · 판도 · 전법 등 4사의 '판사')을 모두 생략한 것 등은[79] 결국 고려시대의 정국 · 정계에 대한 순암의 이해가 편향돼 있거나 미비했을 가능성을 상정케 한다. 게다가 이러한 기술방침은 어떤 경우 기사의 맥락을 '변조'하기도 하는데, 1282년 11월 원제국의 지시에 따른 전함 수리를 진행함에 있어 그 감독을 위해 각도에 파견한 관료들이 대부분 추밀직이었다는 사실이,[80] 대개의 경우 추밀직들을 기술에서 생략한 『동사강목』에서는 드러나지가 않는다(『고려사』에는 파견된 추밀들의 직함과 성명이 등장하는 데 비해, 『동사강목』은 그들의 직함을 모두 생략하고 성명도 하나만 남겼다). 추밀들을 사적에서 배제하려 하는

---

78 물론 예외적인 경우도 있다. 『고려사』의 1302년 5월 기록에는 "黃元吉을 지도첨의사사로, 王惟紹를 밀직부사로 삼고, 또 왕유소의 부친을 지도첨의사사로 삼아 치사하게 했다."는 기록이 있는데, 『동사강목』의 경우 왕유소의 밀직부사 임명만 수록하여, 다른 곳과는 달리 '재신들은 빼고 추밀만 넣은' 이례적 기술을 보였다. 그러나 이는 순암이 왕유소와 관련한 사적, 즉 그의 처가 일찍이 원에 들어가 환관을 통해 궁에 바쳐져 환관(김여)과 왕유소가 모두 이득을 얻었으며 이후 왕유소가 송방영과 함께 충렬왕의 폐신이 되었던 사실을 언급하기 위해서였던 것으로 보인다. 이 외 대부분의 사례에서는 재신임명 기사들만 수록되고 있다.

79 『동사강목』 권13상.

80 『高麗史』 卷29, 世家 29, 忠烈王 8年(1282) 11月 丙戌.

듯한 이러한 모습의 배경과 이유는 앞으로 해명될 필요가 있다.

이상에서 살펴본 바와 같이 『동사강목』에서 순암이 취한 역사기술 방식이 '정보의 효과적 전달'에는 기여하나 '시점의 제시'에서 취약하며, '정보에 새로운 초점을 부여해 독자에게 영감을 제공'하는 측면은 있으되 반대로 '주관적 기사 취사'의 함정에 빠지는 측면이 있음을 살펴보았다. '정보전달서'로서의 『동사강목』이 갖는 강점을 정보의 '포괄적 · 직관적' 전달에서 찾을 수 있다면, 그 약점은 '역사'의 가장 중요한 요소로서의 '시(時)'에 대한 간과, 그리고 주관적 판단에 따른 임의적 정보 누락에서 찾을 수 있다고 여겨진다.

3. 『동사강목』의 '역사연구서'로서의 입장 : '내부'와 '외부'에 대한 관점

『동사강목』의 두 번째 성격은 당연히 '역사연구서'로서의 그것이라 할 수 있다. 한반도의 고대 및 고려시대 역사에 대한 순암 자신의 사적(史的) 관점에 근거하여 기사들이 '강과 목'으로 '재분류'됐고, 이전 사서들에 실린 해당 사서 집필자의 논설 · 논평이 재인용됐으며, 순암 본인의 견해 또한 '안설'의 형태로 실려 있기 때문이다. 따라서 이러한 부분들에 대한 검토도 『동사강목』의 면모 파악에 필수적이라 할 것이다. 실제로 이미 기왕의 연구에서 순암의 역사의식 또는 〔역사연구서〕『동사강목』의 면모를 그 안설을 통해 이미 검토한 바 있다.

그런데 『동사강목』 내의 안설들이 비록 수백여 건에 이르긴 하지만, 안설이 첨부된 기사들은 『동사강목』에 실린 삼국시대사와 고려시대사 기사의 전체 총량에 비추어 볼 때 대단히 적은 것이 또한 사실이다. 즉 안설들에서 드러나는 그의 역사적 관점 또는 시각은 '사가'로서 그의 면모 중 극히 일부분만을 전하는 것일 수 있으며, 그에만 주목할 경우 순암의 관점을 재구성함에 있어 놓치는 부분들이 생길 수 있다. 본고가 시도한 것이 비록 제한적 샘플 분석 작업이긴 하나, 그를 통해 드러나는 『동사강목』 나름의 사적 입장, 그리고 그에서 추출되는 순암 역사의식의 몇 가지 단면들을 간략히 살펴보고자 한다.

1) 내부에 대한 인식 – 한반도의 광역 · 기초 단위들에 대한 인식

(1) '한반도 통합 과정'에 대한 관심

순암이 지명의 고증에 지대한 관심을 가졌던 것은 주지의 사실이다. 비단 「지리고」뿐 아니라 『동사강목』의 곳곳에서 그것을 느낄 수 있다. 그의 노력으로 인해 삼국시대 및 고려시대의 역사에 등장하는 많은 '공간'들의 위치가 정확하게 확인되었다. 그에 힘입어 한국사의 '공간적 배경'에 대한 현대 연구자들의 이해 역시 크게 신장된 것이 사실이다.

그런데 한편으로, '공간'에 대한 순암의 인식에서 그다지 거론되지 않는 부분들이 있다. 예컨대, 순암 스스로 그렇게 고증의 수고를 마다하지 않았던 여러 개별 처소들을 아울렀을 '중소 규모의 행정단위'들에 대한 인식의 문제가 있다. 그리고 더 나아가 그러한 행정단위들의 총합으로서의 '한반도' 전체에 대한 인식의 문제가 있다. 즉 그의 역사지리 인식의 특징들을 온전히 찾아내기 위해서는, 당시 존재했던 '여러 층위의 공간'들을 바라보던 순암의 시선도 살펴볼 필요가 있다.

이와 관련하여, 순암이 한반도의 '통합' 과정에 대해 지극히 큰 관심을 갖고 있었음이 주목된다. 『동사강목』은 고구려 및 백제 몰락 '이후'의 사적을 기술함에 있어 삼국의 정치적 · 군사적 융합 과정을 묘사하는 데 많은 공을 들이고 있다. 9주 5소경 및 9서당의 확립 과정에 대해 『동국통감』의 기술에 의지하지 않고 『삼국사기』 기록을 대폭 원용한 것에서 그것을 확인할 수 있다. 이러한 기사들은 당시 삼국의 인민이 서로 혼효하는 과정을 보여 준다는 점에서 대단히 중요하다. 공간의 문제에 관심이 많았던 그가 '통합된 한반도'의 성립의 역사에 관심이 많았던 것은 실로 당연한 일이라 할 만하다.

우선 정치적 통합과 관련하여, 『동사강목』은 신라 정부가 통일 후 귀족들에게 외위를 수여함으로써 지방관직의 관등을 정비하고 지방 차원의 통합을 예비하던 과정을 상세히 기술하고 있다. 674년 진골 귀족들을 5경과 9주에 출거케 하고 그 관등을 경위에 준하여 설정한 내용을 『삼국사기』, 「직관지」를 토대로 기술함으로써,[81] 중앙의 지방관리가 삼국통일 이후 어떻게 전개되었는지를 서술하였다.[82] 686년의 사적을 기술한 말미에는 다음의 두 가지 설명을 덧붙이기도 하였다. 고구려 출신자들에게 경관을 줌에 있어 당사자의 고구려 당시 관품을 헤아려 주었다는 기사와,[83] "〔백제의〕 옛 땅은 이미 우리나라〔신라〕와 발해, 말갈이 나눈 바였다."는 『동국통감』의 기사에 나름의 평가를 덧붙여 "백제의 옛 땅이 이미 신라로 들어갔으므로 부여경은 빈 봉작만 받았을 뿐 〔통치를〕 행하지 못했다."고 설명하였다.[84] 고구려인들의 통일신라로의 혼효, 그리고 백제 영역의 통일신라 강역으로의 완전한 흡수 등을 기사를 통해 드러낸 것으로, 삼국의 융합에 대한 관심이 적나라하게 드러난 대목들이라 할 만하다.

---

81 『삼국사기』 권40, 잡지 9, 「직관」 하, 外位.
82 『동사강목』 권4하.
83 『삼국사기』 권40, 잡지 9, 「직관」 하, 高句麗人 官等.
84 『동사강목』 권4하.

『동사강목』은 삼국의 군사적 통합 과정에 대해서도 상세한 기술을 제시하였다. 9서당의 확립 과정을 『삼국사기』, 「직관지」를 통해 확인한 후[85] 편년화하여 연도별로 정리하고 있다. 『동사강목』은 우선 672년의 사적을 기술하면서 그 말미에 "백제의 백성을 '백금서당'으로 삼고 5주에 서를 두었다."는 기사를 덧붙였다.[86] 683년의 사적 정리에는 고구려 유민을 '황금서당'으로, 말갈 유민을 '흑금서당'으로 삼았다는 기록을 삽입하고, 686년 보덕성 백성을 '적금 · 벽금서당'으로, 687년의 경우 "백제의 남은 백성을 청금서당으로 삼았다."는 기사를 추가하였다.[87] 비록 9서당 중 3개 서당은 편년화에서 누락됐지만,[88] 2/3라도 제시했음은 평가할 필요가 있다.

『동사강목』은 각국 지방행정구조의 통합에도 많은 관심을 기울였다. 『삼국사기』, 「신라본기」에는 685년을 전후하여 9주의 완비 및 5소경의 설치기사들이 등장하기 시작하는데,[89] 『동국통감』은 그러한 기사들을 수록하지 않은 반면, 『동사강목』은 "봄에 처음으로 9주 5경을 설치했다."는 기사를 수록하였다. 아울러 『삼국사기』, 「지리지」를 인용하여 9주의

---

85 『삼국사기』 권40, 잡지 9, 「직관」 하.

86 『동사강목』 권4하('5주'에 대해서는 역시 『삼국사기』, 「직관지」를 근거로 '청주, 완산주, 한산주, 우수주, 하서주'임을 소개).

87 『동사강목』 권4하.

88 문무왕 12년 신라민으로 구성한 長槍幢을 孝昭王 2년 개칭한 '緋衿誓幢'이 672년과 693년 두 해 서술 양쪽에서 모두 누락되었고, 진평왕 5년 역시 신라민으로 구성한 후 동왕 35년에 명칭을 정한 '綠衿誓幢'도 두 연도에 모두 등장하지 않으며, 진평왕 47년 郎幢 설치 후 문무왕 17년 개칭한 '紫衿誓幢' 역시 진평왕 47년 기사는 물론 677년에도 채록되지 않았다. 그런데 한편으로, 이 세 서당은 모두 신라민으로 구성돼 있어 이미 신라의 군사체계 아래 있었던 존재들이었음을 알 수 있다. 즉 순암은 고구려와 백제의 신라로의 흡수 과정에 대한 기술을 중시해 고구려민과 백제민으로 구성된 서당들은 일일이 정리 · 소개한 반면, 신라민 서당들은 이미 신라의 것이었음을 고려해 소개에서 생략한 것으로 짐작된다.

89 『삼국사기』 권8, 「신라본기」 8('9州가 비로소 갖춰짐', '서원소경을 둠', '남원소경을 둠').

구성을 '본국 경내군' 3주(당은포로 사벌주, 왕성 남쪽 삽량주, 서쪽 청주), '백제 경계군' 3주(옛 왕성 북쪽 웅진구 웅천주, 서남쪽 완산주, 남쪽 무진주), '고구려 남쪽 경계군' 3주(한산주, 수약주, 하서주) 등으로 제시하고,[90] "서원경과 남원경 두 경을 두니 이에 5경이 비로소 정비되었다."고 함으로써 9주 5소경 설치 사실을 한데 모아 포괄적으로 설명하였다.

한편 『동사강목』은 삼국의 통합이 진행되면서 그를 교란시킬 유일한 변수였던 당의 정세에 대해서도 관심을 소홀히 하지 않았다. 676년 2월의 사적을 정리하면서, 『삼국사기』의 삼국 본기나 『동국통감』에는 수록되지 않았던 "당이 안동 · 웅진 두 도독부를 요 땅으로 옮겼다."는 내용의 기사를 첨부한 것이 좋은 예다.[91]

이렇듯 『동사강목』의 고대사 인식에서는 삼국의 통합 과정에 대한 지극한 관심이 엿보인다. 삼국의 분열된 역사를 기술하면서도, 그 통합이 당시 절실한 시대과제였음을 인식하고, 그러한 목표가 달성되었음을 당시인들의 중차대한 성과로 간주한 순암의 한반도 인식이 엿보인다. 한반도의 강역에 대한 순암의 '애정'은 1308년 4월 조인규의 사망을 전하는 『동사강목』의 기술에서도 엿볼 수 있다. 일찍이 『동국통감』은 그의 사망 사실과 더불어 그가 몽골어로 명성을 떨쳤던 점, 고려 정부에서 원에 주청을 전할 때 반드시 조인규를 파견해 그의 입조가 30여 차례에 이르렀던 점, 나라에 공이 많았으나 광범위한 전민을 모으기도 했다는 사실, 아들과 사위들이 모두 장상에 올랐으며 그런 아홉 자제에 대해 사망 전 '경계'를 내렸다는 일화를 실었지만, 『동사강목』의 경우 "우리〔고려〕의 풍속을 바꾸지 않고 서북 경계를 다시 우리 것으로 귀속시킨 것은

90 『삼국사기』 권34, 잡지 3, 「지리」 1, 신라.
91 『동사강목』 권4하.

그의 공이었다."는 평가를 곁들였다. 『동국통감』의 조인규 언급 중 일부를 생략하고 『고려사』 열전에서 새로운 사적을 가져온 것인데, 조인규와 관련해 제시할 가치가 있는 얘기로 판단된 그러한 사적 중 하나가 '강역 수호에 대한 기여'였음이 주목된다. 국토와 강역 전체를 중요시하는 관점이 드러난 또 다른 사례라 생각된다.

삼국의 통합 또는 통합된 한반도에 대한 이러한 높은 관심은 한반도의 역사에 대한 일종의 거시적 인식을 가능케 했을 것이 틀림없다. 그리고 그러한 인식 위에 순암이 개별 지역들에 대한 고증을 단행했던 것이라 여겨진다. 그런데 그 과정에서 중앙과 지방을 바라보는 『동사강목』만의 고유한 관점도 함께 만들어진 것 같다. 그러한 관점은 예상 외로 지방행정단위들의 존재 양태와 역사, 변화 과정과 위상에 대해서는 그리 큰 관심을 내비치지 않았다. 지방단위들의 세부 동향을 보여 주는 기사들의 수록 비율이 낮고, 지방인들의 존재 양태를 보여 줄 만한 기사들은 다수 생략돼 있다. '중앙과 관련된' 지방의 동향, 지방을 '관리'하는 주체로서의 '중앙'을 다룬 기사들이 상대적으로 더 수록되었다. 다음에서 살펴보도록 한다.

(2) 기층 단위들에 대한 무관심

통합된 한반도를 구성했던 것은 다름 아닌 여러 지역의 행정단위들이었다. 한반도 역사의 각종 '공간'에 대한 정보 확보에 관심이 많았던 순암으로서는 주목할 수밖에 없었던, 아니 주목해야만 했을 존재들에 해당한다. 그 유래나 현 위치 등이 명확해 고증의 대상이 될 존재들은 아니었지만, 과거인들의 삶의 터전으로서 각종 기사에 다양한 지명으로 등장한 존재들이었다. 더 많이 소개하면 소개할수록 『동사강목』에서 제시하는 역사상도 풍성해졌을 터이다.

그런데 『동사강목』에서는 구체적 지명들을 생략하거나 지방의 정황을 '도 차원'에서 추상적으로 언급하는 데 그치는 등, 지역의 동향과 현황 등을 세밀히 묘사하는 데에 대체로 '무관심한' 모습을 보인다. 승천부 성랑 영조 기사에서 공간적 배경인 '승천부'가 누락되거나, 동진의 침공을 보고한 주체로서의 '동계병마사' 등이 언급되지 않은 사례는 그나마 상식적으로 추정이 가능한 정보이므로 그 누락에 명분이 없지 않다. 그러나 반드시 필요한 지명 정보들이 누락된 경우들도 대단히 많다. 예를 들어 고려 후기 고종 대 몽골군과의 교전에 대한 『동사강목』의 기술을 들어 볼 수 있다. 주지하는 바와 같이 당시 교전은 전국 각지에서 진행되었고, 그에 따라 『고려사』에는 지역방어를 위한 성 축조, 방어 실패로 인한 성의 몰락, 각종 병력의 이동 및 몽골군의 무자비한 약탈 등이 상세히 기술됐고, 그와 관련된 지역들도 숱하게 등장한다. 『고려사』와 『동국통감』 등 이전의 사서들은 그들을 빠짐없이 수록했지만, 유독 『동사강목』은 해당 기사들을 소개하되 '지명을 빼고' 소개하였다. 1253년 8월 서해도 양산성 함락 사실을 수록하면서 그저 '산성을 함락시키고 도륙', '성은 서해도에 있는데' 등의 기술을 보이거나, 동년 동월(1253년 8월) '몽골군 3천이 고주·화주에서 광주에 이르렀다.'는 기사는 통째로 누락시킨 것 등이 그러한 예다.[92] 1217년 10월 여러 주의 토공 진상 및 군사들의 부경(赴京)을 독려했다는 『고려사』의 기사가 『동국통감』에도 자세히 소개돼 있음에도,[93] 『동사강목』은 그를 굳이 생략하였다.[94]

지역단위들의 승격과 강등, 지역 감무의 설치 또한 『동사강목』에는

92 『동사강목』 권11상.

93 『高麗史』 卷22, 世家 22, 高宗 4年(1217) 10月 丙寅; 『동국통감』 권30.

94 『동사강목』 권10상.

전혀 거론되지 않고 있다. 『고려사절요』의 경우, 1047년 11월 내외의 대소 아문(衙門) 관원들을 1인씩 일괄 감원하는 조치가 논의되자 조정 내에서 '패서도와 산남도(山南道)의 주목은 사무가 너무 많아 감원이 무리'라는 반론이 제기되었고, 결국 도·목·주·부의 인원수가 이전과 같은 규모로 유지되었던 것으로 전하고 있다.[95] 이 기사는 『동국통감』에도 실려 있지만 『동사강목』에는 빠져 있어, '지방행정'에 관심이 많았다고 평가되는 순암의 면모에 비추어 봤을 때 대단히 의아한 대목이라 할 것이다.

1283년 4월 주부군현의 사심관을 임시로 폐지했다는 『고려사』의 기사도[96] 『동사강목』에는 생략돼 있다. 물론 이 기사는 『동국통감』에도 없었으니, 『동사강목』이 그를 굳이 『고려사』에서 찾아 복구하지 않은 것을 비판하기 어려울 수도 있다. 그러나 『동사강목』이 『동국통감』에 누락된 기사를 『고려사』에서 찾아 복구한 경우에도 지명은 다 뺀 채 기술한 사례들이 확인된다. 1304년 1월 일찍이 1299년 활리길사(闊里吉思)의 개변으로 인해 합병된 주군을 다시 분리한 조치로 인해 진주·나주·명주·인주·영광·밀성 등 여러 지역들이 영향을 받게 되는데,[97] 『동사강목』은 "합병한 주·군을 다시 분리시켰다."고만 표현했던 것이다. 그리고 이 외에도 지방의 동정과 관련된 기사들이 생략된 사례들이 적지 않다. 1254년 2월 양주와 동주의 강등, 금성지역 감무 설치 등을 전한 『동국통감』의 기사를 『동사강목』은 수록치 않았고, 기초단위 차원에서 단행된 정치·사회·경제적 조치로는 당시 가장 중요한 조치 중

95 『高麗史』 卷7, 世家 7, 文宗 元年(1047) 11月 丙申.

96 『高麗史』 卷29, 世家 29, 忠烈王 9年(1283) 4月 辛亥.

97 『高麗史』 卷32, 世家 32, 忠烈王 30年(1304) 1月 癸亥.

하나였던 1319년 9월 주현 사심관들의 전토 회수 조치 역시[98] 『동사강목』에는 실리지 못했다.[99]

개별 주·군·현과 같은 기초단위들보다는 계수관 등 광역단위들의 명칭이 노출되는 정도가 상대적으로 더 높다. 『동국통감』의 1099년 11월 사적에는 "부여공 수를 약목군에 유배시켰다."는 기사가 등장하고,[100] 『동사강목』 또한 이 사실을 수록하였다.[101] 다만 『동사강목』은 "부여후 수를 '경산부'에 유배시켰다."고 기록했는데, 이는 "부여공(扶餘公) 왕수(王燧)가 죄(罪)로 경산부(京山府) 약목군(若木郡)에 유배되었다."는 『고려사』 세가의 기사를 참조한 결과로 보인다.[102] 흥미로운 점은 『동국통감』은 그 유배지를 기입함에 있어 그 처소를 하부단위인 '약목군'으로 표기한 반면, 『동사강목』은 그를 상부단위인 '경산부'로 표기했다는 점이다. 순암이 개별적 세부 단위들보다는 일종의 '큰 틀'에 해당하는 '광역단위 위주의 사고'를 지니고 있었고, 그러한 사고방식이 그의 지방제도 및 지방동향 기술에 반영되었을 가능성을 시사하는 대목이다. 『동국통감』에는 없는 1106년 12월 '양광충청주도, 서해도, 경상진주도' 관련 기사를 『고려사』, 「지리지」에서 갖고 와[103] 굳이 수록한 점이나,[104] 1107년 2월 역시 『동국통감』에는 없는 '제도 안무사 파견' 기사를 『고려사』 세가에

---

98 『高麗史』 卷34, 世家 34, 忠肅王 6年(1319) 9月 丁亥.

99 물론 『동사강목』의 서술양태를 감안할 때 이 기사들이 『동사강목』 내의 해당연도가 아닌 다른 부분에 수록돼 있을 가능성도 배제할 수 없다. 그에 대한 확인은 『동사강목』의 서술 전체에 대한 분석을 기다려야 할 것이다.

100 『동국통감』 권18.

101 『동사강목』 권7하.

102 『高麗史』 卷11, 世家 11, 肅宗 4년(1099) 11月 辛未.

103 『高麗史』 卷56, 志 10, 「地理」 1, 楊廣道, "睿宗元年合爲楊廣忠淸州道."; 卷57, 志 11, 「地理」 2, 慶尙道, "睿宗元年稱慶尙晉州道."; 卷58, 志 12, 「地理」 3, 西海道.

104 『동사강목』 권8상.

서[105] 가져와 굳이 수록한 것도 마찬가지다.[106]

더욱 주목되는 것은, 1106년 서술의 경우 이해 『고려사』, 「지리지」에 총 40여 개의 지역에 '감무'가 파견된 사실이 기술돼 있음에도 『동사강목』에는 그에 대한 아무런 언급이 없다는 점이다. 물론 『동사강목』은 1108년의 사적을 기술하면서 『고려사』, 「백관지」의 기록을 인용,[107] "여러 소현에 감무를 설치했다."는 기술을 남기긴 했다. 그러나 이 「백관지」 기사(1108)에 언급된 '감무들'이 바로 「지리지」의 2년 전(1106) 기사에 등장한 '여러 감무'들과 무관하기 어려운 존재들이었고, 기사의 수(「백관지」 1108년 1건, 「지리지」 1106년 40여 건)를 고려할 때 「백관지」 기사의 시점(1108)이 오류임을 순암이 간파하는 것은 그리 어려운 일이 아니었을 것으로 생각된다. 그럼에도 그가 『고려사』, 「백관지」가 제도 소현의 감무 설치 시점을 '1106년'이 아닌 '1108년'으로 기재한 것이 오류임은 논하지 않고, 감무가 설치된 소현들의 지명 역시 전혀 거론하지 않은 것은, 『동사강목』이 개별 지역의 과거사나 상황 기술에 상대적으로 소홀했음을 보여 주는 또 다른 대목이라 할 수 있다.[108]

게다가 광역단위에 대한 기술도 사실 따져 보면 그리 온전치 못한 상황이다. 특히 광역단위 지방행정의 핵심인 목(牧), 즉 '계수관' 제도의 시기별 변동에 대한 기술에 빠진 부분들이 많다. 대표적인 예로 12목(牧)이 처음 설치된 983년(2월)의 지방 동향에 대한 『동사강목』의 서술을 들어 볼 수 있다. 『고려사』, 「백관지」에 따르면 같은 해에 단행된 것으로

105 『高麗史』 卷12, 世家 12, 睿宗 2年(1107) 2月 丙戌.

106 『동사강목』 권8상.

107 『高麗史』 卷77, 志 31, 「百官」 2, 外職 諸縣.

108 「백관지」 기사와는 달리 『고려사』 세가에는 '토산현 등'이라고 지명이 하나 등장하나(『高麗史』 卷12, 世家 12, 睿宗 3年(1108) 7月 辛酉), 『동사강목』은 그마저도 기술하지 않았다.

확인되는 또 다른 중요한 지방 관련 조치인 '각지 금유(今有)와 조장(租藏) 혁파' 조치가 『동사강목』의 서술에는 포함되지 않았다.[109] 그런데 지방행정의 주체이자 경내 최상위 행정단위로서의 '목' 제도는 종래의 지방질서를 무력화시키는 동시에 그를 대체하는 맥락의 것이었다. 즉 '금유, 조장의 혁파'라는 사적은 관련된 사실을 함께 통합해 제시하곤 하던 『동사강목』의 면모를 감안할 때 당연히 함께 제시되는 것이 바람직했던 대목이었음에도 그렇지 못했던 것으로, 그를 통해 『동사강목』의 '시선'을 엿볼 수 있는 바가 있다.

또 다른 예로, 1308년 15개 목의 신설, 1310년 신설 목(牧)들의 부(府)로의 전환 등에 대한 기사들이 『동사강목』에는 전혀 포함돼 있지 않음 또한 거론해 볼 수 있다. 물론 이 대목은 『고려사』 세가에도 제대로 기록돼 있지 않아 인용이 여의치 않았던 경우이긴 하나, 세가 대신 「지리지」를 검토했을 경우 얼마든지 파악, 확인할 수 있었던 정황에 해당한다.[110] 목의 수장인 '목사' 역시 외관록을 받는 직함이었으므로 가끔 기술에 등장하지만, 그마저도 제한적으로만 노출된다. 1310년 9월 충주목사·제주목사·광주목사 임명 사실이 사적에 전하는데,[111] 『동국통감』이 누락한 이 기사를 『동사강목』은 세가에서 찾아 수록하고 의미도 부여했지만, 정작 충주목사만 기술에 포함시켰을 뿐, 광주·제주 목사는 기사에서 일부러 누락시켰음이 흥미롭다.[112] 『동사강목』의 1284년 1월

---

109 『高麗史』 卷77, 志 31, 「百官」 2, 外職 今有租藏.

110 『高麗史』 卷56, 志 10, 「地理」 1, 楊廣道 安南都護府 樹州; 楊廣道 水州; 仁州 唐城郡; 富城縣; 原州; 卷58, 志 12, 「地理」 3, 西海道 安西大都護府 海州, 塩州; 交州道 交州; 東州.

111 『高麗史』 卷33, 世家 33, 忠宣王 2年(1310) 9月 乙酉, "崔湍爲僉議政丞慶原君行雞林尹, 金倫檢校評理忠州牧使, 宋英檢校評理濟州牧使, 張瑄檢校評理廣州牧使, 宰相之出牧始此."

112 『동사강목』 권13상.

기록도 비슷한 경우다. 『동국통감』의 경우 "염승익을 경상전라충청도 순문사로 임명했다."는 기사를 수록했는데,[113] 『동사강목』의 경우 이 기사를 수록하면서 '삼남도순문사'라는 표현을 썼다.[114] 이러한 표현은 후대인들의 관점에서는 사용 가능한 표현일 수 있어도, 엄연히 과거의 사실에 해당하는 표현을 임의로 수정한 것은 부적절한 일일 수 있다. '삼남'이라는 명칭이 『고려사』에 등장하지 않고, 고려의 '도' 제도가 계속 변했음을 감안할 때, 세 개의 광역단위 및 그 광역단위들이 포괄하는 하위지역들까지 모두 표현하기 위해서는 결국 『동국통감』의 기술이 더 정확했다고 말할 수 있으며, 그 점에서 『동사강목』의 서술은 부적절했다고 할 것이다.

이렇듯 『동사강목』에는 일반적으로는 채록되었을 것으로 예상되는 지역 관련 기사들이 상당수 누락되었음이 확인된다. 삼국의 통합에 대한 깊은 관심, 옛 지역들의 위치에 대한 순암의 적극적 고증 노력에 비추어 봤을 때 의아한 대목이라 아니할 수 없다.

물론 983년 6월 주현관역 공해전 설치 기사의 경우, 『동국통감』에는 언급되지 않은 것을 순암이 『고려사』, 「식화지」의 내용을 근거로 굳이 수록한 경우도 없지 않다.[115] 순암이 지방의 상황 변화에 대해 결코 무심하지는 않았음을 보여 주는 방증으로 해석할 소지도 없지 않은 대목이다. 그러나 한편으로, 공해전 설치는 지방단위들의 자립성을 높이는 동시에 중앙정부의 부담을 낮추는, 즉 중앙정부의 재정문제 해결에 긍정적으로 기여할 수 있는 철저히 중앙적 차원의 이슈였다고 할 수 있다.

---

113 『동국통감』 권38.

114 『동사강목』 권12상.

115 『高麗史』 卷78, 志 32, 「食貨」 1, 田制 公廨田柴; 『동사강목』 6상.

그래서 수록된 것이었을 가능성이 크다는 점을 감안하면, 순수 '지방 동향' 관련 정보들은 『동사강목』의 편찬방침상 수록대상 후순위에 있었던 것이 분명하다.

그를 노골적으로 보여 주는 재미있는 사례가 있다. 1157년 5월 '울릉도의 토질이 비옥해 백성이 살 수 있다.'는 보고가 올라와 국왕이 '명주도 감창' 김유림을 보내 살펴보게 했음이 『동국통감』에 기록돼 있는데,[116] 『동사강목』 역시 이 기사를 수록했지만,[117] 순암은 김유림의 관직을 '내급사'로 소개했음이 눈에 띈다. 이러한 기술은 『고려사』 세가를 참조한 것으로 보이는데, 해당 기사에 김유림의 관직이 "명주도 감창 전중내급사"로 소개돼 있기 때문이다.[118] 결국 순암은 김유림이 당시 갖고 있던 관직을 외관직으로서의 '명주도 감창' 대신 '중앙관직'으로서의 전중내급사로 표기하는 것이 적절하다고 본 것이다. 순암의 시각을 단적으로 보여 주는 정황이라 하겠다.

2) 외부에 대한 인식 – 고려와 동아시아 각국간 교류에 대한 인식

(1) 중국 제도에 대한 주목

『동사강목』과 관련해 흔히 언급되는 사항 중 하나로, 순암이 한반도에서 시행된 여러 제도들의 연원을 궁구함에 있어 중국의 역대 제도를 폭넓게 검토하고, 그에 대한 자신의 지식을 근거로 삼국과 고려 제도의

---

116 『동국통감』 권24.

117 『동사강목』 권9상.

118 『高麗史』 卷18, 世家 18, 毅宗 11年(1157) 5月 丙子, "…… 遣溟州道監倉殿中內給事金柔立往視."

유래를 설명했다는 점을 들 수 있다. 이전의 사서들이 그러한 모습을 보인 바 적었음을 고려할 때, 『동사강목』의 그러한 면모는 한반도의 역사에 대한 서술을 더욱 풍성히 만들 수 있는 자세였음을 부인하기 어렵다. 이번 검토에서도 순암이 여러 군데에서 중국의 사적은 물론 중국의 제도 자체를 거론하고 있음이 확인된다. 제한된 분량을 검토했음에도 그러한 면모들이 적지 않게 확인되었다.

다만 한 가지 유의할 부분은 있다. 위에서 언급한 '중국 제도의 거론'이, 그 비교대상이 된 삼국이나 고려 제도의 연원 또는 속성에 대한 독자나 대중, 당시 학계의 이해 제고에 적절하게 기여할 수 있는 차원에서 이뤄졌는지의 문제는 따져 볼 필요가 있다는 점이다.

예컨대 983년 10월의 사적을 기술하는 과정에서[119] 『동사강목』은 『동국통감』에는 채록되지 않은 '주점(酒店) 설치' 기사를 『고려사』에서 찾아 수록하였고, 그에 대한 설명으로 '중국의 관련 제도'를 인용하였다. 그런데 정작 인용문을 모두 읽어도 '고려의 주점'에 대한 이해가 특별히 신장된 것 같지는 않다. 고려 주점의 설치가 중국 제도를 받아들이려 노력한 결과인지, 그간 도입돼 있던 중국 제도의 영향을 받아 이뤄진 것인지에 대해 순암 본인의 입장이 전혀 개진돼 있지 않기 때문이다. 그 결과 중국 제도에 대한 인용이 결국은 중국 제도에 대한 찬자의 박식한 이해수준을 드러낸 것에 불과한 일이 되고 만 측면이 있다. 986년 7월 의창의 설치에 대한 『동사강목』의 서술도 마찬가지다.[120] 의창 설치 기록은 『동국통감』에도 실렸으며, 이에 『동사강목』 역시 그것을 그대로 수록한 후 '안'을 통해 중국의 의창제도를 소개하고 있다. 그런데 순암은 그 안설에서, 고

---

119 『동사강목』 권6상.
120 『동사강목』 권6상.

려 국왕 성종이 의창을 '100호 단위로 설치된' (중국의) 사(社)에 설치하지 않고 주와 군에만 설치한 것을 비난하였다. '사'가 존재하지 않던 고려의 실정을 감안할 때 부당한 논평이라 여겨진다. 고려의 경우 주와 군에만 의창을 설치한 배경을 중국 제도를 근거로 해명하려 하기보다는, 중국 제도를 들어 고려 제도를 비판하는 데 그쳤다.

고려의 원구단 제사를 비판하며 '음악을 연주하고 술잔치를 벌이며 농기에 도금하기도' 했음을 거론한 부분도 마찬가지다. "주·한에서 어찌 이런 일이 있었겠느냐."는 대목에서 (고려의 관행에 대한) 순암의 비판 준거가 중국의 고제에 있음을 엿볼 수 있다. 아울러 '중국 제도의 취지와 외형을 제대로 계승하지 않았음'을 비판한 것은 조선 후기의 관점에서 볼 때 당연한 일일 수도 있다. 문제는 과연 고려의 원구단 제사가 순암이 묘사한 것처럼 유희와 연락 위주로 흘렀는지 전하는 사료가 없다는 점이다. 이러한 기술이 고려의 제도와 관습을 깎아내리는 것으로 오해되지 않으려면 중국의 유사 제도들에 대한 폭넓은 인용이 도움이 됐을 수 있겠으나, 그렇지도 못했음이 아쉬운 경우라 할 것이다.

게다가 중국의 기사나 정보를 인용하는 과정에서 비교대상으로서의 삼국시대·고려시대 제도와 별 관련이 없는 내용, 또는 불필요한 내용이 인용된 경우도 눈에 띈다. "〔영류왕〕 8년 왕이 사람을 당에 보내 불(佛)·노(老)의 교법(敎法)을 구학(求學)케 하니 당제(唐帝)가 이를 허락하였다."는 『삼국사기』, 「고구려본기」 625년 기사를 수록하며,[121] 순암은 자신이 당사(唐史)에서 찾은 한 일화를 덧붙인 바 있다.[122] 당 황제가 고구려의 '칭신'을 논의하며, '고구려가 일찍이 수 양제에게 칭신하면서

---

121 『삼국사기』 권20, 「고구려본기」 8.
122 『동사강목』 권3하.

도 대들었음'을 상기하고는 "칭신을 요구하는 것 자체가 실익이 없는 일"이라 하자 관료들은 그래도 '칭신'을 요구해야 한다고 주장한 내용이 담겨 있는데, 고구려의 '학문 요청'과는 거리가 먼 내용이라 할 것이다.

다른 경우도 있다. 『동사강목』은 673년의 사적을 정리하면서 '서형산성(西兄山城) 증축'을 전하는 『삼국사기』, 「신라본기」 기사(2월) 및 당 총관 대장군 이근행이 고구려의 잔당을 호로하에서 격파해 수천 명의 포로를 잡자 나머지는 도망쳤음을 전하는 「고구려본기」 기사(윤5월)를[123] 수록하였다. 그런데 그 기사의 말미에 "당 장수 이근행의 처 유씨가 벌노성에서 고구려 말갈군에 항거하여 성을 지켰고, 황제가 그를 연국부인으로 봉했다."는 일화를 소개하였다.[124] 당 장수의 부인이 고구려의 구성에서 고구려군에 항거해 성을 지킨 것에 대해 당 황제가 포상을 했다는 얘기인데, 고구려 또는 신라인의 관점에서 쓰여야 할 『동사강목』의 관점에 비추어 봤을 때 굳이 소개할 필요가 없었을 일화를 왜 여기에 첨입했는지 의아해지는 대목이다. 그 밖에도 1282년 7월 고려 정부가 원에 무당과 의원을 요청했다는 기사에 등장하는 '조양환'이라는 약재에 '안'을 붙여 그것이 '정력제'임을 굳이 밝힌 것은 엉뚱하게 느껴지기까지 한다.[125] 고려 정부의 조치들 중 그 시행 배경 및 취지를 해명함에 있어 그 전범이 되었을 중국 제도에 대한 설명이 필요한 '더 중요한' 조치들이 고려 후기에도 적지 않았는데, 그런 경우들에 대해서는 '안' 형태의 중국 제도 거론이 거의 없음이 안타깝다.

이상에서 살펴본 바와 같이, 순암 안정복의 중국 제도 거론들은 그를

---

123 『삼국사기』 권7, 「신라본기」 7; 권22, 「고구려본기」 10.

124 『동사강목』 권4하.

125 『동사강목』 권12상.

통해 삼국 · 고려 제도의 연원을 해명하려는 의미 있는 노력의 연장선상에 있었던 것이라 여겨지지만, 경우에 따라 그 취지에 충분히 부응하지 못하는 중국 제도 거론들도 있었던 것이라 생각된다. 필자가 『동사강목』 내의 대단히 제한된 부분만 검토한 상황이어서 단언은 금물이지만, 이런 추세들은 어쩌면 『동사강목』의 약점으로 간주될 수도 있는 대목이라 생각된다. 일반 사서의 경우 그러한 대목들을 결여하고 있다고 해서 비판의 대상이 되지는 않겠으나, 『동사강목』의 경우 특정의 관점에 따라 기사를 취사하고 덧붙여 그에 논평도 첨부하는 '역사연구서'이기를 선택한 이상 (또는 그렇게 평가되고 있는 이상) 그러한 비판(비평)을 피해 가기 어렵다. 향후 치밀하게 궁구되어야 할 대목이다.

『동사강목』이 보인 이러한 모습과 관련하여, 단상 차원의 가능성을 제기해 볼 수 있다. 중국과 중국사에 대해 그가 품고 있던 경원(敬遠)의 의식 또는 정서가 이러한 서술양상과 무관했을 가능성을 배제할 수 없기 때문이다. 실제로 순암은 중국의 시각에서 봤을 때 참람해 보일 가능성이 있는 기술을 자제했던 것으로 보인다. 순암은 1096년 9월 박인량의 사망 사실을 수록하면서, 송인들의 찬사, 박인량과 김근의 글을 실은 『소화집(小華集)』의 발간, 요와의 경계 분쟁 당시 작성된 박인량의 진정표 등을 언급한 『동국통감』과 달리,[126] 박인량의 문장이 아려하여 당시 송과 요에 보낸 고주, 표장 및 『고금록』까지도 모두 그가 저술한 사실을 소개하면서도 『소화집』의 발간 사실만은 기록하지 않았다.[127] '중화'의 개념이 담긴 제목을 가진 책을 고려인이 감히 집필했다는 사실이 소개하기에 참람하다고 여겨서였을까? 유사한 예가 1304년 2월 기술에서도

126 『동국통감』 권18.

127 『동사강목』 권7하.

확인된다. 원에서 허용해 고려가 다시금 황포와 황산을 쓰게 됐다는 『동국통감』의 기사를[128] 『동사강목』에서는 채록하지 않은 것이다. 황포·황산 문제는 고려의 체례가 원제국의 그것에 비추어 참람하다고 여겨질까 두려워 고려 정부가 몇 해 전 그 사용을 스스로 금지한 의례들인데, 이해 원제국에서 그것을 사용해도 괜찮다는 일종의 '유권해석'을 내려준 것이었다. 그런데 『동국통감』에도 수록된 이 기사를 『동사강목』이 누락시킨 것은, 순암이 고려의 제도가 '천자국의 그것에 준하여 시행되었고 따라서 참람했던' 것으로 간주했기 때문이었을 가능성이 보인다. 이 밖에 『동국통감』의 '신 등은'을 '최씨는'으로, 『동국통감』에 인용된 김부식의 견해를 '김씨는' 등으로 재인용하면서도 그 인용에 등장하는 중국 경서(經書)의 내용, 즉 『서경』, 『주역』, 대순과 성탕, 『맹자』 등은 모두 재인용 과정에서 생략한 것 역시 재미있는 대목인데, 그 원인은 앞으로 따져 볼 필요가 있다.

중국 제도를 적극 거론해야겠다고 사가로서 결심하면서도, 한반도 과거사에 대한 조선 당대의 역사서술이 중국의 시각에서 참람되게 보이는 것을 피해야 했던 현실적 여건에 영향을 받은 듯한 이러한 모습들이, 결국 『동사강목』이 한반도의 이전 제도들을 중국의 제도들과 결부시켜 충분히 논의하지 못하는 결과로 이어졌던 것이라 생각된다. 아울러 『동사강목』의 이러한 서술은 결국 고려의 외교 상대방이었던 송·요·금·원제국 중 송을 제외한 다른 왕조들에 대해 (그리고 고려가 그들과 맺었던 관계들에 대해) 필요한 만큼의 서술을 하지 못하게 하는 원인이 되었던 것으로도 보인다. 기존의 화이론적 사고가 강하게 작동한 결과로도 보이는데, 다음 항에서 살펴보도록 한다.

---

128 『동국통감』 권41.

(2) '동아시아 속 고려'에 대한 인식 부족

순암 안정복은 송에 대해서는 상당한 경외를 보여 그와 관련된 기사들을 많이 수록했던 한편, 요·금과 관련한 기사들은 거의 담지 않았다. 거란 요 또는 여진 금과의 공식 교류 및 접촉(사신교환, 정부대화)에 대한 기사들이 『동사강목』에는 많이 누락돼 있다. 예컨대 1047년 2월의 경우, 거란에서 사신을 보내와 사망한 고려 국왕 정종을 제사 지내기도 하고, 일찍이 귀부했다가 거란에 다시 항복한 동번 추장의 논죄를 도병마사가 주장해 논의가 이뤄진 사실 등이 『고려사』에 등장하는데,[129] 고려가 당시 외부와 맺고 있던 관계를 보여 줄 기사들로 소개할 만하지만 『동사강목』은 이들 기사들을 대부분 누락시키고 있다. 1111년 10월 요에 사신을 파견한 기사, 1113년 1월 요 황제가 칙제사를 보내와 국왕에게 기복을 명한 사실 및 요 사신이 돌아가며 춘추석례 등을 요청해 제공하였다는 사실 또한 『동사강목』에는 모두 빠져 있다.[130] 이러한 방침은 여진이 금을 세운 이후의 사적에 대한 기술에도 적용되어, 1155년 11월 등 금에서 사신을 보내오거나 고려에서 금에 사신을 보낸 기사들이 거의 대부분 『동사강목』에서 빠지게 된다.[131]

『동사강목』은 또 건국 이전의 여진과 관련하여, 여진족의 고려 변방에 대한 침구 기사들은 대부분 수록했지만, 11세기를 전후하여 사례가 극도로 많이 등장하는 여진 '래투'에 대해서는 거의 모든 경우 채록하지 않았다. 당시 고려 북변의 여진 부족들이 다수 고려에 귀부하였고, 고려 정부가 그들을 일종의 '번(蕃)'으로 대우하며 고려만의 국제질서를 운영

---

129 『高麗史』 卷7, 世家 7, 文宗 元年(1047) 2月 壬戌; 丁未.

130 『高麗史』 卷13, 世家 13, 睿宗 6年(1111) 10月 丙午; 睿宗 8年(1113) 1月 乙卯; 壬申.

131 『高麗史』 卷18, 世家 18, 毅宗 9年(1155) 11月 癸巳.

하고 있었음은 주지의 사실이지만, 『동사강목』은 여진의 침구로 인해 1109년 1월 왕사근 등 고려 장수들이 패전, 사망한 점은 기록하면서도[132] 1109년 1월 평로관 밖 번장들에게 제공한 연회나 2월의 동번 추장 인견, 그리고 4월 동여진이 사신을 보내와 화친을 요청한 기사[133] 등은 모두 생략하였다. 결과적으로 당시 고려가 직면했던 국제환경 및 다양한 형태로 계속된 외교접촉들이 『동사강목』의 기술에서 모두 빠짐으로써 당시의 외교사를 심각하게 곡해하는 한편으로 '바깥과의 교류 모습이 상당 정도 누락된 『동사강목』만의 역사상'이 도출되게 되었다.

이러한 기술은 순암이 비한족 왕조들과의 교류에 대한 기술을 꺼린 결과로 보이기도 한다. 그러나 한편으로 송상(宋商)들의 방문기사 또한 상당수 누락돼 있고, 다른 송 관련 기사들도 생략돼 있음이 주목된다. 1127년 7월 송 〔명주〕 교련사가 고려에 왔다는 『동국통감』의 기사 역시[134] 『동사강목』에는 누락돼 있다. 이 방문은 송이 고려에 군사원조 등 다양한 협력을 요청해 오는 와중에 이루어진 것으로 그만큼 중요한 기사이지만 생략되었고, 여타의 여러 다양한 고려-송 교류 사례들도 상당수 누락되었다. 1113년 6월 진도민들이 탐라로 가던 중 명주에 표류했다는 기사,[135] 1047년 문종의 대송 통교 재개 노력 또한 『동사강목』에는 누락돼 있다.

즉 순암은 『동사강목』을 기술함에 있어 고려인들이 '외부'와 맺었던 여러 다양한 관계 자체를 기술하는 데 별다른 열의를 느끼지 못했던 것 같다. 그리고 그것은 고려 후기 대외관계의 제 면모를 규정하다시피 했

---

132 『동사강목』 권8상.

133 『高麗史』 卷13, 世家 13, 睿宗 4年(1109) 1月 戊午; 2月 壬寅; 4月 甲辰.

134 『동국통감』 권21.

135 『高麗史』 卷13, 世家 13, 睿宗 8年(1113) 6月 庚戌.

던 원제국과 관련된 기술에서도 마찬가지였다. 순암은 『동사강목』에서 '요 · 금과는 교의하면서 몽골과는 그렇지 못했던 것'을 거론하며 그것을 당대인들의 판단착오로 비판한 바도 있지만, 고려-원제국 간의 중요한 교류 기사들도 대부분 누락시켰다.

우선 고려군과 몽골군의 교전 기사 중 다수가 『동사강목』의 고종 대 기록에서 생략돼 있고, 고려와 원제국 간에 오고 간 사신들의 실명이나 수도 제대로 기재돼 있지 않다. 1253년의 경우만 보더라도, 4월 북계병마사의 적병 30여 구 침략 보고 기사, 5월 몽골 사신의 방문 및 고종의 선물 제공 기사, 7월 북계병마사의 보고, 산성들의 해도 입보, 몽골군의 화주행, 8월 교위가 우봉 별초를 인솔하고 몽골군과 교전한 사실 등이[136] 『동사강목』에는 모두 누락돼 있다. 1255년 12월 몽골병이 '배를 만들어' 조도를 쳤다는 기사는[137] 전쟁 · 전법사상 중요하다고 여겨지나 역시 『동사강목』에 누락되었다. 1283년 1월 고려가 원 내부의 일본정벌 재추진 여부를 지켜보고 있었음을 전하는 기사[138] 역시 『동사강목』에서 빠졌다.

누락된 것은 전란 및 갈등과 관련된 기사들만이 아니다. 1285년 7월 고려 관료의 원 관계 수령처럼 고려와 원제국의 관계가 근본적으로 바뀌고 있었음을 보여 주는 정황들이 『동사강목』에는 누락돼 있다. 물론 이러한 기록들은 묘지명에만 등장할 따름이어서 순암이 그를 찾아 기재하기는 어려웠을 것으로 예상된다.[139] 다만 1365년 3월의 사실에 대한

---

136 『高麗史』卷24, 世家 24, 高宗 40年(1253) 4月 庚戌; 5月 丙申; 7月 甲申; 辛卯; 8月 癸丑.

137 『高麗史』卷24, 世家 24, 高宗 42年(1255) 12月 壬辰.

138 『高麗史』卷29, 世家 29, 忠烈王 9年(1283) 1月 乙亥.

139 일찍이 『동국통감』 또한 1285년 7월 『고려사절요』 기록에 등장하는 "김흔이 원나라에서 돌아왔다. 황제가 昭武大將軍으로 제수하고 三珠虎頭牌를 차게 했다."는 기사를 생략

『동사강목』의 기술은 순암이 그러한 정보를 갖고 있었다 하더라도 그를 기술하는 데에는 인색했을 가능성을 보여 준다. 당시 다수의 고려 관료들이 원으로부터 벼슬과 원 문산계를 받았으나,[140] 『동사강목』은 원 문산계에 대한 언급은 뺀 채 "원에서 그들에게 벼슬을 내렸다."고만 수록하였다. 이 외에 1285년 11월 전개된 동녕부와의 영토경쟁이나, 1286년 1월 국왕이 원에 조회하러 가기를 청했으나 원에서 (당시 고려와 동녕부가 다투고 있던) 수안과 곡주를 고려에 돌려주고 일본정벌도 중지한다고 선포한 후 고려 왕에게는 오지 말라고 한 사실 등[141] 양국 관계의 변화 과정에서 이어진 '작아 보이지만 눈여겨볼 만한 정황'들에 대한 기록들도 하나같이 『동사강목』에는 빠져 있는 것이다.

무엇보다도 중요한 것은 당시 고위층에서 이루어지고 있던 고려와 원제국 간 접촉에 대한 『동사강목』의 기술마저도 치밀하지 못하다는 점이다. 1319년 상반기의 경우, 『동사강목』은 원제국 제왕(영왕)의 비가 고려를 방문한 사실을 전하는 1월의 사적은[142] 기술을 생략한 채 그가 돌아간 사실만 4월에 기재하고,[143] 1314년 충숙왕 즉위 이후 계속된 충선왕의 원 체류 사실은 매해 1월에 반복적으로 기록한 반면 1320년 5월 충선왕의 몰락이 시작되었음을 알려 주는 중요한 기사는[144] 정작 5월이 아닌

한 바 있다. 이 기사는 『고려사』에 등장하지 않아 순암이 접하지 못했던 것으로 보이지만, 접했어도 다른 결과가 나오지는 않았을 것 같다.

140 『高麗史』 卷41, 世家 41, 恭愍王 14年(1365) 3月 己巳, "元 …… 又以壬寅平紅賊功 宣授韓方信 秘書監丞 安遇慶 廣文監丞 黃裳 經正監丞 李龜壽 太僕寺丞 李餘慶 崇文監丞 並階奉訓大夫."

141 『高麗史』 卷30, 世家 30, 忠烈王 11年(1285) 11月 丙戌; 12年(1286) 1月 庚午; 辛未; 丙戌; 丁酉.

142 『高麗史』 卷34, 世家 34, 忠肅王 6年(1319) 1月 庚午.

143 『동사강목』 권13하.

144 『동국통감』 권42.

12월 그의 유배 당시 기술에 갖다 붙이고 있음이 그러한 사례에 해당한다.[145] 물론 불가피했던 대목도 있다. 『고려사절요』에 따르면 원에서 단사관을 보내 고려 왕실 인사인 왕숙을 압송해 온 사실, 충숙왕이 원 사신과 더불어 정동행성에서 그를 국문하고 장형에 처한 사실 등 1319년 1월에 중요한 일들이 많았음이 확인된다. 그런데 『고려사』와 『동국통감』이 그를 모두 수록하지 않아 순암이 그를 참조할 수 없었고, 정작 그 사실들을 수록한 『고려사절요』는 순암이 참조하지 못해 결국 해당 사실들을 기술하지 못한 것으로 보여 안타까울 따름이라 하겠다.

그러나 한편으로, '정동행성'에 대한 『동사강목』의 기술만큼은 위와 같은 경우에도 해당하지 않아 비판을 면키 어렵다. 고려와 원제국 간 초기관계의 정립에 깊숙이 관여한 정동행성에 대한 기사들이 다수 누락됨으로써 『동사강목』이 전하는 고려 후기사 역시 반쪽짜리가 된 측면이 없지 않기 때문이다. 예컨대 1301년 1월 왕이 행성의 관원과 여러 신하를 데리고 묘련사에 행차하여 황제의 성갑일(聖甲日)을 위해 축수하였다는 『동국통감』의 기사가[146] 『동사강목』에는 빠졌고, 이 밖에도 정동행성 관리들과 함께하던 국가 일정의 엄연한 일부들이 『동사강목』의 기술에서는 거의 대부분 배제되었다. 아무리 굴욕적인 대목들이라 하더라도 당시 고려-원 관계의 파악을 위해서는 수록되었어야 할 정보들이 누락된 경우라 할 것이다.

1303년 6월 김부윤의 사망에 대한 기록을 봐도 그렇다. 『동국통감』은 그가 군졸 출신이면서 성품이 공정하고, 덧붙여 "일찍이 왕을 따라 원나라에 들어갔는데, 비록 험난한 국면을 당하여도 절조를 지켜 굽히지

145 『동사강목』 권13하.

146 『동국통감』 권41.

않았다. 세조가 그의 명망을 알고서 정동성 관원에 제수하였고, 왕은 철권(鐵券)을 주었다."고 기술했는데,[147] 『동사강목』의 경우 『고려사』 열전 기록을 근거로 『동국통감』의 기술에 다른 일화를 추가하면서도, '세조가 그를 정동행성 관원에 제수했다.'는 부분은 쏙 빼 버렸음이 눈에 띈다.[148] 부정적 이력이라 생각돼 일부러 뺀 것으로 여겨지는데, 순암이 고려와 원제국의 관계를 당시의 실상에 맞게 서술하는 것에 별 관심을 두지 않고 있었을 가능성을 시사하는 대목이다. 그가 비록 『동국통감』에는 누락된 "원에서 〔정동〕행중서성을 행상서성으로 바꾸었다."는 1309년 9월 기사를 『고려사』에서 찾아 수록하긴 했지만,[149] 더 중요한 여타의 정보가 많이 누락되었다는 점에서 이 한 기사에 의미를 부여하기는 어렵다고 하겠다.

그저 원제국에 대한 반감만 더러 등장하는데, 고려인들이 원조를 '존칭한(높여 부른)' 사례들을 순암이 『동사강목』의 기술에서 굳이 노출시키지 않은 사례들이 그를 보여 준다. 『동국통감』의 1313년 11월 기록에는 원에서 관료들을 보내와 충렬왕의 측근 송인을 정동성에 가둔 후 문죄하며 거론한 내용이 담겨 있다.[150] 그중에는 "네가〔송인〕 왕에게 상국〔원〕에 가라고 권고하여 백성을 어지럽힌 것이 첫 번째 죄요, 네 아비〔송〕분이 일찍이 금고(禁錮)를 겪은 것은 황제께서 아시는 바이거늘 감히 이를 숨기고 함부로 조정의 명을 받은 것이 두 번째 죄다."라는 언급도 들어 있다. 그런데 『동사강목』의 경우 송인의 국문사실을 전하면서도, 그를 기술함에 있어 '상국 · 황제' 등이 등장하는 이 부분만 누락시켰

147 『동국통감』 권41.
148 『동사강목』 권13상.
149 『동사강목』 권13상.
150 『동국통감』 권42.

음이 주목된다.[151] 더 안타까운 것은, 그러한 반감이 원의 간섭과 개입에 대한 구체적인 사실 채록으로 연결된 것도 아니라는 점이다. 1308년 6월처럼 "제왕과 부마가 사사로이 역마 차자를 발급(받)는 것을 원에서 금지"했다는 기사도[152] 누락시켰고, 1356년 5월 원에서 기황후의 아버지 영안왕을 경왕으로 임명한 조치는[153] 공민왕의 국왕으로서의 권위를 크게 침해한 조치로서 당시의 양국 관계상 중요한 사건이었는데, 역시 『동사강목』에는 누락되었다.[154]

순암은 "이웃의 성쇠는 국가도 파악해야 하고 사가도 알아야 하는 것인데, 그에 대해 당시인들이 자신들이 갖고 있었을 정보를 자세히 남기지 않아 〔후대인들이〕 아무것도 모르게 되었다."는 비판을 『동사강목』에서 개진한 바 있다. 이는 지극히 타당한 언급이며 사가로서의 순암의 신념을 보여 주는 주장이라 할 만하다. 그러나 여진내투나 물자진상 기사, 거란 사신의 방문 기사 등을 대부분 누락시킨 『동사강목』으로서는 상당히 이율배반적인 비판이기도 하다. 1096년 8월 『동국통감』 기록에 등장하는 "동여진 와돌을(臥突乙) · 고마요(古馬要) 등이 오니 인견(引見)하여 번사(藩事)를 물었다."는 기사처럼[155] 위 순암의 언급과 직결되는 기사마저도 정작 『동사강목』에는 누락돼 있음은 일종의 역설이라 할 것이다.

151 『동사강목』 권13상.

152 『高麗史』 卷32, 世家 32, 忠烈王 34年(1308) 6月 己丑.

153 『高麗史』 卷39, 世家 39, 恭愍王 5年(1356) 5月 戊子.

154 물론 여기서의 '누락'이라 함은 해당 연월조에서 기술되지 못했음을 언급한 것으로, 『동사강목』의 다른 부분에 수록되어 필자가 확인하지 못한 사례가 있을 가능성을 완전히 배제할 수 없다. 그러나 본고의 서술 과정에서는 그러한 가능성을 최대한 줄이고자 중요사적의 앞뒤로 최소 2, 3년 간은 함께 정독, 분석하였음을 일러둔다.

155 『高麗史』 卷11, 世家 11, 肅宗 元年(1096) 8月 丙子.

당시 고려의 외교활동이나 대외교류를 보여 주는 기사들이 『동사강목』에는 일체 수록되지 않거나 제대로 기술되지 않은 결과, 고려인들의 여러 외교적 노력을 보여 주는 세부적이지만 귀중한 정보들이 '『동사강목』에 묘사된 고려의 역사상'에서는 누락되고 말았다. 고려는 이전 또는 이후와는 상당히 달랐던 시기로서, 바깥세계와의 적극적 교류가 흔히 그 개방적 면모의 대표적 모습으로 거론되곤 한다. 고려시대의 이러한 면모를 사료에서 추출하기 위해서는 여러 정보들을 한 군데에 놓고 복합적으로 분석해야 할 필요가 있으며, 그런 점에서 앞서 살펴본 『동사강목』 나름의 정보전달 방식은 고려시대사 기술에 상당히 유용한 방식이었다고 할 수 있다. 그러나 그러한 전달방식을 고안한 순암 안정복이 내부와 외부의 각종 사건 및 정황들에 대해 보인 역사기술은 내적으로는 지방의 모든 단계들까지 미칠 정도로 세밀하지 못했고, 외적으로는 비한인 문화권과의 교류 묘사에 대체로 무심했던 것으로 확인된다. 그 결과 한반도를 하나의 '거대공동체'로만 인지하고 중국과의 관계 정도만을 기술 대상으로 삼았을 뿐, 한반도 기층단위들의 내적 성숙 과정은 물론 동아시아 속 한반도의 의미 등은 제대로 다루지 못하게 된 것이라 생각된다.

4. 『동사강목』의 '목적서'로서의 면모 : 포폄과 현실인식의 강도

『동사강목』의 마지막 면모는 당연히 특수한 목적의식을 지닌 '목적서'로서의 그것이라 할 수 있다. 이러한 성격을 갖고 있었기에 『동사강목』은 순수한 사료집, 역사연구서와도 차별된다. '강목'이라는 서술형식을 취한 것에서도 그를 엿볼 수 있지만, 『동사강목』은 충역을 구분해 강상을 바로잡다는 목표 아래 기존의 역사상을 재구성하려 한 책이었음을 거의 모든 연구들이 이미 지적한 바 있다. 또 '실학자'로서의 정체성을 가졌던 순암이 집필자였던 만큼, 현실에 기반한 문제의식을 토대로 기사를 선택하고 논평도 작성한 이른바 '실학파 역사서'로도 운위돼 왔다.

이렇듯 정치적이고도 현실적인 목적성을 지녔던 『동사강목』의 문제의식은 단순 역사연구서보다 훨씬 더 원대한 것이었다고 할 수 있다. 기존 연구에서는 『동사강목』이 600여 개의 안설을 담고 있고 이러한 안설들이 다양한 상황과 정책을 대상으로 하고 있으며, 그에는 여러 윤리적 상황에 대한 순암의 '포폄'과 함께 국방대책, 과거제와 인재등용, 형정, 진휼 그리고 노비 문제 등 여러 분야의 제도에 대한 비평적 견해가 담겨 있음을 지적한 바 있다. 아울러 순암은 사회현실에 대해서도 큰 관심을 보였던 것으로 평가되는데, 실제로 『동사강목』에 재인용된 기존 사서 속 사평들이 그런 부분들을 다루고 있어 순암의 입장을 대변해 준다. 성리학자로서, 그리고 다수의 목민서를 집필한 학자로서 그가 '안설'의 형태를 빌어 여러 다양한 과거 포폄 및 현실인식을 개진한 것은 지극히 당연한 일로 받아들여져 왔다.

다만 그러한 안설들이 귀중한 가치를 지녔더라도, 안설 또는 기존 사평 재인용이 『동사강목』에 '충분히' 담겨 있는지의 여부는 별개의 문제라 생각된다. '안설'을 통해 순암의 조예와 경륜을 엿볼 수 있음은 사실이지만, 안설 또는 사평이 첨부될 만한 기사들에 안설과 사평이 모두 첨부된 것은 결코 아니었기 때문이다. 물론 그러기는 불가능했을 가능성이 높으므로, 그를 근거로 『동사강목』을 비판하는 것은 정당한 일이 아닐 수도 있다. 그러나 '안'이 첨부되면 좋았으나 그러지 못했던 기사들이 자주 보일 뿐만 아니라, '안'이 첨부되었어야 할 기사들 자체가 『동사강목』의 기술에서는 누락되고 있음이 확인된다.

그런 점에서 순암 안정복이 제시한 '안' 또는 '포폄'들이 『동사강목』의 강점이자 특장임은 부인할 수 없으나, 그러한 강점이 충분히 구현되지 못했을 가능성에 대한 검토가 필요하다고 생각된다. 우선 '명분과 윤리'의 영역에 속하는 문제들에 대한 순암의 포폄이 충분했는지, 그리고 '효용과 실용'의 영역에 속하는 '제도적 이슈'들에 대한 순암의 입장개진 및 평가가 충분했는지를 1절에서 살펴볼 예정이다. 다음 2절에서는 '사회현실 및 정의'의 문제라 할 권력자들의 전횡이나 민생의 당시 상황이 순암의 기술에 충분히 드러나 있는지를 살핌으로써, 『동사강목』이 '포폄서'로서의 명성에 부응하는 내용을 담고 있는지, 그리고 '목민'에 많은 관심을 기울였던 이의 역사저술에 어울리는 내용을 담고 있었는지의 여부를 가늠해 보도록 한다.

한 가지 덧붙일 점은, 상기한 부분에 대한 검토가 안설 그 자체에 대한 검토에 머물러서는 안 된다는 점이다. 종래의 연구에서는 순암의 안설이 그의 사론 또는 사관을 분석하는 주요 도구로 활용돼 왔는데, 그러다 보니 검토가 주로 '그가 어떤 영역에서 포폄과 평가를 단행했는지' 또는 '그가 어떤 부분에 관심이 많았는지'를 밝히는 식으로만 진행돼 온 측면이 있다. 연구의 범위 자체가 '안설 내에 포괄된 영역'들에 머무르다 보니, 정작 순암이 어떤 부분들에 대해서는 포폄을 유예하거나, 어떤 제도에 대해서는 무관심하거나, 어떤 현실문제에 대해서는 주목한 바 적었는지에 대한 평가가 제대로 내려지지 못한 것이다. 본고의 경우, 순암의 '포폄'에 대한 검토는 순암의 '충역 · 강상' 기사 수록 양태에 대한 검토로 대신하고, 그의 '제도에 대한 견식' 검토는 순암의 '각종 제도' 기사 수록 양태에 대한 검토로 갈음하고자 하며, 그의 '현실인식'에 대해서는 '민생 침해요소'와 '민생 개선노력'에 대한 그의 서술양태를 참조하고자 한다.

1) 명분과 효용 – '포폄'의 문제

(1) 충역과 강상에 대한 포폄

『동사강목』의 역사기술은 흔히 '명분론적 정통론'에 입각해 있다고 평가된다. 그러한 면모를 보여 주는 대표적인 기술방식으로 이른바 '마한정통론'이라는 한국사 체계를 확립한 점을 흔히 꼽는다. 『동사강목』은 또 '역사적 계통'을 선명히 하는 데 그치지 않고, (『자치통감강목』을 모델로 삼아) 역사적 인물과 전장, 제도, 풍속 등 '거의 모든 역사현상'들의 '시비와 선악'을 판단하는 데에 사용될 '의리의 표준'을 세우고자 한 책으로도 이해돼 왔다. 『동사강목』의 목적이 "찬역(에 대한 판단)을 엄하게 하고 시비를 바르게 하며 충절을 포양하고 전장을 자세히 하는" 것이라고 밝힌 데에서도 그를 확인할 수 있다.

그런데 이러한 애초의 취지와는 달리, 『동사강목』은 몇 가지 아쉬운 모습들을 연출한다. 찬역에 대해서는 '조위총의 난' 등과 관련하여 기존과는 다른 준열한 입장을 드러냈다고 하나, 조선왕조의 개창은 '선양'에서 비롯되었다는 모순을 범하고 있고, 고려 국왕들의 행적에 대한 비판은 시비를 벗어나 과격한 적대감을 드러내는 경우들이 많다. 관료의 충절에 대한 포양은 『고려사』 열전에 그 인물의 일화가 있을 경우에 한정해 소개하고 있고, '전장'에 대한 분석은 결코 충분치 않다. 포폄을 내릴 사안들에 대한 구체적인 기준 제시가 없어, 인용된 사신찬이나 각종 '안'들만으로는 그가 어떤 사안에 대해서는 포폄이 필요하고 어떤 사안에 대해서는 그것이 필요치 않다고 판단했는지가 명확히 드러나지 않는다.

무엇보다도 아쉬운 점은, 포폄을 가할 만한 또는 가해야 했을 법한 중요 기사들이 정작 『동사강목』에서는 누락돼 있다는 점이다. 앞서도 언급했듯이 필자는 『동사강목』 분석을 위해 시기별로 일정 연도들을 추출하여 그에 대한 『동국통감』, 『고려사』, 『삼국사기』 등의 기술을 확인한 후 그것을 『동사강목』의 서술과 비교하였다. 그 과정에서 기존의 사서에는 들어 있되 『동사강목』에는 채록되지 않은 많은 기사들이 확인되었다. 그런데 그러한 기사들 중, 만약 수록되었다면 '포폄서'로서의 『동사강목』의 위상에 기여할 수 있었을 것으로 예상되는 기사들도 다수 누락됐음이 함께 확인된 것이다.

일례로, 관료와 신민들에게 '충성'을 권장할 수 있는 기사들이 모두 누락되었음을 살펴볼 수 있다. 1019년 3월의 경우, 해적들의 준동으로 인해 사망한 통주도부서 휘하 173명 전사자들에 대한 포상이 있었던 사실이 『동국통감』에 수록돼 있는데,[156] 『동사강목』은 이러한 말단자들에 대한 수상 · 수여 기사들을 많은 경우 누락하고 있다. 동년 7월 거란침공 과정에서 그들에 맞서 싸운 유공자 9천472명에 대한 포상 기사 역시 『동사강목』은 채록하지 않았다. 또 1176년 8월 여러 영부의 군인들이 익명의 방을 붙여 정중부 · 정균 · 송유인 등의 전횡을 고발하며 그들을 제거하고자 한 사실이 『동국통감』에 기록돼 있지만[157] 『동사강목』은 이 또한 누락했음이 흥미롭다. 무신집권 초기 군인이 군인을 고발한 사건이었으니 눈여겨볼 만한 사적이기도 하지만, 정치군인들의 행태에 부화뇌동하지 않고 오로지 '국왕에 충성하던' 일반 군인들의 노력을 부각시킴으로써 전자를 '폄'하고 후자를 '포'하는 수단적 기사로 삼고자 했을 법도 한데, 누락시켜 버린 것이다.

아울러 어떠한 대상 또는 상황을 기술하고 그에 대한 포폄을 병기하는 과정에서, 본인의 포폄에 부합하지 않는 부분을 사실관계 기술에서

---

156 『동국통감』 권16.
157 『동국통감』 권26.

생략하는 모습도 엿보인다. 무신정권에 반기를 들었던 조위총에 대한 순암의 입장이 그러한 예라 할 수 있다. 순암 이전의 역사가들은 조위총의 행적을 '의도는 좋았으나 때를 잃었던' 것으로 평가하거나, '처음부터 충의를 분명히 드러내지 않았음'을 근거로 그의 행위를 결국 '역'에 해당하는 것으로 보아 오곤 하였다. 순암은 그러한 기존의 견해에 강력히 이의를 제기한 바 있으며,[158] 이론을 제기하는 과정에서 그가 제시한 설명 또한 합리적으로 다가온다.

그런데 그 외의 부분에서 순암이 일종의 '무리'를 범하고 있음이 느껴진다. 1175년 1월 『동국통감』의 기록을 보면, 조위총은 서준명으로 하여금 명종에게 표문을 올려 이의방을 죽인 것을 하례케 했는데, 명종은 당시 예방한 서준명을 구류한 것으로 전하고 있다.[159] 반면 『동사강목』은 조위총이 표문을 올려 국왕에게 하례한 사실만 수록하고, 명종의 서준명 구류 사실은 누락시켰다.[160] 보기에 따라서는 순암이, 자신이 충의로운 근왕파로 규정한 조위총이 정작 국왕 명종으로부터는 적대시되고 있었던 사실을 드러내고 싶지 않아 그리 한 것이라는 오해를 살 만한 대목이다. 7월 조위총이 금에 사신을 보내 이의방이 왕을 내쫓고 시해한 죄를 아뢰려다가 실패하고, 10월 다시금 사람을 보냈으나 이번에는 거란주가 그를 잡아 고려에 보냈다는 사실에 대한 『동사강목』의 서술도

---

158 1176년 1월 기사에서 『동사강목』은 조위총과 관련한 『동국통감』 및 『여사제강』 등 기존 사서의 입장을 열거하고 그를 비판적으로 재검토하였다. 전자의 경우 조위총에 대해 "무신들을 내쫓으려 한 것은 좋았으나 그 시기를 잃었다."고 논평한 것을 환기하고, 후자의 경우 "조위총이 토적을 하기로 마음먹었다면 성패를 헤아리지 말고 대의를 밝게 드러냈어야 하는데, 공사를 오가느라 의리를 이루지 못했다."고 논평했음을 거론하면서, 기존의 사서들이 "충역을 분별치 않고 시비를 정하지 않았다."고 비판하였다.

159 『동국통감』 권26.

160 『동사강목』 권9하.

마찬가지다. 7월의 사적을 10월에 몰아 기술함으로써 조위총의 1175년 하반기 대금 접촉을 결과적으로 2회가 아닌 1회로 비치게 할 단초를 제공했고, 조위총이 "자비령 서쪽 압록강에 이르는 40여 개 성을 갖고 '내속(內屬)'할 테니 군사를 원조해 달라고 했다."는 『동국통감』의 10월 기사를 수록하면서 "서경이 날로 절박해지자 조위총이 금에 원조를 구하려고 보낸 것"이라는 '비호(庇護)성' 해명을 덧붙였으며, 무엇보다도 조위총이 제안한 '대금(對金) 내속'을 '대금 내부(內附)'로 완화해 기술하였음이 주목된다. 조위총에 대한 본인의 평가와 상충되는 모습들을 축약하거나 에둘러 표현하려 했다는 혐의가 제기될 만한 모습이다.

이렇듯 충역의 문제와 관련하여 포폄의 대상으로 활용할 만한 기사가 『동사강목』에 적지 않게 누락된 점, 그리고 기사의 취사선택 과정에서 '다소 의구스러운' 모습이 등장하는 바가 없지 않다고 할 것이다. 이러한 양상은 포폄의 대상이었을 또 다른 분야들에서도 유사하게 나타난다. 강상의 문제, 즉 삼강오륜을 논할 수 있는 기사들도 의외로 적다.

물론 『동사강목』은 985년 10월 오복친 사망시의 휴가일수 규정을 수록하면서 '안'을 통해 고려가 상중에 있는 자들을 빨리 기복시킨 것을 두고 '선왕이 예를 만든 뜻, 효자의 은혜를 갚으려는 정의를 추락'시킨 조치라고 맹비난하였다.[161] 또 1111년 3월의 경우에는 국로들을 불러 잔치를 베풀었다는 기사를 '강'으로 제시하고, 두 달 전 일이었던 1월의 노인, 절의자, 효순한 남녀 등을 궁정으로 불러 접대했다는 기사를 함께 수록하기도 하였다.[162] 이를 보면 순암이 강상과 관련된 기사의 채록에 신경을 썼음은 사실이라 할 것이다.

---

161 『동사강목』 권6상.
162 『동사강목』 권8상.

그러나 『동사강목』은 한편으로, 장연현의 한 백성이 패륜을 범했음을 전한 『동국통감』의 1047년 7월 기사는[163] 채록하지 않았고, 1110년 10월 환과고독 및 효자들을 포상했다는 기사 역시 누락시켰다.[164] 1112년 6월 송으로부터 돌아온 김연이라는 인물이 귀국 길에 부친의 별세 소식을 듣고는 임금에게 복명도 하지 않고 빈소로 직행하는 바람에 비판을 들었음을 전한 『동국통감』의 기사 역시 마찬가지다. 충과 효, 그리고 예의 문제를 함께 논하기에 적절한 기사였을 것으로 생각되지만 『동사강목』에는 채록되지 않았다. 1113년 4월 국왕이 나이 여든 이상 된 이들과 효자, 순손, 의부, 절부, 고아, 의지할 곳 없는 자들을 대상으로 궁궐 뜰에서 친히 잔치를 베풀었다는 기사 역시 생략하였다.[165] 삼강오륜을 논할 만한 기사들 중 중앙정부의 조치인 경우와 민간에서 발생한 사건인 경우, 또는 포상의 형태가 독특한 경우와 일반적인 경우 등을 감안해 선별적으로 기사를 수록한 것으로 보이는데, 결과적으로는 제한된 기사들만 채록된 셈이어서 아쉬운 느낌이 든다.

이 밖에 조선 사회의 강상과 윤리 진작에 도움이 될 만한 삼국시대 또는 고려시대 속 각종 사건과 정황들을 거론해 그에 안설을 제시한 경우도 생각보다 적게 발견된다. 『동국통감』에 1301년 8월 사망한 것으로 기록된 최수황의 경우 "아첨하지 않고 예를 지키던 인물"로 묘사돼 있는데,[166] 비록 정통을 수호하는 명분론적 인물의 상징까지는 아니지만, 포폄의 '포'의 대상은 되었을 만한 인물인데도 『동사강목』에서는 그의 사망 사실이 누락되었다. 『동사강목』은 또 1302년 2월 설공검의 사망을

163 『동국통감』 권17.
164 『동국통감』 권19.
165 『동국통감』 권20.
166 『동국통감』 권41.

다루면서 『동국통감』의 서술을 재인용하고 그에 덧붙여 일찍이 성호가 조선 후기 '조문이 박한 상황'을 거론하며 설공검의 일을 긍정적 사례로 언급한 바 있음을 안설에서 소개했지만, 정작 자신의 안설은 별도로 남기지 않았다.[167] 1306년 8월 『동국통감』 기사에는 김태현이 원에 파견돼 원 황제에게 신년하례를 올렸음이 전해지는데, "이익을 탐내는 무리들이 붕당을 나누고 만들어 왕 부자를 이간질하는 바람에 서로 정이 안 통했지만, 김태현이 그 사이에서 주선을 공정하게 했음"을 묘사한 이 기사를[168] 『동사강목』은 왕실 내 갈등 또는 조선 후기 당쟁 현실의 지적에 유용하게 활용하기는커녕 수록하지도 않았다.

신분질서의 안정과 관련하여 거론할 만한 기사들도 많이 들어 있지 않다. 『고려사』 등에 따르면, 1302년 1월 충렬왕은 전민변정도감(田民辨正都監)에 명령하여 활리길사(闊里吉思)가 노비를 양민으로 만든 경우들을 본주에게 돌려주게 하였다.[169] 이는 1300년 다수의 천인이 양인이 됐던 것을 원상복구시킨 조치로서, 당시(1300년경) 또는 순암 당시(조선 후기)의 관점에서 봤을 때 신분질서의 복구로 평가할 만한 조치라 할 수 있었음에도 『동사강목』은 이 기사를 수록하지 않았다. 순암은 『고려사』를 참조하고 있었으므로 이 기사를 분명히 보았을 것이며, 신분질서가 명분론의 중요한 일부분임을 감안할 때 그를 강조하기 위해서라도 이 기사는 채록했을 법도 한데, 결국 누락시켰음이 흥미롭다.

이렇듯 충역 · 강상 · 명분과 관련한 포폄이 현저히 부족한 상황에서, 『동사강목』은 고려시대인들이 자신의 선조들을 존숭하는 모습들은 기술

---

167 『동사강목』 권13상.

168 『동국통감』 권41.

169 『高麗史』 卷32, 世家 32, 忠烈王 28年(1302) 1月 戊申.

에서 일괄 누락시키는 일종의 '모순'을 범하기도 하였다. 우선 『고려사』의 1253년 8월과 9월, 1254년 1월과 5월 기록에서 확인되는 고려 국왕들의 경령전(景靈殿) 배알 기사들을 모두 수록하지 않았다. 물론 이 기사들은 『동국통감』에도 수록돼 있지 않아 순암 역시 수록하기 어려웠던 경우일 수 있다. 그러나 경령전 참배와 유사한 행위로서의 진전(眞殿) 배알 기록들의 경우, 『동국통감』은 1127년 2월 고려 왕이 서경에 거둥하여 태조의 진전에 배알했음을 기록한 반면,[170] 『동사강목』은 서경 행행 기록만을 1월에 수록한 채 '태조 진전 배알' 부분은 생략하였다. 이러한 사정은 고려 국왕들의 태묘 방문 및 태묘 내 제사 기록에서도 예외가 아니었다. 『고려사』와 『동국통감』은 1254년 10월 태묘에서 열린 제사를 언급한 반면(『고려사』는 제문도 소개), 『동사강목』은 그를 채록하지 않았다.

위의 일들 모두 고려 국왕들이 자신들의 선조를 기리기 위해 했던 일들이었으므로 조선의 사가였던 순암으로서는 굳이 거론할 필요가 없다고 생각했을 수 있고, 많은 기사들 중 수록해야 할 기사들을 취사선택하는 과정에서 이 기사들의 채록이 후순위로 밀렸을 수도 있다. 그러나 창업주와 선조들을 기린 것은 조선시대의 국왕과 신료들도 마찬가지였으며, 그것은 당시인들로서는 하나의 도덕적 의무이기도 하였다. 조선인들의 가치관이 그러했다면, 고려인들의 그러한 행위 역시 '당연히 해야 할 의무를 이행한 것으로 논평'〔'褒'〕되었어야 할 것이고, 그러한 행위에 하자가 있었다면 비판〔'貶'〕의 대상이 되었어야 할 것이다. 어느 쪽이든 포폄의 대상이 되었어야 할 것인데, 그렇게 하는 대신 아예 관련 기사들을 모두 누락시킨 것은 적절한 서술태도였다고 하기 어렵다. 그러면서 한

170 『동국통감』 권21.

편으로 『동사강목』은 여타의 기록들을 활용하여 몽골 침공 과정(1254년 12월 몽골군의 고원 함락)에서 이성계의 선조들(목조)이 거둔 공적은 묘사함으로써,[171] 조선의 사적에 대한 현창은 꼼꼼하게 챙기는 모습을 보여준다.

이렇듯 충역과 강상에 대한 순암의 '포폄'은 예상에 비해 양적으로 충분치 못한 동시에, 많은 부분들을 포괄하지 못하고 있었던 것이 아닌가 생각된다. 경우에 따라서는 다소 모순된 태도도 보여 이채롭다.

(2) 국가제도 및 사회정책에 대한 평가

순암이 각종 정치 · 경제 · 사회 정책에 관심이 많았던 것은 주지의 사실이다. 앞서 살펴본 바와 같이 순암이 한반도의 각종 제도를 기술하며 그 '연원'을 탐구하려 했던 것에서도 그를 확인할 수 있다. 순암은 아울러 그 연원뿐 아니라 그에 대한 자신의 견해도 더러 밝히곤 하였다. 순암이 관심을 가졌던 영역들을 모두 확인하기는 어렵고 그것을 여기 일일이 열거하기도 어려우므로, 여기서는 일부 분야에 대한 순암의 기술이 과연 어떤 내용을 담고 있는지, 또는 '담지 않고 있는지'를 살펴보고자 한다.

우선 과거제도의 문제가 있다. 순암 안정복을 포함한 조선 후기 실학자들이 (당시의 당파적 정계지형 등으로 인해) 과거제도의 효용에 깊은 회의를 갖고 있었음은 자주 거론되는 바이다. 이에 대한 순암의 입장은 과거제도 관련기사들에 대한 그의 '안설'에서도 드러나는 바가 있지만, 특히 고려 과거제도의 시기별 변천상에 대한 그의 여러 기술들에서도 확인되는 바가 있다.

---

171 『동사강목』 권11상.

그런데 『동사강목』은 고려의 과거제와 관련해 많은 것을 수록하면서도, 한편으로 많은 부분을 누락하기도 하였다. 순암은 983년의 사적을 기술함에 있어 『고려사』, 「선거지」를 인용,[172] '복시'가 이로부터 시작되었음을 명기하였다. 그리고 "복시는 마땅히 '시무'로 책략을 징험하고 '경론'으로 그 학식을 살펴야 하는데 '시부'를 시험 보였으니 재주 있는 자를 취할 수 있었겠느냐."고 비판하였다. 『동국통감』은 복시의 시행 사실만 다루었을 뿐 그 과목에 대해서는 언급하지 않았으나,[173] 『동사강목』은 『고려사』, 「선거지」 기사를 근거로[174] 983년 시험이 시부로만 이뤄졌음을 확인하는 등 시무책의 효용에 대한 자신의 신념을 무기로 고려 과거제에 대한 기존 서술을 보완하는 동시에, '시무가 빠진 과거'에 대한 비판의식도 명확히 드러내었다.

다만 한편으로, 그는 과거시험에 포함되기도 하고 더러 빠지기도 했던 시무책의 동향을 그리 꼼꼼히 추적, 기술하지는 않았다. 주지하는 바와 같이 광종 9년(958) 제술업 시험에서는 시·부·송·시무책을 시험 치게 했다가, 2년 뒤인 960년에는 시무책을 빼고 시·부·송으로만 고시하였고, 4년 뒤인 964년 다시 시무책을 추가하였다.[175] 『동사강목』은 958년의 사적은 자세히 다루었지만,[176] 960년 시무책이 과목에서 제외되었다는 사실 및 964년 시무책이 과목으로 복구된 사실은 채록하지 않았다.

---

172 『高麗史』 卷73, 志 27, 「選擧」, 科目－選場.

173 『동국통감』 권14.

174 『高麗史』 卷73, 志 27, 「選擧」, 科目－設科擧, "成宗二年, 始臨軒覆試, 然不爲常例, 親試·覆試, 例用詩賦."

175 『高麗史』 卷73, 志 27, 「選擧」 1, 科目－設科擧, "光宗九年五月, 雙冀獻議, 始設科擧, 試以詩·賦·頌及時務策, 取進士, 兼取明經·醫·卜等業. 十一年, 只試詩·賦·頌. 十五年, 復試以詩·賦·頌及時務策."

176 『동사강목』 권6상.

아울러 983년에는 시행되지 않았던 시무책이 4년 뒤인 성종 6년(987)에는 부활해 시행되었고, 『동국통감』 및 『고려사』, 「선거지」에도[177] 그것이 기록돼 있지만 『동사강목』은 그를 누락시켰음이 주목된다. 순암이 고려 초 과거에서의 시무책 누락에 비판적이었다면 그것을 복구시킨 조치들에 대해서도 논평을 내림이 마땅했을 것임에도 그러한 기술이 부재한 결과, 독자들은 복시를 비롯한 고려 과거시험들 자체가 계속 시부로만 운영된 문제적 제도였던 것으로 오독할 소지가 발생한다. 게다가 1004년 시·부·시무책을 시험치게 하였다는 『고려사』, 「선거지」의 기록[178]은 『동사강목』에 채록되지 않은 반면, 시무책이 시험에서 제외되는 경우는 꾸준히 거론되고 있어(현종 원년 시·부만을 시험 보고 시무책은 시험하지 않게 했던 일을[179] 수록), 고려 과거제도의 역사에서 '시무책이 배제된 사례'만 주로 골라 수록함으로써 고려조를 비판의 대상으로 자리매김하려는 의도였던 것은 아닌지 의심스럽기까지 하다.[180]

---

177 『高麗史』 卷73, 志 27, 「選擧」, 科目－設科擧, "成宗二年, 始臨軒覆試, 然不爲常例, 親試·覆試, 例用詩賦. 六年, 除頌, 試以詩·賦及時務策."

178 『高麗史』 卷73, 志 27, 「選擧」, 科目－設科擧, "穆宗七年三月, 改定科擧法, 先時, 每春月, 試取, 秋冬, 放榜, 至是, 定以三月, 開場, 鎖, 貼禮經十條, 明日, 試詩·賦, 越一日, 試時務策, 至十日, 定奏科第, 乃開鎖, 其明經以下諸業, 上年十一月, 畢選, 與進士, 同日放榜."

179 『高麗史』 卷73, 志 27, 「選擧」 1, 科目－設科擧, "顯宗元年四月, 國子司業孫夢周奏, 只試詩·賦, 不試時務策."

180 물론 예종 5년(1110) 2월 (현종 10년의 조치를 뒤집어) 論을 제외하고 詩·賦·策으로 시험 보게 했다는 기사는 『동사강목』이 채록하였고, 반대로 인종 5년(1127) 4월 (예종 5년 2월의 조치를 뒤집어) 詩·賦·論을 썼던 사실은 기록에 담지 않았으므로, 필자가 제기한 혐의가 적절치 않을 수도 있다(『高麗史』 卷73, 志 27, 「選擧」 1, 科目－設科擧, "睿宗五年二月, 除論, 試以詩·賦·策. 仁宗五年三月, 詔復用詩·賦·論."). 그러나 수록해야 할 기사들 중 아주 일부만 기록함으로써 고려 과거제도의 시험과목이 시기별로 어떻게 바뀌었는지를 온전하게 파악하지 못하게 하고 있음은 사실이라 할 것이다. 이러한 양상은 '논' 과목의 채택을 전하는 기사들에 대한 수록에서도 유사하게 나타난다. 『동국통감』에는 1019년 6월 "進士科 시험과목에서 대책(對策)을 없애고 논(論)으로 시험 보게 하되 반드시 『禮記』 안에 있는 글을 제목으로 삼자는 한림학사 郭元의 건의가

아울러 동일 연도에 교육 및 과거와 관련된 기사가 복수로 등장할 경우, 다른 기사는 수록하면서도 과거(과목)에 대한 기사는 누락하는 사례도 엿보인다. 인종 9년(1131) 3월 "방정(防丁) 감시(監試)의 경우 입사자(入仕者)도 반드시 '시부(詩賦)'로 시험 보게(選取) 한 조치"와 "유생들에게 노장(老壯)의 학문을 배우는 것을 금지한 조치"[181] 중 『동사강목』이 후자만 취한 것에서, 그리고 인종 14년(1136) 11월 "제술업(製述業)은 경의(經義)와 시부(詩賦)를 연권(連卷)하여 시취(試取)케 한 조치"와 "모든 주에서 선비를 추천할 때 향음주례를 시행토록 한 조치"[182] 중 역시 후자만 취한 것에서 그를 엿볼 수 있다. 물론 1131년의 경우 『동국통감』에도 후자만 있어 『동사강목』이 전자를 누락시킨 것일 수도 있지만, 1136년의 경우 『동국통감』에 2건 모두 누락된 상태에서 순암이 『고려사』, 「선거지」에서 해당 연도의 기사를 확인하고는 수록 과정에서는 굳이 그 기사의 앞부분(제술업 부분)을 누락시키고 뒷부분의 '향음주례' 부분만 수록했음이 확인된다. 순암이 과목 기사들에 부여한 중요도 자체가 그리 높지 않았을 가능성이 엿보인다.

아울러 『동사강목』은 고려 중기의 중요한 과거제 개혁 조치인 인종

채택됐다."는 내용의 기사가 수록돼 있다(『동국통감』 권16). 과거시험에서 논과 책을 시험 보는 것은 그 시점에서의 위정자들이 관료후보자들의 현실인식을 중요시했음을 보여 주는 방증으로 흔히 거론되는바, 현실개혁을 중요시했던 순암의 관점에서 볼 때 이러한 기사들은 순암이 적극적으로 드러내려 했을 법한 기사들임에도, 『동사강목』에서는 이런 기사들이 적지 않은 경우 빠져 있다.

181 『高麗史』 卷73, 志 27, 「選擧」, 科目－設科擧, "仁宗 …… 九年三月, 判防丁監試, 雖入仕, 必以詩 · 賦, 選取."; 卷16, 世家 16, 仁宗 9年(1131) 3月 甲子, "禁諸生治老莊之學."

182 『高麗史』 卷73, 志 27, 「選擧」 1, 科目－設科擧, "(仁宗)十四年十一月, 判凡製述業, 經義 · 詩 · 賦, 連卷試取, 凡明經業試選式, 貼經二日內, 初日, 尙書業, 貼周易, 周易業, 貼尙書各十條, 翌日, 毛詩貼十條, 各通六條以上, 第三日以後, 讀大小經, 各十机, 破文兼義理, 通六机, 每義六問, 破文通四机 …… 凡諸州貢士, 依前定額數, 若有才堪貢選, 不限其數, 所貢之人, 將申送日, 行鄕飮酒禮, 牲用小牢, 以官物充."

대와 의종 대의 '직부'제도 정비를 온전하게 전하고 있지 않다. 1136년(인종 14) 국학제생을 '행예(行藝)'로 평가한 후 성적이 14분 이상인 자는 제3장(종장)에 바로 응시케 하고, 13분 이하 4분 이상의 성적을 보인 응시자들은 시부장(중장)에 직접 응시케 하는 '직부(直赴, 擧)'의 원칙이 확정된 바 있다.[183] 이러한 직부 원칙은 의종 대에 다시 수정되어, 국학생을 '육행(六行)'으로 평가하여 '14분 이상인 자의 종장 직부'를 허락하는 것으로 확대된다.[184] 그런데 『동사강목』은 인종 대의 사적은 누락시키고 의종 대의 것만 취하였다. 관련된 사례들을 한꺼번에 묶어 소개하는 것이 『동사강목』의 기술방식이었음에도 그렇게 하지 않았다.

물론 그는 과거제의 다른 측면에 대해서는 일정한 기술을 남기기도 하였다. 그런데 그러한 경우도 그 나름의 맥락을 담아 원 기사를 변형시켰음이 주목된다. 『동국통감』의 1303년(충렬왕 29년) 7월 기록에는 박이 등 33인의 급제기사가 실려 있는데,[185] 이 기사에는 "관도가 많은데 왜 군이 과거를 보려 하느냐."는 문장이 등장하고, 과거의 각 단계별 진출 자격 등도 묘사돼 있어, 당시 과거제의 위상은 물론 과거제 운영의 실상을 엿보게 하는 정보를 담고 있는 기사에 해당한다. 『동사강목』은 이 급제기사를 수록했지만, 상기한 문장들은 생략하고, 대신 『고려사』, 「선거지」를 통해 이해 시험의 지공거가 김태현이었음을 확인한 후, 『고려사』 열전의 「김태현전」을 근거로 그가 원제국의 사신으로부터 '고풍의 유지를 위해 노력한다'는 칭찬을 들은 사실만 거론하였다.[186] 고려가

183 『高麗史』 卷73, 志 27, 「選擧」, 科目－設科擧, "仁宗 …… 十四年八月, 中書門下, 奏國學諸生, 行藝分數, 十四分以上, 直赴第三場, 十三分以下, 四分以上, 赴詩 · 賦場."

184 『高麗史』 卷73, 志 27, 「選擧」 1, 科目, "毅宗八年五月更定: 初場迭試論策, 中場試經義, 終場試詩賦. 又國學生考以六行, 積十四分以上者, 許直赴終場, 不拘其額, 仍除三場連卷法."

185 『동국통감』 권41.

당시 어려운 상황에서도 고풍을 유지하고 있었음을 드러냄으로써 현실의 조선 사회에 어떤 영감을 주려 한 것이 아닌가 한데, 그것 또한 물론 의미 있는 시도라 할 것이다. 다만 고려 과거제도의 기술적 측면들에 대한 기술은 모두 생략한 채 '고풍을 유지하고 있었다'는 일면모만 거론한 것은 고려 과거제의 역사와 그 다양한 면모를 고려할 때 아쉬운 대목이라 할 것이다.

1320년 6월 『고려사』, 「선거지」를 근거로 이제현과 박효수(朴孝修)가 책문을 시행한 사실은 전하면서도,[187] 7월의 고예시 시행 기사와 8월의 국자감시(거자시) 시행 기술은 누락시킨 것 역시[188] 예부시와 국자감시의 변화 과정을 세밀하게 추적하려는 순암의 문제의식이 그리 강하지는 않았음을 보여 준다. 아울러 『동사강목』의 1320년 6월 기술에서, 순암이 고려의 '좌주-문생 관계'를 일종의 미덕으로 인용한 것은 당시 조선 과거제의 현실을 고려할 때 의아한 대목이라 할 것이다. 당시의 붕당 폐해를 연상시키는 고려시대의 악성 관행으로서 순암이 비판의 대상으로 삼았을 법도 한데, 위계질서와 관련된 것이어서 이렇게 표현한 것인지, 궁금할 따름이다.

한편 순암이 관심을 보였던 또 다른 국가제도로는 군사제도를 들 수 있다. 『동사강목』에 국방과 관련한 안설이 유달리 많고, 그에 병기 확보의 중요성, 해변 방어 및 경계 강화의 중요성 등에 대한 거론들이 포함

---

186 『高麗史』 卷110, 列傳 23, 「金台鉉」, "遷同知司事文翰承旨知貢擧取士率新及第上謁王賜宴. 時元使李學士在席言於王曰: '天下無此事唯貴邦不墜古風.'"

187 『동사강목』 권13하.

188 『高麗史』 卷73, 志 27, 「選擧」, 科目－設科擧, "忠肅王 …… 七年 …… 七月, 敎曰, 近以選上國應擧秀才, 而廢考藝試, 成均七館諸生, 皆赴初場, 未合古制, 其令依舊皆赴考藝試, 定其分數, 直赴中場."; 卷74, 志 28, 「選擧」, 科目－國子監試, "忠肅王 …… 七年, 稱擧子試."

돼 있음은 이미 기왕의 연구에서도 지적된 바 있다. 그러나 순암은 그러한 부분에는 주목하면서도, '군역제'라는 역역 징발 제도의 운영 자체에는 별다른 관심이 없었던 것 같다. 관련된 기사들을 그리 꼼꼼하게 수록하고 있지 않음에서 그를 엿볼 수 있다.

예컨대 1020년 3월 현종은 나이 80세 이상의 부모를 모신 군인의 경우 군역(軍役)을 면해 주고 부모를 봉양케 하자〔免軍就養〕는 채충순의 건의를 수용한 바 있는데,[189] 고령의 부모가 생존해 있을 경우 군역을 면해 준 조치라는 점에서 강상에 관련된 조치이기도 하고, 군인들에 대한 일종의 진휼 조치 중 하나라는 점에서 군역제의 유지를 위한 방편이기도 하였다. 두 달 뒤인 1020년 5월에도 '옛 제도에 의하여 정방인(征防人) 또한 면역(免役)하여 어버이를 봉양토록 하자'는 건의가 제기됐으며, 고령 부모 봉양을 위해 제공될 시정의 수도 언급되었다.[190] 고려 군제의 확립 과정에서 미처 정비되지 못했던 문제, 즉 군역을 면제해 주어야 할 경우와 군역 수행중인 군인 대신 군호의 경제를 책임질 양호의 문제 등이 1020년 논의, 시행되었음을 보여 주는 대단히 중요한 기사들이라 할 수 있다. 그런데 1020년의 이 두 조치가 『동국통감』에는 수록돼 있으나[191] 『동사강목』에는 다 누락돼 있다. 1046년 70세 이상의 부모를 가진 군사 중 외군은 '촌류(村留)'할 '이삼품군(二三品軍)'에 소속시켰다는 기사[192] 역시 『동사강목』에는 빠져 있다. 군역제의 유지를 위한 여러 처우개선 조치들을 모두 누락시켰다는 점에서 순암이 '군역제'의 중

189 『高麗史』 卷81, 志 35, 「兵」 1, 兵制, (顯宗) 11年(1020) 3月.

190 『高麗史』 卷81, 志 35, 「兵」 1, 兵制, (顯宗) 11년(1020) 5月 乙卯.

191 『동국통감』 권16.

192 『高麗史』 卷81, 志 35, 「兵」 1, 兵制, "文宗卽位侍 …… 判: 凡軍人有七十以上父母而無兄弟者 京軍則屬監門 外軍則屬村留二三品軍 親沒後還屬本役."

요성을 제대로 인식하지 못했거나, 그에 무관심했을 가능성이 엿보인다.

군인들의 처우개선을 통한 군역제 강화 조치 관련 기사들은 이 밖에도 여럿 누락되었다. 1071년 제위(諸衛) 군인(軍人)들의 도망 문제를 해결하는 한 방법으로 관사(官司)와 군장(軍將)들이 군인들을 함부로 '구사(驅使)'하지 못하게 한 사실은 『동사강목』에도 다행히 실렸지만,[193] 1073년 사료에 등장하는 이른바 '양호(養戶)' 기사(1073년 "州鎭 入居 군인들에게 本貫養戶 2인씩을 例給했다."는 기록에 처음 등장)[194]는 결국 누락되었다. 1109년 동북 9성을 여진에게 반납하느냐 마느냐가 논의되던 중요한 시점에서 군인들의 사기 진작을 위해 단행된 것으로 보이는 "타읍(他邑) 소재 내외 친족의 토지를 수령하고자 하는 신보반(神步班) 소속 '백정(白丁)'들에게 그를 허용해 준 조치"[195] 역시 『동사강목』에는 누락되었다.

게다가 국방과 직접 관련된 조치들 중에도 생략된 것이 있다. 『동사강목』은 1047년 2월 상음·학포에 수자리를 설치한 사실을 전하면서, 바다에 맞닿아 있는 지역들이어서 번적의 요충이 되므로 군수를 둔 것이라 해설하였다. 앞서 언급한 것처럼 순암이 방어시설에는 각별한 관심을 기울였던 결과 채록된 기사라 하겠는데, 『동국통감』에도 빠져 있는 이 기사를 『동사강목』이 『고려사』, 「병지」 기록을 참조해 굳이 수록한 것에서 순암이 그에 부여한 중요도를 엿볼 수 있다.[196] 문제는 『고려사』, 「병지」에 이해(1047) 단행된 군사제도 관련 조치가 2건 더 실려 있고,[197] 그중 1건은 '서경지역의 해군'과 관련된 것이었으며, 2건 모두 효

---

193 『高麗史』 卷81, 志 35, 「兵」 1, 兵制, (文宗) 25年(1071) 6月; 『동사강목』 권7하.

194 『高麗史』 卷81, 志 35, 「兵」 1, 兵制, (文宗) 27年(1073) 3月.

195 『高麗史』 卷81, 志 35, 「兵」 1, 兵制, (睿宗) 4年(1109) 判.

196 『동사강목』 권7상.

197 『高麗史』 卷81, 志 35, 「兵」 1, 兵制, "(문종)元年二月衛尉寺奏請: '依定制送弩手箭六萬隻

과적인 국방을 위한 인적 · 물적 자산(수자리 · 해군)에 대한 기사였음에도 결과적으로 누락되었다는 점이라 할 수 있다. 국방시설 및 그에 필요한 인적자원과 관련된 정보에 대한 순암의 취사선택 기준이 궁금해지는 지점이라 할 수 있다. 공민왕이 1356년 5월 제군 만호의 패를 회수하고 충용4위를 설치한 사실은[198] 『동사강목』에 수록돼 있어 순암이 군 지휘권 확립 등의 이슈에는 큰 관심을 갖고 있었음을 엿볼 수 있지만, 정작 그것을 중장기적으로 유지, 운용할 '토대'의 조성과 관련된 기사들의 채록에는 생각보다 적극적이지 않았던 것이라 할 수 있다.

순암 안정복은 또한 진휼제도의 문제점 개선에 상당한 관심을 가졌다고 하지만, 조선시대 학자들이 관심 있어 하던 환곡제도를 주로 언급했을 뿐, (그에 관련된 안설은 중국의 '사창제도'에 대한 묘사 등으로 구성) 그 외에 고려의 진휼제도를 보여 주는 다른 기사들은 누락시킨 사례들이 적지 않다. 노비 천적 혁파 등 신분제도와 관련된 안설도 수록했다지만, 1283년 9월 '천자는 수모(隨母)'케 한 중요한 조치가[199] 『동사강목』에 채록되지 않았으며, 그러한 양천 규정이 고려 신분제에서 점했던 중요성을 감안할 때, 수록하지 않은 것은 대단히 아쉬운 선택이었다고 생각된다.

한편 조선의 국시인 유교와 관련된 중요한 조치들도 『동사강목』의 기술에서 누락된 경우들이 있다. 1251년 8월 '선성(先聖)' 즉 공자의 진영을 화산동의 국자감에 봉안한 조치의 경우,[200] 유학진흥을 위한 조치였

車弩箭三萬隻于西北路兵馬所.' 從之."; "七月制: '西京監軍與分司御史選猛海軍共一十領依上京例每千人選先鋒三百以郎將一人領之仍屬左府.'"

198 『高麗史』 卷39, 世家 39, 恭愍王 5年(1356) 5月 壬寅, "命收諸軍萬戶鎭撫千戶百戶牌."; 7月 乙酉, "置忠勇四衛."

199 『高麗史』 卷85, 志 39, 「刑法」 2, 奴婢, "(忠烈王)九年九月令 賤者 隨母 無論 判前後."

200 『高麗史』 卷24, 世家 24, 高宗 38年(1251) 8月 甲午, "奉安宣聖眞于新創花山洞國子監."

음에 의심의 여지가 없음에도 『동사강목』에는 누락돼 있다. 물론 이 기사는 『동국통감』에도 누락돼 있어 『동사강목』 또한 그 때문에 이 기사를 놓친 것이었을 가능성이 없지 않지만, 앞서 누누이 언급한 바와 같이 순암은 수록해야 할 기사가 있을 경우 『동국통감』 등에만 의존하지 않고 『고려사』의 세가, 지, 열전에서 그를 가져오곤 하였다. 따라서 『동사강목』의 1251년 8월 기록에서 선성 기사가 빠진 것은 고려의 유학정비 수준에 대한 순암의 관심 부족에 기인한 것이었을 수 있다. 고려의 제도 정비를 긍정 평가할 만한 소재가 됐을 부분이 이런 식으로 빠져 버리고 말았음이 안타깝다. 1286년 7월 세자(충선왕)가 국학에 입학해 육경을 학습했다는 기사는 『동국통감』에 수록된 기사임에도[201] 『동사강목』에는 역시 누락되었다.

앞서도 언급한 바 있지만, 『동사강목』은 윤리의 문제에 대한 포폄 및 국가정책에 대한 안설들로 유명한 서적이다. 그러나 본고에서 비록 제한적으로나마 그에 해당하는 서술들을 검토한 결과, '충역과 강상에 대한 강조'가 양적으로 불충분하고, '국가정책에 대한 평가'는 핵심을 많이 누락하고 있음이 감지된다. 아울러 전자와 관련한 사례인 조위총에 대한 포폄에서 아쉬운 점들이 발견되고, 후자와 관련해서는 과거제와 군사제도에 대한 순암의 기사선택이 특정 부분에 편향돼 있음이 확인된다. 지금까지의 연구가 순암의 '안설' 또는 순암이 인용한 기존의 사평 등에 근거하여 그의 '포폄과 사론'을 평가해 왔다면, 앞으로는 그가 '다루지 않았던' 부분을 검토함으로써, '역사 포폄서'를 쓰고자 했던 그의 면모를 좀 더 온전하게 재구성할 필요가 있음이 어렴풋이나마 드러나는 것이라 하겠다.

---

201 『동국통감』 권39.

2) 권력과 민생 – '현실' 인식과 개혁의 문제

앞서도 언급했지만, '포폄'의 측면과 함께 『동사강목』의 또 다른 특징으로 흔히 꼽혀 왔던 것은 '현실문제'에 대한 순암의 지대한 관심이었다. 성리학자로서의 순암이 안설을 통해 여러 충역과 강상의 문제에 포폄을 가했고, 학자로서 자신의 신념과 조예에 따라 여러 제도의 내용에 대한 자신의 생각을 개진했다면, 실학자로서의 순암은 역사적 사실의 고증에 나서는 동시에, 사회현실에 대한 관심을 토대로 그와 관련된 기사들도 『동사강목』에 많이 담고자 노력했을 것으로 예상되기 때문이다. 실제로 권력자와 기득권자의 전횡에 대한 기사와, 민생의 상황을 개선해 보려는 정부의 노력에 대한 기사들이 『동사강목』에는 적지 않게 채록돼 있다. 그를 통해 '사회정의'에 대한 그의 문제의식이 깊었음을 엿볼 수 있으며, 기왕의 연구도 그에 주목해 왔다.

다만 앞서 순암의 윤리 포폄과 제도 평가에 대한 검토에서, 그가 특정 분야에는 지극한 관심을 보이는 한편으로 다른 분야에 대해서는 무관심으로 일관하는 모습이 벌써 감지된 바 있다. 그와 유사한 모습이 고려인들의 사회현실에 대한 기술에서도 드러나는 바가 있음을 여기서 살펴보고자 한다.

(1) 권력자의 전횡에 대한 인식

순암이 고려시대의 현실에 대해 큰 관심을 갖고 있었음에는 부인의 여지가 없다. 일례로 국왕의 교서 등에 언급된 사항들이 대체로 모두 수록되었다. 1308년 11월 충선왕은 간신들이 공사의 전민을 빼앗고, 관리를 규찰하고 백성을 돌봐야 할 제찰〔사〕들이 불법, 탐오한 수령을 규찰하거나 탄핵하지 않으며, 권세가의 간활한 무리들이 문계를 조작해 남의 노비와 전정을 빼앗고 있음을 지적했는데,[202] 『동사강목』은 이 기사를 자세히 인용하고 있어 당시의 상황이 어떠했는지를 잘 알게 해 준다. 또 『동사강목』의 1282년 12월 기사는 『고려사』 세가를 인용해 당시 이영주라는 인물의 주군 순찰 기사를 담았는데,[203] 『동국통감』에 없는 기사를 찾아 수록한 것은 당시의 세태를 소개함에 있어 필요한 기사로 판단했기 때문으로 평가된다. 게다가 『고려사』에는 이영주가 '장군'으로 지칭돼 있는 것을 『동사강목』에서는 '폐신'으로 표현했음이 주목되는데, 『고려사』 열전을 통해 이영주가 충렬왕의 측근 중 하나로서 당시 권력을 남용하던 대표적인 관료였으며, 심지어 충렬왕의 다른 폐행들과도 격돌하던 사이였음에 근거한 서술로서, 당시의 혼란상을 더욱 적극적으로 묘사하려 한 결과라 생각된다.[204]

그러나 여타의 여러 중요 사실들은 아쉽게도 『동사강목』의 수록에서 누락된 경우가 많다. 고려 후기에는 이른바 '왕지사용별감' 등 국왕이나 정부가 필요한 재화 확보를 위해 각 지역에 파견한 존재들이 있었는데, 『고려사』에는 그들의 파견사실과 경제적 전횡 및 권력남용들이 모두 묘사된 반면, 『동사강목』에는 그것이 예외 없이 빠져 있음이 확인된다. 1282년 1월 지방관들의 폐해를 거론한 왕지사용별감 기사나 1285년 5월 경상도 왕지사용별감의 백성 침탈기사 등 『동국통감』에도 실린 여러 기사들이 정작 『동사강목』에는 실리지 못했다.

이 밖에도 유사한 사례들이 적지 않다. 1282년 10월 임정기의 전라도 안찰사 임명기사는 수록하면서, 상기한 1282년 1월 『동국통감』의 기

---

202 『高麗史』 卷33, 世家 33, 忠宣王 復位年(1308) 11月.

203 『高麗史』 卷29, 世家 29, 忠烈王 8年(1282) 12月 戊午.

204 『高麗史』 卷123, 列傳 36, 「嬖幸 1, 李英柱」.

사에 임정기의 악행이 암시돼 있음에도 그를 일컬어 '바르지 못하다'고만 기술하고 있다. 또 원제국이 고려에 설치한 여러 응방들이 자행한 폐해도 만만치 않았는데, 1282년 7월 응방의 전횡이나 1283년 5월 응방 폐지 시도 조치 역시 『동사강목』에 모두 채록되지 않았다. 몽골에 제공한 공납, 일본정벌 때 지출한 군량미의 규모 또한 (최소한 필자가 검토한 부분 내에서는) 『동사강목』에 수록되지 않은 것으로 보인다.

1301년 7월의 사적에 대한 서술도 흥미롭다. 『고려사절요』를 참조하면 이달에 두 명의 관료가 사망했음을 알 수 있다. 임익과 이덕손이 그들인데, 임익에 대해서는 옛 전거나 옛 일, 명칭, 숫자를 물으면 모르는 것이 없었던 만물박사로, 그리고 이덕손은 일찍이 3도 안렴사를 역임하며 가렴주구를 자행한 인물로 묘사돼 있다.[205] 그런데 『동사강목』은 『고려사』 세가에서 이달에 죽은 사람들을 확인한 후, 이덕손은 빼 버리고 임익의 이력만 『고려사』 열전에서 찾아 실었다. 고사에 능통했다는 지극히 개인적 면모를 담은 기사는 『고려사』 열전에서 굳이 찾아 수록하면서, 권력자의 세력 천단 및 전횡으로 인해 발생한 세금폐해(개혁 이슈) 및 삼도의 정황(지방 이슈)을 담은 인물의 졸기는 수록하지 않은 것이다.

1309년 10월 '제찰 · 수령의 부정 · 탐리 조사를 위해 경상 · 전라 · 충청 · 교주 · 서해도에 사신을 분견했다.'는 기록도[206] 『동사강목』에 실리지 못했다. 중앙정부가 지방의 상황을 전방위적으로 예의주시해야 할 만큼 지방사회에 문란과 전횡이 횡행하고 있었음을 보여 주는 기사임에도 순암이 그를 수록하지 않았음이 이채롭다. 1311년 7월 각도 쇄권별

---

205 『高麗史節要』 卷22, 忠烈王 27年(1301) 7月, "…… 贊成事致仕任翊卒. 翊以科第進, 博聞强記, 凡典故之闕名數之差, 有疑而質之者, 翊辨之如響應. …… 贊成事致仕李德孫卒. 德孫嘗按忠慶全三道以掊克聚斂爲事, 遂至大拜."

206 『高麗史』 卷33, 世家 33, 忠宣王 復位元年(1309) 10月 己卯.

감(刷卷別監)들이 경상도제찰사, 전라도제찰사, 양광도제찰사, 강릉도안집사를 비롯한 수령(守令) 96인의 민간 물자 횡렴을 보고한 사실이나,[207] 1318년 5월 제찰사들이 제도의 존무사 · 염장사 등과 함께 가치가 하락한 은폐(銀幣)를 지역사회에 강매하는 비위를 저질렀다는 사실[208] 모두 『동사강목』에는 채록되지 않았다. 아울러 권농사 파견지역, 소복별감 파견지역들도 기술에서 빠져 있다. 각 지역이 종래의 피폐한 현실을 벗어나 어느 정도의 시간을 거쳐 다소나마 회복에 이를 수 있었을지를 짐작, 추정해 볼 가능성마저 봉쇄하는 대목이라 생각된다.

(2) 민생의 상황 및 개선에 대한 관찰

민생에 대한 순암의 지극한 관심은 여러 곳에서 확인된다. 1176년 7월의 납세 두량법 제정 사실 역시 그 한 예로, 『동국통감』에 누락된 기사를 『고려사』, 「식화지」 내 복수의 연도에 걸쳐 있는 기사들을 수색해 함께 수록한 경우인데, 명종 6년(1176)의 사실만 채록하는 것에 그치지 않고, 이전 문종 대 제도가 시작된 연원과 배경도 함께 기술했기 때문이다.[209] 도량형이 당시 민생의 상황을 좌우하는 중요한 제도 중 하나였음을 감안할 때, 이런 것을 굳이 찾아 기재한 것에서 순암의 민생에 대한 애정을 엿볼 수 있다. 이 밖에 백성의 의료 수준에 대한 관심도 눈에 띈다. 순암은 1112년 사적을 정리함에 있어서도 『동국통감』에 누락된

---

207 『高麗史』 卷34, 世家 34, 忠宣王 復位3年(1311) 7月 丙戌.

208 『高麗史』 卷84, 志 38, 「刑法」 1, 公式 職制, 忠肅王 5年(1318) 5月.

209 『高麗史』 卷78, 志 32, 「食貨」 1, 田制 租稅, "(문종)七年六月三司奏: '舊制稅米一碩收耗米一升今十二倉米輸納京倉累經水陸欠耗實多輸者苦被徵償請一斛增收耗米七升.' 制可."; "明宗六年七月初左右倉斗槩不法納米一石贏至二斗外吏因緣重斂久爲民弊近欲釐正下制: 一石幷耗米不過十七斗. 群小洶洶至是下制仍舊."

혜민국 설치 기사를 『고려사』, 「백관지」를[210] 근거로 수록하였다.

『동사강목』에 실린 이러한 기사들은 순암의 진휼관 또는 민생관을 보여 주기도 한다. 순암은 1108년 2월의 마지막 기사로 '경기도의 공물을 정했다.'는 기사를 첨입하였다. 그리고 그에 대한 설명으로 '문종이 경기 주현의 상공(常貢) 외 요역 및 각 소(所)의 별공(別貢)과 상공물(常貢物)을 작정(酌定)하라 지시'한 일을 소개했는데, 『동국통감』에 누락된 기사를 『고려사』, 「식화지」에서 찾아 수록하였다. 그런데 한편으로, 이 해 같은 달 「식화지」에 함께 수록된 경제 기사로 '피해를 입은 주현의 공·사전에서 징세하는 것에 대한 금지'[211] 및 '주현의 군인전 방치에 대한 금지'[212] 등이 있었음에도 순암이 이 기사들은 수록하지 않았음이 주목된다. 그가 징세금지나 방치금지 등의 '금지 조치'보다는, '고통 감축을 위한 세금 현실화' 조치에 더 주목해 그를 선정, 수록한 것일 가능성이 엿보이는 대목이기 때문이다.[213] 3건의 조치들 중 공물 정상화(세금 하향 조정)가 백성들에게 가장 도움이 될 만한 조치였을 것으로 판단했던 셈이다. 『동사강목』이 1255년 2월의 소복별감 설치 조치나 1255년 7월의 신흥창 개방 등 창고개방을 통한 진휼 조치들의 경우는 많이 누락시킨 반면, 1255년 3월(4월)이나 1255년 4월(3월) 등의 각종 감면세 조치들은

---

210 『高麗史』 卷77, 志 31, 「百官」 2, "諸司都監各色 惠民局."

211 『高麗史』 卷78, 志 32, 「食貨」 1, 田制 租稅, "睿宗 3年(1108) 2月 制: 諸州縣公私田川河漂損樹木叢生不得耕種如有官吏當其佃戶及諸族類 隣保人徵斂稅粮侵害作弊者內外所司察訪禁除."

212 『高麗史』 卷79, 志 33, 「食貨」 2, 農桑, "睿宗 3年(1108) 2月 制: 近來州縣官祗以宮院朝家田令人耕種其軍人田雖膏腴之壤不用心勸稼亦不令養戶輸粮因此軍人飢寒逃散自今先以軍人田各定佃戶勸稼輸粮之事所司委曲奏裁."

213 『高麗史』 卷78, 志 32, 「食貨」 1, 田制 貢賦, "睿宗 3年(1108) 2月 判: 京畿州縣常貢外徭役煩重百姓苦之日漸逃流主管所司下問界首官其貢役多少酌定施行銅鐵瓷器紙墨雜所別貢物色徵求過極匠人艱苦而逃避仰所司以其各所別常貢物多少酌定奏裁."

수록한 것도 순암의 그러한 관점을 한 번 더 보여 준다. 백성들의 부담 경감을 중시하되, 수시 진휼보다는 세액의 현실화가 근원적 방책이라 여긴 듯하다.

그런데 한편으로, 『동사강목』은 의아하게도 고려 후기의 대원 공물 납부 기사들은 대체로 생략하는 모습을 보인다. 원제국에 바칠 공물을 준비하는 과정에서 진행된 가혹한 대민수탈을 감안한다면 이 기사들이야말로 당시 민생의 상황을 짐작케 하는 중요한 기사들이라 할 것인데, 그것들이 모두 누락된 결과 당시의 사회상을 살피는 데 지장이 발생하고 있다. 예컨대 1282년 4월 일본정벌 당시 지출한 군량미가 십수만 석이라는 기사가[214] 『동사강목』에는 빠졌고, "원이 조선(造船)과 전미 납부를 면제했다."는 『동국통감』 1309년 7월 기록을 수록하는 과정에서도[215] 『동사강목』은 조선 감면만 언급했을 뿐 미곡 부분은 굳이 뺐음이 흥미롭다.[216]

민생과 관련한 중요 이슈가 수록대상에서 빠진 또 다른 사례로는 '대차(貸借)'의 문제가 있다. 주지하는 바와 같이 이자가 원금과 같아지게 되면 이자의 추가 징수를 금지하는 조치가 흔히 내려지곤 하였다. 민간의 채권·채무 실태를 관리하기 위한 정부의 대표적인 조치로서, 고리대의 성행을 막으려는 조치로 해석된다. 이러한 조치가 없을 경우 이자율의 급상승, 이자액의 무제한적 누적, 그리고 민생의 파탄을 막기 어렵게 된다는 점에서 이러한 조치는 대표적인 민생구제조치라 할 수 있다.

---

214 『高麗史』 卷82, 志 36, 「兵」 2, 屯田, "(忠烈王) 8年(1282) 4月, 東征所支兵粮十二萬三千五百六十餘石."

215 『동국통감』 권42.

216 1283년 5월 원에서 전함수리 및 군대징발을 중지했다는 사실은 『동사강목』도 수록하였다.

아울러 이러한 문제가 조선시대에도 없지 않았다는 점에서, 조선 후기의 상황을 고민하는 순암의 입장에서 고려시대 당시의 유사 조치들에 대해 그 효과와 한계를 논평하는 안을 기술했을 법도 하다. 그러나 아쉽게도 『동사강목』에는 이러한 종류의 민생조치들에 대한 기록들이 (적어도 필자가 검토한 범위 내에서는) 다수 누락돼 있다. 예컨대 982년 10월 등의 해당 조치들은 『고려사』와 『동국통감』에는 기록됐지만[217] 『동사강목』에는 들어 있지 않다.

인신의 문제, 특히 986년 7월의 노비 도피에 대한 고려 정부의 처리 조치 역시 유사한 경우라 할 것이다.[218] 노비의 도피는 당시 신분질서를 위협하는 중요 문제 중 하나이자 당시 사회의 혼란상을 대변하는 것이었음에도 『동사강목』에는 그것이 소개돼 있지 않다. 순암이 그러한 사안을 개혁을 요하는 사회현실의 일부로 간주하지 않았거나, 그에 대한 관심이 부족했을 가능성을 염두에 둘 필요가 있다. 이 밖의 인신 관련 조치들, 예컨대 1252년 8월 충실도감을 통한 한인과 백정 점열 및 각령의 충군 기사 등, 역역(力役) 인구 조사 및 세정(稅政)에 직결된 조치 또한 『동사강목』에는 누락돼 있다. 목민관들의 역할에 대해 다수의 저서를 기술한 순암 안정복의 면모와는 크게 다른 지점이어서, 검토하는 입장에서 적이 당혹스러울 정도이다.

이 밖에 자연재해나 기근, 재변기사 등 당시의 사회적 분위기를 전해주는 기사들도 『동사강목』에 상당수 누락돼 있기는 마찬가지다. 기왕의 연구에서는 순암 안정복이 역대 국가들의 대민시책이 착취에만 치중하

---

217 『동국통감』 권14.

218 『高麗史』 권85, 志 39, 「刑法」 2, 奴婢, “(성종)五年七月敎: ‘凡隱占人逃奴婢者依律文一日絹三尺例日徵布三十尺給本主日數雖多毋過元直奴年十五以上六十以下直布百匹十五以下六十以上五十匹婢年十五以上五十以下百二十匹十五以下五十以上六十匹.’”

고 백성들의 생활을 돌보지 않은 것에 비판적 의식을 갖고 있었다고 보았지만, 순암의 진대법 및 노비안검법 정도만이 순암의 이른바 민생에 대한 관심을 보여 주는 정황으로 각종 연구에서 반복적으로 거론될 뿐, 검토가 그 이상을 넘어서지 못한 측면이 있다. 여러 다양한 종류의 민생 기사들이 『동사강목』에서 어떻게 취급되고 있는지에 대한 포괄적 전수 조사가 필요하다.

5. 맺음말

본고에서는 『동사강목』에 3개의 층위가 존재하는 것으로 파악하였다. 첫째, 정보전달서 즉 '사료'로서의 속성을 가진 저술로 파악하였고, 둘째 '역사적 관점'이 내재된 역사연구서로 간주했으며, 마지막으로 포폄과 목민 등 특정의 목적의식을 가진 목적서로 취급해 보았다. 각각의 영역에서 순암과 『동사강목』이 선보인 긍정적 측면과 부정적 측면들을 정리해 보면 다음과 같다.

'정보전달서', 즉 '사료'로서의 『동사강목』은 우선 다양한 문헌 섭렵을 통해 치밀한 고증을 수행함으로써 사료집으로서의 역할에 기본적으로 충실하려 하였다. 그러나 그에 그치지 않고, 이전 역사서술들이 활용했던 전거들을 검증하고 그 오류까지 시정함으로써, '전사(前史)'에 비해 개선된 한국 역사서를 쓰고자 하였다. 게다가 '강목체'의 서술형태를 유용하게 활용하여, 정보를 통합적으로 제시하는 창의적이고도 독특한 기술을 선보였음이 흥미롭다. 그러나 한편으로 그 과정에서 역사적 사실들의 시점 제시를 소홀히 하는 의외의 모습도 보였고, 정보를 축약 소개하거나 생략하는 과정에서 역사적 사실들의 맥락이 선명하게 제시되는 만큼이나 어떤 경우 왜곡된 상태로 제시되기도 했음이 주목된다.

'역사연구서'로서의 『동사강목』은 몇 가지 중요한 '관점'을 보여 주는데, 본고에서 살펴본 그의 '한반도 내부에 대한 관점'과 '한반도 외부에 대한 관점'이 여러 흥미로운 지점들을 내포하고 있다. 전자와 관련해서는 그가 삼국통일 이후 융합의 구조화 과정에 지대한 관심을 가졌음이 확인되고, 그렇게 형성된 '통합 한반도'에 대한 거시적 관점이 한반도에 소재한 여러 기층 행정단위들에 대한 미시적 검토의 부재로 나타난 것으로 짐작된다. 후자와 관련해서는 그가 비록 중국의 제도에 관심이 많았고 실제로 그에 대한 지식을 한반도 각종 제도의 연원 탐구에 간혹 활용하기도 했으나, 종족을 불문하고 외부세력과 고려인들 간에 있었던 외교와 접촉에 대한 기사들을 상당수 누락하는 등 한반도의 역사를 동아시아적 관점에서 검토하는 것에는 대체로 무관심했음이 확인된다.

마지막으로 '포폄서', 또는 '이상적 목민관상'을 추구하는 실학자의 저술로서의 『동사강목』은 윤리 사안들에 대한 순암의 포폄, 각종 제도 정책에 대한 그의 평가, 그리고 사회현실에 대한 개혁의지를 담은 것으로 확인된다. 다만 『동사강목』에 포함된 명분론적 포폄과 제도 평가, 그리고 현실인식이 양적 · 질적으로 충분한지의 여부가 문제된다고 하겠는데, 비록 제한된 부분에 대한 검토에 그치고 말았지만, 여러 모로 아쉬운 점이 적지 않은 것으로 판단된다. 향후 안설들뿐 아니라 기사 전체가 비교 분석되어야 할 필요가 있으며, 그러한 시도를 성리학자 · 실학자 · 사가로서의 순암 안정복의 진면모를 재구성하는 계기로 삼을 필요가 있다.

이렇듯 다양한 층위를 지닌 『동사강목』이 각각의 층위에서 강점과 개성, 그리고 한계를 지니고 있었다는 점이 시사하는 바는 크다. 성리학자이자 목민관이었던 개혁파 학자 순암의 면모를 재검토 · 재평가하게 하는 대목인 동시에, 조선 후기 학자들이 공유하고 있었을 명분론과 제도학, 그리고 현실인식(현실관심)의 강도와 수준을 엿보게 하는 대목이기도 하기 때문이다. 그 점에서 『동사강목』을 비롯한 조선시대의 한국사 저술들에 대한 검토가 조선시대 전공자들뿐 아니라 고려시대사 및 고대사 전공자들에 의해서도 좀 더 활발히 수행될 필요가 있다. 그를 통해 순암과 『동사강목』의 진정한 면모가 좀 더 온전하게 밝혀질 수 있다면, 조선 후기 사상계와 실학파 연구에도 기여할 바가 있으리라 기대해 본다.

參考文獻

강병수(2005), 「18세기 星湖學派의 학문과 사상 전개: 순암 안정복의 경학과 정주학 이해를 중심으로」, 『중앙사론』 21, 중앙대학교 중앙사학연구소.

______(2007), 「조선 후기 성호학파의 단군조선 인식 : 『성호사설』 · 『동사강목』 기사를 중심으로」, 『선도문화』 2, 국제뇌교육종합대학원대학교 국학연구원.

강세구(1986), 「순암 안정복의 『동사강목』 '지리고'에 관한 일고찰」, 『역사학보』 112.

______(1990), 「안정복의 역사고증방법－동사강목 '고이'를 중심으로」, 『실학사상연구』 1, 역사실학회(구 무악실학회).

______(1994), 『『동사강목』연구』, 민족문화사.

______(1996), 『순암 안정복의 학문과 사상연구』, 혜안.

______(2000), 「제2부 역사, 고고부: 순암 안정복의 고려인식」, 『실학사상연구』 14, 역사실학회(구 무악실학회).

김기흥(2003), 「화랑 설치에 관한 諸史書의 기사 검토 : 김대문 花郎世記와의 관련성을 중심으로」, 『역사교육』 88, 역사교육연구회.

김도영(2011), 「萬卷堂과 濟美基德堂에 대한 재검토」, 『역사학보』 210.

김문식(2000), 「18세기 후반 순암 안정복의 기자(箕子) 인식」, 『한국실학연구』 2, 한국실학학회.

김봉희 · 최보람(2004), 「조선조 역사서의 평가를 위한 비교 연구－『동국통감(東國通鑑)』, 『동사강목(東史綱目)』, 『해동역사(海東繹史)』를 중심으로－」, 『사회과학연구논총』 12, 이화여자대학교 사회과학연구소.

김세윤(1985), 「안정복의 열조통기에 대한 일고찰」, 『부산여대사학』 3.
______(1986), 「순암 안정복의 조선시대인식」, 『부산여대사학』 4.
김시업(1997), 『순암 안정복』, 광주문화원.
김영숙(2006), 「안정복(安鼎福)의 영사시(詠史詩)에 나타난 역사, 문학성과 역사의식」, 『퇴계학과 유교문화』 38, 경북대학교 퇴계연구소.
김인규(2013), 「순암 안정복의 학문과 역사인식」, 『온지논총』 36, 온지학회.
김종복(2011), 「조선 후기 실학자들의 발해사 연구 성과」, 『한국고대사연구』 62.
박종기(1992), 「『동사강목』 고려편 검토－안정복의 수택본을 중심으로」, 『성곡논총』 24.
______(2006), 『안정복, 『고려사』를 공부하다』, 고즈윈.
변원림(1973), 「안정복의 역사인식」, 『사총』 17, 고려대학교 역사연구소(구 역사학연구회).
신항수(2013), 「이익과 안정복의 고려 말 역사 서술에 대한 논의와 『동사강목』」, 『진단학보』 117.
심우준(1985), 『순암 안정복 연구』, 일지사.
엄태웅(2011), 「조선 후기 설인귀 인식의 맥락과 문학적 반영의 의미」, 『한민족어문학』 59, 한민족어문학회.
에드워드 슐츠(2006), 「안정복과 『동사강목』: 고려무신정권에 관한 그의 견해에 대한 비평」, 『한국실학연구』 11, 한국실학학회.
오항녕(2013), 「순암 안정복의 학문과 사상; 순암 안정복의 단대사편년체(斷代史編年體) "열조통기(列朝通紀)"」, 『한국실학연구』 25, 한국실학학회.

원재린(2010), 「순암 안정복의 시무(時務) 인식－『동사강목(東史綱目)』의 "안(按)"설(說)을 중심으로－」, 『한국사상사학』 34.
______(2010), 「안정복, 현실을 직시하며 실학의 학풍을 일으킨 학자」, 『내일을여는역사』 38.
유영옥(2012), 「'廢假立眞'에 대한 조선 후기 사대부의 비판적 인식」, 『역사와경계』 83, 부산경남사학회.
______(2013), 「고려 趙位寵의 義와 叛에 대한 성리학적 논변」, 『역사와경계』 88, 부산경남사학회.
윤남한(1977), 「『동사강목』해제」, 『국역 『동사강목』』 1.
이강한(2011), 「1307년 "依上國之制, 定軍民" 조치의 내용과 의미－고려 충선왕 대 軍役制 정비 방향에 대한 試論－」, 『한국사학보』 45.
이기백(1999), 「순암 안정복의 합리주의적 사실 고증」, 『한국실학연구』 1, 한국실학학회.
이만열(1974), 「17, 18세기의 사서와 고대사 인식」, 『한국사연구』 10.
이우성(1966), 「이조후기 근기학파에 있어서 정통론의 전개」, 『역사학보』 31.
______(1969), 「『동사강목』해제」, 『동사강목』, 경인문화사.
______(1981), 「안정복과 『동사강목』」, 『한국의 역사사상』, 창비.
전제현(2009), 「유계(兪棨)와 안정복(安鼎福)의 『고려사』 인식－역사제강(歷史提綱)과 『동사강목(東史綱目)』의 史論을 중심으로－」, 『한국학논총』 32, 국민대학교 한국학연구소.
전호원(2010), 「『동사강목』 '윤관 9성고(九城考)'의 비판적 고찰」, 『군사논단』 63, 한국군사학회.
정구복(1987), 「안정복의 사학사상」, 『한일근세사회의 정치와 문화』, 정신문화연구원.

조광(1982), 「조선왕조시대의 신라인식－『동사강목』을 중심으로」, 『민족문화연구』 16, 고려대학교 민족문화연구원.

차장섭(1992), 「안정복의 역사관과 『동사강목』」, 『조선사연구』 1, 조선사연구회.

채미하(2011), 「실학자들의 新羅史 연구 방법과 그 해석」, 『한국고대사연구』 62.

최성환(2003), 「영, 정조 대 안정복의 학문과 『동사강목』 편찬」, 『한국학보』 29-1, 일지사.

하우봉(1988), 「순암 안정복의 일본인식」, 『전라문화논총』 2, 전북대학교 전라문화연구소.

한영우(1988), 「안정복의 사상과 『동사강목』」, 『한국학보』 14-4, 일지사.

함영대(2013), 「순암 안정복의 학문과 사상 ; 순암 안정복 연구의 현황과 과제」, 『한국실학연구』 25, 한국실학학회.

元重擧의 일본사회 이해와 역사인식

—『화국지(和國志)』를 중심으로 —

하우봉 | 전북대학교 사학과 교수

1. 머리말

원중거에 대한 연구는 1980년 후반 『화국지(和國志)』가 발견되어 국내에 소개된 것을 계기로 시작되었다고 볼 수 있는데, 그 이후 짧은 기간임에도 상당히 많은 연구논문이 발표되었다. 원중거에 대한 연구성과는 대부분 대일통신사와 연관된 것이다.[1] 지금까지의 연구 경향과 주제를 보면, 원중거의 일본 체험과 필담창수의 내용, 일본인식 등을 주로 다루어 왔다. 그는 1763년 계미통신사의 서기로서 수행하였으며, 귀국 후 『승사록(乘槎錄)』과 『화국지(和國志)』라는 사행록을 저술하였다. 이 책들은 일본사행록의 백미라고 해도 좋을 정도로 내용이 충실하며, 그 후 북학파 실학자를 비롯해 조선 지식인들의 일본인식에 큰 영향을 주었다는 점이 주목을 받아 왔다. 『화국지』의 내용과 실학파의 연관성이 알려지면서 연구시각과 접근방법도 다양하게 시도되고 있다.

---

1 지금까지 한국학계에서 조선시대 대일통신사에 대한 연구방향은 역사학과 문학의 두 주류이다. 1980년대에는 역사학 분야에서 통신사행을 연구한 것이 많았다. 한일관계사 속에서 외교체제론, 통신사외교체제의 성립과 운영실태 등을 『조선왕조실록(朝鮮王朝實錄)』, 『통신사등록(通信使謄錄)』, 『증정교린지(增訂交隣志)』, 『통문관지(通文館志)』, 『동문휘고(同文彙考)』 등 외교자료집, 통신사행원들이 남긴 일본사행록('海行摠載'), 그 밖에 일본의 『통항일람(通航一覽)』, '종가문서(宗家文書)' 등을 분석대상으로 하여 고찰하였다. 1990년대부터 여행 체험이라는 차원에서 문학적인 접근이 많아졌다. 1980년대까지는 신기수 · 강재언 · 이진희 · 이원식 등 일본에 있는 연구자들이 선구적인 작업을 하였다. 최근에는 국내에서 40여 종의 일본사행록과 함께 일본에서 편찬한 200여 종의 필담창화집(筆談唱和集)을 분석하여 문화교류의 실상을 분석하는 연구가 진행되었다. 2000년대 들어 국내에서 필담창화집이 번역 출간되기 시작하면서 더욱 활발해지고 있다. 연행록(燕行錄)에 대한 연구도 그동안 한문학계에서 주도하였는데, 연행사와 통신사를 비교하거나 동아시아적 시각에서 통합적으로 접근하는 연구가 각광을 받고 있다. 그 밖에 최근에는 통신사행과 관련된 음식 · 복식 · 음악 · 건축 등의 분야에서 접근한 연구도 제기되고 있다.

본 주제와 관련하여 주요한 연구성과를 열거해 보면 다음과 같다.

① 하우봉, 「원중거의 "화국지"에 대하여」, 『전북사학』 11, 1989
② 하우봉, 「원중거의 일본인식」, 『이기백 선생 고희기념 한국사학논총』, 일조각, 1994
③ 오수경, 「18세기 서울 문인지식층의 성향-'연암그룹'에 관한 연구의 일단」, 성균관대 박사학위논문, 1989
④ 임형택, 「계미통신사와 실학자들의 일본관」, 『창작과비평』 85, 1994
⑤ 신로사, 「원중거의 "화국지"에 관한 연구-그의 일본인식을 중심으로」, 성균관대 석사학위논문, 2004
⑥ 박재금, 「원중거의 "화국지"에 나타난 일본인식」, 『우리 한문학사의 해외체험』, 집문당, 2006
⑦ 박채영, 「현천 원중거의 통신사행록 연구-"승사록"과 "화국지"를 중심으로」, 이화여대 석사학위논문, 2009
⑧ 김정신, 「1763년 계미통신사 원중거의 일본인식」, 『조선통신사연구』 11, 2010
⑨ 박재금, 「원중거의 일본체험, 그 의의와 한계-"화국지"를 중심으로」, 『한국한문학연구』 47, 2011
⑩ 손승철, 「조선통신사 사행록 연구-"해동제국기"와 "화국지"의 동이점 분석」, 『인문과학연구』 30, 2011
⑪ 박희병, 「조선의 일본학 성립-원중거와 이덕무」, 『한국문화』 61, 2013

최근의 연구로 주목되는 것은 박희병의 「조선의 일본학 성립-원중거와 이덕무」이다. 그는 원중거의 『화국지』와 이덕무의 『청령국지(蜻蛉國志)』를 조선에서의 '일본학 성립'이라고 그 의미를 높이 평가하였다.

필자가 『화국지』와 『청령국지』를 종합적인 '일본국지(日本國志)'로서의 성격을 띠는 저술이라고 평가한 이래 가장 적극적인 의미 부여이다. 그런데 원중거의 역사인식에 대해 초점을 맞춘 연구는 아직 없다고 볼 수 있다. 본고에서는 『화국지』를 중심으로 원중거의 일본사회 이해와 역사인식을 살펴보고자 한다.

2. 원중거의 일본사행과 『화국지』 저술

1) 원중거(元重擧)의 생애와 일본사행

(1) 원중거의 생평

원중거는 1719년(숙종 45)에 태어나 영·정조 대를 살다 간 인물로서 1790년(정조 14)에 졸하였다. 호는 현천(玄川)·물천(勿川)·손암(遜菴), 자는 자재(子在)이다.

그의 가계를 보면 본관은 원성(原城=原州) 원씨로서 고려 말부터 조선 초기에 걸쳐 크게 현달한 명문이었다. 특히 10대조 효연(孝然)은 세종조에 대사헌·관찰사·예조판서를 역임하면서 원성군(原城君)에 봉해지고 문정(文靖)이라는 시호를 받았으며 이때부터 원성(原城)에 세거(世居)하게 되었다. 본래는 문반(文班)이었으나 9대조 맹수(孟穟)가 무과에 급제, 훈련관사 첨중추(訓練觀事僉中樞)의 관직을 지낸 이후부터 무가의 집안으로 바뀌게 되었던 것 같다. 이후로 점차 가문이 몰락의 길로 접어들어 원중거의 4대조부터는 벼슬길에 나가지 못했으며, 부친 태규(泰揆)에 이르러 겨우 진사시에 입격, 사직령(社稷令)을 지내는 정도로 한미해졌다.[2]

게다가 어느 대부터인지는 확실하지 않지만 원중거는 서자 출신이었던 것 같다. 이는 조선 후기 사회에서 관직이나 교유관계 등 외적 측면뿐 아니라 의식적인 부분까지를 제약 또는 규정하는 의미를 지니고 있다. 그가 서출(庶出)인지의 여부는 족보상에는 확인되지 않지만 여러 가지 정황증거로 볼 때 확실하다고 여겨진다.[3]

원중거의 어릴 때 행적을 말해 주는 기록으로는 성해응(成海應)의 문집 기사가 있는데, "무가(武家)의 집안에 태어났지만 홀로 경적을 탐독하였으며 일찍부터 향리의 학교에서 이름을 날렸다."고 한다.[4] 그의 학맥과 사승(師承) 관계는 불확실하지만 우선 가학(家學)을 생각할 수 있다. 그의 부친 태규는 비록 사직령이라는 말직에 머물렀으나 문장과 행의가 훌륭하여 1721년(경종 원년) 신임사화(辛壬士禍) 때 노론계의 사림들이 그의 의론을 존중하였다고 하는 만큼 상당한 학문을 지녔던 인물이었다.[5] 또 이 사실에서 태규의 학문적 성향은 노론 안에서도 신임사화 때 타격을 받았던 낙론계(洛論系)임을 알 수 있다. 원중거의 학문적 바탕에는 당연히 부친으로부터의 영향이 있었을 것이다. 실제 그의 학문과 교유관계를 보면 기호사림(畿湖士林)의 낙론계와 밀접하게 관련되어 있다.

---

2 『원주원씨족보(原州元氏族譜)』.

3 이에 대해서는 오수경(1989), 제4장 현천 원중거 참조. 특히 문무간 명문으로서 왕실과도 인척관계를 맺었던 원주 원씨 안에서 현천의 집안이 동당(同堂) 형제에 비해 가장 몰락한 점, 그의 아들 유진(有鎭)이 1796년(정조 20)에 규장각 검서관으로 발탁되었으며 서출인 이덕무의 여동생과 결혼한 사실, 그의 교우가 대부분 서자 출신의 문장가였고 그들의 대표자로서 존경을 받았던 점, 홍대용이 "현천옹은 우리나라에 있어서 낙척하고 불우하였다(玄川翁在我邦 落拓不遇)."라고 평했던 점(『담헌서(湛軒書)』, 「일동조아발(日東藻雅跋)」), 일본사행 시 서기로 발탁된 점, 사마시에 급제한 후 미관말직을 전전한 점 등에서 볼 때 서출이 틀림이 없을 듯하다.

4 『연경재집(研經齋集)』 본집(本集) 권1.

5 『원주원씨족보(原州元氏族譜)』.

다음으로 원중거의 관력(官歷)을 살펴보면, 1750년(영조 26) 32세 때 사마시(司馬試)에 급제한 이후 실직을 얻지 못하다가 40세가 지나 처음으로 장흥고 봉사(長興庫奉事, 종8품)를 제수받았다. 그 후 다시 야인으로 지내던 중 1763년(영조 39, 공 45세) 시재(詩才)를 인정받아 대일통신사행(對日通信使行)에 부사(副使) 이인배(李仁培)의 서기(書記)로 수행하게 되었다. 그 사행 중 일본인 문사(文士)와 창화했던 시가 천 수에 이른다고 기록되어 있다.[6] 이것은 그의 일생에 주요한 전기가 되었으나 그것이 바로 관직으로 연결되지는 못하였다. 시속(時俗)과 명리(名利)에 타협하지 않는 그의 기개와 신분적인 제약 등으로 천거해 주는 사람이 없자 원중거는 성남(城南)의 외진 땅에서 나무를 팔아 생활하면서 문장 연마와 교육에 전념하였다. 당시 그의 꿈은 나무장사가 잘 되면 지평(砥平, 현 경기도 양평군 지제면)의 산중에 밭을 사서 처자식과 같이 농사를 지으며 사는 것이었다 한다.[7] 그 후 사행에서 돌아온 지 7년 만인 1771년 송라찰방(宋羅察訪, 종6품)에 임명되었으나 60일 만에 파직되었다. 송라찰방에서 해직된 후 벼슬길에 나갈 희망이 없다고 본 원중거는 다시 지평의 물천협(勿川峽)에 은거하면서 생도들을 가르치고 농사를 짓는 전원생활로 되돌아왔다.[8]

그러나 정조 대에 들어와서는 득의의 시절을 보내게 되었다.[9] 즉 1776

6 『해사일기(海槎日記)』, 「연화(筵話)」. 그 밖에 김인겸의 『일동장유가』에도 사행 중 그의 행적에 대한 기사와 일화가 몇 군데 소개되어 있다.

7 『정유집(貞蕤集)』 권1, 「송원현천중거서(送元玄川重擧序)」.

8 『청성집(青城集)』 권8, 「서김선달시화시축후(書金先達時和詩軸後)」.

9 원중거가 속했던 노론 청류(清流)로서의 연암일파는 정조의 지우를 받아 정조 대에 조정의 핵심 그룹으로 성장하였다(유봉학, 1992, 제3장). 이서구·남공철·서유구 등 소장파들이 대거 관계에 진출하였으며, 이덕무·유득공·박제가 등 서출들도 규장각의 검서관으로 등용되는 등 정조 대 학술과 편찬사업에 중심적인 역할을 맡게 되었다.

년(정조 원년, 공 58세) 가을 공조참판 김용겸의 추천에 의해 장원서 주부(掌苑署主簿, 종6품)를 제수받았던 것이다. 이후 원중거는 내직에 머물면서 당시 조정의 신진기예들과 교류를 나누었다. 1789년(정조 13, 공 71세) 6월에는 『해동읍지(海東邑誌)』의 편찬에도 참여하였다. 이 작업은 이덕무 · 성대중 · 박제가 · 유득공 · 이만수 · 윤행임 · 이서구 · 이가환 등 당시의 기예들이 공동편찬하는 일이었는데, 원중거는 편찬업무와 직접 관계는 없는 직책이었으나 학식을 인정받아 참가하였다.[10] 1790년(정조 14)에는 목천현감(木川縣監, 종6품)에 제수되어 외직(外職)에 나갔는데, 이해 72세를 일기로 원중거는 생애를 마쳤다. 그런데 운명한 곳이 용문산 아래 물천협인 것으로 보아 목천현감을 오래 한 것 같지는 않다.[11]

원중거의 관직생활은 한마디로 미관말직을 전전하였다고 할 수 있는데 그나마 계속된 것도 아니었다. 나머지의 기간은 경기도 지평의 물천이나 성남에서 주경야독하는 처사적 생활을 하였다. 서출이라는 신분상의 제약 위에 성격상 관료생활에 맞지 않았으며 본인도 관직에 연연하지 않았다.

다음으로 원중거의 교우관계와 학문적인 성격을 간단히 살펴보자. 교우관계를 보면, 그가 서울로 올라온 이후 연암 박지원을 중심으로 하는 일군의 지식인들과의 교류가 대부분이었다. 위로는 김용겸(金用謙)과 유후(柳逅)가 있었고, 연하로 특히 가깝게 지낸 사람으로는 이덕무 · 박제가 · 유득공 · 성대중을 들 수 있다. 이들은 모두 당색으로는 노론이고

10 장원서 주부를 제수받은 이후의 관력이 기록상 명확하지 않지만 1786년 공조판서로 승진한 김용겸이 원중거가 주부로 있던 장원서에서 이덕무 · 유득공 · 박제가 · 성대중 등과 시회(詩會)를 자주 열었다는 사실, 또 정조 13년 『해동읍지』의 편찬에 원중거가 참여했다는 사실, 이해 12월에 장용영(壯勇營)에 나가 춘첩(春帖)을 지어 올린 사실 등으로 미루어 볼 때 이 시기까지 장원서 주부의 직을 유지하였던 것 같다.

11 『정유집(貞蕤集)』 권3, 「만원현천중거 삼수(輓元玄川重擧三首)」.

성리학에서는 주자학을 기본으로 존숭하는 입장이었다. 그러는 한편으로 이덕무 등은 '후기 한시 4가(後期漢詩四家)'로 불릴 정도로 시문에 뛰어났으며 이용후생적인 실학에 관심을 지니고 있었다. 이 그룹 안에서 원중거는 강개한 성품과 지사적인 면모를 지닌 실천적 주자학자로서, 또 신분적인 제약 등 울분을 풍류와 소탈함으로 풀어 버린 시인으로서 소장파 지식인들의 존경을 받았고 존장격(尊長格)의 위치를 차지하였다.[12]

원중거의 학문적 성향은 『승사록』과 『화국지』 및 주변 인물의 문집에 나타나는바 철저한 정주학자로서의 면모와 이용후생학에 대한 관심을 들 수 있겠다.

철저한 정주학자로서의 면모는 일본사행 시 유감없이 발휘되었다. 이에 대해서는 자신이 더 명확히 밝히고 있다. 즉 원중거는 부산을 출발할 당시 동행한 서기 성대중(成大中)과 김인겸(金仁謙)에게 이번 사행에서 일본인들을 정주학(程朱學)으로 교도할 결심이라고 하며 시문보다도 경학(經學)을 주로 논의할 생각이라고 밝혔다. 성대중과 김인겸이 그 말은 바르고 큰 뜻이지만 우리의 역할이 창수(唱酬)이지 강학(講學)이 아니라고 하자, 원중거는 정주(程朱)를 배척하는 무리와는 창수도 하지 않을 것이라고 하였다.[13] 그런데 원중거의 사행 당시 일본에서는 오규 소라이〔荻生徂徠〕의 고문사학(古文辭學)이 풍미하고 있었고, 자신이 만난 대다수의 일본 유자(儒者)와 문사들이 그의 문도임을 알고 치열하게 논쟁을 하였다. 그래서 원중거는 시문창수와 필담 시 반드시 정주학을 이야기하고 『소학(小學)』을 들었다. 원중거가 워낙 고학(古學)을 비판하고 정주학을 강조하자 오사카(大阪)에서 합류한 호행문사(護行文士) 나와 시

12 오수경(1989), 113~119면.

13 『승사록』 권2, 갑신년 3월 10일조.

소(那波師曾)는 그 후 오규 소라이를 칭하며 정주학을 비방하는 자는 원중거와 만나지 못하도록 했을 정도였다. 에도(江戶)에서 태학두(太學頭) 하야시 노부히코(林信彦)를 만난 원중거는 이단설(異端說)을 금하고 정주학서를 간행 보급할 것을 간곡히 권유하였다. 그의 일본에서의 행적을 보면 '정주학의 전도사'라고 해도 과언이 아니었다. 또 원중거가 말년에 『주자대전(朱子大全)』을 읽고 시를 짓기를, "차와 밥같이 중요한 주자의 설은 정밀하면서도 익었는데 제자(諸子)의 설은 겨와 쭉정이 같아 많이 걸러야 했네."라고 한 점으로 보아[14] 주자에 대해 존숭은 일생 동안 지속되었음을 알 수 있다.

한편 일본사행 시의 기록을 보면 주자학에 관한 뚜렷한 입장과 함께 '명물도수지학(名物度數之學)'이나 이용후생학(利用厚生學)에 대한 깊은 관심을 찾아볼 수 있다. 특히 이러한 면모는 『화국지』에 약여하다. 이와 같은 그의 학문적 성향이 언제 형성되었는지는 모르지만 사행을 전후한 그의 교우관계를 보면 대체로 짐작할 수 있다.[15] 그가 교류한 연암일파의 소장학자들은 대부분 북학론(北學論)은 제창하면서 이용후생의 실학이나 고증학적 학풍을 강조하였는데, 원중거는 이들과 교류하면서 이러한 학풍을 수용하였을 것이다.[16]

---

14 『청비록(淸脾錄)』 권4, 「현천옹영주자(玄川翁詠朱子)」.

15 『화국지』 천권, 「중국통사정벌(中國通使征伐)」의 서술내용에 이덕무의 견해를 첨부하고 있음을 볼 때 사행을 전후한 시기부터 깊이 있는 교류를 하였음을 알 수 있다.

16 주자성리학을 존신하면서 이용후생학에 관심이 깊다는 것이 일견 모순되어 보일지 모르지만 당시 노론 산림의 주요 계파이자 낙론계를 주도하였던 김원행(金元行)의 석실서원학파(石室書院學派)는 성리학 외에 상수학(象數學)에도 독보적인 경지를 개척해 나가고 있었다. 이 석실서원파는 김용겸 · 홍대용 · 황윤석 등과 밀접한 관계가 있는데, 원중거가 이 학풍의 영향을 받았을 것임은 이들과의 교류와 당색 · 학맥 등으로 볼 때 충분히 상상할 수 있다. 이러한 경향성에 대해서는 하우봉, 「황윤석(黃胤錫)의 사회사상」(『이재(頤齋) 황윤석(黃胤錫) 연구』, 민음사, 1994) 참조.

(2) 통신사행 수행

조선 후기의 대일통신사는 일본과의 선린관계를 상징하는 외교사절로서 초기 3회의 회답겸쇄환사(回答兼刷還使)를 포함하면 모두 12차례 행해졌다. 통신사행은 500여 명에 달하는 대규모의 사절단으로 서울을 출발해서 돌아오기까지 대개 8개월에서 1년까지 걸리었으며, 처음 일본으로부터의 통신사내빙 요청부터 치면 2, 3년 걸리는 거대한 외교행사였다. 표면적인 사명은 도쿠가와막부(德川幕府) 장군(將軍)의 습직(襲職) 축하로서 일본의 에도까지 가서 막부 장군을 만나 피아간의 국서와 예물을 교환하는 것이었지만 내용적으로는 피로인(被虜人) 쇄환, 국정 탐색, 대중국 대책 및 대마도 문제 협의 등 정치적 문제를 타결하는 것이었다. 그런데 17세기 후반 동아시아의 국제정세가 안정되고 조일간의 외교현안이 줄어들면서 통신사는 의례적인 사행으로 되고 부수적인 기능이었던 문화교류가 성행하게 되었다.

원중거가 수행하였던 1763년(영조 39)의 계미통신사행은 조선 후기 11번째의 사절로서 에도까지 간 마지막 사행이었다. 이후는 양국 모두 통신사행의 의미에 대해 평가절하해 연기를 거듭하다가 결국 1811년(순조 11) 대마도에서 역지통신(易地通信)을 하기에 이르렀고, 그 사행을 마지막으로 통신사행은 종말을 고하게 되었다. 계미통신사행은 이 외에도 당초 삼사(三使)로 내정되었던 서명응(徐命膺) 일행이 교체되었고, 사행 도중 오사카에서 도훈도(都訓導) 최천종(崔天淙)이 대마도 통사(通事)에게 살해되는 등 전례 없는 일들이 일어났다. 한편 사행 중 문화교류는 활발하였고, 사행 후 남긴 일본사행록은 모두 10편으로 가장 많았고 질적인 면에서도 우수하였다. 특히 제술관과 서기 등 이른바 사문사(四文士)가 모두 사행록을 저술하였는바, 이들이 중심이 된 필담창화의 실상에 대해서 상세한 기록을 남기고 있다. 체재면에서도 한글가사체로 된 김인겸의 『일동장유가』와 일본국지적인 성격을 지닌 원중거의 『화국지』 등 뛰어난 작품들이 나왔다. 또 이 당시에는 전 사행의 정사 홍계희(洪啓禧)에 의해 기왕의 사행록을 편집한 '해행총재(海行摠載)'가 만들어졌다. 그것을 서명응이 재편집하여 '식파록(息波錄)'이라고 하였고 교체되면서 조엄에게 인계하였는데 61편의 사행록이 수집되었다. 이러한 작업이 이 시기에 이루어졌다는 점도 주목할 만한 사실이며, 이는 '조선의 일본이해의 성숙'이라고 볼 수 있는 측면들이다.[17]

이 사행에는 본래 1년 전에 내정된 삼사(정사 서명응 · 부사 엄린 · 종사관 이득배)가 있었으나 이들이 모종의 사건에 연좌되어 출발하기 보름 전에 갑자기 조엄(趙曮) · 이인배(李仁培) · 김상익(金相翊)으로 교체되었다. 원중거는 1762년 11월 부사 엄린에 의해 부름을 받아 서기로 선발되었는데 여기에는 이수봉(李壽鳳)과 유후(柳逅)의 추천이 있었다고 한다. 당초 그는 엄린과 면식도 없고 막중한 서기의 임무를 맡을 수 없다고 극구 사양하였으나, 엄린의 성의와 붕우들의 권유하는 바가 지극하여 결국 수락하였다고 하였다.[18] 삼사의 교체에 따라 각 방 소속 수행원들의 변동이 예상되었으나 영조의 명에 의해 삼사 이외의 나머지 원역들은 모두 처음 선발된 대로 하도록 하였다. 이리하여 원중거는 부사 이인배의 서기로 수행하게 되었다.

통신사행의 원역 가운데 일본 측 문사들과의 필담창화를 담당하는 네 사람을 사문사라고 하는데, 원중거 외의 나머지 세 사람은 제술관에 남옥(南玉), 1방 서기 성대중, 3방 서기 김인겸이었다. 사행 출발 전 삼사와 제술관, 세 서기 등은 7월 24일 영조를 인견하였다. 영조는 사문사

---

17 이에 대해서는 하우봉(1986) 참조.

18 『승사록』 권1, 계미년 7월 24일조.

에게 시제(試題)를 주어 시험해 본 후 하교하기를 "너희들은 오로지 문자로써 나라에 욕되지 않도록 하고 돌아오라."고 하였다.[19] 조선에서는 대일통신사행을 문화적 교화의 일환이라고 하는 명분론에 입각하여 파견하였던 만큼 문화교류를 아주 중시하였지만 임금이 이렇게까지 관심을 보인 것은 이례적이라고 할 만하였다.[20] 통신사행원에 선발된 원중거는 이를 몹시 영광스럽게 생각하였다. 자신의 말처럼 미천한 몸으로 임금을 두 번이나 인견하는 영광을 입어 감격의 눈물을 흘리었다고 하였다.[21] 또 사행에 대비해 출발 전 이전 사행록들을 분문초록(分門抄錄)하여 '신행편람(信行便覽)'을 만드는 등[22] 세심한 준비를 하였다. 원중거는 사행시 일본 문사들과 창화한 시가 천여 수에 달하였다고 하며, 이 사행을 계기로 이름이 일본은 물론 국내에서도 알려지게 되었다.

일본사행을 다녀온 뒤 원중거는 일본의 사회성과 문장계에 대한 이야기를 연암일파의 지식인과 북학파 실학자들에게 해 줌으로써 그들의 일본인식에 큰 영향을 주었다. 원중거는 그들 중에서도 특히 이덕무와 가깝게 지내면서 그의 일본에 대한 관심과 이해에 큰 영향을 주었으며, 유득공 · 박제가 등에게도 일본에 관한 소식을 전해 주고 일본의 문장계와 사회 · 경제 등에 관해 진지하게 토론하였음이 『정유집(貞蕤集)』과 『냉재집(冷齋集)』에 기록되어 있다.

---

19 위와 같음.

20 영조는 사행원들이 귀국 시 복명할 때도 사문사들에게 필담창화한 바를 물어보고 치하하였다(『해사일기』, 「연화(筵話)」).

21 『승사록』 권4, 갑신년 7월 8일조. 대일통신사행에서 제술관과 서기는 대부분 서출로 임명되었다. 이 점 그 이유를 확실히는 모르겠으나, 당시 서출 가운데 문장에 뛰어난 인사들이 많았으며, 여러 가지 제약으로 울분에 차 있던 그들에게 기개를 펴볼 수 있는 좋은 기회를 제공하고자 한 의도가 있었던 것으로 여겨진다. 계미통신사행의 사문사 역시 모두 서자 출신이었고 문장에 뛰어났다.

22 『승사록』 권1, 계미년 12월 18일조.

2) 『화국지(和國志)』

(1) 『화국지(和國志)』와 『승사록(乘槎錄)』

『화국지』와 『승사록』의 발견 경위와 서지적인 내용 등에 대해서는 필자가 이전에 해제적인 성격의 글을 발표한 바 있다.[23] 중복되지 않는 범위 내에서 『화국지』의 체재 및 내용의 개략, 『승사록』과의 관계 등에 대해 살펴보도록 하겠다.

『승사록』은 사행의 전 과정을 일기체로 기술한 사행일기이다. 모두 4권 4책으로 현재 고려대학교 도서관의 육당문고본에 소장되어 있다. 1 · 2권은 1763년 7월 24일 출발에 앞서 영조를 인견한 날부터 이듬해 3월 에도에서 국서를 전하기까지의 일정이, 3 · 4권에는 '회정기(回程記)'라는 소제목하에 1764년 3월 11일 에도 출발부터 귀국 후 7월 8일 왕에게 복명하기까지의 내용, 도합 332일 간의 사행일정이 매일 매일의 일기 형식으로 기술되어 있다. 단 1권의 앞부분에 「승사월일총목(乘槎月日總目)」과 「승사도로총목(乘槎道路總目)」이 있고, 중간중간에 대마도 · 오사카 · 에도의 일정을 마친 후 감상과 견문을 모아서 정리해 놓은 부분이 있는 점이 특색이다.

『화국지』는 『승사록』의 '문견록(聞見錄)'과 같은 성격의 것이 아니라 별도의 책으로서 '일본국지(日本國志)'적인 성격을 지닌 저술이다. 천 · 지 · 인 3권으로 구성되어 있으며 현재 일본의 오차노미즈도서관(御茶の水圖書館) 세이키도문고본(成簣堂文庫本)에 소장되어 있다. 대체적인 내용을 보면 천권(天卷)에서는 일본의 지리 · 역사 · 정치 · 외교 등을 중심으로 26항목, 지권(地卷)에서는 일본의 사회 · 경제 · 풍속을 중심으로

23 하우봉(1986; 1989) 참조.

31항목, 인권(人卷)에서는 경제 · 풍속 · 한일관계사를 중심으로 19항목이 각각 서술되어 있다.[24] 도합 76개의 방대한 항목에 걸쳐 일본의 제측면을 소개하고 있는 『화국지』는 보통의 일본사행록 뒤에 부록으로 붙어 있는 문견록과는 다르며 이름 그대로 일본국지로서의 성격을 지닌 저술이다.[25]

그러면 『화국지』와 『승사록』의 관계는 어떻게 보아야 할까?

『승사록』의 기사를 보면 양자가 유기적인 관계를 가지고 있으며 같은 시기에 저술되었음을 알 수 있다. 예컨대 갑신년 1월 4일조에 "이하 연로의 태수에 관해서는 화국지에 있다."든가, 3월 10일조 기사에서 모노베 소하쿠(物部雙栢)의 성씨에 대해 "상세한 것은 별록(別錄)을 보라." 든가, 관백(關白)에 대한 배례문제에 대해 "자세한 것은 화기(和記) 안에 있으니 대강만 기록한다." 등으로 되어 있다. 여기 나오는 '화국지(和國誌)', '별록(別錄)', '화기(和記)'가 『화국지』를 가리킴은 물론이다. 이로써 보면 『승사록』도 사행 후 정리하여 일괄적으로 기록한 것으로 여겨지며, 『화국지』를 처음부터 별개의 책으로 저술하고자 하였음을 알 수 있다.

---

24 천권의 맨 앞에 나오는 12장의 일본 지도는 적(赤) · 청(靑) · 흑(黑)의 3색으로 되어 있으며 주별(州別) 경계 및 도시명, 육로 · 수로의 교통로, 산과 대천(大川) 등 자연지리 등이 아주 상세하게 표시되어 있다. 그런데 이는 원중거가 사행 도중 구해 본 일본 지도를 참조하고 『무감(武鑑)』 등을 통해 얻은 지식을 동원해 자신이 그린 것으로 보인다. 『해사일기(海槎日記)』 계미년 10월 10일조에 "대마도 지도와 인쇄된 일본 지도를 얻어서 도훈도 변박으로 하여금 모사하도록 하였다."는 기사와 『화국지』 천권, 「도로」에 "일본의 지리에 대해 호행문사와 승려들에게 반복해서 물어보았는데 나중에 얻어 본 일본 지도와 대조해 보니 별 차이가 없었다."는 기록을 볼 때 원중거가 사행 중 일본 지도를 구해 보았던 것이 확인된다.

25 그런데 『화국지』의 항목을 보면 체제상 중복되거나 배열순서가 뒤섞인 부분이 있어 다소 산만한 느낌이 들기도 한다. 특히 인권에 나오는 항목들은 천권 · 지권 부분에 연속되어야 할 것들이 가끔 있다. 아마도 저술 과정에서 빠진 부분을 보충하는 형식이 되었기 때문에 생긴 현상으로 보인다.

이들 책을 저술한 연대는 사행을 마치고 돌아온 해인 1764년 어간으로 추측된다. 그것은 『화국지』 천권, 「위연호(僞年號)」에 1764년(영조 40)까지의 기사가 기록되어 있는 점, 또 대개 사행일기를 귀국 후 바로 저술하는 것이 통례라는 점 등으로 미루어 대체로 이해를 저술연도로 볼 수 있을 것이다.

한편 원중거는 『화국지』와 『승사록』 외에 시문창수에 관한 별도의 책을 남겼던 것 같다. 즉 유득공이 쓴 『건연외집(巾衍外集)』, 「청령국시선(青蛉國詩選)」 서문에, "계미년 원중거가 일본통신사의 종사관 서기에 선발되었다. (중략) 그는 일본 문사들과 깊이 사귀었는데 돌아온 뒤에 그들이 준 증별시를 초하여 두 책으로 엮었다. 이서구가 여기에서 67수를 뽑아 청령국시선이라고 명명하였다."라는 구절이 나온다.[26] 원중거가 귀국 후 편집하였다는 이 '창수록(唱酬錄)'은 현재 전해지지 않고 있다. 이서구가 다시 그 가운데서 67수를 뽑아 만들었다는 '청령국시선'도 현전하지 않고 거기서 다시 12수를 가려 실은 『청비록(淸脾錄)』의 「청령국시선」만 전한다.

이와 관련해 홍대용이 원중거가 저술한 '창수록'에 대해 논평한 「일동조아발(日東藻雅跋)」이란 발문이 있다.[27] 그 내용으로 보아 원중거가 편찬한 창수록의 제목이 '일동조아(日東藻雅)'라고 추측할 수 있다.

일본사행록의 표준적인 체재는 사행일기+창화집+문견록으로 구성되어 있다. 이 가운데 한두 개가 빠진 것도 있으며, 온전히 다 갖춘 것도 있다. 『승사록』은 '사행일기'이며, 『화국지』는 일본사행록의 '문견록'에 해당한다. 『화국지』가 단순히 『승사록』의 '문견록'적인 성격을 지니는

---

26 『청비록(淸脾錄)』 권4, 「청령국시선(青蛉國詩選)」.

27 『담헌서』 내집 권3, 「일동조아발(日東藻雅跋)」.

것만은 아니고 그 자체로서 하나의 독립된 책의 체재를 갖추고 있다. 원중거는 『화국지』를 일종의 일본국지로서 저술하고자 하였던 것이라고 여겨진다. 그것은 『화국지』의 내용이 단순히 보통 사행록의 '문견록'처럼 사행시의 견문에만 바탕을 두지 않고 많은 한일 양국의 참고서적을 연구 검토하여 서술되어 있다는 점, 그리고 그 내용이 일본의 지리와 역사 · 정치 · 사회 · 문화 등 전 부문에 걸쳐 백과전서적인 체재를 갖춘 '일본국지'적 성격을 띠고 있다는 점에 비추어 볼 때 그러하다.

이상의 사실로 미루어 볼 때 원중거는 세 부분을 각각 독립된 책으로 구상하였던 것 같다. 사행일기로서 『승사록』, 문견록으로 『화국지』, 창화록으로 『일동조아』, 즉 3부작의 독립된 책으로 저술하였다고 여겨진다.

(2) 『화국지』의 저술동기

『화국지』와 『승사록』의 내용을 보면 실로 원중거가 심혈을 기울인 작품임을 알 수 있는데, 그가 이러한 책을 저술한 의도는 무엇일까?

원중거는 『승사록』을 저술한 동기에 관해, 첫째 이전의 기록들이 소략한 바 있어 보충하기 위한 것이며, 둘째 뒤에 사행 오는 자가 참고하여 실수하지 않고 대마도인과 상역배(商譯輩)의 농간을 막을 수 있으며 나아가 조정에 죄를 입고 나라에 욕되지 않게 하고자 할 따름이라고 밝혔다.[28] 그런 입장에서 『승사록』에는 사행 시 체험했던 사건과 필담창화하면서 느끼고 견문한 것을 기술한 내용과 함께 정책적인 제안이 많이 제시되어 있다.

그런데 『화국지』를 저술한 동기에 관해서는 명시적으로 밝힌 바가

28 『승사록』 권4, 갑신년 6월 14일조.

없다. 단편적으로 술회한 내용을 통해 정리해 보면 다음과 같다.

첫째, 일본에 대한 당시 조선 지식인의 무지를 비판하는 입장에서 일본에 관해 자신이 보고 들은 새로운 사실을 알리고자 하는 의욕을 들 수 있겠다. 이것은 원중거뿐 아니라 일본사행록을 저술한 사람들에게 공통적으로 있는 측면이겠지만 『화국지』에는 이러한 그의 입장이 여러 군데서 강하게 표현되어 있다. 예를 들면 천권, 「인물(人物)」에서는 "나는 천하 사람들이 일본에 대해 모르고 있는 것을 두려워한다."라고 하였고 「임란입구시적정(壬亂入寇時賊情)」에서는 "우리나라 사람은 왜국의 사정에 대해 상세하지 못하다."고 비판하면서 자신이 일본에서 어렵게 구한 일본 서적을 통한 새로운 기록을 반드시 참고해야 할 것이라고 강조하였다.

둘째, 기존 기록의 불비함을 보충하고 오류를 시정하려고 하였다. 예를 들면 천권, 「임란입구시적정」과 「중국통사정벌(中國通使征伐)」에서는 기존의 한일관계사와 중일관계사에 대한 한 · 중 · 일 삼국의 사서(史書) 기록이 불비하고 서로 모순되는 점이 있는 것을 비판하였다. 그리고 자신이 새로 찾아내어 서술한 위의 내용이 역사의 서술을 대비하기 위한 것(以備太史氏取焉)이라고 밝혔으며, 자신의 그러한 노력이 "와신상담의 뜻에서 나왔으므로 보는 사람은 마땅히 살펴보아야 할 것"이라고 하였다. 이러한 노력의 결과 『화국지』는 종래의 사행록에 없는 새로운 내용이 풍부한 일본국지로서의 성격을 지니게 되었다.

셋째, 이러한 입장에서 원중거는 『화국지』의 서술내용이 후일의 참고가 되고 일본을 알고자 하는 이들에게 도움이 되기를 간절히 바랐던 것 같다. 때로는 나름대로의 정책적인 제시를 하였다. 본문 중 여러 군데의 중요 항목에서 "보는 사람은 마땅히 상고해야 한다〔覽者宜詳之〕", "보는 사람은 마땅히 살펴야 한다〔覽者宜察之〕", "고찰하고 보기에 편리하도록 하였다〔以便考覽〕", "상세히 기록함으로써 후세인의 고찰에 대비하였다〔詳錄之以備後考〕", "견문한 바를 기록함으로써 후인의 고증에 대비하였다〔記見聞以備後人之考證〕", "지난 사실을 저술함으로써 오늘의 나를 감계하는 데 대비할 따름이다〔著往時事 以備今世之監我耳〕" 등의 표현을 쓰면서 그러한 자신의 바람을 나타내었다.

『화국지』의 저술동기에 대한 원중거의 주장을 간략하게 정리해 보면, ① 유사시에 정책당국자나 지식인들의 참고자료를 대비하기 위한 것,[29] ② 국내에서 볼 수 없는 일본 자료를 구했을 경우 올바른 역사서 편찬을 위한 자료를 제공하기 위한 것,[30] ③ 와신상담의 뜻으로 기록한 것이라고 하였다.[31]

(3) 저술태도와 서술상의 특징

『화국지』와 『승사록』을 통해 나타나 있는 원중거의 저술태도와 입장을 정리해 보면 다음과 같다.

첫째, 원중거는 일본의 사정을 알기 위해 치열하게 노력하였다. 문견과 체험을 종합했을 뿐 아니라 사행 중 동행하는 일본의 호행문사(護行文士)와 승려에게 집요하게 질의하였다.

둘째, 그는 『화국지』를 기술하는 원칙으로 '조응(照應)'과 '핵실(核實)'을 강조하였다. 이것을 현대적으로 해석하자면 '조응'은 고증학적 방식이고 '핵실'은 논리적으로 분석하는 태도라고 할 수 있겠다. 그의 이러한 서술원칙은 『화국지』와 『승사록』에 일관되게 적용하였음을 확인할

29 『화국지』 천권, 「위연호(僞年號)」.

30 『화국지』 천권, 「무주본말(武州本末)」.

31 『화국지』 천권, 「수적본말(秀賊本末)」.

수 있다.

셋째, 일본에 대한 총체적 인식과 함께 복합적이고 다면적이며, 문화 상대주의적인 입장에 서서 평가를 내리고 있다.

다음으로 서술상의 특징을 보면 첫째, 보통의 사행록과는 달리 사행 시의 견문 외에 다양한 국내외 서적을 참고하여 비교 검토해서 서술하는 성실성을 들 수 있다. 그가 인용하고 있는 서목(書目)을 보면 국내서적으로는 『간양록(看羊錄)』, 『해동제국기(海東諸國紀)』, 『보한재집(保閒齋集)』, 『해유록(海游錄)』, 『고사촬요(考事撮要)』, 『춘관지(春官志)』, 『삼국사기(三國史記)』, 『고려사(高麗史)』, 『황정욱집(黃廷彧集)』, 『지봉유설(芝峰類說)』, 『동국통감(東國通鑑)』, 『남씨가승(南氏家乘)』, 『정토록(征討錄)』, 『이존록(彝尊錄)』, 『패관잡기(稗官雜記)』, 『동국여지승람(東國輿地勝覽)』, 『용재총화(慵齋叢話)』, 『명신록(名臣錄)』, 『석담일기(石潭日記)』, 『징비록(懲毖錄)』, 『하담파적록(荷潭破寂錄)』, 『해동야언(海東野言)』, 『선문쇄록(瑄聞鎖錄)』, 『학봉문집(鶴峰文集)』, 『선묘보감(宣廟寶鑑)』 등 25종의 서적과 그 밖에 '전인일기(前人日記)', '아국전후사승(我國前後史乘)', '승문원 소장 서계(承文院所藏書啓)' 등이 있고, 일본 측 자료로는 『일본삼재도회(日本三才圖會)』,[32] 『지세론(地勢論)』, 『격조선론(擊朝鮮論)』, 『적생조래문집(荻生徂徠文集)』 등 4종의 서적이다.[33]

둘째, 자신의 의견과 논평을 많이 서술하고 있는 점을 들 수 있다.

---

32 혹은 '왜국삼재도회(倭國三才圖會)'라고도 기술했는데, 데라시마 료안(寺島良安)이 지은 백과전서적인 저술로서 원제목은 『화한삼재도회(和漢三才圖會)』이다.

33 그 밖에 서명(書名)을 구체적으로 밝히지 않고 '왜국서(倭國書)', '피인수삼본소기(彼人數三本小記)', '왜인소록수삼본(倭人所錄數三本)'(「무주본말(武州本末)」), '왜인간행수본소기(倭人刊行數本小記)'(「임란입구시적정」), '왜인소기(倭人所記)', '무도병술책(武刀兵術冊)'(「중국통사정벌」), '왜인기사(倭人記事)', '기연대기(其年代記)', '왜사(倭史)'(「나제려통사전벌」)라고 표기된 것이 많다.

또 어떤 항목을 설정할 때 그 항목을 서술하는 동기와 자료를 구한 경로 등을 밝히고 있는 것도 주목되는 특징 중의 하나이다. 특히 독특한 전망과 정책적 제안이 많은데, 이 점에서 『화국지』는 18세기 말 조선 유교 지식인의 일본인식을 이해하는 데 아주 좋은 자료이다.

3. 『화국지』의 목차와 내용

1) 『화국지』의 체재와 목차

『화국지』는 천 · 지 · 인의 3권으로 되어 있다. 목차를 보면 다음과 같다.

(1) 천권(天卷): 총 26항목(지도 12장 별도)

① 팔도육십육주분도(八道六十六州分圖) ② 일본천하지동북(日本天下之東北) ③ 일본형국지맥(日本形局地脈) ④ 일본여아대소(日本與我大小) ⑤ 일본산소수역소(日本山少水亦少) ⑥ 천문(天文) ⑦ 국호(國號) ⑧ 절후(節侯) ⑨ 지리(地里) ⑩ 도리(道里) ⑪ 인물(人物) ⑫ 풍속(風俗) ⑬ 서복사(徐福祠) ⑭ 왜황본말(倭皇本末) ⑮ 위연호(僞年號) ⑯ 관백지시(關白之始) ⑰ 소잔오존(素盞烏尊) ⑱ 일본무존(日本武尊) ⑲ 평신장(平信長) ⑳ 원뢰조본말(源賴朝本末) ㉑ 수적본말(秀賊本末) ㉒ 무주본말(武州本末) ㉓ 마주수본말(馬州守本末) ㉔ 임진입구시적정(壬辰入寇時賊情) ㉕ 중국통사정벌(中國通使征伐) ㉖ 나제려통사전벌(羅濟麗通使戰伐)

(2) 지권(地卷): 총 31항목

① 관백종실록(關白宗室錄) ② 각주성부(各州城府) ③ 각주씨족식읍총

록(各州氏族食邑總錄) ④ 무주내관직(武州內官職) ⑤ 씨성지이(氏姓之異) ⑥ 문자지시(文字之始) ⑦ 학문지인(學問之人) ⑧ 이단지설(異端之說) ⑨ 시문지인(詩文之人) ⑩ 왜자(倭字) ⑪ 언문(諺文) ⑫ 편가명(片假名) ⑬ 신사(神祠) ⑭ 불법(佛法) ⑮ 전후입중국명승(前後入中國名僧) ⑯ 사례(四禮) ⑰ 의복(衣服) ⑱ 음식(飮食) ⑲ 조욕(燥浴) ⑳ 언어(言語) ㉑ 배읍(拜揖) ㉒ 여마(輿馬) ㉓ 궁실(宮室) ㉔ 종수(種樹) ㉕ 기용(器用) ㉖ 농작(農作) ㉗ 잠직(蠶織) ㉘ 화폐(貨幣) ㉙ 도로(道路) ㉚ 교량(橋梁) ㉛ 주즙(舟楫)

(3) 인권(人卷): 총 19항목

① 의약(醫藥) ② 부세(賦稅) ③ 병제(兵制) ④ 병기(兵器) ⑤ 치도(治盜) ⑥ 심수(訊囚) ⑦ 노비(奴婢) ⑧ 절목(節目) ⑨ 왜황관직(倭皇官職) ⑩ 방음(方音) ⑪ 음식지명(飮食之名) ⑫ 금수(禽獸) ⑬ 아조정왜록(我朝征倭錄) ⑭ 국초왜인내조(國初倭人來朝) ⑮ 아조통신(我朝通信) ⑯ 왜관사실(倭館事實) ⑰ 이충무공유사(李忠武公遺事) ⑱ 제만춘전(諸萬春傳) ⑲ 안용복전(安龍福傳)

2) 『화국지』의 내용

대체적인 내용을 보면 천권에서는 일본의 지리 · 역사 · 정치 · 대외관계 등을 중심으로 26항목, 지권에서는 일본의 사회 · 경제 · 제도 · 문화를 중심으로 31항목, 인권에서는 풍속 · 한일관계사를 중심으로 19항목이 각각 서술되어 있다. 전체 76개의 방대한 항목에 걸쳐 일본의 여러 측면을 소개하고 있는 『화국지』는 보통의 일본사행록의 '문견록'과는 다르며 이름 그대로 일본국지로서의 성격을 지닌 저술이다.

첫째, 일본의 정치 · 사회적 상황에 대해 깊은 관심을 보여 주고 있다. 특히 천황(天皇)과 관백(關白)의 역사와 존재양식에 대해 중점적으로 기술하였다. 그리고 당시 양자의 권력관계를 고찰하면서 천황의 복권 가능성과 그 후에 올 사태의 추이에 우려를 표명하고 있다.

둘째, 당시의 도쿠가와막부(德川幕府)의 통치방식과 전국 다이묘(大名)의 식읍과 출신계통에 대해서도 많은 분량을 할애해서 기술하였다. 지권의 1~4번의 4항목이지만 분량은 매우 많다.[34]

셋째, 조선과 일본의 관계사에 대한 정리도 또한 양국의 관계서적을 비교 검토하면서 상세히 기술하고 있다. 예컨대 천권의 23~26번과 인권의 13~19번 항목 등이 그것으로 많은 분량을 차지하고 있다.

넷째, 일본의 문화에도 깊은 이해를 보여 주고 있다. 대체로 지권의 6~31번, 인권의 1~12번 항목까지 일본의 유학 · 신도 · 불교 · 시문 · 풍속과 그 밖에 여러 가지 면에 걸쳐 관심을 보여 주고 있다.

다섯째, 일본의 산업과 기술에 대하여 상세히 관찰하고 있다. 그리고 그것들을 조선의 것과 비교하면서 장점은 도입해야 한다고 주장하였다. 지권의 26~31번과 인권의 4번 항목이 그것들이다. 그는 일본의 물산의 풍부함에 대해 감탄과 함께 두려움을 표시하는 한편, 일본의 기술적인 측면의 발전된 부분에 대해서는 실학적인 관점에서 깊이 관찰 기술하고 있다. 특히 일본의 교량, 조선기술과 선박통제제도를 자세하게 소개하였고, 일본의 농업기술과 방식에 대해서도 조선과 그 장단점을 비교하면서 자세히 기술하였다.

---

34 이 부분의 내용은 아마도 일본의 『무감(武鑑)』을 참고로 하여 서술한 듯하다. 조선시대의 사행원이나 지식인 중 일본의 『무감』을 참고하여 대명에 대한 지식을 제공한 것은 『화국지』가 처음이다. 『무감』이란 에도시대 다이묘(大名)와 하타모토(旗本)의 씨명 · 계보 · 관위 · 직무 · 석고(石高) · 가문(家紋) 등을 수록한 책이다.

4. 원중거의 일본사회 이해

1) 일본민족관

원중거의 일본민족에 대한 인식은 주자학적 세계관 속에서 일본을 이적시하는 조선의 전통적인 일본관과는 다른 독특한 측면을 지니고 있다. 물론 그는 충실한 주자학자로서 일본에 대해서는 기본적인 화이관(華夷觀)을 가지고 있었지만 사행시 일본인을 직접 접하고 난 후 그것이 지니는 자기폐쇄성과 비현실성을 자각하면서 일본이적관(日本夷狄觀)을 부정하고자 하였다.

즉 그는 "일본에는 총명하고 영수(英秀)한 사람들이 많은데 진정을 토로하고 심금(心襟)을 명백히 하며 시문(詩文)과 필어(筆語)도 모두 귀히 여길 만해서 버릴 수 없다. 그런데 우리나라 사람들은 오랑캐라고 무시하며 언뜻 보고 나무라며 헐뜯기를 좋아한다."고 하면서[35] 단순한 이적관에서 탈피하여 그 실질을 보아야 한다고 주장하였다.

또 사행을 마치고 총체적으로 감상을 기술하였는데,

> 어떤 사람은 혹 말하기를, '그들과 더불어 어찌 인의(仁義)를 족히 말할 수 있는가.'라고 한다. 그러나 이는 크게 틀린 말이다. 둥근 머리와 모난 발〔圓頭方足〕을 하고 있어도 우리와 똑같이 눈으로 보고 귀로 듣는다. 어찌 우리만이 독특한 오기(五氣)와 오성(五性)을 가져서 그들과 다르겠는가? 하물며 그들의 총명하고 전정(專靜)함과 의(義)를 사모하고 선(善)을 좋아하는 것, 자신의 일과 직업에 근면하고 몰두하는 점 등에 있어서는 나

---

35 『청비록』 권1, 「겸가당(蒹葭堂)」.

는 오히려 우리나라 사람이 그들에게 흠잡히지나 않을까 두렵다.[36]

라고 하면서 우리와의 동질성을 강조하고 나아가 일본인의 장점을 기탄없이 인정하였다.

한편 원중거는 본주인과 대마도인에 대해서 뚜렷한 구분의식을 지니고 있었는데, 이 점 그의 일본인관에 있어서 또 하나의 특징이다.[37] 본주인과 대마도인에 대한 엄격한 구분과 일본이적관의 청산이라는 독특한 원중거의 일본인관은 『화국지』와 『승사록』의 곳곳에서 피력되어 있지만 그러한 단편적인 인상을 종합한 총론적인 일본인관이 『화국지』의 「인물」에 소개되어 있는데, 아주 흥미롭고 격조 높은 일본인론이라고 할 수 있다.

> (일본인은) 인물됨이 부드러우면서도 능히 굳세고, 굳세지만 또한 능히 유구하지 못하다. 약하면서도 능히 참고, 참을성이 있지만 또한 능히 떨쳐 일어나지 못한다. 총명하지만 식견이 치우쳐 있고, 예민하지만 기상이 좁다. 능히 겸손하면서도 남에게 양보하지 못하고, 능히 베풀면서도 남을 포용하지는 못한다. 새로운 것을 좋아하고 기이한 것을 숭상한다. 가까운 사람을 반기면서도 먼 사람은 돌보지 않는다. 조용한 곳을 즐기고 무리 지어 살기를 싫어한다. 본업에 만족하며 자신의 분수를 기꺼이 지킨다. 한번

36 『승사록』 권4, 갑신년 6월 14일조.

37 그는 『승사록』의 곳곳에서 '마만배(馬蠻輩)', '마만자횡(馬蠻恣橫)'이라고 표현하여 대마도인에 대해서는 이적관과 함께 강한 혐오감을 표현하였다. 심지어는 '충어조수지악(蟲魚鳥獸之惡)'이라고도 표현하였다. 『화국지』 천권, 「풍속」에서 "대마도는 오랑캐로서 문화가 없으며 교룡 · 이무기와 같이 산다. 몸집이 건장하고 장대하여 내국인과는 전혀 다르다."라고 하였을 뿐만 아니라 "내국인들이 항상 대마도를 만이(蠻夷)라고 부르며 사람 축에 같이 끼워 주지 않는다."고 본주인과의 구분의식을 뚜렷이 하였다.

정해진 규칙을 지키되 감히 한 치도 더 나아가거나 물러서지 않는다. 자기의 노력으로 먹되 티끌 하나라도 주거나 받지 않는다. 대개 이는 부인이나 여자의 태도로서 침착하거나 굳세거나 세차게 일어나는 풍모가 없다. 기계장치나 진기한 완구, 채색되고 교묘하게 아로새긴 공간 등에 몰두하지만 부지런히 일하며 나태하지 않다. 오로지 하고 어수선함이 없어 종일 똑바로 앉아서도 게으름을 탐하거나 하품하는 기색이 없다. 사고가 나면 혹 밤이 되도록 자지 않고 항상 스스로 경계한다. 일을 만나면 힘을 하나로 합쳐 각자 극진히 하면서 절대로 남에게 책임을 전가하거나 시기·질투하는 습관이 없다. 그런 까닭으로 인황(人皇)이 이것을 이용하여 태평한 정치를 이루었고, 히데요시(秀吉)가 이를 이용하여 천하에 막강한 구적(寇賊)을 만들었다. 이에야스(家康)가 이들을 부림에 이르러서는 또한 각기 정해진 분수를 지켜서 고요하고 소란이 없었다. 만일 두터운 덕과 넓은 도량을 가진 자가 있어 몸소 실천하면서 이끌어 나간다면 안정된 정치, 손바닥을 움직이는 것처럼 쉽게 이루어질 것이다.[38]

이어 원중거는 일본인들의 의식(衣食)생활에서의 검소함과 근면성을 지적하면서 이 점에서는 천하에서 일본만한 곳이 없을 것이라고 하였다. 또 신체상의 특징, 목욕 등 청결함, 정리정돈하는 습성, 체질과 품성의 맑음 등을 소개하면서 이는 태양과 가까운 지세(地勢)의 영향도 있을 것이라고 하였다. 그러면서도 "맑음이 너무 승해서 탁함이 적고, 혼(魂)은 여유가 있으나 백(魄)이 부족한 까닭으로 중화(中華)로 나아가지 못한다."라고 기질적인 한계성을 지적하였다.[39] 그리고 당시의 조혼(早婚)

38 『화국지』 천권, 「인물」.

39 『승사록』 권2, 갑신년 3월 10일조에서는 "일본인들의 섬세하고 인색함은 천하에서 제일

관습 등으로 인해 일본의 인구가 날로 번성하여 사람이 물고기처럼 많은데, 비록 의식생활을 절약해도 그 생산되는 곡물로는 충분히 먹일 수 없다고 하면서 당시 일본의 경제적 번성이 오래가지 못할 것이라고 예상하기도 하였다.

이상 지금으로부터 약 130년 전의 일본인을 묘사한 것이지만 오늘날에 적용해도 별 틀림이 없을 정도로 타당성을 지니고 있는 논의라고 생각된다. 조선시대의 일본인론으로서는 가장 자세하고 구체적이며, 그리고 객관적이다. 이른바 일본이적관을 청산한 위에 일본인의 장점을 높이 평가하였고, 동시에 한계성을 지적하였다.

원중거의 일본인관이 갖는 또 하나의 특색은 일본인의 성격이 개인적으로 보면 순하고 유약하다는 평가이다. 이는 이 인물조 외에도 여러 곳에서 지적되고 있다. 예컨대 『승사록』 권2, 갑신년 3월 10일조에서도 "우리나라 사람들은 흔히 대마도인과 내국인을 구분하지 않고 왜인이라고 하며 낭독(狼毒)하다고 하는데 실은 그렇지 않다. 국내인은 늠기(稟氣)가 유약하고 습속이 외근(畏謹)하여 그 풍속으로 말한다면 오히려 순선(順善)하다고 할 수 있다."라고 하였다. 또 그는 일본인의 기질로 기존의 '지독지랑설(至毒至狼說)'을 부정하면서 대마도인이 조선을 위협하기 위해 과장해서 퍼뜨린 것이라고 지적하였다. 이러한 견해는 전통적인 조선인의 일본인관 즉, '교사(狡詐)' · '용맹(勇猛)' · '경생호살(輕生好殺)' 등의 이미지와는 크게 다르다. 원중거는 이에 대해 기존의 일본인관은 임진왜란 당시에 형성된 것이며 그것도 대부분 대마도인에 대한 관념으로서, 도쿠가와막부의 출범 이래 160여 년이 지난 지금의 일본인들은 크게 달라졌다고 설명하였다.[40] 실제 원중거가 사행했을 당시의 일본은

이다〔倭人織嗇 天下爲最〕."라고 평하기도 하였다.

평화를 구가하고 있던 시기였다. 또 그가 접했던 인사들은 거의 대부분이 유자나 문사 · 승려 등 글을 다루는 사람들이었고, 정도의 차이는 있지만 조선의 문화에 관심과 존숭의 염(念)을 가진 무리들이었다. 이들과 교류하면서 기왕의 일본인관을 수정한 것으로 보인다.[41] 원중거의 이러한 견해는 자신의 체험에서 나온 것이지만, 실제 오늘날 일본인을 개인적으로 접할 때 누구라도 처음 느낄 수 있는 감정이다. 또 일본인들의 집단적 순응성과 단결성을 들면서 지도자로서 '통치하기 쉬운 백성'이며 유사시에 무섭게 변할 수 있는 가능성이 있다는 지적도 공감이 가는 설명이다.

원중거의 이러한 관념은 사행 중의 제한된 체험에서 나온 결론으로 전체적인 일본인상으로 일반화하기에는 문제가 없지 않다. 그렇다고 해서 임진왜란 이후 침략자와 약탈자로서의 고정관념화된 일본인관이 당시에도 그대로 정확하다고 할 수도 없을 것이다. 어느 것이나 일면적이라고 할 수 있지만 원중거의 일본인관은 주목할 만하며 나름대로 충분한 의의를 지니고 있다. 임진왜란 후 150여 년에 걸친 선린외교와 통신사행을 통한 문화교류의 효과라고 할 수도 있겠다.

---

40 『화국지』 천권, 「풍속」에서는 도쿠가와막부가 200여 년 간 승평(昇平)한 이유가 이에야스(家康)의 능력 때문만이 아니라 일본인들의 성격이 유약하고 오랜 전란 끝에 평화를 원했기 때문이라고 설명하였으며, 「관백지시(關白之始)」에서도 이에야스의 통치를 좋게 평가하면서 "마침내 유순한 풍속을 이루었다〔遂成柔順之俗〕."라고 하여 당시 일본인의 습성이 유순하게 변했다고 하였다.

41 필담창화 시 일본인들의 공손한 태도와 성의를 다해 대답하는 태도를 보고 원중거는 "부드럽고 인자하여 부녀자들의 어짐이 있다."고까지 하였다(『승사록』 권4, 갑신년 6월 14일조).

2) 정치관

일본의 정치에 관해서는 『화국지』에 11항목에 걸쳐 서술되어 있는데, 주된 내용은 일본 정치권력관계의 핵심인 천황과 막부장군에 대한 것이었다.

(1) 천황과 조정

원중거는 당시 천황이 비록 실권은 없지만 자연법적 관념이나 법제적인 면에서 최고 통치자이며 일본 신도(神道)의 최고 사제로서 막부가 함부로 할 수 없는 권위를 가지고 있는 점을 간파하였다. 동시에 도쿠가와 이에야스(德川家康)가 계(階)는 종1위요, 직(職)은 우정대신(右政大臣), 임(任)은 정이대장군(征夷大將軍)이라고 함으로써 막부장군이 일본국 내에서 왕이 아니라 형식상 천황의 신하임을 확인하였다. 이에 따라 원중거는 『화국지』 천권의 「풍속」, 「왜황본말」, 「위연호」와 인권의 「왜황관직」에서 천황의 기원 · 연혁 · 역사 · 연호 · 직사 · 즉위의식 · 계승방식 · 막부 및 다이묘(大名)들과의 혼인관계 · 경제적 기반 · 종실(宗室) · 신불(神佛)의 습합 · 조정의 구성 · 히데요시(秀吉)와 이에야스(家康)의 대천황정책 · 교토〔京都〕의 지세 · 유사(儒士)들의 반막부적 태도 등 천황과 조정에 대해 자세히 서술하였다.

여기서 특히 주목되는 점은 「왜황본말」과 「왜황관직」에 나오는 '서관백(西關白)'에 대한 기사이다. 원중거는 조정에는 서관백이 있어 조회(朝會)의 의례를 주관하고 백관을 통솔하는데 직위는 동관백보다도 높다고 하였다. 그러나 서관백의 국정에 대한 권한은 전례를 준수하는 것뿐으로 실권은 없다는 사실도 말하였다. 여기서 말하는 서관백은 조정의 태정대신(太政大臣)이고, 동관백은 막부장군이다. 무가막부체제에서 형해화한 율령체제하의 태정대신이 실권 없는 허수아비나 마찬가지라는 것은 주지의 사실이지만, 대부분의 조선인들은 그 존재조차 모르고 있었다.[42]

천황에 대해 자세한 기술을 남긴 이유는 일본의 권력구조와 당시의 정치정세에 대한 원중거 나름의 독특한 인식이 있었기 때문이다. 즉,

> 왜인이 존숭하는 바는 첫째 신도이고 둘째 불교이며 셋째가 문장인데, 이 모두를 왜경(倭京)이 전단하고 있다. 그래서 천황의 권력이 비록 옮겨졌지만 (서경인들이) 모두 긍지를 가지고 있어 에도(江戶)나 제주(諸州)와 같이 하려 하지 않으며, 그 기강과 명분을 바탕으로 유지하고 있으므로 나라 사람들이 모두 존경하고 섬기며 비굴하다고 여기지 않는다. 만일 밝은 군주와 현명한 신하가 나와 지금의 구조를 바꾸어 권세와 기강을 잡아 제후를 제어하면 한 귀퉁이에 있는 무주(武州, 에도막부)는 스스로를 돌보기에도 바쁠 것이다. 그런 까닭으로 나라 사람들이 아직 평씨(平安, 京都)에 희망을 가지고 있다.[43]

라고 하였다. 또 그는 천황가의 종실이 교토고잔(京都五山)의 주지가 되어 전국 불교의 권세를 장악하고 있는 점에 주목하였고, 천황이 실권(失

---

42 사실 조선에서는 일본의 막부장군을 관백이라고 통칭하지만 실은 부정확한 호칭이다. 무가(武家) 중 실제 관백의 직위를 얻은 자는 토요토미 히데요시(豊臣秀吉)뿐이고 도쿠가와막부의 장군은 관백이 아니었다. 이름대로의 실제 관백은 에도시대 말기까지 조정에 별도로 존재하였다. 조선에서는 조선 국왕의 상대역인 막부장군의 호칭이 마땅하지 않았으므로 관백이라고 통칭하였을 뿐이다. 그런데 대부분 막부장군을 율령체제하의 관백과 혼동하였고, 조정에 실제의 관백이 존재하고 있었다는 사실을 모르고 있었다. 조선인 중에서 '서관백(西關白 = 조정의 관백)'의 존재를 정확히 지적하고 막부장군과의 관계를 설명한 것은 원중거가 처음이다.

43 『화국지』 천권, 「풍속」.

權)한 이후 각 주의 다이묘들에 대한 통제권은 없지만 고명(誥命)은 반드시 직접 준다는 사실도 지적하였다.

원중거는 당시 일본 조정의 힘과 교토의 사람들에 대해서는 부정적으로 평가하였지만 그 잠재력은 인정하면서 변화의 가능성을 조심스럽게 전망하였다.[44] 이 점 원중거의 정확한 관찰이고 그에 입각한 전망은 탁견이라 할 만하다.

(2) 막부장군과 막번체제(幕藩體制)

일본의 국내외적 실권을 장악하고 조선 국왕의 외교상대역을 담당하는 존재는 막부장군인 만큼 주목하는 것은 당연하다. 원중거는 우선 『화국지』 천권, 「관백지시(關白之始)」에서 관백의 기원과 역사에 대해 소개하였다. 즉 미나모토 요리토모(源賴朝) 이후 사실상 내전 상태에서 무력으로 나라를 장악하는 자가 무가막부(武家幕府)를 설치하여 '관백'이 된다고 하면서 국내의 실권을 장악, 춘추시대 '패주(霸主)의 예(禮)'와 같이 모셔진다고 설명하였다. 이러한 전국시대(戰國時代)를 히데요시(秀吉)가 통일했고 이에야스(家康)가 이어받아 마침내 평화시대를 이루었다고 하였다. 이후 '관백'으로서 스사노 미고토(素盞烏尊) · 일본무존(日本武尊) · 다이라 노부나가(平信長) · 미나모토 요리토모(源賴朝) · 토요토미 히데요시(豊臣秀吉) 등을 각각 별도의 항목으로 소개하였고, 도쿠가와막부시대에 관해서는 「무주본말(武州本末)」에서 이에야스(家康)의 막부창설 과정과 사행 당시의 10대 장군 이에하루(家治)까지 역대 장군의 행적을 상술하였다.

이어 원중거는 『화국지』 지권의 「관백종실록」, 「각주성부」, 「각주관

44 『화국지』 천권, 「풍속」.

소」, 「각주씨족식읍총록」, 「무주내관직」 등에서 막번체제의 구조〔'立國之大略'〕에 관해 아주 상세하게 서술하였다.

그 내용을 간략히 소개해 보면 「관백종실록」에서 고산케(御三家)를 비롯한 관백종실가(關白宗室家)의 세계(世系) · 위치 · 녹읍 등이, 「각주성부」에서는 전국의 성부(城府)에 대해 8도 66주별로 나누어 다이묘(大名)의 세계 · 직위 · 녹읍 · 식읍 · 참근교대(參覲交代)의 방식과 해 · 시임자(時任者)의 이름, 그 밖에 대마도(對馬島) · 일기도(壹岐島) · 하이도(蝦夷島) 등 제도(諸島), 장군직할령〔'關白私藏'〕 10개소 등이 서술되어 있다. 「각주관소」에서는 중요한 군사기밀인 전국의 관소(關所) 41개소와 관장하는 다이묘의 이름, 「각주씨족식읍총록」에서는 주요 다이묘 127씨에 초점을 맞추어 가계 · 식읍 · 성부의 분포와 위치 등이 각각 기술되어 있다. 「무주내관직」에서는 내직 · 잡직 · 외직 · 내궁(內宮) 등 4부문으로 나누어 서술하였다.

① 내직(內職)으로 노중(老中)을 비롯한 막각내(幕閣內) 66명색(名色)의 관직과 소속 직원수 · 선발방법, ② 잡직(雜職)으로 각종 부교〔奉行〕 등 잡역인의 관직명과 인원수, ③ 외직(外職)으로 경도어소사대(京都御所司代) 등 막부직할령의 관직과 구성, ④ 내궁(內宮)으로 세자궁〔若君樣〕과 내궁〔西御丸〕의 관직을 각각 상술하였다. 그 안에서도 나라를 움직이는 권요직책(權要職責)은 26개라고 하면서 그 관직의 명칭 · 인원수 · 시임자 등에 대해 소개하였다. 원중거는 막부 내의 관직과 주요 외직을 상술한 까닭에 대해, 이를 통해서 그 나라의 전체 구조를 알 수 있기 때문이라고 하였다. 또 전국의 다이묘와 성부에 대해 상세히 소개한 것은 비록 도쿠가와막부가 통일하였다고 하지만 일본은 지방분권적 체제로서 조선의 군현제도와 다르기 때문이라고 하였다.

그러면 원중거는 어떤 자료를 바탕으로 막번체제의 전체 구조를 소상히 밝힐 수 있었을까? 내용상으로 볼 때 일본의 『무감(武鑑)』을 보고 정리하였다고 생각된다. 『무감』은 에도시대 다이묘 제가(諸家)와 막부 관리들의 씨명 · 계보 · 관위 · 직무 · 석고(石高) · 참근어가(參覲御暇) · 가문(家紋) 등을 수록한 무가(武家)의 명감(名鑑)이다. 전국시대에 기원이 있다고 하나 에도시대에 들어와 민간 출판사에서 편집 · 출판되면서 내용이 다채로워졌다고 한다. 대표적인 것으로는 1687년의 『본조무감(本朝武鑑)』, 1712년의 『정덕무감(正德武鑑)』을 거쳐 1764년에 『명화무감(明和武鑑)』이 출판되었다. 무감은 수록 항목이 200개가 넘을 정도로 자세하여 당시 일본의 국내상황을 파악하는 데 제일 편리한 책이었다. 때문에 폐쇄적인 무가사회의 정보창구로서 무사와 상인들의 필수서적이 되었고, 매년 1만 부 이상이 간행되는 베스트셀러가 되었다 한다. 이러한 출판사정으로 내용상으로는 외국 유출이 금지되는 사항이 많았지만 조선의 통신사행원과 같은 외국인들도 구입할 수 있었던 것 같다.[45] 일본의 무감, 그 가운데서도 원중거가 참고한 것은 1764년에 출판된 『명화무감』으로 여겨진다.[46]

다음으로 원중거는 도쿠가와막부의 막번체제 운영방식〔'治國之大略'〕에 대해서도 깊은 통찰력을 바탕으로 서술하였다. 그는 막부의 다이묘

45 『해사일기』, 갑신년 2월 8일조에 보면 역관들이 일본의 '무감책자(武鑑冊子)'를 보았다는 기사가 나온다. 또 남옥이 쓴 사행일기 『일관기(日觀記)』 동권(冬卷), 「관백관제(關白官制)」에 세주(細註)로서 "자세한 것은 무감에 나오는데 그것은 우리나라의 관안과 같다〔詳見於武鑑 如我國官案〕."라는 기사가 있다. 또 「서책(書冊)」에는 "그 나라의 산천 · 요속(謠俗) · 법제를 알려고 하면 『왜한삼재도회(倭漢三才圖會)』와 『무감』이 제일 요긴하다." 라고 되어 있다. 이로 볼 때 이 계미통신사행 시에는 일본의 무감을 사행원들이 보았음을 확실히 알 수 있다.

46 그런데 무감을 보되 원중거 자신이 전체 내용을 이해한 다음 기술 순서와 방식을 나름대로 정하여 정리하였다. 그래서 서술방법과 독자들의 이해를 위한 범례를 밝혀 놓고 있으며, 또 순서도 우리나라에 가까운 서해도(西海道)부터 시작하였다.

통제방식을 에도성(江戶城)의 구조로부터 설명하였다. 에도성은 삼중성(三重城)으로 구성되어 있는데 내성(內城)에는 관백, 중성(中城)에 각 주 다이묘의 번저(藩邸), 외성(外城)에 사신(士臣)들이 거주하고 그 외곽지역에 상공서인(商工庶人)들이 거주한다고 소개하였다. 이어 그는 참근교대(參覲交代) 제도와 각 주의 에도 번저를 연관시키며 사실상 각 주 다이묘들을 인질화하는 방식이라고 예리하게 지적하였다. 또 막부의 천황과의 관계정립과 서경(西京)과 오사카에 대한 통제방식을 소개하고, 주요 지역을 직할령〔'天領'〕으로 하여 직접 통치하면서 경제적 기반을 확고히 하였다고 설명하였다. 그러한 직할령과 식읍을 바탕으로 각 주로부터 세금을 걷지 않고 경제적인 독립성을 인정해 주어 일본 국내가 평안하게 되었다고 하였다. 이와 같은 원중거의 인식은 상당히 정확한 것으로 막번체제의 구조와 운영방식의 핵심을 이해하고 있다고 해도 과언이 아니다.

이러한 도쿠가와막부의 통치에 대한 원중거의 평가는 어떠하였을까? 그는 도쿠가와막부의 통치방식에 대해 '그 첫째는 무력이요, 둘째는 법률, 셋째는 지략, 넷째는 은의(恩義)'라고 하였다. 또 '인의 · 예악 · 문장 · 정사'가 하나 없이도 200여 년 간 승평할 수 있는 이유는 막부의 간결함과 검소함, 공손함 위에 또 국민들이 유약하고 수백 년 간의 전쟁을 겪은 후 평화를 원하기 때문이라고 보았다.[47] 대체로 막부의 통치와 당시 상황에 대해 긍정적으로 평가하였고, 안정의 원인으로 행정의 일관성과 막부의 공검성(恭儉性)을 들었다.

---

47 『화국지』 천권, 「풍속」. 「무주본말」에서도 "전체 맥락과 분포를 보면 조례와 관행이 정돈되고 엄밀하며, 누세 동안 덕을 잃지 않고 스스로 공손함과 검소함을 지켜 온 까닭으로 국내가 안정되고 내전이 일어나지 않았다."라고 평하였다.

(3) 상호관계 및 전망

원중거는 전반적으로 막번체제의 안정성을 인정하였지만 잠복되어 있는 불안요인을 지적하면서 그 장래에 대해서는 불투명하게 전망하였다. 그래서 형법과 무력에 의해 운용되는 막번체제가 만일 위기상황에 처하면 토붕지세(土崩之勢)로 무너질 수도 있을 것이라고 예측하기도 하였다.[48]

원중거가 본 도쿠가와막부의 위기요인은 반막부적인 지방세력과 명분론의 고양에 따른 '존왕운동(尊王運動)'의 가능성의 두 가지였다.

첫째, 그는 사쓰마주(薩摩州) 등 과거 친수길(親秀吉) 세력이었던 유력 다이묘에 대해 이에야스가 혼인정책으로 타협함으로써 표면상 평화로운 관계를 유지하고 있지만 유사시 그들이 반막부세력화하여 나라가 분열될 가능성을 내다보았다.[49]

둘째, 일본의 문운(文運)이 날로 번성함에 따라 국민들이 의리를 깨닫게 될 것이고, 이것이 존왕운동으로 연결될 것으로 예상하였다. 즉 "(천황이) 비록 실권을 잃었지만 만년 동안 한 성(姓)을 유지하면서 나쁜 일을 하지 않았다. 또 군신의 명분은 천지간의 정해진 자리로서 수천 년간 찬탈하고자 하는 시도는 없었다. 에도의 정치가 혹 어지러워지면 명분론자들이 여러 주에서 일어나 천황을 끼고 쟁탈하고자 하는 일이 다시 나오지 않을지 어찌 알겠는가. 그래서 일본국 내에 혼란이 오면 변방의 간민(奸民)들이 기회를 틈타 우리나라를 침략해 올 것이니 식견 있는 자는 마땅히 알아서 대비해야 할 것이다."라고 하였다.[50]

---

48 『화국지』 천권, 「무주본말」.

49 『화국지』 천권, 「풍속」.

50 『화국지』 천권, 「왜황본말」.

막부와 천황의 상호관계에 대해 원중거는 히데요시의 천황 억압책에 비해 이에야스의 화친책을 평가하였고, 또 당시 천황과 막부가 공존하고 있었지만 도쿠가와막부의 정치 여하에 따라서 존왕운동이 일어날 가능성이 충분히 있다고 보았다.

이상 원중거의 막번체제의 위기적 요인과 그에 따른 전망은 아주 예리한 바 있다. 그의 논평을 보면 유학자로서의 명분론과 무가(武家) 및 법가(法家)에 대한 근원적인 반발감이 느껴지기도 하지만 전체적으로 당시 막부와 다이묘들의 세력관계와 성향을 정확하게 파악하고 있었다. 또 결과적으로 보면 막부 말기 존왕토막(尊王討幕) 운동 당시의 세력구도를 정확하게 예언한 셈이다.

3) 경제관

일본의 경제에 대해 원중거는 『화국지』 천권의 「풍속」, 지권의 「종수」, 「기용」, 「농작」, 「잠직」, 「화폐」, 「도로」, 「주즙」, 인권의 「부세」 등에서 주로 소개하였다. 경제 분야는 서술분량도 상대적으로 적고 아주 뛰어난 요소는 보이지 않는다. 그러나 일본의 농업과 상업, 교통 문제 등에 대해 실용적 관점에서 자세히 관찰하였다는 점에서 기존 사행록들보다 관심의 범위가 넓다. 또 그는 나가사키(長崎)를 중심으로 하는 일본의 대외무역과 교역국인 아란타(阿蘭陀)에 대해서도 깊은 관심을 보여 주고 있다.

원중거는 당시 일본 경제의 발전상에 대해 감탄하면서 그 장점에 대해 허심탄회하게 살피고자 하였다. 그는 사행 시 관찰한 일본의 경제상에 대해 "에도까지 천 리를 왕래하는데 명도(名都)와 대읍(大邑)이 아닌 곳이 없었다."라고 하면서 에도 · 오사카 · 교토 · 나고야 등 대도시의 발전상을 지적하였다.[51] 또 국내 상업의 활발함과 함께 남만제국(南蠻諸國)과의 교역에 의해 경제력이 풍부하다고 소개하였다.[52]

다음으로 그는 일본의 토지사용과 농사방식의 효율성, 그리고 생산성을 높이 평가하였다. 「농작」에서 그는 일본의 수전(水田)과 한전(旱田)의 구성, 경작방식과 농작물 등에 대해 우리나라의 그것과 비교하면서 일본의 농업방식이 아주 정밀하여 생산성과 효율성이 높다고 평하였다. 「종수」에서는 가로수와 종수방법 등을 소개하였는데, 일본이 토지를 효율적으로 사용한 결과 목재가 아주 풍부하다고 하였다. 「잠직」에서는 면직과 잠직의 운영방식 · 염색방법 · 세침법(細針法) 등 세밀하게 관찰하였고, 면화가 전국적으로 재배된다고 하여 18세기 후반 단계에서 일본의 목면산업이 상당히 발전하고 있음을 전하였다. 또 농촌에서 잠직과 농업을 겸업하는 방식을 우리나라와 비교하면서 일본인의 근면성과 농업의 효율성을 재차 강조하였다.

일본의 교통문제에 대해서도 원중거는 깊은 관심을 가지고 관찰하였다. 「도로」에서는 왕래 중 견문한바 도로의 모양 · 규모 · 표시 · 가로수와 독특한 도로수치제도(道路修治制度) 등에 대해 서술하면서 "도로의 수축만이 아니라 운영방식도 나태하지 않다."고 평하였다. 「교량」에서는 일본의 삼도를 비롯한 대도시들이 모두 다리가 발전하였음에 주목하

---

51 『승사록』 권3, 갑신년 3월 28일조.

52 조엄의 『해사일기』, 김인겸의 『일동장유가』에서도 일본 도시의 흥성과 경제적 발전상에 대해서는 모두 인정하고 있는데, 이 점 당시 일본의 경제적 현실을 정확히 관찰한 것이다. 최근의 연구성과에 의하면 '17세기의 일본은 개발(특히 用水와 新田 조성)과 인구증가의 시기'라고 불릴 정도로 경제적 발전을 이룩하였다. 막번체제의 확립에 따라 각 다이묘는 자신의 영국을 독립채산으로 유지하지 않으면 안 되었기 때문에 영내의 가경지를 최대한 개발하였고, 오사카 · 에도 등 전국적인 시장과 연결하여 상품화하는 정책을 취하였기 때문에 삼도(三都)가 발전하였다는 것이다(深谷克己, 1992, 3면).

였다. 다리의 종류는 석량교(石梁橋)가 대부분인 우리나라와 달리 목가교(木架橋)이며, 급류에는 주교(舟橋)를 설치한다고 하였다. 일본에 교량이 발전한 이유는 시내에 강과 구(溝)가 있다는 점과 수세가 완만하기 때문이라고 하였다. 교량의 운영방식〔橋梁修治法〕도 치도지법(治道之法)과 같이 각 주에서 책임지고 관장하되, 큰 다리는 막부에서 관할한다고 하였다. 「주즙」에서는 해상교통과 선박관리에 대해 상술하였다. 즉 일본의 선박관리체제가 오사카의 후네부교〔船奉行〕가 통일적으로 관장하고 있다는 점을 밝히고, 선박의 제조 및 운행방법과 비선(飛船)·전선(戰船)·누선(樓船)의 구조와 성능 등에 대해 우리나라의 그것과 비교하면서 세밀하게 관찰하였다. 종합적으로 주즙의 정교함은 천하에 일본만한 데가 없다고 평하면서 그 이유는 지형이 가늘고 길며 사면이 바다라는 지형적 조건과 일본인들의 섬세하고 정밀한 성격 때문이라고 하였다.

원중거의 경제관은 농업에 대해서는 세밀한 관찰력을 보여 주고 있는 데 비해 해외무역과 상공업 등에 대한 이해는 부족한 듯하며 소박한 측면이 있다.

예를 들면 인삼 종자와 재배법을 일본에 넘겨 주자는 주장을 들 수 있다.[53] 이는 원중거의 지론이기도 하였는데, 그럼으로써 일본에서 인삼의 자급이 이루어진다면 일본의 생령을 구제할 수 있을 것이며, 우리나라에서는 인삼 품귀현상이 줄어들어 가난한 사람도 약으로 쓸 수 있고 밀무역의 폐해도 줄일 수 있다고 하였다.[54] 원중거의 이러한 견해는 인

---

53 『승사록』 권2, 갑신년 3월 10일조 및 『화국지』 인권, 「의약」.

54 일본인들이 인삼 종자 구하는 데 혈안이 되어 필담문목 중 과반수가 종삼(種蔘)에 관한 것이라고 하였다. 이에 일일이 대답하기 번거로워서 원중거는 양의 이좌국(李佐國)과 함께 「삼보(蔘譜)」를 만들어 대답 대신 보여 주었고, 호행의원인 토미노 요시타네(富野義胤) 등이 이를 등사해 갔다고 한다(『승사록』 권2, 갑신년 3월 10일조).

삼의 밀무역, 예단삼(禮單蔘) 마련의 어려움 등 폐단과 정치 · 인도적인 차원에서의 소박한 명분론적 사고방식에서 나온 것이었다. 인삼이 우리나라의 주요 수출품으로서 그것이 만일 일본에서 자급된다면 무역상 어떤 효과를 가져올지에 대한 고려는 별로 보이지 않는다. 요컨대 국가경제나 대외무역에 대한 관념이 희박함을 엿볼 수 있다.

4) 사회 · 풍속관

원중거는 일본사회의 기본성격을 형벌과 법에 의해 세워졌으며 무가막부가 실권을 장악하고 행사하는 무가사회라고 인식하였다. 특히 무력과 함께 가혹한 법의 운용과 형벌을 통한 법가적 운영방식에 주목하였다. 구체적으로 『화국지』 인권, 「치도」에서는 도둑에 대한 형벌과 잡는 방법을, 「신수」에서는 신수법(訊囚法) 8형(刑)과 형살(刑殺)의 방법 네 가지 등 죄수취조와 형벌의 방법을 상술하였고, 「노비」에서는 형벌로 인한 노비의 충원 등을 소개하였다.

그는 또 조선과 다른 일본사회의 특징적인 사회제도나 운영방식에 대해 관심을 기울였다. 직업에 대한 제도적 차별과 사회적 인식에 있어서 조선은 사-농-공-상이지만 일본은 위(位)-상(商)-공(工)-농(農)이라는 대조적인 측면에 주목하였다. 즉 "일본의 풍습은 관직에 있는 자가 제일 존경받고 다음이 상인, 그 다음이 공인, 제일 아래가 농민이다."라고 소개하였다.[55] 여기서 일본에서의 관위자는 무인이라는 점을 지적하고, 특히 문사들의 지위가 하류에 속한다는 점에 주목하여 일본의 무가사회적인 성격을 강조하였다. 이와 함께 원중거는 일본사회 운영방식의

55 『화국지』 천권, 「무주본말」.

특징으로서 세습제에 주목하였다. 그는 일본사회에서 위로는 관료 제후에서 아래로는 백직이예(百職吏隷)까지도 세세토록 서로 세습하며 농·공·상인들도 모두 그 직업을 세습한다고 하였다. 직위와 직업까지 규정하는 세습제는 전체적인 사회 운영방식으로서 관습화되었다고 보았다. 원중거는 이러한 세습제에 대해 사회가 안정적으로 운영되는 장점을 인정하기도 하였지만 아무리 용맹과 재주가 있는 자라도 상·공·농인의 자식으로 태어나면 그 뜻을 펴지 못한다고 하면서 그 폐쇄성을 비판하였다.[56]

이와 같은 고찰을 통해 총체적으로는 조선이 유가적 문치주의사회인데 비해 일본은 중국의 진(秦)나라와 비슷한 법가적 무치주의사회로 보았다.

다음으로 일본의 풍속에 대해서 원중거는 어떻게 보았을까? 일본에 도착한 처음 그는 대마도의 풍속과 일본인의 머리모양에 대해 이질감을 느꼈다. 예컨대 아이노시마(藍島)에서 카메이 로(龜井魯)를 만나 필담을 할 때 그의 깎은 머리에 대해 가벼운 설전을 주고받았으며 '재주는 있는데 아깝다'라고 평할 정도로 이적관을 나타내었다.[57] 그러나 사행 중 일본 문사들과 계속 대화하면서 일본 풍속에 대해 점차 객관적으로 인식하게 되었던 것 같다. 자신들과 교류하기를 열망하는 일본인들을 보면서 원중거는 "비록 그 복장이 해괴하고 예의범절에 밝지 못하나 풍속으로 말하자면 순하고 선량하다고 할 수 있다."고 평하게 되었다.[58]

---

56 『화국지』 천권, 「무주본말」.

57 『승사록』 권1, 계미년 12월 11일조.

58 의복제도나 풍속만이 아니라 의학에 대해서도 마찬가지이다. 원중거는 사행 초기 일본의 의술에 대해 아주 낮게 평가하였다(『승사록』 권2, 갑신년 3월 10일조). 그런데 『화국지』 인권, 「의약」에서는 일본이 중국 의서(醫書)와 우리나라의 『동의보감(東醫寶鑑)』 등을

원중거의 일본풍속관은 『화국지』 지권에 정리되어 있는데, 「사례」, 「의복」, 「음식」, 「조욕」, 「언어」, 「배읍」, 「여마」, 「궁실」, 「기용」, 「의약」, 「음식지명」, 「금수」, 「절목」 등이 그것이다. 여기서 그는 남녀가 모두 바지를 입지 않는 점, 소식하고 차를 많이 마시는 식습관, 목욕을 좋아하는 습관, 배읍의 방식, 여마의 종류, 궁실 · 관가 · 민가의 구조와 건축방식, 그릇의 종류와 용도 등을 우리나라의 그것과 비교하면서 소개하였다. 관혼상제에서 삭발 · 대검(帶劍) · 염치(染齒) · 일부다처제 · 화장 · 절에서의 제사 등 조선과 다른 '이국적'인 일본의 풍속에 대해 담담하고 객관적인 자세로 자세히 서술하였다.

대체로 문화상대주의적 입장에서 이해를 하였으며 일본이적관이나 우월의식은 별로 나타내지 않았다. 일본인이 소식하고 채식을 많이 하는 이유를 설명하면서도 곡식이 귀해서라기보다는 풍습이 그러하기 때문이라 하였고, 전체적으로 일본의 풍속이 소박하고 사치스럽지 않다고 평하였다. 그러면서도 끝에 가서는 "근세에 문풍이 침투하고 유사배(儒士輩)들이 점차 고례(古禮)를 숭상해 개복(改服)하자는 의론이 많으니 머지않아 변화가 있을 것이다."라고 희망 섞인 전망을 버리지 않았다.

원중거는 종교에 대해서도 깊은 관심을 가지고 관찰하였다. 그는 "일본의 풍속이 신도와 불교, 무력에 바탕을 두었다."[59]고 하여 일본의 풍속에서 종교가 차지하는 비중이 크다는 사실을 지적하면서 신도와 불교에 대해 상세히 기술하였다. 『화국지』 지권 「신사」에서 일본신도의 유래와 일본인의 신국의식, 귀신을 좋아하는 풍습과 신사에서 모시는 '신

다 갖추었으며 소아방(小兒方)은 아란타방(阿蘭陀方)을 수용하여 큰 효과를 보고 있다고 긍정적으로 소개하였다.

59 『화국지』 천권, 「중국통사정벌」.

(神)'들의 종류 등을 서술한 뒤, 당시의 종교적 상황에 대해 "세 집뿐인 마을이라도 그 가운데에서 한 집은 신궁(神宮)이고, 한 집은 반드시 승사(僧舍)이다."라고 하면서 신도의 번성함을 묘사하였다. 또 일본인들이 모든 일을 신의 작용으로 본다는 사실을 소개하고, 그들이 죽음을 숭상하는 풍속도 신도와 관련이 있으며, 천황이 수천 년을 유지해 온 것도 신도를 끼고 있기 때문이라고 보았다. 그래서 모노노베 소하쿠(物部雙栢) 같은 호걸지사(豪傑之士)도 신도는 옹호하였다고 하면서 그 세력의 강성함과 연원의 뿌리 깊음을 지적하였다. 그러나 신도에 대한 원중거의 평가는 부정적이었다. 그는 일본 신도의 종교적 현상에 대해 '누추한 풍속〔陋俗〕'이라고 하였으며, 신도를 '무풍(巫風)'으로 단정하였다. 이에 따라 원중거는 필담창수할 때 "귀국이 정주(程朱)를 존중한 연후에 성도(聖道)가 밝아지고, 성도가 밝아진 연후에 신사가 폐해지며, 신사를 파한 연후에 문교가 밝아지고, 문교가 밝아진 연후에 교화가 행해질 것이다."라고 강조하였다. 일본 문사 가운데 나와 시소(那波師曾)가 자신의 말에 동조하였다는 사실을 소개하면서 원중거는 "이제 일본의 문풍이 점차 열리니 귀신숭배의 정상이 오랑캐의 누추한 풍속이라고 간주되고 마땅히 한번 바뀌는 날이 올 것이다."라고 전망하였다.

일본의 불교에 대해서는 「불법」, 「전후입중국명승」 등에서 서술하였다. 당시 일본 불교의 상황에 대해 천황으로부터 일반 촌민에 이르기까지 모두 불교를 믿으며 죽으면 절에서 재를 지낸다고 하면서 번성함을 소개하였다. 또 승려들의 관위가 높고 재력도 많아서 사원 주지의 권력은 각주의 태수와 맞먹으며, 승려의 최고위자는 관백과 항례(抗禮)한다고 하였다. 그러나 이러한 번성과 함께 세속화한 불교에 대해 원중거는 아주 비판적이었다. 특히 귀족 자녀로 승려가 된 자들은 모두 창루와 술집에 출입하고 처자를 두어 일반인과 다름없으며 불경과 법을 논하고

법패(梵唄)를 암송하는 자는 천백인 중에 하나도 없다고 하면서 “따라서 일본 불교는 문교가 없을 뿐만 아니라 불법 또한 없다고 할 수 있다.”고 평하였다. 또 당시의 일본 불교가 신도와 습합하고 종속되는 상황을 묘사하면서 “그 부처를 섬기는 자도 불법을 즐겨하지 않고 (부처 또한 하나의) 명신(明神)으로 인식할 뿐이니 실은 신도로써 받드는 것이다.”라고 통렬한 비판을 가하였다. 전체적으로 원중거의 일본 종교에 대한 평가는 부정적이었다. 이 점 일본 문화와 풍속에 대한 호의적이고 객관적인 인식과는 대조적이다. 엄격한 정주학자로서, 더구나 주자학의 교화를 사행의 목적으로 삼은 그에게 신도와 또 그것에 습합된 일본 불교의 모습은 ‘무풍(巫風)’이고 ‘음사(淫祀)’일 수밖에 없었다.

5. 원중거의 역사인식

『화국지』는 기본적으로 사서(史書)는 아니다. 일본에 관한 백과사전적인 유서(類書)에 가까운 ‘일본국지’라고 할 수 있다. 그런데 『화국지』에는 일본사와 조일관계사에 관한 기사가 매우 많은 것이 특징이다. 또 그의 역사서술의 자세를 보면 『한서(漢書)』, 「십지(十志)」의 형식과 매우 유사하다. 다시 말하면 『화국지』는 원중거 나름대로의 깊은 역사의식이 반영되어 있는 저술이라고 할 수 있다. 그가 특히 강조한 한일관계사, 임진왜란, 대마도 문제, 통신사행에 대한 인식을 살펴보도록 하겠다.

1) 한일관계사

원중거가 『화국지』에서 큰 비중을 두고 서술한 부분 중의 하나가 조선과 일본의 외교 및 전쟁사이다.[60] 그가 조일관계사를 정리하게 된 목적은 기본적으로 오늘을 경계하고 장래의 대일정책 수립에 도움을 주기 위한 것이었다. 동시에 사행 시 구입해 온, 국내에 알려지지 않았던 일본 측 자료들을 소개하고자 한 동기가 있었다. 이에 따라 조일관계사에 대한 항목은 『징비록』을 비롯한 우리나라 서적과 함께 사행 시 구한 일본 서적과 견문을 종합하여 정리하였다. 이러한 서술방법에 대해 원중거는 "그 나라 문자를 인용한 것은 양국의 자료를 다 참고함으로써 왜를 방어하는 자가 기미에 따라 변화를 고려하는 데 도움이 되게 하기 위함"이라고 밝혔다.[61]

조선과 일본의 관계에 대해서는 고대에서부터 영조 대 당시까지를 정리하였다. 삼국시대와 고려시대의 대일관계사는 「나제여통사전벌」에서 기술하였고, 「중국통사정벌」에서는 이 시기 일본의 대중관계를 정리하였다. 조선시대의 대일관계에 대해서는 「아조정왜록」에서 대일정벌기사를, 「국초왜인내조」에서 일본에서 우리나라에 온 사절들, 「아조통신」에서 조선 초기 이래 1763년(영조 39) 계미통신사행까지 우리나라에서 일본으로 파견한 사절을 서술하였다. 「왜관사실」에서는 삼포왜관 등 왜관의 유래와 각종 조약의 내용, 당시 연례송사선의 숫자와 교역현황 등을 상술하였다. 「이충무공유사」, 「제만춘전」, 「안용복전」은 대일관계에서 큰 공로를 세운 세 사람의 전기를 정리한 것이다.

60 이에 관계된 항목으로서는 『화국지』 천권의 「수적본말(秀賊本末)」, 「무주본말(武州本末)」, 「마주수본말(馬州守本末)」, 「임진입구시적정(壬辰入寇時賊情)」, 「나제려통사전벌(羅濟麗通使戰伐)」과 인권의 「아조정왜록(我朝征倭錄)」, 「국초왜인내조(國初倭人來朝)」, 「아조통신(我朝通信)」, 「왜관사실(倭館事實)」, 「이충무공유사(李忠武公遺事)」, 「제만춘전(諸萬春傳)」, 「안용복전(安龍福傳)」 등이다.

61 『화국지』 인권, 「아조정왜록」.

2) 임진왜란

원중거는 특히 임진왜란에 대해 자세히 기술하였다. 예컨대 「임진입구시적정」에서는 일본 측의 서적을 바탕으로 하되 『간양록』 등 관계자료와 비교하는 등 상세한 고증을 통해 당시 일본군 측의 동향을 밝혀 놓았다. 즉 일본군 9번(番)의 군사구성, 임란 전의 사전공작, 전투상황, 참전한 주요 장수들의 인적사항 등을 상세히 기술하였다. 이에 대해 원중거는 "국내에 없는 일본 측 비밀자료를 정리함으로써 역사가들의 편찬에 도움이 되겠다는 것"과 "흉도들의 시종을 끝까지 기록함으로써 임진왜란의 수말(首末)을 갖추고자 함"이라고 하면서 기본적으로는 '와신상담의 뜻'에서 나온 것이라고 하였다.

원중거의 임진왜란 관계 기사에는 자료적 가치 외에 내용적으로도 주목되는 점이 많다. 그는 임진왜란에 대한 이해에 있어 몇 가지 새로운 주장을 제기하였다.

첫째, 임진왜란의 발발동기로서 히데요시가 대외적인 인정을 통해 왜황의 권위에 대항하고자 했다는 정치적 목적과 국내의 무용병을 처리하기 위한 것이라고 하였다. 특히 전자는 무로마치막부(室町幕府) 초기 아시카가 요시미쓰(足利義滿)의 의도와 흡사한 것으로 흥미로운 주장이다.[62]

둘째, 명(明)의 원군에 대한 새로운 해석을 제기하였다. 즉 명이 조선에 원군을 보낸 것은 의리상으로 당연하지만 전략상으로도 필요했기 때문이라고 하면서 결국 우리에게는 '재조지은(再造之恩)'이 되었고, 명으로서도 "천하의 체를 얻었다[得君天下之體]."고 하였다.[63]

---

62 『화국지』 천권, 「수적본말」, 「임진입구시적정」.

63 『화국지』 천권, 「수적본말」.

셋째, '임란패전관(壬亂敗戰觀)'을 부인하고 일본의 패배를 강조한 점이다.[64] 유성룡의 『징비록』을 비롯하여 조선의 전후기록이 대부분 자기반성적 의미에서 임란 초전의 패배를 강조한 이래 국내에서는 임란패전관이 일반화되었다. 이에 비해 일본에서는 승전관이 널리 퍼졌으며 이것이 대조선우월의식의 근거로 작용되어 왔다. 원중거의 이 주장은 최근 학계에서의 임란에 대한 재해석 논의와 비교해 볼 때 주목할 만하다.

넷째, 임진왜란 시 수군(水軍)의 승리 원인을 충무공의 작전과 용기보다도 조선 선박의 우수성에서 찾았다.[65] 이는 일본 배와 우리나라 배의 세밀한 비교 관찰을 통해 얻은 결론으로서 의미가 크며 당시로서는 탁견이라 할 만하다.

그러면 일본의 군사력과 재침 가능성에 대한 원중거의 견해는 어떠하였을까? 그의 유사시에 대비한 정보수집 노력은 대단하였고, 『화국지』 곳곳에서 유비무환 · 와신상담의 자세를 강조하였다. 그러나 당장 일본이 침략해 올 가능성에 대해서 절박한 위기의식은 가지고 있지 않았다. 18세기 후반 당시 동아시아의 국제정세와 조일관계의 안정성, 막부의 대조선 우호자세 등을 고려해 볼 때 원중거의 판단이 틀린 것은 아니다. 또 여기에는 일본 문화의 발전에 따른 침략성의 순화라는 유학자 특유의 역사관과 명분론도 있었다. 메이지유신(明治維新) 이후 조선침략론의 전개와 실제의 침략에는 일본 국내적 요인 외에 '서세동점(西勢東漸)'이라는 세계사적인 흐름이 연관되어 있다. 18세기 후반 단계에서 원중거가 '서양'이라는 변수를 예상한다는 것은 기대하기 어려운 일이다.[66] 대신

64 『화국지』 천권, 「수적본말」.

65 『화국지』 지권, 「주즙」.

66 원중거는 아란타에 대해서는 상당한 관심을 기울였다. 귀로시 오사카에서 체류 중 아란타 선인(船人)들을 보고 그들의 복장과 용모 등에 대해 상세히 묘사하였고 일본과의 교역

일본국 내 정치정세의 변화 가능성에 대해서는 거의 정확하게 전망하고 있었으며 그에 따른 대비책을 미리 강구해야 한다고 강조하였다.

3) 대마도 문제와 대책

대마도에 대해서 원중거는 "그 땅이 우리나라와 가깝고 자주 접하므로 중시하지 않을 수 없다."고 하면서 『승사록』과 『화국지』의 곳곳에서 언급하였다.

정리된 기록으로는 『화국지』 천권, 「마주수본말」이 있는데, 여기에는 대마도의 역사와 현황에 대한 분석이 기재되어 있다. 우선 조선과의 외교관계에서 중요한 3대 세력인 대마도주·다이라씨(平氏) 가문·이정암(以酊庵)에 대해 소개하였다. 즉 도주에 대해서는 그 유래와 조선 초기 이래 역대 도주의 세계와 관직, 조선과의 교섭과 관련된 행적 등을 토모시게(智盛)에서부터 현 도주인 29대 요시나가(義暢)까지 상술하였고, 평조신(平調信)－경직(景直)－조흥(調興)으로 이어지는 다이라씨가 1635년의 국서개작(國書改作) 폭로사건으로 몰락했다는 사실과 이정암의 유래·권한 등을 서술하였다. 다음으로 대마도의 지리·무역·도주의 에도번저·식읍·관료제도·참근과 예물 등 당시 대마도의 현상에 대해 정리하였다.

원중거의 대마도에 대한 문제의식과 대책에는 그의 독특한 대마도관

에 관심을 표하였다(『승사록』 권3, 갑신년 4월 16일조). 또 일본이 임진왜란 당시 조선 수군에게 참패한 뒤 아란타에게 주즙과 화기를 배우려고 하였다는 소문을 소개하면서 "일본을 견제할 수 있는 나라는 아란타이며, 만일 아란타가 일본에 뜻을 둔다고 하면 그 우려는 일본에만 그치지 않고 우리나라에도 미칠 것"이라고 하여 아란타의 힘에 대해 경계심을 표하였다(『화국지』 지권, 「주즙」). 이어 『화국지』에 별도로 '아란타조'를 서술한다고 했는데 무슨 이유인지 실제로는 없다.

이 바탕이 되어 있다. 그는 본주인에 대한 우호적인 인식과는 달리 대마도의 풍속은 '오랑캐의 본성과 행동〔夷性夷行〕'이라고 하면서 그 이유는 지세가 격절하고 문교가 전혀 없기 때문이라고 설명하였다. 이에 따라 그들은 인의와 염치가 무엇인지를 전혀 모르기 때문에 한두 푼의 이익이 있으면 천백의 염치와 의리를 손상시키면서도 추구한다고 하였다.[67] 그는 당시 조일 양국의 상호 인식상의 차이를 이용하여 이익을 도모하는 대마도인의 행태에 대해 매우 부정적으로 보았다. 즉 일본은 항상 조선의 구세필보(九世必報) 의지에 대해 의구심을 갖고 있고 우리나라 또한 일본의 속임수가 반복되지 않을까 의심하는데, 대마도인이 그 틈을 이용해 양쪽의 사정을 과장함으로써 이익을 취하고 있다는 것이다. 또 대마도인들이 왜관교역을 통해 조선의 은혜를 입고 있으면서도 우리나라의 변장(邊將)·이졸(吏卒)·역관과 짜고서 이익을 취하고 기밀을 누설하는 현상에 대해 상당한 위기의식을 가지고 있었다.[68] 그 밖에 동래부 왜관에서의 일도 괴이한 것이 많다고 하면서 '남쪽 변경을 개혁하는 일〔南邊釐革之務〕'이 실로 긴급하다고 보았다. 이러한 현실인식에서 원중거는 대마도 대책을 제시하였다.

그는 "우리나라가 분란이 일어나는 것을 피한다고 하지만 실은 두려워해서 특례를 만들어 편의를 허락하니 대마도인이 더욱 교만하고 횡포해졌다."고 하면서 조선 정부의 회유적인 대마도 정책에 대해 비판하였다. 대마도의 악행과 교만을 방치한 결과 이제 우리나라를 모욕하고 해를 끼치게 되었다고 하며 이번 사행의 최천종 피살사건도 유약한 대마도 정책에서 나온 것이라고 지적하였다. 대마도 대책에는 중국이 이적

67 『승사록』 권4, 갑신년 6월 22일조.

68 『화국지』 천권, 「풍속」.

을 대하는 방식 중의 하나인 부교분무책(敷交奮武策), 즉 정벌은 하지 않지만 무위(武威)를 떨침으로써 감히 범할 수 없다는 형상을 과시하는 정책을 써야 한다고 주장하였다.[69]

원중거의 구체적인 대마도 대책은 도쿠가와막부와 직접 교섭함으로써 대마도를 통제하는 것이었다. 즉 별사(別使)를 바로 막부에 보내어 절목을 강정토록 하는데 그 주된 내용은 ① 왜관을 폐지하고 대신 회령개시(會寧開市)의 예에 따라 봄가을 2회의 개시를 열도록 할 것, ② 대마도주에게는 약간의 개시상의 특혜를 주되 무시로 교역선을 보내는 폐단을 혁파할 것의 두 가지이다. 그러면 남쪽 지방의 민력(民力)이 여유가 생기고 기밀을 엿보는 폐가 없어질 것이라고 하였다. 이러한 통제책에 의해 대마도인이 분란을 야기할 가능성이 있을 수 있지만 ① 특송선(特送船)과 공목(公木)의 이익, ② 엄격한 에도막부의 법령, ③ 통영의 수군에 대한 두려움 등의 이유로 당장의 큰 염려는 없을 것이라고 보았다.

원중거의 주장은 대마도인과 본주인을 철저하게 구분하는 인식과 막부우호관에 바탕을 둔 것이다. 그의 이러한 인식에 문제가 없지 않다고 여겨지지만 하여튼 대마도에 대해서는 아주 강경한 입장을 견지하였다. 심지어 대마도에 대한 교화(敎化)의 가능성을 포기하면서 오로지 버리는 것이 상책이라고까지 주장하였다.[70] 이는 당시 조정의 대마도 정책과는 명백히 대치되는 것이다.[71]

---

69 『화국지』 천권, 「풍속」.

70 『화국지』 천권, 「풍속」.

71 통신정사 조엄도 부정적인 대마도인관을 가지고 있었고 사행 중 대마도의 간계와 횡포에 대해 몹시 불만스러워하였다. 그러나 조엄은 최천종 피살사건의 처리 과정에서 보듯이 조정의 전통적인 대마도 정책에 따라 대마도가 위기에 처했을 때 도주의 입장을 들어주었다. 이에 비해 원중거는 통신사행의 호행도 굳이 대마도에 맡길 필요 없이 막부와 직통하고, 필요하다면 대마도주를 전봉(轉封)해도 괜찮다고 하였다.

뿐만 아니라 원중거는 전반적인 대일정책('處倭之道')의 기조로서 "소략함 · 간결함 · 멀리함 · 공경함 · 규정 준수 · 무비(武備) 과시 등의 요소가 중요하고 대신 상세함 · 꼼꼼함 · 가까이함 · 업신여김 · 전례 개정 · 느슨한 문치주의 등의 요소를 피해야 한다."고 주장하였다.[72] 요컨대 그의 대일정책의 기본정신은 '불가근불가원(不可近不可遠)'으로 소극적인 강경책이라고 할 수 있다. 주로 대마도 정책과 관련되어 확대된 입장이라고 보이는데 기존의 유화적인 대마도 정책에 대한 비판의식이 담겨져 있으며, 특히 무력을 쓰지는 않더라도 그 바탕에 두어야 한다는 점이 주목된다.

4) 통신사행의 문제점과 개혁안

원중거는 사행을 마치고 돌아오는 현해탄의 선상에서 전체적인 일정을 회상하면서 통신사행의 현상과 문제점을 지적하고 개혁안을 제시하였다.

그는 우선 통신사행의 의의로서 다음의 다섯 가지를 들었다('通信有五利').

첫째 교린의 의의를 말하고 국서와 예물로써 수호하여 양국의 기쁨을 맺고 누세의 우호를 두텁게 함으로써 의심과 시기함을 없애고 변방 영토의 평안을 얻는 점, 둘째 일본의 지세와 풍속을 살피고 정령(政令)과 서적 등을 견문해서 유사시에 기미를 알아 조치할 수 있는 점, 셋째 대마도인의 간계와 횡포를 도쿠가와막부가 모르는데 통신사행을 통해 폐해를 알리고 막을 수 있다는 점, 넷째 우리나라의 주즙 사용법이 본래

72 『화국지』 인권, 「국초왜인내조」.

소홀하고 대해풍도(大海風濤)를 겪은 경험이 없는데 통신사행을 통해 익숙해질 수 있다는 점, 다섯째 사행의 문화교류를 통해 일본이 예의염치를 알게 되면 군사행동을 일으키지 않을 것이고 변경이 평안해질 것이라는 점이다.[73]

다음으로 통신사행의 폐해에 대해 세 가지를 들었다('通信行中有三大弊').

첫째 수행인원이 너무 많다는 점이다. 사행의 수행인원이 6척의 배에 482인이나 되어 국내의 연로에서도 민폐가 많고, 일본에 와서도 하속배들이 행패를 부려 사행의 위신을 손상시키는 일이 많다고 지적하였다.

둘째 상역(商譯)들의 권한이 너무 중하다는 점이다. 상역들이 일을 처리할 때에는 항상 이익을 노리는데, 사행 중의 크고 작은 일을 모두 그들에게 맡기는 것은 부당하다고 하였다. 또 그들은 자신들의 사적 이익 때문에 대마도주의 부림을 받는 바 되어 있으니 그들의 권한을 축소해야 한다고 강조하였다.[74]

셋째 교역물품이 너무 많다는 점이다. 우리나라 풍속이 멀리서 온 물건을 좋아하고 일상품을 천히 여기는 것인데 사행 시 역관들이 중심이 되어 도처에서 교역을 하고 대마인들이 그 이익을 취하며 주선하는 사실을 지적하였다. 이로써 관소(館所)가 시장이 되어 버릴 정도이니 실로 다른 나라 사람들에게 창피한 일로서 이를 줄이거나 금지해야 된다고

---

73 『승사록』 권4, 갑신년 6월 14일조.

74 원중거는 '양국 중에 나쁜 놈들은 마도왜(馬島倭)와 조선의 설배(舌輩)들'이라고 할 정도로 역관들에 대해 심한 불신감을 가지고 있었다. 그들은 대마도주와 짜고서 사리를 채우는데 실은 이익의 십분의 일밖에 차지하지 못하며 또 나라의 기밀을 다 누설하고 있다고 하였다. 그런데 원중거의 이러한 지적은 사실에 가까웠다. 실제 대마도는 정기적으로 역관들에게 뇌물을 주어 자신들의 이익을 대변해 주도록 해 왔음이 대마도의 문서에 그대로 나와 있다(米谷 均, 1993, 13~14면).

하였다.

사행 과정에서 일어나는 이와 같은 폐해와 함께 일본 측의 경제적 부담도 막대하여 힘겨워하는 사실을 알게 되었다. 즉 원중거는 나와 시소(那波師曾)에게 "귀국이 사행을 한번 치르면 10년 동안 다시 일어서기 힘들다고 하는데 사실이냐?"고 묻자, 시소가 "10년이 아니라 소생하는 데는 수십 년이 걸린다."고 대답하였다. 에도에서의 교류 시에는 무라사키 쿠니히코(紫邦彦)가 "이번 신사(信使)의 행차로 막부의 공사(公私) 재력이 진갈하여 앞으로 5, 6년 간 신사를 요청하는 일이 없을 것입니다."라는 말을 하여 문제가 되기도 하였다. 이는 일본 측의 경제적 부담 문제가 정면으로 거론된 것으로 원중거의 통신사제 개혁안에 비용축소안이 들어가게 되는 계기가 되었을 것으로 보인다.

원중거는 사행 당시,

> 매번 통신사행이 있을 때마다 대마도인은 재물을 얻고 관백은 명분을 얻으며 그 나라 사람들은 관광하는 즐거움을 얻는다. (이에 비해) 우리는 마상재(馬上才)로서 재주 부리고, 문사는 그들에게 실없는 짓으로 희롱하며 복장으로써 장식하고 생황과 피리로 분탕하게 하여 그들에게 한바탕 놀이의 도구를 제공할 따름이니 이야말로 수치스러운 일이다. 하물며 지금 그 나라의 문기(文氣)가 날로 올라가고 지식이 개명하여 이를 비웃는 자가 점차 많아지고 있다.[75]

라고 하면서 통신사행의 실제 의미에 대해 아주 회의적인 생각을 밝히기도 하였다. 이는 당시 퇴색해 가는 통신사행의 실상을 꼬집은 실로 날

---

75 『승사록』 권3, 갑신년 5월 7일조.

카로운 지적이었다. 사행 초기 문화교류를 통해 일본인들을 교화시키겠다는 기개를 가졌던 그로서 실제 상황은 그렇지 않다는 사실에 매우 실망하였던 것 같다. 당시 일본 국내에는 이미 통신사행의 의미와 문화교류에 대한 비판, 비용절감을 위한 대책 등이 제시되고 있었다. 이러한 사정을 원중거가 알았을 리는 없었겠지만 통신사행의 문제점에 대해서는 정확하게 파악하고 있었다고 여겨진다.

이에 따라 원중거는 통신사행의 개혁안을 제시하였다. 이러한 개혁안을 생각하게 된 데에는 위에서 든 폐해 외에 일본 측의 경제적 부담에 대해서도 알게 되었기 때문이다. 그의 개혁안의 요지는 사행인원의 절감과 기강의 확립이었다.

첫째, 사행인원의 대폭적인 절감이다. 원중거는 통신사행을 폐지할 수 없다면 우리나라로부터 절목을 다시 구성한 다음 일본으로 보내 증감해서 정하도록 해야 한다고 하였다. 이어 구체적인 자신의 안으로서 삼사신은 정 · 부사만으로, 사행선은 6척에서 기선(騎船) 2척과 복선(卜船) 1척의 3척으로 하고 수행인원을 200인 이내로 줄여야 하며, 오사카에서 에도까지 육로로 가는 인원은 100명이면 된다고 하면서 축소조절된 사행원역의 구성에 대해 세밀하게 제시하였다. 그렇게 하면 우리 측으로서는 통솔하기에 간편하고 일본 측으로서는 접대비용을 절감할 수 있을 것이라고 하였다.

둘째, 교역물자의 제한이다. 상역(商譯)을 3명 이내로 하고 사신 처소에 섞이지 않도록 하며 수입하는 물자는 구리 · 뿔 · 호초 등으로 제한하도록 하되 개정된 절목을 대마도주와 협의하여 공고한 뒤 위반자는 엄벌에 처하도록 하면 될 것이라고 하였다. 이와 같이 사행인원을 줄이고 교역을 제한하면 일본도 기뻐할 것이고 우리나라도 일과 경비를 절감할 수 있어 통신사행의 폐가 오래도록 없을 것이라고 하였다.

셋째, 사행원의 역할 조정과 선발기준에 관한 제안이다. 그는 삼사신·문사·명무군관·역관·양의 등 주요한 역할을 하는 사행원의 선발기준과 사행 시의 행동수칙에 대해서 자신의 경험에 비추어 꼼꼼하게 제시하였다.[76]

넷째, 문화교류의 정비이다. 원중거는 기본적으로 시문창수보다 필담이 더 중요하다고 보는 입장이었다. 그래서 난잡한 시문창수 방식을 고쳐야 한다고 주장하였는데, 에도의 예에 따라 각 주의 태수가 미리 그 지방의 문사를 선발하고 한 번의 자리에 창수인이 5명을 넘지 않도록 하면 위의도 갖추고 사령도 간편해질 것이라고 하였다. 또 창수 시의 폐물도 이번 사행의 예에 따라 일체 폐지하도록 해야 한다고 주장하였다.[77]

원중거는 이상과 같은 개혁안을 사행 도중 삼사에게 이미 강론한 바 있다고 하였는데, 직접적인 체험에서 나온 것인 만큼 구체적이며 현실적이다. 지금까지 통신사제 개혁에 대해서는 아라이 하쿠세키(新井白石)와 나카이 치쿠잔(中井竹山) 등 일본 측의 경비절감책과 역지통신안(易地通信案)만 알려져 왔는데 조선 측에서도 나카이 치쿠잔보다 앞선 시기에 통신사행 규모의 축소를 통한 경비절감책이 제시되었다는 점에서 원중거의 통신사제 개혁안은 매우 흥미로운 바 있다.[78] 실제 이 계미사행은 마지막 통신사행이 되었고, 다음 사행은 몇 차례의 연기를 거친 후 1811년(순조 11) 대마도에서 축소된 형태로 거행되었다. 약간의 차이는 있지만 원중거의 개혁안은 결과적으로 상당 부분 현실화된 셈이 되었다.

---

76 『승사록』 권4, 갑신년 6월 14일조.

77 『승사록』 권3, 갑신년 5월 7일조.

78 성호(星湖) 이익(李瀷)도 통신사행에 대한 개혁안을 제시한 바 있지만 원중거와는 달리 통신사행의 정례화와 문화교류의 확대를 주장하였다. 이에 비해 원중거는 사행인원의 감축뿐 아니라 문화교류에 대해서도 정비를 해야 한다고 주장한 점에서 대조적이다.

6. 맺음말

원중거의 일본사회에 대한 이해와 역사인식의 특성과 의의를 정리해 봄으로써 글을 맺고자 한다.

첫째, 원중거의 일본이해의 수준이 높다는 점이다. 특히 『화국지』는 조선 후기 통신사행원의 일본인식의 최고봉으로서 150여 년에 걸친 일본이해의 축적 결과라고 해도 좋을 것이다. 형식과 내용 면에서 가장 정제되고 풍부한 일본국지이다. 일본의 『무감』을 이용해 막번체제의 구조와 운영방식을 소상히 밝힌 점과 사행 시 구해 온 일본 측 자료를 이용해 기술한 조일관계사 기록 등은 사료적인 가치가 높다. 물론 여기에는 본인의 각별한 노력이 뒷받침되어 있었다. 그는 사행 시 이전의 사행록들을 모아 '신행편람(信行便覽)'을 만드는 등 치밀한 준비를 하였고, 사행 시 호행문사를 비롯한 일본 측 인사들과의 필담을 통해 많은 견문을 할 수 있었다. 귀국 후 『화국지』를 저술할 때에는 조선 서적과 비교 검토하고 이덕무 등 학자들과 토론하는 등 심혈을 기울였다. 그 결과 『화국지』에서는 종래의 사행일기가 지니는 '주관성'과 국내에서 서적만을 참고해 저술된 기록들의 '간접성'이란 한계성이 극복되어졌다고 할 수 있다.

둘째, 원중거의 일본민족관과 정치 · 사회 인식에는 새롭고 독특한 요소가 많이 제시되었다. 또 일본의 국내정세에 관한 진단과 전망, 대마도 대책과 통신사제 개혁안 등 대일정책면에서의 제안도 선구적이며 주목할 만한 바가 있었다. '화국지'라는 명칭도 주목된다. 같은 계미사행의 제술관 남옥은 일본에 대해 '만(蠻)'으로 표기해 화이관적인 인식을 표출하였다. 이덕무의 『청령국지(蜻蛉國志)』란 서명도 가치중립적인 것이라고 볼 수 있지만, 일본을 '왜(倭)'가 아니라 '화(和)'로 부르면서 '화국지

(和國志)'로 서명을 정한 것은 조선시대 유일한 사례이다. 원중거가 철저한 주자성리학자로서의 정체성을 유지하면서도 일본사행 후에 문화상대주의적 입장에서 객관적 인식을 하였음을 보여 주는 사례이다.

이러한 원중거의 일본인식과 정보는 홍대용 · 박지원 · 이덕무 · 박제가 · 유득공 · 이서구 등 북학파 실학자들의 일본인식 형성에 큰 영향을 주었다. 또 하나의 일본국지라고 할 수 있는 이덕무의 『청령국지』는 원중거의 『화국지』를 저본으로 했다고 해도 과언이 아니다. 이들뿐 아니라 18세기 말 19세기 전반기 실학자들의 일본인식을 보면 원중거의 영향이 적지 않다고 여겨진다. 예컨대 정약용의 「일본론(日本論)」, 「기예론(技藝論)」, 「시이아(示二兒)」 등에 나와 있는 일본 문화에 대한 인식과 평가는 원중거의 그것과 유사한 점이 많다. 또 김정희의 일본시문과 문화전반에 관한 평가를 보면 원중거가 말한 바와 거의 동일함을 알 수 있다. 정약용은 원중거가 교류했던 이가환 · 박제가와 아주 가깝게 지냈으며, 김정희는 당색과 학맥으로 볼 때 연암일파의 영향권 안에 있었던 인사이다. 원중거의 일본문화관과 일본정세에 대한 전망은 18세기 말, 19세기 초엽에 있어서 조선 지식인의 일본관의 한 줄기를 이루었다고 할 수 있다.[79]

셋째, 실학자들에게 해양에 대해서도 지적인 자극을 제공하였다. 그는 일본의 선박기술과 해로 등에 대해 깊은 관심을 가지고 서술하는 한편으로 조선의 해금정책(海禁政策)의 폐해 등에 대해 신랄하게 비판하였다. 『화국지』의 마지막에 조선 후기 해양활동을 한 이순신 · 제만춘 · 안용복에 대한 전기를 붙인 점도 주목된다.

---

79 정조 대에 편찬된 『忠武公全書』와 趙寅永의 『雲石遺稿』에도 『和國志』를 인용한 기사가 나온다.

한편 원중거의 일본인식에는 몇 가지 한계성도 찾아볼 수 있다.

첫째, 그는 주자성리학에 입각하여 일본을 교화한다는 명분론적 또는 문화우월적인 인식에서 완전히 탈피하지는 못하였다. 그러한 선입견 때문에 일본의 고학파(古學派) 유학에 대한 인식에서도 일정한 편향성을 보여 주었다.

둘째, 일본정세의 전망에는 주자학자로서의 명분론이 상당히 작용했다고 보인다. 일본 문화의 발전에 따른 의리명분론의 강화, 그에 따른 존왕운동의 전개라는 시나리오는 일면 적중한 것도 있지만 틀린 부분도 있다. 존왕운동의 이념은 주자학 외에 국학(國學)이라는 요소에 의한 것이 많았고, 그것이 토막운동(討幕運動)으로 발전한 데에는 서양이라는 변수도 작용하였다. 물론 당시의 원중거에게 이런 것까지 기대한다는 것은 무리이지만 일본의 국학과 난학(蘭學)이라는 또 다른 흐름에 대해서는 전혀 언급이 없었다는 점을 일단 지적할 수 있다. 또 문화발전에 따른 침략 가능성의 배제라는 것도 유학자들 특유의 우활한 발상이라고 할 수 있다.

셋째, 도쿠가와막부와 대마도, 본주인(本州人)과 대마도인에 대한 인식에 있어서 지나치게 이분법적인 경향성이 있다. 도쿠가와막부에 대해서 어설플 정도로 우호적인 인식을 가지고 있었던 반면, 대마도에 대해서는 '양국의 적(敵)'이라고 할 만큼 비판적이었다. 그런데 원중거의 대마도 대책에서 예상한, 막부가 대마도를 억누르면서 조선에 우호적인 정책을 취해 줄 것으로 본 점은 안이한 인식이다. 또 본주인에 대한 그의 인식도 앞에서 지적한 것처럼 제한된 체험에서 나온 일면성을 지니고 있는 것이었다.

參考文獻

1. 사료

『和國志』, 『乘槎錄』, 『原州元氏族譜』, 『海槎日記』, 『貞蕤集』, 『青城集』, 『清脾錄』, 『湛軒書』, 『增訂交隣志』, 『通文館志』.

2. 논문

김정신(2010), 「1763년 계미통신사 원중거의 일본인식」, 『조선통신사연구』 11.

박재금(2006), 「원중거의 "화국지"에 나타난 일본인식」, 『우리 한문학사의 해외체험』, 집문당.

______(2011), 「원중거의 일본체험, 그 의의와 한계－"화국지"를 중심으로」, 『한국한문학연구』 47.

박채영(2009), 「현천 원중거의 통신사행록 연구－"승사록"과 "화국지"를 중심으로」, 이화여대 석사학위논문.

박희병(2013), 「조선의 일본학 성립－원중거와 이덕무」, 『한국문화』 61.

손승철(2011), 「조선통신사 사행록 연구－"해동제국기"와 "화국지"의 동이점 분석」, 『인문과학연구』 30.

신로사(2004), 「원중거의 "화국지"에 관한 연구－그의 일본인식을 중심으로」, 성균관대 석사학위논문.

오수경(1989), 「18세기 서울 문인지식층의 성향－'연암그룹'에 관한 연구의 일단」, 성균관대 박사학위논문.

유봉학(1992), 「18-19세기 연암일파 북학사상의 연구」, 서울대 박사학위논문.
임형택(1994), 「계미통신사와 실학자들의 일본관」, 『창작과비평』 85.
하우봉(1986), 「새로 발견된 일본사행록들－해행총재(海行摠載)의 보충과 관련하여－」, 『역사학보』 112.
_____(1989), 「원중거의 『화국지』에 대하여」, 『전북사학』 11.
_____(1994), 「원중거의 일본인식」, 『이기백 선생 고희기념 한국사학논총』, 일조각.
深谷克己(1992), 「新しい近世史像をめざして」, 『講座 日本近世史』 10권, 有斐閣.
米谷 均(1993), 「雨森芳洲の對朝鮮外交－'誠信之交'の理念と實態」, 『朝鮮學報』 148輯.

李種徽의 『東史』와 사학사적 의의

정재훈 | 경북대학교 사학과 교수

1. 머리말
2. 연구동향과 고대사에 대한 관심
3. 이종휘의 역사인식과 한국사 이해
4. 『동사(東史)』에 나타난 역사인식의 특징
5. 고구려 중심의 삼국사 인식
6. 맺음말 – 이종휘의 사학과 조선 후기의 한국사 탐구

1. 머리말

수산(修山) 이종휘(李種徽, 1731~1797)는 조선 후기 소론(少論)계의 역사가이다. 그의 호는 수산(修山)이며, 전주 이씨로서 양녕대군(讓寧大君)의 후손이다. 그러나 직계로서 가까운 선조 가운데에 현달한 이는 그리 많지 않았다.[1] 다만 그의 백부인 정걸(廷傑)이 윤증(尹拯)의 제자였으며, 그가 교유한 인물 가운데에는 소론으로 파악되는 인물이 많았다. 특히 소론파 인물 가운데서도 조선시대 최고의 양명학자로 알려진 정제두(鄭齊斗)의 손서(孫壻)인 신대우(申大羽)와 가까워서 그에게서 문집의 후서(後序)를 받기도 하였다.

이종휘의 선고(先考)는 이정철(李廷喆, 1695~1779)로서 그는 영조 때에 현감(縣監)을 지냈다. 그는 이후 세자시강원의 필선(弼善)·익선(翊善)·보덕(輔德) 등을 맡았다가 사도세자(思悼世子)가 임오화변으로 사망한 이후에는 크게 중요한 관직을 거치지 못하다가 병조참판과 판돈녕부사를 역임하고 관직에서 물러났다. 이종휘는 이정철의 3남 가운데 막내였으며, 두 형 가운데 백형은 요절하고, 중형은 생원으로서 미관말직을 받은 것에 불과할 정도로 가세가 기운 형편이었다.

이종휘 역시 40세에 과거의 진사시에 겨우 합격하여 42세에 음직(蔭職)으로 관직에 나간 이후 66세에 돌아가기까지 관력이 자세하지 않다. 54세에 옥과현감을, 61~62세에 공주판관을 지낸 정도가 밝혀진 관력의

1 이종휘의 가계와 생애에 관해서는 한영우(1987); (1989), 재수록의 II. 가계와 생애 부분 참조.

대강일 정도로 자세하게 알려져 있지 않다. 따라서 이종휘는 중앙의 관계에서 그다지 영향이 있던 인물은 아니었다고 할 수 있다.

이종휘의 학문은 그에 대해 평가한 홍양호(洪良浩)의 지적을 빌린다면 '경술(經術)을 체(體)로 삼고, 사학(史學)을 용(用)으로 삼아' 전통적인 학문의 큰 틀을 벗어난 것은 아니었다. 그러나 그는 역사에 대해 특별한 관심을 가졌으며, 그가 지은 『동사(東史)』는 단재 신채호에게 주목된 이래 민족주의 역사학 또는 실학적 역사학에서 각별한 주목을 받았다. 따라서 그의 책은 조선 후기라는 전근대의 시공간에서 지어진 저술임에도 근대의 시각에서 되살려짐에 따라 전근대와 근대를 연결하는 사학이라는 관점에서 중요하게 평가되어 왔다.

이종휘의 역사학이 주목된 데에는 그가 전통적인 성리학적 역사서술 방법인 강목체 대신에 기전체 서술방식을 그의 사서인 『동사』에 적용한 점이 작용한 것으로 보인다. 또 단군(檀君)을 중심으로 단군의 혈통을 강조하고 문화적 위상을 높였던 점도 다른 사람과 구분되는 시각이었다. 여기에 더해 단군만이 아니라 기자도 주목하였던 점은 동시기의 역사인식에서 매우 주목되는 현상이었다. 이러한 그의 역사학에 대한 적극적인 평가는 한편으로는 양명학에 대한 그의 관심에서 유래한 것으로 해석되기도 하였다.

그러나 최근의 연구를 살펴보면 그간 이종휘의 사학에 대한 적극적인 평가는 '근대'의 맥락에서 비롯된 오해에서 파생된 내용이 적지 않았음을 확인할 수 있다. 근래의 연구에서 '근대'적 시각으로 조선시대, 특히 조선 후기를 바라보는 시각의 연구에서 보이는 한계를 지적하는 경우가 적지 않은 상황이다. 이종휘의 사학을 바라보는 관점도 이러한 시각의 변화와 함께 적지 않게 변화하여 온 것도 사실이다.

생존 당시에는 동시대에 그다지 많은 영향을 미치지 못했음에도 저자의 사후 그의 저작물이 많은 논란을 일으킨 경우가 역사적으로 많지는 않다. 이종휘가 재발견되고 강조되었던 맥락에는 한국의 역사학이 걸어온 맥락이 그대로 반영되어 있는 측면이 있다. 왜 이종휘의 사학은 적극적으로 평가되었는가? 어떠한 특징 때문에 후대 사가들의 지속적인 관심을 받게 되었는가? 또 그에 대한 관심과 강조의 맥락이 어떠한 측면에서 변화하였는가의 문제는 현재 한국사학을 바라보는 데에 반성의 계기를 제공할 수 있다.

왜냐하면 이종휘의 사학은 한국사에서 가장 첨예한 해석의 지점으로 볼 수 있는 주체와 사대, 민족과 보편에 대한 나름의 해답을 안고 있기 때문이다. 본 연구에서는 이러한 점을 감안하여 『동사(東史)』를 중심으로 하여 이종휘의 역사학이 조선 후기에서 지니는 의미를 살피고자 한다.

이종휘의 사학에는 전통적인 역사학에서 심화시킨 인식이 배어 있으며, 나아가 이를 벗어나고자 하는 노력도 동시에 경주되었다고 판단된다. 특히 이종휘의 사학은 조선 후기에 '한국사'가 새롭게 주목되면서 재발견되거나 재인식되는 경향과 관련이 있었다.

2. 연구동향과 고대사에 대한 관심

이종휘의 사학, 특히 『동사』에 대한 주목은 이종휘가 살았던 당대보다는 사후에 이루어졌다. 신채호에 의해 이종휘의 사학은 단군으로 대표되는 민족주의의 전통을 살리는 역사학으로 평가되었다. 신채호는 그의 『조선상고사(朝鮮上古史)』에서,

> 李種徽의 『修山集』은 檀君 이래 조선의 고유한 독립적 문화를 詠歌하

여 金富軾 이래 史家의 노예사상을 喝破하여 특유한 發明과 採集은 없다 하여도 다만 이 한 가지로도 또한 不朽에 置할 것이다

라고 하여서 이종휘의 『수산집』에 대해 매우 높은 평가를 하였다. 이러한 신채호의 평가는 이만열 · 김철준 등에 의해 다시 주목되어 이종휘의 사학이 재평가되는 계기를 만들었다.[2] 특히 김철준은 이종휘가 철저하게 유교사관을 옹호하면서도 모순되게 동방인의 생활전통을 주장하고 사대정신을 부인할 수 있었던 이유로 양명학에 대한 관심을 들었다. 성리학을 통제기능만 강화하였던 보수적 성격의 학문으로 이해하였기 때문에 사대정신의 부정이나 과거 역사의 전통을 발견하게 하는 요소를 유교 외에서 찾았던 것이다.

나아가 신채호는 조선의 멸망 원인으로 몽고의 난 이후에 성행한 유가(儒家)의 사대주의(事大主義)를 들고 있다. 그가 보기에 국민이나 국가, 민족을 한자(漢字)로 대표되는 유교문화, 사대주의에서 벗어나게 하는 길은 그에 물들지 않은 이전 시기의 역사를 복원하는 것이었다.

유교와 사대주의 이전의 상고사(上古史)에 대한 신채호의 관심은 이러한 관점에서 시작되었다고 볼 수 있다. 따라서 상고사에 대한 복원을 가능하게 하는 역사지리학의 성과에 주목하여 한백겸(韓百謙, 1552~1615)에 주목하였다. 또 18세기 이후의 역사학자로서 안정복(安鼎福, 1721~1791)이나 이종휘 · 유득공(柳得恭, 1748~1807) · 한치윤(韓致奫, 1765~1814) 등이 주목의 대상이 되었다. 안정복이 『동사강목(東史綱目)』에서 보인 고증능력, 유득공의 『발해고(渤海考)』에 보이는 발해에 대한 주목, 한치윤의 『해동역사(海東繹史)』에 보이는 부여(夫餘) · 발해(渤海) · 가락(駕洛) · 숙

2 이만열(1974); 金哲埈(1974).

신(肅愼)에 대한 관심 역시 같은 맥락으로 보았다.[3]

신채호는 이종휘에 대해서도 비슷한 맥락에서 단군 이래의 고유한 문화를 주목하여 유가의 사상을 탈피한 점에서 높이 평가하였던 것이다. 신채호가 보기에 단군과 그 이후 단군을 계승한 부여족(夫餘族)을 중심으로 고대사를 파악하는 것은 우리 역사를 재구성하는 핵심적인 내용이 되는 것이었다. 여기에 이종휘가 단군-부여로 이어지는 종족의 계승을 강조하였으며, 『동사』에서 「단군본기」를 설정하여 단군-부여-고구려로 이어지는 북방의 역사를 설정하였던 점은 신채호에게는 매우 호소력 있게 다가왔다. 조선시대를 지배한 유교와 그에 기반한 중화주의(中華主義) 또는 보편주의(普遍主義)를 부정한 신채호에게 우리 민족의 독자성이나 특징은 유교가 본격적으로 기능하기 이전의 세계에서 구현될 수밖에 없었다. 고대사에 대한 관심은 필연적으로 언어나 고대사의 강역에 대한 관심으로 확대될 수밖에 없었다.

이러한 신채호의 이해는 신채호 당대의 맥락에서는 매우 필요한 일이었을지도 모른다. 왜냐하면 조선 망국의 원인을 유교 또는 그에서 기원한 사대주의로 파악하였기에 철저한 내적 반성이 요구되었기 때문이다. 여기에 더해 현실적으로 한반도에 국한된 조선의 강역이 식민지로 전락한 상황에서 과거 한국사의 강역이었던 만주 일대를 무대로 한 고대사는 신채호에게 새로운 기회의 땅으로 비춰질 수도 있었다.

그러나 이러한 신채호의 인식은 그가 주목한 조선 후기의 사서(史書)를 기준으로 볼 때에 매우 불완전하거나 절반의 진실만을 반영하는 것이었다. 신채호가 강조한 이종휘의 사학을 재발견한 김철준의 연구에서도 이미 이종휘의 사학에 대해서는 '유교사관(儒敎史觀)에 입각한 전통

3 배우성(2011), 47~48면.

의 인식'이라는 점을 첫 번째 특징으로 이해하고 있다.[4] 이종휘의 사학이 유교사관, 곧 유학에 입각하기는 하되, 그에서 벗어난다고 파악하였던 특징은 성리학이 아닌 양명학에서 유래한다고 보았던 것이다.

이후 이종휘에 대한 후속연구를 수행한 한영우의 연구에서는 김철준의 연구에서 미진하였던 측면이 한층 더 명확하게 해결되었다.[5] 즉 이종휘에 대해 정주(程朱) 성리학을 정학(正學)으로 적극 옹호한다는 점에서 성리학자라는 점을 명확히 하였으며, 정주학과 양명학에 대한 이해에서도 서로 보완관계에서 수용하고자 하는 태도를 보였다고 이해하였다. 적어도 주자학과 양명학을 대비하여 이종휘 사학의 특징을 양명학에서 구한 연구보다는 진전된 이해였다.

한영우는 이종휘의 경세관(經世觀)을 분석하면서 그가 소중화(小中華)의 문화국가를 만들 것을 목표로 하였음을 지적하여 우리나라가 기자(箕子)의 문화를 제대로 실현하는 여부가 문명국이 되는 여부임을 확인하였다. 조선왕조의 건국이 이러한 예악문물을 갖추고 소중화로서 문명국을 자부할 수 있는 계기였음은 물론이었다고 보았다. 다만 중국이, 이미 청의 등장으로 이상사회로서의 중국=중화의 지위를 상실하였으므로 그 이상사회의 역사적 전통을 한국사에서 찾는다고 파악하였다. 이러한 이해는 이종휘 사학의 핵심을 비교적 정확하게 이해한 것으로 볼 수 있으며, 이종휘 사학에서 보이는 유교의 맥락을 공정하게 평가한 것이라 할 수 있다.

이종휘가 단군에 대해, 부여족과 고구려의 역사에 대해 강조하였던 것은 성리학의 보편으로서 중화의 맥락과 동떨어진 것은 아니었다. 오

---

4 김철준(1974), 119면.

5 한영우(1987); (1989), 재수록 참고.

히려 조선 후기에 유행하였던 소중화주의(小中華主義)가 내면화되는 가운데 그 방향을 다른 사람과는 다르게 설정한 특징이 있었다. 이러한 점에 대해서는 김영심 · 정재훈에 의해 좀 더 구체적으로 지적되었다.[6] 이 논고에서는 이종휘가 주목한 기자와 단군은 따로 떨어져서 이해할 수 있는 것이 아니며, 기본적으로 당시 유행하였던 소중화주의 또는 조선중화주의(朝鮮中華主義)와 연관되어 있음을 지적하였다. 그리고 조선에서 '중화민족(中華民族)'의 원형을 찾으려는 관심의 연장선상에서 중국의 중화민족에 대응하는 실체로서 단군을 주목하였고, 이러한 관심이 단군에서 부여, 고구려까지 이어진 것으로 보았다.

이와 같은 이해방식은 종래 단군과 기자를 이원적으로 인식하여 단군은 민족의 고유성을 상징하는 존재로 파악하고, 그에 비해 기자는 중화주의의 상징으로 이해하는 방식보다는 조선 후기 역사의 실체에 좀 더 근접한 이해라고 할 수 있다. 기자를 조선 유교문화의 연원이 유구하다는 증거로 강조하면서 중화계승의식을 강화한 사례로 파악하거나, 임 · 병 양란과 명청교체를 거치면서 오히려 명나라의 회복을 기대하거나 그에 앞장서야 한다는 북벌론의 주장을 통해 중화회복의식을 보여 주었다고 이해한 연구에서도 기자를 계승해야 하는 이유로서 중화의 유일한 계승자로서의 자국사에 대한 관심이 높아진 지점을 지적하였다.[7]

성리학과 중화주의에 관련되어 가장 핵심적인 존재인 기자에 대한 인식의 변화는 이와 같이 유교주의 · 사대주의의 상징이었다가 성리학의 보편주의를 상징하는 것으로 이해되는 변화가 있었다. 나아가 중국/한국으로 나누어 이해하기보다는 기자를 강조하는 맥락에, 장소로서 조선

---

6 김영심 · 정재훈(2000).

7 허태용(2009).

의 지역성이 추가되어 조선에서 중화주의의 발현체로서 기자에 주목하는 형태로 바뀌게 되었다.[8] 최근의 연구경향 역시 이와 비슷하거나 아예 이종휘의 『동사』는 정통론과 화이론에 입각하였고, 당대사를 소중화주의로 수렴하려는 의도가 내재되었다고 보는 연구까지 등장하였다.[9]

다른 한편으로 이종휘와 같은 소론 일반의 고대사 연구를 검토하여 중화주의와 관련성을 지적한 연구도 제시되었다.[10] 조성산의 이 연구에서는 조선 후기 지식인들이 중화주의를 공통적으로 내면화하면서 일정한 차이가 있음을 지적하였다. 노론은 송의 문화를 중화의 기준으로 보고, 고대사에는 덜 주목한 반면, 소론은 기자문화에 더욱 주목하고 이를 중화의 기준으로 제시함으로써 기자로부터 유래된 상고(上古)의 중화를 우리 역사 속에 내면화시켰다는 것이다. 이러한 시각 역시 앞서 이종휘의 사학에서 기자가 강조되었던 맥락과 같은 흐름에 있으며, 여기에 소론 특유의 영토와 국력에 대한 부국강병적 인식도 있음을 더하였다.

그렇다면 이종휘와 그의 사학의 핵심을 담고 있는 『동사』는 어떤 내용으로 구성되어 있는지를 다시 살펴보면서 그의 사학의 특징을 되짚어보자. 이를 이해하기 위해서는 조선 후기에서 왜 고대사가 재발견되고 강조되었는지 살펴볼 필요가 있다.

임진왜란과 병자호란의 양란 이후 역사인식에서는 과거와 크게 다른 면모가 나타났다. 특히 명나라와 청나라의 교체로 인해 과거까지 인정되었던 중화-소중화로서 중국-조선의 관계는 변화가 불가피하게 되었다. 종래에는 한족(漢族)-중원(中原)대륙-중화(中華)문화의 실체를 가

8 정재훈(2004).
9 장유승(2007).
10 조성산(2009).

졌던 중국에서 만주족(滿洲族)-중원(中原)대륙-이(夷)문화로 연결되는 청나라의 등장은 역사인식에서도 변화를 가져오게 되었다.

현실의 중원대륙이 오랑캐의 차지가 되어 버린 상황에 대해 이를 넘어서려는 시도가 있게 되었다. 현실에서 중원대륙을 차지한 만주족을 넘어설 수 있는 방법으로 문화적인 방면에서 중화문화를 우리가 계승하고 있다는 의식은 이러한 측면에서 나온 것이었다. 동시에 청나라와 맞서는 과정에서 종래 부정적으로 보았던 고구려의 역사에 대해 새롭게 인식하게 되었다. 이미 임진왜란 중에도 고구려는 중국과 전쟁을 치른 강력한 나라라는 인식이 형성되어 있었다.

이런 흐름에서 고대사의 시·공간에 대한 탐구가 일어나게 되었다. 그래서 실학자들의 새로운 '한국사' 서술의 대상으로 가장 주목받은 소재 역시 고대사에 대한 탐구가 되었다. 종래까지의 역사에서 충분하게 고려되지 못했던 삼국시대, 나아가 그 이전의 역사에 대해 새롭게 주목하였다. 이러한 고대사 인식의 선구는 역사지리적인 면에서 우선 한백겸(韓百謙, 1552~1615)의 경우에서 보인다.

그는 시간과 공간이라는 양 측면에서 이전보다 한국사의 영역을 오래 전으로, 넓게 잡은 특징이 있다. 즉 단군을 요와 병립시키고, 고구려와 한사군의 영역을 한반도 북부와 요동지방에 비정하여 고대의 상한을 중국과 대등한 수준까지 올리고 고대국가의 영역을 만주까지 넓혔다. 또한 한강을 중심으로 북에서는 삼조선이, 남에서는 삼한이 독자적으로 역사를 전개하는 이원적 국사체계를 세우고, 삼한을 한사군 이전에 서술하여 우리 역사의 주체적인 성장을 강조하였다. 삼한 가운데서는 마한을 백제로, 진한은 신라로, 변한은 가야로 계승되었다고 이해하였다. 이러한 그의 인식은 실학자들에게 미쳐서 유형원·홍만종·신경준·안정복·정약용 등에게 영향을 주었다.

이익(李瀷, 1681~1763)의 경우에도 고대사에서 고대국가들의 강역을 비정하면서 한반도 내에 있었다는 설을 부정하고, 대신에 단군조선 이래 우리 민족의 활동무대였던 요동과 만주에 대해 깊은 관심을 보였다. 고구려와 발해의 옛 영토를 환기시켜 북방의 고대사에 대한 관심을 일으킨 선두에 해당한다. 이 견해는 안정복 · 이긍익 · 이종휘 등 후대 사학자들에게 영향을 주었다.

이익은 발해에 대해서도 깊은 관심을 가져 『성호사설』, 「경사문」, '발해'에서 발해가 본래 고구려의 별종으로 영토의 중심부는 요서와 요동 지방이라고 하였다. 고려가 끝내 발해의 옛 땅을 회복하지 못한 것에 대해 "이 기회를 잃고 물러나 천하의 약한 나라가 되어 조롱 속의 새와 우물 안의 개구리 신세를 면치 못하게 되었고, 사람의 기풍도 이로 말미암아 악착스러워졌다."고 한탄하였다. 발해사 연구의 경우 허목에서 비롯한 내용을 심화하여 이후 안정복의 『동사강목』, 유득공의 『발해고』, 정약용의 『아방강역고』로 이어지는 다리 역할을 하였다.

역사지리의 연구는 신경준(申景濬, 1712~1781)의 단계에서 더욱 심화되었다. 한백겸이 역사지리학을 확립하는 데 선구자였다면 유형원(柳馨遠) · 남구만(南九萬) · 이세구(李世龜) 같은 이들은 한백겸의 연구를 심화시켰다. 이에 비해 신경준은 고증을 통해 사실을 사실대로 밝히려는 태도로 고증적 역사지리의 연구를 종합하였다.

종래 고려시대의 역사지리 연구는 그 지리적 범위가 한반도를 넘어서지 못했으며, 조선 전기에는 고조선의 영역을 요동에까지 확장하는 영역관의 변화가 나타났다. 그러나 고조선 후기의 영역에 관해서는 한반도를 넘어서지 못하는데, 이는 한백겸도 마찬가지였다. 그러다가 유형원은 요동지역을 고조선 전 시기의 활동영역으로 상정하였고, 이후 남구만 · 이세구 · 이이명 · 허목 · 이종휘 등 거의 모든 학자들이 고조선의 영역을 요동까지 확장시켜 보게 되었다. 이러한 인식이 신경준에 의해 정리되는데, 『동국문헌비고』, 『여지고』를 통해 관찬으로 확정되었다. 이후 정약용 단계에서는 국내자료에 중점을 두게 되면서 상고사의 중심무대가 다시 한반도 중심으로 환원되었다.

이러한 고대사의 강역에 대한 인식은 서인계의 역사인식과 비교하면 많은 차이가 있었다. 예를 들어 유계(兪棨, 1607~1664)의 『여사제강(麗史提綱)』에서는 상고문화를 황당무계한 이단으로 간주하여 아예 국사(國史) 체계에서 제외해 버렸다. 그래서 고려시대만을 대상으로 서술하였는데, 이러한 서인계의 역사서술 태도는 강목체의 형식을 취하고 정통론을 내세우며, 중세사상으로서의 합리주의에 입각하여 상고사 체계를 믿을 수 없는 것으로 보아 서술대상에서 제외한 것이었다.

다음으로 이 시기에 나타난 기자(箕子)에 대한 재인식 역시 고대사에서 핵심적인 부분이다. 기자는 사실 중국 문화의 전래자로서, 또 삼대(三代, 하·은·주) 문화의 상징으로서 유교의 보편주의를 한반도에 전한 인물로 인식되었다. 조선 초에도 기자에 대한 주목이 나타났고, 사림이 등장한 16세기에도 이이(李珥)의 『기자실기(箕子實記)』, 윤두수(尹斗壽)의 『기자지(箕子志)』가 저술될 만큼 중시되었다. 따라서 17세기 후반 이후에 기자가 재인식되는 것은 새삼스러운 일이 아닐 수도 있다.

그러나 이전과 달리 기자는 단군을 넘어설 정도까지 정통을 상징하는 존재가 되었다. 예를 들어 18세기 초 소론의 영수 윤증(尹拯)의 문인이었던 임상덕(林象德, 1683~1719)은 『동사회강(東史會綱)』에서 삼국 이전 상고사를 단군-기자-위만-(한)사군(四郡)·이부(二府)·삼한(三韓)으로 잡고 정통을 거론하지 않았다. 단군조선의 건국을 요임금 때로 비정하고, 단군의 수명으로 전해지는 1418년을 단군조선의 역년(歷年)으로 보아 단군조선의 실재를 인정하였다.

그리고 기자가 오면서 각종 문물과 교육을 전래하여 조선의 의관과 제도가 중국과 같아졌다고 보아 조선중화의 기원을 기자에게서 찾았다는 점이 특징적이다. 한편 기자와 주(周)나라의 모든 관계를 부정하여 주 무왕(武王)이 직접 기자를 조선왕에 봉했다는 기자수봉설(箕子受封說)을 부인하였다. 이는 기자를 통해 조선의 문화가 중화의 문화 안에 있기는 하나 기자와 주나라의 관계를 부정하여 중국과 분리된 시기를 올릴 수 있는 효과가 있었다.

비단 임상덕에게만 이러한 인식이 있었던 것은 아니다. 이전 시대인 17세기 중반 영남남인인 홍여하(洪汝河, 1620~1674)는 이미 기자를 강조하여 『동국통감제강(東國通鑑提綱)』에서 단군조선을 정통에서 제외하고 기자를 정통의 시작으로 설정하였다. 기자-마한-신라로 이어지는 정통 체계를 설정하였으며, 기자조선의 계승 여부, 즉 도덕적 · 주관적 요소를 역사발전의 기준으로 삼았다. 고려사가 서술되어 있는 『휘찬여사(彙纂麗史)』도 마찬가지이다.

소론계였던 이종휘의 경우 이전의 전통을 이어서 『동사(東史)』에서 고구려가 기자의 문화와, 부여와 함께 단군족의 혈통을 계승하여 정통을 형성하였다고 보아 고구려를 중심으로 삼국사를 인식하였다. 즉 북방 중심의 역사무대, 기자문화의 계승을 전제하고 여기에 종족적으로 단군을 강조하였다. 이후 기자로 대표되는 도덕의 유무가 판단의 기준이 되는데, 고구려의 경우도 기자의 도덕문화를 실현하였기에 정통이 되는 것으로 이해하였다.

이러한 이종휘의 이해는 이전의 역사서에서 내려오던 단군에 대한 인식을 심화시켜 종족적인 관념에서는 「단군본기(檀君本紀)」를 설정하여 단군을 부각시키고, 동이(東夷) 문화의 원천으로 기자문화를 인식하고 중국 문화와 대등한 수준의 기자문화의 유풍이 고구려에 계승된다고 보는 것이었다. 그 결과 단군과 기자에 대한 통합적인 이해와 주체적인 소화 위에서 가능했던 인식으로 볼 수 있다. 특히 고구려를 단군의 혈통과 기자의 문화를 동시에 계승한 것으로 이해함으로써 단군과 기자를 동시에 높이고 적절하게 의미 부여를 함으로써 하나의 전형을 제시한 것이 바로 이종휘의 역사인식과 그 결과로서 『동사』라고 할 수 있을 것이다.

3. 이종휘의 역사인식과 한국사 이해

이종휘의 역사인식을 살피기 위해서는 그의 학문 전반에 대한 고찰이 필요하다. 이종휘는 어려서부터 박학하였던 선고(先考) 정철(廷喆)에게서 영향을 받았다. 집에 경사자집(經史子集)의 각종 서적뿐 아니라 패관(稗官)·가언(家言)을 작은 글자로 직접 베껴 쓴 책이 수백여 권에 이르렀다는 기록에서 폭넓은 독서를 하였던 것을 짐작할 수 있다.[11]

그런데 선고인 정철이 막내였음에도 이렇게 많은 책이 있었던 것은 백형인 정걸(廷傑)에 힘입어서 가능하였다.[12] 이정걸은 바로 윤증의 문인으로서 노론(老論)과의 논쟁점을 정리하여 윤선거(尹宣擧)·윤증 부자의 행적을 옹호한 『노회록(魯懷錄)』의 저자이다. 따라서 자연스럽게 이종휘는 소론의 학문적 영향 아래 폭넓은 독서를 통해 학문을 연마하였던 것이다.

11 『修山集』 권7, 行狀, 「先君判敦寧府事府君狀草」.

12 위와 같음.

이종휘의 학문 가운데 역사관에 영향을 끼친 경학관에 대한 입장은 한마디로 성리학의 정통을 비교적 적극적으로 지지하였다고 할 수 있다. 그의 문집인 『수산집』에 대체로 성리학을 옹호하는 발언을 하고 있지만 기존의 연구에서 양명학에 대한 그의 입장을 주목한 것도 사실이다. 성리학의 정통을 지지하면서 양명학에 대해서도 관심을 기울인 점은 어떻게 이해할 수 있을까? 이와 관련하여 이종휘가 왕양명에 대해 지적한 다음의 언급을 보자.

> 왕양명(王陽明)은 호걸(豪傑)스런 선비이다. 소견이 자유로워서 얽매이지 않았기에 대현(大賢)이 정해 놓은 규범에 마음을 기울여 고개를 숙이지 않았다. 천하를 넘어서 두루 다닐 생각으로 편안하게 법문(法門)과 같은 말만 하며 군대를 동원하는 일을 스스로 즐겼을 따름이다. 정주를 배척하는 논의를 하지 않았다면 요컨대 역시 크게 현명한 무리가 되는 것에 실패하지 않았을 것이다. 그러나 애석하게도 망령되게 스스로를 높였다. 주렴계(周濂溪)의 학문과 정주(程朱)의 공부는 매우 같고 다른 점이 있으나 두 사람(정자와 주자)은 (주렴계를) 헐뜯지 않았다. 양명이 주자를 대하는 것이 주자가 주렴계를 대하는 것과 비슷하였더라면 오히려 성문(聖門)의 죄인이 되지는 않았을 것이다.[13]

이 언급은 왕양명에 대한 비판적인 인식을 보여 준다. 몇 군데에 보이는 왕양명에 대한 언급도 호의적이라고 보기에는 의심스럽다. 종래에

---

13 『修山集』 권14, 「漫筆」, "陽明豪傑之士. 所見橫逸不羈, 不能潛心屈首於大賢科臼之中. 有凌八區歷九塊之想, 到頭只討箇安便法門, 黃屋左纛, 聊以自娛耳. 使其無詆斥程朱之論, 則要亦不失爲大賢之徒. 而惜其妄自尊大也. 濂溪學問,與程朱工夫, 煞有異同, 而二子猶不敢詆疵. 陽明之待紫陽, 如紫陽之待濂溪, 則猶不爲聖門之罪人也."

그에 대해 양명학에 경도되었다고 파악한 견해는 실제 그의 문집에서 확인하기는 쉽지 않다.[14] 다만 후서를 쓴 신대우의 견해를 빌린다면 양명학에 대한 개방적 태도는 그가 사학(史學)에 깊이 노력한 것에서 연결된다고 볼 수 있다. 사학을 통해 그의 실용(實用)에 대한 관심을 볼 수 있기 때문이다.

이종휘의 문학 내지 문장에 대한 견해는 사서(四書)와 육경(六經)이 가장 올바른 글이라고 전제하면서도, 이를 알기 위해서는 다양하고 넓게 공부할 것을 주문하기도 하였다. 그 대상은 제자백가(諸子百家), 당송팔가문(唐宋八家文)과 육상산(陸象山), 왕양명(王陽明), 나아가서는 참위(讖緯)·복서(卜筮)·패사(稗史) 등까지 포함된 것이었다.[15] 결국 이종휘는 정통의 문장을 알기 위해서 이단으로 배척되는 문장까지도 공부의 대상으로 삼았던 것이다. 이러한 태도 역시 양명학에 대해 유연한 입장을 가질 수 있었던 배경이 될 수 있다.

그가 저술한 책을 보면 그의 학문과 문장의 특징이 매우 광범위하면서도 개방적이었음을 알 수 있다. 그는 대표적인 사서(史書)인 『동사』 이외에도 『기소록(耆所錄)』, 『황각표(黃閣表)』, 『문형록(文衡錄)』, 『기행시(紀行詩)』, 『양마부선(楊馬賦選)』, 『운부시휘(韻府詩彙)』, 『손무자정선(孫武子精選』, 『두공부문부집(杜工部文賦集)』, 『치언(巵言)』, 『선동시(選東詩)』, 『삼소문수(三蘇文粹)』, 『진한문수(秦漢文粹)』, 『명문선기(明文選奇)』 등 역사

14 이종휘의 문집에서 왕양명에 대해 호의적으로 언급한 것을 찾기 어려운 점은 사실이지만, 반드시 그러한 언급이 없었다고 단정할 수는 없다. 일반적인 문집의 편찬 과정을 고려해 본다면 이종휘가 왕양명에 대해 긍정적인 언급을 한 내용은 문집의 편찬 과정에서 얼마든지 산삭될 가능성도 있기 때문이다. 이 점에 관해서 한영우는 이종휘가 전기에는 왕양명의 기질을 높이 평가하다가, 벼슬길에 나간 후기에는 비판적 태도를 보였다고 보았다. 한영우(1989), 234~237면 참조.

15 『修山集』 권2, 「明文選奇敍」.

에서 문학에 이르는 저서나 선집을 남겼다. 이들 가운데 시문(詩文) 선집(選集)의 경우에는 과거 준비를 위해 저술된 측면도 있지만 그의 박학을 보여 주는 데에도 손색이 없을 만큼 다양한 저술을 남겼다.

이종휘는 역대의 문장 가운데 한족이 지배하였던 시기의 문장은 양기(陽氣)가 있는 글로 평가하였다. 당송의 팔가와 이백 · 두보, 한(漢)의 사마천 · 반고 · 유향 · 양웅, 그리고 명(明)의 송렴(宋濂) · 왕양명 · 이몽양(李夢陽) · 왕세정(王世貞) 등의 문장이 이에 해당한다. 그에 비해 이적(夷狄)이 지배하였던 시기의 글은 음기(陰氣)가 성한 글이라고 비판하였다. 오호(五胡)시대 · 원(元) · 청(淸)이 이에 해당한다.[16]

여러 문장 중에서도 이종휘는 사마천의 글을 최고로 평가하였다. 산천풍토(山川風土)와 인물(人物) 사이의 관계를 논하면서 중국의 경우 진기한 산천풍토는 많지만 문장가는 많지 않다고 보았다. 그에 비해 우리는 산천풍토의 진기함은 중국과 비슷하지만 훌륭한 문장이 없는 것은 사마천과 같은 인물이 없기 때문이라고 하였다.[17] 그래서 이종휘는 대문장가의 출현을 바라는 마음에서 『진한문수』를 편집하였다. 이종휘가 『사기』의 역사서술 방식인 기전체를 채용한 이유도 이와 연관된다고 볼 수 있다.

이종휘의 학문에 대한 태도는 곧 그가 취한 경세(經世)의 입장과도 연결되었다. 이종휘의 경세에 관한 언급은 『수산집』에서 많이 찾을 수 있다. 특히 그의 경세에 대한 언급은 '책(策)'으로 제시된 글에 집중되어 있다.[18] '책'에는 옛 습속을 혁파함〔革舊俗〕, 약한 국세를 교정함〔矯弱

16 『修山集』 권2, 「杜工部文賦集後序」.
17 『修山集』 권2, 「秦漢文粹序」.
18 『修山集』 권6, 策.

勢〕, 과거시험 등 선발을 공정하게 함〔公選擧〕, 변방의 방어를 강화함〔固邊圉〕, 기미(幾微)를 살핌〔審幾微〕, 조정을 바로잡음〔正朝廷〕, 선비의 기운을 기름〔養士氣〕 및 제일(第一)과 제이(第二)의 9개 조항으로 다양한 내용이 제시되어 있다.

이 '책'은 과거의 대책(對策)으로 지어진 것으로 보이는데, 그 내용 가운데 이종휘의 역사인식을 보여 주는 내용도 포함되어 있다. 예를 들어 '옛 습속을 혁파함'에서 우리나라는 기자 이후에 이적(夷狄)에서 화(華)로 변하여 '예의가 있는 나라〔禮義之邦〕'와 '인현이 있는 나라〔仁賢之國〕'로 불렸다가 신라와 고려를 거치면서 풍속이 비루하여졌다고 보았다. 그러다가 다시 조선에 들어서 이적에서 화하(華夏)로 변하였다고 보았고, 청나라가 들어섬에 오히려 예의를 갖추어서 비교됨으로써 더욱 성해졌다고 보았다. 이것을 이종휘는 한마디로 '소중화'로 파악하였다.

나아가 이종휘는 동주(東周) 혹은 선국(善國)으로서 조선의 영토에 대해 명의 과도관(科道官)의 말을 인용하여 6천 리 혹은 만 리까지 이른다고 본 것이 지나치지 않는다고 보았다. 비록 중국에 비해서 작기는 하지만 몇 개의 성(省)에 해당할 만큼 적지 않은 규모임을 자부하였다. 그렇지만 현재의 영토는 단군이나 기자의 시대에 비교해 본다면 5분의 2에 불과하다고 지적하였다. 바로 여기에서 이종휘는 요동과 만주 일대를 조선의 고토(故土)로 파악하고 이를 회복할 것을 주장하는 근거로 삼고 있다.

> 남북이 적당하게 고르고, 음과 양이 서로 균형을 이루고, 풍도(風度)와 기상(氣象)이 축적되어 있고, 인물이 온전하게 갖추어져 있으니 비록 한쪽 구석에 위치하고 있지만 사방의 지나치거나 모자람이 없고 치우침이 없이 곧고 올바른 기운을 받을 수 있는 것은 천하(天下, 중국)나 외국이나 마찬

가지이다. …… 선비로서 이 세상에 태어나 동주(東周)나 아름다운 나라를 만들려고 한다면 조선이 아니고서는 안 된다. 하물며 예악과 문물의 요소를 잘 갖춘 곳이니 말할 필요도 없는 것이다.[19]

이처럼 이종휘는 중화문화의 유일한 계승자로서 조선의 역할에 주목하였다. 예악과 문물, 곧 소중화의 내용과 실질을 갖춘 조선이 이상적인 문화를 실현할 수 있는 국가를 만들 수 있다는 자부심의 표현이다.

'책'에 서술된 이후의 내용은 이러한 국가를 만들기 위한 방법론에 해당하는 것이라고 해석할 수 있다. 예를 들어 '약한 국세를 교정함'에서 사대부의 자제로 구성하는 군자군(君子軍)과 승려로 구성되는 의군(義軍)의 설치, 효제역전제(孝悌力田制)의 시행 등을 제안하였다. 또 '과거시험 등 선발을 공정하게 함'에서는 과거시험을 보완하는 방법으로 현량(賢良)·방정(方正)·효렴(孝廉) 등 천거제도를 과거에 더해 시행하고, 덕행을 인재 선발의 기준으로 삼자고 하였다. '변방의 방어를 강화함'에는 변방을 잘 방어하기 위해서는 무예만이 아니라 문학(文學)을 가르쳐야만 충의의 열사가 나올 수 있음을 강조하였다.

또 제목 없이 제일과 제이로 된 부분에서는 만주 지역을 회복할 것을 주문하였다. 이를 위해서 요심(遼瀋) 일대의 방어나 선춘령(先春嶺) 등의 확보 등을 제시하기도 하였다. '기미를 살핌'과 '조정을 바로잡음'에서는 강기(綱紀)를 바르게 함, 명분을 정함, 상벌을 공정히 함, 호령(號令)을 신중하게 함, 언로(言路)를 넓힘 등에 대해 주문하였다.

19 『修山集』 권6, 策, 「革舊俗」, "南北適均, 陰陽相配, 風氣所蓄, 人物全備, 雖居一隅, 而得四方中正之候者, 天下外國一而已矣. …… 士生今世, 欲爲東周爲善國, 則非朝鮮不可也. 況其禮樂文物之素具者乎."

이러한 이종휘의 경세관은 대체로 만주의 회복을 통한 강국의 지향, 과거(科擧)와 공거제(貢擧制)의 병행, 문무(文武)의 동시 교육, 양반의 병농일치, 언로의 개방, 오랑캐 유풍(遺風)의 극복 등으로 정리할 수 있다.[20] 그렇다면 이러한 이종휘의 경세관은 종래 조선의 질서를 보완하는 선에서 강화할 것을 주문한 것으로 볼 수 있다. 성리학적 경세관을 크게 벗어난 것으로 보기는 힘들다고 할 수 있다.

경세에 대한 또 다른 언급에서 이종휘는 사민(士民) · 승속(僧俗) · 노주(奴主) 사이의 구분과 정절을 강조하여 삼강오상(三綱五常)을 시행할 것을 주문하기도 하였다.[21] 이러한 사회관 역시 이종휘가 성리학적 경세관에 바탕을 둔 윤리를 지향하였음을 확인시켜 준다.

그렇다면 이종휘가 구상한 한국사의 전반적인 틀은 어떻게 이해할 수 있을까? 이종휘는 역사에 대해 깊은 관심을 가졌으며 『수산집』에도 역사에 관한 언급이 많지만 그럼에도 그의 한국사에 대한 견해가 일관된 체계 아래에서 제시된 것은 아니다. 그의 대표적인 사서인 『동사』의 경우에도 『수산집』에 포함되어 있으며, 주로 고대사에 치우쳐 있어 한국사 전체에 대한 서술로서는 매우 부족한 형편이다.

『수산집』에는 권11에서 권13에 걸쳐서 '東史'라는 제목 아래 본기(本紀) · 세가(世家) · 열전(列傳) · 연표(年表) · 표(表) · 지(志)의 순서대로 한국사가 정리되어 있다.

- **권(卷)11**

  본기(本紀) — 단군본기(檀君本紀)

---

20 한영우(1989), 244면 참조.

21 『修山集』 권9, 雜著, 「節義」.

기자본기(箕子本紀)

삼한본기(三韓本紀)

후조선본기(後朝鮮本紀)

세가(世家) — 기자세가(箕子世家)

부여세가(夫餘世家)

발해세가(渤海世家)

가야세가(伽倻世家)

열전(列傳) — 예맥 · 옥저 · 비류 · 낙랑열전(濊貊沃沮沸流樂浪列傳)

고구려가인열전(高句麗家人列傳)

고구려종실열전(高句麗宗室列傳)

탐라열전(耽羅列傳)

협 · 부 · 을 · 송열전(陜扶乙松列傳)

을지문덕열전(乙支文德列傳)

설총 · 최치원열전(薛聰崔致遠列傳)

■ 권(卷)12

연표(年表) — 삼조선연표(三朝鮮年表)

삼한연표(三韓年表)

육국연표(六國年表)

표(表) — 사군이부연혁표(四郡二府沿革表)

삼한지제제국분속표(三韓之際諸國分屬表)

고사고금인표(古史古今人表)

지(志) — 예악지(禮樂志)

식화지(食貨志)

신사지(神事志)

고구려예문지(高句麗藝文志)

고구려율력지(高句麗律曆志)

고구려천문지(高句麗天文志)

고구려지리지(高句麗地理志)

고구려형법지(高句麗刑法志)

■ 권(卷)13

지(志) – 고구려오행지(高句麗五行志)

고려사(高麗史) 지(志) – 천문지(天文志)

역지(曆志)

오행지(五行志)

선거지(選擧志)

여복지(輿服志)

백관지(百官志)

예지(禮志)

위 목차에서 흥미로운 것은 권11에서 13에 걸쳐 본기에서 지까지 '동사'라는 제목으로 한국사를 정리하고, 고려사는 동사와 구분하여 정리해서 동사의 서술범위를 고대사로 한정한 점이다.

그런데 이종휘의 한국사와 관련된 기록은 『수산집』의 권11~13에만 그치지 않고, 권14의 『동국여지잡기(東國輿地雜記)』와 권6의 '사론(史論)'에도 일정하게 언급되어 있다. 다만 『동국여지잡기』의 경우 우리나라의 역사지리에 관한 변설과 가상의 편지를 보내는 형식으로 자신의 논설을 적은 경우이다. 그 가운데 「삼한지방변」과 「동방지명지변」은 임상덕(林象德, 1683~1719)의 『동사회강(東史會綱)』에 수록된 내용을 그대로 전재

한 데다가 약간 자신의 견해를 덧붙인 것이다.[22]

■ 권(卷)14

『동국여지잡기(東國輿地雜記)』

삼한지방변(三韓地方辨)

동방지명지변(東方地名之辨)

조선지방설(朝鮮地方說)

의여어유소장군서(擬與魚有沼將軍書)

의여김공종서서(擬與金公宗瑞書)

의정묘후여집정서(擬丁卯後與執政書)

수경(水經)

■ 권(卷)6

사론(史論)

신라론 일(新羅論一)

신라론 이(新羅論二)

신라론 삼(新羅論三)

신라론 사(新羅論四)

전조선론 상(前朝鮮論上)

전조선론 하(前朝鮮論下)

여태조론(麗太祖論)

여혜왕론(麗惠王論)

여광종론(麗光宗論)

---

22 이에 대해서는 한영우(1989) 참조.

여덕왕론(麗德王論)

여예왕론(麗睿王論)

고사삼국직방고론(古史三國職方考論)

신라백관지론(新羅百官志論)

고사고려유림전론(古史高麗儒林傳論)

위와 같은 한국사에 대한 이종휘의 견해를 종합하면 고대사 위주인 『동사』를 포함하여 한국사에 대한 대체적인 상을 그릴 수 있다. 곧 『동사』와 『동국여지잡기』를 합하여 한국사에 대한 체계를 갖춘 책이 만들어졌다면 쓰였을 서문을 「청구고사서(靑丘古史敍)」로 남기고 있다.[23]

이 서문에서 이종휘는 역사의 중요성을 본격적으로 지적하며 일반적으로 사(史)보다는 경(經)을 앞에 두고 서로 경위(經緯)가 된다고 보는 것에 비해 사(史)를 먼저 지적하고 경과 함께 경위가 된다고 함으로써 역사의 위상을 경에 비해 높게 파악하였다. 역사가 중요한 것은 바로 포폄(褒貶)을 시행하여 후대의 백세까지 영향을 미칠 수 있기 때문이라고 하였다.[24]

영원히 없어지지 않는 세 가지〔三不朽〕로 거론되는 입언(立言)·입공(入功)·입덕(立德) 가운데에서도 특히 후세에 모범이 되는 말이 가장 중요하다고 보았다. 그 전형이 바로 역사이며, 비록 기록이 많다고 하더라도 좋은 기록자인 양사(良史)가 없다면 이전 시대의 실체를 알 수 없다고 하였다. 이는 우리나라의 역사인 삼국이나 고려시대에도 적용된다고 보았다.[25] 바로 이 점에서 이종휘가 고대사 또는 고려사를 포함한 이

23 『修山集』 권2, 序, 「靑丘古史敍」.

24 위와 같음.

전 시대를 새롭게 역사의 대상으로 서술하려고 했던 이유를 알 수 있다. 진정한 역사기록자가 이전에는 거의 없었다는 점은 곧 자신이 그러한 진정한 역사기록자가 될 수 있다는 것을 말하는 것이다.

또 당대의 기록은 한유(韓愈)나 유종원(柳宗元)과 같은 당대의 역사가도 기록하고 싶었지만 할 수 없었던 이유가 있다고 한 것에 비해 고사(古史)의 경우 그렇지 않아 금지되는 바가 없다고 보았다. 게다가 옛사람의 시비와 판단한 사례는 분명하기에 이를 적는 것은 어렵지 않을 것으로 보았다. 비록 전해 내려오는 자료가 많지 않지만 이는 옛사람들의 언어나 기미(氣味), 성정(性情)이 지금의 나와 같기 때문에 극복할 수 있는 문제라고 보았다.[26]

이 점이 이종휘가 고대사를 중심으로 옛사람의 전통을 지금에 다시 쓸 수 있다는 근거가 되었다. 이종휘가 자신이 사는 현재 이곳이 옛사람들이 살던 동방의 나라〔東方之國〕임에서 역사서술의 근거를 찾은 점은 매우 중요한 지점이다. 국토에 대한 자부심, 언어나 기질, 전통에 대한 자부심 속에서 이를 근거로 자신을 동일시하며, 이를 기록함으로써 후대에 영향을 미치겠다는 것이었다.[27] 이것이 이종휘가 바라보았던 한국사에 대한 입장이었다.

그렇다면 이종휘가 이렇게 자신을 가지고 이전의 전통을 다시 회복

---

25 위와 같음.

26 위와 같음.

27 위와 같음. "今我所生. 卽古人所生東方之國也. 今我言語氣味性情. 卽古人所禀東方之風氣也. 今我所見山巖江澗林藪野澤. 亦古人同此見也. 今我所服食穀米絲麻山珍海錯土毛水產. 亦古人同此服食也. 其欲立德立功立言. 僥倖得傳於後. 今人與古人之心. 豈有異哉. …… 古人雖不見我. 我亦不在其心中. 自我視古人. 已知有此人立德如此. 立功如此. 立言如此. 嚮慕之. 親愛之. 如隔宿昔. 且又其言語氣味性情與我同. 所見山巖江澗林藪野澤與我同. 所服食穀米絲麻山珍海錯土毛水產與我同. 其欲立德立功立名. 僥倖得傳於後. 其心亦莫不與我同. 則我安知非古人. 古人亦安知非我也."

하는 관점에서 역사를 서술할 수 있었던 자신감은 어디에서 유래한 것일까? 앞서 이미 '책'의 「옛 습속을 혁파함」에서 조선이 소중화임을 자부하였음을 지적하였다. 그런데 조선이 소중화가 될 수 있었던 배경에는 당시 청나라가 중원을 지배한 현실이 감안되었다. 즉 청나라가 중원을 차지한 이후 중국은 중국이 되는 이유를 상실하였기 때문에 이를 조선이 대신할 수 있는 자신감에서 나온 것이었다.

이종휘는 '중국이 중국이 되는 이유는 대체로 사람에게 있는 것이며, 국토의 크기에 있는 것이 아니다.'[28]라고 하였다. 현실의 청나라가 중원을 지배하기는 하지만 문화적으로 볼 때 청나라는 보편적 개념의 '중국'을 실현할 수 있는 나라가 아니었기에 조선이 소중화이며, 동시에 '중국'일 수가 있었다. 이런 기준으로 중국의 역대 국가들 가운데서도 삼대(三代)·진(秦)·한(漢)·당(唐)·송(宋)·명(明)은 중국이 되며, 오호(五胡)·요(遼)·금(金)·원(元)·청(淸)은 중국이 될 수 없었다.

이런 속에서 명나라가 망한 이후 중화의 정통이 조선으로 올 수 있었던 데는 조선이 중국과 같은 문자를 썼던 문화권〔書同文〕의 여러 나라, 즉 달단(韃靼)·토번(吐藩)·안남(安南)·대만(臺灣)·일본(日本) 등의 나라 가운데에서 조선이 가장 뛰어난 문화를 가졌기에 가능한 것으로 보았다.[29] 영조 후반의 시기에는 이미 서양 각국에 대한 정보가 조선에도 알

28 『修山集』 권10, 題後, 「題東國輿地勝覽後」, "則今之求中國者. 宜在此而不在彼. 又何必終南渭水河嵩濟岱之間哉. 欲知天下之中央. 燕之北越之南是也. 燕亦有都. 粤亦有都. 是中無定處也. 秦無廬胡無弓車. 是物無定物也. 夫人而能爲此也. 夫人而能爲此也. 則中國所以爲中國. 盖亦在人而不在地也."

29 『修山集』 권1, 序, 「送某令之燕序」, "今天下萬國. 而書同文者. 僅數萬里. 北自韃靼·瓦剌·吐蕃·瓜沙諸衛·哈密·土魯番及西南夷安南·占城·眞臘·滿剌加·暹羅. 東至臺灣·大小琉璃·日本而已. 自印土·回回·古里. 皆方譯異字. 科斗侏離. 由此觀之. 詩書所及盖無幾. 而得其所以敎. 又無出我朝鮮之右者."

려졌던 때이다. 이종휘 역시 아시아 이외에 유럽이나 심지어 아메리카에 대한 정보까지도 알고 있던 때이다.[30] 그럼에도 이종휘가 인식한 세계는 아직은 중국을 중심으로 한 동문(同文)의 문화권이 좀 더 큰 영향을 미치고 있었으며, 그 가운데에서 동문의 중심은 유교문화를 기반으로 한 것이었다고 할 수 있다.

그러나 이종휘가 우리나라에 대해 청나라를 대신한 소중화의 중심으로 이해하면서도 우리 역사의 모든 부분을 긍정한 것은 아니었다. 앞에서도 지적하였듯이 고대사를 강조하면서, 그 가운데에서도 고조선(古朝鮮) · 삼한(三韓) · 고구려(高句麗)는 비교적 높이 평가하고, 반면에 신라와 고려에 대한 평가는 매우 박하였다. 신라와 고려에 비판적인 태도를 취한 것은 이 나라들이 오랑캐의 풍속에 젖어 비루해졌기 때문이라고 하였다.

이종휘가 쓴 '사론'을 살펴보면 이런 특징을 살필 수 있다. 『동사』에서 신라와 백제는 독자적인 항목으로 다루지 않고, 고구려를 설명하는 가운데 덧붙여 기록함으로써 간단하게만 기술하였다. 다만 백제보다는 신라에 조금 더 설명을 덧붙여 '사론'에서도 신라에 관해 4개의 글을 덧붙였다.

이종휘의 신라에 대한 평가는 긍정적인 측면과 부정적인 측면의 두 가지 평가가 공존하였다. 상대(上代) · 중대(中代) · 하대(下代)의 세 시대로 신라를 구분하여 비교적 상대와 중대는 그런대로 잘 다스려지다가 하대에 혼란이 있었다고 보았다. 특히 상대에 박(朴) · 석(昔) · 김(金) 세 성씨가 서로 임금자리를 선위(禪位)한 것은 요순의 그것에 비교된다고 하였고, 유교적인 질서가 지켜질 때 비교적 나라가 잘 유지되었다고

30 『修山集』 권4, 記, 「利瑪竇南北極圖記」.

보았다.[31]

그러나 다른 한편으로 신라는 불교를 받아들여 깊이 감화되었다든지, 삼교(三敎) 가운데 특히 노장(老莊)에 관심을 기울여 정수를 얻어서 이에 능하다고 하였다. 또 명목은 유교지만 실제로는 노장이 행해져서 유교가 신라에서는 제대로 행해지지 않았음을 비판하였다. 이러한 평가는 곧 고려 태조가 이룬 통일의 공도 기자(箕子)의 교화를 이어서 신라의 구차함을 변화시킨 것에서 찾았던 데서도 확인된다.[32]

따라서 고려에 대한 이종휘의 관심은 신라보다는 적극적이어서 『동사』의 '지(志)' 가운데 고려사 「천문지」, 「역지」, 「오행지」, 「선거지」, 「여복지」, 「백관지」, 「예지」 등의 7지를 설정하였고, '사론' 가운데서도 태조를 비롯하여 혜왕(惠王, 혜종) · 광종 · 덕왕(德王, 덕종) · 예왕(睿王, 예종) 등을 다루었다.

『동사』의 지의 내용은 『고려사』 지의 내용을 간략하게 요약한 수준에서 크게 벗어난 것은 아니기 때문에 그 자체로서 큰 의미를 부여하기는 어렵다. 다만 고려의 문화에 대해서는 당시 다른 나라와 비교하여 일정하게 긍정하는 태도를 취하기도 하였다. 고려의 임금이 짐(朕)이라고 부르거나 신하들이 폐하(陛下)라고 부르며, 원구(圜丘) · 방택(方澤) 등 의제(儀制)에서 문제가 있다고 볼 수 있지만 이러한 일은 안남(安南)이나 일본(日本)에서 스스로 황제라고 부른 것과 차이가 없다고 보아서 고려를 이해하는 입장에서 바라보기도 하였다.[33]

그러나 다른 한편으로는 고려가 유교문화를 받아들이는 데에 한계가

---

31 『修山集』 권6, 史論, 「新羅論四」; 「新羅論二」.

32 『修山集』 권6, 史論, 「麗太祖論」.

33 『修山集』 권13, 志, 「禮志」, "高麗臣元以前. 紀元稱朕. 其臣稱陛下. 儀制多倣天子無異. 安南日本之自帝其國. 圜丘方澤. 亦其一也."

있었음을 지적하는 점도 있었다. 유학의 영향을 받아 삼년상(三年喪)을 받아들이기는 했지만 역월제(易月制)를 시행한 것은 문제라고 지적하였다. 또 외조부모나 처부모의 복제(服制)가 친백숙부와 같은 것 역시 고려의 독자적인 제도임을 지적하기도 하였다.[34] 고려의 독자적이거나 문제가 있던 제도는 중국과 충분하게 교류가 이루어진 다음에야 고쳐질 수 있었다고 보아서 고려의 전 시기를 볼 때 유학이나 유교문화의 영향이 제한적이었음을 말하였다.

이러한 고려에 대한 시각은 고려의 국왕을 논하는 데에도 그대로 적용되었다. 태조 등 여러 국왕들에 대한 평가에서 권신(權臣)들에 의한 정치의 혼란을 비판하였는데, 대체로 그 원인을 불교나 그에서 유래한 자비정신 등 불교에 대한 숭상이나 동성혼(同姓婚) 등에 돌리고 있다.

태조는 그 도량과 능력으로 보면 불교의 힘을 빌지 않고도 일을 이룰 수 있는 탁월함을 갖추었음에도 유학을 듣지 못한 점을 한계로 보았다. 태조가 도리어 불교에 의지함으로써 다만 고려를 건국하는 데에 그칠 수밖에 없었음을 지적하였다.[35] 혜종의 경우는 역적 왕규(王規)의 죄를 묻지 않았는데, 이는 불교를 지나치게 믿었기 때문으로 보았다. 이런 점은 혜종뿐 아니라 광종(光宗)도 마찬가지였고, 성종이나 현종도 그러하였으며, 그 원인이 불교에서 유래한 자비심에 있다고 보았다.[36]

반대로 광종의 경우 쌍기(雙冀)를 등용한 것은 병통이 아니라 성덕(盛

---

34 『修山集』 권13, 志, 「禮志」.

35 『修山集』 권6, 史論, 「麗太祖論」, “嗚呼. 弓裔特盜耳. 未成爲君. 太祖盖以勢相屈而已. 此與皇明太祖之韓林兒何異哉. 由是言之. 如太祖之得國. 可謂正矣. 而况居太師遺化之邦. 合三分難合之勢. 其一變新羅之陋而之乎箕氏之盛. 盖易於反手. 而顧不能明乎天佛之分. 平生以佛爲天. 而求福以回. 所謂發乎其心. 害乎其政. 其爲國至於高麗而止. 惜哉.”

36 『修山集』 권6, 史論, 「麗惠王論」.

德)에 해당하는 경우라고 보았다. 인재를 등용하는 데서는 순(舜)임금과 같이 공정하게 뽑은 점을 높게 평가하였던 것이다.[37] 다만 덕종과 같은 경우 두 자매를 왕비로 맞이하였는데, 이런 동성간의 혼인은 신라 때부터 이어져 왔으며 이에 영향을 받은 것으로 보았다. 그에 비해 고구려는 같은 성씨를 후비로 맞은 경우가 없다고 하였다.[38]

예종의 경우 변경을 개척한 중국의 진(秦) 목공(穆公)과 한(漢) 무제(武帝)에 대비하여 볼 때 9성(城)을 개척하여 설치하였음에도 철수한 것에 대해서 비판적인 시각에서 평가하였다. 이 9성의 영역은 단군과 기자의 영역이며, 고구려의 지역이기 때문이라고 하였다. 고려 태조가 평양에 도읍을 한 의도 역시 장차 요동과 발해를 수복하고 단기(檀箕)의 옛 강역을 회복하려는 것이었기에 자손으로서는 마땅하게 이를 완성할 의무가 있다고 보았다. 그런데도 고려의 임금과 신하들이 요동지역으로 나가는 것에 대해 중국을 거스르는 것으로 여겼기 때문에 망할 수밖에 없었다고 비판하였다.[39]

이 점에서 이종휘는 고려 때 윤관이 개척한 9성에 대해 높이 평가하였다. 비록 끝까지 유지하지는 못하였지만 조선에서 북계(北界) 지역은 9성의 영역을 살펴서 회복하였으니 바로 예종 때에 한 번 이를 개척하였던 덕분이라고 하였다. 심지어 충선왕(忠宣王)이 원나라 연경(燕京)에서 활발하게 활동할 때 요동과 심양 지역을 차지할 수 있었음에도 그러하지 못했던 원인에 대해 이제현 등과 같이 충선왕을 따라다닌 신하들에게 책임을 묻기까지 하였다. 이 점에서 예종 역시 역사의 죄인이라고

37 『修山集』 권6, 史論, 「麗光宗論」.
38 『修山集』 권6, 史論, 「麗德王論」.
39 『修山集』 권6, 史論, 「麗睿王論」.

단언하였다.[40]

한편 이종휘는 고려의 역사에서 그래도 볼만한 점은 유학자들의 존재에서 찾았다. 기자의 유풍이 신라가 삼국을 통일하면서 사라지고, 고려 역시 이를 계승하면서 풍속이 오랑캐의 수준으로까지 전락하게 되었다고 보았다. 불교를 믿고, 후반에는 원나라에 의지하여 난세(亂世)라고 할 정도라고 비판하였다. 그 와중에서 최응(崔凝)·안향(安珦)·우탁(禹倬) 등의 유학자들과 말기의 이색(李穡)·김구용(金九容)·정몽주(鄭夢周) 등의 학자들이 학교를 진작하는 등 좋은 의견을 제시하였다고 하였다.[41]

고려에 대한 이러한 이종휘의 의견은 크게 보아서는 유교를 긍정하여 이를 기준으로 고려 역사의 특징을 파악한 것이었다. 불교에 대한 비판, 유교문화의 수용 정도, 인재 등용의 중요성, 유학자들의 존재와 그들의 건의 등을 역사 평가의 기준으로 삼았던 것이다. 따라서 그런 기준으로 볼 때 고려의 역사는 신라의 역사와 함께 적극적으로 크게 평가할 요소가 많지는 않았다. 이 점이 이종휘의 한국사 체계에서 고려에 대한 부분을 자세하게 서술하지 않고, 지(志)와 사론 위주로 간략하게 언급하게 된 이유가 될 수 있다고 하겠다. 다만 신라에 비해서 고려에 일부나마 존재하였던 유교문화의 요소는 조선과 연결고리가 될 만하였으므로 신라보다는 많은 언급을 한 것으로 추정할 수 있겠다.

---

40 위와 같음.

41 『修山集』 권6, 史論, 「古史高麗儒林傳論」.

4. 『동사(東史)』에 나타난 역사인식의 특징

이종휘가 지은 『동사』는 본기(本紀)·세가(世家)·열전(列傳)·연표(年表)·표(表)·지(志)의 편목으로 구성되어 있다. 『동사』의 서술체계 및 역사인식에 대해서는 그간 많은 언급이 있었다. 그에 관한 평가 또한 그다지 큰 차이는 없다. 기전체(紀傳體)가 체계적으로 적용된 최초의 저술이라는 점, 또 이 기전체는 강목체(綱目體)보다 탄력성 있는 역사서술이 가능한 체재라는 점이 먼저 주목되었다.[42] 역사계승체계도 한백겸(韓百謙)·허목(許穆)에 의해 제기되어 온 이원적인 계통론을 잇고 있으면서도, 북방계인 고구려 중심의 인식을 가지고 상고사의 영역을 확대해 보고 있다는 점이 지적된 바 있다.[43]

고대사를 보는 기본적인 틀이 반영된 본기와 세가의 항목을 먼저 살펴본다면, 본기 항목은 「단군본기(檀君本紀)」, 「기자본기(箕子本紀)」, 「삼한본기(三韓本紀)」, 「후조선본기(後朝鮮本紀)」로 구성되어 있고, 세가는 「기자세가 보유(箕子世家 補遺)」, 「부여세가(扶餘世家)」, 「발해세가(渤海世家)」, 「가야세가(伽倻世家)」로 되어 있다. 본기의 항목은 다분히 정통론적인 시각이 반영된 것으로 단군에서 기자, 기자에서 삼한으로 이어지는 체계와 단군에서 기자·위만으로 이어지는 체계를 상정하고 있는 것으로

---

42 이는 이종휘가 古文에 대한 관심에서 『史記』의 체재에 대해 각별히 이해하고 있었기 때문에 가능했을 것이다(李成珪, 1992, 105면). 『東史』의 「古今人表」와 같은 항목도 『史記』의 체재를 철저히 고수하고자 하는 의도에서 설정된 것으로 추정된다.

43 李萬烈(1974), 120~122면(李佑成·姜萬吉, 1976, 『韓國의 歷史認識』(下)에 재수록); 金哲埈(1974), (1990, 『韓國史學史硏究』, 서울대출판부, 395~398면에 재수록); 全炯澤(1980), 129~130면; 韓永愚(1987), (1989, 『朝鮮後期史學史硏究』, 일지사, 273~275면에 재수록); 朴光用(1997), 93~94면.

보인다.[44] 우리 역사 계통을 이원적(二元的)으로 파악하는 인식은 한백겸의 『동국지리지(東國地理誌)』에서 시작되고,[45] 허목에 의해서도 단군-부여-고구려 · 백제의 북방계와 기자-마한-신라의 남방계의 이원적 체계가 상정되고 있는데, 이종휘는 이러한 이원적 계통론을 이은 것으로 보인다.

『동사』에서 본기와 세가를 구분한 기준은 자세하지 않다. 허목의 『동사(東事)』는 기전체의 형식을 따르되 본기는 없고 세가와 열전만을 설정하고 있다. 세가와 열전은 독자적으로 편목이 설정되지 않고 열전이 세가의 부록으로 되어 있는 것이 특징적이다. 세가와 열전의 구분 기준은 나라의 크기로, 작은 나라가 큰 나라에 정치적으로 부용되었다고 보았던 것이다.[46]

그러나 이종휘의 『동사』에서는 기자가 본기와 세가의 항목으로 나뉘어 있고, 단군의 후예인 「부여세가」와 고구려의 계승국인 「발해세가」, 「가야세가」 정도만 실려 있어 구분 기준이 분명하지 않다. 다만 「기자본기」와 「기자세가」의 차이를 얘기하자면 「기자본기」는 「단군본기」와 「삼한본기」를 연결하는 정통론의 성격을 띠는 반면, 「기자세가」는 『한씨보(韓氏譜)』, 『기씨보(奇氏譜)』, 『기자통기(箕子通紀)』 등을 인용하여 만든

---

44 고대사 체계에서 정통론적 인식은 기본적으로 일원적 체계를 지향하는 것이기 때문에 이원적 체계를 상정하는 것은 탈정통론적인 것이라고 보는 견해도 있다(趙誠乙, 1987, 291면). 그러나 기전체에서 본기의 서술 순서에는 이미 고대사의 계통 문제에 대한 구상이 담겨 있다고 볼 수 있다. 왜냐하면 역사서술에서 正統論은 綱目體에만 적용되는 것으로 인정되고 있으나, 通史로 쓰여진 紀傳體의 本紀에 해당되는 부분은 정통론이 적용되는 것으로 보아도 무방하기 때문이다. 원래 중국에서 正史는 반드시 '본기'를 기록해야 하는데, 이 '본기'는 정통의 소재를 나타내는 것이기 때문이다. 이에 대해서는 陳芳明(1985), 447~449면 참조.

45 鄭求福(1978), 56~60면.

46 韓永愚(1989), 113면.

보유(補遺)의 성격이 강하다. 삼국에 관한 기록은 본기와 세가 모두에 빠져 있는 것이 주목된다.[47]

열전에는 「예맥(濊貊)」, 「옥저(沃沮)」, 「비류(沸流)」, 「낙랑열전(樂浪列傳)」, 「고구려가인열전(高句麗家人列傳)」, 「고구려종실열전(高句麗宗室列傳)」, 「탐라열전(耽羅列傳)」, 「협부을송열전(陜·扶·乙·松列傳)」, 「을지문덕열전(乙支文德列傳)」, 「설총최치원열전(薛聰·崔致遠列傳)」 등의 항목이 있어 고구려와 관련된 열전이 주를 이루었다. 그러나 열전 내의 항목은 전체적으로 균형이 맞지 않는다.

개인에 관한 전기(傳記) 형식을 띠고 있는 것도 있지만, 예맥·옥저·비류·낙랑열전이나 탐라열전과 같은 것은 세가의 항목으로 설정하는 것이 더욱 매끄러울 듯한데 굳이 열전에 배치한 이유는 무엇일까? 그 이유가 밝혀진다면 세가의 항목이 기자·부여·발해·가야세가로 설정된 이유도 알아낼 수 있을 것이다. 아마도 부여·발해는 단군의 후예라는 점이 감안된 듯하며, 가야세가는 삼한의 후예라는 이유가 작용한 듯하다. 그렇다면 더욱 문제시되는 것은 본기 항목은 물론 세가 항목에도 고구려·백제·신라 등 삼국이 들어가지 않은 점이다. 그 이유는 무엇일까?

그 이유를 『동사』라는 책이 미완인 데서 찾기도 한다. 이종휘가 본래는 단군부터 신라까지의 고대사를 『청구고사(靑丘古史)』라는 이름으

---

47 『동사』의 본기를 정통론적 성격으로 볼 수 없다는 견해도 있다(장유승, 2007 참조). 이 주장의 근거는 「후조선본기」의 경우 위만조선인데, 이를 정통으로 볼 수 없다는 측면, 단군이 기자에 앞서 기록되었다고 하여 정통으로 보기는 어렵다는 측면, 단군조선의 후예가 부여·고구려·발해로 이어진 것의 종족적 근거가 약하다는 측면을 들었다. 그러나 단군을 교화의 주체로 이해하여 기자에 선행하는 교화주로 인정한 점은 단순하게 먼저 기록된 것만 염두에 둔 것은 아니며, 종족적 요소의 전승을 매우 중요하게 파악하고 있다는 점은 이미 다른 사람들에 의해 영향을 받고 긍정한 부분이다.

로 구성하려 했으나, 삼국본기(三國本紀)를 마치지 못하고 타계했기 때문에 7본기·9세가의 계획이 『동사』에서는 4본기·4세가로 축소되었고, 삼국은 본기에 수록될 수 없었다는 것이다.[48] 개연성은 있으나 「청구고사서(青丘古史敍)」가 『동사』의 서문에 해당된다는 구체적인 뒷받침이 없는 상황에서는 단언하기 힘든 문제이다. 만약 『동사』라는 책이 완성본이라고 한다면, 삼국에 관한 기록을 본기에 수록하지 못한 현실적 이유가 있었을 수도 있다.[49] 아마도 당시 정통론의 일반적인 조류와 충돌하지 않으면서도 고구려의 문화나 역사를 정리하기 위한 방편으로 열전이나 지에서 고구려 관계 서술을 많이 한 것이 아닐까 추정해 볼 수 있다.

지(志)의 서술이 많은 것도 형식상 특징의 하나이다. 「예악지(禮樂志)」, 「식화지(食貨志)」, 「신사지(神事志)」는 고구려가 앞에 호칭되지 않았으나, 「예문지(藝文志)」, 「율력지(律曆志)」, 「천문지(天文志)」, 「지리지(地理志)」, 「형법지(刑法志)」, 「오행지(五行志)」 등은 모두 고구려라는 호칭이 함께 앞에 붙어서 만들어진 항목명이라는 점에서 고구려 중심의 서술이 이루어지고 있음이 드러난다.

---

48 「青丘古史敍」에서는 7본기·9세가·49열전·10지·8표 체제를 구상했으나, 실제 『동사』는 4본기·4세가·7열전·3연표·3표·9지(고려 포함 16지)로 되어 있다. 7본기가 4본기로 된 것은 『東史』에서 삼국본기를 취급하지 않았기 때문이고, 9세가가 4세가로 된 것은 세가로 다루려던 예맥·옥저·비류·낙랑을 열전으로 바꿨기 때문이라고 한다(韓永愚, 1989, 249면).

49 실제로 『東史』는 고구려에 관한 내용에 한정할 경우 완성본일 가능성이 높다고 생각된다. 「家人列傳」이나 「宗室列傳」, 그리고 志의 내용을 보면 고구려본기에 수록될 정도의 내용은 이미 섭렵하고 있었다. 물론 백제나 신라의 역사에 대한 정리가 미흡해서 완성을 할 수 없었을 수도 있으나, 다른 가능성도 고려할 필요가 있을 것이다. 「後朝鮮本紀」 다음에 바로 三國本紀를 연결시키는 것이 곤란했을 수도 있고, 현실적으로 삼국을 無統으로 처리하거나 新羅 正統을 취하고 있는 당시 정통론의 적용 현실에서 고구려를 전면에 드러내는 것이 자유롭지 못했을 가능성도 있다.

지의 편목 중에서 가장 주목되는 것은 「신사지」가 설정되어 있다는 점이다. 「신사지」의 기술 목적은 단군·기자 이래 귀신의 일을 차례로 논하여 삼대(三代)의 법도에 절충시키고, 신선황괴(神仙荒怪)의 이야기를 모두 드러냄으로써 후대의 군자가 참고로 삼도록 하기 위해서였다.[50] 신선황괴한 일은 사실 유교적인 역사서술 태도에 입각할 때는 기술할 수 없는 내용이다. 이종휘의 표현 그대로 「신사지」 서술의 목적은 다분히 유교적인 차원에 있는 것이었지만, 이러한 내용의 지를 설정한 것 자체가 이종휘의 역사서술 태도에는 탄력성이 있음을 말해 준다.

형식적인 측면에서 『동사』의 중요한 특징 가운데 하나는 한국사 서술에서 최초로 「단군본기(檀君本紀)」를 설정하고 있다는 점이다. 허목의 『동사(東事)』에는 「단군세가」로 되어 있고, 홍만종(洪萬宗)의 『동국역대총목(東國歷代總目)』에는 단군-기자-마한-무정통(無正統, 삼국)-신라(문무왕 이후)로 이어지는 정통체계는 상정했지만 강목체 서술이었다. 따라서 기전체 사서인 『동사』에서 최초로 「단군본기」가 설정된 것의 의미는 큰 것이다.

이종휘가 단군과 기자로 이어지는 역사체계를 상정한 것은 허목과 홍만종에 영향받은 바가 많은 것으로 보인다. 허목은 「단군세가」에서 단군조선을 필두로 하여 고대사 체계를 구상하였는데, 최초의 교화주를 신시(神市)로 보아 신시 때에 생민지치(生民之治)를 가르쳐서 백성이 와서 복종했다고 보고 있다.[51] 홍만종은 단군으로부터 정통이 시작되고 그 정통이 입교(立教)의 성후(聖后)인 기자로 이어졌다고 본 '단기정통

50 『修山集』 권12, 『東史』, 志, 「神事志」, "於是 論次檀箕以來鬼神之事 而折衷於三代之法度 且及其神仙荒怪之說 以具見其表裏 後有君子得以考焉."

51 『記言』 권32, 外篇 『東事』 1, 「檀君世家」, "上古九夷之初 有桓因氏 桓因生神市 始教生民之治 民歸之 神市生檀君."

론(檀箕正統論)을 제시하였는데,[52] 이는 이종휘의 단군-기자관과 유사하기 때문이다.

종래 이종휘의 고대사 인식과 관련하여서는 단군에 대한 인식과 고구려 중심의 삼국사 인식이 자주 거론되어 왔다. 본기나 세가에 수록된 기자조선 관련 기록의 분량을 고려한다면 이종휘의 기자 및 기자조선 인식에 대해서는 상대적으로 덜 주목되었다고 할 수 있다. 그러나 이종휘의 역사인식의 전모를 파악하기 위해서는 단군 및 기자에 대한 인식을 아울러 살펴볼 필요가 있다.

「단군본기」에 서술된 내용은 기실 이전의 역사서에서 전해 오는 것을 계승한 측면이 두드러진다. 단군이 백성들에게 편발개수(編髮蓋首)를 가르치게 되어 군신과 남녀, 음식과 거처에 절도가 있게 되었다는 내용이나, 팽오(彭吳)를 단군시대의 신하로 보는 것 등은 홍만종의 『동국역대총목』에도 나오는 내용이다.[53] 단군시대 문화에서 교화가 비롯되었다는 해석은 고려 말 이승휴(李承休)의 『제왕운기(帝王韻紀)』 단계에 이미 받아들여진 것이라고 한다.[54] 그러나 이 교화가 어떻게 가능했는지에 대해서는 전혀 언급이 없어, 이익(李瀷)이 순임금의 교화를 입어 단군이 중화의 상태로 변했다고 보는 것과는 차이가 있다.

또 환인(桓因)-환웅(桓雄)-단군(檀君)-부루(扶婁)로 이어지는 세계(世系)는 밝혀 놓았지만, 부루 이후는 전하지 않는다고 보았다. 단군의 아들 부루가 하우씨(夏禹氏)의 도산조회(塗山朝會)에 참가했다는 사실을 수록하고 있는데, 이는 단군과 고조선의 실재(實在)에 신빙성을 더하기

52 韓永愚(1991), 404~406면.

53 『東國歷代總目』, 「檀君朝鮮」, "戊辰元年(唐堯二十五年) 教民編髮蓋首(君臣男女飮食居處之制 亦自此始云)", "命彭吳治國內山川 以奠民居."

54 朴光用(1997), 90면.

위한 목적에서였다. 중국의 고사(古史)에 단군왕검의 이름이 현저했다고 말한 것도 유자들에 의해 부정되던 단군을 역사적 실체로 부상시키려는 이종휘의 의도가 반영된 것이다.

단군이 수천 세의 수를 누린 것으로 보고 있으나, 신선이 되었다는 설이나 기자를 피하여 당장지경(唐莊之京)으로 갈 때의 나이가 천여 세였다는 설도 아울러 소개함으로써 단군의 나이에 대해서는 확정짓고 있지 않다. 단군이 즉위한 지 1508년에 단군의 후손이 평양에서 백악(白岳)으로 옮겼다고 하고 있으나, 백악으로 옮겨 간 것이 단군조선의 종언을 의미하는 것이라 단정지을 수 없기 때문에 이것이 단군조선의 존속연수 전체를 말한 것인지는 알 수 없다.

한편 「신사지」에서는 단군 이전부터 있었던 우리의 고유한 종교문화, 즉 신선신앙이나 귀신숭배의 전통이 구체적으로 언급되고 있다. 환인을 환국(桓國)의 제석(帝釋), 환웅(桓雄)을 신시천왕(神市天王), 그의 아들을 단군이라 하고, 신시 세상에서는 신(神)으로써 가르침을 베풀었다는 '이신설교론(以神設敎論)'도 주장하고 있다.[55] 단군신화의 내용과 단군 관련 유적이 아울러 소개되고 기자 홍범구주의 세 번째 항목인 팔정(八政)의 사(祀)도 신명(神明)과 교제하는 것으로 보았던 것이다. 단군의 후세인 부루 · 금와(金蛙) · 주몽(朱蒙)에 관한 내용, 고구려의 제천의례와 신에 대한 제사의례, 100여 세 이상을 누린 고구려의 동명왕(東明王) 이하 역대 왕과 수로왕(首露王)에 관한 기사, 신이한 행적을 남긴 신라 시조 · 선도성모(仙桃聖母) · 문무왕 · 사선(四仙)에 관한 내용이 수록되어 있다.[56]

---

55 이종휘의 以神設敎論에 대해서는 허목이 단군문화의 원천으로 내세운 神市文化論과 홍만종의 한국 수련 전통적인 檀君文化論을 계승하여 우리 문화의 원류를 설명한 것이라고 보는 견해도 있다(金一權, 1996, 55~58면).

56 「神事志」의 내용은 중국 도교의 영향을 인정하지 않고, 檀君을 시조로 하여 우리나라

이처럼 「단군본기」에서 단군에 의해 비로소 교화가 시작된 것으로 본 위에, 기자의 팔조지교(八條之敎)로 우리나라가 바야흐로 풍속이 바르게 되었다고 본 것은 단군과 기자를 동시에 교화의 주체로 인정한 것이다. 또한 「신사지」에서는 웅녀(熊女)가 신시천왕(神市天王)과 야합해서 단군을 낳았다는 기록 바로 다음에 기자가 동쪽으로 와서 문물예악이 다스려졌다고 기술을 하고 있어 단군과 기자의 계승관계는 교화라는 차원에서 이어지고, 「고구려지리지」에서는 지역적인 측면에서 기자조선이 단군조선을 잇고 있음을 피력하고 있다. 따라서 단군에서 기자로 이어지는 관계는, 종족 측면에서 단군의 후예로 상정되는 부여 · 고구려와 단군의 관계와는 다름을 알 수 있다.

「기자본기」, 「기자세가 보유」의 기록을 통해 나타나는 이종휘의 기자에 대한 입장은 다음과 같다. 은(殷)나라의 멸망 이후 기자가 주나라 무왕에게 홍범구주를 베풀고 조선으로 피해 왔으나, 주나라에서는 그것을 막을 수 없었고, 후작(侯爵)을 내려주기는 했지만 신하로 삼지는 않았음을〔箕子不臣說〕 밝히고 있다. 기자가 동쪽으로 왔을 때에 단군은 백악으로 옮겨 감으로써 단군에서 기자로 이어지는 과정은 매우 순조로웠고, 팔조범금(八條犯禁)이나 정전법(井田法)의 실시로 백성들의 호응도 상당히 컸음을 알 수 있다.

기자의 교화로 동방이 시 · 서 · 예 · 악의 나라가 되었다고 본 것은 다른 사서들과 다를 바가 없으나, 교화가 쉽게 이루어질 수 있었던 것은 우리 백성의 천성 자체가 부드럽고 선한〔柔善〕 때문이었다는 것을

道家의 독자적인 흐름을 체계화한 洪萬宗의 『海東異蹟』의 내용과 상통하는 측면이 많다는 견해가 있다(韓永愚, 1991, 385~387면). 「神事志」라는 항목의 설정이 『海東異蹟』의 영향을 많이 받은 것으로 추정해 볼 수 있다.

부기한 점에 기자문화에 대한 평가의 특색이 있다.[57] 기자문화의 일방적인 영향이 아니라 우리가 그 문화를 받아들일 수 있는 기본 바탕을 갖추고 있었음을 말한 것이다. 또한 천여 년 간 조선·마한이 이어져서 우리나라 백성들이 아직도 기자의 인현(仁賢)의 교화를 칭송한다는 것은 조선시대에 이르기까지 기자가 살아 있는 숭배의 대상이었음을 강조한 것이다.[58]

「기자세가」는 『기씨보』에 실린 42대 929(8)년의 왕계를 그대로 받아들여 작성한 것이다. 사료로서의 가치에 대해 논란이 있으나, 최초로 『기씨보』를 사료로 채택한 점이 주목된다.[59] 「삼조선연표(三朝鮮年表)」에서는 중조선(中朝鮮), 즉 기자조선의 연대를 『기씨보』, 『한씨보』와 사마천(司馬遷)의 『사기』 연표와 비교해 보면 맞지 않는 것도 있으나 의혹은 의혹대로 전하는〔疑以傳疑〕 차원에서 실었음을 밝히고 있다.[60]

「삼한연표(三韓年表)」도 『기씨보』를 그대로 따다가 기준(箕準, 哀平王)이 남쪽으로 달아난 때부터 마한의 마지막 왕인 계왕(稽王)까지의 연표를 만든 것인데, 이는 고조선 이남지역에서 기준의 후예가 삼국으로 계승된다는 역사의 계통을 세우기 위한 의도였을 것이다.[61] 「삼한연표」에서는 기자조선과 마한이 위만과 온조가 사기친 것을 믿어 나라가 망한 것을 한탄했으며, 「기자세가」나 「삼조선연표」 등에서는 역대 왕의

57 『修山集』 권11, 『東史』, 本紀, 「箕子本紀」, "箕子治東方 朞年 民知有禮義之方 三年 民大化爲詩書禮樂之方 崇信讓篤儒術 邑無狗吠之盜 夜戶不閉 婦人貞信 無淫辟之行 蓋東民柔善教化易入 其天性然也."

58 『修山集』 권11, 『東史』, 世家, 「箕子世家 補遺」, "朝鮮馬韓相繼 千餘年不絶 而東方之民至今頌其仁賢之化 流澤不斬 可謂盛矣."

59 韓永愚(1989), 259면 참조.

60 『修山集』 권12, 『東史』, 年表, 「三朝鮮年表」, "至於中朝鮮 旣得其王號年代 於箕氏韓氏舊譜中 與司馬遷史諸年表 按以驗之 有中有不中 然疑以傳疑 亦史法也."

61 金哲埈(1974), 383~384면.

계보와 재위년수, 간단한 행적만을 기록했을 뿐 기자나 기자조선에 대한 특별한 언급은 없다.

한편 「후조선본기(後朝鮮本紀)」를 설정하여 위만조선을 다루고 있는 것은 기자 · 마한으로 이어지는 정통론의 견지에서 볼 때 위만에 대한 역사적 평가는 폄하되어야 하지만, 기씨의 영역을 차지했다는 현실적 상황을 인정한 때문으로 보인다.[62]

이종휘가 기자불신설(箕子不臣說)을 취한 것은 기자가 주 무왕에게 신복하지 않았다는 것을 강조함으로써 기자의 문화를 계승한 우리나라가 중국과 거의 대등한 문화를 누렸음을 강조하기 위한 의도가 담긴 것으로 추정된다. 더 나아가 진 · 한 이후의 중국의 타락한 사회는 삼대의 유풍이 남아 있지 못한 반면, 기자조선은 삼대의 성인인 기자가 와서 건국하고 교화한 것이기 때문에 오히려 삼대의 유풍이 남아 있다[63]는 소중화적(小中華的) 발상으로 이어질 수도 있었다.[64]

이전의 역사서에서 내려오던 단군에 대한 인식을 심화시켜 종족적인 관념에서는 「단군본기」를 설정하여 단군을 부각시키고, 동이문화의 원천으로 기자문화를 인식하고 중국문화와 대등한 수준의 기자문화 유풍이 고구려에 계승된다고 봄으로써 단군과 기자에 대한 통합적인 이해와 주체적인 소화가 가능하게 했던 것이다. 특히 고구려를 단군의 혈통과 기자의 문화를 동시에 계승한 것으로 이해함으로써 단군과 기자를 동시

---

62 李萬烈(1984), 202면.

63 『修山集』 권12, 『東史』, 表, 「三韓之際七十八國分屬表」, "天下六國而一於秦 蓋後世德衰而兼並之患滋也 至於方外別國 秦之害未至 而隆古之風猶存." 이종휘가 秦 · 漢 이전의 三代를 이상사회로 보고 진 · 한 이후는 타락한 사회로 본 것은 허목의 古學과 상통하는 측면이 있다(鄭玉子, 1979, 204~205면).

64 曺永錄(1982), 43~45면.

에 높이고 적절하게 의미 부여를 하여 하나의 전형을 제시한 것이 바로 『동사』라고 할 수 있을 것이다.

5. 고구려 중심의 삼국사 인식

조선 후기 사학사에 대한 기존 연구의 특징 중 하나는 과거 신라 중심의 역사보다는 고구려를 중심에 두고 고대사를 인식하며, 여기에서 '민족적' 요소를 찾아내고자 했다는 점이다. 이종휘의 고대사 인식도 이런 차원에서 많이 언급된 바 있다.

편목에서도 보았듯이 『동사』에서는 고구려 중심의 서술이 이루어지고 있음은 명백하다. 열전에 고구려인이 많이 수록되어 있고, 9개 항목의 지(志)도 고구려를 중심으로 정리가 되어 있다. 이처럼 고구려를 중심으로 삼국사를 인식한 배경은 무엇일까? 『동사』에 나타난 삼국사 인식 태도를 구체적으로 검토하여 이에 대한 답을 찾아보도록 하자.

「부여세가」와 「신사지」를 보면 단군의 후예로 부여·고구려를 언급하고 있기 때문에 고구려의 종족상의 계통은 단군으로 올라간다. 「부여세가」와 「신사지」에서는 단군의 후예인 부루(북부여)-금와-주몽의 신이한 행적을 수록하고 있다. 이는 허목의 『동사(東事)』에서 단군씨(조선)-해부루(북부여)-금와(동부여)-주몽(고구려)-온조(백제)로 이어지는 계보를 상정하고 있는 것과 동일하다.[65] 또한 「육국연표」는 「삼한연표」를 만든 의도와 마찬가지로 북방에서 단군의 후예로 일어난 부여부터 고구

65 『記言』 권32, 外篇, 『東事』 13, 「檀君世家」, "檀君之後 有解夫婁 解夫婁之後 有金蛙 金蛙之後 有朱蒙·溫祚 爲高句麗·百濟之祖 蓋本於檀君氏."

려까지의 경과를 파악하기 위해 만든 것인데, 6국으로 부여·예맥·옥저·낙랑·비류만이 소개되어 있지만 고구려도 포함되었을 것이다.[66] 단군조선이 기자조선에 의해 멸망되었지만 후손들이 부여·예맥·비류·옥저 등을 건국하였고, 부여의 후예가 고구려와 백제를 건국하였으므로 우리 역사의 중심 종족은 단군이라는 점을 강조한 것이다. 발해를 세운 대조영의 선조는 고구려 속말인(粟末人)이라 하여 속말을 고구려에 복속된 존재로 인식하고,[67] 발해는 고구려를 계승해서 일어났다고 하여 고구려와 발해의 연결관계도 분명히 밝히고 있다.[68]

종족적인 측면에서의 이러한 연결고리가 이종휘의 고대사 체계에서는 어떻게 수용되었을까? 이종휘가 우리 고대사에서 고구려를 어떻게 위치지웠는지가 명확하게 제시되어 있지는 않다. 다만, 「신사지」에서 기자 시대에 귀신들이 크게 순하고 백성들이 따를 바를 알아 나라 안이 편안해졌으나, 위만 말엽 신인(神人)에게 주인이 없어진 지 수천 년에 고구려가 흥기하고 있는 것으로 본다든가,[69] 「고구려지리지」에서 기씨 이후 위만과 한의 낙랑군이 평양을 도읍과 치소로 삼고, 고구려도 현도군에서 흥기했다가 후에 평양으로 천도했다고 보았으므로[70] 고구려의 역사적 계통은 기자-위만-고구려로 상정한 것이 아닌가 한다. 이러한 체계를 상정한 데는 지역적인 요소가 중요시된 듯하다. 왜냐하면 기자

---

66 金哲埈(1974), 384면.

67 『修山集』 권11, 『東史』, 世家, 「渤海世家」, "渤海震國高王 姓大氏名祚榮 其先高麗粟末人 高麗亡 率衆保挹婁之東牟山地."

68 『修山集』 권11, 『東史』, 列傳, 「高句麗宗室列傳」, "渤海大氏 繼高句麗而興 爲海東盛國."

69 『修山集』 권12, 『東史』, 志, 「神事志」, "箕氏之世 鬼神大順 民知所從 而方內泰寧 …… 及衛滿之季 而神人無主 蓋數十百年 而高句麗興."

70 『修山集』 권12, 『東史』, 志, 「高句麗地理志」, "箕氏之後 衛滿據之 皆以平壤爲都 漢之樂浪郡 又治此 高句麗始起漢玄菟郡界中 後益東南徙 亦都平壤 大抵高句麗據朝鮮接箕氏 而其地不干於三韓 …… 要之 東方之大國也."

가 요하의 서쪽에 있다가 단씨(檀氏)가 백악(白岳)으로 이동한 후 평양으로 들어왔으며, 기자조선의 영역은 요하·홀한(忽汗)에 이르는 등 사방 4, 5천 리가 되었는데,[71] 고구려도 전성 시기에는 그 강역이 홀한·요하 동서까지 미쳤기 때문이다.[72] 단군과 기자조선의 강역이었던 만주지역과 한반도를 우리 역사의 중심무대로 상정하고, 그 지역을 고구려가 차지했다는 점을 높이 평가했던 것이다.

또한 고구려 중심의 고대사 인식에는 고구려가 단군·기자 이래의 도읍이었던 평양을 도읍으로 삼았다는 점도 중요하게 작용했을 것이다.[73] 신라와 백제는 조선의 변방이고 고구려만이 조선을 차지했기 때문에 신라나 백제에 대해서는 큰 줄거리만을 언급했다는 표현에서도 고구려 중심의 인식을 읽을 수 있다.[74] 따라서 강역의 범위와 도읍의 위치가 고구려 중심 인식의 중요한 근거가 되었다고 할 수 있다.

이러한 지역적인 측면을 중시한 계승관계와 삼한정통론의 기자조선-마한의 연결관계가 동시에 고려될 때 이원적인 고대사 체계가 상정되는 것은 당연한 귀결이었다. 고구려가 후에 발해가 되었고, 신라와 백제는 삼한 땅에서 일어났다는 사실까지 포함한다면,[75] 『동사』에서는 우리 역사의 계승관계를 단군-기자-위만-(한사군)-고구려-발해로 이어지는 한 계통과 단군-기자-삼한-신라·백제로 이어지는 또 하나의 계통

---

71 『修山集』 권11, 『東史』, 本紀, 「箕子本紀」, "初居遼水之左 百姓咸歸之 於是 有檀氏徙白岳 箕子至平壤 …… 西過于遼河 東北至于忽汗 南極于海 地方四五千里."

72 『修山集』 권12, 『東史』, 志, 「高句麗地理志」, "高句麗盛時 東北自忽汗粟末 以至于遼水西東 皆爲其有."

73 이런 차원에서 본다면, 해방 이후 북한에서 우리 역사의 중심무대를 평양으로 설정하고 있는 것의 연원을 『東史』에서도 찾을 수 있지 않을까 한다.

74 『修山集』 권12, 『東史』, 志, 「高句麗地理志」, "新羅百濟本係朝鮮外徼 而句麗得朝鮮 故其志亦及二方之大槩云."

75 『修山集』 권12, 『東史』, 志, 「高句麗地理志」, "高句麗後爲渤海 而新羅百濟起三韓地."

으로 설정했다고 정리할 수 있을 것이다.

그런데 고구려가 동방의 대국이 된 반면, 신라는 삼국을 통일했다고 해도 그 영토가 끝내 패수(浿水)를 넘지 못했다고 강조한 사실에서는 고구려가 대규모의 영토를 소유한 것이 고구려 중심의 고대사 인식의 근거가 되었음을 재차 확인할 수 있다.[76] 그러나 고구려가 무력을 통한 지나친 영토확장으로 멸망을 자초한 측면이 있음을 동시에 지적하고 있는 점이 주목된다.[77] 덕치(德治)가 수반되지 않은 영역 확대정책은 곤란하다는 것이다. 이는 다분히 유교적인 관념이 투사된 표현이다. 실제로 『동사』에서는 고구려의 문화를 유교와 관련지어 직접 언급한 부분을 많이 찾을 수 있는데 이에 주목해 보도록 하자.

고구려의 유교문화는 기자문화의 계승이라는 측면에서 언급된 바가 많다. 고구려가 방(요)외지국(方〔徼〕外之國)으로서 4군(郡) · 2부(府) 때에 기자 성인의 교화가 제대로 미칠 수 없어 습속 · 예악과 성인의 가르침 등이 다 없어지고 오랑캐가 되어 버렸으나, 동명왕(東明王) 부자부터 여러 임금이 예악의 유지(遺志)를 구하여 국가를 유지하고자 한 까닭에 이 정도의 예악은 갖추게 되었다고 보았다. 선비 · 말갈 · 거란 등과 대적하는 상황에서 문무(文武)를 병용하지 않을 수 없었기 때문에 고구려의 예악이 아주 높은 수준에 이르지는 못했지만, 신라나 백제에 비하면 훨씬 낫다고 보고 있는 것이다.[78] 고구려 문화에 대한 높은 평가는 경술

---

76 『修山集』 권12, 『東史』, 志, 「高句麗地理志」, “羅雖統合三韓 而其地竟不能過浿水.”

77 『修山集』 권12, 『東史』, 志, 「高句麗地理志」, “然居小中華之地 不以中國自治 以引弓强戰慢大邦 自取其亡 則高句麗之盛大 乃所以速禍也 其貽患於山河 豈小哉 蓋自古爲國 務廣德而不務廣地 其以是夫 其以是夫.”

78 『修山集』 권12, 『東史』, 志, 「高句麗地理志」, “高句麗以徼外別國 當四郡二府之際 箕聖之化亦邈焉盡矣 …… 自東明父子 至國壤長壽平原 賢聖之君 以十數 其必有以審求禮樂之遺意以維持其國家也 …… 與之爲敵 其勢不得不左文而專武事 是以其爲禮樂 止於斯 然比之新羅

(經術)과 문사(文史)를 좋아하여 국도(國都)는 물론 궁벽한 마을에 이르기까지 옛날의 학교에 해당하는 경당(扃堂)이 있었기 때문이라는 것을 강조한 데서도 엿볼 수 있다. 이렇게 된 것은 모두 기자의 유풍이라는 것도 반드시 언급하고 있다.[79] 「가인열전(家人列傳)」에서는 동명(東明) 유화태후(柳花太后)와 동명 예후(禮后) · 송후(松后) · 우태후(于太后) · 중천연후(中川椽后) 등 5인의 후비의 사적을 싣고 있는데 『삼국사기』에 나오는 내용과 별반 차이가 없다. 이종휘가 특별히 시시비비를 가리지는 않았으나 「가인열전」을 만든 이유를 밝힌 대목을 보면, 국가의 흥망과 치란은 모두 궁중에서 시작되는데 우태후와 같은 경우는 음란하고 더러운 사람이 천륜을 어지럽힌 경우로 지목하고 있어 유교적인 예와 천륜이 평가의 기준이 된 듯하다.

백제에 대해 풍속이 인색하고 미묘한 손재주만 익힌다고 표현한 것에서는[80] 백제에 대한 부정적인 인식을 읽을 수 있는데, 아마도 백제가 기씨의 유풍을 가지고 있는 마한(馬韓)을 멸망시켰기 때문이 아닌가 한다.[81] 즉 기자의 유풍인 예악과 같은 유교문화의 진작에 힘을 썼느냐 아니냐가 한 나라에 대한 평가의 중요한 기준이 되었던 것이다.

이러한 차원에서 열전과 지의 내용을 종합해 보면, 고구려는 보본사신(報本祀神)의 예, 부부의 예, 군신 · 부자 · 형제의 예가 갖추어지고, 의관 · 문물이나 음악이 정비된 나라였다. 기자의 유풍을 계승함으로써 신라나 백제에 비해 유교문화가 훨씬 발달했기 때문에 고구려가 고대사의

百濟 已雅矣."

79 『修山集』 권12, 『東史』, 志, 「高句麗地理志」, "句麗之俗 尙經術喜文史 王宮國都 以至窮里僻邑 悉構扃堂 扃堂者 古之庠塾也 …… 其民儉嗇而好稼穡也 重而遠邪 猶有箕聖之遺風."

80 『修山集』 권12, 『東史』, 志, 「高句麗地理志」, "諸方所聚會 其俗纖嗇 習技巧."

81 『修山集』 권12, 『東史』, 志, 「高句麗地理志」, "蓋百濟並馬韓 而馬韓者 又箕氏之遺也."

중심으로 평가되었다고 할 수 있다. 여기에 강역이 사방 4, 5천 리에 이르는 대국이고, 중국이 갖춘 풍토와 기후의 다양성을 갖추고 있어서 문화적인 측면에서는 물론 자연환경에서도 소중화의 조건이 구비되었던 나라가 바로 고구려였던 것이다.[82]

이에 비해 신라에 대해서는 사론에서 언급하는 내용이 주로 불교에 깊이 감화되었다든지,[83] 삼교(三敎) 중에서 노장(老莊)에 특히 관심을 기울여 정수(精髓)를 얻어 이에 능하다고 하였고 명목은 유교지만 실제로는 도교가 행해졌다고 하여서 유교가 신라에서는 제대로 행해지지 않았음을 비판하였다.[84] 이러한 생각은 고려 태조가 이룬 통일의 공도 기자의 교화를 이어서 신라의 구차함을 일변한 것에서 찾았던 것에서도 확인된다.[85]

종족 · 지역 · 문화적 측면에서 소중화의 여건을 구비한 고구려에 대한 평가는 그 계승국인 발해에 대한 평가로까지 이어졌다. 신라의 삼국통일에 대한 이종휘의 부정적 평가는 고구려의 계승국인 발해를 우리의 고대사 체계에 적극적으로 자리매김하려는 의도가 내포된 것이었다. 발해를 독립된 세가로 다룬 것도 그러한 의지의 표현이었다. 발해가 5천 리의 땅을 차지했으며, 백성들에게 의관 · 예악을 갖추게 한 지 수백 년 만에 소중화의 나라가 되었다는 점에서 대조영(大祚榮)을 기자 이래 으뜸가는 위인으로 꼽았던 것이다.

---

82 이는 韓永愚(1989, 264~265면), 김문식(1994, 263~266면)에 의해서도 이미 지적된 바 있으나, 이것을 종족적 · 지역적 · 문화적인 측면에서 구분하여 언급하지는 않았다.

83 『修山集』 권6, 史論, 「新羅論」 二.

84 『修山集』 권6, 史論, 「新羅論」 一, "然無其爲老之名 而實已行於爲國 如新羅之得其精 蓋不學而能之也 凡此可以析儒老之淺深 吾故表而論之 以告儒名而老其行者."

85 『修山集』 권6, 史論, 「麗太祖論」, "由是言之 如太祖之得國 可謂正矣 而況居太師遺化之邦 合三分離合之勢 其一變新羅之陋而之乎."

이종휘는 대조영에 대해 다음과 같이 말했다.

> 대조영은 고구려의 굶주린 노예로서 기회를 틈타 참새처럼 일어나 동북 여러 오랑캐의 5천 리 땅을 전부 차지하였다. 어지럽고 속이며 흉악하고 포악한 마음을 꺾어 버리고, 활을 쏘는 백성들에게 의관예악을 갖추게 한 지 수백 년 만에 소중화의 나라가 된 것은 태사(太師, 여기서는 箕子) 이래로 한 사람뿐이니, 선하다고 할 만하다.[86]

또 발해의 5경을 숙신(肅愼) · 예맥(濊貊) · 옥저(沃沮) · 고구려 지역에 비정하고, 현재의 영토는 5분의 3이 상실되어 생숙(生熟) · 여진(女眞)이 차지하고 있는 상황임을 안타깝게 여기고 있어,[87] 이러한 북방 영토에 대한 관심이 후대 민족주의 사학자의 북방고토(北方故土) 즉, 만주에 대한 수복론으로까지 전개되어 나갔다고 할 수 있다.

따라서 이종휘가 고구려 중심의 삼국사 인식을 하게 된 것은 종족적으로 단군족을 계승했다는 것이 첫 번째 이유가 될 것이며, 선진적으로 기자문화(유교문화)를 받아들였다는 점이 두 번째 이유가 될 것이다. 단군의 계승왕조로서 부여 · 고구려가 강조됨에 따라 우리 민족의 생활권에 대한 인식의 확대를 가져오고, 발해까지 염두에 두는 민족생활권에 대한 관심이 제고되었다는 점이 세 번째 이유가 될 것이다.

종족적인 측면, 지역적인 측면, 기자문화의 계승이라는 측면에서 볼

---

86 『修山集』 권11, 『東史』, 世家, 「渤海世家」, “大祚榮以高麗一餓隷 乘時鵲起 奄有東北諸夷五千里地 折獰詭兇獷之心 以衣冠禮樂於椎髻引弓之民 爲餘屢百年 小中華之國 蓋太師以來一人而已 可謂盛矣.”

87 『修山集』 권11, 『東史』, 世家, 「渤海世家」, “今其中東西南四京之地 入我朝者 五之二 而其餘一京十一府五十餘州 皆爲生熟女眞諸部所分.”

때 고구려는 당연히 고대사의 중심이 되고, 고구려에서 단군과 기자에 대한 관심이 성공적으로 만났다는 점에 이종휘의 역사인식의 특징이 있다고 할 수 있다. 이종휘 자신에 의해서는 조선 · 삼한이 풍토와 기후 물산이 중국과 거의 같다는 뜻에서 소중화라는 표현이 쓰이기도 했지만,[88] 종족적으로는 단군의 후예로 계승된 종족이 가장 우수하고, 지역적으로는 북방 중심의 우리의 고대사 무대가 세계의 중심지가 되며, 문화적으로는 기자문화의 계승으로 조선의 문화가 가장 우월한 문화가 된다는 점에서 '조선중화론(朝鮮中華論)'으로 표현해도 무방하지 않을까 한다.

6. 맺음말 – 이종휘의 사학과 조선 후기의 한국사 탐구

이상에서 수산 이종휘의 역사학에 대해 살펴보았다. 조선 후기의 역사학은 그 사이 주자학파의 역사학과 실학파의 역사학으로 나뉘어 이해되어 왔다. 근대의 직전 시기로서 조선 후기의 역사학은 근대와 관련 속에서 매우 주목받으며 해석되어 왔다. 이종휘의 역사학은 그 가운데서도 근대의 역사학자들에게 주목되어 많은 영향을 미쳤다는 점에서 간과될 수 없는 인물이다.

앞서 살펴본 바에 따르면, 수산 이종휘는 기전체 사서인 『동사』에서 「단군본기」와 「기자본기」를 나란히 설정함으로써 단군과 기자를 통합적

88 『修山集』 권12, 『東史』, 志, 「高句麗地理志」, "有國於九區禹貢之外 曰朝鮮三韓 其星箕尾 其次石木 …… 其風土氣候 大同於中國 與南蠻北狄偏方異矣 是以 南中橘柚之木 北方貂豽之獸 木金火土水之物 無不備焉 蓋小中華也."

으로 이해하였다. 단군과 기자에 대한 관심은 곧 당시에 유행하였던 소중화주의 내지 조선중화주의와 관련이 있다. 조선 '중화민족'의 원형을 찾으려는 관심의 연장선상에서 중국의 중화민족에 대응하는 단군이 주목되었고, 이것이 이어져서 단군에서 부여나 고구려까지 연결되었던 것이다.

곧 단군과 기자의 영역을 주목하면서 우리 고대사의 강역에 대해 새로운 관심을 가지게 되었다. 그리고 이러한 관심 때문에 삼국 중에서도 단군과 기자의 강역을 가장 많이 포함하였던 고구려까지 상대적으로 중요시하게 되었던 것이다. 이런 관점은 곧 수산 이종휘의 사학으로 연결되었다.

또 이종휘는 중국 문화와 같은 궤도에서 기자가 문화를 일으킨 것을 평가하고, 기자의 유풍이 고구려에 계승됨으로써 고구려의 문화가 유교문화를 꽃피웠던 것으로 보았다. 또 고구려는 부여와 함께 단군족의 혈통을 계승하였으므로 단군의 혈통과 기자의 문화를 동시에 계승한 것으로 본 것이다. 이 지점에서 고구려를 중심으로 삼국사를 인식하게 된 근거가 나올 수 있었다. 중국 문화와 대등한 수준으로 기자와 고구려의 문화를 평가하고 기자와 단군을 통합적으로 이해할 수 있었던 관점은, 18세기의 단계에서 중국의 문화를 받아들이면서도 이것을 조선의 관점에서 창조적으로 소화하여 새롭게 만든 측면으로 해석할 수 있다.

이종휘의 이러한 입장은 '조선중화론'으로 요약되는데, 종족의 측면에서는 단군, 지역적으로는 북방 중심의 역사무대, 문화적으로는 기자문화(유교문화)의 계승을 화두로 삼았다는 점에서, 종족적으로 한족(漢族), 지역적으로 중국(中國), 문화적으로 기자문화를 근거로 하였던 중국의 화이론과 대비된다고 볼 수 있다.

역사가 역사 자체로 독립되었는가? 경사체용(經史體容) · 경경위사(經

經緯史) · 경사일체(經史一體) 등 경사(經史)를 함께 파악하는 관점은 전근대적 시각이라고 보아 조선 후기 실학자들의 역사탐구는 경과 사의 분리를 지향한 것이고, 그 점에서 근대적인 것으로 이해하여 왔다.

조선 후기의 역사학을 검토한 이제까지의 연구를 살펴보면 이른바 실학자로 알려진 이들의 '한국사' 탐구가 역사학의 전반적인 변화 속에서 나타난 점을 지적하고 있다는 점은 주목할 만한 것이다. 성리학의 가치를 가장 잘 드러내는 역사서술 방식인 강목체(綱目體)가 주목되어 역사서술에 적극적으로 적용된 점이나 중화주의(中華主義)의 상징적 존재라고 할 수 있는 기자(箕子)에 관해서 재해석되는 경향이 그러한 대표적인 예에 해당한다.

이종휘를 비롯한 조선 후기 학자들의 '한국사' 탐구에서 역사서술 대상의 변화를 가져온 점에 대해 이전에는 없었던 요소를 발견한 것(고대사 시 · 공간의 재발견)과 종래에 있었던 요소를 재인식한 것(기자)으로 나누어서 이해할 수 있다. 이러한 역사서술 대상의 변화는 역사서술 방법의 변화와 함께 일어난 것이었다. 역사서술 방법으로서 강목체의 중시, 화이론 또는 중화주의의 적용, 방법으로서 공간에 대한 탐구 등도 종래에는 없거나 재인식된 사례들이다.

이 점에서 이종휘를 비롯한 조선 후기 학자들의 '한국사' 탐구가 종래 전혀 없었던 것이 아니라 조선 전기 이래 꾸준히 탐구되어 온 '한국사'로서의 동국(東國)에 대한 탐구가 강화되거나 다양화된 것임을 이해할 수 있다. 조선 전기에 설정된 '동국'의 탄생은 성리학적 보편주의와 조선사의 만남을 통해 만들어진 것이었다.

그러다가 조선 중기에 사림들이 등장하면서 강목에 대해 본격적으로 이해하게 되었다. 성리학적 보편주의가 확대되고, 기자에 대한 본격적인 탐구가 이루어져 기자를 통한 중화주의가 확대되는 계기가 되었다. 조선 후기에는 양란과 명 · 청의 교체라는 배경 아래에서 본격적으로 이러한 탐색이 깊어짐에 따라 '새로운 동국'이라는 뜻을 담은 의미에서 책임름에 '동~강(예: 동사강목)'을 사용하는 책들이 연이어 편찬되었다. 이러한 새로운 경향은 대체로 고대사의 발견, 기자의 재인식, 발해의 재발견, 새로운 한국사 공간의 확대, 역사연구 방법의 진전으로 나타났다.

조선 후기에 각 정치세력은 자기의 처한 현실에 따라 약간의 차이는 있었다. 서인-노론계의 경우에는 현실을 장악하면서 중화주의를 대명의리로 연결하였다. 소중화주의를 심화시켜 조선중화주의를 주장하였고, 이는 현재의 조선이 보편을 구현하는 것으로 이해한 것이었다. 이에 따라 이러한 보편이 현재의 조선에서 구현된다는 생각에서 진경시 · 진경산수화 등의 형태로 표현되기도 하였다. 또 다른 한편으로 현실을 의리명분으로 합리화하는 작업으로 당시 근현대사에 해당하는 조선 역사에서 의리명분의 잘못된 것을 바로잡는 작업을 시도하였다. 임진왜란과 병자호란 등 국가가 위기에 처했을 때 의리를 지킨 이들을 표창하는 작업 등이 이에 해당한다.

이에 비해 서인 가운데서도 소론이나 남인은 보편인 중화를 현실에서 찾지 않고 과거로 올라가서 찾은 경우에 해당한다. 그래서 현실보다는 과거에서 중화주의를 구현한 것을 추구하여 과거에서 정통의 구현을 찾았다. 대체로 강목의 형식으로 기록된 '동사'는 이들에게서 많이 저술되었다.

이렇게 보면 조선 후기에 이루어진 '한국사' 탐구는 근대의 전조로 나타난 것으로 해석하기보다는 조선 역사의 발전과정에서 나타난 현상 가운데 하나로 이해된다. 근대라는 눈길을 통해 보는 시각을 거둔다면 훨씬 다양한 면모를 보게 될 수 있다. 소위 실학자만이 아니라 주자성리학자로 분류되는 이들 가운데에도 많은 이들이 이러한 변화에 동참하였음을 알 수 있게 된다.

종래 실학자들의 '한국사' 탐구를 민족주의나 근대의 관점에서 이해해 온 경향이 있다. 민족주의로 해석되는 기준에 해당하는 것으로는 단군이 등장하고 얼마나 강조되었는가의 여부였다. 또한 근대의 기준으로 설정된 것은 경사의 분리, 실증적 방법의 증가, 역사지식의 상대화 등을 들 수 있다.

실학자들의 '한국사' 탐구를 통해 볼 때 여기에는 다양한 경향들이 혼재되어 있었다. 즉 성리학의 강화 또는 심화되는 측면으로 강목체 · 정통론의 유행을 들 수 있다. 반대로 성리학의 경향과는 멀어지는 측면으로 경사가 분리되어 해석되거나 실증적인 경향의 증대, 지식의 상대화 등의 경향이 나타나기도 하였다. 이러한 경향들은 적어도 근대의 측면에서 거꾸로 찾아지기보다는 성리학의 다양한 전개라는 면에서 살피는 것이 더 유용하다.

조선 후기에 발견된, 혹은 재인식된 '한국사'는 성리학의 중화주의, 문화적 보편성과 관계를 맺으면서 해석됨으로써 자국사를 강조하는 경향이 독단이나 독재 혹은 민족적 우월성으로 빠질 우려가 적어졌다고 할 수 있다. 보편에 대한 고민과 그에 대한 연결, 보편(세계사)과 자존(한국사)의 균형 있는 인식 위에서 '한국사'가 탐구된 것이므로 지금으로서도 전범으로 재해석될 가치가 있다고 할 수 있다.

參考文獻

李種徽, 『修山集』, 『한국문집총간』 247.
허목, 『記言』, 『한국문집총간』 99.

김문식(1994), 「이종휘」, 『한국의 역사가와 역사학』, 창작과비평사.
김영심 · 정재훈(2000), 「조선 후기 정통론의 수용과 그 변화-『동사』를 중심으로」, 『한국문화』 26.
金一權(1996), 「단군 이해의 민족주의적 경향(2)」, 『宗教學研究』 15.
金哲埈(1974), 「修山 李種徽의 史學」, 『東方學志』 15.
朴光用(1997), 「檀君 認識의 變遷」, 『于松趙東杰先生停年紀念論叢 I-韓國史學史研究』, 나남출판.
배우성(2011), 「조선 후기 역사학과 신채호, 그리고 21세기」, 『한국학논집』 43.
______(2014), 『조선과 중화』, 돌베개.
이만열(1974), 「十七 · 八世紀의 史書와 古代史認識」, 『韓國史研究』 10.
李萬烈(1984), 「朝鮮後期의 高句麗史 研究」, 『東方學志』 43.
李成珪(1992), 「朝鮮後期 士大夫의 『史記』 理解」, 『震檀學報』 74.
장유승(2007), 「이종휘(李種徽)의 자국사(自國史) 인식과 소중화주의(小中華主義)」, 『민족문학사연구』 35.
全炯澤(1980), 「朝鮮後期 史書의 檀君朝鮮 敍述」, 『韓國學報』 21.
鄭求福(1978), 「韓百謙의 『東國地理誌』에 대한 一考-歷史地理學派의 成立을 中心으로-」, 『全北史學』 2.

鄭玉子(1979), 「眉叟 許穆研究」, 『韓國史論』 5.
정재훈(2004), 「조선 후기 사서에 나타난 중화주의와 민족주의」, 『한국실학연구』 8.
_____(2011), 「실학자들의 '한국사' 탐구」, 『한국사시민강좌』 48.
조성산(2009), 「조선 후기 소론계의 고대사 연구와 중화주의의 변용」, 『역사학보』 202.
趙誠乙(1987), 「조선 후기 사학사 연구현황」, 『韓國中世社會 解體期의 諸問題(上)』, 한울출판사.
曺永錄(1982), 「17~8世紀 尊我的 華夷觀의 한 視角」, 『東國史學』 17.
陳芳明(1985), 「宋代 正統論의 形成과 그 內容」, 『中國의 歷史認識』 下, 창작과비평사.
한영우(1987), 「18세기 중엽 少論學人 李種徽의 歷史意識」, 『東洋學』 17.
_____(1989), 『朝鮮後期 史學史 研究』, 일지사.
韓永愚(1991), 「17세기후반~18세기초 洪萬宗의 會通思想과 歷史意識」, 『韓國文化』 12.
허태용(2009), 『조선 후기 중화론과 역사 인식』, 아카넷.

『燃藜室記述』의 종합적 이해

정만조 | 국민대학교 명예교수

1. 머리말

2. 야사(野史)의 발달과정
   1) 야사의 개념
   2) 필기(筆記) · 수록류(隨錄類) 야사의 증가
   3) 국조사(國朝史) 관련 야사의 성행

3. 『연려실기술』의 편찬과 찬술(撰述)체제
   1) 편찬자와 찬술동기
   2) 중체(衆體)를 집성한 찬술체례(撰述體例)
      (1) '유서(類書)' 형식의 편찬형태
      (2) '기전체(紀傳體)'적 구성(構成)방향
      (3) '기사본말체(紀事本末體)'를 응용한 편사(編史)방식
      (4) '술이부작(述而不作)'과 '거실수록(據實收錄)'의 기술(記述)방식

4. 『연려실기술』의 성격과 의의(意義)
   1) 사림적 기준으로 정리한 국조사(國朝史)
   2) '구폐(救弊)'의 실사구시(實事求是)를 대표하는 야사서(野史書)

5. 맺는 말

1. 머리말

조선시대의 후반기에 해당하는 18세기 중반에 이르면 그때까지의 중국 중심적 역사이해에서 벗어나 우리나라 역사를 독자적으로 체계화하려는 움직임이 일어난다. 이와 함께 조선조 당대(當代)의 역사를 개인의 손으로 사사로이 정리하는 야사편찬이 성행한다.

『연려실기술』은 바로 이때 나온 야사 중의 하나이다. 이긍익(李肯翊)으로 알려진 편찬자에 의해 조선 개국(14세기 말)에서 숙종에 이르기까지 300여 년의 역사를 총 57권으로 묶은 이 책은 편찬 직후부터 당대인들의 호평을 받았으며, 오늘날까지 조선시대 정치사 이해의 좋은 안내서로 활용되고 있다.

이런 『연려실기술』에 대해서는 역사적인 사건들을 각 왕대별로 기사본말체(紀事本末體)의 사체(史體)를 취해 기술함으로써 인과(因果)관계를 중심으로 한 역사파악에 극히 편리하고, 또 편찬자의 주관(主觀)을 배제하는 술이부작(述而不作)의 정신에 따라 사료를 부집(裒輯)하는 방식을 취하여 객관성이 높을 뿐만 아니라, 이를 위해 사서(史書)와 잡록(雜錄) · 문집(文集) 등 400여 종에 이르는 각종 서적을 참고 인용함으로써 조선시대에 나온 야사의 결정판이라고 할 정도로 높이 평가되었다.

그러나 지금까지의 연구는 조선시대 역사의 줄거리를 잡는 데 치중하였던 관계로 기술내용이나 인물의 분석에 초점이 두어지고 있어서 본서가 갖는 또 하나의 특징인 편찬체제 문제에는 미진한 감이 없지 않았다. 물론 그것이 한국의 사서에서는 찾아보기 힘든 기사본말체로 되어 있고 부집(裒輯)의 형태를 취한 점이 특징으로 말해지기는 하였다. 하지만 이를 뒷받침하는 구체적인 분석이나 검토는 별반 뒤따르지 않았다.

이 글에서는 바로 편찬체제 문제에 대한 검토를 본격적으로 시도해 보고자 한다. 다만 그에 앞서 이 『연려실기술』이 조선시대 야사발달의 어떤 과정을 거쳐서 출현할 수 있었던가 하는 점을 먼저 살펴볼 것이다. 이어서 편찬체제와 관련해서는 그 편찬방식이 과연 지금까지 알려졌듯이 기사본말체인가의 여부를 검증하여 새로운 사체(史體)를 개발했을 가능성을 탐색하고, 다음으로 기술내용의 측면에서 각 왕대별 사건주제 선정의 기준이나 수많은 자료에서 초출(抄出)하여 부집해 놓은 기사의 내용을 분석해 야사(野史)로서 『연려실기술』이 갖는 특징을 재음미해 보겠다.

그러는 과정에서 같은 시기의 다른 야사나 중국 사서의 그것에 대비하여 『연려실기술』이 사서(史書)로서 갖는 가치를 새롭게 설정해 보고자 한다.

2. 야사(野史)의 발달과정

1) 야사의 개념

일반적으로 '야사(野史)'라 하면 관찬의 정사(正史)나 국사(國史, 예컨대 『실록』, 『국조보감』)에 대칭되는 개념으로서 개인이 사사로이 저술한 사서, 즉 사찬사서(私撰史書, 보통 줄여서 私史라 함)를 가리키며, 수록 내용이 위항(委巷)의 도청도설(道聽塗說)을 담고 있다고 하여 패사(稗史)·야담(野談)과 같은 뜻으로 사용되기도 한다. 그러나 야사에 대한 이런 해석만으로는 설명될 수 없는 몇 가지 의문이 있다.

예컨대 조선 후기에 나온 『동사강목(東史綱目)』이나 『해동역사(海東

繹史)』는 안정복(安鼎福)과 한치윤(韓致奫)이 왕명이나 조정의 지시와는 아무런 관련 없이 개인적으로 편찬한 사사(私史)임이 분명하지만 누구도 이를 야사라고 하지는 않는다. 그런가 하면 중국의 사서 중 진수(陳壽)의 『삼국지(三國志)』나 구양수(歐陽修)의 『신당서(新唐書)』는 사사(私史)임에도 모두 24사(史)로 된 정사의 반열에 들어가 있다. 그리고 17세기에 이르게 되면 야사는 그 내용이 조정(朝廷)의 정사(政事)나 나라를 다스리는 일과 연관되고 그 취재 근거도 전문(傳聞)만이 아니고 조보(朝報)나 이독(吏牘, 公文) 등 신빙성 있는 자료에 두게 됨으로써 패사 야담과는 성격을 달리하게 된다. 이런 사실 등은 야사에 대한 종래의 견해를 재고하도록 요구한다.

먼저 우리나라의 야사편찬에 큰 영향을 미친 중국의 그것부터 잠시 살펴볼 필요가 있다. 9세기 말인 당(唐)의 소종(昭宗) 때 공사중목(公沙仲穆)이 편찬한 『태화야사(太和野史)』에서 처음 책이름으로 표시되는 야사는 송(宋)·명(明) 대에 이르면 이른바 야사시대[1]라고 할 만큼 민간에서 크게 유행하였다. 그리하여 명대에 나온 야사만으로도 무려 천여 종에 달한다고 한다. 뿐만 아니라 가정(嘉靖)연간에 나온 이묵(李默)의 『고수부담(孤樹裒談)』이나 정효(鄭曉)의 『오학편(吾學編)』을 필두로 하여, 국초(國初)부터 당대(當代)까지의 국조사(國朝史)를 조정의 정사나 군국의 정치사 위주로 체계적으로 편찬한 진건(陳建)의 『황명자치통기(皇明自治通紀)』, 하교원(何喬遠)의 『명산장(名山藏)』과 같이 거의 정사에 비견될 수 있는 정도의 우수한 야사[2]가 만력(萬曆)연간에 출현함으로써 큰 발전을 보게 된다. 송·명 대에 이러한 야사발달이 오게 된 원인에 대해

---

1 內藤虎次郎(1961), 650면.

2 瞿林東(2002), 第Ⅶ章, 第2節, 私家之本朝史撰述.

『사고전서(四庫全書)』의 편찬자는 「사부총서(史部總敍)」에서 다음과 같이 설명하였다.

> 사가(私家)의 기록은 오직 송 · 명의 양대(兩代)에 걸쳐 많았다. 대개 송 · 명 대의 사람들은 의론(議論)을 좋아하였는데 의론이 다른즉 문호(門戶)가 갈라지고 문호가 갈라지면 붕당이 형성되며, 붕당이 형성된즉 은원(恩怨)이 맺어지게 된다. 한번 은원이 맺어진 뒤에는 정권을 쥐게 되면 상대방을 조정에서 몰아내고, 권력을 쥐지 못한즉 필묵(筆墨)으로 서로 보복하게 되므로 사가(私家)의 기록이 많았던 것이다.

한마디로 붕당간의 대립과 논쟁 때문에 사가(私家) 기록으로서 야사가 많이 나오게 되었다는 것이다. 여기서 하나 유의할 것은 의론을 좋아해 붕당을 형성했던 송 · 명 대의 사람들이다. 상기 인용문의 작자는 붕당에만 초점을 맞추고 있으나 1천여 편에 이를 정도의 야사편찬과 관련해서는 실은 붕당활동을 벌이던 당대의 지배층에 더욱 주목해야 할 것이다.

송 대는 귀족이 몰락하고 사대부(士大夫)라 불리는 향촌지주세력이 부상하여 관료층을 형성하여 사회의 주도층이 되었고, 그것은 중간에 원(元) 대의 이족(異族) 통치를 만나 일시 후퇴하지만 다시 명 대에 들어와 향신층(鄕紳層)으로 성장해 명(明) 말까지 사회를 이끌었다. 다시 말해 송 · 명 대에 붕당활동을 하고 야사를 남겼던 세력은 바로 이 사대부 진신(縉紳)들이었다. 그들은 황제권의 역사편찬 간섭으로 역사의 실상 파악이 여의치 않자 좀 더 생동감 있는 재료를 담은 야사 소설 쪽에 더 큰 관심을 보이게 되었으며, 여기서 그들이 붕당을 포함한 정치활동에서 경험하고 견문한 바를 기록으로 남기는 야사류가 많이 나오게 되었다고 할 것이다.

송·명 대의 야사성행이 사대부 진신세력의 붕당활동 결과 나타났다는 사실은 조선의 사림들이 16세기 이래 성장하여 이후 붕당적 정치운영과 함께 사회를 주도하게 되며, 후술되듯이 조선의 야사가 또한 16세기 이후부터 발흥하여 17~18세기에 크게 성행하였던 상황과 관련지어 볼 때 조선의 야사문제를 살피는 데 극히 시사적이라고 할 수 있다.

이와 같이 당(唐) 대에 발흥한 이후 송·명 대를 거치면서 발전하여 온 중국의 야사는 그러나 그 확실한 개념정립은 못한 것으로 말해진다. 그저 관수관찬(官修官纂)이 아닌 민간의 사사로운 기록이므로 조야(朝野)의 구별에 따라 야사라고 한다든가, 그러기에 체재가 순일(純一)하지 못하고 내용도 위항(委巷)의 이야기나 괴이한 전문(傳聞)으로 되어 있어서 역사로서 교훈이 되지 못한다는 정도가 야사에 대한 제가(諸家)의 해석이었다고 한다.[3] 그러다가 명(明) 대 후엽인 16세기 후반과 17세기 전반에 이르러 상술한 바와 같이 국초(國初) 이래 당대(當代)까지의 정치사와 고사(故事)를 다루는 국조사(國朝史) 형태의 야사가 나오지만 역시 야사의 전형을 이루어 개념을 정립하는 데까지는 이르지 못하였다. 이렇게 그 개념설정이 확실치 않아서인지 모르나 중국의 서적분류에 야사라는 유목(類目)은 쉽게 찾아지지 않는다. 중국목록학의 모범이라는 『수서(隋書)』, 「경적지(經籍志)」나 『문헌통고(文獻通考)』, 「경적고(經籍考)」, 그리고 역대 도서를 총집했다는 『사고전서(四庫全書)』의 사부유목(史部類目) 어디에도 '야사' 항목은 없다. 그 대신 야사란 명칭이 붙은 사서(史書)나 야사의 범주에 포함되는 서적은 마치 『사통(史通)』에서 편기(偏記)·소록(小錄)·일사(逸事)·쇄언(瑣言)·별전(別傳)·잡기(雜記) 등을 '잡술(雜述)'로 포괄하여 표시했듯이, 야사의 내용에 따라 사부(史部)의

---

3 『中國野史集成』(全 51책, 巴蜀書社, 1993), 제1책 序言.

잡사류(雜史類, 조정의 정치나 군국에 관한 것), 잡전(雜傳)·전기류(傳記類, 효자·열녀 등 인물에 관한 것), 그리고 자부(子部)의 소설가류(小說家類, 稗史·故實·筆記·記聞·瑣說 따위), 잡가류(雜家類, 諸人의 雜說이나 『說郛』, 『類說』처럼 諸書를 採綴 수록한 叢書 형식의 것)에 나누어 싣고 있다.

요컨대 중국의 야사는 재야의 개인(대개 사대부나 縉紳層)에 의해 사사로이 저술된 사가(私家)의 기록이면서도 그 수록 내용이 이항(里巷)의 전설(傳說)에서 조정의 정사(政事)에 이르기까지 잡다하며, 일정한 체재를 갖지 못한 조야한 것이었으므로 소설가(小說家)·잡가(雜家)·잡전(雜傳)·잡사(雜史) 등 다양한 유목(類目) 속에 분산되어 들어갔으나, 명대 후반에 이르러 야사의 발전이 이루어지는 속에 역사체재(歷史體裁)의 경향을 더 강하게 지니게 되면서 잡사류(雜史類)에 접근하는 개념으로 이해된다고 하겠다.

우리나라에서 언제부터 '야사'라는 용어를 사용했는지 그 정확한 시기를 밝히기는 어렵다. 물론 신라의 『계림잡전(鷄林雜傳)』이나 『수이전(殊異傳)』, 고려의 『역옹패설(櫟翁稗說)』, 그리고 조선 전기의 『용재총화(慵齋叢話)』, 『필원잡기(筆苑雜記)』 등이 오늘날 야사로 손꼽히고 있다. 그러나 이들은 적어도 17세기 이후에야 비로소 '야사'로 분류되었을 뿐 그 이전에는 소설이나 유사(遺事)·필담(筆談) 등으로 불리었다. 중국의 경우 벌써 9세기인 당(唐) 대에 『태화야사(太和野史)』라 하여 야사 명칭이 나오고 있었던 것으로 보아 그보다 훨씬 후대인 16세기에 살던 조선 사대부들이 야사의 용어를 몰랐다고는 생각되지 않으나, 아직까지는 『실록』을 제외한 다른 자료에서 그것을 찾지는 못하였다. 아마 16세기까지는 야사보다는 필기나 소설이 주로 사용되지 않았을까 생각해 보기도 한다. 이것은 선조연간의 안동 출신으로서 제목미상의 필담(筆談)을 지은 배용길(裵龍吉, 1556~1609)이 그 소서(小序)에서 다음과 같이

한 말[4]에서 확인된다.

> 국조(國朝)에서 사사(私史)를 금했으므로 때로 찬술하려는 뜻을 가졌더라도 일이 조정에 관련되면 감히 쓰지 못했고, 일상생활에서 한가롭게 주고받는 이야기나 때로 기록하는 정도였으니 『용재총화(慵齋叢話)』, 『필원잡기(筆苑雜記)』, 『태평한화(太平閑話)』, 『추강냉화(秋江冷話)』, 『수문쇄록(搜聞瑣錄)』 등의 책에서 볼 수 있다. 『삼국유사(三國遺事)』나 『역옹패설(櫟翁稗說)』, 『파한집(破閑集)』으로 말하면 전조(前朝) 문인의 기록인데 그 기록한 바가 또한 한담(閑談) 정도이니 사사(私史)를 금하는 것은 오래전부터였던 것이다.

그러면 『실록』에 보이는 야사의 용례는 어떠할까. 적어도 중종 이전까지는 앞서 우리가 중국의 예에서 개략적으로 검토하였던 야사의 개념과는 의외로 심한 차이가 있음을 알게 된다. 그것은 한마디로 지방관에 의해 편찬된 외방지사(外方之史)의 기록을 의미하였다. 그러한 예는 세조 때 전행호군(前行護軍) 김신민(金新民)이 지방의 역사 기록을 위해 외사 설치를 건의한 속에 처음 나타나고 이어, 예종연간에 대교(待敎) 양수사(楊守泗)가 중앙의 사관(史官)들이 외방의 일에 어두우므로 제도(諸道)의 수령관(首領官)이나 계수관(界首官), 교수들로 하여금 야사(野史, 즉 지방의 역사)를 편찬케 하자고 계문한 데서도 보인다. 그리고 연산군 원년 11월 14일(계사)의 경연에서 검토관 이관(李寬) 역시 야사법(野史法)의 복립을 요구하였다. 이 기사는 이미 선행의 연구에서 인용된 바 있으나 다시 한 번 검토할 필요가 있다.

---

4 『琴易堂集』 권4, 「筆談小序」.

검토관 이관이 아뢰기를 고려에는 야사가 있었지만 아조(我朝)에 이르러 처음으로 폐지되었습니다. 지금 춘추관이 있기는 하지만 단지 조정의 정사나 기록할 뿐으로 초야의 선악(善惡) 자취와 같은 것은 소멸되어 전하지를 못합니다. 신(臣)으로서는 도사(都事)와 문신수령(文臣守令) 및 교수 등에서 골라서 춘추(春秋)의 직을 겸하게 하여 파견하면 어떨까 합니다. (領事魚)세겸(世謙)이 아뢰되 야사의 법은 오래된 것으로 이를 다시 세우고자 함은 뜻은 좋으나 형세에 어려움이 있습니다. 무릇 역사란 것은 선악을 기록하면서 그 진실을 잃지 않아야 후세 사람들에게서 믿음을 얻게 됩니다. 그런데 지금 도사 수령으로 겸하게 할 수는 있지만 문제는 직필(直筆)을 얻기 어렵다는 데 있습니다.

여기서 말하는 야사는 앞에서 살폈던 야사의 뜻과는 적어도 두 가지 면에서 다른 점을 지적할 수 있다. 하나는 야사가 초야의 선악 흔적에 대한 기록이라는 것이며, 다른 하나는 지방관에게 맡기자는 것이다. 야사가 임하지사(林下之士) 즉 재야인(在野人)의 기술이라는 일반적인 이해와는 크게 다르다.

위의 예종조 기사와 연관시켜 보면 지방관이 기록한 지방의 역사를 야사라고 했다고 해석된다. 그리고 인용문에 나타난 전후의 문맥으로 보아 고려 때 있었다는 야사도 이런 의미의 것이었다고 생각된다. 다시 말해 고려시대 야사는 지방관이 쓴 지방사를 의미했고 『파한집(破閑集)』이나 『역옹패설(櫟翁稗說)』처럼 후대에 야사로 분류되는 것은 위의 배용길(裵龍吉)의 말대로 소설(小說)이라 불렀던 것이다. 이러한 야사 개념은 중국에서는 그 용례를 찾아볼 수 없다. 비슷한 것으로 『한서(漢書)』, 「예문지(藝文志)」에 임금이 여항의 풍속을 알기 위해 두었다는 패관(稗官)의 존재가 비교될 만하나 패관은 지방관이 아니며 그 기록 내용도 전설

(傳說) 따위에 불과해서 초야(草野)의 선악지적(善惡之跡)을 수록하는 조선의 야사와는 달랐다.

야사 개념이 달라지게 되는 것은 16세기 초의 중종 때 들어와서이다. 중종 15년 10월 25일(기유)의 조강(朝講)에서 시강관(侍講官) 서후(徐厚)는, "중국에는 국사(國史)가 비록 갖추어지지 못했다고 하더라도 문헌에 종사하는 사람이 많아서 야사에 또한 상세히 실어 놓아 별 문제가 없는데, 우리나라에는 그런 야사가 없어서 국사가 만일에 그 사실을 빠트리게 되면 후세에 어찌 알 수 있겠습니까."라고 하여 사책(史責)의 중요성을 강조하였다. 여기서의 야사는 중국의 예를 말하는 것에서 보듯이 국사와 대칭되며 개인에 의해 이루어진 사찬(私撰)의 사서(史書)를 의미하고 있다. 지방관이 쓴 지방사로서의 야사가 아니라 국사와 대칭시켜 보는 중국의 야사 개념에 접근하고 있는 것이다. 이처럼 달라진 야사 개념은 선조 28년 전란으로 인해 산일된 『승정원일기』의 보완책을 마련하면서 춘추관에서 일찍이 사관(史官)을 지낸 사람의 기억에 의한 추록(追錄)과 함께 다른 하나의 방안으로,

> 비록 사관이 아니라 하더라도 재야에 있는 뜻있는 선비들 가운데 그 들은 바에 따라서 사사로이 야사를 지은 자에게 아울러 널리 알려서 각도 감사로 하여금 단단히 묶어 사관(史館)에 보내도록 하십시오.

라 하고 이에 왕이 "야사 또한 믿기는 어렵지만 아울러 시행하도록 하라."고 답변[5]한 기록에서 찾을 수 있다. 여기서 쓰인 야사의 개념을 정리해 본다면 ① 재야의 뜻있는 선비에 의해 ② 주로 전해 들은 바의 내

---

5 『선조실록』, 28년 2월 무오.

용이 ③ 사사로이 기록된 것으로 ④『실록』이나『승정원일기』와 같은 국사의 궐루(闕漏)를 보완해 줄 자료가 되기는 하나 ⑤ 사료로서의 신빙성은 떨어진다는 것이다. 흔히 수록류(隨錄類)라고 말해지는『석담일기(石潭日記)』,『계갑일록(癸甲日錄)』,『기재잡기(寄齋雜記)』,『월정만필(月汀漫筆)』,『자해필담(紫海筆談)』,『동각잡기(東閣雜記)』,『(松江)시정록(時政錄)』등의 야사가 여기에 속한다고 할 수 있다.

2) 필기(筆記)·수록류(隨錄類) 야사의 증가

그러면 이처럼 야사의 개념이 달리 인식되는 이유는 어디에 있을까. 그것은 두말할 것도 없이 16세기 전반 이래 야사의 저술이 점차 활기를 띠게 된 데 있다. 이 점은 선행연구[6]에서 이미 밝혀져 있으므로 재론할 필요는 없다. 다만 이때 나온 야사가 이 시기에 새로운 세력으로 부상하게 되는 사림의 손을 거친 것이었고, 또 그 야사가 모두 일종의 필기소설이나 수록과 같은 형태를 취하고 있었다는 점만은 위의 선조(宣祖) 기사와 관련하여 지적해야 할 것이다.

먼저 이 시기의 야사가 사림에 의해 저술되었다는 것은 그 저술자의 성명을 보면 금방 알 수 있다. 물론 그중에는『용천담적기(龍泉談寂記)』를 쓴 김안로(金安老)나『유자광전(柳子光傳)』을 쓴 남곤(南袞)과 같이 사림계를 탄압했던 인물도 보이나 그들 역시 김종직(金宗直)의 문인에 속하면서 사림을 자처하였던 관계로 이 시기의 야사를 사림의 저술이라고 하는 데 별로 문제되지는 않는다. 위의 선조 대에서 말한 임하유지지사(林下有志之士)가 바로 이 사림을 지칭했다고 볼 것이다. 앞에서 중국

6 이태진(1988).

의 경우 사대부 또는 진신세력의 등장과 함께 야사가 성행했음을 보았다. 우리나라의 경우도 마찬가지로 사림이 대두하는 시점에서 필기(筆記)나 수록류(隨錄類)와 같은 야사가 출현한다는 사실은 사대부나 사림과 상관관계가 깊음을 말해 준다고 생각된다. 다시 말해 야사를 사림 자신의 역사기록이라고 해도 무방하지 않을까 하는 것이다.

그리고 이때 나온 야사는 그 형태상 한 편의 예외도 없이 모두 단편적인 기록을 모아 놓은 필기소설이나 수록류들이다. 이는 야사를 저술한 사람들이 일상에서 직접 경험했거나 목격한 것 그리고 개인적으로 전문한 바를 평소에 짤막짤막하게 기록해 두었다가 후일 이를 정리하여 묶었기 때문이다. 따라서 그 내용도 신변잡사에서부터 조정의 정치, 그중에서도 사화와 관련된 사건의 경위나 특히 인물에 대한 소개 및 평가로 되어 있다. 후일 담정(薄庭) 김려(金鑢)는 이 기록들을 야사의 3형태라 하여 '저(著)'·'술(述)'·'록(錄)'으로 구분[7]하였다. 중국의 경우는 이런 부류를 대개 자부(子部)의 소설가류(小說家類)나 잡가류(雜家類)에 분류해 넣었지만, 조선에서는 『패관잡기(稗官雜記)』의 기록이나 제가(諸家)의 소설(小說)을 모아서(裒輯) 『해동야언(海東野言)』을 편찬했다는 해동야언(海東野言) 후서자(後序者)의 언명[8]에서 보듯이 일단은 소설가류로 파악하면서도, 큰 틀에서는 야사로 간주하여 역사의 범주에 포함시켰다.

---

7 『薄庭遺稿』 권11, 「倉可樓外史題後」의 '題癸未記事卷後'. 그중 '著'는 李珥의 『石潭日記』처럼 綱目의 계통을 이어서 명분의리가 분명하게 편찬된 것이고, '述'은 李廷馨의 『東閣雜記』처럼 견문한 바를 정리한 소설과 같으며, '錄'은 鄭澈의 『時政錄』이나 李誠中의 『癸未記事』처럼 일체의 褒貶 없이 朝報·疏箚 등에서 사실만 채록해 놓은 것이라 하였다. 그러나 필자는 김려의 '述'과 '錄'의 구분에는 동의할 수 없다. '述'이 오히려 述而不作이라 함에서 보듯 사실 위주로 기술한 것이고, '錄'은 견문한 바를 적은 것으로 흔히 필기나 소설류에 해당한다고 본다.

8 『海東文獻總錄』 권3, 史記類, 「海東野言條」, "我本朝二百年中 豈無前言往行之可識 野史有禁 作者無聞 識者恨之 荷谷許美叔 裒梓諸家小說 錄爲此篇."

16세기에 수록류나 소설 형태로 발흥하게 된 야사는 17세기를 지나면서 그 수가 대폭 증가하게 된다. 이 시기에 만들어진 야사가 몇 편인지 정확한 수치는 알 수 없다. 그러나 『연려실기술(燃藜室記述)』의 별집(別集) 야사류(野史類) 항목에 실린 153편의 야사 가운데 그 절반에 해당하는 72종의 야사가 이 시기에 편찬된 것으로 미루어 수백 종[9] 혹은 약 오백 종에 이른다[10]는 조선시대 야사에서 그 수치를 짐작하기란 어렵지 않다. 이렇게 야사가 증가한 것은 물론 사림이 사회주도세력이 되었기 때문이겠다. 그러나 더 직접적으로는 이 기간에 왜란과 호란이라는 두 차례의 큰 전란이 있었다는 점과, 또 사림의 정치활동에서 파생된 붕당의 형성과 그들간의 정권경쟁이 심화되었다는 데 원인이 있다고 할 것이다.

특히 붕당문제와 관련해서는 앞서의 『사고전서(四庫全書)』 편찬자의 지적대로, 조선에서도 정쟁에서 패배한 실권파가 필묵(筆墨)을 통해 자신들의 불리한 정치적 입장을 변호하고 집권세력을 공격하고자 했으며, 여기서 정치적 이해가 걸린 중요한 사건이나 사안(事案)에 관한 개인의 견문록(見聞錄)이나 일기(日記) · 잡기(雜記) 등 여러 형태의 야사가 나오게 되었던 것이다.

이 시기 야사의 전개는 비단 양적인 팽창에만 그치지 않았다. 야사의 제작 방식에서도, 단순한 '기록(記錄)'으로부터 자료에 의한 '편찬(編纂)' 형태로 새로운 방법이 모색되고 있었다. 그것은 허봉(許篈)의 『해동야언(海東野言)』과 정도응(鄭道應)의 『소대수언(昭代粹言)』을 통해서 찾아진

---

9 『智水拈筆』 권1, 「林園十六志」, "楓石嘗編取我東人筆錄漫記數百種 名曰小華叢書 …… 而未及善寫成書 楓石亦捐館 可歎也."

10 金根洙(1976), 「野乘」, 44면, 그리고 「韓國野史叢書所收書目」에 보면 561종으로 나와 있다.

다. 16세기 말에 나온 『해동야언』은 「필원잡기(筆苑雜記)」, 「음애일기(陰崖日記)」 등 22종의 소설(小說) · 수록류(隨錄類)로부터 필요한 기사를 발췌, 인용하는 방법으로 태조에서 명종 말에 이르는 160~170년 간의 정치사를 시대 순으로 편술함으로써 우리나라 야사에서 기록류의 부집(裒輯)에 의한 국조사의 편년체적 편찬형식, 즉 '유서(類書) 형식의 야사'[11]를 처음으로 개척하였다. 뿐만 아니라 그 인용한 기사의 출처, 즉 전거(典據)를 충실히 제시한 데다가 또 인물 중심의 역사 이해를 시도함으로써 후대인 18세기 이후의 역사 편찬에 하나의 모범을 보인 것으로 평가된다(이런 방식은 뒤에 보듯이 史體를 제외하고는 『연려실기술』의 편찬에 고스란히 수용되었다). 허봉이 이런 유서 형식의 국조사를 편찬하게 된 것은 아마도 명(明)에서 간행되어 조선에 들어왔던 『황명통기(皇明通紀)』

---

11 日人 末松保和가 「李朝의 野史叢書에 대하여」(學習院大學 文學部 研究年報 제12, 1966, 『青丘史草』 제2에 재수록)에서 諸種의 야사를 모아서 하나의 큰 야사집으로 편찬한 『소대수언』을 '야사총서'로 규정하고, 그것과 비교하여 수필적 저작으로부터 가치 있는 자료를 빼어내어 태조부터 명종 말년까지를 편년사로 만든 『해동야언』을 '야사통사'로 이름한 이래, 야사통사와 야사총서란 표현이 널리 사용되어 왔다. 그러나 통사란 편찬'시기'를 기준으로 한 구분이고 총서란 편찬'형식'에 의한 구분이어서, 서로 대비시켜 말할 수 없다. 대개 역사를 편찬할 때 그 다루는 대상을 모두 태초에서부터 시대 순으로 망라하는 경우 '通史'라 하며, 한 왕조나 시기를 국한시킨 경우는 '斷代史'라고 한다. 이를테면 『史記』와 『自治通鑑』, 우리나라의 『東國通鑑』, 『東史綱目』이 통사이며, 『漢書』 등의 25史와 우리나라의 『高麗史』, 『해동야언』 등이 단대사이다. 이에 비해 편찬형식에 기준한 구분은 叢書 · 類書 · 百科全書가 있다. 총서는 일정한 원칙에 따라 諸種의 서적에서 '原書' 그대로 수록하는 방식으로 『百川學海』가 그 대표적이라 하며, 類書는 제종의 서적에서 '原文'을 해체하여 정하여진 원칙에 따라 類門別로 모아서 배열하는 방식이므로 '述而不作'과 함께 반드시 원문의 出典이 명시되어야 하는데 曹魏의 『皇覽』이 그 시초라 한다(劉辰, 2001年 第3期). 이런 기준에 따르면 諸家의 야사를 원서 그대로 모아서 편찬한 『소대수언』, 『대동야승』은 '총서 형식의 야사'요, 제가의 야사를 분해하여 기사를 채록하고 이 기사를 편년순으로, 혹은 표제에 넣어 배열한 『해동야언』, 『연려실기술』 등은 '유서 형식의 야사'라고 불러야 한다고 본다. 시기를 기준으로 해 말한다면 모두 조선시대를 다룬 만큼 단대사, 즉 國朝史라고 해야 할 것이다.

와 『고수부담(孤樹裒談)』에서 영향받은 것이 아닌가 생각된다.[12]

한편 17세기 중엽에 정도응에 의해 만들어진 『소대수언(昭代粹言)』은 위의 『해동야언』이 각종 수록류의 내용을 분해하여 시대 순에 따라 발췌된 기사를 재배열하는(따라서 원본인 책자는 기사 말미의 인용 서명으로 들어갈 뿐 그 형태는 없다) 형식이었던 것과는 달리, 17세기 전반까지 나온 대표적인 소설 · 수록류를 모아 내용의 가감 없이 그대로 함께 묶어 놓는 형식, 즉 '총서 형식의 야사'였다. 사서편찬이란 면으로 본다면 각종 수록류를 모아 단순히 재록해 놓은 데 불과하다 하여 『해동야언』보다 다소 의미를 낮게 볼지 모른다. 그러나 『해동야언』, 「계미기사」, 「동각잡기(東閣雜記)」, 「병자록(丙子錄)」, 「부계기문(涪溪記聞)」 등을 재록(載錄)한 순서에서 보듯이 수록류 단위이기는 하나 시대 순으로 배열함으로써 국초 이래의 역사를 통람할 수 있게 해 준다. 특히 개별적으로 분산되어 있어 구해 보기 힘든 수록류나 필기소설 등을 한 곳에 모아 놓음으로써 손쉽게 활용할 수 있게 하였고, 그로 인해 유서(類書) 형식의 야사편찬이 가능하도록 하는 토대를 마련했다는 면에서 총서 형식의 시초로서 『소대수언』이 갖는 의미는 결코 작다고는 할 수 없다. 이와 같은 유서나 총서의 형식은 이미 중국에서는 예컨대 명대의 야사이던 『고

---

12 明 嘉靖연간(1522~1566)에 이르면 야사와 傳聞에서 자료를 채취해 國朝史(明太祖~當代까지)를 편찬하는 경향이 일어나는데, 陳建의 『皇明通紀』를 효시로 하여 鄭曉의 『吾學篇』, 李默의 『孤樹裒談』이 뒤를 이었다. 이들 私史는 이미 명종 21년(1566)경에 나온 李滉의 「心經後論」에서 이를 보았다는 기록이 있는 것으로 보아 조선에 바로 수입되어 사대부들 사이에 읽혔다고 보인다. 특히 『고수부담』은 그 내용에서 列朝별로 事蹟을 기술하고 이어 관제 · 제도 · 인물을 붙여 놓았으며 기사의 끝에 출전을 밝혀 놓은 경우도 있어 『해동야언』 체제와 아주 흡사하다. 許篈이 선조 7년(1574) 聖節使의 書狀官으로 갈 때 質正官으로 동행하였던 趙憲이 쓴 「朝天日記」에 북경에서 經生으로부터 벼루를 주고 『고수부담』을 구했다고 하는 만큼, 허봉이 여기서 『고수부담』을 접하고 그 영향으로 후일 『해동야언』을 편찬하게 되었다고 생각된다.

수부담(孤樹裒談)』이나 『오학편(吾學編)』, 『황명통기(皇明通紀)』(이상 類書 형식)와, 『설부(說郛)』, 『패승(稗乘)』[13](이상 총서 형식) 등의 편찬에서 적용되고 있었다. 이 시기 조선에서 중국에서 간행된 서적의 수입이 상당히 활발했던 점으로 미루어[14] 『해동야언』이나 『소대수언』 편찬자들이 어떤 형태로든 영향을 받았으리라 생각한다.

이러한 『해동야언』과 『소대수언』의 출현은 그때까지 단순한 '기록'의 수준에 머물던 야사로 하여금 일정한 체제를 갖춘 '편찬'의 형식으로 발전하게 하는 계기를 마련하였으며, 이에 이르러 비로소 조선의 야사도 그 범주를 자부(子部)의 소설가(小說家)나 잡가류(雜家類)로부터 사부(史部)의 별사(別史)·잡사(雜史)·전기류(傳記類)로까지 확대시킬 수 있었던 것이다.

3) 국조사(國朝史) 관련 야사의 성행

『해동야언』과 『소대수언』의 출현은 야사편찬에 있어서 그 형식이 발전한 것으로만 볼 수 없다. 그것은 국초의 『실록』과 『고려사』 편찬을 거치고 여러 차례의 정변을 겪으면서 금기시되어 온 조선왕조의 역사에 관한 재야의 관심이, 사림의 등장으로 '필기'·'수록'의 형태로 기록하는

---

13 『說郛』는 명 초에 陶宗儀가 그전까지의 필기와 수록류 1천292종의 책을 抄錄하여 100권으로 편찬했으며, 『稗乘』은 撰者未詳이나 明 萬曆 46년(1618)에 42종의 책을 초록하여 4권으로 간행된 것이다. 『昭代粹言』이 全文을 載錄한 데 비해 수록한 책 수는 많으나 全文이 아닌 抄錄이라는 것이 큰 차이점이다.

14 예컨대 『황명통기』는 1555년에 완성되었는데 7년 뒤인 조선 명종 17년에 벌써 조선 조정에서 宗系辨誣와 관련해 이 책을 열람하고 있음(『명종실록』, 17년 11월 26일 병오)과 광해군 7년(1615)에도 변무관계로 『吾學篇』, 『孤樹裒談』, 『皇明大政記』 등 11종을 구입(『광해군일기』 권94, 7년 윤8월 8일 임자)한 것을 들 수 있다.

단계를 지나 이들 야사자료를 토대로 해서 국초 이래의 역사를, 이제 국가기관이 아닌 개인의 손으로 '국조사(國朝史)' 또는 '소대사(昭代史)'를 편찬하게 되었다는 좀 더 큰 의미를 지니는 것으로 이해해야 할 것이다. 물론 이 시기라고 하여 국사에 대한 국가의 통제가 공식적으로 해제된 것은 아니었다.

숙종 33년, 예문관 제조이던 신완(申琓)의 부탁으로 홍만종(洪萬宗)이 우리나라 역사를 단군(檀君)에서부터 숙종(肅宗) 당대(當代)까지 간략히 기술한 『동국역대총목(東國歷代總目)』을 편찬하였고 교서관에서 이를 인출하였다. 그러나 이 책에 대해 지평 김시환(金始煥)이 본조사(本朝史)에 대한 기술(記述)을 문제 삼고 나왔다. 김시환에 의하면 비록 『국조보감』, 『열성지장(列聖誌狀)』이 있기는 하지만, 사가(史家)의 예처럼 열성(列聖)의 위호(位號)나 연월을 편서(編序)하지 않은 것은 휘피(諱避)할 것이 있고 참월(僭越)할 수 없기 때문이었는데, 이 책은 열성휘호를 드러내고 나라를 다스린 햇수를 기록하며 강목(綱目)을 두어 포폄(褒貶) 여탈(與奪)의 뜻을 담아 마치 하나의 역사서처럼 해 놓아서, 참월무엄(僭越無嚴)하며 사법(史法)에 어긋나므로 반포를 금지하고 편찬자를 귀양 보내야 한다고 강경히 주장하였다.[15] 다행히 영의정 최석정(崔錫鼎)이 변호하여서 무사히 타첩되었지만, 이를 통해 18세기 초까지만 하여도 조야(朝野)를 막론하고 국조사(國朝史)의 편찬이 쉽지 않았음을 알 수 있다.

위와 같은 사정 때문인지 『해동야언』과 『소대수언』이 17세기에 출현했으나, 곧바로 유서(類書)와 총서(叢書) 형식으로 자신이 속해 있는

15 『숙종실록』, 33년 7월 18일(무진)의 持平 金始煥 啓와 동년 8월 2일(신사)의 都提調 崔錫鼎의 上言.

왕조의 역사인 국조사를 찬술하는 작업이 계속 뒤따르지는 않았다. 다음의 표는 조선시대에 나왔던 유서와 총서 형식의 야사 가운데서 편찬 시기와 편찬자를 어느 정도 밝힐 수 있는 것만 정리해 본 것이다. 그 결과는 18세기 이후에 가서야 그것이 비로소 성행하였음을 말해 주고 있다.

〈표 1〉 조선시대의 대표적인 國朝史(類書 형식)

사서명	찬자	사체	연대	권수	수록범위
海東野言	許篈	편년	선조, 16C 말	3권	태조~명종 말
朝野記聞	徐文重	기사본말	숙종, 18C 초	30권 23책	태조~숙종 29
春坡日月錄	李星齡	편년	숙종, 18C 초	16책	태조~인조
青野漫輯	李喜謙	편년체에 기사본말 겸함	영조 15, 18C 중	10권 10책	태조~숙종
朝野僉載	尹得運	편년	영조, 18C 중	50권 29책	태조~숙종
列朝通紀	安鼎福	편년	영 · 정조, 18C 후	25권	태조~영조
朝野會通	金載久?	편년	정조, 18C 말	28권 16책	태조~영조 3
朝野輯要	李長演	기사본말	정조, 18C 말	29권 21책	태조~영조
楓岩輯話	柳光益	편년체에 기사본말 겸함	정조 14, 18C 말	7권 7책	태조~인조
大事編年	?	편년	정조, 18C 말	34책	태조~영조
國朝編年	?	편년일기	정조, 18C 말	20책	태조~인조
昭代紀年	?	편년	정조, 18C 말	27권 27책	태조~숙종
燃藜室記述	李肯翊 (李匡師?)	기사본말	정조, 18C 말	59권 39책	태조~숙종
國朝故事	?	편년일기	19C 초	16책	태조~정조
藥坡漫錄	李希齡	편년	순조, 19C 초	94권 60책	태조~영조

〈표 2〉 조선시대의 대표적인 國朝史(叢書 형식)

사서명	편자	연대	권수	수록종류
昭代粹言	鄭道應	현종, 17C 후반	12책	14종
鵝洲雜錄	洪重寅	영조 초, 18C 초	47책	100종 초록(선조~숙종)
大東野乘	미상	숙종 말, 영조 초, 18C 초	72책	61종(태조~영조)
大東稗林	沈魯崇	순조, 19C 초	125책	72종(태조~순조 초)
青丘稗說	李長載	순조, 19C 초	45책	자료(여말~경종)
寒皐觀外史	金鑢	순조, 19C 초	70책	81종(태조~정조)
倉可樓外史	金鑢	순조, 19C 초	90책 이상	7종 이상
廣史	金鑢	순조, 19C 초	200책	143종(태조~정조)
稗林	미상	철종, 19C 중	169책	96종(태조~순조)

※ 金根洙, 『野史叢書의 총체적 연구』와 安大會, 『조선 후기 野史叢書 편찬의 의미와 과정』에 의거해 작성함.

표에서 보듯이 『해동야언』과 『소대수언』을 제외하고는 모두가 18세기 이후 특히 그 중 · 후기에 해당하는 영 · 정조 대에 가장 많이 편찬되었다. 여기서 다루고자 하는 『연려실기술』이 시기상으로 말미부분에 위치하고 있는 것으로 보아 이 표만으로서도 『연려실기술』이 조선시대 야사의 총결산이었음을 짐작하기 어렵지 않다.

그러면 18세기에 이르러 단편적인 '기록'으로서의 야사보다 이와 같이 유서와 총서의 형식을 띤 '국조사(國朝史)'로서의 야사가 성행하였던 배경은 어디에 있을까. 이 문제에 대한 답은 아무래도 당시의 지배세력이던 관료와 사대부층의 필요성 및 탕평책의 추진으로 인한 정치여건의 변화와 관련하여 찾아야 할 것이다.

먼저 첫 번째 관료의 입장에서 볼 때 정무(政務)수행과 정책결정에 참고할 수 있는 국조고사(國朝故事)에 대한 자료가 필요했다는 점이다.

비교적 이른 시기인 숙종 대에 『조야기문(朝野記聞)』을 편술하였던 서문중(徐文重)은 그 발문(跋文)에서,

> 조가(朝家)에서 매번 정치에 의심되는 부분이 있으면 문득 여러 신하들에게 물어보지만 지나간 일에 대해서는 마치 귀머거리나 소경이 된 것처럼 알지 못하여 그 자리에서 바로 근거를 대어 답변하지 못하니 부끄럽고 두려운 바는 실로 말할 수 없었다. 이에 벼슬에서 물러나 한가로이 있는 틈을 타서 제설(諸說)을 두루 살펴 열조(列朝)의 사실에 대해 그 출처연원을 모아 차기(箚記, 수필)로 엮어 이름하여 『조야기문(朝野記聞)』이라 했는데 찬술한 것이 아니기 때문이다.[16]

라고 하여 그 책의 편술이 국정(國政)의 참고자료를 제공하려는 데 있음을 분명히 하였다. 사실 한 왕조가 300여 년이 넘게 오랫동안 지속되는 상황에서 그 사이에 변화한 정치상황이나 제도(制度)·고사(故事) 등에 대한 이해가 절실하게 필요하였음은, 우선 그 제도사적 정리를 위해 『전록통고(典錄通考)』, 『속대전(續大典)』, 『속오례의(續五禮儀)』 같은 법전류의 편찬을 거쳐 영조 46년(1770) 국가에 의해 일종의 유서류(類書類)인 『동국문헌비고(東國文獻備考)』의 편찬이 이루어졌던 데서 쉽게 알 수 있다. 18세기 말부터 19세기 초에 편찬된 『연려실기술』이 열조(列朝)의 정치고사에 대한 기술과 함께 각 왕대 묘정배향신(廟庭配享臣)·상신(相臣)·문형(文衡)·명신(名臣) 등의 전기를 싣고, 나아가 전장(典章) 문물제도에 대한 설명을 담은 「별집(別集)」까지 함께 편찬하였던 이유도 이러한 데 있었던 것이다.

---

16 徐文重, 『朝野記聞』 권8, 跋.

다음 두 번째로는 왕조의 장기적인 존속으로 인해 왕조 역사에 총괄적인 정리의 기회인 정사(正史)편찬이 이루어지지 못하는 상황에서 조선시대의 정치사를 손쉽게 이해할 수 있는 적당한 사서(史書)가 필요하다는 인식이 대두하고 있었다는 점이다. 그것은 조정에서 벼슬하는 관료나 재야에 머무는 사대부에게서나 모두 마찬가지였다. 관료층에 있어서의 그것은 숙종 25년 당시의 좌의정으로서 경세(經世)에 뛰어나고 박학(博學)으로 이름나 있던 최석정(崔錫鼎)이 『국조보감(國朝寶鑑)』의 속성(續成)을 건의한 데서 찾아볼 수 있다. 그는 고려 말에 민지(閔漬)와 이제현(李齊賢)이 당시대의 역사인 국사(國史)를 편찬한 적이 있고 송(宋)대의 주진(朱震)·범충(范沖) 역시 송 대의 국사(國史)를 저술한 적이 있음을 거론하여, 조선에도 그러한 국조사(國朝史)의 편찬이 이루어져야 할 것임을 강력히 희망[17]하였다. 그러나 최석정 스스로도 지금 당장 그것의 편찬은 여건상 적당치 않다고 하며 『국조보감』의 속찬을 요청하는 선으로 후퇴했음에서 보듯이 조정에서의 공식적인 편찬은 쉽지 않았다. 『국조보감』은 근 70년이 지난 정조 6년에 빠져 있던 정종(定宗)·단종(端宗)·세조(世祖)·예종(睿宗)·성종(成宗)·중종(中宗)·인종(仁宗)·명종(明宗)·인조(仁祖)·효종(孝宗)·현종(顯宗)·경종(景宗)과 영조(英祖) 등 13조(朝)의 것을 찬수함으로써 태조에서 영조까지 이르는 19조의 『국조보감』(68권 19책)이 완성되어 국가의 공식적인 국조사가 비로소 갖추어진다.

관료층과 마찬가지로 재야의 사대부들에게도 그때까지의 조선시대

---

17 『숙종실록』, 25년 6월 9일(병오), 이 외에도 최석정은 野乘을 집대성하고자 하여 撰修廳을 설치하기까지 했지만 뜻을 이루지는 못했다고 한다(崔昌大, 『崑崙集』 권19, 先考議政府領議政府君 行狀).

정치사를 이해하고자 하는 욕구는 강하였다. 이 점은 18세기의 정치사에서 보이는 하나의 큰 특징인 탕평정치와 관련해서 검토해야 한다.

사림의 공론을 앞세워 붕당 위주의 도덕정치로서 운영되어 오던 사림정치는 17세기 말 이후 붕당간의 명분의리 논쟁이 격화되면서 파탄을 맞게 된다. 이에 정국 파탄의 수습과 사림정치 아래서 약화되었던 왕권의 회복을 위해 영조 · 정조는 일대 정치개혁을 추진하였다. 흔히 탕평책으로 불리는 그 개혁은 종전의 사림정치와 붕당 중심의 정국운영을 통절히 비판하고 부정하는 데서 출발하였다.[18] 따라서 그에 대한 찬반을 둘러싸고 조야에 큰 논쟁이 일어났으며 이러한 분위기는 자연히 국초 이래의 정치상황이나 당론 관계 사건에 대한 지적 욕구를 촉발하였다.

이러한 지적 욕구는 탕평책의 성과로서 사림정치가 점차 쇠퇴하여 종말을 고하는 시점에 이르러, 마치 사림정치가 출발하던 시점에서 허봉(許篈)이 그 이전 시대의 역사 정리를 위해 『해동야언』을 지었듯이, 마침내 사림의 후예인 그들의 손으로 사림의 역사를 종합하려는 방향으로 구체화하게 된다.

그런데 국가에 의한 정사의 편찬은 불가능한 상황이었고 또 사람마다 정치적 식견이나 이해가 달랐던 관계로, 그런 욕구에 부응하기 위해서는 오직 야사의 편찬이 활발히 이루어질 수밖에 없었던 것이다. 그런 사정은 19세기 중엽의 홍한주(洪翰周)가 쓴 『지수염필(智水拈筆)』에, "아조(我朝)의 『실록』과 『국조보감』은 모두 다 지나치게 찬양하는〔溢美〕 쪽으로만 되어 있어 살피고 헤아릴 바가 없으므로 후세에 사실을 전하

18 영조 초년 破朋黨을 앞세워 탕평론을 펴던 趙文命은 노 · 소론의 分黨뿐 아니라 거슬러 올라가 인조 대의 調停策에 의한 남 · 북 정권과 선조 대의 동서분당의 源委까지 논하고 歐陽脩 · 朱熹의 君子小人辨 · 引君爲黨說까지 말하였다(정만조, 1983, 「영조 대 초반의 탕평책과 탕평파의 활동」, 『진단학보』 56).

기 위해서는 오직 야사에 의하는 수밖에 없다."고 하여 야사의 가치를 밝히면서,

> 오늘날인즉 소대(昭代)라 열조(列朝)의 실록이나 보감(寶鑑)이 있을 뿐으로 정사(正史)는 논할 자리가 아니다. 그러므로 사대부로서 전고(典故)를 알고자 한다면, 단지 야승(野乘)이나 문집(文集)을 따라야만 비로소 믿을 만하게 되는데 『조야회통(朝野會通)』, 『조야집요(朝野輯要)』, 『조야첨재(朝野僉載)』, 『청야만집(淸野謾輯)』 등의 여러 책은 모두 잡다하기만 할 뿐 법도가 없고, 홀로 원교(圓嶠)가 편찬한 연려기술이 있어 대개 기사본말체(紀事本末體)를 본뜬 것이라 하나 이 또한 완성된 책이 아니다.[19]

라고 하며 정사가 나올 수 없는 상황에서 사대부의 국조사에 대한 지적 욕구에 따라 『조야회통』 이하 '편찬물'로서의 여러 야사가 나오게 되었음을 밝힌 데서 잘 드러나고 있다. 개인이 소설 · 수록류를 모아 야사를 '편찬'하게 된 것은 바로 이런 이유 때문이었다.

그러면 숙종 33년 『동국역대총목』을 간행할 당시까지만 해도 편찬자를 죄주어야 한다는 주장이 나올 정도로 경직되었던 분위기가 어떤 사정으로 야사를 용인하고 인정하는 방향으로 바뀌었을까. 그것은 탕평책을 시행하려 하면서 영조가, "선조 때 비로소 당론이 있게 되었다고 하지만 야사에 기록된 것을 다 보지 못해 잘 몰랐는데 얼마 전에 송인명(宋寅明)이 「동호문답(東湖問答)」을 보여 주고 자세히 설명을 해 주어서 비로소 알게 되었다 …… 대개 조정이 시비를 밝혀야만 탕평을 할 수 있다."[20]라

19 『智水拈筆』 권1, 「東國史書」.

20 『승정원일기』 644책, 영조 3년 8월 24일 정미.

고 하여 탕평하려면 당론을 알아야 하는데 야사를 통해야 알 수 있다고 한 것에서 그 하나의 답을 찾을 수 있다. 실제로 영조는 신하들과의 대담에서 「오산설림(五山說林)」을 어릴 때부터 읽었다며, 「동악(東岳, 李安訥) 잡기(雜記)」, 『조야기문(朝野記聞)』, 「어우야담(於于野談)」 등에 대해 내용을 설명하기도 하는 등 야사에 상당한 관심과 일가견을 갖고 있었다고 보인다.[21] 이미 『동국역대총목』과 관련해 야사와 같은 것은 개인이 혹 찬술한다 하더라도 상자에 넣어 집안에 보관할 뿐이라면 문제 삼을 것 없다[22]고 한 최석정의 말에서 야사에 대한 인식이 달라지고 있었지만, 이처럼 영조 자신이 야사의 가치를 인정하고 있는 상황에서 더 이상 야사 형태로 국조사를 다루는 데 대한 통제의 우려는 없었다고 할 것이다. 정조는 선왕에 대한 「갱장록(羹墻錄)」을 속성하면서 「지장(誌狀)」, 『국조보감(國朝寶鑑)』, 『실록』, 『승정원일기』와 함께 사가(私家)의 야사에 실린 기사까지 수집하라고 하였다.[23] 18세기 야사 형태의 국조사 찬술이 성행할 수 있던 배경은 이러한 데 있었다.

여기서 하나 유의할 것은 사대부 측의 정치사에 대한 관심이 정치적 사건이나 붕당사의 전개에 대한 객관적 파악에 초점이 두어져서, 당론적(黨論的) 이해(利害)가 아직까지는 강하게 드러나지 않았다는 점이다. 따라서 19세기 이후 탕평이 무너지고 노론 내의 외척세력이 정권을 독점하는 세도정치하에서 각 당의 의리명분을 변호하려는 이른바 당론서(黨論書)[24]와는 그 격을 달리한다. 뒤에 보듯이 『연려실기술』이 정치적으로 공정한 자세를 견지할 수 있었던 것은 이러한 시대적 분위기의 영

21 위의 책, 1018책, 영조 23년 7월 24일 임자.
22 『승정원일기』 436책, 숙종 33년 8월 2일 신사.
23 『승정원일기』 1590책, 정조 9년 12월 21일 정유.
24 『辛壬紀年提要』, 『庚申錄』, 『待闡錄』, 『玄皐記』 등이 그 대표적인 예이다.

향을 받았기 때문이었다.

세 번째는 다소 막연하게 들릴지 모르나 18세기의 야사편찬 성행이 조선적인 것에 대한 관심을 새로이 하는 문화운동의 일환이었다는 점이다. 『조야집요(朝野輯要)』의 편찬자는 다음과 같이 그 편찬동기를 밝히고 있다.

> 속언(俗諺)에 『동국통감(東國通鑑)』을 누가 읽겠는가라는 말이 있다. 이는 대개 우리나라의 선비들이 역대의 역사(중국사를 말함)에 대해서는 박흡(博洽)하다고 일컫는 자가 적지 않으나, 홀로 우리나라 역사에 이르러서는 관통(貫通)한 사람이 드물다는 데서 나온 말이다. 비유컨대 어떤 사람이 남의 집 일은 아주 상세히 기록하면서 자기 집안 내의 일은 한쪽에 밀쳐 두고 신경을 쓰지 않는 것과 같으니 어찌 옳은 일이겠는가.

우리나라 선비가 중국의 역사에는 달통하면서 조선조의 역사는 제대로 알지 못한다는 이런 지적은 비단 여기서만 보이는 것이 아니다. 표현은 조금씩 다를지라도 이 시기에 나온 야사의 서문(序文)이나 의례(義例)에서 흔히 발견된다.[25] 이와 같이 자국사(自國史)를 제대로 알지 못한 데 대한 반성과 자국사 인식의 필요성에 대한 자각은 17세기 말부터 한동안 조선의 지식인 사회에 불어닥쳤던 조선중화의식(朝鮮中華意識)의 고양(高揚)으로 조선의 고유색에 대한 관심이 깊어졌던 사상계의 동향과 밀접한 관련을 갖는다. 18세기의 실학(實學)에서 보이는 국학(國學)발전의 한 측면은 이러한 야사편찬으로 나타났던 것이다.

이상이 18세기 이후 통사 또는 총서 형식을 취한 소대사(昭代史, 國朝

25 예컨대 『淸野謾輯』의 서문이나 『지수염필』의 권1, 「筆記漫錄」에 있는 기사가 그러하다.

史)의 편찬이 활발했던 배경이라고 할 수 있다. 『연려실기술』의 편찬 역시 이런 시대적인 추세 위에서 이루어졌음은 물론이다.

『연려실기술』로 종합적 정리를 보게 되는 18세기 야사의 이러한 발달은 마침내 19세기에 들어가 도서분류(圖書分類)에 있어서 중국과 달리 야사 항목의 독자적 설정을 보게 하였다. 『연려실기술』에 필기소설류(筆記小說類)·수록류(隨錄類)·전기류(傳記類) 및 유서(類書) 형식(중국은 雜史類로 분류됨)과 총서(叢書) 형식(중국은 雜家類로 분류함)을 포괄하여 야사류(野史類)를 설정한 것이나, 19세기 전기의 홍석주(洪奭周)가 쓴 『홍씨독서록(洪氏讀書錄)』에 사부(史部)를 사문(四門)으로 나누면서 사(史)·패사(稗史)·지(志)와 함께 야사(野史)를 독립항목으로 둔 것[26]이 그 예라고 할 수 있다.[27] 우리나라에서 소설이나 잡가(雜家)·잡사(雜史) 등의 표현보다는 필기(筆記)·수록류(隨錄類), 유서(類書)·총서류(叢書類) 등을 모두 포괄하는 의미로서 야사라는 용어가 일반적으로 널리 사용되었던 이유 중의 하나도 여기에 있다고 본다.

이상과 같은 야사의 전개과정에서 나왔던 용례의 검토를 통해 살핀 바에 따라 우리나라의 야사 개념을 한번 정리해 보기로 한다. 그것은 요컨대 처음에는 ① 지방관에 의해 편찬된 지방사를 지칭했으나 16세기 이후 의미가 변하기 시작하여 ② 사관(史官)이 기록하는 사초(史草)와는 달리 재야의 사림이 전문(傳聞)하거나 체험한 것을 기록한 소설(小說)·수록류(隨錄類)를 주로 뜻하였고, 다시 18세기 이후 유서(類書)·총서(叢

26 『淵泉集』 제6책, 『洪氏讀書錄』, 史部.

27 물론 정조 때 우리나라 도서를 정리 분류한 『西序書目籤錄』에는 중국의 도서분류 방식에 따라서 雜史·傳記·小說家類로 나누고 隨錄類를 비롯한 類書·叢書류를 分屬시키고 있다. 따라서 『洪氏讀書錄』의 예가 보편적이었다고는 할 수 없다. 그러나 중국의 도서 분류나 목록학에 야사류의 항목이 보이지 않는다는 점과 비교해 『연려실기술』이나 『홍씨독서록』에 야사 항목이 별도로 설정된 것은 주목되어야 할 것이다.

書) 형식에 의한 편찬물로 발전하는 과정에서 ③『실록』이나『국조보감』 등의 관찬의 국사와 대칭되며 ④ 사대부나 퇴직관료에 의해 사사로이 편찬된 소대사(昭代史, 즉 國朝史)이면서 동시에 그 속에 수록류 · 소설가류 · 전기류 · 잡가류 · 잡사류를 포괄하는 개념을 지니게 되었다고 할 것이다.

3.『연려실기술』의 편찬과 찬술(撰述)체제

1) 편찬자와 찬술동기

『연려실기술』의 구체적인 편찬과정이 어떠했는지에 대해서는 아직까지 분명히 밝히기 어렵다. 뿐만 아니라 이긍익(李肯翊, 1736~1806)으로 알려진 편찬자 문제에도 의문이 일고 있다.『연려실기술』에 서(序) · 발문(跋文)이 없는데다가, 이긍익에 관한 묘도문자(墓道文字)나 전기적(傳記的) 자료가 전하지 않기 때문이다. 아래에서 이 문제를 약간 살펴보기로 한다.[28]

『연려실기술』이 언제 편찬되었는가에 대해서는 아직까지 정설이 없다. 지금까지는 광문회본(光文會本)에 실려 있는 '연려실기술'이란 휘호 옆에 '원교옹(圓嶠翁, 李匡師의 號)'이란 글씨와 '원교 이광사'라는 낙관(落款)이 있는 점과,『연려실기술』에 실린 8개조의「의례(義例)」중 제8조에 편찬자의 선친(先親)이 '연려실(燃藜室)'이란 현판 글씨를 써 주었고 책이 완성되매 이것으로 이름을 삼았다는 기록을 서로 대비시켜, 그 편

---

28 필자는 이 문제를「연려실기술의 편찬시기와 편찬자 문제 검토」(『한국학논총』16, 1993)에서 한번 다루어 보았다.

찬시기가 적어도 이광사(1705~1777)가 생존해 있던 시기, 즉 영조 말이라고 보아 왔다.[29] 그러나 「의례」의 이 관계 기록에는 '연려실'이란 세 글자만 썼다고 할 뿐이지 '연려실기술'이란 책이름을 써 주었다고는 되어 있지 않아 의문이 남는다(뒤에서 다시 검토).

그런데 역시 「의례」의 제6조를 보면 경술년(庚戌年, 정조 14, 1790)에 금강산에 놀러 가면서 미처 완전히 정리되지 않은 원고〔未整稿〕를 남에게 빌려주었더니 여러 손을 거치면서 등사되어 유포되므로, 다시 원고를 수정 보완하여 '정본(正本)'을 만들고 있다는 편찬자의 회고가 실려 있다. 이로써 본다면 적어도 정조 14년까지는 『연려실기술』의 초고가 일단 완성되었다고 보아야 할 것이다. 그러나 위의 「의례」에서와 같이 그 이후에도 다시 수정되고 있으며, 『연려실기술』 내용 가운데 정조(正祖)를 금상(今上)이라 하면서 21년(1797)까지의 연대를 기록한 기사가 있는 것으로 보아 정조 말까지는 편찬자가 계속 원고에 손을 대고 있었음을 알 수 있다. 결국 『연려실기술』은 영조 말년 아니면 정조 대, 즉 18세기 후반에서 말까지의 시기에 편찬되었다는 정도로 다소 모호하게 말해져 왔다.

어떤 역사서의 성격이나 거기에 나타난 역사관 · 인식 등을 이해하려면 반드시 그 책의 편찬자에 대한 파악이 선행되어야 함은 말할 것도 없다. 그리하여 『연려실기술』에 대해서도 그 편찬자를 이긍익이라 하여 그 인적사항이 조사되어 왔다. 그는 조선 제2대 임금인 정종(定宗)의 아들 후생(厚生)의 후손으로서 덕천군파(德泉君派)에 속하며, 영조 때 양명학(陽明學)과 글씨로 이름 높던 원교(圓嶠) 이광사(李匡師)의 맏아들로 태어나 영 · 정조 대를 살다가 순조 초에 71세를 일기로 작고한 인물이

29 權五惇(1970); 이존희(1986).

었다. 그의 집안은 인조 때 호조판서를 지낸 이경직(李景稷, 영의정 李景奭의 형) 이래 대대로 고관대작을 배출한 명문이었으나, 서인이 노론·소론으로 갈라진 숙종 중기 이후 소론의 당색을 지녔고, 특히 노·소론 사이의 대립이 격화되었던 경종(景宗) 때 노론의 배척에 앞장섰던 소론 내의 과격세력인 준소(峻少)의 핵심이었던 관계로, 영조 즉위 이후 집권 노론세력의 탄압을 받음으로써 몰락의 길에 들어서게 된다. 그리하여 이긍익의 큰할아버지 되는 이진유(李眞儒)가 반역으로 몰려 죽임을 당하고, 그 아버지 이광사마저도 영조 31년의 윤지역모(尹志逆謀)사건에 연루되어 남북을 오가는 20여 년의 귀양살이 끝에 유배지 신지도(薪智島)에서 죽었다.

따라서 그 역시 집안이 이렇게 풍비박산한 가운데 벼슬하기는커녕 생활조차 어렵게 유지해 나가지 않을 수 없었다. 『연려실기술』은 바로 이러한 가문의 불행과 자신의 역경을 헤치면서 그가 필생의 사업으로 이루어 놓은 결정체였다는 것이, 지금까지 밝혀진 『연려실기술』 편찬자라는 이긍익의 인적사항이었다.[30]

그러나 그의 『연려실기술』 편찬설에는 다음과 같은 몇 가지 의문점이 있다. 첫째는 그의 가족사항을 알려 주는 족보나 그 아버지의 문집에서 산견되는 부분적인 언급 이외에 그에 대한 행장이나 묘도문자와 같은 기록을 찾을 수 없다. 그 아버지나 동생 이영익(李令翊)에 대해서는 적지 않은 글을 싣고 있는 종제(從弟) 이충익(李忠翊)의 『초원유고(椒園遺稿)』나, 이충익의 현손으로 『당의통략(黨議通略)』이란 붕당사를 저술했던 이건창(李建昌)의 『명미당집(明美堂集)』 어디에도 일언반구 그에 관한 언급은 없다고 한다.[31]

---

30 위와 같음.

둘째로는 순조연간에 이루어진 『증정동국문헌비고(增訂東國文獻備考)』나 1908년에 간행된 『증보문헌비고(增補文獻備考)』의 「예문고(藝文考)」 고실류조(故實類條)에 『연려실기술』의 편찬자 난이 공백으로 되어 있듯이, 구한말(舊韓末)까지 나온 자료에서 『연려실기술』과 이긍익을 연결 짓는 기록을 쉽게 찾을 수 없다. 심지어는 1938년에 간행된 『전주이씨 덕천군파(全州李氏德泉君派)』 무인보(戊寅譜)에도 이긍익 난에 『연려실기술』 편찬과 관련된 말은 없다.[32] 간행되지 않은 유고(遺稿)라도 반드시 올리게 마련인 족보에 거질의 야사를 지은 사실을 기재하지 않는 일이 있을 수 있을까?

셋째는 현전하는 필사본 어디에도 그 편찬자가 이긍익임을 밝혀 놓은 기사는 보이지 않는다는 점이다. 『연려실기술』에는 다른 책에서 보듯이 편찬자를 알려 주는 서문이나 발문이 없다. 그 대신 필사본에 따라 5개항 또는 8개항으로 된 「의례(義例)」가 있다. 그중 앞의 5개항은 편찬의 동기나 지침 · 원칙 등을 밝힌 내용이고, 8개항의 경우는 여기에 3개항을 더 추가한 것인데 이 3개항 속에 편찬자가 자신의 신상문제를 언급한 부분이 있다. 그러나 그 내용은 앞서 언급한 대로 정조 14년 이후 초고(草稿)를 수정한다든가, 13세 때 꿈에서 지은 초야잠필(草野簪筆)의 시구(詩句)가 늘그막에 궁하게 살면서 야사를 짓게 될 팔자를 예언한 것이 아닌가 생각한다는 것이며, 다음으로 자신이 젊었을 때 아버지가 '연려실(燃藜室)'이란 큰 글씨로 된 세 글자를 써 주어 서실(書室)의 벽에다가 걸어 두었는데 친지들 사이에 선인(先人)의 가장 득의한 글씨라고 소

---

31 權五惇(1970).

32 『全州李氏德泉君派譜』. 그런데 『연려실기술』이 그의 저작으로 널리 알려진 뒤 1983년에 나온 「癸亥 第五刊族譜」에는 『연려실기술』이 대서특필되었다.

문이 났기에 책이 이루어지자 이름을 『연려실기술』이라 붙이게 되었다는 사연을 밝혀 놓았을 뿐이다.[33]

이처럼 『연려실기술』이 이긍익의 편찬이라는 직접적인 기록을 찾을 수 없다면, 이긍익 편찬설은 어디서 나왔을까? 조사가 불충분한 상태에서 자신 있게 말하기는 어려우나 아마도 1909년에 간행된 안종화(安鍾和)의 『국조인물지(國朝人物志)』 인용서목에 『연려실기술』의 편자로 이긍익이라 적혀 있는 것과, 1912년 조선광문회(朝鮮光文會)에서 신 활자본으로 『연려실기술』을 처음 간행하면서 그에 대한 간단한 해제를 겸하여 편찬자를 이긍익이라 소개[34]한 데서 비롯되지 않았을까 한다. 특히 안종화가 전고(典故)에 밝았음과 광문회본의 교열자인 김교헌(金敎獻)이 『증보문헌비고』의 편찬에 참여하였던 사실에 대한 일반의 신뢰가 이긍익 편찬설에 이론의 여지를 없게 했으리라 본다. 그러나 『국조인물지』나 광문회본 모두 어떤 근거에서 이긍익으로 단정했는지는 밝혀 놓지 않았다.

지금까지 상식으로 통하던 『연려실기술』의 편찬자가 이긍익이라는 설에는 실은 이상과 같은 적지 않은 의문점이 있었던 것이다. 그런데 잘 알려지지는 않았지만 편찬자가 이광사라는 지적도 전부터 있어 왔다. 다산 정약용과 홍한주(洪翰周)의 글에서였다. 다산은 귀양살이하던 1808년 그 아들 정학연(丁學淵)에게 보낸 편지에서 꼭 읽어야 할 역사책의 하나로서 『연려실기술』을 들고 그 말에 주석 붙이기를 "이도보(李道甫)

33 5조와 8조로 된 「의례」에 대한 문제점의 제기는 정구복(1986)에게서 제기되었고, 필자도 『연려실기술』의 異本들에 대해 조사해 본 적이 있다(정만조, 1990; 1993).

34 『燃藜室記述』, "寫本 無定數, 李範世寄本, 燃藜室李肯翊編, 肯翊字長卿 全州人 圓嶠匡師之子 時以黨論相尙 而議與當路者異 不得登用于朝 其平居以書籍自娛 廣蒐散在各書之文字 編輯是書."

가 편찬했다."고 하였다.[35] 도보(道甫)는 바로 이광사의 자(字)이다. 그리고 홍한주가 1863년에 지었다는 『지수염필(智水拈筆)』은 「동국사서(東國史書)」와 「연려기술(燃黎記述)」이라고 머리기사를 잡은 항목에서 다음과 같이 이광사의 편술임을 드러냈다.

> 『조야회통(朝野會通)』, 『조야집요(朝野輯要)』, 『청야만집(淸野謾輯)』 등의 책은 잡다하여 법도가 없는데 홀로 원교가 편찬한 『연려실기술』만은 대개 기사본말체를 본뜬 것으로 법도가 있다. 그러나 또한 완성된 책이 아니다(「東國史書」).
>
> 우리나라로 보면 원교 이광사가 『연려기술』을 지으면서 또 그 나머지로서 별편(別篇)을 삼아 전고(典故)라 이름한 것이 있는데, 대략 『통전(通典)』, 『통지(通志)』의 예를 따랐으나, 빠지고 엉성한 곳이 많아 온전한 책을 이루지 못했기에, 이후암(李厚庵, 萬運)의 『문헌비고』(文獻備考, 정조 때의 『增訂東國文獻備考』임)가 상세하고 해박한 것에 훨씬 미치지 못한다(「燃黎記述」).

그렇다면 『연려실기술』은 이광사의 편찬이라 할 수 있을까. 그가 단군에서부터 시작하여 고려 말에 이르는 우리나라 역사를 서사시 형태로 정리하여 「동국악부(東國樂府)」를 저술했던 사실[36]로 미루어 그럴 가능성이 전혀 없지는 않다. 그러나 그럴 경우 이광사는 정조 원년에 유배지에서 죽는데, 이는 「의례」에서 보듯이 편찬자가 정조 14년 이후까지 계

---

35 『與猶堂全書』 제1집, 詩文集, 제21권 書, 寄淵兒(戊辰冬), "須取三國史 高麗史 國朝寶鑑 輿地勝覽 懲毖錄 燃藜述(李道甫所編) 及他東方文字 採其事實 考出地方 入於詩用 然後方可以名世而傳後."

36 허태용(2008).

속 수정 · 보완하고 있는 사실을 설명할 수 없으며, 그리고 그의 문집인 『원교집(圓嶠集)』, 종제 이광려(李匡呂)가 지은 그의 묘지(墓誌),[37] 또 그에 관한 기록을 담고 있는 『초원유고(椒園遺稿)』 등 어디에도 이에 관한 언급이 전혀 없다는 점이 의문으로 떠오른다.

그러면 이광사라고 한 다산이나 홍한주의 말이 착각이거나 잘못된 것일까. 『연려실기술』이 편찬되던 같은 시기에 살면서 이광사의 악부에 대해 발문[38]까지 지었던 정약용이 그 편찬자를 잘못 알고 있었다거나, 또 앞에서 인용한 『지수염필』의 기사로 보아, 이 책을 세밀히 읽었으리라고 짐작되는 홍한주가 아무런 근거 없이 이광사라고 했을 리는 없다고 본다. 그래서 이광사가 편찬하다가 마치지 못한 것을 아들 이긍익이 이어서 완성했거나, 아들이 편찬했지만 그 아버지가 더 유명했으므로 이광사로 알려졌을 것이라는 추측이 나왔다.[39] 편찬자로서 이긍익과 이광사 설을 함께 해결할 수 있는 흥미로운 견해이나 이를 뒷받침할 더 이상의 언급이 없었다. 요컨대 지금까지는 편찬자를 이긍익이라 말하면서도, 의문이 있다는 단서를 붙이는 정도에 머물고 있었다고 하겠다.

이 점과 관련해 필자는 『원교집』이나 이영익(李令翊)의 『신재집(信齋集)』과 기타 묘도문자(墓道文字) 등에 나오는 가족과 집안관계의 기록을 추적해서 집안상황을 시대 순으로 복원해 보면 어떤 단서를 발견할 수 있지 않을까 생각해 보았다. 이를 정리해 보면 다음과 같다.

이광사가 첫 부인(딸을 두었으나 일찍 죽음)과 사별하고 재취로 유종원(柳宗垣)의 딸을 맞은 것은 29세이던 1733년(영조 9)이다. 유종원[40]은 전

---

37 『李參奉集』 권3, 文, 「圓嶠先生墓誌」.

38 『茶山詩文集』 제14권, 「海東樂府跋」.

39 김세윤(1992), 「연려실기술의 찬술과 인물조」, 註1.

40 柳宗垣은 바로 『迂書』의 저자 柳壽垣과 10촌간이다. 원래는 그 증조가 친형제로 羅州

라도 나주(羅州)의 모산촌(茅山村)에 상당한 재산을 갖고 있었다. 그는 그 재산 중의 일부를 이광사와 혼인한 딸에게 토지형태로 넘겨준 것 같다. 뒤에 다시 말하겠지만, 이 땅 때문에 이광사가 윤지(尹志)옥사에 걸려들었고, 후일 이긍익이 여기 내려와 잠시 거처하기도 하였다. 재혼 후 서울로 올라온 이광사는 고양 · 강화로 1년씩 옮겨 살다가, 1737년 서울의 원교 아래 거처를 정했는데 이긍익은 바로 이 시기인 1736년, 이광사 32세 때 맏아들로 강화에서 태어났다. 2년 후 둘째 영익이 출생했으나, 생활이 어려워지자 부인이 살림을 주관하여 고양에 있던 땅을 팔아 이를 밑천으로 하여 재산을 불리고 땅을 사서 10년 정도 지나 부자(無異富厚有世業家) 소리를 듣게 되었다고 한다.[41] 대개 이때는 이긍익 형제가 10대일 때이며, 당론에 걸려 40대 나이의 이광사가 벼슬에 나가지는 못해도 명필로서 이름이 드러나면서 여유 있는 생활에 자녀의 혼인도 시킨 것으로 보인다. 그러나 이 기간에 『연려실기술』과 관련된 어떤 단서도 나오지 않는다.

1733년(영조 31) 나주괘서(羅州掛書)에서 비롯된 윤지(尹志)의 역옥(逆獄)은 이광사 집안에도 큰 풍파를 불러왔다. 그 백부(伯父) 이진유(李眞儒)에게 역률(逆律)이 추시된 데다가, 나주 모산에 있는 전장(田庄)관계로 윤지에게 보낸 편지가 드러나면서 이광사가 국청에 잡혀가 심문을 당하게 된 것이다. 나주 전장 때문에 사단이 생겼다는 자책감으로 부인은 자결하였고, 이광사는 글씨를 아끼는 임금의 비호로 이진유의 조카

茅山에 함께 살았으나, 수원의 증조인 柳誠吾가 그 伯父에게 출계하여 서울로 거처를 옮겨 가면서 갈라지게 되었다고 한다. 그러나 본생 집과 故庄이 있는 나주 모산촌의 본거지와는 연신이 그치지 않았다고 한다.

41 『圓嶠集』 2권, "亡妻孺人文化柳氏紀實.": 이 자료는 고려대학교 민족문화연구원 해외한국학자료센터의 홈페이지를 통해 얻었음을 밝힌다.

라는 연좌율만 적용받아 함경도 부령(富寧)으로 귀양 가게 되었다. 이때 집안에는 51세의 이광사와 20세, 18세인 이들 긍익·영익 형제 및 며느리들, 그리고 나이 어린 막내딸이 있었다. 영익은 귀양 가는 부친을 배종하기로 하였고, 긍익은 장남으로서 모상(母喪)을 치르면서 집안 살림을 총찰하게 되었다고 한다.[42] 그 어머니 유씨 부인이 크게 불려 놓은 재산에다가, 적몰되지는 않았다 해도 가장(家長)이 유배되는 상황이어서 그 처분과 관리가 쉽지 않았을 것이다.

부령으로 귀양 간 직후 이광사는 훈가편(訓家篇) 90운을 지어서 이긍익 앞으로 보내었다. 여기에 보면 임금의 은혜를 입어 죽지 않고 살았다며, 과거 급제로 이름 드러나기를 바라기보다 행실을 돈독히 하여 집안 보존하기를 희망하면서, 특히 당화(黨禍)가 반드시 나라를 망칠 것이므로 우리 집안은 더욱 이를 징계 삼아야 하며 말조심할 것을 신신당부하였다.[43] 자신의 부주의로 인해 집안이 고초를 겪고 있는 만큼 당론과 관련된 일체의 언동을 조심하라는 것이다. 따라서 부령에 8년 간 귀양살이 하는 동안, 물론 세월이 흐르면서 아들 영익과 함께 단군에서 고려까지의 역사를 시로 읊은 「동국악부(東國樂府)」를 짓고, 인근 사민(士民)들에게 필법(筆法)을 가르치는 여유를 갖기도 했지만, 당론관계를 다루는 『연려실기술』과 관련된 어떤 움직임이 나올 수 있는 상황은 아니었다고 본다.

42 이런 사실은 이광사가 '次令翊九十韻寄肯翊'(『원교집』 권3)과 귀양 가면서 큰며느리에게 준 '贈尹新婦'(『원교집』 권3), 영익이 富寧에서 보낸 '上家兄九十韻'(『信齋集』 책1)에서 찾아진다. 특히 '寄肯翊'에서는 병든 누이동생을 잘 보살필 것과 동생 영익을 책려해 학문에 힘쓰게 할 것을 부탁하고, 나아가 노비를 다루는 방법 등 살림살이에 대한 세세한 사항까지 자상하게 말하였다.

43 『圓嶠集』 2, 訓家篇九十韻, "黨禍必亡國 氣勢天可掀 龍蛇起平陸 玄黃血披紛 吾家尤可懲 恐汝一辭噴 居室不三緘 晷刻千里奔 樞機倘不愼 駟舌詎可捫."

이런 사정은 진도(珍島)를 거쳐 신지도(薪智島)로 귀양지를 옮기면서는 더하면 더했지 나아지지는 않았다. 이광사가 58세 되던 1762년(영조 38) 언관들은 이광사에 대해 연좌율을 적용한 것은 잘못이라 하여 엄국득정(嚴鞫得情)을 위해 유배지에서 잡아들일 것을 수십 차례에 걸쳐 요구했으며, 이러는 과정에서 그가 부령에서 사민을 모아 문자를 가르친 일이 문제가 되어서 결국 진도로 옮기고 다시 사람과 접촉을 못하도록 고립무원한 강진의 신지도로 이배되었다.[44] 마침 이런 시기에 을해옥사 여당들의 불온한 움직임이 적발되었는데 이광사의 조카(형인 匡濟의 子)인 이능효(李能孝)[45]가 연루되어 역적으로 처형되면서, 근 1년여에 걸쳐 이광사의 나국정죄(拿鞫定罪)를 청하는 대간의 요구가 그치지 않았다. 그러나 죄인 집안의 문서수색 과정에서 나온 이능효에게 보낸 편지에서 임금의 은혜를 극히 감축하며 백부이면서도 역적으로 몰렸던 이진유를 경계하는 내용이 드러나면서 임금의 적극적인 옹호와 국청(鞫廳) 대신들의 동의로 더 이상의 가죄(加罪)는 면하였다.[46] 이 시기는 이광사 자신도 정신이 없었겠지만, 그 가족들도 경황이 없기는 마찬가지였을 것이다.

영조 38년의 사도세자 참변을 거치고, 영조가 복정(復政)하여 영조 40년부터 탕평이 다시 신칙되면서 잔존 소론세력에 대한 노론의 공세는

---

44 『승정원일기』 1218책, 영조 39년 5월 23일 기묘. 이 외에도 관련기사가 많으나 번쇄하여 생략한다.

45 '匡' 자 아래 항렬의 돌림자는 '孝' 자와 '翊' 자였다. 그래서 肯翊과 令翊도 『원교집』에는 肯孝 · 令孝로 나온다.

46 이광사는 임금의 이런 비호에 크게 감격하여 '述恩85首(幷序)'를 지어 임금의 덕을 칭송하였다. 그 詩 앞의 서문에 보면 "嗚呼 如此特異之恩數 實千古史牒之所未或聞 今乃及於賤微罪累之身 惶恐感激不知所云 遂歷書其事 系以八十五韻詩 令子孫世藏 以當古人鼎敦銘恩之義."(『圓嶠集』 권3, 서울대 규장각본)라고 하였다.

수그러든다. 그 대신 조정 내에는 홍봉한(洪鳳漢)과 김한구(金漢耇)로 대표되는 같은 노론인 두 척신세력 사이의 대립과 갈등이 심화된다. 신지도에 귀양 가 있는 이광사에게도 정계의 이런 변화는 영향을 주었다. 오늘날 전라도 해안 일대의 사찰에 남아 있는 이광사의 필적은 대개 이 기간, 즉 영조 40년(1764)부터 작고한 정조 원년(1777)의 10여 년 사이, 그의 나이 60대이던 시기에 쓴 것이었다. 그리고 현전하는 이광사의 초상화도 1774년 신한평(申漢枰)이 신지도에 와서 그린 것이라 한다. 글씨 부탁에 큰 제한 없이 응할 수 있고 또 초상화까지 그릴 수 있었다면, 섬 밖으로만 나갈 수 없었지 사실상 해금된 상태나 마찬가지였을 터이어서 이광사에게는 심신이 여유 있는 시기였을 것이다. 15년 간의 신지도 귀양살이에서도 그 둘째아들 영익이 주로 시봉하였고,[47] 부령에서 얻은 딸(庶女) 주애(珠愛)가 따라와 수발을 하였다고 한다.[48]

이 기간에 주목되는 것은 1772년(영조 48) 이긍익이 가족을 거느리고 나주 모산의 선비(先妣) 구장(舊庄)으로 내려가 우거(寓居)한 일이다. 이영익의 문집인 『신재집(信齋集)』에 '임진년 오월에 형님께서 가족을 데리고 모산에 잠시 계실 때 멀리서 열여섯 절구를 지어 보내다(壬辰五月家兄捲家寓茅山 遙呈十六絶句)'라는 율시(律詩)가 실려 있다.[49] 그 제15수에 "기장 끓여 엿 만들고 항아리에 술을 담아, 새 가을에 가마 타고 바다로 나아갔네, 열 살 된 예쁜 손자 처음으로 보게 되시니, 이를 보는 동네

---

47 신장섭(2007), 123면에 의하면 이영익은 처음 부령까지 배종한 외에 1758~1761년까지의 3년 간 부령에서의 侍奉, 그리고 1762년 진도를 거쳐 신지도로 移配될 때 배종하여 1765년 7월까지 3년, 다시 1767년 겨울부터 1772년 6월까지 5년을 신지도에서 시봉했다고 한다.

48 李奎象, 『幷世才彦錄』, 書家錄, 李匡師, 補遺.

49 『信齋集』 책1, 律詩.

사람마다 애달프다고 하는구려." 하는 구절과 제16수에 "서울서는 남쪽 가는 것을 모두들 말렸소만, 생각해 보라! 섬의 뜰에서 첫 절할 때를, 시아버지 며느리 이십년 만에 다시 만나니, 어찌 사람된 도리로 마땅히 해야 할 일 아니겠소."라고 한 것을 보면 그동안 부친을 시봉하던 동생 영익과 교대하여, 이긍익이 가족과 함께 신지도로 그 부친을 찾아뵙기 위해서였다고 보인다.[50]

이러한 이광사 만년의 여유로운 유배생활과 이긍익의 부친 방문에서 『연려실기술』 찬술에 대한 어떤 단서를 찾을 수는 없을까? 우선 이광사가 『연려실기술』을 찬술한 경우이다. 그러나 『연려실기술』은 수백 종의 책에서 자료를 채록하여 이를 정해진 표제 아래 배열하는 방식(후술됨)이어서 섬에 유배된 상태에서 할 수 있는 일은 아니었다. 그리고 이광사의 신지도에서의 귀양살이 편모(片貌)를 전하는 기록[51]을 보면 부탁받은 글씨 써 주느라 여념이 없었다고 할 뿐, 달리 저술활동을 했다는 말은 보이지 않는다.

다음은 이긍익이, 부친의 유배생활도 좀 편해지고 자신의 집안 살림살이도 이제 틀이 잡힌 상태이므로, 부친의 경학(經學)과 필법(筆法)을 물려받은 아우 영익과 달리 자신은 「동국악부」에서 보인 부친의 사학(史學)을 이으려 했다고 보는 것이다. 『연려실기술』 편찬을 위한 자료발췌에 드는 엄청난 공력과 시간을 생각하면 이긍익이 언젠가부터 야사편찬에 뜻을 가지고 자료 수집 등 준비에 착수해 왔고, 이때의 근친(覲親)한 기회에 그동안의 작업결과를 가지고 부친께 말씀드리고 앞으로의 편찬

---

50 신장섭(2007)에 의하면 동생 이영익은 1772년 6월까지 신지도에서 부친을 시봉했다는데, 같은 해에 이긍익이 나주 모산으로 내려가 寓居하며 신지도로 覲親했다고 하므로, 연로한 부친의 시봉을 교대했다고 생각된다.

51 註48과 같음.

을 위한 구체적인 계획을 의논하지 않았을까 추론해 본다. 이때로부터 5년 후 이광사는 신지도에서 적몰(謫歿)한다. 이긍익이 모산에 얼마 동안 우거(寓居)했는지는 기록이 없어 알 수 없으나, 주위의 만류에도 가족을 데리고 나주로 내려갔다는 위의 시구로 보아, 상당 기간 모산에 머물며 신지도를 왕래하면서, 그동안 고생해 온 동생을 대신해 연로한 부친을 조호(調護)하였을 것임은 쉽게 짐작된다. 그렇다면 바로 이 기간에 『연려실기술』의 편찬을 놓고 그 구성 방향이나 사체(史體), 기술방식에 관해 부친과 의논했다고 보는 것이 자연스럽지 않을까. 『연려실기술』 모두(冒頭)에 있는 편찬방침을 밝힌 5조목의 「의례」는 이때의 의논된 바를 전해 준다고 본다(「의례」 뒤쪽에 있는 3조목이 『연려실기술』에 얽힌 찬자 부친과의 관계에 대한 술회로 된 것에서 더욱 그런 생각이 든다). 그리고 이런 과정이 소문으로 퍼져 널리 알려진 데다가, 「의례」에서 밝힌 대로 책이 이루어지자 젊었을 때 부친이 써 준 '연려실'의 당호(堂號)로 책 이름을 삼고 그 글씨체를 모사(模寫)하여 '연려실기술'로 붙인 것이 후일 『연려실기술』의 찬자로 아들보다 훨씬 유명한 부친 이광사가 말해지게 된 연유라고 보는 것이다.

중국이나 우리나라에서 역사편찬에 있어서 아버지가 시작해 자식이 완성하거나, 스승이 미처 마치지 못하고 작고하면 제자가 이를 이어서 성서(成書)하는 경우를 흔히 본다. 사마담(司馬談) · 사마천(司馬遷) 부자에 의한 『사기(史記)』와, 반표(班彪) · 반고(班固) · 반소(班昭)의 『한서(漢書)』, 그리고 한치윤(韓致奫) · 한진서(韓鎭書)의 숙질(叔姪)에 의한 『해동역사』는 전자에 해당하고, 『자치통감강목(資治通鑑綱目)』을 주자(朱子)가 강(綱)만 정하고 미처 마치지 못하자 그 문인 조사연(趙師淵)이 번천서원(樊川書院)에서 목(目) 부분을 속성하여 완성한 것과, 성호 이익의 삼한정통론(三韓正統論)을 위시한 사론(史論)의 뜻을 이어서 안정복(安鼎

福)이 『동사강목』을 지은 것은 후자의 예이다. 이런 경우 누구의 명의(名義)를 앞세우는가는 누가 주로 담당했나에 대한 후인의 논의에 의해 정해진다. 이광사 · 긍익 · 영익 삼부자에 의한 가학(家學)으로서 성서(成書)된 『연려실기술』의 편자도 그 당대에는 세상에 널리 명문(名聞)한 부친 이름으로 알려졌다가, 한말에 이르러 「의례」 등을 통해 아들이 담당한 사실이 드러나면서 이긍익으로 확정된 것이라고 본다.

물론 이런 추정을 뒷받침할 만한 기록은 찾지 못했다. 그러나 위에서 다소 길게 집안사정의 변동을 추적하면서 살핀 정황상의 판단으로 본다면, 크게 빗나간 망발이라고는 생각하지 않는다. 『연려실기술』을 이처럼 이긍익의 찬술로 본다면 편찬에 착수한 시기도 대개 이 언저리, 즉 영조 말이나 정조 초쯤으로 잡을 것이다. 「의례」 제6조에 보면, 처음 자신이 이 책을 만들 때 가까운 친지들이 남의 입질에 오르내리는 말썽을 불러올지 모르니까 '남에게 보이지 말라'고 하였다면서, 그러나 자신이 짓고자 하는 야사와 같은 책들이 요사이 적지 않게 나왔으나 세상에서 이를 허물하지 않으며, 더구나 자신이 만들려는 책은 온 세상에 널리 알려진 이야기들을 모아 같은 것끼리 분류해 집성한 데 불과한 것인데도 만일 숨기고 전하지 않는다면, 세상 사람들의 의심을 불러와 도리어 위태롭고 두려운 일이 되지 않겠느냐고 답했다는 말이 나온다. 이러한 말로 판단하건대 『연려실기술』 편찬의 착수 시기는 위의 추론대로 그 부친의 귀양살이에 대한 감시가 크게 완화되고 이긍익이 시봉하게 되는 영조 말년에서 그 부친이 적몰한 정조 초 정도로 잡아도 무리가 없을 것으로 본다.

요약하면 『연려실기술』의 찬자는 이긍익으로 편찬 착수 시기는 영조 말에서 정조 초로 판단되며, 지금까지 알려진 대로 정조 14년경에 대체로 정리되지 않은 채인 초고가 이루어지나 이후 그가 죽을 때(순조 6년)

까지 보완과 수정을 가했다고 하겠다. 다만 그 편찬과 관련해 부친 이광사와 상당 기간 의론하였고 이런 과정에서 퍼져 나간 소문과, 일찍이 부친이 써 주어서 지인간에 널리 알려진 연려실이란 글씨에 근거하여 『연려실기술』로 책 이름을 삼은 데다가 모사한 원고 글씨를 붙였기 때문에 후일 다산 같은 인물들까지 더 유명한 이광사로 인식하게 되었다고 보는 것이다.

다음은 『연려실기술』의 편찬 동기와 목적이나 의도가 어디에 있었을까 하는 문제이다. 이미 앞에서 그 아우 영익이 부친의 경학과 필법을 계승하고, 긍익 자신은 사학을 물려받고자 하여 신지도에서 부자간에 야사편찬과 관련한 논의를 했을 것으로 추정한 데서 이 점은 어느 정도 드러났다고 본다. 그것은 바로 찬자인 이긍익의 불우한 생애가 그로 하여금 『연려실기술』이라는 야사의 편찬에 착수하게 하였다는 점이다. 굳이 사마천을 거론하지 않더라도 개인적인 불행에 발분하여 역사서를 지은 예가 적지 않고, 특히 붕당과 연관해서 앞서의 『사고전서(四庫全書)』 편찬자 말대로 송(宋) · 명(明)처럼 당론이 성했던 조선에서도 정쟁으로 쫓겨난 세력이 필묵(筆墨)을 통해 자신들의 불리한 입장을 변호하고 상대 당을 비판하기 위하여 정치적 이해가 걸린 사건이나 사안에 관해 개인별로 견문록 · 일기 · 잡기 등의 형태로 야사를 남겨 온 선례를 본다면, 준소(峻少)의 집안에다가 죄인의 일족으로 지목되어 벼슬길이 막혀 버린 이긍익의 처지가 『연려실기술』 편찬의 주요한 계기가 되었을 것임은 충분히 인지된다. 「의례」 제7조에서, 13세 때 임금 앞에서 시를 짓는 꿈을 꾸었는데 그 시구에 "미신(微臣)이 초야에 있으면서도 오히려 붓을 잡았으니, 임금수레 따르는 저 학사의 꽃이 부럽지 않네〔微臣草野猶簪筆 不羨陪鑾學士花〕."라고 한 것을 놓고 훗날 어전에서 붓을 가질 징조인가 은근히 기대하였더니, 지금 와서 생각하매 (바라던 벼슬은 막혀서 하지 못했고) 늙어 궁하게 살면서 야사를 지을 것을 알려 준 조짐이라는 생각이 든다고 하여, 꿈을 빌어 『연려실기술』 편찬의 유래를 술회한 것이 바로 이를 뒷받침해 주고 있다.

그렇다고 하여 이긍익이 여느 당론서처럼 자신의 집안과 소론을 변호하고자 하는 목적만으로 야사편찬에 나섰다고는 생각되지 않는다. 물론 그런 점을 전혀 배제할 수만은 없다. 실제로 뒤의 열조별(列朝別) 내용분석에서 보듯이 노·소론 간의 쟁점 중의 하나였던 우계 성혼의 시비에 대한 기술에서 소론편향적인 자세를 취하고 있어 당론의 영향에서 탈피하지 못한 면을 보이기도 한다. 그러나 이런 현상은 극히 일부에 불과하고 대부분의 경우, "이 책은 온 세상에 전하여 사람들의 귀나 눈에 익은 이야기들을 모아서 분류해 편집한 것에 불과하며, 하나도 자신의 견해로서 주장한 것은 없다(「의례」 제6조)."고 밝힌 대로 공정한 기술로 시종하였다. 따라서 『연려실기술』의 편찬동기를 당론적 요소에서 찾는 것은 별 의미가 없다고 본다. 그것은 기본적으로 이긍익의 불우한 생애에 있었다고 할 것이다.

그렇다면 『연려실기술』의 편찬을 통해 이긍익이 의도한 목적은 무엇이었을까? 선행의 연구에 의하면 『연려실기술』의 사건별 표제를 분석해 본 결과 옥사(獄事, 30%), 정쟁(政爭, 26%), 정변(政變, 4%), 반란(反亂, 2%), 전란(戰亂, 24%), 외교(2%), 그리고 사가독서(賜暇讀書), 찬술제작(撰述製作) 등과 같은 기타(12%)가 된다고 한다. 그런데 옥사는 대부분 임금에 대한 모역과 관련되므로 결국 표제는 정치(62%)와 전란관계로 이루어진 것이며, 전란관계가 거의 선조(宣祖, 倭亂)와 인조(仁祖, 胡亂) 대에 집중되어 있는 만큼 각 시대에 고루 걸치는 표제는 사실상 정치관계였다고 해도 무방할 것이라고 한다. 또 본서에 각 왕대별로 묘정배향신(廟庭配享臣)·상신(相臣)·문형(文衡)·명신(名臣)·유현(儒賢)·유일(遺逸)·절신(節臣) · 순난신(殉難臣) · 당적(黨籍) · 화적(禍籍) · 훈신(勳臣) · 난신(亂臣) 등 다양한 항목으로 분류되어 실린 인물들의 80% 이상이 정치적 활동이 컸던 고위관리였다고 한다.[52]

『연려실기술』의 내용이 이와 같이 정치적 사건과 거기에 연관된 관리들의 정치활동 위주로 기술되고 있다는 것은, 조선시대 정치사를 다룬 사서(史書)로서의 특징을 잘 보여 주며 본서의 편찬의도가 조선시대의 정치사를 효과적으로 정리하여 독자들에게 제시하려는 데 있었음을 단적으로 말해 주는 것이라고 판단된다. 이 점은 뒷부분의 열조별 내용 분석에서 다시 확인하는 과정을 거칠 것이다(후술됨).

편찬목적이 정치사 정리에 있었음은, 문물제도를 담은 별집의 내용을 통해서도 확인된다. 국조전고(國朝典故, 왕실 관련 각종 제도에 관한 故事, 이하 典故 생략), 사전(祀典, 나라의 祭享이나 문묘 · 서원 등의 제도), 사대(事大), 관직(官職), 정교(政敎, 田制 · 戶籍 등과 刑政), 문예(文藝, 서화 · 서적 · 시문), 천문(天文), 지리(地理), 변어(邊圉), 역대(歷代, 단군 이후 渤海까지의 간단한 역사) 등 모두 10개의 전고(典故)로 된 별집(別集)의 구성은 『통전(通典)』이나 『통지(通志)』의 예를 따른[53] 유서(類書)의 형태를 취하고 있다. 그런데 이 유서(類書)가 본래 관리들의 정무(政務)수행에 필요한 지식을 제공하고 일반 사대부에게 정치적 교양을 쌓게 하기 위하여 편찬되었음을 감안한다면[54] 『연려실기술』에 이 별집을 붙인 것은

---

52 이상은 이존희(1981); (1986)을 주로 참고하였다.

53 別集이 『通典』, 『通志』의 예를 따랐다는 점은 일찍이 『지수염필』에서 지적된 바 있다(『智水拈筆』 권1, 「燃藜記述」, "我東則圓嶠李匡師纂燃藜記述 又以其餘爲別編 其稱典故者 略倣通志通典之例 而皆疎漏草率 不成完書.").

54 內藤虎次郎(1961), 213~221면. 『四庫全書』에는 『通典』과 『文獻通考』를 史部의 政書類, 『通志』를 別史類로 분류하여 子部에 있는 類書類와 구분하고 있으나, 內藤은 三通을 모두 類書로 간주하였다. 한편 정구복 교수(1986)는 『연려실기술』 별집이 양반학자들에게 교

정치적 사건의 기술만으로 정치사를 이해하려 함에서 오는 한계를 보완하는 의미를 지닌다고 할 수 있다. 요컨대 『연려실기술』은 우리가 앞에서 살폈던, 같은 시기에 편찬된 다른 야사와 마찬가지로, 탕평정국 아래 전(前) 시대 정치사에 대한 관심이 고조되는 분위기 속에서 관리와 사림층에게 조선시대의 정치에 대한 이해와 기본지식을 제공할 목적으로 편찬되었다고 하겠으며(이 점은 뒤에서 다시 상론됨), 따라서 적어도 편찬의도 면에서 다른 야사서(野史書)와 차이점을 찾기는 어렵다고 할 것이다.

2) 중체(衆體)를 집성한 찬술체례(撰述體例)

국조사에 관한 야사편찬에 뜻을 두고 기출(旣出)의 야사를 열독하며 자료를 모으던 이긍익이 부딪쳤던 첫 번째 난관은 책의 편찬체제를 어떻게 하느냐 하는 문제였다. 단순한 기록류를 위시해 편집된 형태로 세상에 이미 유포된 야사가 수없이 많기는 하지만, 자기 당대의 사대부들에게 국조사를 가장 효과적으로 이해시키고자 하는 이긍익에게는 불만족스러웠고 그래서 편찬방식의 구상을 놓고 다양한 모색을 하지 않을 수 없었다. 『연려실기술』의 모두(冒頭)에 실린 「의례(義例)」의 첫머리에서 그는 이러한 고민과 방법의 도출과정을 다음과 같이 밝히고 있다.

> 우리나라의 야사는 거질(巨帙)로 편성된 것이 많은데, 『대동야승(大東野乘)』이나 『소대수언(昭代粹言)』과 같은 것은 여러 사람들이 지은 책을 모으기만 하였기 때문에 『설부(說郛)』와 같아서, 산만하여 계통이 없고 말

양을 주기 위해 조선시대 문화를 체계적으로 정리하려는 목적에서 편찬되었다고 하여 정치보다는 문화적 측면을 강조했으나 필자로서는 정치적인 측면에 더 비중을 두고 싶다.

이 또한 많이 겹치기도 하여 고열(考閱)하는 데 어려움이 있다. 『춘파일월록(春坡日月錄)』과 『조야첨재(朝野僉載)』 같은 것은 편년체의 방법을 쓰기는 했으나 자료수집이 완전하지 못한 채로 급하게 책을 만들어 놓았기에, 상세한 곳은 지나치게 상세하고 소루(疏漏)한 데는 또 지나치게 소루하여 체제를 제대로 이루지 못하였다. 『청야만집(青野謾輯)』은 사실은 상세히 밝히지도 못하면서 문집에 들어가 있는 논평이나 여러 사람의 주장들만 잔뜩 늘어놓았으니, 그 말절(末節, 논평 · 주장)만 추켜들고 근본(根本, 사실)을 빠뜨린 것이 많다고 하겠다.

여기에 보면 우선 중국 명대의 도종의(陶宗儀)가 편찬한 『설부(說郛)』에 비교된 『대동야승』이나 『소대수언』에 대해, 산만하여 체계가 없고 내용이 중복된다고 말하고 있다. 이는 앞에서 우리가 살핀 바 있는 '총서' 형식의 야사 편찬방식에 대한 비판이었다. 그것은 각종 수록류의 기록을 그대로 전재(轉載)하는 방식이니만큼[55] 내용 중복과 체계의 산만함을 면할 수 없었으며 바로 이런 맹점을 지적하고 있는 것이다(그러기에 뒤에 보듯이 그는 『연려실기술』에서 '유서' 형식을 선택했다).

다음은 사체(史體)와 관련하여 『춘파일월록(春坡日月錄)』과 『조야첨재(朝野僉載)』에 대한 비판이다. 양서가 취한 편년체는 역사편찬의 기본으로서 역사를 통람(通覽)하는 데 편리한 방식이다. 그러나 그러기 위해서는 연대별로 사료의 내용이 풍부해야 하는데 편찬자의 관심도에 따라 상략(詳略)이 각기 다르게 마련인 수록류(隨錄類)에 주로 의존하다 보면,

---

55 『소대수언』이나 『대동야승』을 『說郛』에 비교한 것은 정확한 표현은 아니다. 『說郛』는 1천292種의 야사 관련 책을 그대로 다 수록한 것이 아니라 필요한 부분을 초록해 수록하였다. 그러기에 1천300종에 가까운 분량을 100권에 압축해 실을 수 있었던 것이다.

자료상 문제로 인해 「의례(義例)」의 지적대로 '상처태상 소루처태소루(詳處太詳 疏漏處太疏漏)'한 불균형이 오지 않을 수 없는 것이다. 이런 문제점은 사건별로 정리한다면 해소될 수 있는데, 『연려실기술』이 기사본말체를 취한 이유도 여기에 있을 것이다.

그리고 『청야만집』[56]은 예컨대 '자연산말년지중종조(自燕山末年至中宗朝, 권3)' 하는 식으로 시기를 밝혀 편년체 형식을 취하면서도, 본문의 기술은 각 기사의 첫 글자만 따서 '김굉필(金宏弼) · 점필재(佔畢齋)'라 한다든가 '반정시신수근(反正時愼守勤)' · '숙종신규소청(肅宗申奎疏請)' · '중종반정후신비(中宗反正後愼妃)' 하는 식으로 정리해서 기사본말(紀事本末)의 방식을 일부 따르고 있기는 하나, 표목(標目)을 정하지 않고 함께 뭉뚱그려서 수록했기 때문에 선후(先後)와 본말(本末)이 착종(錯綜)되어 있음을 비판한 것이었다.

요컨대 『연려실기술』은 그 첫머리에서 야사편찬의 방식으로서 '총서' 형식 · 편년체 · 기사본말체가 갖는 문제점들을 기출(旣出)의 야사서(野史書)를 빌려 지적한 것이라고 하겠다. 이러한 비판을 거친 후 『연려실기술』의 「의례」는 다음과 같이 그 편찬의 방침을 밝히고 있다.

> 이번에 내가 편찬하는 『연려기술』은 제가(諸家)의 야사(野史)에서 널리 채록하여 집성(集成)한 것으로 대략 기사본말(紀事本末)의 사체(史體)를 본떠서 자료를 얻는 대로 분류, 기록하여 다음에 계속해서 보태어 넣기에 편하도록 하였다. 내가 지금 자료를 얻어 보지 못하여 미처 기록에 넣지 못

---

56 『青野謾輯』은 현재 국내외에 20여 종의 필사본이 있다고 하며, 국립중앙도서관의 10권 5책 본을 臺本으로 하여 1981년 동국대 부설 한국문학연구소에서 『韓國文獻說話全集』 제9권으로 간행하였다. 필자는 이 책을 참고하였다.

한 것은 후일에 이 책을 보는 이가 자료를 얻는 대로 보충하여 완전한 글을 만들어도 좋을 것이다.

여기에 나온 바에 따라 『연려실기술』의 편찬방침을 정리하면 ① 국조사(國朝史)를 여러 사람들이 남긴 기록류의 야사를 널리 채록하여 집성하는 '유서' 형식으로 편찬하되 ② 기사본말체의 사체(史體)를 취하고 ③ 채록한 자료를 분류하고 배열해 기술하는 '술이부작'의 기술방식과 ④ 후인(後人, 讀者)의 추보(追補)를 허용한다는 4가지 요소가 되겠다. 이제 이런 방침이 실제로 『연려실기술』의 편찬 현장에서 어떻게 적용되었나를 편찬형태와 구성형식, 그리고 편사(編史)방식과 기술(記述)태도의 4가지 측면으로 나누어 살펴보기로 한다.

(1) '유서(類書)' 형식의 편찬형태

『연려실기술』이란 야사서의 편찬형식과 관련해 이긍익은 앞서 인용하였던 「의례」 첫머리의 편찬방침을 밝힌 데서 제가(諸家)의 야사(필기소설이나 수록류)를 널리 채록하여 집성하는 방식으로 하겠다고 하였다. 여기서 말하는 제가의 야사란 앞에서 이미 언급하였던 대로 16세기 이래 주로 재야의 인사들에 의해 당대에 그들이 직접 견문하거나 전문(傳聞)한 사실을 적어 놓은 필기(筆記)나 수록(隨錄)과 같은 '기록류(記錄類)' 야사를 말한다. 특히 16세기의 사화나 그 후반기의 당론(黨論) 발생으로 인한 정쟁이 격화되고, 그에 따른 정국변동과 정치적 사건이 빈발하면서, 자기 파의 당론적 이해에 따라 정치적 사건을 해석하고 변호하려는 당론서적(黨論書的)인 성격을 지닌 기록류가 다수 나왔다.

대개 조선시대에 나온 야사가 500여 종으로 말해지는데[57] 이를 일별해 보면 대부분이 사화나 당론적 사건에 얽힌 내용을 다룬 것이었다. 그러나 이긍익이 구상하였던 야사는 이처럼 단순히 자신이 전문한 바를 '기록'한 것은 아니었다. 18세기 사대부들의 국조사 이해를 위해 최량의 야사를 제공하겠다는 그의 포부로 보아, 그것은 적어도 국초(國初) 이래 당대까지의 역사를 다룬 것이어야 하였다. 제가의 야사를 채록해 집성하겠다는 「의례」의 언명은 그가 자신이 견문한 당대의 '기록'이 아니라, 선배들의 기록류 야사에서 자료를 모아 '편찬' 형태의 국조사로서 야사를 만들겠다는 의지를 드러낸 것이었다.

그런데 집성하는 방식에는 제가의 야사를 모아서 그대로 묶어 놓는 것과, 그런 야사에서 필요한 자료를 채록하여 일정한 체재 아래 기술하는 두 가지 형식이 있다. 이를 '총서(叢書) 형식의 야사'와 '유서(類書) 형식의 야사'로 구분해 개념화하면서, 『소대수언』과 『해동야언』이 각각 그 선구였음은 이미 앞에서 밝힌 바 있다. '총서'가 자료수집에 그친다면 '유서' 형식이 역사편찬의 본령에 가까우며 또 정치사를 이해하는 데 더 효과적인 방식임은 두말할 것도 없다. 그래서 앞의 표에서 보았듯이 국조사에 대한 관심이 높던 18세기에는 '유서' 형식의 야사서가 족출했으며, 이긍익도 「의례」에서와 같이 '총서' 형식의 『소대수언』과 『대동야승』이 중복되고 체계가 산만하다고 비판했던 것이다.[58]

『연려실기술』은 『해동야언』과 마찬가지로 후자의 방식을 따르겠다고 하였다. 그러므로 위의 인용문에서 이긍익은 그저 "제가(諸家)의 야사에서 채록해 집성한다."고 했지만, 구체적으로는 '채록한 자료를 일정한 체재(體裁) 아래 새로이 편배(編排)'하는 야사집성이라고 함이 정확하겠다.

57 註10과 같음.

58 '총서' 형식의 야사는 세도정치에 의한 벌열의 집권으로 현실정치에 대한 관심이 쇠퇴하게 되는 19세기에 들어가 金鑢 · 沈魯崇 등에 의해 다시 부활, 성행하게 된다.

따라서 『연려실기술』의 사서(史書)로서의 편찬형태는 '유서 형식의 야사' 라고 해야 할 것이다.

유서 형식으로 편찬하기 위해서는 야사를 포함한 많은 사료를 수집해야 하였다. 아마도 편찬을 시작한 정조 초 이전의 준비기간은 물론, 편찬하는 과정에서도 수집 작업은 계속되었을 것이다. 선행 연구에 의하면 본서에 인용된 서목(書目)은 문집이 100여 종이고 여기에 정사 · 야사 · 일기 등을 합하면 모두 400여 종에 이른다고 한다.[59] 좀 더 자세히 보면 다음과 같다.

官撰**자료**: 실록 · 국조보감 · 용비어천가 · 동국여지승람 · 경국대전 · 동국문헌비고 및 관청문서 등 수십 종

문 집 류: 尤庵集 · 藥泉集 · 明谷集의 書簡, 墓道文字, 傳記 등 100여 종

기 록 류: 용재총화 · 추강냉화 · 기묘록 · 석담일기 · 용천담적기 · 음애잡기 · 동각잡기 · 하담파적록 · 남계기문 · 공사견문록 · 성호사설 등 筆記 · 隨錄類 야사 등 400여 종

편 찬 류: 소대수언 · 대동야승, 해동야언 · 춘파일월록 · 조야기문 · 조야첨재 · 청야만집 등 편찬된 야사 10여 종

기록류 야사의 상당 부분은 『소대수언』(14종)이나 『대동야승』(61종) 같은 총서 형식의 야사에 원문 그대로 수록되어 있으나 나머지는 일일이 소장자를 찾아 빌려서 전사(轉寫)하거나 채록(採錄)해야 하는 시간이 걸리고 수고가 따르는 일이었다. 이 중에서 다른 자료는 그래도 구할 수 있지만 국가에서 사고에 비장해 놓아 임금이나 조정에서 열람하고자 하

59 황원구(1970), 부록 「燃藜室記述 原 · 續 · 別集 各卷 採錄書目 要覽」.

여도 사관(史官)을 보내어 전사(轉寫)해 오도록 통제가 엄하였던 『실록』을 인용한 것은 의외라고 생각된다. 『실록』이 인용된 예는 단종조의 '육신모복상왕(六臣謀復上王)'과 중종조의 '김안로복입(金安老復入)'의 기술에서 실제로 찾을 수 있다.[60] 벼슬도 못한 이긍익이 『실록』을 직접 보았다고는 생각되지 않는다. 이는 필시 어느 시기인가 사관의 손에서 전사되었다가 항간에 유출되어 기록으로 남게 된 것이라고 본다. 이런 『실록』 자료까지 수소문하여 채록한 것으로 보아 광범위한 자료 수집을 토대로 한 유서 형식의 국조사로서 『연려실기술』의 가치는 그만큼 높다고 할 것이다.

(2) '기전체(紀傳體)'적 구성(構成)방향

그렇다면 채록한 자료를 편배하는 기준이 되는 체재, 즉 사체(史體)가 당연히 고려되어야 할 것이다. 위의 「의례」에서 이긍익은 대략 기사본말체를 본뜨겠다고 하였다. 그러나 막상 『연려실기술』을 보면 기사본말체의 구성형식과는 크게 다름을 볼 수 있다. 기사본말체의 원형인 『통감기사본말(通鑑紀事本末)』이나 단대사(斷代史) 형태의 『명사기사본말(明史紀事本末)』을 보면 대체로 시대 순으로 역사적 사건의 표제를 잡아서 서술하는 본문 외에 부록이나 별도의 다른 부분은 없다. 특정 시기의 인물이나 어떤 제도에 관한 서술은 표제로 잡혀 본문 속에 들어가 있을 뿐이다.[61]

---

60 『연려실기술』 권4, 端宗朝, 六臣謀復上王, (世祖)下敎曰 이하 부분(경문사 본 238~239면), 實錄曰 丙子十二月 云云.; 권9, 中宗朝, 金安老復入, 辛卯十二月 二十三日 弘文館副提學黃士佑 이하(경문사 본 636~646면).

61 예컨대 『통감기사본말』 권31에 '姦臣聚斂'의 표제 아래 宇文融 · 楊愼矜 · 韋堅 · 王鉷 · 楊釗 등의 인물이 들어가 있거나, 권32에 '兩稅之弊'의 표제로 楊炎이 실시한 兩稅法의 폐단을 기술한 것을 들 수 있다. 『明史紀事本末』의 경우도 권18, '壬午殉難'이란 표제 아래

이에 비해 『연려실기술』은 크게 두 부분으로 분리되어 있다. 하나는 각 왕대별로 일어난 역사적 사실을 사건이나 사안(事案)별로 표제로 내걸고 서술한 열조(列朝) 고사본말(예: 太祖朝 故事本末, 앞으로 '故事'로 약칭)이고, 다른 하나는 조선시대의 전장문물제도(典章文物制度)를 10개 항목으로 분류하여 정리해 놓은 '전고(典故)' 부분이다. 전자는 오늘날 『연려실기술』이라는 책 이름 아래 원집 · 속집으로, 후자는 별집으로 구분되어 있지만 19세기 중반의 『오주연문장전산고(五洲衍文長箋散稿)』에서는 『연려실'기술'』과 『연려실'전고'』라 해서 명칭 자체를 달리하여 마치 별책처럼 다루었다.

실제로 『연려실기술』의 구성형식을 보면 『오주연문장전산고』의 구별이 오히려 타당하지 않은가 하는 생각이 들 정도로 서로 다르다. 그 내용을 간단히 표로 제시하면 다음과 같다.

『연려실기술』의 구성
- A) 故事 … 列朝別 故事本末
  - ⓐ 王室 관련
  - ⓑ 事件標題 (紀事本末體)
  - ⓒ 人物 (傳記體)
- B) 典故 … 典章文物制度 : 10門 (類書體)

이 표에서 보이는 A)의 '고사'는 태조에서 현종[62]까지의 열조에서 일어났던 역사적 사실을 기술한 부분으로 바로 본집(本集)에 해당하며 『연려실기술』을 야사 형태의 국조사라고 부르는 근거라 할 수 있다. 그 구

조카인 建文帝를 몰아내고 제위를 차지한 燕王(成祖 永樂帝)에게 不服한 인물들을, 그리고 권73에서 '修明曆法'이란 표제로 태조로부터 崇禎연간까지의 曆法制度 개정에 관해 실어 놓고 있다.

62 異本에 따라서는 숙종 또는 경종까지 수록하고 있다. 이본과 관련해서는 정만조(1993) 참조.

성을 보면 각 왕들의 치세에 대하여 ⓐ 왕실 관련에서는 왕의 인적사항으로서 시호(諡號)·휘(諱), 탄강(誕降)과 성장과정, 즉위 및 승하한 연월과 장소, 존호(尊號), 능호(陵號)와 위치 등을, 왕비의 인적사항으로는 시호·본관·부명(父名)·책봉, 탄생 및 승하 연월일과 장소, 존호·능호, 그리고 대군·공주·왕자·옹주 및 그 배우자와 소생 자녀를 기록하였다. 이어서 해당 왕의 가언덕행(嘉言德行) 등 예덕(睿德)을 『국조보감』이나 기록류 야사에서 채취한 자료로서 기술해 놓았다.

ⓑ는 해당 왕의 치세에 일어났던 역사적 사실을 기술한 부분인데 후술하듯이 기사본말체의 형식을 취하여 표제를 설정하고 그 인과(因果)과정을 기술해 놓았다. 야사로서 『연려실기술』의 내용을 이루는 만큼 가장 큰 비중을 차지하고 표제만으로도 256조(條)를 헤아릴 정도로 분량이 압도적이다.

ⓒ는 그 왕대에 활동하였던 인물들을 묘정배향신(廟廷配享臣)·상신(相臣)·문형(文衡)·명신(名臣, 이 외에 필요에 따라 儒臣·節臣·殉難臣·勳臣·亂臣을 설정) 등의 항목으로 나누어 수록해 놓았다.

이처럼 열조별(列朝別) 기술이 가능했던 것은 선행(先行)의 수록·필기 등의 기록류 야사가 풍부하였기 때문이기도 하지만, 18세기 이후에 문집류의 성행으로 소차(疏箚)나 잡저(雜著) 및 묘도(墓道)문자를 통해 역사적 사실과 인물에 관한 정보를 비교적 쉽게 얻을 수 있었던 데도 기인한다. 특히 ⓒ의 인물조의 경우는 김육(金堉)의 『해동명신록(海東名臣錄)』 외에도 이존중(李存中)의 『국조명신록(國朝名臣錄)』[63]을 위시해 조선 후기에 쏟아져 나온 각종 인물관계 기록을 집대성해 편찬한 정조

63 63권 30책, 국초부터 효종까지 400여 명의 인적사항에 대해 벼슬기록·封號·증직·묘정배향 여부를 기록하고 다음에 언행을 수록했으며 전고로 서목을 제시했다.

때의 『국조인물고(國朝人物考)』[64]가 그 내용을 풍부히 하는 데 크게 도움을 주었을 것이다.

다음은 '고사'와 달리 별집으로 되어 있는 B) '전고(典故)' 부분이다. 조선시대를 중심으로 한 전장문물제도(典章文物制度)를 기술해 놓은 전고는 모두 10문(門)에 걸쳐 다음과 같은 내용으로 되어 있다.

國朝典故 … 연표(列朝의 주요 연대와 明의 연대를 대조) 및 왕을 포함한 왕실 관련 각종 제도에 관한 故事

祀典전고 … 왕실의 葬禮관계와 士庶의 喪制, 文廟 · 諸祠 · 書院 관련 고사

事大전고 … 대중국 외교관계 고사

官職전고 … 京外관직 · 軍職 및 과거제와 관직 운영규정에 관한 고사

政敎전고 … 田賦와 戶口, 軍役 및 禮制 · 풍속 · 형법관계의 고사

文藝전고 … 학술 · 예술 및 각종 서적관련 고사

天文전고 … 천문 · 역법 등의 제도와 고사

地理전고 … 서울과 지방의 지리와 산천 형세

邊圉전고 … 국내의 국방시설 및 변경지역의 관리, 倭 · 琉球관계 고사

歷代전고 … 고조선에서 발해에 이르는 역대 국가의 연혁에 관한 고사

'전고'를 별도로 설정한 이유에 대해 이긍익은 「의례」 제4조에서 "(문물제도의) 고사 등은 이 책이 이미 편년의 형식이 아니어서 붙여 기록할 데가 없고, 그렇다고 각 조별(朝別)로 나누어 기록하면 찾아보는 데 불편하므로 따로 그것만 수록하여 전고별집이라 하였다."고 밝혔다. 결국

64 相臣 54, 國戚 74, 儒學 36, 卿宰 286, 名流 318, 文官 91, 武弁 40, 休逸 99, 蔭仕 153, 士子 113명과 각종 立節人 등을 합쳐 2천65명을 수록하였다.

본문을 열조별로 표제를 잡아 기사본말체로 기술하는 형식을 취했기 때문에 본문인 ⓑ의 내용 이해를 돕기 위해, 한 왕대에 활약한 인물에 대한 정보는 그 왕대의 말미에 ⓒ의 부록으로 넣으면 되지만, 문물제도 등은 전 시기에 걸치기 때문에 분산시켜 놓으면 참고하고자 할 때 바로 찾아보기가 불편하여서 별도로 묶었다는 것이다. 여기서 주목할 것은 ⓒ와 '전고별집'이 ⓑ의 본문 기술내용을 이해하는 참고자료였다는 점이다. 다시 말해 '전고별집'은 어디까지나 ⓑ의 열조 고사 이해의 보조 참고용일 뿐 문물제도 자체의 정리에 목적이 있지는 않았다는 말이다. 그러므로 국가통치의 참고서이기는 하면서도 조선조 중심의 문물제도를 체계적으로 정리한 『동국문헌비고(東國文獻備考)』[65]와는 체제와 내용적인 면에서 비교가 되지 않는다. 그렇다고 해서 『연려실기술』의 전고별집 설정 의미가 과소평가될 수는 없다. 정책입안이나 결정과 같은 중대 임무를 지니지 않은 일반 사대부들이 국조사를 이해하는 데는, 그런 전문적인 지식까지는 필요치 않았고 위의 10문(門)에 걸친 범위 안의 내용으로 충분하였기 때문이다.

좀 더 자세히 말하면 전고별집은, 물론 예악(禮樂)·형정·법제·관직 등 『동국문헌비고』에서 다루는 내용을 같이 수록해 놓았으나 우선 문목(門目)의 분류와 명칭부터 다르다(예 : 禮考·樂考·刑考의 내용은 모두 政教전고 속에 들어 있음). 뿐만 아니라 내용에 있어서도 예컨대 문묘(文廟)를 보면 『동국문헌비고』에는 종향제인(從享諸人)의 명단과 중국 유

65 『동국문헌비고』는 본래 '나라를 경영하고 실용에 이바지〔經世致用〕'한다는 목적으로 편찬된 『通典』과, 특히 『文獻通考』를 본받은 것으로 그 목적 자체도 '비단 널리 참고하는 자료가 될 뿐만 아니라 실용에 도움이 되어 경제의 방도로 삼을 것'(進文獻備考箋, 領議政 金致仁 등)을 표방하였고 모두 13考로 된 목차의 순서도 단지 西銘의 乾父坤母의 뜻에 따라 象緯·輿地考를 먼저 하는 외에는 『문헌통고』의 次第를 그대로 따랐으며(御製東國文獻備考後序), 역대에 걸쳐 풍부한 사례를 제시하며 분량이 100권에 이른다.

현(儒賢)의 종향 범위를 밝히고 우리나라 유현의 종사(從祀) 과정을 간단히 기술한 다음, 왕이나 세자의 제향 시 의전(儀典) 절차나 찬품식(饌品式) 등을 내용으로 한 제법(祭法)이란 항목이 있음에 비해, 전고별집에는 종향제인(從享諸人) 명단을 제시한 후 중국 유현에 대한 언급은 약술하고 오히려 우리나라 유현의 종사에 대해 정몽주(鄭夢周)와 오현종향(五賢從享), 특히 이이(李珥)·성혼(成渾)의 종사 과정에 대한 논란과 철향(撤享)·복향(復享)에 대해 상당한 분량으로 상세히 기술했으며 전국에 걸친 서원 명단과 제향 인물을 싣고 있다(『동국문헌비고』에는 후일 고종 때 증보하면서 비로소 들어감).

특히 주목되는 것은 『동국문헌비고』에는 없는 문학(文學)·문장(文章)·필법(筆法)·화가(畫家)·서화가·족보·주자(鑄字) …… 문집·야사류·병서류(兵書類)·석가류(釋家類) 등이 「문예전고」라는 문목 속에 들어가 있다[66]는 점이다. 말할 것도 없이 「문예전고」에 들어 있는 항목들은 사대부들의 교양생활과 밀접한 관계를 갖고 있는 내용들이다. 그렇다고 하여 조금 앞선 시기인 영조 47년(1771) 서명응(徐命膺) 등이 편찬한 『고사신서(攷事新書)』에 실린 농포(農圃)·목양(牧養)·일용(日用)·의약(醫藥)처럼 일상생활에서의 양생송사(養生送死)에 도움을 주는 항목은 『'전고'별집』에 들어 있지 않다. 다시 말해 관료들의 국정운영에 필요한 『동국문헌비고』처럼 전문적이지는 않으면서도, 사대부들의 일상생활

---

66 중국의 이른바 三通 중에서 『通典』, 『文獻通考』와 달리 『通志』에만 이런 門目(藝文·校讎·圖書·金石)이 있으며, 그런 면에서 『동국문헌비고』가 국가통치를 위한 經世致用에 기준을 둔 『문헌통고』의 類目을 모방한 것에 비해, 이긍익의 「전고별집」이 宋代 사대부의 역사인식과 관련하여 史學과 典章제도가 依因的 連繫하에 있음을 강조해 上古에서 隋·唐까지의 역사를 기록한 부분과 함께 문물제도를 二十略으로 정리한 『通志』의 체제(內藤虎次郎, 1961, 287~292면)를 따랐음을 알 수 있다. 후일 『증보문헌비고』를 편찬하면서는 권242에서 권250까지 「藝文考」를 설정하여 이들 항목을 수록하였다.

에서의 양생적 요소는 배제된, 정신문화 내지 교양생활, 특히 국조사 이해에 필요한 정보 등에 관한 내용을 수록하고 있다는 말이다.

문목(門目)의 구성이라든가 문묘의 유현종사(儒賢從祀) 과정에 대한 서술, 그리고 「문예전고」의 설정 등에서 보이는 고사(故事) 등은 일반 사대부들에게 긴요한 내용이었다. 『동국문헌비고』와 구별되는 '전고'별집의 바로 이러한 점들은 관료의 통치 참고서로서의 『동국문헌비고』와 달리 사대부들의 관심 영역 위주로 편성되었음을 알려 준다. 이는 전고별집이 정서류(政書類)의 형태를 띠면서도 국가통치보다는 사대부의 우리나라 전장문물제도에 대한 정보와 바로 연결되는 『연려실기술』의 본집을 이해하기 위한 참고자료 위주로 편찬되었음을 말해 주는 것이다. 「의례」 제4조에서 전장문물제도에 대해 쉽게 찾아볼 수 있도록 하기 위해 '전고'별집을 두었고, 또 일부이기는 하지만 신라 · 고구려의 옛 제도에서부터 출발해 설명하는 방식을 취한 것도 사람들로 하여금 우리 동방의 역대 연혁을 알게 함이라 했는데, 바로 이런 데서 그것이 사대부를 대상으로 하였음을 분명히 알게 되는 것이다.

이상의 서술은 18세기 사대부들의 국조사에 대한 이해를 위해 야사를 편찬함에 있어 이긍익은, 우선 가장 효과적인 설명 방식으로서 열조의 역사적 사실을 담은 A) '고사'의 ⓑ사건 표제 부분을 중심으로 ⓐ, ⓒ의 인물을 붙이고 문물제도와 관련된 B) '전고'는 별집으로 분리하는 방식을 취함으로써, 역사적 사실을 인물 · 제도와 연결시켜 참고와 이용에 편리하도록 하는 책의 구성형식을 마련했다는 것으로 요약될 수 있겠다.

『연려실기술』의 구성을 이렇게 검토하다 보면 문득 기전체(紀傳體)의 형식과 흡사하다는 느낌을 강하게 받는다.[67] 열조고사본말의 ⓐ와 ⓑ는

67 실제로 1986년 진단학회 주최 '한국고전심포지엄'의 연려실기술 발표에 이은 토론에서

본기(本紀)에 해당하며 ⓒ는 열전(列傳), 문물제도에 관한 전고(典故)는 지(志), 그리고 약간 견강부회(牽强附會)하는 느낌은 들지만 고사(故事) 중의 하나인 국조전고(國朝典故)의 모두(冒頭)에 있는 연표(年表)까지 헤아린다면 기전체의 형식과 상당히 부합한다. 이런 구성은 원추(袁樞)의 『통감기사본말』과는 상당히 동떨어지는 것이다.

그렇다면 『연려실기술』을 기사본말체가 아닌 기전체라 할 수 있을까. 『연려실기술』의 골자라고 할 본문에 표제를 세우고 사건의 내용을 인과관계로 기술한 ⓑ를 중심 골격으로 하여, 시기를 밝히는 ⓐ와 부록으로 둔 ⓒ, 그리고 ⓑ의 이해를 돕기 위한 참고용으로 별도로 설정한 B) 등, 모든 초점이 기사본말체로 편사(編史)되어 있는 ⓑ에 맞추어져 있고, 그리고 무엇보다도 역사서 분류의 기준인 체례(體例)가 구성보다는 사체(史體)에 있다는 점에서 볼 때, 그것이 기사본말체임은 분명하다. 그리고 사실 『통감기사본말』이 이사위강(以事爲綱)이라는 기사본말체를 처음 창안했다는 면에서 그 전형을 보이기는 하지만 『사고전서(四庫全書)』 사부(史部)에 보면 기사본말류로 분류되는 모든 사서(史書)가 『통감기사본말』의 형식을 따르고 있지는 않다. 대표적인 것이 청(淸) 초 마숙(馬驌)이 지은 『역사(繹史)』이다. 『역사』는 개벽원시(開闢原始)에서부터 진(秦) 말까지의 역사를 기사본말의 형태로 기술하면서도, 모두(冒頭)에 세계도(世系圖)와 연표를 넣고 중간에 주관지제(周官之制) · 주례지제(周禮之制) · 공자유기(孔子類記) 등의 제도 · 인물 등을 다루기도 하며, 끝부분에 가서는 천관서(天官書) · 식화지(食貨志) · 지리지(地理志) 등 기전체에서 찾아지는 사항을 표제에 넣어 설명하고 있다.[68] 『역사』의 이러한

이 점은 이성무 교수에 의해서 지적되었다(『한국고전심포지움』 제3집, 371면, 1991).

68 『四庫全書』 史部3, 『繹史』의 提要에는 "且史例六家 古無此式 與元樞所纂 均可爲卓然特創

예는 기사본말의 사체(史體)가 반드시 어떤 정형을 이루고 있는 것이 아님을 말하는 것으로, 비록 인물조(人物條)와 전고(典故) 등이 있어 다소 성격이 흐려진 감은 있으나 『연려실기술』을 기사본말체로 분류해 주는 유력한 근거라 할 것이다.

비록 그렇다고 하더라도 『연려실기술』이 위에서 본 대로 ⓐ, ⓒ를 포함한 A) 고사와, 별도의 B) 전고로 크게 분리되어 있다는 책의 구성형태 면에서는, 적어도 기전체적 형식을 지향하는 방향이었다고 해도 무방하지 않을까 한다.

『연려실기술』이 편찬되던 같은 시기에 중국 청 대의 대표적 역사가이던 장학성(章學誠, 1738~1801)은 기전체의 문제점을 지적하면서[69] 새로이 편찬하려는 송사(宋史)에서 기존의 기전체에다가 기사본말의 형식을 도입할 것을 강하게 주장하였다.[70] 장학성의 주장이 『연려실기술』의 편찬체제에 직접 영향을 주었다고는 생각되지 않는다. 그러나 기전체 사서에 기사본말체를 삽입하는 다른 하나의 예가 된다는 면에서, 『연려실기술』을 구성형식면에서는 기전체적이라고 할 수 있는 가능성을 뒷받침해 준다.[71]

自爲一家之體矣."라고 하여 『繹史』의 체제를 높이 평가하였다.

69 『章學誠遺書』 권9, 文史通義外篇 3, 「爲畢制軍與錢辛楣宮詹論續鑑書」, "紀傳之史 分而不合 當用互注之法 以聯其散 編年之史 混灝無門 當用區別之法 以淸其類."

70 위와 같은 책, 「餘邵二雲論修宋史書」, "今仍紀傳之體 以參本末之法 增圖譜之例 而刪書志之名 發凡起例 別具圓通之篇 推論甚精 造次難盡 須俟脫稿 便當續上奉郢質也."; 內藤 역시 章學誠의 『宋史略』에 대해 "대체로 鄭樵 『通志』의 體裁로부터 다시 기전체에 기사본말체를 섞어서 썼다. 편년체 중에 기사본말체를 넣은 것은 『通鑑』이지만 기전체 중에 기사본말체를 도입한 것은 章學誠에서부터 비롯되었다."고 하여 章學誠의 새로운 편찬체제 시도를 높이 평가하였다(內藤虎次郎, 1961, 473면).

71 『章學誠遺書』를 출판하면서 그 서문을 쓴 史城은 章學誠이 乾隆 嘉慶연간의 漢學(考據學)이 實際的 學風을 벗어난 데 불만을 갖고 黃宗羲 · 萬斯同 등의 浙東學派의 餘脈을 계승하여 經世致用을 강조하였다고 한다. 그는 '六經皆史'의 說을 천명하여 宋 · 明 이래 계속되

그러면 『연려실기술』 편찬체제의 두 번째 특징이라 할 고사와 인물, 전고로 된 기전체적인 구성은 이긍익의 창견(創見)일까? 선행의 국조사 관련 야사를 검토해 보면 그렇지는 않다고 생각된다. 앞에서 말했지만 이미 16세기 후반에 나온 허봉의 『해동야언』에 한 왕대에 관한 고사를 왕의 예덕(睿德), 일어난 사건, 전장(典章)제도, 명인(名人) 관련 기사로 구성한 것이 그 선구로서 의미를 지닌다.

다음으로 숙종 25년(1699)에 서문중(徐文重)이 편찬한 『조야기문(朝野記文)』이다. 전체 8권(속집 1권) 중에서 제1권은 「국조연표(國朝年表)」와 문물제도에 관한 고사로, 권2부터는 역대의 중요한 사건을 표제로 잡아 기술한 고사본말로 되어 있다. 그중에서 「국조연표」에는 역대 각 왕들의 인적사항과 공신(功臣) · 상신(相臣) · 배향신(配享臣) · 주문(主文) · 청백리(淸白吏)의 명단이 수록되었으며, 문물제도는 예컨대 「전례(典禮)고사」 항목 속에 묘학(廟學) · 능원(陵園) · 문소전(文昭殿) · 종계변무(宗系辨誣) · 이년역월(以年易月) · 양로연(養老宴) · 대신상거애(大臣喪擧哀) · 소능폐복(昭陵廢復) · 전위(傳位)고사 등이 혼재되어 있는 데서 보듯이 사례 위주로 기술되어 있다. 전체적으로 내용이나 체계 면에서 『연려실기술』과는 비교가 되지 않을 정도이지만, 문물제도 고사와 역사적 사건의 본말을 기술한 고사의 두 부분으로 나눈 것에서 역시 그 선구적 형태를 보인다고 하겠다.

「의례」에서 이긍익이 상략(詳略)이 부동(不同)하고 본말(本末)이 전도(顚倒)되었다고 비판하였던 『춘파일월록(春坡日月錄)』과 『조야첨재(朝野

어 온 人事를 떠난 空談性命 道德義理 위주의 학풍을 통절히 비판하였다고 한다(影印 『章學誠遺書』, 序). 章學誠의 이런 학풍이 투영된 역사서가 『宋史略』이다. 章學誠의 저술이 이긍익이 살던 18세기 말에 조선에 전래되었는지는 아직 확인 못하였다.

僉載)』, 『청야만집(靑野謾輯)』의 경우도 왕의 인적사항이나 사건의 본말, 인물에 관한 기록을 수록하고 있기는 하나, 서로 혼재되어 있는 데다가 문물제도 관련 기사가 없어 『연려실기술』의 구성형식에는 별 영향을 주지 않은 것으로 보인다.

이렇게 본다면 조선 후기에 편찬된 야사는 많았지만 위에서 본 ⓐ, ⓑ, ⓒ의 요소를 갖추어 역사적 사실을 '고사'본말로 기술하며 별도로 전장문물제도를 체계적으로 정리해 '전고'별집으로 삼아 역사 이해의 참고로 활용하게 하는 기전체적 구성방식은, 비록 그 선구적인 형태는 이전에도 보였다 하더라도, 이긍익에 의해 『연려실기술』에서 처음 본격적으로 시도되었다고 볼 것이다. 이 점이 『연려실기술』의 찬술체례(撰述體例)에서 보이는 두 번째 특징이라 하겠다.

(3) '기사본말체(紀事本末體)'를 응용한 편사(編史)방식

이긍익은 그 「의례」의 첫머리에서 제가의 야사로부터 채록한 자료를 집성하는 방식, 즉 유서 형식으로 자신의 야사를 편찬하겠다고 하였다. 그러면서 자료를 편성해 배열하는 기준이 되는 체재, 즉 사체는 대략 기사본말체를 취하였다고 밝혔다.

필기나 수록류 같은 기록방식이 아닌 편찬형태의 야사에는 일반 역사편찬에서와 같은 여러 형식의 사체(史體)가 적용되었다. 기전체나 편년체, 기사본말체가 그 대표적 형태였다.

정사체(正史體)라는 기전체(紀傳體) 형식은 남송(南宋) 대 정초(鄭樵)의 『통지(通志)』와 16세기 중반 명(明)의 정효(鄭曉)가 지은 『오학편(吾學編)』, 청(淸) 초 마숙(馬驌)이 찬한 『역사(繹史)』에서 예를 찾을 수 있으며, 조선에서는 굳이 찾는다면 한치윤의 『해동역사』를 들 수 있으나, 통사 형식이어서 국조사를 다룬 야사로는 볼 수 없다. 그 대신 편년체 야사는 명나라 진건(陳建)이 엮은 『황명자치통기(皇明資治通記)』나 이묵(李默)의 『고수부담(孤樹裒談)』이 전래된 이후, 그 영향을 받아 앞의 〈표 1〉(247쪽)에서 제시하였듯이 『해동야언』 이래 '유서(類書)' 형식으로 편찬된 야사는 거의 편년체를 취하였다. 편년체는 서술하기가 가장 쉽고 보편적인 사체(史體)라 하겠으나, 시대 순으로 사건을 기록하기 때문에 독자가 어느 한 사실의 전후인과(前後因果) 관계를 일목요연하게 파악하기 힘든 단점이 있다. 이긍익은 앞서 본 것처럼 「의례」에서 『춘파일월록(春坡日月錄)』과 『조야첨재(朝野僉載)』의 예를 들어 조리가 없다고 비판하였다.

그에 비해 기사본말체는 이러한 단점을 시정하면서 하나의 역사적 사건마다 그 원인과 경과 및 결과를 서로 연관시켜 서술함으로써 사실 위주로 어느 한 시대에 대한 종합적이고 체계적인 이해를 편리하게 해주는 사체였다. 그것은 특히 인과관계를 중요시하는 정치적 사건이나 정치사 서술에 유효한 방법이었다. 그래서 남송 때인 12세기 후반 원추(袁樞)가 편년체인 『자치통감(資治通鑑)』의 원문(原文)을 초록(抄錄)하여 『통감기사본말(通鑑紀事本末)』을 편찬한 이후 중국에서는 같은 시기에 나온 주희(朱熹)의 『통감강목(通鑑綱目)』의 강목체를 누르고, 이후 기전·편년과 함께 3대 사체(史體)의 하나로 확립되어서 『송사기사본말(宋史紀事本末)』, 『명사기사본말(明史紀事本末)』처럼 수십 종의 이 사체를 따른 사서(史書)의 족출을 보게 하였다고 한다.[72]

중국과 달리 우리나라의 경우는 17세기 이후 『통감강목』에 기준한 강목체가 유행하는 바람에 18세기에 들어와서야 이런 기사본말체가 야

72 金靜庵(毓黻)(1973), 제7장 唐宋以來 私撰修史條의 『通鑑紀事本末』; 內藤虎次郎(1961), 5. 通鑑の影響, 9. 宋代に於ける史學の進展 참조.

사 형태의 국조사 편찬에 조금씩 도입되었다. 관료는 물론 일반 사대부들의 국조사에 대한 관심이 높아지는 시대적 분위기에 따라 야사 편찬의 조건이 무르익으면서, 역사적 사실 파악에 불편한 단점이 이미 드러난 편년체를 대신할 알맞은 사체를 모색하는 시도가 나왔다. 이런 경우 당연히 당시에 유행하던 강목체를 그 대안으로 상정할 수 있다. 그러나 역사적 사실에 도덕적 포폄(褒貶)을 가하는 강목체를, 지난 왕조가 아닌 현 왕조〔國朝〕의 역사 정리에 적용하기는 곤란하였다. 숙종 33년 홍만종(洪萬宗)이 찬한 『동국역대총목(東國歷代總目)』이 강목을 모방해 포폄여탈(褒貶與奪)의 뜻을 담아 참월무엄(僭越無嚴)하므로 그 찬자를 논죄하자는 주장이 나온 것[73]은 그 위험성을 실제로 보여 준 예였다. 단군에서부터 고려에 이르는 역사를 다룬 『동사강목(東史綱目)』이란 우수한 강목체 사서를 지은 안정복(安鼎福)이 막상 그 속편이라 할 국조사를 다룬 『열조통기(列朝通記)』에서 편년체를 취한 것은 이런 이유 때문이라고 본다.

뿐만 아니라 역사적 사실보다 현실의 도덕적 기준을 우선하여 역사를 재단하는 강목체 방식은 통치에 필요한 국조 고사에 대한 지식과 사실 위주의 국조사 이해를 바라는 관료와 사대부들의 여망을 충족시키기에 적절한 사체는 못되었다.

기사본말체가 18세기에 나온 『조야기문』이나 『청야만집』 등에 부분적으로 적용되었던 이유는 여기에 있다. 그러나 『조야기문』은 관료의 통치 참고가 목적이므로 대사(大事) 위주로 표제를 정하여 내용이 자세하지가 않고, 『청야만집』은 이긍익의 비판대로 사실이 상세하지 않은 데다가 문집에서 뽑은 논평들을 끌어다 실어 놓아서 본말의 체계를 잃

---

73 註15와 같음.

어버린 문제점이 있었다. 이긍익이 『연려실기술』을 편찬하면서 기사본말체를 사체로 선택하게 된 배경은 이러한 데 있었다.

앞서 검토했듯이 『연려실기술』의 구성은 A) 고사(故事)와 B) 전고(典故)의 두 부분으로 나뉘고 기사본말체는 A)의 고사에 적용되었다. 이제 그 구체적인 하나의 예를 「중종조(中宗朝) 고사본말(故事本末)」[74]에서 찾아 검토해 보기로 한다. 「중종조 고사본말」은 앞의 예에 따라 먼저 ⓐ왕실 관련으로 중종의 인적사항과 가족관계, 예덕(睿德)을 두고 다음으로 ⓑ사건 표제는 '주청고명(奏請誥命)'을 표제로 내세워 중종반정을 명(明)으로부터 승인받는 과정을 기술한 데서부터 시작해, 중종 말년 윤임(尹任)과 윤원형(尹元衡) 두 외척세력간의 갈등과 대립을 다룬 '대소윤쟁권(大小尹爭權)'까지 25개의 표제 아래 역사적 사건에 대한 인과관계의 기술이 뒤를 이으며, 그 끝부분에 ⓒ인물 관련으로 중종 묘정배향신(廟庭配享臣)·상신(相臣)·문형(文衡)·명신(名臣) 항목이 있다. 이 중에서 기사본말체 기술에 해당하는 ⓑ는 예컨대 '주청고명(奏請誥命)'에서 보듯이 하나의 정치적 사실이나 사건을 단일표제 안에서 인과관계에 따라 설명하여 기사본말체 기술의 원형을 충실히 따르고 있다.

다음으로 '왕비신씨손위복위본말(王妃愼氏遜位復位本末)'의 기술을 보자. 반정(反正) 다음날 박원종(朴元宗) 등 주도세력이 왕비 신씨가 반정군에 의해 죽임을 당한 신수근(愼守謹)의 딸이라 하여 종사(宗社)를 위해 할은(割恩)할 것을 요구한 데서 비롯하여, 대신 들어온 장경(章敬)왕후가 중종 10년 원자를 낳은 후 죽자 신씨를 복입(復入)하자는 김정(金淨)·박상(朴祥) 등의 상소와 그것이 빚은 정치적 파동, 명종 12년 신씨가 죽은 후 조정의 장례조처와 봉사(奉祀)관계, 숙종 24년 신규(申奎)의 복위(復

---

74 『연려실기술』 권7~권9, 「중종조 고사본말」.

位)상소와 조정의 논의, 영조 15년의 복위결정에 이르기까지의 200여 년에 걸친 인과과정이 『동각잡기(東閣雜記)』, 『신씨족보(愼氏族譜)』, 『국조기사(國朝記事)』, 『기묘당적보(己卯黨籍補)』, 『명곡집(明谷集)』, 『신씨사적(愼氏事蹟)』 등에서 채록한 자료로 기술되어 있다. 이 역시 기사본말체의 원형을 보인다고 하겠다.

그런데 중종 대 최대의 정치적 사건이며 후일 사림들의 최대 관심사였던, 기묘사화(己卯士禍)에 관한 기술에서는 이런 원형의 틀이 다소 변형되어 적용되었다. 즉 기묘사화는 하나의 표제가 아니라 기묘화원(己卯禍源) · 기묘사화 · 현량과파복(賢良科罷復) · 김식망명옥(金湜亡命獄) · 신사안처겸옥(辛巳安處謙獄) · 살한충사사김정기준(殺韓忠賜死金淨奇遵) · 기묘당적(己卯黨籍) · 기묘인소석(己卯人疏釋)의 8개로 구성되었다. '기묘화원'은 사화가 나오게 된 배경을 설명한 것이고 '기묘사화'는 중종 14년의 사화발생과 그 처리 과정이며, '현량과파복'에서 '살한충(殺韓忠)'은 사화의 여파이고, '기묘당적'이 피화인의 명단과 그 인적사항 및 행적을 기술한 것으로 기묘사화의 인물을 총정리한 것이라면, '기묘인소석'은 기묘사화의 후세 평가에 관한 것이라고 할 수 있다. 기묘사화라는 하나의 큰 정치적 사건을 원인과 경과, 결과, 평가에 따라 8개의 표제로 나누어 기술하되, 다시 하나하나의 표제 속에서도 인과관계로써 설명하는 방식을 취한 것이다. 이러한 방식의 기사본말체 기술은 원형이라는 『통감기사본말』은 물론, 국내의 어떤 다른 야사에서도 찾아볼 수 없는 『연려실기술』만의 특징이라고 할 것이다.

기묘사화의 설명에서 흥미로운 부분은 '기묘당적'이 표제로 올라 있는 점이다. 원래 기묘당적은 사화의 여파가 어느 정도 가라앉은 후 그 자신도 화를 입었던 사재(思齋) 김정국(金正國)이 북송(北宋) 대의 원우당적(元祐黨籍)이나 경원당적(慶元黨籍)을 예로 삼아 사화에서 화를 입은 명사의 명단을 작성한 데서 비롯되었다.[75] 총 89인에 대해 생년과 과거, 최종 관직, 사화 당시의 행적을 간단히 기록해 놓은 것인데, 명종 때 안로(安璐)가 수십 명을 더 추가해 총 129명의 인물에 대해 전기를 붙여서 『기묘당적보(己卯黨籍補)』를 만들었고, 다시 후일 효종 때 김육(金堉)이 더 많은 인원을 보충해 총 218인으로 하고 각각에 전기를 붙여 『기묘제현록(己卯諸賢錄)』이라고 하였다.

그런데 『연려실기술』의 '기묘당적' 표제 아래에는 75인만 수록되어 있고 수록된 인물마다 제가(諸家)의 저술에서 뽑은 자료로 전기를 달고 있어 이긍익이 자신의 기준으로 '기묘당적'을 따로 작성했음을 알 수 있다.[76]

『연려실기술』에는 '기묘당적'만 있는 것이 아니다. 명종 초의 을사사화(乙巳士禍) 당시의 피화인 61명의 간단한 인적사항과 일화 등의 행적을 기술한 '을사당적(乙巳黨籍)', 선조 22년 기축옥사(己丑獄事)에서 피화한 정언신(鄭彦信) 등 7인의 전기를 수록한 '기축당적(己丑黨籍)'이 표제로 잡혀 있다.[77]

기사본말체로 된 사서(史書)에 『연려실기술』처럼 당적과 같은 인물명

---

75 金正國, 『思齋集』 권4, 己卯黨籍.

76 『思齋集』의 己卯黨籍에 실린 명단은 鄭光弼 · 安瑭 · 崔淑生 · 李長坤 · 金安國 · 李耔 · 金淨 · 金世弼 · 柳雲 · 文瑾 · 權橃 · 趙光祖 순인데, 『연려실기술』에는 조광조 · 김정 · 金湜 · 金絿 · 尹自任 · 朴世熹 · 奇遵 · 정광필 · 안당 · 이장곤 · 김안국 순으로 기묘사류의 핵심인물을 먼저 앞세웠다. 그리고 『사재집』의 기묘당적에 있는 인물 중에서 李胤儉 · 李忠楗 등 31명은 제외되었고, 韓忠 · 朴祥 · 李思鈞 · 蔡世英 등 17명이 새로 들어갔다.

77 『연려실기술』에 실린 당적의 형태는 이 외에도 연산군 때의 무오사화에 피화한 金宗直 등 29인과 갑자사화에 죄를 입은 尹弼商 등 50인에 대해 각기 인물정보를 붙인 '戊午黨籍'과 '甲子禍籍'이 있으나, 표제가 아니라 인물조의 名臣 항목 대신 들어가 있다. 한편 광해군 초에 '戊申黨籍'이란 표제하에 柳永慶 이하 36명의 명단이 있는데, 이것은 원래 '首殺柳永慶'이란 표제 안에서 유영경과 그 당여를 치죄하고 勘律하는 과정에 들어간 것인데 편집할 때 실수로 '무신당적'을 표제로 내세운 것에 불과하여서 앞의 당적 등과는 맞지 않는다.

단을 표제로 내세운 경우는 필자의 조사로는 그렇게 흔치 않았다. 18세기 초에 나온 서문중의 『조야기문』이 기사본말체를 취하였지만, 기묘·을사 사화의 표제 속에 당적 형태는 전혀 보이지 않으며, 『청야만집』의 경우 기묘·을사 사화의 시말을 기술한 후 관련 인물을 개별적으로 기술했으나 피화인뿐 아니라 남곤(南袞)·심정(沈貞), 윤원형(尹元衡)·이기(李芑)·임백령(林百齡) 등 구화자(構禍者) 또는 가해자(加害者)까지 수록해 놓아 당적 형태와는 거리가 멀다.

그리고 중국의 경우도 『통감기사본말』 이후 8종의 기사본말체 사서[78]를 조사했지만 『연려실기술』 같은 당적을 표제로 내세운 사례는 찾지 못하였다. 단지 『송사기사본말(宋史紀事本末)』에서 '도학숭출(道學崇黜)'(권73)의 표제 아래 남송의 리종(理宗)이 태학(太學)에 행차하여 '도통십삼찬(道統十三讚)'을 지었다는 기사와 함께 주돈이(周敦頤) 이하 정주(程朱)를 거쳐 채원정(蔡元定)에 이르는 도학자 16인을 선정해 자(字)·출신지(出身地)·이력·학문·사상·평가 등으로 기술해 놓은 것이 유일하다. 그러나 어디까지나 도학숭상에 초점을 둔 것이지 표제 자체가 도학자의 명단 형태로 된 것은 아니다. 아마도 기사본말체에 당적과 같은 명단을 표제로 삼는 것은 맞지 않는다고 보았기 때문이 아닌가 한다.

그렇다면 『연려실기술』에서 뒷부분에 인물조의 명신(名臣) 항목이 있음에도 기묘와 을사 등의 사화에서는 본문에 당적을 표제로 내세운 이유는 무엇일까? 이에 대한 이긍익의 어떠한 언급도 찾을 수는 없다. 다만 그 구성과 사건기술이 무오·갑자 사화는 자료가 빈약한 나머지 기

78 『歷代紀事本末』. 여기에는 『通鑑紀事本末』, 『左傳紀事本末』, 『宋史紀事本末』, 『遼史紀事本末』, 『金史紀事本末』, 『元史紀事本末』, 『明史紀事本末』, 『三藩紀事本末』의 8종이 수록되었다.

술이 간단한 데 비해, 기묘사화의 경우는 8단계로 각각 표제를 잡아 인과관계를 기술한 데서 보듯이 내용과 자료의 양이 많아서, 표제로 넣는 것이 기묘사화에 대한 본말을 이해하는 데 편리하다고 판단했던 것이라고 추측해 볼 수 있다. 을사사화와 기축옥사에 각기 '을사당적'과 '기축당적'이 바로 뒤를 이어 표제로 들어갔던 것도 마찬가지이다.

이상에서 본 바와 같은 기묘사화에서 보이는 연속된 표제에 의한 인과관계의 설정과 그 끝부분에 가서 당적(黨籍) 형태로 피화된 인물의 인적정보를 정리하는 방식은, 요컨대 많은 사림계 명사가 화를 입었고 후세 사림의 관심이 가장 컸던 기묘사화를, 기사본말체의 사체(史體)로서 기술하는 과정에서 가장 효과적인 설명 방안으로 이긍익이 고안해 낸 일종의 응용된 기사본말체 방식이었다고 할 수 있지 않을까 한다.

(4) '술이부작(述而不作)'과 '거실수록(據實收錄)'의 기술(記述)방식

중서(衆書)에서의 자료 수집과 채록이 어느 정도 마무리되면 이미 구상해 놓은 책의 구성과 사체에 맞추어 자료를 편배(編排)하여 구체적으로 기술하는 편찬과정의 최종적인 작업이 뒤따라야 한다. 이런 기술방식에도, 예를 들면 자신의 주관에 따라 자료를 개편하여 새롭게 서술하거나 자신의 견해를 논단의 형태로 표출하는 경우가 있고, 자기의 견해를 드러내지 않고 원 자료 그대로 편집해 기술하는 형태가 있어 왔다. 다 같이 『자치통감』에서 자료를 취한 『통감강목』과 『통감기사본말』이 전자와 후자의 기술방식을 대표하고 있다.

『통감기사본말』을 본뜬다고 한 『연려실기술』 역시 이런 기술방식과 관련해 그 「의례」의 두 번째 조목에서,

각 기사 끝에 인용한 책 이름을 밝혔는데, 말을 깎아 줄인 것은 비록

> 많았으나 감히 내 마음대로 덧붙여 쓰지는 않아 '그대로 옮겨 쓰기만 할 뿐 새로 짓지는 않는다〔述而不作〕'는 뜻을 따랐다. 동서 당파가 나눠진 뒤로는 이편저편의 기록에 헐뜯고 칭찬한 것이 상반되게 기록하였고, 혹은 한 편에만 치우친 것도 많았다. 나는 모두 아울러 사실 그대로 수록해서〔據實收錄〕, 뒤에 독자들로 하여금 각기 옳고 그른 것을 판단하는 것에 맡긴다.

라고 하여 '술이부작'과 '거실수록'을 원칙으로 하였음을 밝혔다. 여기서 말하는 '술이부작'은 말할 것도 없이 『논어』, 「술이편(述而篇)」에 나오는 말이다. 전해 오는 사실을 정확하게 기술할 뿐이지 자신의 생각이나 판단을 더해 새로 쓰지 않는다는 뜻으로 객관적인 기술이나 기록임을 드러내고자 할 때 흔히 쓰는 표현이다. 그러나 '술이부작'이라고 해서 작사자(作史者)의 의견이 없는 것은 아니었다. 공자는 『춘추(春秋)』를 지으면서 사건을 기록하는 기사는 '술이부작'을 따랐지만 직분을 바로잡는 '정명(正名)'과 잘잘못을 엄격히 하는 '포폄(褒貶)'에서는 자신의 주관을 분명히 하였다. 즉 객관적 사실에 입각해 기술하되 자신의 판단에 따라 집필하였다. '술이부작'과 함께 춘추필법(春秋筆法), 직필(直筆)과 필주(筆誅)가 함께 말해지는 이유는 이러한 데 있다. 그런데 이 중에서 '술이부작'이 따로 분리되어 일반화한 것은, 중국에서 다수의 서적으로부터 자료를 휘집(彙集)하고 정하여진 조목 아래 배열하여 책을 이루는 '유서(類書)'가 출현, 그 주된 기술방식이 되면서부터였다. 즉 유서의 원형으로 알려진 『북당초서』(北堂鈔書, 隋 虞世南 撰)가 800여 종의 고서(古書)로부터 채취한 자료를 19부로 나눈 유문(類門) 아래의 표제 속에 넣어 배열할 때, 채취한 원문을 그대로 수록하고 그 아래 인용서목을 넣는 방식을 취한 이후 이 '술이부작'의 기술방식은, 당(唐) · 송(宋) · 명(明) 대에

크게 성행한 '유서'의 가장 큰 특징이 되었다고 한다.[79]

그러면 『연려실기술』에서 이 '술이부작'은 자료 기술방식에서 구체적으로 어떻게 나타나는가? 기록류를 포함한 다양한 야사와 문집, 그리고 때로는 『실록』이나 『국조보감』 같은 관찬사서까지 포함한 서적을 광범하게 수집하고 거기서 필요한 자료를 채록해 유별(類別)로 분류하고 모아서〔裒輯〕 정해 놓은 표제 아래 내용으로 배열하며 전거(典據)를 밝히는 방식은 일반 유서의 형식과 다를 바가 없다.

이제 그 예를 「태조조 고사본말」의 '용잠시사(龍潛時事)'에서 검증해 보기로 한다. 이 '용잠시사'에 들어 있는 서목을 보면 『동각잡기(東閣雜記)』, 「용비어천가(龍飛御天歌)」, 『동인시화(東人詩話)』, 『자계필담(紫溪筆談)』, 『지봉유설(芝峯類說)』, 『약천집(藥泉集)』, 「휴정산수기(休靜山水記)」, 『순오지(旬五志)』, 「건원릉비(健元陵碑)」, 『동국여지승람(東國輿地勝覽)』, 『필원잡기(筆苑雜記)』, 『대전주해(大典註解)』, 『고사촬요(攷事撮要)』 등 13종이다. 아마도 이 표제와 관련된 기록을 담은 서적은 거의 망라되지 않았나 싶다. 맨 첫 기사는 태조 인물이 절등하고 용력이 과인하여 아무도 못 말리는 소싸움을 양손으로 잡아 떼어 놓았다는 것으로 『동각잡기』에서 취하였다. 『동각잡기』의 원문을 보면 이 기사 외에도 태조의 용잠(龍潛) 때의 기록이 다수 있는데 위의 기사를 맨 처음에 앞세운 이유는 얼른 짐작되지 않는다. 다만 위 기사 다음에 「용비어천가」를 인용하여 태조의 용모가 위엄이 있지만 사람을 대할 때 화기(和氣)가 돌기 때문에 사람들이 두려워하면서도 따랐다는 기록과 『동인시화』의 태조가 지은 시를 인용하고 그 넓은 아량과 품격을 언어로 형용하지 못할 정도라고 한 기록을 같이 실어 놓은 것으로 보아 태조의 인물됨을 먼저 앞세우기 위해 같은

79 劉辰(2001年 第3期).

내용들을 모은 것으로 보인다.

그 다음은 무학대사(無學大師)가 안변(安邊) 석왕사(釋王寺)에서 태조의 꿈을 왕이 될 조짐으로 풀이한 것(『지봉유설』과 『약천집』, 「휴정산수기」), 역시 안변에서 꾼 꿈에 온 동네 닭이 고귀위(高貴位) 하고 울었다는 기사(『순오지』), 어떤 사람이 주고 간 이서(異書)에 목자(木子)가 도야지를 타고 삼한을 다시 바르게 할 것이라는 구절이 있었다(『동각잡기』)는 기사가 배열되어 있다. 이것은 태조가 장차 임금이 될 조짐에 관한 기록을 여러 서적에서 모은 것이다. 이것으로 미루어 본다면 『연려실기술』의 편찬자인 이긍익은 오늘날 논문 준비하듯이 여러 서적에서 필요한 자료를 발췌해 카드화해 놓은 다음, 예컨대 태조의 '용잠시사'에 관한 자료만 따로 분류하여 놓은 후, 그 표제 아래 배열하되 인물됨과 관련된 기사, 왕이 될 조짐 이런 식으로 묶어서 기술하였다고 할 수 있다. 『연려실기술』에서 말하는 '술이부작'이란 이처럼 앞선 시대 사람이 남겨 놓은 기록을 그대로 인용하되 자신의 기준에서 해석하여 배열 · 수록함으로써 역사를 기술하는 방식이었다. 표제를 정하고 채집한 자료를 배열하는 과정에는 분명히 편찬자의 주관이 작용하였다. 그것은 남의 기록을 빌려 와 자신의 견해를 표시하는 방식이라 할 것이다. '술이부작'이 갖는 자료에 의한 사실 기술의 객관성은 평가될 수 있지만, 그것이 곧 사실 해석과 이해의 객관성까지 담보해 주지는 않는 것임을 알 수 있다.

다음은 '술이부작'과 함께 거론되는 '거실수록'이다. 동 · 서인으로 분당된 이후 당론(黨論)이 걸린 문제에서는 피차의 문적에 평가가 상반되며 편파적으로 기록되었는데, 『연려실기술』에서는 어느 한쪽에 치우치지 않고 사실에 의거해 자료를 수록한다는 뜻이다. 이것은 선조 이후에 나온 제가의 기록이 당색을 지니지 않은 것이 거의 없다고 할 정도이므로 불편부당한 자세로 사실에만 기준하여 자료를 취사선택한다는 것으로서, 『연려실기술』이 비슷한 시기부터 나오기 시작하는 신임옥사(辛壬獄事)나 시벽(時僻)관계를 다룬 당론서(黨論書)와는 구별된다는 점을 드러내고 있다. 『연려실기술』이 당색에 구애되지 않고 사실을 전하는 공정한 사서라는 것이 후대의 평인 만큼 '술이부작'과 함께 '거실수록'이 본서 편찬방식의 큰 특징임은 의문의 여지가 없다. 이것은 본문의 검토를 보면 실제로 확인된다. 그러나 그 과정이 너무 번쇄하므로 한두 가지 예로써 대신한다.

임진왜란이 끝나는 시점에서 주화오국(主和誤國)의 탄핵을 받아 유성룡(柳成龍)이 물러난 후 조정에 들어온 북인은 서인마저 몰아내고 정권을 오로지하기 위해 성혼(成渾)에 대한 공격을 본격화하였다. 이 사실을 '성혼의 관작을 깎고 정인홍이 용사(用事)하다[削成渾官爵 鄭仁弘用事]'라는 표제 아래 기술하면서 먼저 정인홍이 성혼을 모함하려 한 배경을 기축옥사에서의 최영경(崔永慶) 죽음과 관련지어 설명한 다음, 선조 34년 3월의 정인홍 사주를 받은 문경호(文景虎)의 성혼 탄핵상소(출전, 『春坡日月錄』)와 그에 대해 변명을 한 성혼 문인인 대사헌 황신(黃愼)의 피혐계(避嫌啓)와 문경호를 비판하며 황신의 출사(出仕)를 청한 집의 이성록(李成祿) 등의 처치(處置)계사, 그리고 성혼의 심적(心跡)을 비난하며 황신이 그 스승에게 아부하려고 영남사론을 막으려 했다는 임금의 비답(이상의 출전은 『실록』)을 나란히 배열해 놓았다. 논란이 많은 성혼 탄핵 문제에 대해 자신의 판단에 의하지 않고, 그 대신 북인과 서인의 주장을 병기(倂記)하고 그에 대한 임금의 판결을 싣는 '거실수록'의 방식을 취하며 독자로 하여금 시비를 스스로 판별하게 한 것이다. 이런 예는 『연려실기술』의 곳곳에서 자주 찾아지지만 더 이상의 예를 드는 것은 생략하기로 한다.

그런데 불편부당한 객관적 자세라고 한 '거실수록' 또한 '술이부작'과 마찬가지로 과연 객관적이냐 하는 데는 의문이 남는다. 각 당의 주장을 일일이 병기한다는 것은 사실상 무망(無望)한 일이며, 어떤 기록이 사실을 전하는 것인가 판별하는 것은 최종적으로 찬자의 몫이었다. 결국 아무리 불편부당한 객관성을 견지하기 위해 '술이부작'과 '거실수록'의 방식을 취했다 하더라도, 그것은 형식과 기술상의 측면에 국한되는 한계를 가질 수밖에 없으며 궁극적으로는 찬자가 어느 정도 당론을 초월해 공정하게 수사(修史)에 임하였느냐 하는 문제로 귀일한다고 본다. 다음 절에서 『연려실기술』의 내용 검토를 통해 이 문제를 다시 생각해 볼 것이다.

『연려실기술』의 편찬에서 보이는 또 하나의 특징은 그 자체의 미비한 곳에 대한 후인(後人)이나 독자의 추보(追補)를 허용하는(276쪽 참조), 다른 사서에서는 찾아보기 어려운 독특한 방식을 취한 점이다. 얼른 생각하면 후인의 추보로 원편자(原編者)의 편찬의도가 달라지고 내용이 착종(錯綜)되어 혼란을 주리라고 보이지만, 그리고 실제로도 현재로서 『연려실기술』의 원본(原本) 파악에 큰 혼란을 주는 것이 사실이지만,[80] 한편으로는 독자로 하여금 스스로 역사서 편찬에 참여할 수 있는 길을 열어 줌으로써 역사에 대한 관심을 불러일으키고 이해를 깊게 하는 효과를 가져왔다고도 볼 수 있다. 동시대에 나온 수십 종의 야사 가운데 본서가 가장 널리 읽히고 보급되었던 이유 중의 하나도 여기에 있지 않을까 한다.

위에서 살펴온 『연려실기술』의 이러한 편찬체례, 즉 유서 형식의 편찬형태와 기전체적 구성방향, 기사본말체의 편사방식 및 술이부작·거실수록이란 객관적 기술방식 등은 그때까지 나온 여러 사서(史書)의 장

---

80 정만조(1993) 참조.

점을 모아 이긍익이 고안한 새로운 편찬방식이었으며, 여기에 의거해 조선시대의 역사를 가장 효과적으로 편성하고 기술하였다는 면에서 사서 편찬체제의 신국면(新局面)을 개척했다고 평가할 것이다. 조선 후기 실학의 역사 분야에서 가장 우수한 역사가로 손꼽히던 안정복(安鼎福)이 찬한 『열조통기(列朝通紀)』를 비롯해 조선시대의 정치사를 다룬 야사가 적지 않음에도 『연려실기술』이 이들을 제치고 야사의 결정판이라고까지 인정받게 된 것은, 바로 이와 같이 새로이 개발한 형식의 편찬체제를 적용, 조선시대 정치사에 대한 체계적인 설명과 충실한 내용을 담을 수 있었기 때문이었다고 본다.

4. 『연려실기술』의 성격과 의의(意義)

1) 사림적 기준으로 정리한 국조사(國朝史)

앞에서 『연려실기술』의 찬술동기와 관련해 18세기의 사대부들에게 국조의 역사를 알리겠다는 의도였음을 말하였다. 그렇다면 이긍익은 수백 종에 이른다는 기록류를 포함하는 야사에 실린 역사적 사실 가운데 어떤 것을 선택하여 내용을 구성하고 어떤 방향으로 서술한 국조사를 알리고자 하였을까. 이긍익의 다른 저술과 기록이 전하지 않는 상황에서 이것을 밝히기 위해서는 『연려실기술』의 내용을 분석하는 길밖에 없다.

여러 번 말했듯이 『연려실기술』은 열조별로 표제를 정하여 사건의 인과관계를 기술하고 인물조를 붙이며, 별도로 전고를 둔 부분으로 구성되어 있다. 이 중 인물과 전고에 대해서는 선행의 연구에서 다루어졌다. 그 결과를 참고하면서 여기서는 표제와 사건기술의 내용을 중심으로 분석해 보고자 한다. 다만 현재 '속집'이란 명목 속에 들어 있는 숙종조 부분은 이본에 따라 표제 설정이나 내용에 차이가 많고 또 완성도가 크게 떨어지기 때문에 제외하고 현종 때까지를 분석 대상으로 하되, 모두 256조목에 이르는 표제하의 기사를 일일이 분석하는 것은 번거롭기도 하려니와 별다른 의미가 없다고 보아서, 각 왕대의 개황을 살피면서 중요하게 다루어진 표제의 기사 내용만을 분석하고자 한다.

우선 「태조조 고사본말」을 보면 ① 태조(인적사항), ② 선계(璿系), ③ 잠룡(潛龍) 때의 일, ④ 고려 정치의 어지러움과 왕조의 기틀 마련, ⑤ 고려에 수절한 신하, ⑥ 나라 세우고 도읍 정함 ⑦ 왕씨들 유배 보냄, ⑧ 태종정사(太宗定社), ⑨ 방간(芳幹)의 난, ⑩ 함흥에 머무름, ⑪ 정릉(貞陵)을 폐했다가 다시 세움 등 11개 표제를 내세우고 있다. ①~③에서는 태조와 그 선대의 덕과 공업(功業)을 「용비어천가(龍飛御天歌)」와 『동각잡기(東閣雜記)』 등의 야사 기록을 부집하여 기술하였고, ④, ⑤는 공민왕 때의 신돈용사(辛旽用事)에서부터 정몽주를 선죽교에서 살해한 데까지 이르는 고려 멸망의 과정을, ⑥, ⑦은 개국의 과정, 그리고 ⑧~⑪은 왕위계승을 둘러싼 상쟁을 기술한 것이다. 이 중에서 가장 많은 분량을 차지하고 또 힘을 들인 부분은 ④와 ⑪이다. ④에는 공민왕 때의 재상으로 인한 정치의 문란과 이색(李穡)의 동의에 의한 우왕(禑王)의 옹립, 위화도 회군, 폐가입진(廢假立眞), 정몽주의 이성계 제거 시도와 피살 등의 사건이 함께 실려 있다.

여기서 다룬 사건들은 바로 조선 개창의 배경을 이루는 문제들이므로 이미 관변 측 기록인 정사(正史)로 『고려사』, 『고려사절요』, 「용비어천가」 등을 통해 고려가 망할 수밖에 없었던 측면을 들어 천명이 조선 개국 쪽으로 향했음을 합리화해 놓았다. 그러나 재야의 입장은 달랐다. 특히 사림이 정국을 주도하게 되는 명종 후반 이후에 들어오면 조선의 건국은 천명과 민심의 귀부(歸附)로 더욱 정당화되지만, 동시에 고려 말의 왜곡된 사실을 변증하고 신하로서 임금을 배반하거나 망해 가는 나라에 충절을 다한 행위에 대한 명분의리적 측면에서의 포폄과 논난이 크게 일어난다. 이런 논의가 기록으로 남은 것이 『동각잡기』, 『기재잡기(寄齋雜記)』, 「해동악부(海東樂府)」, 「월정만필(月汀漫筆)」, 『상촌집(象村集)』, 『축수편(逐睡篇)』, 『우암집(尤庵集)』, 『몽예집(夢囈集)』, 『청야만집(靑野謾輯)』 등의 이른바 기록류 야사와 문집의 묘도문자(墓道文字)나 기문(記聞) 등이다. ④는 바로 이런 기록류 야사에서 발췌한 기사로 되어 있다. 그렇다고 야사기록만 수록하지는 않았다. 사림의 입장에서 비교적 공정하게 고려사를 정리했다는 평을 받는 유계(兪棨)의 『여사제강(麗史提綱)』에서 뽑은 기사로 사건의 시말을 설명하고 『고려사』, 「용비어천가」 등으로 왕실이나 국가의 입장을, 그리고 위에서 거론한 야사의 기록으로 재야 쪽에서 보는 견해를 제시하였다. 특히 우왕 옹립에 결정적으로 관여했으며 고려 멸망 시의 불투명한 처신으로 정몽주에 비해 비판을 받아 온 목은 이색에 대한 후대 사림들의 변론에 대해 상세히 기술한 것[81]은 이 문제가 16~17세기 사림간에 논난의 초점이었던 사정을 반영한 것이었다. 이처럼 ④의 표제는 고려 정치의 문란과 함께 조선조 개창의 터전이 마련되었다는 것이지만 그 중점은 고려 멸망에 있었다. 그래서 전체의 서술 방향도 고려 정란이 조선 건국세력에 의해 진상이 왜곡되고 과장되었다

81 이색이 우왕 옹립에 동의한 문제와 관련해 『逐睡篇』과 『象村集』에서, 辛旽 아들설은 鄭道傳 · 尹紹宗 · 趙浚 등이 꾸민 것이고 『고려사』 찬자인 鄭麟趾가 곡필한 것이며 元天錫 말대로 공민왕 아들이 맞으므로 이색이 우왕 옹립에 동의한 것은 당연하다고 한 기사를 끌어왔으며, 또 『訥齋集』, 『夢囈集』의 중국 晉나라 胡致當의 예를 들어 辛氏 자식인 줄 알면서도 국가의 안정을 위해 옹립했다는 견해의 기사를 인용하거나, 호치당의 예를 든 것은 좌명공신들의 곡필에 불과하다는 송시열의 「牧隱碑陰記」의 기록을 제시하며, 『崑崙集』에서 퇴계가 "國家萬世後當從耘谷議."라 한 것과 『상촌집』 역시 "禑王之事 當以元天錫爲信史."라고 했으므로 이색이 우왕을 공민왕의 子로 인식했다고 보아야 한다고 한 견해로써 마무리 짓고 있다.

는 논조였다. 『청야만집』에서 "성조(聖朝)와 용흥(龍興)은 하늘과 사람이 다 귀의한 것이니 어찌 우왕과 창왕을 신씨(辛氏)라고 해야만 했겠는가. 오직 저 정인지의 무리가 편협한 마음으로 곡필(曲筆)을 해 놓은 것이 끝내 사실처럼 되어 버렸으니 실로 통탄스런 일이다."라고 한 말을 끌어와 제시한 것은 이를 말해 주는 하나의 예이다.

그러나 이런 점을 지나치게 표출할 수는 없었다. 조선국가의 도덕적 정통성을 훼손할 우려가 있기 때문이다. 그래서 『연려실기술』은 그 대신에 ⑤의 항목을 두어 신하의 '절의'를 강조하는 방향을 취하였다. 왕조의 교체는 천명과 인심으로 돌리고 충절을 표방함으로써 의리를 앞세우는 사림의 도덕사관을 드러내고 있는 것이다.

⑧~⑪은 흔히 말하는 왕자의 난에 관한 사항이다. 이방원의 정변에 의한 세자교체를, 공식적인 규정대로 '국가를 안정시킨 거사〔定社〕'로 표제를 잡기는 했으나 『실록』이나 『국조보감』이 세자교체를 합리화하는 명분확립 위주 서술인 데 반해 『실록』 기사를 요약한 『동각잡기』의 기사와 함께 태종을 도와 거사를 성공시켰던 하륜(河崙)의 일화 등을 함께 수록하였다. 그러나 정작 이 사건의 서술 초점은 ⑪에 있었다. 태종 9년에 양주 사아리(沙阿里, 지금의 미아리)로 옮겨져 폐치되었던 정릉이 선조연간 이이(李珥)에 의해 처음으로 부묘론(祔廟論)이 말해지면서 일어났다가, 현종 10년 송시열의 주장에 의해 복릉부묘(復陵祔廟)되는 과정을 기술한 이 사건은, 사림의 주류로 자처하는 서인계의 근 1세기에 걸친 관심사요 염원이다시피 하였던 문제였다.

이상의 「태조조 고사본말」에 대한 검토를 통해 보건대 여말선초의 왕조교체 과정의 역사를 기술하면서 의리와 절행(節行)에 초점을 두었음을 알 수 있다. 절의는 사림의 정치론을 대표하는 이념이었다. 달리 말해서 태조조의 역사는 사림적 가치 기준에 따라 발췌된 기사가, 정해진 표제 아래 기사본말의 형식으로 배열되어 기술되었던 것이라고 할 수 있겠다.

다음은 정종과 태종 대의 기술이다. 여기에는 '조준(趙浚)이 옥에 갇힘(정종)'과 민무구(閔無咎) 옥사(獄事), 양녕대군(讓寧大君) 폐위만 들어 있다. 정종이야 그렇다 하더라도 태종은 공신과 외척을 제거함으로써 전제왕권의 안정적 기초를 마련하고 관제를 정비하여 조선국가의 기틀을 확립한 군주였다. 이에 관해 표제설정이 없는 것은 태종의 업적에 대해 별로 평가하지 않는다는 해석 외에는 달리 설명할 수 없다. 혹 양녕대군의 폐위에서 태종의 정치적 의도가 드러나지 않을까 하지만 그가 방탕했다는 기사 외에는 황희가 세자교체에 반대했다는 것과 세종이 양녕대군을 극진히 대우했다는 기사 및 양녕대군에 대한 일화를 적은 기록을 배열한 것에 그치고 있다. 이것은 태종 대에 관한 야사기록이 많지 않았기 때문이기도 하다. 요컨대 표제로 보거나 기술 내용으로 보거나 야사기록을 남긴 사림과 이를 모아서 역사를 기록하려 한 이긍익에게 태종 대는 관심을 쏟을 만한 시기는 아니었다고 보인다. 그 이유에 대해서는 뒤의 세조 대와 연결하여 다시 한 번 고려해 보겠다.

세종 대는 조선시대 역사에서 흔히 요순시대에 비유되며 재위기간도 32년에 걸치는 오랜 기간이다. 그러나 예상과 달리 표제는 세종의 인적 사항과 가족관계, 예덕을 말한 부분을 제외하고는 9개에 그치고 있다. 이를 구체적으로 보면 ① 집현전 설치, ② 훈민정음 · 아악 · 서적 편찬 등의 찬술제작, ③ 강상인옥(姜尙仁獄), ④ 임군예옥(任君禮獄), ⑤ 대마도 정벌, ⑥ 야인 토벌, ⑦ 4군 설치, ⑧ 6진 개척, ⑨ 차원부(車原頫)의 신원 등이다. 세종 대가 문화적인 황금기이니만큼 ①, ②를 둔 것은 당연하다. 그러나 구체적인 설명이나 그것이 갖는 의미에 대한 기사가 없어 내용이 크게 부실한 느낌이다. 이것은 인용한 서적이 『필원잡기(筆苑雜記)』, 『용재총화(慵齋叢話)』 등 15세기 말에 나온 야사에 그치고 상당

부분을 『국조보감』의 기사를 끌어온 것으로 보아 자료가 갖는 한계 때문이었다고 생각된다. 다시 말해 16세기 이후 기록류를 남긴 야사 집필자들에게 세종 대의 찬술제작은 별다른 관심을 끌지 못했다는 뜻이다. ④는 제목과 달리 강상인의 옥에 연루되어 죽임을 당한 세종의 장인 심온(沈溫)의 옥사에 관한 기록이다. 태종은 왕권강화에 외척이 큰 장애가 된다고 보아 자신의 처가형제를 주륙했고, 세종 초 상왕으로 있으면서는 세종의 장인을 역으로 몰아 죽이고 그 일족을 금고하였다. 그렇다면 아예 외척간정(外戚干政) 정도의 표제로 조선 초의 왕권확립 과정에서의 외척문제를 집중적으로 다루었으면 하는 아쉬움이 있다. 모두 40쪽(편의상 경문사 간행의 『연려실기술』의 쪽수로 분량을 표시하는 편법을 썼다. 以下同)에 이르는 세종 때의 고사본말 중 반 이상을 차지하는 부분이 대마도 정벌과 4군 6진 개척 관련 기사로 되어 있다. 「이존록(彜尊錄)」, 「서정록(西征錄)」과 『국조보감』, 『동국여지승람』을 주자료로 하고 『지봉유설』, 『성호사설』에서 한두 기사 인용한 것을 보면 16세기 이후 사림이 쓴 야사에는 이 관련 기록이 거의 없었던 것으로 보인다. 그럼에도 세종고사본말 분량의 반 이상이 변방관계로 채워져 있을 정도로 중요하게 취급된 이유는 어디에 있을까. 그것은 이긍익이 변방문제에 큰 관심을 가졌기 때문이라고 해야 할 것이다. 물론 이긍익이 자신의 글로써 직접 변방문제의 중요성을 말한 부분은 없다. 그러나 이처럼 표제와 분량을 많이 할당한 데다가, 모두 10문(門)으로 된 별집의 전고에 변어문(邊圉門)을 설정한 것을 통해서도 그가 변방의 관방(關防)문제를 중요시하고 있었음을 알 수 있다.

그러면 야사기록을 남긴 일반 사림과 달리 이긍익이 변방문제를 중시하게 된 배경은 무엇일까? 이와 관련해서 18세기 초 이래 이른바 영고탑회귀설(寧古塔回歸說)이라 하여 청나라가 쫓겨 그 본래의 근거지인 영고

탑으로 회귀한다면 평안·함경도의 조선 영토를 경유하게 될 터이므로 이에 대비해 이 지역의 관방을 강화해야 한다는 주장이 일부에서 제기되었던 점을 상기할 필요가 있다. 남구만(南九萬)이 이런 의견을 내면서 폐(廢)4군(郡)의 복설과 후주진(厚州鎭)의 설치를 주장하였고 이이명(李頤命) 또한 요계관방도(遼薊關防圖)를 올렸는가 하면 최석정(崔錫鼎)·이인엽(李寅燁)·이태좌(李台佐)·이종성(李宗城)·홍량호(洪良浩)·윤시동(尹蓍東) 등이 영·정조의 시기에 간간히 이런 논의를 계속하였다.[82] 이 중에서 이이명·윤시동을 제외한 나머지는 모두 소론계였다. 이이명·윤시동은 노론계이기는 하나 경세에 능하다고 알려진 인물이었다. 그 선대가 남구만·최석정·이종성 등 소론계 대신으로서 현실의 개혁을 주장하던 인물과 가까웠던 이긍익 집안이 변경의 중요성에 큰 관심을 갖게 된 것이 이러한 배경으로 말미암았다고 볼 수는 없을까. 같은 사림이라도 의리명분을 앞세우는 쪽과 현실의 실무와 실사(實事)를 중시하는 쪽으로 달라지는데, 전자는 노론적 성향이고 후자는 소론적 자세로 말해진다. 이를테면 「세종조 고사본말」에서 대마도·야인 정벌이 큰 비중으로 다루어지게 된 것은 현실에서의 실사를 추구하는 집안의 분위기가 이긍익을 통해 표출된 것이라고 할 수 있을 것이다.

「문종조 고사본말」은 인물조가 끝난 부분에 '소릉폐복(昭陵廢復)'을 표제로 하여 상당량(10쪽 분량)의 기사를 담고 있다. 소릉은 문종비 현덕왕후 권씨의 무덤을 말한다. 권씨는 세자빈으로 있던 세종 23년 아들(후일의 단종)을 낳고 바로 죽어 안산에 무덤을 썼는데 문종이 즉위해 왕비

---

82 『숙종실록』 권31, 23년 5월 18일 정유; 권35, 27년 3월 22일 기유; 권43, 32년 1월 12일 신미; 권46, 34년 12월 3일 을사; 『경종실록』 권10, 2년 12월 1일 임자; 『영조실록』 권114, 46년 5월 13일 기축; 『정조실록』 권21, 10년 1월 22일 정묘; 권45, 20년 11월 19일 경신 및 배우성(1998), 64~124면.

로 추봉되자 소릉이라 불리게 되었다가 세조 2년 사육신의 상왕복위사건에 그 친정이 연루되면서 폐후가 되고 무덤도 파헤쳐져 물가로 이장되었다. 성종 때 남효온(南孝溫)이 복위소를 올린 적이 있으나 중종 7년 경영관 소세양(蘇世讓)의 발의 이후 1년여의 논의를 거쳐 중종 8년 4월 21일(무오)에 복위되어 문종의 현릉(顯陵) 옆에 개장(改葬)되었다. 문종 고사본말에는 『음애일기』와 『동각잡기』를 인용해 시말을 기술하면서도 논의의 전개과정은 『실록』의 관련 기록을 인용하여 자세히 밝혀 놓았다. 문종조에 오직 소릉복릉 문제만 거론되고, 또 보기 어려운 『실록』 기사까지 인용하여 중요하게 취급된 것은 이 사건이 조선 중기 이후 사림의 가장 큰 숙원이었던 사육신 신원 또는 노산군(魯山君) 복위와 직접 얽혀 있기 때문이었다. 신원과 복위론은 바로 소릉복릉에서 그 당위성의 전례를 찾았고, 『실록』에서 인용한 그 논의 과정에서 논리를 개발하였던 것이다.

단종은 재위기간이 3년밖에 되지 않은 데 비해 표제가 붙은 사건이 6개나 되고 분량도 상당(78쪽)하여 태조(96쪽)보다는 적으나 세종(71쪽)보다도 많다. 그 이유는 말할 것도 없이 정변에 의한 왕위교체와 상왕복위를 꾀한 사육신사건 때문이었다. 「단종조 고사본말」에서 중요하게 다루어진 표제는 ① 세조정난과 ② 육신모복상왕(六臣謀復上王), ③ 금성대군옥사와 단종 승하, ④ 복위복릉(復位復陵)의 4개이다. 그러나 사실은 ①만 단종 때 일어났고 ②, ③은 세조 때, ④는 선조 이후의 사건이다. 같은 성격의 사건을 묶기 위하여 단종조에 넣은 것으로 보인다. 우선 ①은 『동각잡기』, 『해동야언(海東野言, 별집 포함)』 등에서 기사를 취하였는데 표제는 '정난(靖難)'이라 하여 국가의 어려움을 평정했다고 했지만 이를 정당화한 기록은 없고 권람(權擥) · 한명회(韓明澮)가 수양대군과 모의한 데서 비롯되었다는 『동각잡기』, 『해동야언』의 기사와, 이때 피살된

황보인(皇甫仁)·김종서(金宗瑞) 등의 기록을 조선 후기에 편찬된 「동학사(東鶴寺) 초혼각기(招魂閣記)」에서 인용해 놓았다. 다시 말해 '정난' 표제 아래 세조의 왕위찬탈을 드러내는 방향으로 기술되어 있다. 그런 만큼 ②, ③은 사육신의 절의에 초점을 맞추고 『실록』의 기사를 인용하여 노산군 제거를 청한 신숙주·정인지·양녕대군 종친부 등의 상소를 수록해 그 의리에 벗어난 행실을 밝혀 놓았다. 뿐만 아니라 "노산군이 영월에 있으면서 금성대군이 실패했다는 말을 듣고 자결했다고 역사에 되어 있지만, 이것은 당시의 여우나 쥐새끼 같은 무리의 아첨하는 붓끝에서 나온 것이었다. 대개 후일에 『실록』을 편찬한 자들은 모두가 노산 제거를 원하던 무리였다 …… 당시에 임금을 팔아 이익을 꾀하던 무리들은 반드시 그 임금을 혹화(酷禍) 속에 몰아넣어야만 마음이 쾌하다고 여겼겠지만 (노산군의 시신을 거둔) 엄흥도(嚴興道)에 비하면 어떠한가. 촌부녀와 아이들처럼 군신의 의리를 모르는 사람들까지도 …… 지금까지 분하게 여겨 자기도 모르게 입에서 그런 말이 새어 나와 귀에 들리게 하니 사람의 본성이란 속일 수 없음을 알 수 있겠도다."라고 정인지 등에게 필주(筆誅)를 가한 『음애일기(陰崖日記)』의 기사를 끌어왔다. 기묘사류의 한 사람인 음애 이자(李耔)가 일기를 통해 남긴 절의와 대의 위주의 이 논평은 이후 사림세력이 단종조를 이해하는 지침이 되었다. 사육신 신원론과 단종의 복위·복릉론은 이런 인식에서 출발했음을 이긍익은 『연려실기술』을 통해 18세기의 사대부들에게 알리고자 했던 것이다.

④는 숙종 24년 노산군의 단종 복위와 장릉추봉(莊陵追封)의 과정을 기술한 것인데 초점을 세조에게 누(累)가 되지 않게 하면서 복위하느냐 하는 논리 확보에 맞추고 있다. 결국 백관의 의견를 집약한 임금의, "노산군에 대한 처분은 세조의 본의가 아니었고 또 그 원인이 육신사건으로 말미암았는데 그들이 이미 신원되어 충절을 표창하는 마당에 그들의

옛 임금을 복위하는 데 무슨 혐의가 있겠는가. 나는 추복하는 것이 더욱 세조의 성덕을 빛내는 일이라고 본다 …… 대저 임금의 일처리는 필부와 같을 수 없다. 그러므로 이러저러한 논의에 구애되지 않고 임금이 한번 결단을 내린 사례가 예부터 있었다. 진실로 행할 만한 일이면 하필 의논을 거듭하겠는가. 바로 거행하라."(『莊陵誌』)는 전교로 사림의 숙원이 실현되었음을 밝혔다.

「세조조 고사본말」은 ① 『국조보감』, 『동국통감』 등을 편찬한 사실과 ② 이시애난, 그리고 ③ 건주야인을 정벌한 3가지 기사로 구성되어 있으나 적은 분량으로 내용도 빈약하다. 그 대신 인물조의 기술이 상대적으로 풍부하다. 특히 상신(相臣) 항목을 통해 신숙주 · 권람 · 한명회 · 최항 등 사림으로부터 비판받던 인물들의 전기를 일화와 더불어 그 공적을 위주로 기술하였다. 오늘날 밝혀진 바에 의하면 세조 대는 강력한 전제왕권의 구축에 의한 6조 중심의 국정운영체제를 확립하고자, 6조직계제(六曹直啓制) 및 중앙 · 지방관제의 정비, 5위 및 진관(鎭管)체제의 설치, 보법(保法)을 중심으로 한 군역체제의 확립, 호패제(號牌制) 실시, 직전법(職田法)과 같은 재정제도의 정비, 그리고 이런 개혁 내용을 성문화한 법전(『경국대전』)을 편찬하는 등 치적을 쌓은 것으로 말해진다. 그러나 위에서 보듯이 「세조조 고사본말」에는 이런 내용이 보이지 않는다. 그 이유는 『연려실기술』 편찬의 자료가 되었던 야사의 기록에 이런 부분이 수록되어 있지 않았으며, 그것은 그런 기록을 작성하던 사림들이 이런 부분에 관심을 별로 갖지 않았기 때문이라는 야사가 갖는 자료의 한계성으로밖에 설명할 수 없다. 그러면서도 한편으로는 앞서 태종조에 대한 기술이 빈약했던 것과 마찬가지로 세조조 기술 역시 초초하게 정리된 데는 다른 의미가 있을 것이라는 억측을 해 본다. 그것은 두 임금이 공통적으로 추구한 강력한 전제왕권 때문이 아니었을까 하는 점이다.

중종 대의 조광조 등 기묘사류 이래 사림이 지향한 정치방식은 도학적 이상세계의 구현을 위한 군신공치(君臣共治)였던 것으로 말해진다. 이런 관점에서 본다면 조선의 정치에서 가장 강한 전제적 성향을 보인 태종·세조에 대한 사림의 평가가 어떠하였으리라는 것은 쉽게 짐작이 가며, 이긍익 역시 그런 선상에서 태종·세조조의 고사본말을 기술하지 않았을까 한다.

다음은 덕종과 예종이다. 덕종은 세조의 맏아들로서 왕세자로 있다가 죽었는데 그 아들인 성종이 즉위한 후 추숭되었으며 예종은 세조의 둘째아들로 세조를 이어 즉위했으나 1년 남짓 만에 죽어 특별히 주목할 만한 사건이 없었다. 다만 「덕종조 고사본말」에 성종 때 덕종으로 추존한 사실이 표제로 잡혀 있는데, 이는 조선조에서 추존왕(追尊王)으로서 처음 있는 사례인 데다가 후일 인조 대의 원종(元宗) 추숭 때 그 전례로 거론되었고, 또 18세기 후반 정조가 즉위하면서 영조의 유명(遺命)에 따라 양부인 효장(孝章)세자를 진종(眞宗)으로 추숭하고는 생부인 사도세자에게 장헌(莊獻)이란 존호를 올리는 과정에서 역시 전례로서 조야의 관심을 받았던 사실에 영향받았던 탓이라 생각한다.

「성종조 고사본말」은 ① 성종의 예덕, ② 구성군(龜城君) 준(浚)의 유배, ③ 임사홍(任士洪)의 발호와 ④ 배척, ⑤ 왕비 윤씨 폐출과 죽임, ⑥, ⑦ 윤필상(尹弼商)·허종(許琮)의 야인(野人) 정벌 등으로 되어 있다. 내용을 보면 ①에서는 인재를 아껴 발탁하는 성종의 임금으로서의 예덕(睿德)을 기술하고 있는데 다른 임금보다 훨씬 많은 사례와 일화를 인용하여 높였다. 이에 비해 구체적인 사건기술은 비교적 간략하게 기술하였다. ②, ③, ④는 한명회·임사홍의 전횡을 다루었고 ⑥, ⑦은 세종·세조 대를 이은 북방지역의 여진족 토벌과 위무정책에 관한 정리였다. ⑤는 「성종조 고사본말」에서 가장 큰 비중으로 다루어진 사건이다. 윤씨의 폐출과 사사가 후일 갑자사화의 원인이기도 하였지만, 조선 후기 숙종 때의 왕세자 생모 장씨가 왕비로 올랐다가 다시 희빈(禧嬪)으로 강등되고 이어 사사(賜死)된 것과, 그리고 그 아들 경종 때 신임옥사(辛壬獄事, 피화자인 노론은 이를 사화라고 함)가 벌어진 상황과 흡사하며, 또 이를 놓고 노론 · 소론 · 남인 사이에 시비논란이 장기간에 걸쳐 계속되었기에 18세기의 사대부들에게는 크게 관심이 주어진 사건이어서 그렇게 다루어진 것으로 생각된다. 그런데 『연려실기술』의 성종조 기술은 오늘날 알려진 성종 대에 들어와 조선 초기 이래 추진되어 온 국가체제의 정비작업이 일단 완료되었다는 인식과는 상당한 차이를 보인다. 『경국대전』, 『동국여지승람』, 『국조오례의』, 『악학궤범』 등의 편찬간행이라든가 조(租) · 용(庸) · 조(調) 체제의 정비, 그리고 무엇보다도 새로운 정치세력으로 사림파가 등장했다는 사실 등이 표제나 내용에서 언급되고 있지 않는 것이다. 뿐만 아니라 25년 간 재위한 임금의 고사본말 기술의 분량(고사 21쪽, 인물 25쪽, 합 46쪽)이 3년 간 재위한 단종조의 그것(78쪽)에 크게 미치지 못한다. 이러한 인식과 분량의 차이는 성종 대를 이해하여 기술하는 관점의 차이에서 유래한 것으로 보아야 할 것이다. 말할 것도 없이 절의와 명분을 앞세우는 사림적 관점에서 볼 때 성종 대는 그리 크게 내세울 사건이 없었고, 후반기에 김종직(金宗直)계 사림파가 진출했다고는 하나 별다른 움직임이 없었다고 보았기 때문이겠다.

연산조는 폐비 윤씨의 복위와 무오 · 갑자 사화, 중종반정으로 구성되었다. 이들 사실은 이미 잘 알려져 있는 내용과 일치해 부연할 필요가 없다. 다만 인물조 뒤에 붙인 '무오당적(戊午黨籍)'과 '갑자화적(甲子禍籍)'은 화난을 입은 인물들의 명단이어서 주목된다. 당적(黨籍)의 형태는 북송 휘종(徽宗) 때 구법당 인물을 죄준 '원우당적비(元祐黨籍碑)'와 남송의 한탁주(韓侂冑)에 의해 주자(朱子)와 그 사우(師友)를 금고한 '경원위

학당적(慶元僞學黨籍)'에서 예를 볼 수 있다. 그런 만큼 당적은 본래 의도와 달리 후세에 소인들로부터 모함을 받아 화를 입은 군자의 명단으로 간주되었다. 무오당적은 권오복(權五福)의 문집을 편찬하던 권문해(權文海)의 부탁을 받은 유성룡에 의해 찬술되었는데,[83] 김종직을 첫머리로 하여 모두 25인의 성명과 한두 줄 정도의 간단한 인적사항을 기록해 놓아서 중국의 위학당적과 비슷한 것이었다. 그런데 이긍익은 이를 바탕으로 하여 여러 기록류 야사에서 수록 인물 상호간의 사우관계나 일화를 찾아 내용을 풍부히 하여 일종의 사우록(師友錄)이나 학안(學案) 형태로 기술하였다. 사림의 출발점을 분명하게 제시하려는 의도였다고 보인다. 이에 비해 갑자화적은 본래 이런 명단이 있었는지 아니면 이긍익이 새로 작성한 것인지는 분명치 않다. 여기에는 김굉필(金宏弼)·정여창(鄭汝昌) 등 무오당적에 이미 수록된 명단과 함께 새로이 남효온·주계군(朱溪君)·심원(深源) 등 사림계 인물과, 윤필상·한명회 등 이십여 명의 훈구대신들과 관료, 그리고 연산군을 간쟁하다 죽임을 당한 환관(宦官) 김처선(金處善)까지 기재해 놓았다. 사림적 기준이 흐려졌다고 할지 모르나 바로 이 점에서, 사림에 초점을 맞추면서도 명분·의리보다는 현실과 사실 파악을 앞세우는 이긍익의 역사인식 또는 사관의 일면을 찾을 수 있다고 하겠다.

중종반정은 '병인정국추대중종(丙寅靖國推戴中宗)'이란 표제로 연산군고사 끝에 들어 있다. 거사 모의에서부터 반정 후의 연산과 그 부인 신씨의 죽음까지 다루고 있는데, 인용자료 중에 『기재잡기(寄齋雜記)』 기록의 잘못된 점에 대한 변증[84]을 해 놓은 점이 눈에 뜨인다. 이러한 사

83 『西厓集』 권17, 「睡軒集跋」, 附戊午黨籍.

84 殺生簿에 이름이 든 具壽永이 살아남고 공신으로까지 책록된 것은 그 종이 구수영 뜻이

실변증의 사례는 자기 의견을 밖으로 드러내지 않으려 한 『연려실기술』에서 드물게 찾아지는 것으로 그 고증적 측면을 보여 준다. 인물조 끝에 '연산절신(燕山節臣)'으로 홍언충(洪彦忠) 등 4명을 둔 것은 누차 말했듯 절행(節行)을 중시하는 이긍익의 관점을 말해 준 것이다.

중종조는 모두 26개의 표제로 구성되고 분량(전체 204쪽) 또한 이전의 어느 왕대보다 많다. 재위기간이 39년으로 길기도 하려니와 후대의 사림에 가장 큰 영향을 미친 기묘사화가 바로 이 기간에 있기 때문이다. 「중종조 고사본말」은 크게 3부분으로 구성되었다. 즉위에서부터 10년경까지가 첫 부분(35쪽)으로 반정공신의 정국주도 속에 역모 옥사가 거듭되는 불안한 정국의 시기이고, 둘째 부분(100쪽)은 10~14년 사이로 조광조(趙光祖) 등 신진사류의 활동과 사화가 일어난 기간, 세 번째는 15~39년까지로 권신(權臣)들의 용사(用事)로 인한 정국변동을 기술한 부분(35쪽)이며, 부록으로 인물조(34쪽)를 붙인 것이 그것이다. 우선 분량으로 볼 때 기묘사화 부분이 압도적이다. 또 그 내용은 기묘사화의 배경에서부터 사화 과정, 현량과(賢良科), 김식(金湜)·한충(韓忠) 등의 죽음, 안처겸(安處謙) 옥사, 기묘당적, 기묘피죄인(己卯被罪人)의 석방등 8개의 표제 아래 기술되어 있어 「중종조 고사본말」의 초점이 기묘사화에 맞추어져 있음을 파악할 수 있다. 그리고 첫 부분에서 연산군의 처남으로 반정 당일 죽임을 당한 신수근(愼守謹)의 딸이라 하여 왕비 신씨[85]를 물러나게 한 반정공신들의 발호와 상호분열로 인한 모역의 처리 같은 사건을 기술하고, 셋째 시기에서도 삼간(三奸, 沈貞·李沆·金克愊)과 임금을 제쳐 놓

라 하여 반정 핵심세력에게 음식을 제공했기 때문이라 한 『기재잡기』의 기록을 『음애일기』와 대조해 잘못된 것임을 변증하였다.

85 좌의정 신수근의 누이는 연산군의 왕비였고, 그 딸은 晉城大君(중종)의 부인으로 왕실과 이중으로 혼인관계를 맺었다.

고 생살권을 휘두르며 왕비(문정왕후)의 폐출까지 도모하려 한 권신 김안로(金安老)의 무리(三凶, 許沆 · 蔡無擇)의 전횡 및 윤임(尹任) · 윤원형(尹元衡)의 외척간 쟁권을 낱낱이 드러내고 있는 것을 보면 소수집단(권신)에 의한 권력행사에 비판적인 입장을 취하고 있음을 읽을 수 있다. 이렇게 본다면 결국 「중종조 고사본말」은 기묘사류가 추구하는 도학정치와 그 전후의 시기에 있었던 권신정치를 대비시켜 독자에게 제시하는 방식으로 편성되었다고 하겠다.

뿐만 아니라 기존의 『기묘당적』(金正國 撰)을 크게 정리 보완한 '기묘당적' 항목을 설정하여 놓았다. 그리고 내용을 기묘사류의 학문이나 이념적 사상보다는 현실에 나타난 행실과 행적 위주로 기술하였다. 각종 전문(傳聞)에서 전하는 일화를 많이 채록한 것이 이를 말해 준다. 요컨대 다른 왕대의 고사본말에서도 그러하지만 중종조의 그것에서는 특히, 군자와 소인으로 대비되는 정치세력의 국정에 임하는 자세와 활동, 그 결과로서 나타난 행적과 역사적 사실을 선명히 함으로써 『연려실기술』을 읽을 사대부들에게 지향해야 할 정치의 방향을 제시하려 했다고 할 것이다. 또한 이를 통하여 이긍익의 사학이 역사의 경세적 측면을 강조하면서, 성리학적인 의리명분의 '심적(心跡)'보다는 현실적인 행동과 실천 위주의 '행적(行跡)'을 중시하는 성격을 지녔음도 확인할 수 있다.

인종은 재위기간이 8개월에 불과해서 그런지 고사가 없어 생략한다. 다음의 명종 대는 사림의 집권이 실현된 선조 대의 바로 앞 시기이며, 또 재위하던 22년 간은 대비의 수렴청정과 외척의 권력농단으로 을사사화가 일어나 많은 사류가 피해를 입은 데다가 국정마저 난맥상을 보여 민심이 동요하고, 왜구마저 남해안 쪽을 침범해 외환(外患)의 위기감이 커지던 기간이었다. 「명종조 고사본말」은 이런 내우외환이 지속된 기간에 일어난 사건을 15개의 표제를 설정해 상당한 분량(146쪽)으로 기술하였다. 그러나 을묘왜변을 제외한 대부분은 척신정치의 폐단과 그와 연관된 사건들이어서, 사실상 명종 대를 다음에 오는 선조 대의 사림정치에 대비되는 척신정치의 대표적인 예로 다루었다고 할 수 있다. 당연히 척신정치는 부정적인 방향으로 기술될 수밖에 없었다. 을사사화는 그 핵심이었다. 앞의 다른 사화가 단기간에 일어난 데 비해 을사사화는 명종즉위년부터 5년까지 벽서(壁書)사건, 안명세(安名世)의 사초(史草) 문제, 이홍윤(李洪胤)의 난언(亂言)옥사, 이해(李瀣)의 옥사 등 사림이 박해를 받은 일련의 사건이 계속되었던 만큼 많은 분량(72쪽)을 할애하여 그 인과관계를 상세히 밝혔다. 그런데 을사사화와 관련된 문제는 후일 선조 대에 들어가 이를 변핵하고 피화인을 신원하는 과정에서 선후배 사림간에 의견이 갈라져 노당(老黨)·소당(少黨)의 명목을 거쳐 결국 동서당인(東西黨人)으로 갈라서게 하는 먼 배경이었다. 그렇기 때문에 명종조의 기술에는 당론(黨論)의 혐의를 피하기 위해 한 인물을 두고 서로 상반된 평가를 한 기록을 나란히 배열하는 방식이 곧잘 보인다.

예를 들자면 을사사화 당시 이언적(李彦迪)의 처신에 대한 평가 같은 것이다. 율곡 이이는 비록 그가 사림을 구호하려는 뜻을 가졌고, 또 뒤에 권간(權奸)들과 뜻을 달리하다가 강계로 귀양 가서 죽기는 했으나, 사화에 임해 직언으로 바로잡지 못하고 권간의 압박으로 도리어 사림을 문초하는 추관(推官)이 된 데다가 위사(衛社)공신(을사사화를 다스린 공으로 책봉됨)까지 받았다 하여 그 인물을 허여하지 않았으며, 그 영향으로 그에 대한 문묘종사 논의가 나왔을 때 선조가 비판적인 반응을 보이기도 하였다. 그러자 서애 유성룡은 임금에게 간쟁함에 있어, 말해서 무익하고 도리어 악화만 시킬 것 같으면 비록 할 말이 있더라도 때로 다하지 못하고 때에 따라야 하는 도리를 가져야 한다〔存隨時之義〕면서 을사사화 때는 간신들이 둘러싸고 화를 일으킴이 갈수록 심해지므로 말로 다

툴 수 있는 형세가 아니었다고 변호하였다. 대체로 후일 서인은 율곡의 말을 옳다 하고, 남인은 서애의 변론을 지지하였다. 이긍익은 '을사당적'을 편술하면서 위와 같은 율곡과 서애의 주장을 각기 『석담일기(石潭日記)』와 『서애집(西厓集)』에서 발췌해 같이 실어 놓았다. 자신이 시비를 정하기보다는 독자로 하여금 스스로 판단하게 한다는 뜻이겠다.

그런가 하면 '당부윤원형제인(黨附尹元衡諸人)'이란 표제 아래 임백령(林百齡)·허자(許磁)·민제인(閔齊仁)·김광준(金光準)·송기수(宋麒壽)·김명윤(金明胤)·진복창(陳復昌)·이무강(李無疆)·윤춘년(尹春年) 등 9인의 간단한 인적사항과 을사사화 당시의 사림박해 사실 및 이후의 소인적 작태를 여러 야사기록에서 인용해 기술해 놓았다. '당적(黨籍)'과 달리 부정적 평가의미를 지닌 이 명단은, 경우에 따라서는 시비를 야기할 수도 있다. 그럼에도 자신의 의견을 드러내지 않겠다고 한 작사(作史) 원칙까지 어겨 가면서 굳이 작성한 것은 척신(戚臣)을 포함한 권간의 전횡을 비판하며 역사를 통해 이를 고발해 사대부 정치의 거울로 삼게 하겠다는 이긍익의 의도를 드러낸 것이라고 보아야 할 것이다.

다음은 「선조조 고사본말」이다. 오늘날 선조 대는 당쟁이 발생하여 국정이 동요되고 왜란까지 겹쳐 국가의 명운이 위태롭고 민생은 고통스러웠던 시기로 말해지지만, 조선 후기의 사대부들에게는 그 능호를 따라 목릉성제(穆陵盛際)라고 기억되었다. 비록 다사다난한 기간이기는 했으나 시기가 사람을 부른다는 식으로 많은 인재가 출현하여 국가적 위기를 수습하였고, 무엇보다도 사림의 이상인 도학정치를 구현하려는 시도가 정치와 학계에 경주되면서 구체적인 성과가 쌓여 국가중흥의 기반이 구축됨으로써 18세기 당시의 조선사회를 있게 한 출발점이 되었다는 인식에서였다. 『연려실기술』에서도 선조 대는 다른 어느 시기보다도 큰 비중으로 다루어졌다. 사건표제만 해도 74개나 되며, 분량(총 587쪽) 역시 가장 많다.

40년에 이르는 선조의 재위기간을 선조의 인적사항과 예덕(睿德)을 기록한 것(15쪽) 다음으로 「선조조 고사본말」은 ① 사림의 진출과 집권과정(1~6년, 38쪽), ② 동·서인으로 분당과 대립 갈등하던 시기(8~20년, 66쪽), ③ 기축 정여립(鄭汝立)의 옥사 시말(22~24년, 72쪽), ④ 임진왜란 관련(25~31년, 242쪽), ⑤ 왜란 후의 정국변동(32~41년, 49쪽)의 다섯 단계로 나누고 인물조(105쪽)를 붙여 구성했다. 크게 보아 사림의 정치활동과 임진왜란이란 양대 주제로써 선조 대를 엮은 셈이다. 그런데 임진왜란도 전쟁 경과를 기록한 객관적 사실 속에 전란극복을 사림의 의병 위주로 구성한 것을 보면 결국은 선조 대를 사림의 활동 위주로 엮었다고 할 것이다. 구체적인 내용을 간단히 살피면 ①에는 모두 10개의 표제를 두어 명종 대 척신정치의 잔재 청산과 사림의 진출을 다루었는데 이 과정에서 사림간의 이견으로 붕비(朋比)의 조짐이 보였다는 점을 드러내었고, ②에는 4개의 표제가 있는데 심의겸(沈義謙)·김효원(金孝元) 사이의 시비에서 출발해 율곡이 죽은 후 동인이 정권을 장악한 데까지를, 율곡의 조정 노력 중심으로 편술했다. ③은 선조 22년에 일어난 정여립옥사와 그 여파를 7개의 표제로 잡아 다룬 것인데 사림간의 상쟁으로 수백 명의 피화인이 나온 초유의 사건이기도 하려니와, 그 여운이 광해·인조 대를 거쳐 숙종 때까지 미쳤기 때문에 이에 관해 다룬 야사의 기록도 많았고, 이긍익 역시 이를 중요 문제로 인식해 큰 비중으로 다루었던 것이다. ④는 임진왜란에 관한 것으로 워낙 사건들이 많아서 표제 역시 40개에 이른다. 전쟁 경과를 기술하면서도 전란 극복 과정에서 관군보다는 의병쪽 활동에 더 초점을 둔 것이 눈에 뜨인다. 주화오국(主和誤國)을 앞세운 북인계의 공격으로 유성룡이 삭탈관작되어 물러난 사건에서부터 시작되는 ⑤는 선조 말까지 9개의 표제로 구성되었는데 동서

남북으로 갈라져 대립하는 정치적 혼란 속에 광해군이 어렵게 왕위에 오르는 과정을 기술하였다.

이상과 같은 「선조조 고사본말」을 검토해 보면 대체로 사림의 진출 과정을 제외하고는 동서 분당 이후의 정국 상황과 정치활동을 비판적 시각에서 기술했다고 생각된다. 물론 후인에게 교훈을 준다는 반성론적 측면에서 그랬을 수도 있겠지만, 여기에는 군자소인변(君子小人辨)에 근거해 붕당긍정론을 펴는 노론계와는 달리 당폐(黨弊)를 들어 당론을 경계하며 심적(心跡) 중심의 군자소인변보다는, 현실에서 나타난 언동(言動)인 형적(形跡)으로서 인물을 평가해야 한다는 소론적 붕당관과, 여기에 토대하면서도 한 걸음 나아가 붕당망국론적(朋黨亡國論的) 견지에서 파붕당(破朋黨)을 위한 조정책(調停策)에 의해 당론 절충과 각 당 인물의 탕평 수용을 주장하는 탕평론적 자세를 이긍익이 취하고 있는 데서 나타난 현상이라고 보아야 할 것이다.

그러면서도 사안에 따라서는 이긍익은 소론 편향적 자세를 보이기도 한다. 그 예는 '성혼변무(成渾辨誣)' 문제에서 찾아볼 수 있다. 성혼은 이이의 천거로 산림에서 징소되어 좌참찬에까지 올랐지만, 율곡을 변호하다가 동인의 공박을 받았고 기축옥사 때는 배후에서 정철(鄭澈)을 지휘하여 최영경(崔永慶) 등 명사를 정여립의 당여로 몰아 죽이게 하였으며, 임진왜란 때는 피난길의 임금을 찾아뵙지 않은 데다가 이정암(李廷馣)을 시켜 주화론(主和論)을 펴게 했다는 탄핵을 받았다. 그런데 후일 그 후손과 문인들이 기축옥사와의 관련성을 변호하는 과정에서 그 책임을 정철에게 미루는 듯한 논조를 보이자, 정철을 변호하는 김장생(金長生)·송시열계의 불만을 사게 되어 성혼의 외손인 윤선거(尹宣擧)·윤증(尹拯)과 사이에 흔단(釁端)이 생기고, 여기에 다른 요소와 겹치어 회니(懷尼)시비가 불거지면서 노론·소론으로 분기하게 된다. 이긍익의 집안은 회니시비에서 윤증을 지지하던 소론이었다. 그래서인지 「선조조 고사본말」에는 '성혼의 관작을 삭제하고 정인홍(鄭仁弘)이 용사(用事)하다'라는 표제 아래 상당한 분량(18쪽)을 이 관련 기사로 채웠으며, 또 인물조에 있는 유현(儒賢) 항목에 성혼을 기술하면서 '논우계불부난(論牛溪不赴難)', '논우계주화(論牛溪主和)', '성정간사설(成鄭間辭說)', '논율곡우계(論栗谷牛溪)' 등 다른 데서 볼 수 없는 특례를 두었다. 물론 여기에도 성혼을 공격하는 자료가 함께 수록되어 있으나, 전체적인 기사 구성은 성혼을 변론하는 방향에 맞추어져 있다. 당론에 치우치지 않은 공평한 자세를 취했다는 『연려실기술』도 파고들어 가 보면 소론 경향의 이런 측면을 보이고 있는 것이다.

「광해군 고사본말」은 ① 즉위 후의 왕권안정을 도모하는 과정에서 일어난 사건(표제 9개, 49쪽), ② 광해 5년의 박응서(朴應犀) 옥(獄)에서 비롯된 살제폐모(殺弟廢母) 관련 논란(3개, 86쪽), ③ 이이첨(李爾瞻) 등 권신(權臣)의 용사(用事)와 권력투쟁으로 인한 정치적 혼란(12개, 48쪽), ④ 명의 요구에 의한 요동출병(2개, 25쪽)으로 구성되었다. 광해군은 폐출된 임금이다. 그것도 어머니를 쫓아낸 패륜을 저질렀다는 사림의 윤리기준에서 용납되지 않는 죄목으로서였다. 그러므로 그 시대를 다룬 야사자료의 기술이 부정적인 방향일 수밖에 없다. 『연려실기술』의 시각도 예외는 아니었다. 제목부터 '폐주광해군(廢主光海君)'으로 잡았다. 폭정으로 쫓겨난 연산군보다 윤기(倫紀)를 어긴 죄를 더 무겁게 본 것이다. 어느 임금이나 대개 즉위한 후에는 자신의 지위와 정권의 안정을 위하여 전 시대의 정치유산을 정리하거나 잠재적 위협이 될 수 있는 요소는 제거한다. 왕위승계 과정이 순조롭지 못했던 광해군에게는 그것이 더욱 필요하였을 것이다. ①에 들어 있는 영의정 유영경(柳永慶)이나 임해군(臨海君)의 죽음, 그리고 ②의 영창대군(永昌大君) 죽음도 그런 차원으로 볼 여지가 있다. 대비의 유폐는 성리학적 기준으로서는 변명의 여지가 없는 패륜적 조처였다. 그런데 당시는 모든 정치적 주장이 반드시 논리를 수반하여야 했다. 모비(母妃) 폐출과 같은 중대 문제를 추진하는 데 있어 이를 뒷받침할 선례(先例)나 합당한 논리를 펴는 논의가 없지는 않았을 것이다. 그러나 『연려실기술』에는 이런 쪽의 고려는 별반 보이지 않는다. 객관적 자세를 표방했다지만 그것은 어디까지나 도학적 가치에 토대한 사림적 기준의 범위 안에서 말해졌을 뿐이다. 여기서도 『연려실기술』이 사림적 기준에서 정리된 조선의 정치사라는 성격을 확인하게 된다. 「광해군 고사본말」에서 특히 주목되는 측면은 이이첨 · 유희분(柳希奮) · 박승종(朴承宗) 등 권신들의 발호와 자체 분열로 정치가 문란하였다는 점을 부각하고 있는 점이다. 앞서 중종과 명종조의 기술에서도 그러했지만, 외척을 포함한 권신정치에 반대하는 이긍익의 정치적 입장이 드러난다고 하겠다.

원종(元宗)은 선조의 제5남으로 정원군(定遠君)에 봉해졌으며 인조의 아버지이다. 반정으로 인조가 왕위에 오르자 대원군으로 추증되었다가, 자신의 정통성을 확립하려는 인조에 의해 다시 원종으로 추존되었다. 「원종조 고사본말」에는 이런 추존 과정에서 일어난 예학가(禮學家)들의 불가론과 추진론 사이의 논리전개와 논쟁, 그리고 그에 따른 정국변동 등을 기술해 놓았다. 사실 할 일이 산적되어 있던 인조 전반기의 조정을 거의 6~7년 간에 걸쳐 추숭논의로 들끓게 한 것은, 도학(道學)의 현실적 구현을 예를 통해 실천하려 한 사림정치가 본격적인 단계에 진입하고 있음을 말해 주는 증거였다. 그러면서도 『연려실기술』은 박세당(朴世堂)이 지은 기평군(杞平君) 유백증시장(兪伯曾諡狀)[86]의 "반정한 지 12년 사이에 민생

86 『西溪集』 권15, 「諡狀」, 吏曹參判杞平兪公諡狀(壬午冬).

은 도탄에 빠지고 인심은 이반하며, 기강이 무너지고 임금이 욕을 당하는 등 나라가 망할 조짐이 한두 가지가 아닌데도 누구 한 사람 이에 관해 말하지는 않으면서, 존망과 관계없는 추숭입묘(追崇入廟) 문제는 힘써 다투기를 마치 국가가 망할 것처럼 하니 옳은 것인지 모르겠다."고 한 말을 인용해 놓아, 사림정치 속에서도 이론과 명분보다는 현실과 실적(實跡)을 중시하는 이긍익의 소론적인 입장을 드러내었다.

인조 대는 18세기의 정치현실과 직결되는 시기였다. 정치일선에서 활동하는 관료의 현조(顯祖)를 찾으면 대개 이 시기의 인물인 데다가, 또 영조 대 탕평책을 추진하면서 인조반정 후 집권서인이 남인과 일부의 북인까지 정계로 불러들이는 조정책(調停策)을 계승한 것이라고 말했기 때문이었다. 따라서 18세기 사대부들의 인조 대에 대한 관심은 어느 시기보다도 높았고, 그래서 『연려실기술』도 이 부분 기술에 상당히 힘을 쏟았다고 보인다.

표제만 46개에 상당한 분량(392쪽)으로 된 「인조조 고사본말」은 인조의 인적사항(2개, 5쪽) 다음에 ① 인조반정의 과정과 그 뒤처리(6개, 57쪽), ② 반정 후의 불안한 정정과 역모의 진압(12개, 57쪽), ③ 정묘・병자호란 관계(4개, 94쪽), ④ 호란 후의 피해수습과 순절관계(13개, 69쪽), ⑤ 인조연간의 정국변동과 주요한 사건(9개, 54쪽), 그리고 인물(相臣 23인, 文衡 12인, 儒賢 14인, 勳臣 17인, 名臣 45인 등 총 103인[87]을 56쪽으로 수록)로 구성되었다.

①에서는 반정모의에서부터 폐모론 관여자에 대한 처벌까지 다루고 있는데 대개 공신들이 남긴 기록과 『실록』을 참조하며 일화를 덧붙인 후대에 편찬된 『정사록(靖社錄)』이나 『명륜록(明倫錄)』 등의 기록을 인

---

87 인물조의 숫자를 합하면 111인이 되지만 문형에서 8명이 중복되므로 이를 제하였다.

용하였다. ②에서는 이괄(李适)의 난 이후 계속된 모반사건을 다루고 있다. 훈신들이 밀고(密告)의 문을 열어 놓아 10여 년 간 고변이 그치지 않았고, 그 과정에서 선조의 제 7남이던 인성군(仁城君) 공(珙)이 모역에 거론되었다는 훈신들의 의심을 받아 남인의 반대가 있었음에도 죽임을 당했던 사건을 특기하였다. ③은 인조 대의 가장 큰 사건이라 할 호란 관계를 기술한 것인데, 워낙 주화(主和)·척화(斥和)를 놓고 후세의 시비가 많은 부분이므로 여기서는 최명길(崔鳴吉)·김류(金瑬)·홍서봉(洪瑞鳳) 등의 임기응변적인 강화(講和)활동과, 김상헌(金尙憲)·정온(鄭蘊) 등의 강화반대 상소를 인용하는 등 사실관계 위주로 자료를 모아 제시하는 방식을 취하고 있다.

이런 조심스런 자세와는 달리 ④의 '강도패몰(江都敗沒)'에서는 강화도가 함락된 원인으로 검찰사(檢察使) 김경징(金慶徵)의 사욕(私慾)과 무능, 주사대장(舟師大將) 장신(張紳)의 실책을 거론한 자료를 다수 실어 그 책임을 분명히 드러내고, 함락 시 순절한 인물의 순절 사실을 상세히 기록했다. 그중에 '순절부인(殉節婦人)'의 표제를 설정한 것은 후일 이른바 환향녀(還鄕女) 문제로 사대부 집안에 추문이 일고, 출사(黜祀)로 인한 송사(訟事)까지 벌어지는 등 풍속과 관련된 사건이 문제가 되었던 사실을 염두에 두었던 것 같다. 그런데 이 ④의 기술에서 이긍익의 사관(史觀)을 엿볼 수 있는 부분이 있다. '독보(獨步)'와 '대명망(大明亡)'이란 표제 아래의 기술이 그것이다. '독보'란 승려의 이름인데 임경업(林慶業)을 통해 최명길에게 연결되었다고 한다. 최명길은 병자호란으로 청과 군신관계를 맺을 수밖에 없게 되었던 조선의 사정을 독보를 시켜 비밀리에 명에 알리게 했는데, 뒤에 청나라에 이 일이 발각됨으로써 최명길이 청에 잡혀 가고 독보와 임경업도 죽임을 당하였다. 사건의 내용이 이러하기 때문에 존명사대(尊明事大)와 관련해 「임경업전」을 지을 정도로 높이 평가하는 노론이라면 표제로 '임경업'을 내세웠을 것이다. 그런데 그렇게 하지 않고 최명길의 밀사였던 '독보'를 표제로 잡은 이유가 어디에 있을까. 그것은 노론의 명분론 중심의 존명사대에 비해, 소론의 현실론적이고 시세변화에 대응하는 사대외교를 드러내고자 한 것이라고 보며 이를 통해 이긍익의 현실론적 사관의 일단을 찾을 수 있다고 본다.

'대명망(大明亡)'은 소현세자(昭顯世子)가 청(淸)의 북경(北京)공략전에 종군한 사실을 『통문관지(通文館志)』와 「연행일기(燕行日記)」를 전거(典據)로 밝힌 2~3개의 기사로 기술해 놓은 것이다. 그중에 「연행일기」[88]를 출전으로 한 기사에 보면 청나라의 장수 도르곤(多爾袞)이 산해관(山海關)을 공격할 당시에 수비하던 명나라 장수 오삼계(吳三桂)가, 북경을 함락하여 숭정제(崇禎帝)를 자결하게 하고는 여세를 몰아 자신의 군대를 배후에서 위협해 온 이자성(李自成)의 반군에 대항하기 위해, 아예 산해관 문을 열어서 청나라 군대를 맞아들이고 그들과 연합해 이자성군을 깨뜨렸다고 한다. 이 사실을 기록하면서 「연행일기」에는 졸지에 맞이한 위기에서 오삼계가 슬기롭게 대처해 의리에 알맞게 판단했다고 평가했다. 그 이유로 문을 열어 청나라 군대를 맞아들인 것은 비판받을 수 있지만, 그러나 황제에 대한 복수를 위해서 신하의 절의를 지킨 것은 옳은 행동이라는 점을 들었다. 「연행일기」는 노가재(老稼齋) 김창업(金昌業)의 기행문이다. 대명의리의 화신인 김상헌의 증손자 김창업이 이런 글을 남긴 것도 주목되지만, 이런 글을 뽑아서 '대명망'에 수록한 이긍익의 의도에서 그의 현실론적 역사인식의 일면을 본다.

⑤는 인조 3년의 노(老)·소서(少西)의 대립에서부터 22년의 심기원

---

88 『연려실기술』에는 金昌翕의 「諺書燕行日記」라고 되어 있다. 그러나 집담회 자리에서 정재훈 교수가 김창업의 「연행일기」일 것이라고 지적하여서, 원문을 통해 확인 수정하였다.

(沈器遠)옥사, 23년의 봉림대군(鳳林大君)의 세자책봉에 이은 강빈(姜嬪) 옥사 등을 거쳐 인조의 무덤〔長陵〕을 쓴 것까지, 전 시기에 걸쳐 일어난 정치적 사건이 포함되어 있다. 이 중에서 주목되는 것은 서인 내부의 노서·소서로의 분열 문제이다. 인조 3년 이조판서 김류(金瑬)가 북인이던 남이공(南以恭)을 대사헌으로 주의하자 언관이던 박정(朴炡)·유백증(兪伯曾)·나만갑(羅萬甲) 등이 이를 배척하면서 비롯된 시비는 급기야 분당의 명목으로까지 나아가는 등 정치적 파문이 크게 일었다. 『연려실기술』은 이 시비에 관련된 인물의 기록과 상소나 비답의 경우는 『실록』 기사까지 인용해 공평하게 기술하면서도, 문제의 핵심이 당인의 수용을 둘러싼 인사정책에 있음을 지적한 최명길(崔鳴吉)의 견해를 길게 인용해 마무리 짓고 있다. 여기서 최명길은 임금이 즉위 이후 붕당망국론에 입각하여 '파붕당(破朋黨)'을 제일 급선무로 보고 당인간의 보합(保合)을 추구하는 조정책(調停策)을 취하고 있음을 찬양하면서, 그러나 조정에서 지나치게 관여하지 말고 또한 젊은 선비들의 청의(淸議)를 꺾지 않으며 웃으면서 수용하는 것이 바람직하다는 견해를 피력하였다. 앞의 서술에서 되풀이하였지만, 아마도 이 점이 이긍익이 당시의 사대부들에게 전하고 싶었던 것이 아닌가 한다.

필자가 분석의 대본으로 삼은 경문사 본에는 인조조의 고사본말 뒤에 붙인 인물조에 인명만 적어 놓고 그에 대한 기록 없이 '결(缺)'로 표시한 경우가 상당히 많다(전체 103인 가운데 53인). 이것은 인명만 뽑아 놓고 미처 그 자료를 구하지 못했기 때문일 것이다. 다시 말해 인조 이후는 완전히 정리되지 않은 상태임을 알 수 있다. 따라서 완전하지 못한 상태의 효종·현종 고사본말을 분석하는 것은 마땅치 않다고 본다. 다만 그 대강만 언급하는 것으로 그친다. 「효종조 고사본말」은 효종 관련 기사를 제하고 10개의 표제로 구성되었는데 '김육의 무덤에 수도를 쓴 것을 논핵함〔論劾金堉葬用隧道〕'은 결(缺)로 표시되어 내용이 없다. 중요하게 다루어진 사건은 김자점(金自點)의 옥사와, 한림천망(翰林薦望)을 둘러싼 갈등에 당론이 개입한 것을 의심해 임금이 언관을 죄준 것, 그리고 소현세자빈 강씨의 억울함을 말한 김홍욱(金弘郁)을 장살(杖殺)한 것 등이다. 그중 김자점 옥사는 김집 · 송시열 · 송준길의 산림계 진출에 불만을 가진 공신계의 김자점 일파가 청과 결탁해 이를 제거하려다가 도리어 역모에 걸려 일망타진된 사건을 말한다. 그런데 막상 내용은 김자점 관계는 얼마 되지 않고 관련 혐의를 받았던 우의정 이시백(李時白)에 대해 변백하는 글과, 죽임을 당한 신면(申冕)이 신원되는 과정에 관한 자료를 다수 실어 놓았다.

그런가 하면 효종조에 중요한 사안이라 할 대동법의 시행, 김집(金集) 등 산림계(山黨)와 김육(金堉) 등 실무관료(漢黨) 사이의 국정운영을 둘러싼 갈등과 대립, 어수(魚水)관계로까지 말해지는 효종과 송시열의 밀접한 관계 등이 표제로 잡히지 않고 다른 표제 안의 내용에서도 언급되지 않는 점, 그리고 효종조가 다른 임금에 비해 다소 소홀하게(분량 42쪽) 다루어진 것도 의문이다.

현종조는 모두 14개의 표제로 되었고 분량(108쪽)도 적지 않다. 그러나 내용을 보면 현종 초와 말년의 2차례에 걸친 예송(禮訟, 표제 3개, 43쪽)과 송시열에 대한 비판 세력과의 갈등관계(표제 5개, 45쪽) 중심으로 구성되었음을 알 수 있다. 예송 관련은 사대부들에게 가장 큰 관심사이니 만큼 큰 비중으로 다루어진 것은 당연하다고 보인다. 그리고 허목(許穆)이 올린 '의례(儀禮)의 장자(長子)를 위한 상복도(喪服圖)'를 표제로 내세워 남인의 예설을 별도로 소개하고 그에 대한 논난을 수록한 것은 예송문제에서 불편부당한 자세를 취한 것이었다.

도학의 구현을 자임하는 산림 송시열의 활동 범위가 넓어지고 권위가 높아지면서 그에 대한 비판과 불만 또한 일어나게 된다. 예송에서 남인, 특히 윤선도(尹善道)의 인신공격은 당론 때문이라고 치더라도, 외척인 김좌명(金佐明)·우명(佑明) 형제와의 불화가 그러지 않아도 송시열의 존재에 점차 불만을 더해 가는 왕권과 합치게 되면 예상할 수 없는 큰 파장을 불러올 것이었다. 그리고 그것은 실제로 일어났다. 『연려실기술』은 이를 '이경석(李景奭)의 차자로 송시열과 틀어짐'과, 송시열 측의 배척을 받은 '이경석·조한영(曺漢英)·박세당(朴世堂)을 남구만(南九萬)이 논한 글', 김좌명의 아들인 김석주(金錫胄)에 의해 송준길(宋浚吉)의 문인인 '김징(金澄)이 탄핵을 받음' 및 '영릉(寧陵, 효종릉)을 천장(遷葬)할 당시의 일'로 임금이 송시열에게 실망하였던 일, 국구(國舅) 김우명이 '민신(閔愼)이 할아비 상에 아비를 대신한 일'로 이를 자문해 준 송시열을 공격한 것을 각기 5개의 표제로 내세워 기술하였다. 물론 양쪽 편의 입장을 밝힌 자료를 다 인용하였지만, 예컨대 이경석 문제에서는 그 손자 이하성(李廈成)이 올린 장문의 변무소(辨誣疏)를 그대로 수록하고 있는 데서 보듯이 대체로 보아 송시열 측을 비판하는 쪽의 자료를 위주로 하였다. 이것은 앞서도 말했듯이 인조 말 이후 부분처럼 자료수집이 완전치 못했기 때문이라고 보아야 하겠지만, 그러면서도 후일 노론의 영수가 된 송시열에 대한 비판에 초점을 맞추어 표제를 잡은 것으로 보아, 이긍익 집안이 가진 소론적 당론의 영향으로 말미암았을 것이라는 혐의를 벗기는 어려울 것으로 본다.

이상에서 장황함을 무릅쓰고 태조에서부터 현종에 이르는 열조(列朝)의 고사본말을 검토하면서 분석해 보았다. 그 결과를 정리해 보면 대개 아래와 같다.

우선 사실 위주로 조선왕조의 역사, 즉 당대인으로 보면 국조사를 기술했다는 점이다. 모두 256개로 잡힌 표제는, 비록 빠진 사건이 있기는 하지만 태조에서 현종에 이르는 283년 간의 열조(列朝)에서 일어난 사건들을 특히 정치사 중심으로 엮어 놓았다. 18세기 사대부들에게 국조(國朝)의 정치적 사실을 알리겠다는 목적에 충실하였다고 할 것이다.

다음으로 내용을 검토해 본 결과 먼저 의리를 강조하되 말보다는 행동으로 나타난 ① 절행(節行)을 중시했다는 점을 들 수 있다. 고려 말·사육신·호란 때의 순절인·순절부인이 그 예였다. 『연려실기술』에서는 ② 군주의 전제권(專制權) 행사에 부정적이었다. 그것은 태종·세조의 기술에서 드러났다. 또 ③ 권신·외척 정치에 대해서도 김안로·윤원형·이이첨·김자점의 예에서 보듯 극력 배척하였다. 그러면 어떤 정치형태를 희구했을까? 그것은 기묘사화를 기술한 데서 찾아지는 ④ 사림정치였고, 그것의 현실적 구현으로서 나타난 붕당에 대해서는 부정적 견해를 보이며 ⑤ 율곡 이이의 조정책(調停策)을 바람직한 방향이라고 하였다. 따라서 당론이 얽힌 사건의 표제 작성이나 서술이 군자소인변에 토대한 심적(心跡)보다는 ⑥ 현실에 나타난 언행 위주의 행적(行跡) 쪽에 초점을 맞추고 있다. 그리고 전체적으로 당론관계 서술이나 예송의 기술에서 보듯이 시비를 논한 양측 자료를 같이 제시하는 등 ⑦ 사실 위주의 객관적 기술 자세를 취하여 독자의 판단에 맡기는 방식을 취했지만, 송시열에 대한 비판적 시각의 표제나 성혼(成渾)을 변호하는 기술에서 보듯 때로는 소론적 입장을 표출하기도 하였다.

이상의 내용분석을 통해 본 『연려실기술』의 성격을 정의해 본다면, 의리와 명분의 원칙은 지키면서도 그것의 결과로서 정치와 사회의 현실에서 나타난 행적과 실사(實事)를 더욱 중시하여 이를 역사인식과 편사의 기본으로 삼는, 편찬자 이긍익 나름의 사림적 기준으로 정리한 국조사였다고 할 것이다.

2) '구폐(救弊)'의 실사구시(實事求是)를 대표하는 야사서(野史書)

"실제의 사실을 얻는 데 힘써서 매양 진리를 추구한다〔務得事實 每求眞是－顔師古의 註釋〕."고 풀이되는 실사구시는 원래 『한서(漢書)』, 「하간헌왕전(河間獻王傳)」의 '수학호고 실사구시(修學好古 實事求是)'에서 유래했지만, 하나의 학풍으로 성행하기는 명말청초(明末淸初)의 고염무(顧炎武) · 황종희(黃宗羲)를 거쳐 18세기 중엽에서 19세기 전반기에 걸치는 건륭(乾隆)~가경(嘉慶) 연간의 전대흔(全大昕) · 왕명성(王鳴盛) · 조익(趙翼) 등에 의해서였다고 한다.[89] 이 학풍은 조선에도 부연사행(赴燕使行)을 통해 전래되었고, 그래서 역사학 쪽에서도 실사구시적인 정신과 방법이 말해져 왔다. 이제 이런 실사구시적 측면이 『연려실기술』에서는 어떻게 나타나는가를 검토해 보기로 한다.

『연려실기술』의 실사구시적 측면을 보여 주는 요소로는 다음과 같은 점을 들 수 있다. 즉 이미 앞에서 밝혔듯이 ① 광범위한 자료의 수집과 채록, ② 기사본말체에 의한 편사(編史), ③ 술이부작(述而不作)과 거실수록(據實收錄)에 의한 기술과 전거(典據) 제시, 그리고 ④ 편찬자의 논평논단(論斷)이 없는 대신 ⑤ 독자(讀者)에 의한 시비판정이라는 다섯 가지 점이다.

이 중에서 ①~③은 편찬자에 의한 역사적 사실의 제공으로 이를테면 '실사(實事)'에 해당하고, ④와 ⑤는 그런 사실에 토대해 독자로 하여금 스스로 시비를 판별하여 진상을 밝히게 하는 '구시(求是)'에 부합한다고 본다. 대개 사서(史書)는, 심지어 술이부작을 표방한 것이라도 자신의 견해를 논평 형태로 나타내게 마련이다. 중국 정사인 25사 중에 사론이

---

89 羅炳良(2007), 42면.

없는 것은 『원사(元史)』가 유일하다고 한다. 『연려실기술』처럼 기사본말체를 취한 사서의 경우도 마찬가지이다. 『명사기사본말(明史紀事本末)』은 '곡응태왈(谷應泰曰)'이라 하여 찬자의 논단을 싣고 있으며 『역사(繹史)』의 경우도 매 편(篇) 끝에 사론을 두어 자신의 견해를 수천 마디에 이를 정도로 표현하고 포폄을 드러내었다. 다만 『통감기사본말(通鑑紀事本末)』만은 찬자 원추(袁樞)가 본문에서 『자치통감』의 기사를 초략(抄略) 전사(轉寫)한 것처럼 그 자신의 논단이 아니라 '신광왈(臣光曰)'이라 하여 『자치통감(資治通鑑)』에 있는 사마광(司馬光)의 논평을 그대로 옮겨 수록하였다.

『연려실기술』에서 이긍익은 자신의 의견이 표출되는 것을 극히 경계하였다. 본서 전체를 통틀어 사론은 고사하고라도 자신의 견해를 직접 드러낸 곳은 찾을 수 없다. 그 대신 『통감기사본말』의 방식대로 타인의 논평을 싣거나 한 사건이나 인물에 관한 상반된 자료를 제시하는 방식을 취하였다.

전자의 예로는 명종 때의 을사사화 당시 헌납(獻納) 백인걸(白仁傑)이 윤원형(尹元衡)에게 밀지를 내려 사화를 일으킨 것을 크게 배척한 계사를 올렸다가 죄를 입은 사실에 대한 논평을 『명종실록』에 실린 사관(史官)의 사론을 끌어와 수록한 데서 들 수 있다.[90]

후자의 사건과 관련된 예로는 선조 초 정계에 큰 파문을 일으켰던 이준경(李浚慶)의 유차(遺箚) 문제를 들 수 있다. 그 유차는 사림의 논의가 과격하여 장차 붕당의 조짐이 보이는 것을 경계한 내용인데, 이이(李珥)

90 『연려실기술』 권10, 「명종조 고사본말」, '을사사화', 을사 8월 23일자, 『명종실록』 권1, 즉위년 8월 23일 계축, 獻納白仁傑 啓曰 이하의 기사. 이 史評은 小人이 국가에 미치는 禍를 통탄하고 백인걸의 기개를 높이 평가한 내용으로 되어 있다.

가 사류를 모해하는 위언(危言)이라고 심히 공격함으로써 한동안 시비가 크게 일었던 사건이다. 공교롭게도 몇 년 후 동인 · 서인으로 분당(分黨)이 나타나면서, 후대에 이이의 처신에 대해 서 · 남인 간에 두고두고 논란이 일었다. 『연려실기술』에는 이 부분 기술에서 이이의 『석담일기(石潭日記)』와 『율곡연보(栗谷年譜)』, 이준경의 『동고연보(東皐年譜)』와 『동고집(東皐集)』에서 각기 관련기사를 채록, 병렬해 놓고 끝에 『청야만집(靑野漫輯)』에서 이준경이 말한 붕당은 속류(俗流)와 사류(士類)의 각립(角立)이며 후일의 동 · 서인은 사류의 분열이므로 같이 놓고 말할 수 없다면서 이준경의 선견지명(先見之明)을 말하는 것은 가소롭다고 한 기사를 끌어와 끝맺고 있다.

다음으로 후자의 인물에 대한 예는 전절(前節)의 「명종조 고사본말」 분석에서 이언적(李彦迪) 인물에 대한 평가를 참고하면 되겠다. 특히 인물관계는 당론적 이해에 따라 훼예(毁譽)가 상반되는 경우가 많기 때문에 정인홍(鄭仁弘)이나 김자점(金自點)처럼 국시(國是)에 의해 역(逆)이나 소인(小人)으로 낙인찍히지 않는 이상 그 인물에 대한 양쪽의 기록을 제시하는 것이 일반적인 방식이었다.

위에서 든 예는 이긍익이 『연려실기술』에서 '구시'인 역사의 진실을 밝히기 위해 역사적 사실을 충실히, 그리고 공정하게 제시하려 한 '실사'에 해당하는 것이었다. 그러면서도 이긍익은 이러한 '실사'에 의한 '구시'의 결과로서 자신의 견해를 드러내지 않고 "나로서는 모든 사실을 그대로 수록하여 뒤에 이 책을 보는 독자로 하여금 각기 옳고 그른 것을 판단하는 데 맡기려 한다〔余則並爲據實收錄 而俟後之覽者 各自定其是非焉〕." 고 「의례」에서 밝혔듯이 '구시'를 위한 판단은 독자에게 맡겼다. 물론 경우에 따라서는 『실록』의 사평이나 다른 야사의 경위 설명과 논평도 수록했으나, 그것은 어디까지나 독자의 판단을 위한 참고자료에 불과했을 뿐이다.

따라서 사서로서 『연려실기술』이 갖는 실사구시의 측면은 어디까지나 편찬자보다는 독자를 주체로 삼았다는 독특한 성격을 갖는 것이라고 할 수 있다.

그런데 일반적으로 실사구시의 내용에는 시기에 따른 두 가지 의미가 있다. 명말청초의 경우는 실사구시의 목적을 경세에 두었지만 건가(乾嘉)연간의 그것은 학문적인 고증 자체에 목적을 둔 것이라 한다. 이와 관련해 우리나라의 실사구시에 대해 '구폐(救弊)'의 실사구시와 '고고(考古)'의 실사구시로 구분해 보는 주장은 상당히 흥미롭다.[91] '구폐'는 말할 것도 없이 경세의 다른 표현이며, '고고'는 고증을 의미한다. 그렇다면 『연려실기술』은 '구폐'와 '고고(考古, 證)' 중 어디에 속할까? 『연려실기술』에도 할주(割註) 형태로 인용 자료에서 보이는 연월(年月)의 착오나 사실의 오류를 고증을 통해 바로잡는 예가 없지는 않다. 그러나 그것은 청나라 건가고증학의 그것과는 같이 놓고 말할 수준이 아니며 19세기에 보이는, 『한고관외사(寒皐觀外史)』나 『창가루외사(倉可樓外史)』라는 야사총서를 편찬하면서 여러 이본(異本) 중에서 원본을 선택해 정서(淨書)하고 교감 및 주석 작업을 꼼꼼히 하며 특히 개별 야사의 장단점에 대한 평을 제발(題跋)로 쓴 김려(金鑢)[92] 등의 고증적 자세에도 크게 미치지 못한다. 『연려실기술』의 실사구시서로서의 특장은 '고고'가 아닌 '구폐'에 있다.

그것은 앞에서 누누이 언급했듯이 이긍익의 편찬목적이, 탕평의 시대를 만나 18세기 당시의 사대부들에게 국초 이래의 국가 정치상황 전개

---

91 임형택(2000), 124면.
92 안대회(1992), 146면.

와 정치적 사건에 관한 정보를 충실하게 제공함으로써 국조사에 대한 이해를 도모함과 함께, 기존 붕당정치의 폐단과 탕평의 문제점을 파악하여 현실을 개혁하거나 개선하려 한 데 있었던 것에서 이해될 수 있다. 『연려실기술』의 내용을 검토하여 추출한 바로 앞 절의 7가지에 걸치는 요약에서 보듯이 그것은 바로 '구폐'의 실사구시에 해당하는 것이었다.

현실을 바로잡으려는 『연려실기술』의 이런 '구폐' 위주의 실사구시적 성격은 그 이후인 19세기 야사서에서는 잘 찾아지지 않는다. 그 대신 앞서 말한 김려 · 심로숭(沈魯崇) 등 야사를 학문으로 정립한 전문가들에 의해 야사에 대한 고증적 실사구시의 측면이 두드러지게 된다. 이것은 정조 대를 끝으로 탕평에 기반한 현실개혁의 기운이 무산되고, 외척에 의한 벌열세도정치가 본격화하면서 사대부들의 현실정치에 대한 관심이 멀어지게 된 데 기인하는 것이었다.

이런 면에서 『연려실기술』은 경세적(經世的) · 구폐적(救弊的, 經世致用的이라고 표현해도 좋음)인 성격을 지닌 18세기 실학시대의 특징을 반영한 실사구시의 역사서였다고 그 의의를 부여할 수 있을 것이다.

5. 맺는 말

이 글은 『연려실기술』에 대한 종합적 이해를 목적으로 먼저 그것을 포함한 조선시대 야사의 발달과정을 살피고, 『연려실기술』로 하여금 야사의 결정판이라고 평가받게 한 그 편찬과 찬술체제를, 내용검토와 분석을 통해 구명하며 그 의의를 찾아보는 순서로 진행해 왔다. 그 결과를 요약하면 다음과 같다.

우선 조선시대의 야사는 초기에는 사가(私家)의 역사저술을 금기시하는 분위기 속에 필기(筆記)소설이나 패사(稗史) 정도의 기록이 몇 편 있는 정도에 머물다가, 16세기 이후 사림의 역사기록으로 자리 잡으면서 성행을 보게 되고, 마침내 18세기에 들어가면 조선왕조의 역사를 정치사 중심으로 편찬한 여러 형태의 국조사(國朝史)가 다수 출현할 정도로 발전한다. 이런 과정에서 야사는 국사에 대비되는 재야의 역사로서 인정받게 되는데, 대체로 그 형태로 보아 견문한 바를 기록한 필기·수록(隨錄) 등의 기록류(記錄類)와, 이들 기록류에서 채록한 기사들을 편집하여 열조(列朝)의 역사를 편찬한 유서류(類書類), 그리고 기록류를 그대로 모아 묶은 총서류(叢書類)의 셋으로 분류해 볼 수 있다. 대체적인 추세로 보아 16~17세기는 기록류 야사가, 18세기는 유서류 야사, 그리고 19세기는 총서류 야사가 주류를 이루었다. 『연려실기술』은 18세기 말에 이루어진 유서류 야사의 종합이면서 19세기의 총서류에 그 여맥을 넘겨주는 역할을 한 것으로 보인다.

『연려실기술』의 찬자와 관련해서는 그 부친 이광사(李匡師)라든가 동생 이영익(李令翊)이라는 기록도 있으나, 간접적인 여러 기록에 나타난 정황을 통해 부자(父子)가 함께한 일종의 가학(家學)으로서 이긍익(李肯翊)이 편찬하였고 찬술시기도 정조연간이라고 추정하였다.

『연려실기술』의 찬술동기와 관련해서는 한 왕조가 400년 가까이 지속되는 시점에서 현실정치에 필요한 고사에 대한 정보를 제공하고, 특히 탕평의 시기를 만나 붕당의 원위(源委)와 당론(黨論)의 유래에 대한 지식이 당시의 사대부들에게 무엇보다 필요하였다는 점, 그리고 18세기의 실학시대 이후 드러나는 자국사(自國史)에 대한 관심 등을 거론하였다.

『연려실기술』의 편찬체제는 우선 국조사에 대한 지식과 이해에 갈증을 느끼는 18세기 당시의 사대부들에게 가장 효과적으로 그 갈증을 풀어 줄 방법을 모색하는 과정에서 『해동야언(海東野言)』, 『조야기문(朝野

記聞)』 같은 전래의 야사체제와 마침 청(淸)으로부터 수입된 명말청초(明末淸初)의 사서(史書)들, 그중에서도 마숙(馬驌)의 『역사(繹史)』 등을 검토하여 새로운 사체(史體)와 기술(記述)방식을 창안하였다고 보았다. 새로운 사체란, 역사적 사실 전달에는 총서 형태보다 훨씬 효과적이라는 유서(類書) 형식의 편집형태를 취하되, 독자인 사대부의 국조사에 대한 종합적 이해를 위하여 기사본말체를 편사의 기본으로 하면서도, 당적류(黨籍類)를 표제(標題)로 설정하는 식의 학안(學案) 기술방식과 전기체(傳記體)로 된 인물조를 열조별로 부기하였으며, 다시 사실이해의 참고용으로 문물제도 전반에 걸치는 전고(典故)를 10문(門)으로 나누어 별집으로 두는 방식을 말한다. 이를테면 중체(衆體)를 집성한 사체(史體)를 창안한 것이라고 할 것이다.

다음 기술방식으로서는 전통적인 '술이부작(述而不作)'과 '거실수록(據實收錄)'을 원칙으로 했는데 이 점이 당론관계를 다루었으면서도 『연려실기술』로 하여금 다른 당론서와 달리 불편부당한 객관적인 사서라는 평가를 받게 한 요소였다고 하였다.

『연려실기술』의 열조별 사건 구성 방식을 표제의 분석을 통해 살피고 내용을 검토해 본 결과 대체로 정치사 중심으로 구성되었음을 볼 수 있었다. 18세기의 사대부들에게 당대 국가의 정치적 사실을 알리겠다는 애초의 목적에 충실했던 것이다.

구체적인 특징으로서는 정치 형태에서 군주전제(君主專制)나 권신(權臣)·외척의 전횡을 경계하며 기본적으로 사림정치의 구현을 추구하되, 붕당과 당론에 대해서는 비판적이며 이이(李珥)의 조정책(調停策)을 바람직한 정국운용술로 제시하였다고 정리하였다. 따라서 군자소인변(君子小人辨)에 토대한 심적(心跡)보다는 현실에 나타난 언행 위주의 행적(行跡) 쪽에 초점을 맞추어 붕당관계를 정리한 데서, 관념적인 의리명분보다는 현실에서의 실사(實事)와 실행(實行)을 중시하는 찬자 이긍익의 사관(史觀)과 역사인식의 일단을 엿볼 수 있다고 하였다. 『연려실기술』에서 말보다 행동으로 나타낸, 고려 말, 상왕(上王, 端宗)복위사건, 왜란·호란 당시에 있어서 순절인(殉節人)·순절부인(殉節婦人)·의병(義兵)을 특기한 것이 이를 방증해 준다. 그러면서도 송시열(宋時烈)에 대해 비판적인 기사와 표제가 적지 않고 성혼(成渾)을 변호하는 기사가 곳곳에서 보이는 것으로 보아, 사실 위주의 객관적인 자료배열로 시비의 판별과 해석은 독자에게 맡긴다고 한 표방이 끝까지 관철되지 못하는 한계의 일단을 볼 수도 있었다.

『연려실기술』의 편찬체제나 내용기술은 실학의 특징이라는 실사구시의 정신과 방법에 따라 구성되었다. 그런 면에서 그것은 실학적 사서라고 할 수 있다. 다만 그 편찬목적이 사대부의 국조사 이해를 도모한다는 데 있었던 만큼, 편자 자신이 어떤 논평을 하기보다는 제시된 객관적 자료를 검토하여〔實事〕 독자 스스로 판단해 시비를 정하게〔求是〕 하는 독특한 방식을 취하였다. 그리고 실사구시의 일반적 경향인 고증보다는, 실사구시로 얻은 역사적 진실을 현실에 적용하는 데 주안점을 두는 경세·구폐적 성향이 강하였고, 이런 면에서 19세기 이후에 나오는 현실과 멀어진 채 고증 위주로 흐르는 야사총서와는 구별되는 역사서로서의 의의를 갖는다고 하였다.

이상에서 검토한 결과를 한마디로 요약한다면 『연려실기술』은 편자인 이긍익 나름의 현실적, 실행 위주의 사림적 기준으로 정리된 국조사이면서, 중체(重體)를 집성한 사체(史體)를 창안하고 독자에게 시비판별의 논단을 맡기는 방식을 시도하는 등, 특히 편찬체제 면에서 새로운 국면을 개척한 실학시대의 실사구시적 특징을 대표하는 야사라고 하겠다.

參考文獻

金鑢,『薄庭遺稿』, 규장각도서 청구기호 15502.

金烋,『海東文獻總錄』, 학문각, 1969.

馬驌,『繹史』,『四庫全書』, 史部 3, 紀事本末類.

徐文重,『朝野記聞』, 영인본『조선당쟁관계사료집』1, 여강출판사, 1983.

沈魯崇 編,『大東稗林』, 영인본, 국학자료원, 1980.

安鼎福,『列朝通記』,『順菴叢書』, 대동문화연구원, 1970.

尹衡聖,『朝野僉載』, 규장각도서 청구기호 5797.

李匡師,『圓嶠集』,『한국문집총간』221, 한국고전번역원.

李圭景,『五洲衍文長箋散稿』, 한국고전종합 DB, 한국고전번역원.

李奎象,『幷世才彦錄』, 번역본, 18세기 조선인물지, 민족문학사연구소, 1997.

李星齡,『春坡堂日月錄』, 규장각도서 청구기호 6639.

李令翊,『信齋集』,『한국문집총간』252, 한국고전번역원.

李默,『孤樹裒談』, 규장각도서 중국본 청구기호 5219.

丁若鏞,『與猶堂全書』,『한국문집총간』281~286, 한국고전번역원.

鄭曉,『吾學編』, 규장각도서 중국본 청구기호 3834.

陳建,『皇明資治通紀』, 규장각도서 중국본 청구기호 3210.

洪翰周,『智水拈筆』, 아세아문화사, 1980.

『大東野乘』, 한국고전종합 DB, 고전원문, 한국고전번역원.

『東國文獻備考』, 규장각도서 청구기호 4125.

『說郛』,『四庫全書』, 子部 10, 雜家類 5.

『歷代紀事本末』, 北京 : 中華書局, 1997.

『燃藜室記述』, 李範世 · 具滋旭 所藏本, 영인본, 경문사, 1976.

『章學誠遺書』, 北京 : 文物出版社, 1985.
『全州李氏德泉君派譜』(국립중앙도서관, 한 58-33-264)
『中國野史集成』, 河南 : 巴蜀書社, 1993.
『青野漫輯』, 『한국문헌설화전집』 9, 동국대 한국문학연구소 편, 1981.

권오돈(1970), 「연려실기술」, 『한국의 명저』, 현암사.
김근수(1976), 『야사총서의 총체적 연구』, 영신아카데미 한국학연구소.
김세윤(1992), 『조선 후기 私撰史書연구』, 서강대 박사논문.
배우성(1998), 「寧古塔回歸說」, 『조선 후기 국토관련 천하관의 변화』, 일지사.
신장섭(2007), 「東國樂府를 통한 圓嶠와 信齋의 역사인식 고찰」, 『우리문학연구』 22.
안대회(1992), 「조선 후기 야사총서 편찬의 의미와 과정」, 『민족문화』 15, 민족문화추진회.
이우성(1966), 「李朝後期 近畿學派에 있어서의 正統論의 전개」, 『역사학보』 31.
이존희(1981), 「연려실기술의 분석적 연구」, 『한국학보』 24.
______(1986), 「이긍익과 연려실기술의 편찬」, 『한국고전심포지움』 제3집, 진단학회.
이태진(1988), 「조선시대 야사발달의 추이와 성격」, 『김용덕교수 정년기념 사학논총』.
임형택(2000), 『실사구시의 한국학』, 창작과비평사.
정구복(1986), 「연려실기술 별집에 대한 검토」, 『한국고전심포지움』 제3집, 진단학회.
______(2008), 『한국근세사학사』(조선 중 · 후기편), 경인문화사.

정만조(1990), 「成大所藏 연려실기술의 肅宗朝 記事」, 국민대 『한국학논총』 13.
______(1993), 「연려실기술의 편찬시기와 편찬자 문제 검토」, 국민대 『한국학논총』 16.
진단학회(1991), 『한국고전심포지움』 제3집, 일조각.
한국사연구회 편(1985), 『한국사학사의 연구』, 을유문화사.
한영우(1989), 『조선 후기 사학사연구』, 일지사.
허태용(2008), 「圓嶠 李匡師의 中華意識과 역사인식 一考－東國樂府의 분석을 중심으로」, 『한국인물사연구』 10, 한국인물사연구소.
황원구(1970), 「실학파의 史學이론」, 『연세논총』 7.
金毓黻(1973), 『中國史學史』, 北京: 鼎文書局.
內藤虎次郎(1961), 『支那史學史』, 東京: 弘文堂.
老鐵 編(1998), 『中國野史辭典』, 河南: 大象出版社.
末松保和(1966), 「李朝の野史叢書について」, 『學習院大學文學部研究年譜』 12.
劉辰, 「叢書 · 類書 · 百科全書及其比較」, 『出版科學』, 2001年 第3期 湖北編輯學會.
瞿林東(2002), 『中國史學史綱』, 臺灣: 五南圖書出版公司.
羅炳良(2007), 『淸代乾嘉歷史考證學派硏究』, 北京: 北京圖書館出版社.

韓致奫의 『海東繹史』 연구

김태영 | 경희대학교 명예교수

1. 머리말

한치윤(韓致奫, 1765~1814)의 『해동역사(海東繹史)』는 흔히 안정복(安鼎福, 1712~1791)의 『동사강목(東史綱目)』, 이긍익(李肯翊, 1736~1806)의 『연려실기술(燃藜室記述)』과 더불어 조선 후기의 실학(實學)이 성취한 3대 역사서로서 일정한 수준을 구현한 것이라고 일컬어진다. 이들 사서는 모두 국내외의 사료를 광범하게 수습한 바탕 위에서 관련 사료를 분석하고 유별(類別)하고 종합하는 고증학적(考證學的) 방법론을 구사함으로써 이전보다 한 단계 더 높은 객관적 사실(史實) 자체를 추구하고자 노력한 실학적 특색을 갖추게 된 것으로 확인된다.

그 가운데서도 『해동역사』는 더욱 철저한 고증학적 견지에 입각한 저술이라 할 수 있다. 우선 『해동역사』는, '해동' 지역의 역사에 관한 고대 '동이족(東夷族)' 자신의 기록이 상대적으로 미비하고 무실(無實)한 상태였다는 객관적 실상의 반성에서 출발하였다는 것 자체부터가 그러하다. 그래서 『해동역사』는, 관련 기록을 상대적으로 일찍부터 갖추게 된 중국 측 자료 540여 종을 동원하고 일본 측 자료 20여 종까지도 참조하여 편찬하기에 이르렀다. 또한 어디까지나 관련 사료들을 직접 배열해 제시함으로써 사료 자체로 하여금 사실(史實)을 말하게 하는 한편, 찬자 자신의 해석이라든가 견해는 최소한의 안설(按說)로 한정하고 있다는 특색을 가지기도 한다.

『해동역사』는 찬자의 안설을 최소한으로 한정하고 있을 뿐 아니라 그 편찬의 의도라든가 과정에 관한 찬자 자신의 '서문(序文)'이나 '범례(凡例)'조차 일체 남기지 않았다. 중국 측 자료를 비롯한 외국의 서적 수백

종을 참고하고 관련 자료들을 일일이 수괄하여 무려 원집(原輯) 70권이라는 거질의 사서(史書)를 편찬하면서도 그 '서문'이나 '범례'조차 남기지 않았다는 것은 상식적으로는 이해하기 어려운 사례에 속한다. 그것은 찬자의 기본 편사(編史) 원칙이라고 하는 고증학적 방법론에 직결된 것이었다고도 할 수가 없다. 혹은 나중에 살펴보겠지만, 그의 「행장(行狀)」이 전하는 바 '서술은 하되 저작은 하지 않는다〔술이부작(述而不作)〕'는 원칙과 반드시 직결되는 것도 아니다.

그 대신 『해동역사』의 책 머리에는, 이미 「이십일도회고시(二十一都懷古詩)」라든가 『발해고(渤海考)』 등 우리 고대사 연구에 독자적 일가견을 제시한 바 있는 유득공(柳得恭, 1748~?)의 「해동역사서(海東繹史序)」라고 하는 '서문'을 받아 실어 두었다. 그로 하여금 이 책을 편찬하기에 이른 배경을 말하게 하고 있는 것이다.

그는 왜 하필 유득공의 '서문'을 받아 싣게 되었던 것일까. 그 까닭은 아마도 양자가 발해국(渤海國)을 우리의 옛 왕조인 것으로 인식하는 데에 공감하고 있었다는 사실과 연관된 일인 것으로 이해된다. 이는 18세기 말 실학적(實學的) 사서(史書)를 편찬한 안정복의 경우와는 크게 대조되는 일이었다. 즉 선진 실학자이며 스승인 성호(星湖) 이익(李瀷)의 권유를 받아 가면서 새로운 사서(史書)로 편찬한 안정복의 『동사강목(東史綱目)』이 발해국(渤海國)을 정식의 우리 고대 국가로 긍정하지 않았다는 사실과는 정히 대조되는 사안인 것이다.

이제 유득공이 『해동역사』에 부친 '서문'의 줄거리를 살피기로 한다.

> 이른바 고기(古記)라 하는 것들은 모두가 승려들의 허황된 말이므로 사대부가 입에 담을 것이 못된다. 김부식(金富軾)의 『삼국사기(三國史記)』는 '소략하여 볼 만한 것이 없다'고 사람들은 허물한다. 그런데 명산(名山) 석

실(石室)에도 보관된 자료가 없었으니, 김부식인들 어떻게 할 수 있었겠는가. 그런즉 오직 정인지(鄭麟趾)의 『고려사(高麗史)』가 있을 뿐이니, 고려 이전의 사실에 대해서는 어떻게 상고할 수 있겠는가. 나는 일찍이 중국의 21사(史)에서 동국전(東國傳)만을 뽑아 모아, 중복된 부분을 제외하고 주석을 내며 변증을 가하고자 하였다. 그런 다음 『삼국사기』와 『고려사』 두 사서와 함께 참조해 본다면 징신(徵信)하기에 도움이 될 듯하였다. 끝내 그러지는 못하였지만 그 생각은 항상 가슴속에 맴돌고 있었다.

나의 친구인 상사(上舍) 한대연(韓大淵)은 성품이 고요하고 서책 간직하기를 좋아하였다. 문을 닫고 들어앉아 고사(古事)를 연구하였는데, 개연히 우리나라의 역사에 관심을 가져, 서로 상의하지 않아도 나와는 의기가 통하였다. 그런데 또 이를 미루어 넓혀 정사(正史) 이외의 것까지도 섭렵해서 경전(經典)에서 총패(叢稗)에 이르기까지 여기저기 흩어져 있는 우리 동방 수천 년의 사실들을 거의 다 찾아내고 베꼈으며, 또 손수 자르고 붙여 분류하기도 하고 합치기도 하였다. …… 거의 밥 먹는 것조차 잊은 채 5, 6년이나 공력을 쏟은 끝에 비로소 종류별로 나누고 조목을 세워 한 부(部)의 서책을 편성하니, 모두 몇 권이 된다. 그 가운데는 세기(世紀)도 있고 열전(列傳)도 있으며, 천문(天文)·지리(地理)·예악(禮樂)·병형(兵刑)·여복(輿服)·예문(藝文)에 대해서도 각기 지(志)를 두어 엄연히 사서(史書)를 이룩하게 되었으니, 이름하여 『해동역사(海東繹史)』라 한다. ……

우리나라 사람들이 혹 말하기를, "우리나라 사적(史籍)으로서 평양(平壤)에 남아 있던 것은 (고구려가 망할 때) 이적(李勣)에게서 모두 불탔으며, 전주(全州)에 있던 것은 견훤(甄萱)이 패하면서 모두 불에 탔다."고 하는데, 이 역시 근거 없는 낭설이다. 우리나라에 어찌 사적(史籍)이 있었겠는가. 기자(箕子)시대는 당(唐)·우(虞)로부터 위만(衛滿) 이전에 해당하는 시기였던 까닭에 따로 사서(史書)를 만들지 않았다. 한(漢)나라 400년 동안에는 내복(內服)의 시기였으니 낙랑태수가 어떻게 사관(史官)을 따로 둘 수 있었겠는가. 그런 까닭에 (우리나라 고대의) 일사(佚事)와 이문(異聞)은 반드시 중국 쪽에서 구한 다음에야 얻을 수 있는 것이다.

영동(嶺東)의 예(濊)와 한수(漢水) 이남의 한(韓), 개마산(蓋馬山) 동쪽 옥저(沃沮)의 경우는 실로 (중국 『삼국지』를 편찬한) 진수(陳壽, 233~297)가 아니었다면 어떻게 그런 나라가 있었음을 알 수 있겠는가. 진수(陳壽)란 자가 붓을 잡고 해외의 우리나라 일에 대해서 그와 같이 상세하게 쓸 수 있었던 것은 또 어째서인가. 공손씨(公孫氏)가 대대로 요동태수가 되어 대방군(帶方郡)을 세워 한(韓)·예(濊)의 여러 나라를 통괄하다가 〔서진(西晉)의〕 사마의(司馬懿)에게 멸망되었으니, 그 산천(山川)·도리(道里)·물산(物産)·풍요(風謠)에 대해서도 반드시 태사씨(太史氏)가 전해 들었을 것이다. 그 이후로는 삼국(三國)이라든가 또 가라(加羅)니 탐모라(耽牟羅)니 하는 족속들이 있어 모두 사신을 보내고 폐백을 바치면서 상국(上國)에 알현하였다. 그래서 남북조(南北朝)의 여러 사서(史書)가 이를 기록하였는데, 이 모두가 우리나라의 사적(史蹟)인 것이다.[1]

즉 '고기(古記)'라는 이름으로 전해 오는 우리나라 고대의 기록은 모두 승려들의 견해를 전하는 허황한 것이므로 사료적 가치를 지니지 못한 내용이다. 김부식의 『삼국사기』는 정사(正史)로 편찬한 것이지만 '소략하여 볼 만한 것이 없다.' 그런데 『삼국사기』가 그렇게 소략할 수밖에 없게 된 까닭은 국내에 구체적 사료가 남아 있지 않았기 때문이다. 그러니 그 '소략함'을 보충할 수 있는 기록은 중국 측 자료에서 찾을 수밖에

1 『海東繹史』 卷首, 「海東繹史序」. 陳壽의 『三國志』는 魏·蜀·吳의 三國史(220~265)를 편찬한 중국 正史인데, 그 가운데 魏의 역사를 다룬 「魏志」의 끝에 「東夷傳」이 들어 있다.

없다. 다행히 『삼국지(三國志)』를 비롯한 중국의 사서(史書)들은 고대 '해동'의 사적(史蹟)들을 다수 수습한 기록으로서, '징신(徵信)하기에 도움이 될 만한' 사료들을 많이 갖추고 있다. 그런데 진사(進士) 한치윤이 그와 같이 중국 정사(正史)의 사료들을 온전히 수습하는 한편, 더 나아가 '경전(經典)에서 총패(叢稗)에 이르기까지 여러 곳에 흩어져 있는 우리 동방 수천 년의 사실들을 거의 다 찾아내고 베낀' 위에, 어디까지나 찬자 자신의 견해는 배제하고 사료들만을 유별해 드러내어 보이는 철저한 고증학적 방법을 동원하여 새로운 역사서를 편찬하였다. 그래서 『해동역사』는 세기(世紀)라든가 열전(列傳), 천문 · 지리로부터 여복 · 예문에 이르는 각 분야의 지(志)들을 두루 갖춘 기전체(紀傳體) 사서로 결집되기에 이르렀다고 증언해 놓았다.

주지하듯이 진수(陳壽)가 편찬한 중국 『삼국지(三國志)』는 그 「위지(魏志) · 동이전(東夷傳)」에다 '해동' 지역에서 국가체제를 갖추고 있던 부여 · 고구려 · 동옥저 · 읍루 · 예 · 한(韓)에 관한 '전(傳)'들을 싣고 있다. 그런데 이들 '전'의 내용은 중국인들의 직접 · 간접의 견문이라든가 혹은 '동이' 각국과의 외교관계를 통해 접하고 알게 된, 극히 한정된 단편적 자료들을 엮어 놓은 '사적(史籍)'에 불과한 것들이다. 그래서 위의 서문에 나온 그대로 '일사(佚事)와 이문(異聞)'을 수록해 둔 내용에 불과한 것이요, '동이'족 각국의 '본사(本史)'의 위상에 상응할 만한 범주적(範疇的) 내용을 갖춘 사료가 결코 아니라는 사실을 주의해야 한다.

그런데 『해동역사』는 가령 '해동' 각국의 '본기(本紀)'에 해당하는 각 왕대(王代)별 정치사에 관한 줄거리를 세울 수가 있게 되었는가. 실상 그 많은 중국 측 자료를 동원했음에도 『해동역사』는 결코 그것을 제대로 구성해 낼 수가 없었다. 그렇게 된 결정적 요인은 곧 관계 사료가 부족하였기 때문이다. 즉 『해동역사』는 중국 측 정사(正史)로부터 경전

(經傳)이라든가 총담(叢談) · 패설(稗說)까지를 총동원하고 그것을 '손수 자르고 붙여 분류하기도 하고 합치기도' 해 보았지만, 삼국 각 왕대의 정치사조차도 뒷받침할 수 있는 사료를 제대로 확보하지 못하였고, 그래서 그 '본기(本紀)'조차 결코 제대로 구성해 낼 수가 없었던 것으로 살펴진다. 무엇보다 현재 구성되어 있는 「세기(世紀)」의 내용을 유심히 살피기만 하더라도 이는 객관적으로 드러나는 명백한 사실이다.

『해동역사』는 사료상의 제약 때문에, '해동' 각국의 각 왕대 정치사를 서술하는 '세기(世紀)'의 부분은 부득이하게도 관련 사료들을 시대 순으로 배열해 제시하는 형태로 편찬해 둘 수밖에 없었던 것으로 이해된다. 그러나 그 대신 중국 측 자료상으로는 여러 분야, 여러 종류로 흩어져 전존해 오는 '해동' 여러 종족들의 현실적 삶에 관한 자료들을 가능한 자세히 수습해서, 이를 생활사(生活史) · 문화사(文化史) 분야의 역사 형태로 다수 제시하기에 이르렀던 것으로 판단된다. 즉 '해동'인의 눈으로 보아서는 일상생활과 관련된 범상한 현상으로 보일지라도 외국인의 눈에는 특이한 사안(事案)으로 보일 수가 있고, 그래서 그들이 굳이 채록해 놓은 사실들이 거기 해당한다. 『해동역사』가 결과적으로, 세기(世紀)보다도 각 분야의 분류사로서의 '지(志)'와 '고(考)'에다 훨씬 더 큰 지면을 할애하여 서술할 수 있었던 배경 또한 곧 그와 같은 사료상의 뒷받침을 얻을 수 있었기에 가능한 일이었다 할 것이다.

그런데 생활사 · 문화사 관련 서술 비중이 더 커지게는 되었지만 그 기본 사료에 해당하는 외국 측 자료마저 각 분야별로 충분히 갖추어져 있었던 것은 결코 아니었던 것으로 고찰된다. 외국 측의 문자로 확보되어 있는 자료 자체도 객관적으로 보자면 그들 외국인이 관심을 가진 테두리 안의 사안인 것으로 한정되어 있었을 뿐이요, '해동' 지역의 역사적 사안들을 결코 범주적(範疇的)으로 채록하지 않았을 것임이 명확하기 때문이다. 그래서 『해동역사』는 '해동' 지역의 시대별 각 나라의 생활사·문화사에 관한 어떤 분야의 분류사조차 결코 찬자의 뜻에 따라 수미(首尾) 일관하는 체계를 세워 제대로 구성해 낼 수가 없었다. 그러므로 『해동역사』는 어떠한 분류사 분야의 어떠한 사안을 두고서도 그 나름의 인과관계를 설정하고 분석하여 종합적으로 서술함으로써 그 독자적 완결성을 갖추도록 구성해 놓은 경우가 아예 없다는 사실을 여기 덧붙여 주의하지 않으면 안 된다.

그것은 곧 찬자 자신의 편사(編史) 원칙과도 관련된 일이라고 할 수 있겠지만, 한편으로는 오히려 사료상의 제약으로 인해서 근원적으로 그와 같은 편사의 원칙 자체를 수립하지 않을 수가 없었다고도 해야 할 것이다. 그러니 무릇 『해동역사』를 공부하는 독자라면, 이 사서는 어떠한 분야, 어떠한 항목의 역사를 서술하면서도 언제나 관계 자료들만 제시해 놓은 것일 뿐, 그 자료들을 종합하여 어떤 의미를 도출하고자 하는 작업은 결코 시도조차 하지 않았다는 사실을 먼저 염두에 두고 살펴야 할 것이다.

『해동역사』는 중국 측 자료를 중심으로 하면서도 일본 측 자료에 이르기까지, 경전(經典)으로부터 총패(叢稗)에 이르기까지 실로 무수한 외국 측 자료를 동원하여, 국내의 사료만으로는 결코 찾아볼 수 없는 수다한 분야의 수많은 사안들에 관한 역사 정보를 확보하고 그것을 나름대로 유별하여 소위 '기전체'라고 할 수 있는 '해동의 역사'를 편찬하기에 이르렀다. 더구나 찬자의 주관적 서술보다는 관련 사료의 제시를 통해 사료로 하여금 사실을 말하게 하는 고증학적 편사(編史) 원칙으로 일관함으로써 이전의 도덕적(道德的)·가치론적(價値論的) 역사서술 형태를 지양하고 사실 자체를 추구하는 새로운 실학적(實學的) 역사서술의 지평을 여는 데도 크게 기여하였다 할 것이다.

그러면서도 또한 『해동역사』에는 사실(史實)을 인과론적(因果論的)으로 종합 고찰하고자 하는 시야(視野)가 사상(捨象)되어 있음을 간과해서는 안 된다. 어떠한 사실에 관해서든 관련 사료를 차례로 배열하는 선에서 그치고 있음이 큰 특징이다. 그래서 『해동역사』는 그 자체 독자적인 체제를 갖추고는 있지만, 또한 독립적 · 완결적인 위상을 차지하는 사서(史書)로 구현되었다고는 결코 말할 수가 없는 것으로 살펴진다.

2. 한치윤의 생애와 학술

한치윤의 생애와 학술을 전해 주는 자료로서는 그 증손(曾孫) 일동(日東)이 작성한 「옥유당 한공 행장(玉蕤堂韓公行狀)」[2]이 가장 구체적인 내용을 싣고 있다. 자손이 작성한 그 선조의 행장이 구체적일 수는 있어도 과연 객관적일 수 있는 것인가 하는 의문이 생길 수도 있겠다. 그런데 한치윤의 생애를 살펴보면, 특이한 경력을 쌓거나 큰 굴곡도 없이 거의 독서와 저술로 일관하는 서생(書生) 같은 학자로서의 일생을 살았고, 이에 그 행장 또한 별다른 수식을 가함이 없이 사실관계만을 기술해 두고 있는 편이다.

한치윤의 자는 대연(大淵), 호는 옥유당(玉蕤堂)으로서, 조선 중기까지 혁혁한 문벌을 유지해 온 청주 한씨(清州韓氏) 가계 출신이었다. 그

---

2 이 行狀은 朝鮮史編修會 編, 『朝鮮史』 稿本(通卷 2613) 第5編 第811冊에 실려 있는 것인데, 일찍부터 『해동역사』의 연구에 착수한 黃元九 교수가 이를 발굴하여 학계에 소개하였다. 黃元九(1962) 참조.

의 14대조는 조선조 개국공신 한상경(韓尙敬), 12대조는 세조(世祖)의 정난(靖難)·좌리공신(佐理功臣)에 책봉된 한계희(韓繼禧), 7대조는 인조(仁祖)의 국구가 된 서평부원군(西平府院君) 한준겸(韓浚謙, 1557~1627)인 명문 가계였다.

그런데 그의 가계는 16세기부터 격렬해진 당쟁의 와중에서 17세기 이후로는 점차 정치적으로 실세하기에 이른 남인(南人) 계열에 속하게 되었고, 그래서 현달한 벼슬길과도 다소 거리를 두지 않을 수 없게 되었다. 더구나 그의 조(祖) 덕량(德良)은 진사·문과를 거쳐 사간원 정언(正言)의 청요직을 역임하였으나, 고(考)인 원도(元道)는 전혀 벼슬자리에 나아가지도 못한 처지가 되었다. 그의 조·부는 나중 한치윤의 셋째 아들인 진상(鎭象)이 고종(高宗) 때 돈녕부(敦寧府) 동지사(同知事)〔가선대부(嘉善大夫)〕로 오르게 되자 3대 추증의 원칙에 따라 각기 명목상의 증직(贈職)을 받게는 되지만, 한치윤의 가계는 정작 그 부친〔즉 원도(元道)〕대에서 일단 실직 벼슬길이 끊기고 말았다.

그렇게 벼슬길이 끊어진 배경은 그 부친이 서류(庶流)였다는 사실과 연관된 일인 것으로 확인된다. 무엇보다도 한치윤의 백씨인 치규(致奎)가 규장각(奎章閣)의 검서직(檢書職)으로 천망(薦望)되었다는 사실로 미루어 보아, 그들의 출생이 서류(庶流)였다는 사실을 확인할 수 있다. 즉 이덕무(李德懋, 1741~1793)의 문집인 『청장관전서(青莊館全書)』에 부록으로 실려 있는 그 연보의 '병오(丙午, 정조 10년, 1786) 8월 16일'조를 보면 다음과 같이 되어 있다.

> 검서(檢書)로 합당한 인원을 천망하는 단자(單子)를 입계(入啓)하다. …… 검서관 유득공을 감하(減下)하는 대신, 서평부원군 5대손인 진사(進士) 한치규(韓致奎), 전 찰방 이홍상의 자(子)인 유학(幼學) 이영후(李英厚)

를 천거하였는데, 천주(薦主)는 겸검서관 이덕무이다.[3]

여기 '규장각 검서직'은 정조(正祖)임금이 추진한 소위 '서류 소통정책'에 따라 정조 3년(1779) 박제가(朴齊家) · 유득공 · 이덕무 · 서이수(徐理修) 등의 서류(庶流) 4검서관을 설치한 일로부터 비롯하였다는 것은 주지하는 바와 같다.

곧 한치윤의 백씨인 치규(致奎)가 서류 신분으로 밝혀지게 된 배경은 곧 그들의 조부가 사간원 정언(正言)이라는 청환(淸宦)을 역임하였음에도 그들의 부친인 원도(元道)가 서류(庶流)로 태어났으며,[4] 그래서 벼슬길로부터 탈락하기에 이른 것으로 살펴진다.

한치윤의 부친인 원도는 그 출생이 서류였을 뿐 아니라 그의 처 고령신씨(高靈申氏)와의 사이에서 치규(致奎) · 치윤(致奫)의 형제를 두고는 조졸(早卒)하고 말았다. 한치윤은 영조 41년(1765) 11월에 한성(漢城) 남부(南部)의 나동(羅洞)에서 태어났는데, 겨우 3세 때 부친을 사별하게 되었다. 그래서 어릴 적에는 모친의 정성을 다한 '국양(鞠養)과 제유(提誘)'를 받으면서 성장하였다. 나중에 치규 · 치윤 형제가 모두 다 사마시(司馬試)에서 진사(進士)로 합격하는 사실을 보면, 그들의 어릴 적 받은 교

---

3 『靑莊館全書』 권71, 附錄 下, 「先考積城縣監府君年譜」 下, "丙午(정조 10년, 1786, 公四十六歲) …… 八月 …… 十六日, 檢書可合人薦望單子入啓. …… 檢書官柳得恭減下代, 進士韓致奎, 西平府院君浚謙五代孫, 幼學李英厚, 前察訪鴻祥子. 薦主兼檢書官李德懋."

4 이보다 앞서 한영우(1985)는 청주 한씨 世譜의 기사 분석을 통해 한치윤의 父의 출생이 庶流와 관련 있을 듯하다는 내용을 제시한 바 있다. 즉 "(韓致奫의 父인) 元道의 父 德良은 본래 본부인이 있었으나 자식이 없었고, 元道는 둘째 부인이 낳은 자식이며, 그의 출생 시 德良의 나이 54세였다. 元道의 生母가 後娶인지 妾인지는 확실치 않으나, 그녀의 무덤이 남편과 合葬되지 않고 他地方에 있는 것을 보면 妾일 가능성이 크다."고 하였다. 다만 여기서 '元道의 生母'가 '妾'이 아닌 정식의 後娶라 하더라도 그 신분이 庶流였다면 그 소생인 元道의 신분 또한 庶流로 귀착하는 것임을 주의해야 할 것이다.

육이 자못 성과를 거두기에 이르렀음을 짐작케 한다.

한치윤은 9세 때 이미 글을 읽고는 대의(大義)에 통했으며, 약관에 이미 명성이 드러나 상급 학교로 진학할 수 있었고, 그가 지은 글이 사람들의 입에 널리 회자되기도 하였다. 그리고 정조 13년(己酉, 1789)에는 사마시에 나아가 진사(進士)로 합격하기에도 이르렀다.[5]

그런데 그는 벼슬길에 나아갈 수 있는 관문인 문과(文科)의 응시는 아예 포기하지 않을 수 없었다. 서류(庶流) 신분으로서는 사실상 넘볼 수 없는 일이었기 때문이다. 그에게는 학문에 매진하는 길이 열려 있을 뿐이었다. 이후 그는 "학문을 전치(專治)하여 어떠한 분야의 서적이라도 철저하게 관통하지 않음이 없었다."

그런데 그에게는 사행(使行)을 따라 중국의 수도인 북경〔北京, 즉 연경(燕京)〕으로 유람할 기회가 열리게 되었다. 한치윤의 삼종(三從) 형인 한치응(韓致應, 1760~1824)이 정조 23년(1799) 10월 진하겸사은사(進賀兼謝恩使)의 서장관(書狀官)으로 청(淸)나라에 사행하게 되었는데,[6] 이때 한치윤이 그 자제군관(子弟軍官)의 명목을 띠고 동행하는 기회를 얻기에 이르렀던 것이다.

실상 이번 사행의 서장관 한치응은 자가 혜보(傒父), 호는 병산(甹山)으로서 이미 약관 시절부터 다산(茶山) 정약용(丁若鏞, 1762~1836) 등의 남인 명류들과 죽란시사(竹欄詩社)의 동인(同人)을 이루어 오랫동안 교유를 해 오는 사이였다. 한치응은 다산보다도 먼저 정조 8년(1784)의 정시(廷試) 문과(文科)에서 장원급제한 수재이며, 이후 홍문관 수찬·교리

---

5 이보다 앞서 韓致奫의 伯氏 韓致奎(1756~1789, 字 大圭)는 正祖 7년(1783) 癸卯 式年試에서 進士로 합격하였다. 『崇禎三癸卯式司馬榜目』 참조.

6 『正祖實錄』 권52, 정조 23년 10월 12일(정유). 이 使行의 正使는 판중추부사 趙尙鎭이며 副使는 예조판서 徐瀅修였다.

와 사헌부 집의(執義)를 거쳐 이번 사행의 서장관으로 임명된 처지였다. 그는 뒷날 형조판서와 병조판서 등의 정경(正卿) 직에도 오르는 등 관인으로서 크게 현달한 인물이다.

그런데 서장관 한치응의 사행을 전별하는 자리에는 다산 정약용 등이 참석하였으며, 한치윤 또한 자연히 다산 등과도 동석하게 되었다. 그리고 이 자리에서 전별의 시(詩)를 짓는 가운데, 다산이 한치윤을 직접 언급하면서 '박아(博雅)'하다고 칭하기에도 이르렀다.

어사는 전대가 아닌데	御史非專對
서생이 비로소 먼 곳 유람 떠나네	書生始遠游
저녁 구름 갈석에 나직하고	晩雲低碣石
가을 눈은 유주에 내리리	秋雪下幽州
나라 약하니 제후 도리 지켜야지	弱國虔侯度
성이 유명하여 보기에도 웅장하리라	名城壯客眸
군관이 꽤나 박식하고 전아하여	軍官頗博雅
재사들과 어울리게 마련일 처지라네	才士定相求[7]

무릇 조선왕국의 사류(士流)로서 중국의 수도인 연경(燕京)으로 나아가 유람한다는 것은 당시로서는 지상 '최대 · 최선진'의 문명(文明)세계를 접할 수 있는 거의 유일한 길이었다. 그런 만큼 결코 아무나 기대할

7 『與猶堂全書』 권3, 詩文集, 「送別韓徯父書狀 · 大淵進士赴燕」. 여기서 韓致應을 '御史'라고 칭한 것은 그의 직책인 書狀官이 곧 使行의 監察 기능을 맡기 때문이요, 韓致奫을 '軍官'으로 칭한 것은 그가 子弟軍官의 자격으로 수행하기 때문이다. '專對'란 국가를 대표하여 책임 있는 대답을 하는 자인 正使를 지칭한다. '碣石'과 '幽州'는 모두 使行의 旅程 속에 위치한 河北 · 遼西 지역의 地名.

수가 없는, 꿈속에서나 그릴 수 있는 대망(待望)의 기회였다.[8] 더구나 중국 가는 사행이 그 대동하는 '군관'을 선발할 때는 반드시 학술과 시문으로 이름난 젊은 자제라든가 친지를 엄선하게 마련이었다. 그래서 이들 젊고 유능한 자제들로 하여금 중국의 '선진' 문명과 그 지식인들을 만나 더욱더 새로운 안목을 넓히도록 함으로써 더 유능한 인재로 성장하도록 권면하는 관행을 지켜 오고 있었다.

뿐만 아니라 18세기 이래 조선 사류가 이전의 북벌(北伐) 대신 북학(北學)이라는 실학의 학풍을 열게 되면서 중국의 '선진' 문명을 수용하고자 하는 의욕이 더욱 절실하였다는 사실 또한 참조해야 할 것이다. 가령 자제군관으로서 중국에 다녀온 박제가(1750~1805)는 『북학의(北學議)』라는 책을 짓고 그 '자서(自序)'에서 다음과 같이 말하였다.

> 금년(정조 2, 1778) 여름 진주사(進奏使)를 따라 내가 청장관 이군(즉 이덕무)과 함께 중국에 가서 연(燕)·계(薊) 지방을 널리 둘러보고 오(吳)·촉(蜀)의 먼 지역에서 온 사류(士流)들과도 교유하고 응수하면서 수개월 동안 머물렀는데, 이전에 듣지 못한 것을 더욱 많이 들어 보고 아직도 남아 있는 저들의 고속(古俗)을 흠탄하면서 옛 사람들이 나를 속이지 않았음을 알게 되었다. 그래서 저들의 풍속으로써 우리나라에 시행하면 일용에 편의할 만한 것들을 글로 쓰고 그것을 시행함의 이로움과 시행치 않

---

8 가령 高麗 말기 禑王 때 신흥 明나라의 강압적 요구를 무마시켜야 하는 어려운 使命을 띠고 당시 明의 수도인 南京에 도착한 鄭夢周는 마치 '天上을 거니는 듯하다'고 술회한 바 있음을 참조할 것이다. "강남 땅 形勝이 좋은데, 千古의 石頭城이로다. 綠水는 금빛 궁궐을 둘렀고, 青山은 玉京을 에워쌌구나. 한 사람이 建極의 지위에 바로 앉으니, 萬國이 그날로 바로잡히는도다. 나 역시 배를 타고 사신으로 이르러 보니, 완연히 天上을 거니는 듯하도다〔江南形勝地, 千古石頭城. 綠水環金闕, 青山繞玉京. 一人中建極, 萬國此朝正. 我亦乘査至, 宛如天上行〕."(『圃隱集』 권1, 入京)

음의 폐단을 논하는 글을 덧붙이고는 진량(陳良)의 뜻을 전하는 『맹자(孟子)』의 말을 취하여 『북학의』라고 이름짓는다.[9]

실상 이때 한치윤이 중국 연경에 다녀오면서도 『연행일기(燕行日記)』라는 글을 남겼다고 그 행장에는 나와 있지만, 현재 그 내용이 전하지는 않는다. 그런데 18세기 말 당시로는 청(淸)나라 수도인 연경을 중심으로 청(淸) 대 학술의 특징인 고증학풍(考證學風)이 극성기를 누리고 있었다. 그런데 34세의 좋은 나이로 당시 '최선진 문명국'으로 인식되는 만리 타국에 가서 이 새로운 문물을 직접 목도하게 된 한치윤으로서는 크나큰 문화적 충격을 받았을 것이며, 따라서 그의 안목 또한 한 차원 더 높아지는 계기가 되었으리라고 짐작된다. 어쩌면 『해동역사』라는 새로운 역사서를 편찬하고자 하는 그의 의도가 혹 이때의 사행길에서 싹트게 되었는지도 모를 일이다.

그는 일찍부터 우리나라 역사서들이 사실을 객관적으로 증거하는 데 충실치 못함〔무징(無徵)〕을 항상 병통으로 여겨 오고 있었다고, 그의 행장은 전한다. 이윽고 그는 이미 편찬되어 있는 중국과 일본의 서적들을 널리 수집하되 위로는 경전(經傳)으로부터 아래로는 총담(叢談)·패설(稗說)에 이르기까지 무릇 540여 종을 참고해 대조하면서 10여 년의 세월을 들여 비로소 『해동역사』를 새로 편찬하기에 이르렀다. 그런데 이 책을 편찬하면서는, '조술(祖述)하기만 하고 저작(著作)하지는 않는다〔술이부작(述而不作)〕.'는 찬자의 의도를 가만히 관철시키고 있다고도 행장은

9 『貞蕤閣文集』 권1, 「『北學議』自序」, "今年(正祖 2, 戊戌)夏, 有陳奏之使, 余與青莊李君從焉, 得以縱觀乎燕·薊之野, 周旋于吳·蜀之士, 留連數月, 益聞其所不聞, 歎其古俗之猶存, 而前人之不余欺也. 輒隨其俗之可以行於本國, 便於日用者, 筆之於書, 竝附其爲之之利與不爲之弊而爲說也, 取『孟子』陳良之語, 命之曰『北學議』."

전한다. 실제 『해동역사』에는 찬자의 안설(按說)이 다수 첨부되어 있지만, 그 내용은 모두 원 사료들에 내재하거나 혹은 상호 견련(牽連)하는 사이에 일어난 사실착오를 우리나라 자료를 증거로 내세워 정리해 주는 최소한의 문자에 그치고 있다. 어디까지나 사료 자체를 동원해서 말하게 하는 고증학적 학풍으로 일관하면서, 가치 판단을 덧칠하는 경우는 일체 피하고 있음을 살필 수 있겠다.

그런데 실상 『해동역사』라는 책을 한 번이라도 펼쳐 본 사람은 금방 느낄 수 있는 일이지만, 500종이 넘는 외국의 서적들을 일일이 고찰하고서 관련 자료들을 꼼꼼히 발췌해 내어 엮은 찬자의 그 고심 어린 노력을 두고서는 어느 누구라도 실로 감복하지 않을 수가 없을 것이다. 앞서 본 바 유득공의 서문에서는 '5, 6년의 공력을 쏟아' 이룩해 낸 것이라고 하였지만, 더 가까운 가질(家侄)로서 나중에 『해동역사』의 속편(續編)인 「지리고(地理考)」를 저술한 한진서(韓鎭書)에 의하면 '십수년(十數年)의 공력'을 들여서야 『해동역사』의 원편을 성서(成書)할 수 있었던 것이라 하였다.[10] 그런데 아마도 본문을 집필하는 데에만도 '십수년'의 공력을 기울이지 않으면 안 되었을 터이요, 자료의 고람(考覽)까지를 헤아린다면 그보다 훨씬 더 큰 시간과 정력을 집중하지 않고서는 결코 성취할 수가 없는 고증학적 고투(苦鬪)의 작업을 그는 혼자서 올올(兀兀)히 관철해 낸 것으로 살펴진다.

그런데 한치윤은 『해동역사』 70권, 「인물고(人物考)」까지를 끝낸 채 50세를 일기로 순조 14년(1814)에 작고하고 말았다. 이 책의 속편(續編)인 「지리고」 15권은 그의 형 치규(致奎)의 아들인 한진서(韓鎭書)의 손으로 편찬된 것이었다. 한진서는 겨우 4세에 그 부친이 작고했으므로, 숙

10 『海東繹史』(續) 卷首, 「海東繹史地理考識」.

부인 한치윤에 의지하고 성장하였으며 나중 사마시에서 진사(進士)로도 합격하였다. 그는 “숙부의 유지(遺志)가 온전히 실현되지 못할까 두려워하여 삼가 구초(舊草)를 편집하고 또한 다른 서적들을 널리 참고 채택해서 원편에서 궐(闕)한 지지(地志)를 보충”하였다. 그래서 「지리고」 15권은 원편보다 9년 뒤인 순조 23년(1823)에야 ‘집성(輯成)’하기에 이르렀고,[11] 이로써 『해동역사』는 완질(完帙)의 형태를 갖출 수가 있게 되었다.

그렇다면 한치윤의 학술을 포함한 인간적 면모에 대한 다른 사람들의 평가는 어떠하였는가. 그의 사후에는 당파를 초월하여 여러 명사들이 만장(挽章)을 짓고 그를 기린 바 있었다. “맑고 깨끗하기로는 옥(玉)과 같으며 부드럽고 온화하기로는 난초 같은 기질인데, 문장은 물결에 씻어 일 듯 결코 물들지 않고, 앎은 한없이 드넓어 그 끝간 데를 모르겠다.”[12]라고 한 것은 승지(承旨) 김유헌(金裕憲)의 만장이었다. 그리고 가장 구체적인 내용의 만장을 지어 가장 절실한 찬탄의 공감을 토로한 이는 추사(秋史) 김정희(金正喜, 1786~1856)였다.

굉아(宏雅)하기로는 왕백후(王伯厚)요 정박(精博)하기로는 고정림(顧亭林)이라고, 그렇게 평하는 자들은 오히려 군(君)을 깊이 안다고 할 수 없나니, 청약(淸弱)하기로는 겨우 옷을 이길 정도이지만 홀로 천고(千古)의 심(心)을 갖추었다네. 세인(世人)은 대접과 동이처럼 얕지만 군은 뇌(罍) · 심(鬵)처럼 깊고, 세인은 음란한 소리를 내지만 군은 대아(大雅)의 순정(淳正)한 음을 울린다네. 희고 누른 잡초 속에 섞여 있어도 천화(天花)는 옷깃도 물들지 않는 법, 50년 한세상 저술(著述)에 파묻혀, 올올(兀兀)히 쇠잔

11 위의 「海東繹史地理考識」.

12 「玉蕤堂韓公行狀」, “皎皎人如玉, 溫溫氣似蘭. 文章淘不染, 辯博測無端.”

해지는 것도 감수했다네. 살아서는 범운(范雲)처럼 여유를 누리지는 못했어도, 죽어서는 검루(黔婁)와 회포를 풀리라. 생전의 서재도 들르는 이 없었거니 사후의 황천인들 누가 찾아 줄거나. 남긴 저서를 홀로 어루만져 보매 두 줄기 눈물이 절로 흘러내린다.[13]

대체 정치적 당색부터가 다를 뿐 아니라 정치·사회적으로도 크게 현달하여 완전히 이색적(異色的)인 삶을 살았던 명문(名門) 출신의 추사 김정희 같은 큰 학인(學人)이 이처럼 '두 줄기 눈물이 절로 흘러내리는' 정도의 깊은 찬탄과 공감을 토로하기에 이른 까닭은 어디에 있었던 것일까. 아마도 50 평생 저술 속에 파묻혀 쇠잔히 늙어 가는 줄도 모르고 역사 사실의 고증(考證)에 전심 전력을 기울여 올올히 몰두한 그 고투(苦鬪)야말로 결코 누구나 감당할 수 있는 일이 아닌 것임을 깊이 공감하였기 때문인 것으로 살펴진다. 그와 같이 철저한 고증학적 고투의 경험을 켜켜이 쌓아 본 깊은 심정에서야 비로소 우러나올 수 있는 깊은 공감이며 찬탄이었던 것으로 이해되는 것이다.

더 나아가 집안의 삼종 형으로서 어릴 적부터 그를 가장 가까이서 잘 알고 지냈으며, 그래서 연경 사행 때 그를 선발하여 자제군관으로 데리고 간, 병조판서 한치응(韓致應)은 이윽고 그의 묘지(墓誌)를 지으면서 말하였다.

---

13 「玉蕤堂韓公行狀」, "宏雅王伯厚, 精博顧亭林. 以此評君者, 猶非識君深. 淸弱僅勝衣, 獨具千古心. 世人盆與盎, 而君古罍·鬵. 世人濮與桑, 而君大雅音. 白葦黃茅裡, 天花不染襟. 五十年著書, 兀兀甘銷沉. 生無范雲釜, 死惟黔婁衿. 玄亭無人問, 黃壚竟誰尋. 獨坐撫緗書, 雙涕自淫淫." 여기 王伯厚는 『玉海』를 저작한 13세기 중국 宋나라 學者 王應麟. 顧亭林은 17세기 淸나라 초의 대표적 考證學者 顧炎武. 桑間·濮上은 뽕나무 사이와 濮水 가에서 유행하였다는 음란한 音樂. 范雲은 5세기 중국 南朝(梁)의 高官을 역임한 유명 詩文家. 黔婁는 貧賤한 가운데서도 氣節을 지켰기로, 陶淵明이 '安貧守賤者 自古有黔婁.'라고 상탄함.

그는 성품이 청개(淸介)하고 아고(雅古)하여, 법도가 있는 사람이나 학문하는 사류(士流)가 아니고는 일찍이 사귄 적이 없으며, 부박하고 화려한 세속에는 조금도 마음을 두지 않았다. 그러므로 일가친척이라든가 그 벗들의 모두가 공경하고 모범으로 삼지 않는 이가 없었다. 그는 책 모으기를 매우 좋아해서, 중국과 우리나라의 기이한 책들 수천 종을 집에 갈무리하고 있었다. 만년에는 나동(羅洞) 집에서 『해동역사』 70권을 저술하였다. 그런데 오직 「지리고」만은 완결하지 못하고 작고하였기로, 그의 질자(侄子)인 진서(鎭書)가 「지리고」 15권을 속집(續輯)하였다. 그 외에도 『연행일기(燕行日記)』 등 유고(遺稿)가 매우 많이 남아 있다.[14]

그러나 현재로서는 『해동역사』의 원편 70권과 한진서가 편찬한 속편 「지리고」 15권을 포함한 전체 85권만이 전해지고 있을 뿐이요, 그 나머지는 일실된 지가 오래인 것으로 알려져 있다.

그리고 한치윤이 완성한 원편 『해동역사』 70권은 그의 사후 6년 만인 순조 20년(1820)에 그의 장자인 진국(鎭國)의 손으로, 연경(燕京)의 학인들에게 소개되기에도 이르렀다. 역시 진향정사(進香正使)로 입연(入燕)하는 한치응(韓致應)의 주선에 따라 성취된 일이었다.[15]

14 「玉蕤堂韓公行狀」.

15 黃元九(1962)에 그 전말이 소개되어 있다. 그리고 『純祖實錄』 권23, 순조 20년 11월 8일(신유)조에 '進香正使 韓致應' 등의 辭陛기사가 있다.

3. 마숙(馬驌)의 『역사(繹史)』와 『해동역사』

한치윤의 『해동역사』에 앞서, 이미 17세기 청(淸)나라에서는 마숙(馬驌, 1620~1673)이란 학인에 의해, 중국의 상고(上古)시대 이래 진(秦)나라까지를 다룬 『역사(繹史)』라는 이름의 사서가 편찬된 바 있었다. 이 『역사』는 선진(先秦) 고서(古書)들의 사료를 수습해서 160권에 달하는 거질(巨帙)로 편찬한 것인데, 『사고전서(四庫全書)』에서는 '기사본말류(紀事本末類)'로 분류 소개되어 있다.[16]

마숙(馬驌)은 1659년 진사(進士) 출신의 관인 · 학자로서 지방 수령직으로 있으면서도 『좌전사위(左傳事緯)』라는 역사 관련 저술을 낸 적이 있지만, 이윽고 『역사(繹史)』를 편찬함에 따라 학인으로서의 확고한 위상을 차지하게 되었다. 마숙의 『역사』는 "가장 정밀(精密)하고 박통(博通)하므로 당시 사람들이 '마삼대(馬三代)'라고 칭하였으며, 선배격인 고염무(顧炎武, 1613~1682)조차도 경복(敬服)하였다."고 전해진다.[17] 청(淸)나라의 대표적 학풍인 고증학을 개척한 고염무까지 '경복'하기에 이른 마숙의 『역사』 역시 고증학의 선구적 저술로 평가된다. 그리고 역시 청나라 초기의 대표적 문인 주이존(朱彝尊, 1629~1709) 또한, 무릇 중국의 고대사를 서술한 사서(史書) 가운데서 믿을 만한 것으로는, 오직 송(宋)나라 오봉(五峰) 호굉(胡宏, 1106~1161)의 『황왕대기(皇王大紀)』 및 마숙의 『역사(繹史)』 두 가지만은 "아울러 존치(存置)하지 않아서는 안 된다."고

---

16 『四庫全書』 史部 三, "『繹史』, 紀事本末類."

17 王士禎, 『池北偶談』 권9, "馬驌 字驄御 …… 又著繹史 …… 合一百六十篇 篇爲一卷 …… 其書最爲精博 時人稱爲馬三代 崑山顧亭林(炎武)尤服之." 여기 王士禎(1634~1711)은 進士 출신의 학자 · 관인으로서 관직은 刑部尙書에 이르렀고, 淸나라 초기 朱彝尊과 함께 朱 · 王이라 하여 詩文의 雙璧으로 호칭된다.

도 지적해 말하였다.[18]

평소 우리나라 고대사의 '징신(徵信)할 수 없음'을 개탄하고 있던 한치윤으로서는, 혹시 마숙의 『역사(繹史)』를 보고서 그 영향을 받아 『해동역사(海東繹史)』의 편찬에 착수하게 된 것은 아니었는가.

마숙의 『역사』는 『해동역사』보다 대략 150년 전에 편찬한 것인데, 이미 정조(正祖) 2년(1778) 사행을 따라 연경으로 들어간 이덕무(李德懋, 1741~1793)의 손을 통해 국내로 수입되었으며, 이후 다른 사람들도 많이 이 책을 '수장(收藏)'하게 되었다고 전해진다.[19] 더구나 한치윤의 경우, 주로 중국 측 사료를 기초로 삼아 새로운 '해동'의 역사서를 편찬하면서 그 제명을 굳이 『해동역사』라고 택정한 배경은 아마도 마숙의 『역사(繹史)』를 전제하고서 이에 '해동의 『역사』'를 저술한다는 의도를 드러내고자 함이 아니었는가 하고도 이해된다.

그런데 『해동역사』가 책 머리에 제시한 수백 종 '인용서목'에는 마숙의 『역사』가 들어 있지 않다. 아마도 『역사』를 직접 '인용'하지는 않은 모양이다. 그러나 유득공(柳得恭)이 『해동역사』의 서문을 쓰면서, "일사(佚事) 이문(異聞)은 반드시 '중국'에서 구한 연후에야 이에 얻을 수 있다."고도 밝혔듯이, 조선시대의 학술 풍상(風尙)으로 미루어 보아 한치윤이 이 책을 긴절히 참고하고자 했음은 극히 자연스런 일이요, 또한 참고

---

18 朱彝尊, 『曝書亭集』 권45, 「胡氏『皇王大紀』跋」, "…… 正可並存不廢云."

19 『青莊館全書』 권67, 「入燕記」 下, 正祖 2년(1778) 5월 28일조, "(北京) 琉璃廠에 있는 五柳居란 冊房에 들러 江南에서 배 편으로 온 奇書들을 열람하였다. 書狀官이 나에게 부탁하여 수십여 종의 책을 購入하였는데, 그 속에는 朱彝尊의 『經解』와 馬驌의 『繹史』 등 稀貴本 이외에도 모두 善本들이 있었다."; 『五洲衍文長箋散稿』 권50, 經史編 4, 史籍類 1, 「史籍總說」, "正祖 戊戌년(정조 2, 1778)에 直學士 涵齋 沈念祖가 書狀官으로 燕京에 들어갈 때 나의 王考 青莊館先生도 따라 들어가 이 책(즉 『繹史』)을 표장하여 구입해다가 涵齋의 집에 갈무리하게 되었는데, 이후 다른 사람들도 많이 이 책을 收藏하게 되었다."

할 기회를 충분히 가질 수가 있었을 것으로도 유추된다.

그런데 역사 사실의 고증에 일생을 바쳐 온 이규경(李圭景, 1788~1863)은, 『해동역사』가 "마숙의 『역사』를 본떠 지었다."고[20] 단정해 놓았다. 여기 '본뜨다〔倣〕'는 것은 무슨 내용을 가리켜 말한 것일까.

마숙의 『역사』는 서술의 시초 문제를 두고, "오직 『주관(周官)』, '외사(外史)'가 장악한 바에 의거하고[21] 공자(孔子)가 『역(易)』, 「계사(繫辭)」에서 서술한 바를 근본으로 삼아"[22] "단연코 포희씨(庖犧氏)로부터 시작한다."[23] 하였다. 즉 『주례』라든가 『역』에 드러난 바와 같이 명백한 전거가 있는 '포희씨' 즉 '복희씨(伏犧氏)'로부터 중국 고대사를 서술하기 시작하였다는 뜻이다. 그런데 『해동역사』는 가령 『산해경(山海經)』과 같은 중국의 고문헌에 나타나는 단군(檀君) 이전 '동이(東夷)'의 기사들을 「동이총기(東夷總紀)」로 묶어 '해동' 역사의 시초를 서술하였다.

『역사(繹史)』와 『해동역사』 양서가 서술의 시초로 잡은 시점(始點)을 살펴보면, 전자가 중국의 상고(上古)시대 가운데서도 비교적 전거가 명백한 '복희씨'로부터, 『해동역사』는 중국 측 사료를 통해서 명백한 전거를 찾아볼 수 있는 한국 상고시대의 '동이총기(東夷總紀)'로부터 시작하였다는 사실을 살필 수 있겠다.

그런데 마숙의 『역사』는 제1부가 삼황(三皇) · 오제(五帝)의 태고(太古)시대 10권, 제2부는 하(夏) · 상(商) · 서주(西周)의 삼대(三代) 20권,

---

20 『五洲衍文長箋散稿』 권50, 經史篇 4, 史籍類 1, 「史籍總說」, 東國諸家史類, "『海東繹史』, 韓致奫撰, 倣馬驌『繹史』."

21 『周禮』, 「春官」, 外史, "外史, 掌書外令. 掌四方之志. 掌三皇五帝之書. 掌達書名于四方. 若以書使于四方則書其令."

22 『易』, 「繫辭」 下, "古者包犧氏之王天下也, 仰則觀象於天, 俯則觀法於地, 觀鳥獸之文 · 與地之宜, 近取諸身, 遠取諸物, 於是始作八卦, 以通神明之德, 以類萬物之情."

23 『繹史』, 年表, "斷自庖犧氏始."

제3부는 춘추(春秋)시대 70권, 제4부는 전국(戰國)시대로부터 진(秦)의 멸망까지를 50권, 그리고 제5부는 별록(別錄)으로서 천관(天官)·율려통고(律呂通攷)·월령(月令)·홍범오행전(洪範五行傳)·지리지(地理志)·시보(詩譜)·식화지(食貨志)·고공기(攷工記)·명물훈고(名物訓詁)·고금인표(古今人表) 등을 서술한 10권으로서, 도합 160권으로 이루어져 있다.[24]

그리고 특히 책의 서두에 찬자 자신의 편찬의 취지를 말해 두었다. "기사(紀事)인즉 그 전말(顚末)을 상세히 서술하고 인물(人物)인즉 그 시종(始終)을 갖추어 기록하며 12대(代) 사이의 군·신(君臣)의 사적(事蹟)과 이·란(理亂)의 사유(事由)와 명(名)·법(法)·유(儒)·묵(墨)의 길이 다름과 종·횡(縱橫), 분·합(分合)의 형세가 같지 않음을 환하게 두루 갖추어 놓았다."[25]

즉 마숙이 편찬한 『역사』의 구성체제와 찬자 자신의 취지를 종합해 보면, 제왕(帝王) 중심의 정치적 '기사(紀事)'에다 16분의 15라는 절대적 부분을 할애하고, '제도(制度)' 등의 분류사(分類史)에 관한 서술은 16분의 1 정도로 극히 소략하게 다루고 있을 뿐이다. 즉 마숙의 『역사』는 고대 중국의 정치사 중심의 사서로 편찬한 것임이 명백하다 할 것이다.

그런데 앞서 언급한 바와 같이, 『해동역사』의 경우는 상고시대 '해동'의 제왕(帝王)들의 정치사를 결코 그렇게 두루 갖추어 서술할 수가 없었다. 그래서 우선, 단군(檀君) 이전을 「동이총기(東夷總紀)」라 하여 단권(單卷)으로 정리해 두었는데(권1), 그나마 단군 이전의 동이족(東夷族) 역사의 독자성을 긍정하고 이를 별도로 서술해 둔 사실 자체가 이제까

24 『四庫全書』 史部 三, 『繹史』, 提要.

25 『繹史』 卷首, 「原書徵言」.

지 볼 수 없었던 독자적 인식의 소산이었다. 그리고 그 다음에 단군(檀君)·기자(箕子)·위만조선(衛滿朝鮮)을 또 단권으로 정리하는(권2) 형태를 취하였다. 그리고 이후 고려(高麗) 말까지에 걸쳐 제왕(帝王) 중심의 정치적 기사(紀事)를 16권으로 나누어 배열하였다.

제왕 중심의 정치사가 그와 같이 소략한 대신, 『해동역사』는 각 분야 분류사(分類史)의 서술 내용을 훨씬 다양하고도 풍부하게 수습해 두었다. 즉 성력지(星曆志) 이하 예(禮)·악(樂)·병(兵)·형(刑)·물산(物產)·풍속(風俗)·궁실(宮室)·관씨(官氏)·석(釋)·교빙(交聘)·예문(藝文)·비어(備禦)·인물(人物)에 이르기까지의 각 분야를 '지(志)' 혹은 '고(考)'라는 명칭으로 분류 서술해 두었으며, 마지막으로는 속편(續編)인 「지리고(地理考)」 15권이 따로 편찬되어 있다. 분류사(分類史)의 내용이 무려 69권에 이르는 압도적 비중을 차지하는 체제를 구성하기에 이르렀다.

일반적으로 기전체(紀傳體) 역사서라면 '본기(本紀)'와 '열전(列傳)'이 중심을 이루는 편이지만, 『해동역사』의 경우 이와 같이 '본기'에 해당하는 '세기(世紀)'가 상대적으로 소략(疏略)하고 또한 '열전'에 해당하는 「인물고(人物考)」의 내용 또한 매우 빈약한 편이다.

그래서 전체적으로 볼 때, 그 '역사(繹史)'라는 제명의 유사성을 제외하고는 『해동역사』가 딱히 마숙의 『역사』를 '본떠 지었다'고 논단할 근거는 없는 것으로 판명된다. 제왕 중심의 정치사를 굳이 배제하고자 한 것이 아니라 '징신(徵信)'할 만한 중국 측 사료를 취택하여 이를 바탕으로 삼아 서술하다 보니, 『해동역사』는 마숙의 『역사』와는 전혀 달리, 제왕 중심의 정치사는 매우 간략히 하지 않을 수가 없었고, 그 대신 각 분야의 생활사·문화사를 서술하는 '지(志)'라든가 '고(考)'에다 훨씬 더 큰 지면을 할애하지 않을 수가 없었던 것으로 해석된다.

실로 한치윤의 『해동역사』는 국가·정치를 중심으로 편찬한 것이 아니라 곧 '해동'의 '동이족'의 생활사 · 문화사를 중심으로 해서 서술한 사서로 귀착되기에 이르렀던 것이다.

4. 연구사 정리

구한말에 시작된 소위 민족주의 사학을 제외한다면, 근대 사학의 관점에서 『해동역사』를 고찰하기로는 황원구(黃元九) 교수의 경우가 처음이 아니었는가 한다. 그는 일찍이 1962년에 이미 「한치윤의 사학사상」이란 논문을 발표하여 『해동역사』를 간략히 소개하였다.[26] 여기서 그는 『해동역사』가 구래의 '관료적인 사관(史觀)'을 지양하여 '자기 중심적이고 실증주의적인 새로운 사관에 입각하여 역사 편찬의 질적인 전환'을 이룩하였다는 견해를 피력하였다. 그리고 앞서 말한 한치윤의 행장〔즉 「옥유당한공행장(玉蕤堂韓公行狀)」〕을 발굴해서 소개함과 동시에, 『해동역사』에 붙여진 수다한 안설(按說)에 인용된 고증서목(考證書目)들을 일괄 정리해 두기도 하였다. 두 가지 작업은 매우 어려운 고색(考索)의 과정을 거친 끝에야 실현 가능한 일이요, 이후 『해동역사』 연구의 초석을 이루었다 할 것이다.

그는 다시 「실학파의 사학이론」이라는 글을 발표하여 『동사강목』, 『연려실기술』, 그리고 『해동역사』에 드러난 안정복(安鼎福) · 이긍익(李肯翊) · 한치윤 등 '실학파'의 사관(史觀)을 고찰하였다. 그래서 이들 실학파가 경학(經學)을 소홀히 하지는 않았지만, 그러나 경학을 바탕으로 하면서도 좀 더 진전된 역사의식(歷史意識)을 바탕으로 하여 독자적으로 '자국의

26 黃元九(1962).

역사를 재편성'해 보았다고 논하였다.[27] 특히 한치윤의 경우, 외국 측 사료들을 수습하여 귀납적(歸納的)·실증주의적 방법으로 우리나라 역사를 편찬하게 된 결과, 우리나라 역사의 상한(上限)을 더 연장하고, "역사의 폭을 왕실 중심에서 문화 전반에까지 확장시켜 주었다."고 고찰하였다.

또한 1982년에는 진단학회(震檀學會)에서 한국고전심포지엄을 개최하여 『해동역사』를 집중 고찰하였다. 여기서 이태진(李泰鎭) 교수는 「『해동역사』의 학술사적 검토」를, 황원구 교수는 「『해동역사』의 문화사적 이해」를 발표했으며, 이어서 이우성(李佑成) 교수의 사회로 약정된 학자들이 참여하는 토론회를 개최하였다.[28]

먼저 이태진 교수는, 『해동역사』는 실학의 학풍을 반영하여 중국·일본 측의 기록을 통해 자국사(自國史)를 실증적으로 정리하되 기전체(紀傳體) 형식을 취하면서도 단대사(斷代史)를 뛰어넘는 일종의 통사(通史) 편찬을 시도해 본 것으로 이해하였다. 특히 사실(史實)의 객관성을 일관해서 추구한 것은 "조선에서의 사학(史學)의 경학(經學)과의 분리 추세를 보이는 것이므로, 사학사적으로 주목할 점이 많다."는 견해를 피력하였다. 그리고 황원구 교수는, 한국사의 전개와 한국 문화의 차원을 한반도에 한정하지 않고 만주, 일본, 나아가서는 중국이라는 동아시아에서 새삼 재발견하고, 그 영역에서 역사적으로 의의(意義)를 가지고 내려온 한국의 문화적(文化的) 특질을 찾아보고자 한 노력의 결실이 『해동역사』로 집성되었다고 고찰한다. 그래서 "문화적 총합(總合) 속에서 역사의 실상을 파악할 것을 제시"했다는 결론을 도출하였다.

---

27 황원구(1970).

28 兩者의 발표문 및 宋贊植·李成珪·鄭求福·韓永愚 諸氏가 참여한 토론문은 『震檀學報』 53·54 합호(1982)에 수록되어 있다. 또한 그 내용은 震檀學會 편, 『韓國古典심포지움』 第3輯(일조각, 1996)으로도 간행되었다.

나아가 '『해동역사』의 내용을 축조적(逐條的)으로 검토'하고 그 편찬자의 '역사의식을 해명'하고자 하는 연구도 나오기에 이르렀다. 한영우 교수의 「『해동역사』의 연구」가 그것이다.[29] 이 연구는 『해동역사』의 체제 전반을 고찰하고, 그 내용을 구성하는 세기(世紀)·지(志)·고(考) 등을 구체적으로 분석한 다음, 이 사서가 차지하는 '사학사적 지위'를 밝히고자 시도한 비교적 장편의 논문이다.

그래서 우선 기전체(紀傳體) 사서로 편찬한 『해동역사』가 사대적(事大的) 명분과 연관되는 '본기(本紀)'니 '세가(世家)'니 하는 술어를 버리고 "중립적인 '세기(世紀)'라는 용어를 선택"하였으며, 외교관계의 서술에서도 '사대조공(事大朝貢)'이라는 용어 대신 상하(上下)관계를 부정하고 '수평적 국제질서'를 드러내는 「교빙지(交聘志)」라는 항목을 정립하였다는 점에서, 찬자의 의도가 "근대적인 국가주권 의식과 국제관계를 지향했다."고 강조한다.

그리고 우리나라는 이미 상고(上古)시대부터 '중국인의 높은 칭송을 얻은 고급 문화'로서의 동이문화권(東夷文化圈)을 형성해 온 데다 그것을 더욱 '높은 수준으로 이끌어 올리는 데 가장 결정적 공헌을 한 것'은 곧 기자조선(箕子朝鮮)이었다고 이 연구는 주장한다. 그리고 "이때부터 우리나라는 중국 역대 왕조와 더욱 활발한 문화교류를 통해 같은 수준의 문화를 유지해 왔다." 그와 같이 "중국과 같은 수준의 문화를 상고시대부터 유지해 왔다는 사실에 대한 믿음"에서 『해동역사』의 "찬자는 국사에 대하여 크나큰 긍지를 가지고 있었다."고 이 연구는 해석한다.

나아가 조선 후기에 크게 행세한 명분론적 정통론 위주의 역사인식을 『해동역사』는 청산하기에 이르렀다고도, 이 연구는 강조한다. 가령 3국

---

29 『韓國學報』 38집(1985) 所收.

의 건국을 고구려 · 백제 · 신라 순으로 한 것이라든가 발해(渤海)를 독립된 세기(世紀)로 정립한 사실이 그러하다 하였다. 더불어 『해동역사』의 편찬에 드러나는 "박학(博學) · 고거주의(考據主義)는 근대사학(近代史學) 성립에 필요한 조건의 하나를 발전시킨 것"이라고도 이해하였다.[30]

지금까지의 연구성과를 돌이켜 보면, 주로 『해동역사』의 구성에 관한 형태상의 고찰과 해석을 주된 과제로 삼아 다루어 오고 있었음이 특징인 것으로 드러난다. 즉 기전체 사서로 편찬하면서도 『해동역사』가 국왕 중심의 정치사에 해당하는 본기(本紀) 혹은 세가(世家)와 또한 역대 인물들의 전기(傳記)가 중심 비중을 차지하도록 배려하지 않고, 각종의 사회 · 문화적 사료들을 분류 배치한 분류사로서의 '지(志)'의 내용이 큰 비중을 차지하도록 서술함으로써 정치사보다도 문화사 중심의 역사를 제시하고자 하였다는 해석, 나아가 '본기' 혹은 '세가' 대신 굳이 '세기(世紀)'라는 독자적 술어를 사용함으로써 구래의 명분론적 역사의식을 극복하고자 하였다는 해석, 경전(經傳)에서 총담(叢談) · 패설(稗說)에 이르기까지의 외국 사료들을 망라적으로 취택한 박학적 고증학적 고거(考據)주의 방법론을 구사함으로써 경학(經學) 위주의 중세적 가치관을 극복하고 결과적으로 근대적 역사학의 방향을 지향하고자 하였다는 해석들을 드러내기에 이르렀던 것이다.

그런데 필자는 이 글을 초하면서 종래의 연구성과를 긍정적으로 생각하면서도 또한 다소 시각을 달리하는 연구를 진행하고자 한다. 즉 현존 『해동역사』의 형태상의 고찰과 해석보다도 그 현존 형태를 구성하기에 이른 내면적 배경, 그리고 편찬자가 전하고자 의도한 '해동' 지역 역

30 그는 나중에 韓致奫에 관한 다른 글을 쓰면서도 동일한 논지를 다소 보충하여 제시하였다. 한영우(1990).

사의 실상을, 현재의 『해동역사』가 싣고 있는 기사의 내용에 좀 더 구조적으로 접근해서, 좀 더 종합적으로 고찰해 보고자 한다.

이하 『해동역사』 편목의 순서를 따라 '세기'(권1~16), '지'(권18~59), '고(考)'(권60~70) 가운데의 중요한 부분을 고찰하기로 한다.

5. 『해동역사』의 고찰

1) 『해동역사』의 구성에 관한 검토

먼저 『해동역사』는 어째서 '세기(世紀)'보다도 상대적으로 '지(志)'에다 훨씬 더 큰 지면을 할애하여 편찬하게 되었던 것인가. 종래의 소위 기전체(紀傳體) 사서와 매우 다른 편제를 보이는 『해동역사』의 구성 문제는 여기서 더욱 면밀하게 검토해 보아야 할 것이다. 또한 그러기 위해서는 유득공이 『해동역사』의 서문을 쓰면서, '소략하여 볼 만한 것이 없다'고 말하는 김부식의 『삼국사기』와 대비하여 고찰할 필요가 있다.

주지하듯이 『삼국사기』는 12세기 고려(高麗)의 왕명에 따라 다수의 사신(史臣)이 참여하여 편찬한 삼국시대의 '정사(正史)'이다. 그래서 당시까지 나온 『삼국지(三國志)』, 『한서(漢書)』, 『당서(唐書)』 등 중국 역대의 정사들을 충분히 참조하였을 뿐 아니라 『고기(古記)』라든가 『구삼국사(舊三國史)』 등 우리나라의 전승 사료 · 사서들을 유루 없이 섭렵하여 나름대로 독자적 완결성을 지닌 국책(國策)의 사서로 편찬한 것이었다. 그런데 편찬 책임자인 김부식 자신은 또한, "범엽(范曄)의 『한서(漢書)』와 송기(宋祁)의 『당서(唐書)』에는 모두 '열전(列傳)'이 있는데, 이들에는 중국에 관해서는 상세히 기록해 놓았지만, 외국에 대해서는 소략하게 다루어 상세한 기록이 보이지 않는다." 하고, 또한 "(우리나라) 삼국의 『고기

(古記)』는 문장이 거칠고 바르지 않을 뿐 아니라 사적(事蹟)들이 누락된 경우가 있다."고 토로하였다.[31] 당시까지 전존하는 국내외의 모든 자료들을 수습한 후, 거기서도 '상세하지 못하거나 누락된' 사료들을 보충해 넣고 '바르지 않은' 표현들을 바로잡는 등 온갖 심력과 물력을 기울여 편찬한 것이 『삼국사기』였다는 사실이 여기서 확연히 드러난다.

이제 『삼국사기』가 서술한 삼국 각국의 '본기(本紀)'와 『해동역사』에 실려 있는 각국의 '세기(世紀)'와 특징을 비교 고찰한다면 어떠한 결론이 나올 것인가. 전자의 경우, 삼국의 각 본기는 비록 '소략하다'는 비판을 듣고는 있지만, 모두 삼국 각국의 각 왕대의 사적을 연조별로 갖추어 기술함으로써 각국 역사의 입체적 구성체제를 서술해 제시하고 있다. 그러나 후자의 경우는, 입체적이기는커녕 단선적(單線的) 사실(史實)의 연결조차 전혀 제시하지 못한다. 즉 『해동역사』의 '세기'는 삼국 각기의 정치사적 '스토리'조차 전혀 제시하지 못하는 상태에 머무르고 있음이 객관적 사실임을 여기서 주의해야 할 것이다.

결국 19세기 초기 당시의 한치윤이 아무리 '경전(經傳)으로부터 총패(叢稗)에 이르기까지'의 수다한 중국 측 자료를 수습했다 할지라도 기본적으로 외국 측이 남긴 '동이전(東夷傳)'을 비롯한 단편적인 기록들을 가지고서는 우리나라 고대 각국의 정치적 '본사(本史)' 즉 '본기(本紀)'라든가 '세가(世家)'를 편찬해 내기란 사실상 불가능한 일이었던 것으로 판명된다. 그래서 그는 '본기' 혹은 '세가'를 대신하여 '세기(世紀)'라는 이름의 새로운 독자적 역사술어를 창안하여 사용하기에 이르렀던 것으로 살펴진다.

그리고 기전체 사서로 편찬한 『해동역사』가 항용 '기전체'에 고유하면

---

31 『東文選』 권44, 「進三國史記表」.

서도 가장 정채(精彩)로운 특성을 살려 서술할 수 있는 당대 각 인물들의 활동의 전기 즉 '열전(列傳)'을 극히 빈약한 상태의 「인물고(人物考)」라는 항목으로 끝내고 말았다는 사실 또한 여기서 주의하지 않으면 안 된다. 중국 측 사료 가운데서는 '해동' 각국의 인물들을 서술한 부분의 내용 자체가 워낙 빈약한 상태를 벗어나지 못하고 있었기 때문인 것으로 살펴진다.

그래서 『해동역사』는 그와 같이 범주적이지도 포괄적이지도 못한 「세기」와 「인물고」의 내용보다도, 특히 중국인의 눈에는 관심 가는 현상으로 비쳐지는 이민족의 다양한 생활상을 채록해 둔 까닭에, 상대적으로 풍부한 사료로 남겨지게 된 생활사 · 문화사 분야들을 유별해서 편찬하는 분류사로서의 '지(志)'들을 다수 갖추어 서술하기에 이르렀던 것으로 판명된다.

『해동역사』는 그 편찬에 활용한 540여 종의 '인용서목(引用書目)'들을 맨 앞에다 나열해 두었다. 그 서목들은 물론 중국 측 자료들이 대부분을 차지한다. 그런데 일본 측의 자료도 22편이 들어 있다. 무릇 우리나라의 고대로부터 고려 시기에 걸치는 통사(通史)를 편찬하면서 중국 측 사료뿐 아니라 일본 측 서적들을 이와 같이 본격적으로 참조하고 인용한 사례는 아마도 이전에는 찾아볼 수 없는 경우가 아니었는가 한다. 그야말로 경전(經傳)으로부터 총패(叢稗)에 이르기까지의 외국 자료들의 서목을 책 머리에 나열해 두었다는 사실 자체가 이 사서(史書) 편찬의 고증학적 방법론의 특성을 드러내어 보이기도 하는 사례이다.

그것은 『해동역사』의 편찬 자체가 청조(淸朝) 고증학의 영향을 받은 결과인 것이라고도 이해된다. 그런데 조선 후기 실학의 기본 학풍 역시 객관적 사실의 추구를 통해 시시비비를 가리고자 하는 이른바 '실사구시'의 '고증학적' 방법론 그것이었기 때문으로 해석된다.

가령 임진왜란과 병자호란은 조선왕국의 지배층으로 하여금 중화주의적 세계관을 더욱 증폭시키는 효과를 각인하기에도 이르렀다. 왜적(倭賊)을 물리치는 데 결정적 도움을 준 중국 측의 소위 '재조지은(再造之恩)'에 감복하고, 호란에서의 굴욕을 복수 설치하고자 하는 북벌론(北伐論)을 가슴 깊이 되새기며, 더 나아가서는 소위 '조선중화주의(朝鮮中華主義)'와 같은 감성적 차원의 의리론적(義理論的) 명분론(名分論)에 사로잡히게 된 것이 그런 현상들이었다.

그런데 조선왕조의 18세기를 전후해서는, 시대와 문명의 변천에 따라 그 같은 감성적 명분론적 차원의 국제관계를 지양하고, 좀 더 현실적 차원의 세계관을 정립하지 않으면 안 되는 시기로 접어들게 되었다. 중국을 통해 수용된 서양식 과학기술 문명의 새로운 양상 또한 이전과는 다른 새로운 세계관의 전개를 선도하는 데 큰 영향을 끼치기에 이르렀다.

조선 후기 실학(實學)의 여러 유파 가운데서도 학술 방법론상의 두드러진 공통 노선은 곧 객관적 사실의 추구를 우선시하는 이른바 '실사구시(實事求是)'의 고증학적 학풍이었다. 종래의 의리론적 · 명분론적 기치(旗幟)에 대신하는 새로운 객관적 가치의 세계관을 확립하고 주장하는 길은 어디까지나 객관적 사실에 근거하는 '실사구시'의 방법론에 의거하지 않으면 안 되는 일이었다.

여기 『해동역사』는 실학의 성숙기인 19세기 초를 맞아 종래 자국사의 '무실(無實)'함을 개탄하면서 어디까지나 고증학적 방법론을 활용하여 객관적 사실을 편찬한 사서로서의 특징을 갖는다. 또한 객관적 사실 자체가 시사하는 의미를 좀 더 살리기 위해 편찬자 자신의 '안설(按說)'은 최소한에 그친 것으로 해석된다. 이는 이전에 없던 철저한 객관적 사서 편찬 방법론으로서의 의미를 갖는다 하지 않을 수 없다. 그런데 찬자 자신의 '안설'이 워낙 최소한에 그치고 보니, 나중에 속편인 「지리고」를 보충한 찬자의 조카 한진서가 '진서근안(鎭書謹按)'이라 하여 그 나름의 안설을 덧붙이기에도 이르렀다.

그리고 그와 같이 철저한 객관적 사실 자체를 추구하는 일이야말로, 이전까지의 경학(經學)에 예속되거나 혹은 명분론 · 도덕론을 기준 삼던 중세적 역사학의 한계를 지양하는 특성을 발휘할 수 있게 한 원동력이었던 것으로 해석된다.

그런데 한치윤의 『해동역사』는 실로 수다한 외국 측 자료를 섭렵하고 수습하는 매우 수고로운 과정을 거쳐 편찬한 19세기 초의 사서이지만, 역시 외국인이 자기들의 관심 범위에서 채록해 둔 사료를 기본으로 하는 제약 때문에 그 자체로서는 결코 독자적 완결성을 지닌 사서의 체제를 갖추지는 못한 것으로 되고 말았다. 아마도 유득공이 서문을 쓰면서 '『삼국사기』, 『고려사』의 두 가지 사서와 서로 의지해 가면서 본다면 대체로 징신(徵信)하기에 도움이 될 것'이라고 말해 둔 배경이 혹 그것을 말함이 아니었는가 한다.

더 나아가 『경세유표』의 과거제론(科擧制論)에서도 정약용(丁若鏞)은 『해동역사』를 거론한 바 있다. 즉 과거에다 '국사(國史)' 과목을 신설하되, 가령 어느 식년(式年)의 경우는 김부식의 『삼국사기』와 함께 『해동역사』를 부과하는데, 다만 『해동역사』는 현존의 내용 그대로가 아니라 이를 다시 손질해 산삭(刪削)하고 증보(增補)한 다음에야 사용하도록 한다고 말한 내용이 그것이다.[32] 즉 『해동역사』의 국사서(國史書)로서의

---

32 『經世遺表』 권15, 「春官修制」, 科擧之規 1, "式年 사이에 擧人은 二經과 三史와 國史를 학습해야 할 것이니, 子式年의 경우 …… 國史는 金富軾의 『三國史記』(『東史輯成』을 붙임)이다. ……『東史輯成』이란 것은 中國 全史 가운데에서 東國事만을 뽑아 편집한 것이다. (韓致奫의 『海東繹史』를 가져다가 간략히 할 곳은 깎아 버리고 자세히 할 부분은 증보해야 적의할 것이다)."

가치는 다소 인정하지만, 다만 어떤 부분은 깎아 내고 어떤 부분은 증보하는 등 객관적으로 더욱더 조화로운 내용을 구성하도록 손질한 다음에라야 이에 사용할 수 있을 것임을 명백히 말해 두었다.

이제 여기 『해동역사』의 전체 구성 요목을 일단 제시해 보기로 한다.

■ 『해동역사』 전체 구성 요목

권1, 世紀 1, 東夷總紀

권2, 世紀 2, 檀君朝鮮 · 箕子朝鮮 · 衛滿朝鮮

권3, 世紀 3, 三韓 · 濊 · 貊

권4, 世紀 4, 夫餘 · 沃沮

권5, 世紀 5, 四郡事實

권6~8, 世紀 6~8, 高句麗

권9, 世紀 9, 百濟

권10, 世紀 10, 新羅

권11, 世紀 11, 渤海

권12~15, 世紀 12~15, 高麗

권16, 世紀 16, 諸小國(加羅 · 任那 · 耽羅 · 泰封 · 後百濟 · 休忍國 · 沸流國 · 定安國)

권17, 星歷志, 星野 · 測候 · 歷 · 徵應, (附 五行)

권18, 禮志 1, 祭禮(祀天日星 · 社稷山川 · 廟祭 · 士庶廟祭 · 雜祀), 朝禮, 燕禮, 婚禮(國昏 · 士庶昏禮), 學禮(國學 · 科試 · 賓貢)

권19, 禮志 2, 賓禮(待詔使儀)

권20, 禮志 3, 儀物(車服 · 印符 · 附簸瓚 · 輿馬 · 鹵簿)

권21, 禮志 4, 喪禮(本國喪 · 附山陵 · 上國喪 · 服制恤典 · 私喪雜禮)

권22, 樂志, 樂制 · 樂器 · 樂歌 · 樂舞

권23, 兵志, 兵制 · 兵器 · 馬政

권24, 刑志, 刑制, (附上國禁令)

권25, 食貨志, 田制 · 農桑 · 賦稅 · 俸祿 · 倉庫 · 權量 · 債貸 · 市易 · 互市 · 錢貨

권26, 物產志 1, 金玉珠石類 · 布帛類 · 穀類 · 草類 · 花類 · 菜類 · 果類 · 竹木類

권27, 物產志 2, 禽類 · 獸類 · 鳥類 · 蟲類 · 文房類 · 玩好類

권28, 風俗志, 雜俗 · 方言

권29, 宮室志, 城闕 · 民居, (附 器用)

권30, 官氏志, 官制 1

권31, 官氏志, 官制 2(氏族)

권32, 釋志, 釋教 · 寺制 · 名僧, (附 道教)

권33, 交聘志 1, 朝貢 1(九夷 · 箕子朝鮮 · 樂浪 · 濊貊 · 夫餘 · 三韓 · 高句麗 · 百濟 · 新羅 · 加羅)

권34, 交聘志 2, 朝貢 2(高句麗 · 百濟 · 新羅 · 耽羅 · 渤海 · 高麗 · 泰封 · 後百濟)

권35, 交聘志 3, 朝貢 3(高麗)

권36, 交聘志 4, 朝貢 4(本朝)

권37, 交聘志 5, 上國使 1

권38, 交聘志 6, 上國使 2, (附 頒詔雜識)

권39, 交聘志 7, 迎送, (附 象胥), 館待 · 班次 · 宴饗 · 正朔, (附東國年號)

권40, 交聘志 8, 貢道 · 海道, (附 使行海路), 漂流

권41, 交聘志 9, 通日本始末

권42, 藝文志 1, 經籍 1(總論, 本國書目 1)

권43, 藝文志 2, 經籍 2(本國書目 2)

권44, 藝文志 3, 經籍 3(中國書目 1)

권45, 藝文志 4, 經籍 4(中國書目 2)

권46, 藝文志 5, 書法 · 碑刻 · 畵

권47, 藝文志 6, 本國詩 1(箕子朝鮮 · 高句麗 · 新羅 · 高麗)

권48, 藝文志 7, 本國詩 2(本朝 1)

권49, 藝文志 8, 本國詩 3(本朝 2)

권50, 藝文志 9, 中國詩 1(贈和本國人 · 送使本國)

권51, 藝文志 10, 中國詩 2(紀事 · 題詠 · 詠物, 附 日本詩〈贈和本國人〉)

권52, 藝文志 11, 本國文 1(事大表疏 與隣國書)

권53, 藝文志 12, 本國文 2(牒 · 狀 · 呈文 · 書 · 記 · 序 · 銘)

권54, 藝文志 13, 中國文 1(詔 · 制 · 勅)

권55, 藝文志 14, 中國文 2(附 唐征高麗詔)

권56, 藝文志 15, 中國文 3(表 · 疏 · 狀 · 議 · 奏)

권57, 藝文志 16, 中國文 4(啓 · 論 · 頌 · 序 · 記 · 銘)

권58, 藝文志 17, 中國文 5(奉使錄)

권59, 藝文志 18, 雜綴

권60, 肅愼氏考

권61, 備禦考 1, 馭倭始末 1

권62, 備禦考 2, 馭倭始末 2

권63, 備禦考 3, 馭倭始末 3

권64, 備禦考 4, 馭倭始末 4

권65, 備禦考 5, 馭倭始末 5

권66, 備禦考 6, 建州事實 · 北憂始末

권67, 人物考 1, 上古~三國 人物

권68, 人物考 2, 高麗 人物

권69, 人物考 3, 本朝 人物

권70, 人物考 4, 歷代의 后妃 · 名媛 · 中官

속편 권1~15, 地理考

2) 「세기(世紀)」의 고찰

『해동역사』는 각국의 왕권 중심의 정치사를 가리켜 말하는 '본기(本紀)'라든가 혹은 '세가(世家)'라는 술어를 쓰지 않고 그 대신 '세기(世紀)'라고 하는 독자적 술어를 일괄해서 사용하고 있다. 이전에는 유례를 찾기 힘든 독자적인 개념을 정립해서 사용한 것이다.

그런데 중국 고대의 『사기(史記)』를 비롯한 역대의 사서에서 준용해 온 본기(本紀)니 세가(世家)니 하는 술어는 모두가 명분론적 등위(等位)를 드러내는 개념이었다.[33] 우리나라 사서에서 구체적 예를 들자면, 아직도 중국 중심의 명분론적 역사관에 상대적으로 덜 침윤(浸潤)된 상태의 고려 중기에 편찬된 『삼국사기』에서는 '본기'를, 거기에 더 크게 침윤된 조선 초기 편찬의 『고려사』에서는 '세가'라는 술어를 사용한 사실에서 드러나는 바와 같다.

그런데 한치윤은 그와 같이 명분론적 등위를 드러내는 역사관을 결코 긍정하고자 하지 않는다. 아마도 조선 후기 실학(實學)에 와서 정립된 다원론적(多元論的) 역사인식에 입각한 견해인 것으로 이해된다. 『해동역사』는 소위 '정통'과 '윤통(閏統)'의 구분이라는 역사적 가치론을 굳이 내세우지 않고, 무릇 왕권(王權)을 세우고 일정 기간 통치를 지속한 국가(國家)에 대해서는 그 '왕기'를 모두 '세기(世紀)'라는 술어를 써서 그

---

33 『史記』 권1, 「五帝本紀」 제1의 裴駰, 『集解』에 "天子稱本紀, 諸侯曰世家."라 하였다.

역사적 독자성을 밝히고자 한 것으로 이해된다.

가령 18세기 순암(順庵) 안정복(安鼎福, 1721~1791)은 실학적 안목에서 『동사강목(東史綱目)』을 쓰면서도 굳이 '정통'과 '윤통'을 구분할 뿐 아니라 다시 강(綱)과 목(目)까지도 등위(等位)를 유별하고 구분해서 서술하였다. 즉 『동사강목』의 '범례'에서는 한국사의 '정통'을 가리켜, "단군(檀君), 기자(箕子), 마한(馬韓), 신라(新羅) 문무왕(文武王) 9년 이후, 고려(高麗) 태조 19년 이후를 말한다."고 하였다. 그런데 정작 역사 서술의 본론에 들어가서는, '기묘년(己卯年) 조선 기자 원년(朝鮮 箕子 元年)'이란 명목의 '강(綱)'을 세워 '기자조선'의 건국을 서술하고는, 그 아래에다 '단군(檀君)'을 하나의 '목(目)'으로 잡아 서술해 놓았다.[34] '기자'를 '강(綱)'의 위상으로 배치하고 '단군'을 마치 그에 부속하는 듯한 '목(目)'의 위상에다 배열하였으므로, 양자를 서술하는 문자의 배열 또한 단군을 기자보다도 한 단계 낮추어 배치할 수밖에 없었다.[35]

그리고 『동사강목』은 또한, "위만(衛滿)은 찬적(簒賊)인데, 『동국통감』에는 단군 · 기자와 함께 3조선이라 일컬어 마치 그와 덕(德)도 같고 의리(義理)도 같은 것처럼 해 놓았으나, 이제 폄출(貶黜)하여 참국(僭國)의 예에 따른다."고 하였다. 그리고 더 나아가, "부여(扶餘)는 북방의 절역(絶

---

34 『東史綱目』 第一 上, "己卯년(朝鮮 箕子 元年, 周 武王 13년, 기원전 1122), 殷의 太師 箕子가 東方으로 오니, 周의 天子가 그대로 그곳에 封하였다. 箕子는 姓이 子이고 이름이 胥餘이며, 殷나라 紂의 친척이다. 箕에 封해지고 子爵을 받았으므로 '箕子'라고 부른다……."라고 하는 箕子의 '綱' 아래에다, "東方에는 예전에 임금이 없더니, 神人이 太白山 檀木 아래 내려오매, 백성이 君으로 세우니, 이가 檀君이다. 혹 이르기를 '이름은 王儉이고 國號는 朝鮮이라 하였는데, 唐堯 25년(戊辰)과 같은 때였다.' 한다. 檀君이 처음에 平壤에 都邑하였다가 뒤에 白岳으로 옮겼고, 檀君이 죽은 뒤에 箕子가 東方에 封해졌다." 라고 檀君의 '目'을 배치하였다.

35 『東史綱目』의 이 같은 서술 행태를 두고 후일 丹齋 申采浩는 '箕子本紀 밑에 檀君과 夫餘를 附庸으로' 배치해 놓았다고 비판하였다. 申采浩, 「朝鮮上古史 總論」(『丹齋申采浩全集』, 1977).

域)에 있어서, 비록 단군의 후손이라 하더라도 제국(諸國)의 반열에 올려 쓸 수 없는데, 하물며 징험할 데가 없음에랴! 그러나 고구려와 백제의 종국(宗國)이었으므로 고구려와 백제에 이를 갖춰 써 둔다."고도 하였다. 즉 '위만조선'이라든가 '부여' 등을 한국 역사상에 존재하였던 독자적 국가로 인식하지 않는다는 뜻을 드러낸 것이다.

거기에 비해서 『해동역사』는 우리나라 역사의 시초를 단군 이전의 「동이총기」(권1 「세기」 1)에서부터 잡아 서술하기 시작하였다. 또 그 다음으로는 권2 「세기」 2에서 '단군조선'이란 명목을 세워 그 사실을 맨 먼저 서술하고, 그 다음 차례로 '기자조선'을 서술해 나갔다. 그리고 '기자조선' 다음에 '위만조선'을 서술해 두었다.

『해동역사』는 '위만조선'이라든가 '부여'를 모두 한국사상에 존속한 독자적 국가로 인식하였다. '위만'은 중국 연(燕)나라 사람이라고 그 서두에서 밝혀 놓았지만, 그가 동이족의 중심을 이루는 '조선 지역' 안에 들어와 국가체제를 유지하면서 조선인들을 통치한 객관적 사실을 인정하였기 때문인 것으로 이해된다.

그리고 『해동역사』는 '부여'에 대해서도 역시 독자적 국가로 서술하면서 따로 안설을 달아 밝혀 두었다. "살피건대, 부여국은 지금 봉천부(奉天府)의 개원현(開原縣)에 있었으니 본디 우리나라의 구역 안에 있었던 나라가 아니다. 그러나 부여는 고구려와 백제가 일어난 곳이므로, 특별히 동일한 예로 기(紀)를 세운다."[36]

아마도 한국의 사서 가운데서 동이총기 · 단군조선 · 부여 등에다 모두 독자적 '기(紀)'를 세워 서술한 것은 『해동역사』가 처음이 아니었는가 한다. 그것은 중국 측 사료들을 수습하여 이들 동이족 국가들의 역사를

---

36 『海東繹史』 권4, 「世紀」 4, "…… 特爲一例立紀."

편찬하면서도 중국 중심의 역사관을 벗어나, 한국 고대사의 상한선을 높이고 그 지배 영역을 드넓게 파악하였다는 새로운 역사인식의 소산인 것으로 해석된다. 즉 중국 측 사료들에 실린 객관적 사실들을 통해, 동이족의 국가와 그 문화의 역사적 상한이 유구하며 지배 영역이 광대하였다는 실상을 객관적으로 드러나게 하였던 것이다.

워낙 조선왕조를 지배해 온 주자학(朱子學)의 명분론적 역사인식은 중국 중심의 역사관 · 가치관의 소산이었다. 그런데 『해동역사』가 역대의 여러 국가들에 대해 모두 '기(紀)를 세워' 각국을 '세기(世紀)'로 지칭한 것은 소위 '정통론'이라는 개념을 엄격히 따지는 주자학의 명분론적 역사인식을 지양하여, 우리나라 역대의 역사를 독자적 · 주체적인 것으로 이해하고자 하는 의도적인 인식의 소산인 것으로 이해된다. 그와 같은 자국 고대사의 독자적 인식은 어떠한 맥락에서 일어나게 된 것인가.

조선 후기의 실학(實學)에서는 성호(星湖) · 다산(茶山) 등의 역사인식을 통해 '한국사의 정통론'이 크게 드러나기 시작하였다는 사실을 주목하지 않으면 안 된다.[37] 그런데 또한 실학이 '한국사의 정통론'을 강조하였다는 것은 곧 종래까지의 중국 중심의 일원론적(一元論的) 보편주의적 역사관을 지양하고서 이에 새로운 다원론적(多元論的) 역사인식의 개념을 정립하기에 이르렀다는 사실을 뜻한다 할 것이다. 가령 성호(星湖)는 이 세상에 자기 영토를 가진 각국(各國)들이 각기 황(皇) · 왕(王)을 옹유하고서 독자적 주권을 행사하고 있음을 확신하고 있었다.

> 대저 서양(西洋)과 중국(中國)은 상호간에 소속되지 않으며 각기 황(皇) · 왕(王)이 있어 자기 지역 안에서 군주 노릇을 하고 있다. 저들 서양

37 李佑成(1966).

인은 특히 구세(救世)할 뜻을 가지고 관문(關門)을 넘어 들어온 것이므로 관직을 부여하더라도 배수(拜受)하지 않고 오직 대관(大官)의 봉름(俸廩)만 받고 있으니, 곧 하나의 객경(客卿)의 지위에 있는 것이다. 중국의 군신(君臣)들 또한 바야흐로 저들의 혜택을 입으면서 존봉하기에 겨를이 없어 하면서도 오히려 견문이 비협(卑狹)한 데에 국한되어 마치 정저와(井底蛙) 같은 소리로 감히 저들을 '배신(陪臣) 아무개'라고 부르고 있으니, 어찌 달식(達識)의 비웃음을 살 일이 아니겠는가.[38]

성호 이익의 『성호사설(星湖僿說)』은 천지(天地) · 만물(萬物) · 인사(人事) · 경사(經史) · 시문(詩文)의 5개 문목(門目)으로 나누어 분류하였거니와, 이 저술은 그가 이 세상 천지 만사 · 만물의 본질을 탐구하는 데 주안점을 두고 그의 만년(晩年)의 심혈을 기울여 저술하였던 것으로 이해된다. 그런데 그것은 실상 지봉(芝峰) 이수광(李睟光, 1563~1628)의 『지봉유설(芝峰類說)』 이래 실학이 추구한 박학주의(博學主義)의 산물이기도 한 것이었다. 즉 박학주의는 조선 후기 실학 학풍의 하나이기도 하였다.

『역(易)』에 "사물을 여럿으로 나눈다." 하였으니, 이는 천하 만물이 만 가지로 다르다는 뜻이다. 나무〔木〕의 이치는 물〔水〕의 이치와 다르고 물〔水〕의 이치는 불〔火〕의 이치와 다르다. 또 소나무〔松〕의 이치는 버드나무〔柳〕의 이치와 다르고 쇠〔鐵〕의 이치는 납〔鉛〕의 이치와 다르다. 또한

38 『星湖全書』 권55, 「跋天問略」, "夫西洋之於中土, 未之相屬, 各有皇 · 王, 君主域內. 彼特以救世之意, 間關來賓. 故官之而不肯拜, 惟費大官之廩, 卽一客卿之位耳. 中土君臣, 方且沾其賸馥, 而尊奉之不暇, 然猶見聞局於卑狹, 敢爲井底語曰, '陪臣某.' 豈不爲達識之所嗤也?"

부자(父子)의 이치는 군신(君臣)의 이치와 다르고 형제(兄弟)의 이치는 부부(夫婦)의 이치와 다르다. 사물에서 각기의 이치를 변별하여 조금이라도 미진한 점이 없게 된 다음에야 바야흐로 나의 심(心)에서 그 이치의 활용을 강구할 수 있다. 비록 그 물리(物理)는 변별할 줄 알게 되었다 하더라도 그것을 처리할 도리를 마음속에서 알지 못한다면 나 자신의 앎이 극진하게 되었다고 말할 수가 없다.[39]

즉 이 세상 만사·만물은 본질적으로 각기의 독자적 원리를 지니는 존재들이므로, 인간은 그 각기의 원리를 구체적으로 분변 탐구함으로써 나의 일심(一心) 속에서 그 원리를 활용할 수 있는 길이 열릴 수 있다는 자각을 피력한 내용이다.

그리고 담헌(湛軒) 홍대용(洪大容, 1731~1783) 또한 "화(華)·이(夷)가 다 한가지〔華夷一也〕"라고 하는 상대주의적 역사관을 피력하기에 이르렀음은 주지하는 바와 같다.[40]

다산(茶山)의 경우도 만물의 이치는 만물 각자에 내재(內在)하여 있는 것이라는 확신을 피력한다. 성리학의 이기론(理氣論)을 부정하는 다산으로서는, 세상 천지의 만사·만물이 하나의 리(理)로 통괄되어 있다는 주자학적(朱子學的) 본체론(本體論)과 그 세계관을 결코 긍정하지 않는다.

형체가 없는 심(心)이 인간의 본체(本體)이니, 이것이 곧 허령불매한 것

39 『星湖僿說』 권22, 「格致誠正」, "易曰, 物以群分, 天下之物萬殊也. 木之理別於金之理, 水之理別於火之理, 又松之理別於柳之理, 鐵之理別於鉛之理. 又如父子別於君臣, 兄弟別於夫婦. 在物各辨其理, 不復餘蘊, 然後方就吾心上論. 雖已辨別於物理, 我若不知所以處之之道, 則不可謂吾知之已至也."

40 정창렬(2006).

이다. …… 이 본체는 세상의 모든 형상을 포괄하고 모든 이치를 깨달을 수 있으며 능히 사랑하고 미워도 하는 것이니, 인간이 생겨날 때 천(天)이 인간에게 부여한 것이다.[41]

더구나 다산에 의하면, 인간은 천부적으로 심(心)의 자주권(自主權)을 타고나는 주체적 존재이다. 또한 천지 만물의 이치는 각기 만물 자체에 있는 것이요, 결코 나의 심(心) 속에 다 갖추고 있는 것이 아니라고 확신한다.

천지 만물의 이치는 각기 만물의 신상(身上)에 들어 있는 것이다. 어찌 모두가 나에게 갖추어져 있다고 할 것인가. 개〔狗〕에게는 개의 이치가 있고 소〔牛〕에게는 소의 이치가 있는 것이니, 이는 분명 나에게는 없는 것인데 어찌 억지로 큰소리쳐서 나에게 갖추어져 있다고 할 것인가. …… (先儒는) 온 천지를 통틀어 만물의 이치가 모두 나의 방촌〔方寸, 즉 心〕 가운데 다 갖추고 있지 않음이 없다고 하였다. 너무나 넓고 끝이 없어서, 후학(後學)들로 하여금 망연해서 들어가고 착수할 곳을 알지 못하게 해 놓았다. 어찌 한스러운 일이 아닌가.[42]

그런데 그와 같이 천지 만물이 각기 자체의 이치를 갖추고 있다고 하는 견지에 설 때, 그 역사인식 또한 필연적으로 다원론적(多元論的) 역사

41 『大學講義』 권2, 傳 7章, "無形之心, 是吾本體, 卽所謂虛靈不昧者也. …… 是無形之體, 是不屬血肉者, 能包括萬狀, 妙悟萬理, 能愛能惡者. 是我生之初, 天之所以賦於我者也."

42 『孟子要義』 권2, 「萬物皆備於我」, "天地萬物之理, 各在萬物身上, 安得皆備於我? …… 先儒 …… 通天地萬物之理, 而無一不具於方寸之中. 浩浩蕩蕩, 靡有涯岸, 使後學茫然不知入頭著手之處. 豈不恨哉?"

관으로 정립되게 마련이다. 다산은 말한다.

척발씨가 세운 위(拓跋魏)는 선비족(鮮卑族)이다. 이들은 중국에 들어가서 예악(禮樂)을 숭상하고 문학(文學)을 장려하여 제작(制作)이 찬란하였다. 거란(契丹)은 동호(東胡)이다. 아보기(阿保機, 遼의 太祖)는 천륜(天倫)에 돈독하여 자갈〔剌葛, 태조의 弟〕이 3번 반역을 일으켰으나 3번 다 석방했으니, 이는 우순(虞舜) 이후로는 없었던 일이다. 그 성대한 정치와 장구한 역년(歷年)은 200여 년이다. 실로 중국(中國)으로 대우받는 나라로서도 드문 일이었다.

여진(女眞)은 두 번이나 중국에 들어가 임금 노릇을 했다. 그들이 금(金)나라로 있을 적에 송(宋)나라 두 황제(徽宗과 欽宗)를 사로잡았으나 끝내 살해하지 않았다. 장수와 정승이 서로 화합하여 규모(規模)가 크고도 원대하였다. …… 청(淸)나라는 천하를 통일할 때 군사가 칼날에 피를 묻히지 않았고 시장(市場)은 점포를 옮기지 않았다. 그리고 귀영가(貴盈哥) 이후로 태백(泰伯)·중옹(仲雍)의 기풍을 지닌 사람이 여럿이었으니, 또한 훌륭하지 않은가. 역사에서 동이(東夷)를 인선(仁善)하다고 칭찬함은 진실로 이유가 있는 것이다. 더구나 조선(朝鮮)은 정동(正東)의 땅에 위치한 까닭으로 그 풍속이 예절(禮節)을 좋아하고 무력(武力)을 천하게 여김은 물론, 차라리 유약할지언정 난폭하지 않으니 군자의 나라〔君子之邦〕임에 틀림이 없다. 아, 이미 중국(中國)에 살 수 없을진댄 살 곳은 동이(東夷)뿐이다.[43]

그런데 여기 성호(星湖)에서 다산(茶山)으로 이어지는 실학의 다원론

43 『與猶堂全書』 제1집 권12, 「東胡論」.

적 역사인식이 과연 한치윤의 『해동역사』가 우리나라 역대 각국의 '왕기(王紀)'를 '세기(世紀)'라는 술어로 표현한 사실과 무슨 연관을 가지기라도 하는 것인가.

'기전체' 역사서로 서술한 『해동역사』가 역대 각국의 '왕기'를 '세기(世紀)'로 표현한 것은 곧 『사기(史記)』식 표현인 '본기(本紀)'와 '세가(世家)'라는 두 가지 다른 층위의 개념을 이제 하나의 역사술어로 통합해서 사용한 것으로 이해된다. 『해동역사』가 기본으로 의거한 중국 측 사료를 가지고서는 '해동' 각국의 역사를 '본기'라든가 '세가'로 갖추어 구성해 낼 수가 없었기 때문에 제3의 술어를 창안해 사용하지 않을 수가 없었다. 그리고 실상 우리나라 역사에서는 객관적으로 저 『사기』에서처럼 무슨 '천자국'의 '본기'와 '제후국'의 '세가' 따위로 층위를 구분해서 사용할 만한 역사적 실체가 별도로 존재하지 않는다는 사실 또한 명백하다. 그래서 '본기'와 '세가' 따위 상 · 하 층위의 구분을 일체 지양하고, 우리나라 역대 각국이 모두 저마다의 독자성을 가진 의미 있는 역사를 이룩해 오고 있었다고 하는 다원론적 사관(史觀)을 바탕으로 하고서 '해동' 각국의 정치사에 모두 『세기(世紀)』라는 역사술어를 일괄해서 적용하기에 이르렀던 것으로 해석된다.

더구나 동서 문화의 교류가 활발해진 16세기 이래 세계 최대의 선진 문명국으로 표방해 오던 중국조차 이미 국력상으로나 문명적으로도 결코 최대 · 최선진의 위상을 지킬 수 없게 되었다는 사실을 승인하지 않을 수가 없었다. 오히려 더 선진적인 서양식 문물을 수용하지 않을 수도 없게 되었다. 중국은 이미 17세기부터 시헌력(時憲曆)이라는 서양인이 제작한 역법(曆法)을 수용해 사용하고 있었다.

> 대개 숭정(崇禎, 1628~1643) 초기부터 비로소 '시헌력(時憲曆)'을 써서

중국에 시행해 왔고 지금까지 이를 준용하고 있는데, 그 법이 극히 정밀하다.[44]

중국과 같은 세계 제국이 서양 사람들이 만든 시헌력(時憲曆)을 기준역법으로 수용하지 않을 수 없었던 까닭은 '그 법이 극히 정밀'한 것이어서 그보다 더 나은 것은 아직 자체적으로는 개발할 수가 없었기 때문이다.

이제 세계는 바야흐로 문화 · 문명의 다원화(多元化) 시대로 전환하고 있었다. 『해동역사』는 바야흐로 그와 같은 다원화하는 세계시대를 맞이하면서 편찬한 역사서였다는 사실을 거듭 상기하지 않으면 안될 것이다.

『해동역사』는 우선 이전의 역사인식과 매우 다르게, 한반도의 한수(漢水) 이남 지역에 위치하였던 삼한(三韓)이 '위만조선'을 대신한 '사군(四郡)'보다도 더 앞선 국가체제인 것으로 인식한다.[45] 이는 삼한 각국이 여러 개 부족들의 집합체로 되어 있어 아직도 국가체제로 성립하지 못한 상태에 머물러 있었다는 종래의 이해를 불식시켜 주는 사실(史實) 인식이다. 한반도 남부의 각 종족들 또한 그만큼 일찍부터 정치적으로 성장하고 있었다는 새로운 역사인식을 피력한 것이었다.

『해동역사』는 또한 삼국(三國)의 건국을 고구려 · 백제 · 신라의 순으로 배열하고, 또한 삼국의 역사를 고구려 중심으로 서술하고 있다는 사실도 이채롭다. 그것은 물론 중국과 가장 가까운 위치에 있는 고구려의

44 『海東繹史』 권17, 「星歷志」, 曆, "蓋自崇禎初, 始用時憲曆, 行於中國, 至今遵用, 其法極精."

45 『海東繹史』 권3, 「世紀」 3, 三韓, "당초에 (箕子)朝鮮의 王인 準이 衛滿에게 격파당하고는 남은 무리 數千 명을 이끌고 바닷가로 달아나 馬韓을 공격하여 격파하고는 自立하여 韓王이 되었다(『後漢書』)." 즉 『後漢書』에 의하면, 馬韓은 四郡보다 앞서는 衛滿朝鮮 때 이미 존립한 것으로 되어 있다. 『해동역사』는 바로 이 사실을 객관적 史實로 인식하는 것이다.

역사가 사료상으로 가장 먼저 전면에 드러났기 때문이기도 한 결과였다. 또한 객관적으로도 중국과 가까이 위치함에 따라 상호 교류를 일찍부터 시작할 수밖에 없었던 고구려가 더 먼저 정치적 국가 형태를 정립할 수 있었던 것으로도 이해된다. 그리고 아마도 백제가 신라보다 먼저 발달할 수 있었던 배경 또한 마찬가지였을 것으로 추찰된다.

고구려는 일찍부터 중국의 침략과 맞서 싸우면서 강력한 고대국가로 성장 발전하였다. 『해동역사』는 중국의 강대한 통일국가 또한 고구려 침략에 대한 침략전쟁을 도발한 끝에 치명적으로 국력을 소진(消盡)하고는 결국 멸망으로 치닫고 말게 되었다는 사실을 직시한다.

중국에서는 6세기 말에 수(隋)나라가 일어나 오랜 오호십륙국(五胡十六國)시대의 분란을 평정한 후, 7세기 초의 "수 양제(煬帝)가 즉위하고서는 전성기를 맞았다. 고창국(高昌國)의 왕과 돌궐(突厥)의 계인가한(啓人可汗)이 모두 친히 대궐에 나와 공물을 바쳤다." 이에 고구려 왕〔즉 영양왕(嬰陽王)〕을 불러들여 조회하도록 하였으나, "두려워하면서 번국(藩國)의 예를 자주 빠뜨렸다."[46]

실상 고구려는 이때 사신을 보내어 먼저 돌궐과 교류하고 있었다. 그래서 수 양제가 돌궐 계민가한(啓民可汗)의 장막(帳幕)을 방문한 현장에서 고구려 사신을 만나게도 되었다.[47] 이는 수 양제가 추구하는 일원적(一元的) 패권주의(覇權主義)에 정면으로 배치되는 사안이었다. 수 양제는 이윽고 조서를 내려, "고구려 왕 고원(高元)이 번국(藩國)의 예를 제대로 지키지 않으므로 장차 요동(遼東) 동쪽으로 가서 그 죄를 물어 승략

46 『海東繹史』 권7, 「世紀」 7, 高句麗 2, "煬帝嗣位 天下全盛 高昌王 · 突厥啓入可汗 竝親詣闕貢獻 於是徵(高)元入朝 元懼 藩禮頗闕(『隋書』)."

47 『海東繹史』 권7, 「世紀」 7, 高句麗 2, "大業三年(607, 嬰陽王 18년) 車駕 …… 幸啓民帳時高麗遣使 先通于突厥 啓民不敢隱 引之見帝(『隋書』)."

(勝略)을 펴려고 한다."[48]고 선언하였다.

그렇게 시작된 수나라의 고구려 침략전쟁은 어떻게 전개되었는가. 수 양제가 고구려 침략을 단행할 때는 "군사가 모두 113만 3천800명인데 이름하기를 200만이라 내세웠고, 군량을 운반하는 자는 군사 수의 갑절이나 되었다."[49] 그러나 이윽고 수나라 대군은 살수(薩水)에서 괴멸적 타격을 입고 끝내는 퇴각하지 않을 수가 없었다. "처음에 수(隋)나라의 구군(九軍)이 요수(遼水)를 건넜을 때에는 30만 5천 명이었는데, 돌아와 요동성에 이른 자는 오직 2천700명이었다. 물자와 기계는 거만(巨萬)을 헤아렸는데, 송두리째 잃어버려 탕진하고 말았다."[50]

그런데 『해동역사』의 「예문지(藝文志)」는 또한 수 양제가 고구려를 침략하면서 한껏 자신의 허영심을 읊조린 시(詩)를 찾아서 드러내 보이고도 있다.

「기요동(紀遼東)」

요동 땅 바다 북쪽 큰 고래를 자르니, 만리 풍운이 깨끗해졌네.

바야흐로 칼 녹이고 마 · 소 풀어 주는데, 개선한 군사들 호경(鎬京)에서 잔치하네.

앞뒤에서 가무(歌舞)하며 군사 위세 떨치고는, 종묘에서 술 마시며 군복을 벗누나.

판이하네! 만리 먼 길 괜스레 갔다가, 부질없이 오원(五原)으로 돌아

---

48 『海東繹史』 권7, 「世紀」 7, 高句麗 2, "大業七年(611, 嬰陽王 22년)二月壬午 詔曰 高麗王元虧失藩禮 將欲問罪遼左 恢宣勝略(『隋書』)."

49 『海東繹史』 권7, 「世紀」 7, 高句麗 2, "諸軍 …… 凡一百一十三萬三千八百人 號二百萬 其餽運者倍之(『自治通鑑』)."

50 『海東繹史』 권7, 「世紀」 7, 高句麗 2, "初 九軍度遼 凡三十萬九千 及還至遼東城 唯二千七百人 資儲器械巨萬計 失亡蕩盡(『自治通鑑』)."

온 경우와는.

깃발 잡고 부절 들고 요동을 평정하니, 목 베인 자 귀 바치는 오랑캐 풍속이라네.

맑은 노래 개선가를 환도(丸都) 강에 울리고서, 돌아와 낙양의 궁궐에서 잔치하네.

책훈하고 상을 내림에 지체하지 않으니, 온 군사들 지혜와 꾀 힘입은 것이로세.

그러니 그 어찌 남궁(南宮)의 복도에서, 옹치(雍齒) 먼저 봉작한 것과 같을손가.[51]

수 양제가 「기요동(紀遼東)」이란 시를 읊조린 시기는 아마도 고구려 침략에서 패퇴하기 이전이었을 것으로 추측된다. 그는 머나먼 동쪽의 적국에 대한 침략 계획을 세우는 단계에서부터 마치 안하무인의 기세로 적국의 수도를 유린하고 마침내는 개선하여 가무음주 속에서 논공행상을 단행한다는 환상적인 만용(蠻勇)에 젖어 있었던 셈이다. 게다가 그 허영으로 가득 찬 시에 화답한 그 신하의 시 또한 허황된 꿈으로 가득 차 있음을 보게 된다.

---

51 『海東繹史』 권51, 「藝文志」 10, 中國詩 2, '紀遼東', "遼東海北剪長鯨 風雲萬里淸 方當銷鋒散馬牛 旋師宴鎬京 前歌後舞振軍威 飮至解戎衣 判不徒行萬里去 空道五原歸 秉旄仗節定遼東 俘馘蠻夷風 淸歌凱捷丸都水 歸宴雒陽宮 策功行賞不淹留 全軍藉智謨 詎似南宮複道上 先封雍齒侯(『古詩紀』)." 鎬京은 三代 때 周나라 首都인데 그 후 隋·唐의 首都 또한 같은 곳에 두었다. 五原은 匈奴와 대치한 關塞의 명칭. 丸都는 고구려의 首都. 南宮은 雒陽에 있는 秦나라 궁궐명. 雍齒는 일찍이 漢 高祖 劉邦을 모욕한 적이 있었으나, 高祖가 황제로 된 후 먼저 그를 封爵함으로써 여러 功臣들의 의구심을 안도시킬 수 있었다.

「왕주(王胄)의 기요동(紀遼東) 이수(二首)」[52]

요동이라 패수에서 천명 받아 정벌하니, 물건 줍듯 쉽사리 이긴 신병(神兵) 미더웁네.

군사 위세 떨치고서 돌아옴을 알려거든, 개선가를 부르는 저 소리 들어보라.

황제의 군사들이 요동 땅에 도착하자, 부여 · 예맥 이미 다 얼음 녹듯 녹았다네.

그러니 그 어찌 백만 군사 강가에서, 고삐 잡고 괜히 말을 돌린 것과 비슷하리.

천자 위엄 번개치듯 조선 땅에 갔다가는, 삼사일 간 머물렀다 곧바로 돌아왔네.

도리어 우습구나 위나라 사마의가, 아득하니 일 년 세월을 허비한 것이.

방울 소리 울리면서 천자 행차 효동 뜨니, 작위 내려 그들 공로에 보답함이 합당하네.

풍패처럼 아는 사람 많을 필요 뭐 있으리, 집집마다 요 임금의 봉작이 내려지리.

아마도 수 양제 같은 군주가 허영심에 가득 찬 시를 농하다 보니, 거기 화답한 그 신하 역시 허황된 욕심으로 가득 찬 꿈을 버리지 못하였던

---

52 "이 詩에서 이른 바는 煬帝의 詩에 화답하여 지은 것이다〔詩所云 奉和煬帝作也〕."라는 王胄 자신의 原註가 있다. 『海東繹史』 권51, 「藝文志」 10, 中國詩 2, 王胄 '紀遼東', "遼東浿水事龔行, 俯拾信神兵. 欲知振旅旋歸樂, 爲聽凱歌聲. 十乘元戎纔到遼, 扶濊已氷消. 詎似百萬臨江水, 按轡空回鑣. 天威電邁擧朝鮮, 信次卽言旋. 還笑魏家司馬懿, 迢迢用一年. 嗚鑾詔蹕發淆潼, 合爵及疇庸. 何必豊沛多相識, 比屋降堯封."

것으로 풀이된다. 군신간의 그와 같은 허영심으로 가득 찬 꿈은 곧 허망한 결말로 끝나고 말았을 뿐만 아니라 수(隋)나라 자체를 파멸로 이끌고 말았다. 그것은 중국 정사(正史)의 하나인 『북사(北史)』가 전한 엄연한 사실(史實)이다.

> 수 양제는…… 자만심에 빠져 남들이 자기만 못하다고 여겼다. 이에 문덕(文德)으로 품어 감싸 주지는 못하고 갑자기 군사를 동원하여 안으로는 부강한 것을 믿고 밖으로는 영토를 넓히고자 하였다. 교만함으로써 원망을 취하고 분노로 인해 군사를 일으켰으니, 이렇게 하고서도 망하지 않았다는 것은 예로부터 들어 보지 못하였다.[53]

『해동역사』는 더 나아가 중국사상 가장 훌륭한 군주의 하나로 칭송하는 당(唐) 태종(太宗) 또한 고구려의 침략에서 쓰라린 고배를 들지 않을 수 없었던 역사적 사례를 전한다. 고대 국가들의 침략전쟁은 그 자체 생존 수단의 하나로 흔히 일어나는 일이었지만, 수(隋) · 당(唐)의 동방 침략은 그보다도 천하 유일(唯一)의 패권(覇權)을 추구하기 위해 의도적으로 단행한 것이었다.

가령 당 태종은 고구려의 연개소문(淵蓋蘇文)이 "그 임금을 시해하고 대신들을 해치며 백성을 잔해한 데다 지금은 다시 나의 조명(詔命)까지 어기고 이웃 나라(즉 신라)를 침포하니, 정토(征討)하지 않을 수 없다."고 성토하였다. 그러고는 자기의 침략전쟁이 필승할 것이라는 배경을 선언하였다. "이번 출정에서는 짐(朕)이 반드시 승리할 다섯 가지 까닭이 있

---

53 『海東繹史』 권7, 「世紀」 7, 고구려 2, "…… 矜之以爲人莫已若 不能懷以文德 遽動干戈 內恃富强 外思廣地 以驕取怨 以怒興師 若此而不亡者 自古未聞也(『北史』)."

다. 첫째는 큰 나라로써 작은 나라를 치는 것이요, 둘째는 순리로써 역리(逆理)를 치는 것이며, 셋째는 다스려진 나라로써 어지러운 나라를 치는 것이요, 넷째는 편안한 군사로 피로한 적을 치는 것이며, 다섯째는 백성들이 반기는 군사로 원망하는 군사를 치는 것이 그것이다. 어찌 이기지 못할까 걱정하겠는가."[54]

당 태종이 주도한 이 침략전쟁(645년, 보장왕 4, 정관 19)에서 당나라 군사는 봄·여름에 걸쳐 요동성(遼東城) 등을 함락하고 여름부터 가을까지 안시성(安市城)에서 치열한 전투를 벌이면서 공격에 공격을 거듭하였으나 끝내 이를 함락시키지 못하였다. 그러고는 가을이 되자 드디어 패퇴하지 않을 수가 없었다. 당시의 군세(軍勢)를 보면, "처음에 출정할 때는 군사 10만 명에 전마가 1만 필이었는데, 돌아옴에 미쳐서는 군사가 겨우 수천 명이요, 전마도 십중팔구는 죽었다. 수군은 7만 명 가운데 수백 명이나 죽었다."[55]

당 태종의 이 침략전쟁을 두고 사신(史臣)은 다음과 같이 논하였다. "태종이 개선하던 날에 좌우의 신하들을 돌아보고 이르기를, '짐에게 위징(魏徵)이 살아 있었다면 반드시 이번 출정을 하지 않았을 것이다.'라고 하였다. 이는 군사를 출동한 일을 후회한 것임을 알 수가 있다. …… 헛된 이름을 구하기에 힘써서 유용한 것을 수고롭게 할 필요가 없는 법이다."[56]

---

54 『海東繹史』 권8, 「世紀」 8, 高句麗 3, "蓋蘇文弑其君 賊其大臣 殘虐其民 今又違我詔命 侵暴隣國 不可以不討(『資治通鑑』).", "且朕必勝有五 以我大擊彼小 以我順討彼逆 以我安乘彼亂 以我逸敵彼勞 以我悅當彼怨 渠憂不克耶(『新唐書』)."

55 『海東繹史』 권8, 「世紀」 8, 高句麗 3, "始軍出 戰士十萬馬萬匹 逮還 士物故裁千餘人 戰馬死者十八 船師七萬 物故亦數百人(『冊府元龜』)."

56 『海東繹史』 권8, 「世紀」 8, 高句麗 3, "史臣曰 …… 太宗親征遼左 所損亦多 及凱還之日 顧謂左右曰 使朕有魏徵在 必無此行矣 則是悔於出師也可知矣 …… 不必務求虛名 以勞有用(『舊唐書』)."

주지하듯이 삼대(三代)의 '왕정(王政)'이 지난 이후 현실적으로 가장 훌륭하다는 '정관(貞觀)의 치세(治世)'를 실현한, 중국사상 가장 현명한 통치자로 숭앙하는 당 태종과 같은 군주를 두고서도 중국 측 사신(史臣) 자신이 '헛된 이름을 구하기에 힘썼다'는 말로 비판하였다는 사실은 흥미롭다. 당 태종과 같은 영웅일지라도 온 천하 패권(霸權)을 추구한 침략전쟁 자체는 '헛된 이름을 구한' 것이라고 직필(直筆)해 놓았기 때문이다. 그리고 『해동역사』가 그러한 사론(史論)까지를 수습하여 제시한 일 또한 흥미롭다 하지 않을 수 없다.[57]

그리고 또 한편으로는 그 '헛된 이름'을 추구한 당 태종의 대군을 격퇴한 고구려의 강성함으로서도, 자체의 내분(內紛)이 치명적으로 치달은 상태에서는 중국의 침략을 결코 견뎌내지 못하고 마침내 멸망하기에 이르고 말았다는 사실을 『해동역사』는 다시 전한다.

그런데 한편, 중국 측 사료에 의존하여 편찬한 『해동역사』에는 객관적 사실과 어긋나는 기사가 적지 않게 산견된다. 그 가운데의 상당 부분은 한치윤 자신 및 한진서의 안설(按說)을 통해 바로잡히고 있지만, 그 이외로도 오류가 적지 않다. 가령 660년 백제(百濟)의 멸망 이후에야 비로소 신라(新羅)의 서해(西海) 진출이 가능하게 되었다는 『구당서』의 기사를 그대로 인용한 대목이 그 적실한 사례이다.

〔당나라 고종(高宗)〕 현경(顯慶) 5년(660, 무열왕 7년) 3월에 좌무위대

---

57 이미 高麗 말의 圃隱 鄭夢周는 使行 길에서 安市城 부근을 지나다가, 唐 太宗이 함부로 침략전쟁을 도발함은 마치 『孟子』에 나오는 馮婦와 같이 蠻勇을 부린 것이라고 비판하는 詩를 남긴 바 있다. "黃金 궁전에 비단 옷 드리우고 앉아서도, 백전백승 영웅의 마음은 自持할 줄을 모르네. 唐 太宗이 친히 戰場에 나온 모습 상상해 보니, 완연히 馮婦가 팔 걷고 범 잡으러 나서는 모양이로세〔黃金殿上坐垂衣, 百戰雄心不自持. 想見太宗親駕日, 宛如馮婦下車時(『圃隱集』 권1, 「安市城懷古」)〕."

장군 소정방(蘇定方)을 웅진도대총관(熊津道大摠管)으로 삼아 수군과 육군 총 10만 명을 거느리게 하고, 이어 김춘추(金春秋)를 우이도행군총관(嵎夷道行軍摠管)으로 삼아 소정방과 함께 백제를 토평하게 하니, 백제 왕 부여의자(扶餘義慈)를 포로로 잡아 궐하(闕下)에 바쳤다. 이 뒤로 신라가 점차 고구려와 백제의 지역을 소유하여 그 경계가 점차 확대되어 서쪽으로 바다에까지 이르렀다.[58]

그런데 실상 신라의 국세(國勢)가 한강(漢江) 하구까지 진출한 것은 이미 진흥왕(眞興王) 대(540~575)에 북한산에다 순수비(巡狩碑)를 세웠다는 사실이 명백히 증언하는 객관적 사실이다. 이 순수비를 이후 길이 보존하기에 이르렀다는 것은 신라가 한강 하구를 통해 서해로 진출하는 길을 결코 놓지지 않고 계속 확보해 가고 있었다는 객관적 사실을 엄연히 말해 주는 증거가 된다.

『해동역사』는 또한 『고려사』에서는 자세하지 않은 고려의 독특한 음양(陰陽) 구기(拘忌)라든가 잡신(雜神) 숭상 풍습의 기사를 수습해 제시하고도 있다.

고려의 풍속은 음양(陰陽)과 귀신(鬼神)에 관한 설을 믿어 꺼리는 것이 아주 많아, 매양 중국 사신이 올 때마다 반드시 길(吉)한 달, 좋은 날을 택해 예식을 갖추어 조서(詔書)를 받았다. (고려 성종 9년, 990) 3월 〔송(宋)나라〕 시성무(柴成務)가 사신으로 와서 객관(客館)에 머무른 지 한 달이 넘게 되자, 마침내 왕치(王治, 고려 성종)에게 글을 보내 말하기를, "왕이 대

58 『海東繹史』 권10, 「世紀」 10, 新羅, "…… 獻于闕下. 自是,新羅漸有高(句)麗百 · 濟之地, 其界益大, 西至于海(『舊唐書』)."

대로 번국(藩國)으로서 왕실(王室)을 존숭하므로 큰 경사가 있을 적마다 가장 먼저 휘장(徽章)을 받았습니다. 지금 중국 조정에서 특별히 사신을 파견하여 특수한 은총을 내리기 위해 머나먼 물길을 지나왔을 뿐 아니라 또한 아득한 바다를 파도를 헤치고 건너왔으니, 황조(皇朝)에서 고려를 대우하는 것이 역시 융숭한 셈입니다. 그런데 금기(禁忌)에 얽매이고 점술(占術)에 구애받아, 점치는 자의 허튼 소리에 현혹되어 천자의 조서를 받드는 것을 지체하고 있습니다. 생각건대, 천자의 책명(冊命)에 기록된 내용은 점치는 자 따위가 이해할 수 있는 것이 아닙니다. 그러므로 『서경(書經)』에서도 상일(上日)만을 말하였지 육갑(六甲)에 있는 좋은 일진은 가리지 않았으며, 『예기(禮記)』에서는 중동(仲冬)을 기록하여 일양(一陽)이 처음 생동하는 좋은 시기만을 취하였습니다. 찬란한 옛날의 훈계를 밝게 상고할 수가 있는 바, 마땅히 생각을 바꾸어 황제가 내리신 조서를 빨리 받들어야만 할 것입니다. 조서로 내린 명령을 즉시 시행해서 황제에 대한 충성심을 드러낼 경우, 황제의 은총이 빛나 칙명을 욕되게 하였다는 책망을 면할 수 있을 것입니다. 삼가 정성스러운 마음으로 알리는 바이니, 왕께서는 저의 말대로 하시기 바랍니다." 하였다. 이에 왕치(성종)가 글을 보고는 부끄럽고 두렵게 여겨 사람을 보내어 사과하였다. 그때 마침 장맛비가 그치지 않고 내렸는데, 왕치(성종)가 날씨가 개이기를 기다려 조서를 받겠다고 하자, 시성무가 또다시 글을 보내어 힐책하였다. 이에 왕치(성종)가 다음 날에 나와 조서를 받았다(『송사(宋史)』).[59]

59 『海東繹史』 권12, 「世紀」 12, 高麗 1. 이 내용을 『고려사』는 다음과 같이 간략히 기록해 놓았다. "成宗九年六月, 宋遣光祿卿柴成務 · 太常少卿趙化成等來, 冊王. 國俗拘忌陰陽, 每朝廷使至, 必擇月日受詔. 成務在館踰月, 詰責之, 翌日王乃出拜命. 自是, 止擇日迎之."(『高麗史』 권65, 志 19, 「賓禮」)

일반적으로 고려의 음양(陰陽) 구기(拘忌)와 귀신 숭상의 풍습은 널리 알려진 사실이지만, 왕실과 조정에서조차 이와 같이 과도한 금기(禁忌)에 빠져 있었다는 사실은 자못 의아스런 사안인 것으로 여겨진다. 그런 독특한 풍습은 이국인(異國人)의 눈으로 보아야만 그 기괴성(奇怪性)이 확연히 드러나게 마련이다. 그래서 중국 측의 힐책을 받고서야 그 같은 미신에서 다소 벗어나기에 이르렀다는 『고려사』, 「빈례」의 소식이 오히려 흥미롭게 보일 지경이다.

『해동역사』는 고려의 왕실 및 귀족의 극단적 족내혼(族內婚) 풍습에 대해서도 전한다. 가령 고려의 가장 융성기를 이룩한 문종(文宗) 또한 굳이 족내혼의 인습을 고집하고 있었다는 사실을 『송사(宋史)』를 인용해 지적한다. "(문종은) 나라를 다스리면서 어질고 너그럽게 하기를 숭상하였으니 동이(東夷)의 어진 임금이라 할 만하다. 그러나 그들의 풍속을 그대로 따라 왕녀(王女)는 신하나 서인들에게 시집보내지 않고 반드시 형제나 종족에게 시집보내었으며, 귀족들 역시 그렇게 하였다. 둘째 아들인 왕운(王運)이 '이미 중국과 통호하였으니 예의로써 예전의 풍습을 고치는 것이 마땅하다.'고 간하자, 왕휘(王徽, 즉 문종)가 노하여 왕운을 밖으로 내쫓았다."[60]

물론 고려시대에 성행한 족내혼의 관행은 여러 문헌에서 산견된다. 그런데 고려는 이미 초기부터 관인을 선발하는 명경(明經)·제술(製述)의 과거(科擧)제도를 운용하고 있었기로 유교적 소양과 그 경전(經傳)의 학습이 필수 과목으로 되어 있는 편이었다. 『예기(禮記)』라든가 『논어(論語)』 같은 경전은 직접 동성혼(同姓婚)을 금지하는 문자를 싣고도 있

60 『海東繹史』 권12, 「世紀」 12, 高麗 1, "…… 王女不下嫁臣庶, 必歸之兄弟·宗族, 貴臣亦然. 次子運諫, 以爲既通上國, 宜以禮革故習. 徽怒, 斥之于外(『高麗圖經』)."

지 않은가.

그런데도 고려의 지배층은 고도로 제한된 범위 내의 족내혼을 실행하면서 그것이 극복해야 하는 폐습임을 자각하려고도 하지 않았음이 드러난다. 아마도 자기 종족의 독특한 혈통을 내부적으로 길이 보전해 가고자 하는 유아독존식 폐쇄적(閉鎖的) 인습이었다 할 것이다. 가령 이미 신라 때부터 골품(骨品)제도를 시행하고 있었다는 사실 또한 그와 관련된 인습이었던 것으로 해석된다. 그 같은 족내혼이야말로 곧 야만적 인습인 것으로 이해하는 중국 측의 인식을 접하고서야 드디어 자기 풍습의 실상을 깨우치고 그래서 점차 개선할 기회를 가질 수가 있게 되었던 것으로 보인다.

그런데 한편, 『해동역사』의 「세기」는 중국 측 전적(典籍)에는 자세히 나타나지 않는 특수한 사실을 수습하여 사실(史實)로 제시해 둔 대목도 있어 눈길을 끌기도 한다. 가령 명(明)나라가 중원 땅을 수복함에 따라 원(元)나라는 북쪽의 사막으로 패퇴하여 이후 '북원(北元)'이라는 호칭으로 한동안 존속하기에 이르렀는데, 그 '북원의 사적(事跡)'에 관한 것은 후일의 '명(明)나라 전적(典籍)들이 모두 숨기고 기록치 않아〔明之載籍皆隱而不書〕' 자세히 알 수가 없게 되어 있었다. 그러나 이전부터 원(元)나라와 관계가 밀접하였던 고려(高麗)는 '북원'과도 단속적으로 교류하고 있었으며, 그래서 조선 초기에 편찬된 『고려사』는 '북원' 관련 사적들을 수록해 놓게 마련이었다. 그런데 그와 같이 명나라 전적들이 의도적으로 빠트린 '북원의 사적'을 수백년 후인 청(淸)나라 초기의 주이존(朱彛尊)이란 문인이 『고려사』를 읽어 살펴내고는, 이를 자기의 문집에다 수록해 두기에 이르렀다.

경신년(1320, 충숙왕 7)에 (원나라) 임금이 사막(沙漠)으로 달아난 뒤로는 원나라 군신들의 사적을 상세히 알 길이 없었다. 그런데 고려에서는 간혹 사신을 보내 통교하면서 북원(北元)이라고 칭하였다. 북원의 임금이 응창(應昌)으로 달아났다가 홍무(洪武) 3년 경술(1370, 공민왕 19) 4월에 죽었다. 그 나라 사람들이 혜종(惠宗)이란 시호를 올렸는데, 이가 곧 순제(順帝)이다. 그의 아들이 왕위를 이어받아 나머지 군사를 이끌고 화림(和林)으로 달아났다. (홍무) 10년 정사(1377, 우왕 3)에 사신을 파견해 고려에 도착해서 선광(宣光)이란 연호를 시행하였으나, 고려 사람들이 인정하지 않았다. 그 2년 뒤에 또다시 첨원(僉院) 보비(甫非)를 파견하여 천원(天元)이라는 기년(紀年)을 알려 왔다. 이에 신우(辛禑)가 영녕군(永寧君) 왕빈(王彬)을 파견해 가서 축하하도록 하였다. (선광에서 천원으로) 전해가며 왕위에 선 지 11년 만에 죽으니, 북원에서 시호를 소종(昭宗)이라고 하였다. 무릇 이상의 내용은 명(明)나라 전적(典籍)들이 모두 숨기고 기록하지 않은 것들인데, 『고려사』에 의지해서 그 사적들이 약간 남아 있게 되었다. 뒷날 세대를 논하고 연호를 기록하는 자들은 마땅히 서술해야 할 것이다(『폭서정집(曝書亭集)』).[61]

여기 '북원'의 '선광(宣光)'이라든가 '천원(天元)' 연호와 관련된 사적은 각기 『고려사』의 우왕(禑王) 3년(1377)과 5년(1379)의 기사로 『고려사』에 수록되어 있는 내용이다.[62] '선광(宣光)이라는 연호를 고려 사람들이

---

61 이는 『海東繹史』 권15, 「世紀」 15, 高麗 4에 먼저 나오는 기사이지만, 동일한 내용을 수습한 『海東繹史』 권43, 「藝文志」 2, 經籍 2, 本國書目 2의 기사가 더욱 詳明하므로 이를 취택하였다. "…… 凡此, 明之載籍, 皆隱而不書, 藉其史(즉 『高麗史』), 略存事跡, 後之論世紀年者, 所當述也(『曝書亭集』)." 이는 『曝書亭集』 권44, 「鄭麟趾『高麗史』」조의 '書『高麗史』後'의 인용이다.

62 『高麗史』 권133, 列傳 46, 「辛禑」 1, "北元遣豆亇達來 祭敬孝大王 始行北元宣光年號"; 권134, 列傳 47, 「辛禑」 2, "北元遣僉院甫非 告郊祀改元天元."

허락하지 않았다.'는 것은 고려 말기 신유학(新儒學)을 공부하는 사류층이 성장하면서 이미 공민왕 18년(1369)부터 명(明)나라와 통호하고 원(元)나라 연호의 사용을 정지하는 외교정책을 취하였기 때문이다.[63]

그런데 위의 인용 가운데서 '북원의 사적'에 관한 내용은 '명(明)나라 전적(典籍)들이 모두 숨기고 기록하지 않은 것들'이라고 단정해 놓은 것은 무엇을 가리킴인가. 그것은 아마도 명(明)나라가 이민족의 원(元)나라를 북쪽 사막으로 패퇴시키고 중원의 통일왕조를 건설하였지만, 남왜·북로(南倭北虜)의 침략에 대비하여 극히 폐쇄적인 대외정책을 고수하고 있었다는 사실과 유관한 일인 것으로 살펴진다. 실상 명나라는 한족(漢族)의 역대 통일왕조 가운데서도 특히 원(元)나라 말기 이래 왜구(倭寇)의 빈번한 침략 때문에 항상 경계심을 늦출 수가 없어 해금(海禁) 정책을 추진하는 등 가장 쇄국적(鎖國的)인 대외정책으로 일관하였다.[64] 가령 상대적으로 국세(國勢)가 허약했던 송(宋)나라조차 고려의 유학생(留學生)을 받아들이는 개방적인 학술정책을 취하였지만, 명(明)나라는 그 같은 포용정책을 일체 거부하고 쇄국으로 일관하기에 이르렀다. "선덕(宣德) 8년(1433, 세종 15)에 조선 국왕(朝鮮國王)이 자제(子弟)들을 보내어 태학(太學)에 유학하게 해 주기를 요청했으나 이를 허락하지 않고 오경(五經)과 사서(四書), 성리학 서적, 『통감강목(通鑑綱目)』 등 여러 서책을 하사하여 그 나라 안에서 공부하도록 하였다."는 『명사(明史)』의 기사가[65] 그러한 사실을 증언한다.

---

63 金泰永(2006)의 제1장 「고려말기 性理學的 國家中興論의 전개」 및 제2장 「여말선초 排元親明論과 崇儒抑佛論」 참조.

64 16세기의 嘉靖연간(1522~1566)에는 특히 倭寇의 침략이 크게 창궐하였으므로, 이에 1560년 倭寇를 소탕하기 위해 戚繼光의 『紀效新書』라는 兵法書가 간행되기에도 이르렀다.

65 『海東繹史』 권42, 「藝文志」 1, 經籍 1, 總論, "宣德八年, 朝鮮國王, 遣子弟詣太學, 不許.

아마도 명나라의 대외 폐쇄정책에 따라 명나라 전적 등이 의도적으로 수록치 않은 '북원의 사적'은 유독 『고려사』에서만 기사화하여 전해지게 된 것으로 이해된다. 그러니 이 '북원의 사적'은 한치윤 역시 스스로 『고려사』에서 직접 수습하여 사실(史實)로 기사화할 수도 있음직한 일이었다. 그는 왜 굳이 수백년 후의 중국인의 글을 채록하는 우회적(迂廻的)인 길을 통해서야 그것을 기사화하기에 이르렀던 것일까.

그런데 『고려사』를 읽는다고 해서 누구나 그 같은 '사적'을 곧 사실(史實)로 기사화하게 될 것이라고 기대하는 일반론은 성립하지 않는다. 『고려사』라든가 혹은 중국사만을 따로 읽기보다는 반드시 양쪽의 경우를 관련지어 읽어야만 '북원의 사적'이 빠뜨려진 실상을 관찰해 낼 수가 있고, 또한 이 사실을 숨기지 않고 사실(史實)로 수습하지 않으면 안된다는 사가(史家)로서의 시각(視角)을 가져야만 비로소 그 사실(史實)을 객관적으로 정착시킬 수가 있는 것이다.

나라가 망한 후 '북원의 사적'은 중국 명(明)나라의 정사(正史)를 비롯한 '전적(典籍)'에서는 의도적으로 빠뜨려지고 말았지만, '해동'의 『고려사』는 그 '사적'이 자체와 관련된 사실이었던 까닭에 굳이 사실(史實)로 기사화해 두었다. 수백년 후 청(淸)나라 초기의 어느 문인은 그 '사적'이 누락되었음을 유심히 살피고는, 『고려사』에 실린 관련 내용을 자기 문집에다 초록해 두었다. 그로부터 또 오랜 시간이 지난 후 한치윤은 그 문집을 유심히 읽고는 우회적으로 그 '사적'을 다시 수습해 새삼 사실(史實)로 편찬하여 자기의 『해동역사』에다 실어 두기에 이르렀다. 아마도 사가(史家)의 공부가 그만큼 넓고 정밀하고 유심해야 한다는 것을 가리켜 보이는 하나의 사례가 될 수 있지 않을까 한다.

賜五經 · 四書 · 性理 · 『通鑑綱目』諸書, 俾學國中(『明史』)."

3) 「지(志)」의 고찰

앞서 언급하였듯이 『해동역사』는 「세기(世紀)」에 비해 각종 분류사로서의 「지(志)」의 서술에 훨씬 더 큰 지면을 할애하고 있음이 큰 특징이다. 그렇게 된 배경은 역시 사료상의 제약에 따른 것으로 이해된다. 중국인들의 눈에 비치기로는, '해동' 각국의 왕권 중심 정치사는 오히려 감추어져 있는 편임에 비해, '해동' 각국과의 외교관계라든가 그 이국(異國)들의 문물 풍속과 같은 사항들은 겉으로 드러나 있는 편이어서 이 방면에 관한 기록을 더 많이 채록하게 되었음이 필연의 일이었다.

그래서 '속편'인 「지리고」를 제외하고서도, '원편' 『해동역사』의 「지(志)」는, 권17부터 59까지에 이르는 방대한 부분을 차지하고 있으며, 그 가운데서도 「교빙지(交聘志)」(권33~41)와 「예문지(藝文志)」(권42~59) 두 분야가 단연코 큰 비중을 점하고 있다. 분류사인 「지」 가운데서도 가장 큰 지면을 할애하여 서술한 것이 외교(外交) 및 문예(文藝)에 관한 사안들로 이루어져 있는 셈이다. 그런데 또한 「예문지」를 구성하고 있는 내용의 큰 부분이 중국 측과의 외교관계로 인해서 주고받은 외교문서(外交文書) 및 양자 사이에서 응수한 시문(詩文)이라고 하는 사실을 다시 확인할 필요가 있다. 즉 『해동역사』의 「지(志)」의 많은 부분이 중국과의 외교관계 및 거기서 파급되는 문자들로 이루어져 있다 할 것이다.

그리고 「비어고(備禦考)」(권61~66) 역시 보편적인 대외 방어책(防禦策)을 서술한 독자적인 내용의 것이 아니라 임진왜란의 시말을 서술한 내용에 불과하다. 또한 「인물고(人物考)」(권67~70) 역시 등장하는 사람마다 각기의 개성(個性)과 예지(叡智)로 빛나는 역대 인물들의 전기를 사실적으로 서술해 놓은 독자적인 '열전(列傳)'의 위상에는 전혀 미치지 못하는, 왜소한 내용으로 꾸며져 있다. 결코 대표격인 '해동'의 인물들을 선별한 것이 아니라 그저 중국인의 눈에 뜨이고 기록으로도 남기에 이른 경우들을 수록해 둔 것에 불과하다.

(1) 「교빙지(交聘志)」, 「풍속지(風俗志)」의 고찰

대체 『해동역사』의 큰 비중을 차지하는 것이 분류사로서의 「지(志)」의 내용이요, 그 「지」 가운데서도 가장 큰 비중을 차지하는 것이 중국과의 외교관계의 행태와 그 절차, 그리고 그 과정에서 파생한 문자들이라고 하는 사실은 어떠한 의미를 지닌다 할 것인가. 아마도 바로 그러한 사실이 전근대 '해동'의 역사에서 외국과의 교류관계에 관한 어떤 특색을 드러내 주는 현상인 것이라고도 살펴진다.

즉 수천 년 한국 역사의 전개과정에서 상대한 외국(外國)이란 것이 오로지 중국 하나만을 위주로 하고 있었으며, 따라서 오로지 중국을 통해서만 세계(世界)로 연결되고 세계적인 선진 문물이란 것을 수용하고 있었다는 사실을 객관적으로 증거하는 단적인 사례임이 명백하다 할 것이다. 가령 『해동역사』는 권33에서 권36까지에 걸쳐 「교빙지(交聘志)」, '조공(朝貢)'이라는 제명으로, 우리나라 역대 각국이 중국에 사신을 파견하여 중국 군주를 '조현(朝見)'하고 '예물(禮物)을 공헌(貢獻)'해 오고 있었다는 '조공(朝貢)'의 내용으로 충당해 놓았다. 그 가운데서 삼국 및 고려가 각기 중국과 통호하게 된 시초의 기사를 예시하면 다음과 같다.

〔후한(後漢)〕 광무제(光武帝) 건무(建武) 7년(31, 고구려 대무신왕 14) 겨울 12월에 고구려(高句麗)의 왕이 사신을 파견하여 조공을 바쳤다(『후한서』). 진서(鎭書)가 삼가 살피건대, 고구려가 상국(上國)에 조빙(朝聘)한 것은 이것이 시초이다…….

진(晉) 간문제(簡文帝) 함안(咸安) 2년(372, 백제 근초고왕 27)에 백제

(百濟)의 왕이 사신을 파견하여 방물(方物)을 공헌하였다(『진서』). 진서가 삼가 살피건대, 백제가 상국(上國)에 조빙(朝聘)한 것은 이것이 시초이다.

〔동진(東晋)〕 효무제(孝武帝) 태원(太元) 2년(377, 내물왕 22) 봄에 고구려와 신라(新羅)가 모두 진(秦)나라에 들어와 조공하였다(『자치통감』). 진서가 삼가 살피건대, 신라가 상국(上國)에 조빙(朝聘)한 것은 이것이 시초이다.[66]

〔요(遼)〕 태조(太祖) 신책(神冊) 3년(918) 2월에 발해와 고려가 사신을 파견해 와 조공하였다. 3월에 고려가 또 사신을 파견해 와 조공하였다(『요사』). 진서가 삼가 살피건대, 고려가 조빙(朝聘)한 것은 이것이 시초이니, 바로 고려 태조 원년이었다.[67]

무릇 '해동'의 고대 국가들은 그 자체 일정한 국세(國勢)를 구비한 후에는 반드시 중국과의 통호(通好)관계를 추구함이 관례였다. 당시로서 '중국'은 곧 '세계'였기 때문이다. 아마도 '세계' 정세를 탐색하여 거기 대처할 방도를 강구하고, 겸하여 자기 존재의 위상을 상대방으로부터 인정받고자 하였던 것이며, 또한 선진(先進) 문물(文物)을 수용함으로써 자체의 국력을 더 신장시키고자 하는 복합적 의도에서 적극적으로 '조공' 외교의 실현을 추구했던 것으로 이해된다.

그런데 중국에 대한 외교관계를 『해동역사』는 형식상 '교빙(交聘)'이란 술어를 써서 표현하고 있음이 큰 특징이다. 그래서 이를 매우 적극적

66 『海東繹史』 권33, 「交聘志」 1, 朝貢 1, "光武建武七年辛卯冬十二月 高句麗王 遣使奉貢(『後漢書』). 鎭書謹按 高句麗之朝聘上國始此. …… 晉簡文帝咸安二年壬申 百濟王遣使貢方物(『晉書』). 鎭書謹按 百濟之朝聘上國始此. 孝武帝太元二年丁丑春 高句麗·新羅皆入貢于秦(『自治通鑑』). 鎭書謹按 新羅之朝聘上國始此."

67 『海東繹史』 권34, 「交聘志」 2, 朝貢 2, "(遼太祖) 神冊三年二月 渤海·高麗遣使來貢 三月 高麗又遣使來貢(『遼史』). 鎭書謹按 高麗朝聘始此 卽麗太祖元年也."

인 것으로 해석하는 연구도 있다.[68] 물론 '교빙'이라는 술어는 기본적으로는 '대등(對等) 외교'를 가리키는 뜻으로 쓰인 것이라 할 수 있다. 더구나 『해동역사』보다 다소 앞서 저술된 『연려실기술(燃藜室記述)』의 경우, 외교관계를 다룬 그 '별집' 권5의 표제를 아예 「사대전고(事大典故)」라고 내세운 현상과는 좋은 대조를 이룬다고도 하겠다.

더 객관적으로 살피자면, 영조 때 편찬한 『동국문헌비고(東國文獻備考)』를 정조(正祖) 6년(1782, 임인)부터 동 13년(1789)에 걸쳐 다시 증보 편찬한 『증보동국문헌비고』에서도 중국과의 외교분야에는 '조빙(朝聘)'이라는 표제를 붙였다. 그러다가 융희(隆熙) 2년(1908)에 이를 다시 『증보문헌비고』로 개편할 때 가서야 '교빙(交聘)'이란 술어로 바꾸어 사용하였다.[69] 즉 18세기 말의 정조 때까지도 대중(對中)외교에는 아직도 상하관계를 드러내는 '조빙'이란 술어를 사용하였으나, 소위 '대한제국(大韓帝國)' 시기에 들어와서는 이제 중국 관계만이 아닌 세계 만방을 상대로 하는 근대적 외교를 펼치면서 '교빙(交聘)'이라는 술어를 사용함으로써 대등(對等)한 평면 외교를 표방하기에 이르렀다는 것을 알 수가 있다.

그런 연관을 두고 살핀다면 19세기 초기에 편찬한 『해동역사』가 이미 '교빙(交聘)'이란 명칭의 개념을 사용한 것은 큰 의미를 지닌다 할 것이다. 역사 사실의 실상으로는 사대(事大)의 '조공(朝貢)' 형태를 취해 오고 있었다 할지라도 객관적으로는 '교빙'이라는 대등한 외교관계의 문법으로 정리해서 읽는다는 의지를 표명한 것으로 해석되기 때문이다. 즉

68 한영우(1985)는 對中 외교간계를 두고서도 '수평적 국제질서'를 드러내는 「교빙지(交聘志)」라는 항목을 정립했다 하여, 찬자의 의도가 '근대적인 국가주권 의식과 국제관계를 지향했다'고 강조한다.

69 『增補文獻備考』 卷首, 「增補文獻備考 凡例」, "正廟壬寅(1782), 命李萬運補續之 增物異 · 宮室 · 王系 · 氏族 · 朝聘 · 謚號 · 藝文七考 叢二十考 今(隆熙 2, 1908)以物異附于象緯, …… 朝聘改以交聘……."

각 시대의 외교적 역사 내용 자체는 찬자 자신이 고쳐 쓸 수 없는 객관적 사실로 서술하면서도, 그 사실을 서술하는 형식과 개념은 찬자 자신의 사관(史觀)에 따른 술어를 선택하여 사용한 것으로 판명되는 것이다.

그런데 '해동'과 중국 양자의 외교관계에서 드러나는 기본 자세는, 이미 위의 몇 가지 사례에서 드러나는 바와 같이, '상국(上國)에 대한 조공(朝貢)'이라는 관념으로 일관하고 있었다는 사실을, 여기 새로운 각도에서 다시금 고찰해 볼 필요가 있다.

실상 『해동역사』의 서문을 쓴 유득공부터가, 우리 고대의 삼국은 물론 가라(加羅)·탐모라(耽牟羅)가 '모두 사신을 보내고 폐백을 바치면서 '상국(上國)'에 알현하였다. 그래서 중국 남북조(南北朝)의 여러 사책(史冊)이 이에 따라 기록하였는데, 이 모두가 우리나라의 사적인 것이다.'라고 해 놓았다. 또 가령 고려 성종(成宗)은 우리 유학생을 공부시키고 과거에도 급제시켜 준 송(宋)나라를 두고, "'상국(上國)'은 하늘처럼 높은데 (우리 고려는) 멀리 있는 황복(荒服)의 땅"이라고 감격해 마지않은 적도 있었다.[70] 심지어 거란(契丹)의 침략을 상대한 고려 장수 서희(徐熙)는, "지계(地界)를 두고 따질 것 같으면, '상국(上國)'의 (수도인) 동경(東京)도 모두 우리의 영역"이라고 항변(抗辯)하고도 있었다.[71]

정작 『해동역사』, 「교빙지(交聘志)」의 편성을 살펴보면, 권37~38은 「교빙지(交聘志)」, '상국사(上國使)'로 되어 있는데, 그 내용은 한(漢)나라 무제(武帝) 이래 역대 '상국의 사신〔上國使〕'이 '해동'의 각국으로 파견되어 나와 '꾸짖고 회유〔譙諭〕'하거나 '위로(慰勞)'하고 혹은 관작을 '제

---

70 『海東繹史』 권51, 「예문지」 11, 本國文 1(事大表疏), "…… 上國天高 遐荒海隅."

71 『海東繹史』 續卷10, 「地理考」 10, 高麗 1, 疆域總論, "若論地界, 上國之東京, 皆在我境. 何得謂之侵蝕乎?" 이 부분은 『고려사』 권94, 「徐熙列傳」의 인용이다.

수(除授)'하는 따위의 외교행위를 수행한 사실의 기록을 모아 둔 것이다. 그리고 권39 「교빙지」 7은 중국과의 사신 '영송(迎送)'관계 기사, 권40 「교빙지」 8은 육로·해로를 통한 조공로(朝貢路) 즉 「공도(貢道)」를 서술하고, 권41 「교빙지」 9는 「통일본시말(通日本始末)」로 되어 있다. 『해동역사』의 권33부터 40까지가 '상국(上國)'인 중국을 중심으로 하는 '조공(朝貢)'외교 관련 기사요, 권41만이 일본과의 외교 관련 기사로 충당되어 있다.

그런데 「교빙지」의 내용 가운데 중국의 '해동' 침략에 대하여 경계하고 우려하는 개념의 기사가 전혀 보이지 않음은 당해 사료들 모두가 중국인의 손으로 작성된 것들이기 때문이다. 그 대신 왜구(倭寇)의 노략질에 대해서는 아직도 경계하는 글을 싣고 있다.

> 왜국(倭國)의 풍속에, 청명절(淸明節) 이후부터 5월까지를 대신(大汛)이라 하고, 중양절(重陽節) 이후부터 10월까지를 소신(小汛)이라 하는데, 조선과 중국을 노략질할 때는 반드시 이 시기를 타서 한다.[72]

아마도 왜구의 침입에 관한 한 좀처럼 얻기 어려운 유용한 정보를 여기 제세해 둔 것이 아닌가 하여 흥미롭다. 왜구의 노략질에 대한 경계심은 아직도 유효하다고 판단한 것이었을까.

그런데 한편, 역대의 '해동' 각국이 '상국(上國)'으로 받든 중국은 실로 유구한 역사 속에서 다양한 종족과 문화를 아우르는 세계 대국(大國)으로 군림해 온 까닭에, 바로 이웃하여 역시 오랜 문명국가를 꾸려 오

---

72 『海東繹史』 권40, 「交聘志」 8, 附通倭海路, "倭俗, 以淸明後至五月爲大汛, 重陽後至十月爲小汛, 其寇朝鮮·中國, 必乘此時(『日本紀』)."

면서도 종족과 영역이 상대적으로 작은 '해동'의 경우는 또 다른 세계사적 제약을 받지 않을 수 없게 되었다. 즉 이웃 중국의 세계사적 선진 문물을 수용하면서 그에 못지않는 문명국으로 발돋움하게는 되었지만, 또 한편으로는 중국의 기미정책(羈縻政策)에 순치(馴致)되면서 그 자체가 독자적 세계 대국(大國), 제1등의 문명국으로 상승하고자 하는 진취적인 꿈은 원천적으로 펼쳐 보기가 어려웠던 것이 아니었는가 하는 점이다.

> 기자(箕子)가 봉해졌던 조선 지역에서는 본래부터 팔조(八條)의 가르침을 잘 알았다. 이에 그 남자들은 예의로 행동하고, 부인들은 정숙함을 지키며, 음식을 먹을 때는 변두(籩豆)를 사용하고, 길을 가는 자들은 서로 길을 양보한다. 그러니 참으로 여러 잡다한 오랑캐 족속들이 이마에 자자(刺字)하고 발에 굳은살을 지우며, 변발(辮髮)을 하고 횡폭(橫幅)을 입으며, 부자(父子)간에 서로 잠자리를 같이하고 친족이 관곽(棺槨)을 같이하는 등의 편벽되고 괴이한 경우와는 다른 것이다. 한(漢)나라 무제(武帝)가 사군(四郡)을 설치하면서부터는 신첩(臣妾)의 나라로 내속(內屬)하여 중화(中華)의 정치 교화에 점차 물들어졌다. 비록 위(魏)나라를 거치고 진(晉)나라를 지나면서 시대의 기복에 따라 잠시 이탈하고 합쳐지기는 하였으나, 마음속에 뿌리박은 의리는 없어진 적이 없었다. …… 중국에서 볼 때 고려 사람들은 바다 한구석에 사는 후(侯) · 백(伯)〔과 같은 제후(諸侯)〕의 나라에 사는 사람들이다. 그런데 지금은 그들 문물의 성대함이 이와 같으니, 이는 대개 (중국의) 좋은 감화에 물들은 소치이다. 이 또한 위대하지 않은가(『고려도경(高麗圖經)』).[73]

---

73 『海東繹史』 권28, 「風俗志」, 雜俗.

조선은 홍무(洪武) 이래로 중국 조정을 섬기는 것이 공손하여, 세시(歲時)에 조공하는 것 이외에도 경축하고 위로하고 은혜에 사례하는 행사가 수시로 있어서 사신의 행차가 길에 줄을 이었다. 이에 왕이 사위(嗣位)하면 사신이 가서 책봉하고, 큰일이 있을 경우에는 조선에 가서 조서를 반포하였다. 이는 다른 외이(外夷)들로서는 감히 바랄 수조차 없는 일이었다(『武備志』).[74]

(숙종)왕이 말하였다. "내가 이제 홍범(洪範)의 글을 강(講)하는데, 기자(箕子)는 무왕(武王)에게 도(道)를 전하여 이륜(彝倫)을 펴게 했고, 동방(東方)에 봉해지자 크게 교화(敎化)를 밝혀 예악(禮樂)과 문물(文物)이 찬연해졌으니, 서술할 만한 지경이 되었다. 우리 동국으로 하여금 지금까지 관대(冠帶)를 하고 능히 오상(五常)을 밝혀 소중화(小中華)의 칭호를 얻도록 한 것은 기자의 힘이었다."[75]

즉 중국과 같은 최선진 문명국으로 상승하기는 어렵다 하더라도, 중국의 문물을 수용하면서 중국을 성실하게 섬김으로써 중국에 버금가는 소중화(小中華)로서의 위상은 지켜 갈 수 있다는 것이 『해동역사』, 「교빙지(交聘志)」에 드러나는 '교빙'의 내실적 의미로 드러나 있음을 깨닫게 한다. 그 의미란 것이 시대에 따라 다소 달라지는 경우도 있었겠지만, '상국(上國)에 대한 조공(朝貢)'이라는 관념이 가장 보편적으로 지속되고 있었던 것임은 명백하다 할 것이다. 다만 18세기 말~19세기 초라고 하는 세계사적 변동의 시대를 맞아 『해동역사』는 대중국 외교관계 분류사

---

74 『海東繹史』 권36, 「交聘志」 4, 朝貢 4.

75 『肅宗實錄』, 「肅宗大王行狀」, "王曰 '予今講『洪範』書, 箕子傳道於武王, 以敍彝倫, 及其受封于東, 大明敎化, 禮樂文物, 燦然可述. 使我東國, 至今冠帶, 克明五常, 以得小中華之稱者, 箕子之力也.'"

의 제명을 '사대(事大)'가 아닌 '교빙(交聘)'이라는 술어로 변용해서 사용하기에 이르렀던 것으로 살펴진다.

그런데 그와 같이 '상국에 대한 조공'을 신실하게 이행하고 혹은 중국의 기미(羈縻)정책으로 인해 독자적 발전에 장애를 받기도 한 '해동' 지역은 결국 자포자기적인 '소아적(小兒的)' 세계관을 결코 탈피하지 못하게 되고 말았다고 하는 것이 『해동역사』의 사관(史觀)으로 자리 잡고 있는가.

가령 신유학이라는 중세적 보편주의를 집대성한 주자(朱子)의 경우, 고려는 풍속이 좋다고는 하지만 "그래도 만이(蠻夷)의 풍습을 띠고 있다."고 말하였다.[76] 그러나 『해동역사』는 중화(中華)와 이적(夷狄)이 이질적(異質的)이라고 하는 그 같은 낡은 세계관을 단연코 부정한다. 앞서 언급한 바 있지만, 『해동역사』의 편찬 당시는 서양 문명의 수용과 더불어 실학(實學)이 전개된 시기였다. 실학에서는 한 개인이건 혹은 그가 소속한 공동체로서의 국가이건 그 현실적 실체, 즉 현실적 자아(自我)의 주체성에 관한 새로운 세계관적 각성이 고도로 전개되고 있었다.

실상 『해동역사』는 세계의 최대 · 최선진의 문명국으로 군림해 오던 중국조차, 이미 동서 문화 교류의 시대를 맞아 더 선진인 서양식 문물을 수용하지 않을 수가 없게 되었다는 사실을 직시한다. 앞서 제시한 그대로 중국은 이미 17세기부터 서양인이 만든 역법(曆法)인 시헌력(時憲曆)을 수용하지 않을 수가 없게 되었는데, 그 까닭인즉 그 새로운 '역법이 극히 정밀'한 것이었기 때문이다. 이제 중국은 결코 최대 · 최선진이 아

---

76 『海東繹史』 권28, 「風俗志」, 雜俗, "或問, 高麗風俗好? 曰終帶蠻夷之風(『朱子語類』)." 뿐만 아니라 朱子는, '夷狄은 人間과 禽獸의 중간적 존재이므로 그 混濁한 氣質을 고쳐 온전한 天命之性을 회복하기는 어렵다.'고 말하였다. "夷狄, 便在人與禽獸之間, 所以終難改."(『朱子語類』 4, 性理 1, 「人物之性 · 氣質之性」)

니었다. 세계는 바야흐로 문화 · 문명의 다원화(多元化) 시대로 전환하고 있었다.

'해동' 지역의 역사라 하여 그 같은 새로운 시대와는 별개의 세계에서 잠잘 수야 있겠는가. 더구나 '상국(上國)에 대한 조공'을 성실히 실행하면서도, 동이족(東夷族)은 워낙 천성이 인선(仁善)하고 예의가 바른 데다 실상 중국 못지않은 독자의 문화적 성취를 이룩해 오고 있었다는 사실을 『해동역사』는 그 「풍속지(風俗志)」를 통해서 증언한다. 우선 『해동역사』는 굳이 중국 원조(元祖) 정사(正史)의 하나인 『한서(漢書)』의 기사를 이끌어다 그러한 사실의 객관성을 역설한다.

> 기자(箕子)가 조선(朝鮮)으로 가서 그곳의 백성들에게 예의(禮義)와 전잠(田蠶) · 직작(織作)을 가르쳤다. 낙랑과 조선의 백성들에게는 범금팔조(犯禁八條)가 있었다. 그 때문에 이곳 백성들은 서로 도둑질하는 일이 없어 집의 대문을 걸어 잠그는 일이 없고, 부녀자들은 정숙하여 음란하지 않았다. …… 동이족은 천성이 유순해서 다른 세 변방의 오랑캐와는 다르다. 그러므로 중국에서 도(道)가 행해지지 않는 것을 애석하게 여긴 공자(孔子)가 뗏목을 타고 바다를 건너가 구이(九夷)의 땅에서 살고자 한 것은 그 까닭이 있는 것이다.[77]

대체 인간이 생겨난 이래 가장 큰 성인(聖人)이라고 하는 공자(孔子)조차 중국보다는 차라리 구이(九夷) 쪽으로 가서 살고 싶다는 뜻을 피력한 바 있었다. 또한 도(道)가 실현되지 않는 중국에 사느니 차라리 해

---

77 『海東繹史』 권28, 「風俗志」, 雜俗, "…… 東夷天性柔順, 異於三方之外. 故孔子悼道不行, 設桴於海, 欲居九夷, 有以也(『漢書』)."

외(海外)로 떠나가야겠다고 말하였다. 이는 모두 『논어(論語)』에 공자 자신의 말씀으로 실려 있는 내용 아닌가.[78] 아마도 『해동역사』가 전하고자 하는 것은, 원래 구이(九夷)의 고장인 조선(朝鮮) 땅이야말로 어쩌면 도(道)를 실현할 가능성을 바라볼 수도 있는, 인간이 인간답게 살아갈 만한 희망을 간직하고 있는 곳이라는 확신이 아니었는가 하고 살펴진다.

『해동역사』는 더 나아가 중국 명(明)나라 개국 당시의 으뜸가는 학자로서 명나라 일대의 예악(禮樂)을 제정하기도 한 송렴(宋濂, 1310~1381)의 '해동'에 대한 인식도 마찬가지임을 전한다.

> 고려는 바로 기자(箕子)의 나라이다. 위에는 존귀한 자가 있고 아래에는 등급에 따른 질서가 이루어져 있어, 참으로 선왕(先王)의 유풍(遺風)을 간직하고 있다. 그러니 바로 그들을 중하(中夏)로 대하여야 마땅할 것이요, 다른 외국(外國)의 예로 말해서는 안 된다.[79]

여기서 말하는 '선왕(先王)의 유풍(遺風)'이란 무엇을 가리키는가. 그것은 인류 역사에서 가장 이상적인 것으로 동경하는 삼대(三代)의 '선왕들이 구현한 왕도(王道)'를 가리킴이요, 공자가 그렇게도 실현하기를 추구한 도(道) 그것을 말함이다. '해동' 지역은 그 같은 '왕도의 유풍'을 간직하고 있는 곳이라고 하는 것이, 명(明)나라 초기 대표 학자의 지적이다.

---

78 『論語』, 「公冶長」, "子曰. '道不行, 乘桴浮于海.'"; 『論語』, 「子罕」, "子欲居九夷."

79 『海東繹史』 권28, 「風俗志」, 雜俗, "高麗乃箕子之邦. 上有常尊, 下有等衰, 實存先王之遺風. 正當以中夏視之, 未可以外國例言之也(『宋學士全集』)."

그리고 15~16세기의 명나라는 특히 진사(進士) 출신의 학자·관인들로써 조선왕국에 파견하는 사신을 삼았는데, 그들 또한 조선의 학자·관인들을 상대해 보고는 동일한 내용을 말하였다. "조선은 기자가 옛날에 봉해졌던 지역으로서, 해외의 추·로지방(鄒魯之邦)이다."[80]

'추·로지방'이란 바로 맹자와 공자의 고국이 아닌가. 조선 땅이 비록 '해동'에 위치해 있다 하더라도, 바로 이곳을 기반으로 하여 공자와 맹자의 학술과 도덕이 다시금 정채로운 번영을 누릴 수 있게 되기를, 『해동역사』는 아마도 간절히 대망하고 있었던 것으로 추찰된다.

그리고 『해동역사』의 「풍속지」는 또 한편으로 중국인의 눈에 비친 한국 특유의 풍속을 싣고도 있다. 한국인의 눈에는 범상한 것일지라도 외국인의 눈으로는 특이한 현상일 수 있기 때문에 일부러 채록한 사실들이 거기 해당한다. 가령 고대 국가들이 귀족적 지배체제를 구성하고 있었다는 것은 일반적이라 할 수 있는데, 그 가운데서도 한국 고대 신라의 경우를 본다면 소위 골품(骨品)제도라는 특이한 귀족제를 운용하고 있었다. 그 후 왕조가 바뀐 고려시대에 와서는 그러한 제도가 어떻게 변하였는가.

> 그곳(즉 고려) 사람들은 문벌(門閥)을 중요하게 여긴다(『송사(宋史)』).
>
> 고려의 풍속은 양과 돼지가 있기는 하지만 왕공(王公)이나 귀인(貴人)이 아니면 먹지 못하며, 가난한 백성은 해산물을 많이 먹는다(『고려도경』).
>
> 국관(國官)과 귀인(貴人)들 역시 큰 거리를 걸어서 지나가는데, 아전과 백성들이 그들을 보고는 모두들 길을 피한다(『고려도경』).
>
> 고려는 …… 사민(四民)의 업(業) 가운데에서 선비〔즉 유(儒)〕를 귀하게

---

80 『海東繹史』 권28, 「風俗志」, 雜俗, "朝鮮, 箕子舊封之地, 爲海外鄒·魯之邦(『皇華集』)."

여기므로, 그 나라에서는 글을 알지 못하는 것을 부끄럽게 여긴다(『고려도경』).

고려의 습속은 유학(儒學)을 숭상하여 어질고 유순하며, 죽이는 것을 싫어하여 형법(刑法)에는 참혹한 형벌이 없다. 다만 예모(禮貌)는 중국과 차이가 있다. 왕의 친족이나 귀척(貴戚)들을 만나면 땅바닥에 무릎을 꿇은 채 고개를 수그리고 있다. 나이 어린 사람이 나이 많은 사람을 만났을 경우에는 몸을 구부리고 고개를 수그리는 것을 예의로 여겨, 마치 중국 사람이 구적(寇賊)을 만나서 감히 얼굴을 쳐다보지 못하는 것과 같이 한다. 이것은 오랑캐의 풍속인데, 습관이 되어서 보통으로 여긴다(『삼재도회속집(三才圖會續集)』).[81]

주지하듯이 고려는 변방의 호족(豪族)에서 일어나 후삼국을 통합하기에 이른 새로운 중세 왕조였다. 그 통합 이전에 골품(骨品)을 지닌 구귀족들은 이미 모두 다 도태된 상태에 있었으므로, 고려왕조로 들어와서는 이에 행정 관료들을 전혀 새로운 방식으로 충원할 수밖에 없었다. 그래서 수용하게 된 것이 중국 측의 것을 모방한 과거(科擧)제도였다.

그런데 사료에 드러나는 바를 보면, 과거제도를 시행한 고려왕조 역시 새로운 문벌(門閥)제도가 다시 또 정착하여 별다른 귀족(貴族)층을 이루고 국가의 관인(官人)으로 진출하는 인습이 굳어지게 되었던 것으로 확인된다. 그리고 그들은 하필 관직으로 진출하지 않더라도, 글 읽고 선비 노릇 하는 유업(儒業)에 독점적으로 종사하면서, 생산업을 담당하는 만백성으로부터는 부러움을 사고 우러름을 받으며 살아가고 있었던 것으로 밝혀진다. 뿐만 아니라 일반 백성들이 '왕의 친족이나 귀척(貴戚)

81 모두 『海東繹史』 권28, 「風俗志」, 雜俗에 인용된 것들이다.

들'을 만나면 '땅바닥에 무릎을 꿇은 채 고개를 수그리는' 관행을 지켜 가고 있었다. 심지어 귀족이 아니면 양이나 돼지고기도 먹을 수가 없는 지경이다. 즉 귀족과 서민 양자의 사이는 이질적(異質的)이라 할 정도로 신분 등급의 격차가 확연하였다.

실로 고려의 문벌 귀족제도는 당시 송인(宋人)들의 눈에는 특이한 이질적 현상으로 비치게 되었고, 그래서 이를 기사화하기에 이르렀던 것이다.

그런데 고려에는 생산업과는 별개인 학문·관직에 종사하는 귀족층이 별도로 존속하고 있었으므로, 그들의 생업을 지탱시켜 줄 수 있는 예속 신분으로서의 노비(奴婢)층 또한 따로 유지하지 않을 수가 없었다. 국가는 호적(戶籍)제도와 노비법을 통해, 귀족이 자기 노비를 자손 대대로 세습해 가면서 사역·매매·증여·상속할 수 있다는 따위의 규정을 법제화해 두고 있었다.

그런데 그 후 중세 후기의 조선왕조로 내려와서도 역시 양반(兩班)이라는 귀족제도가 존속하기에 이르렀다. 15세기에 조선왕국으로 사행(使行)한 어느 중국의 관인은, "선대(先代) 때부터 일찍이 문무(文武)의 벼슬을 겸한 사람을 양반자제(兩班子弟)라고 부르는데, 이들에게는 다만 독서(讀書)하는 것만 허락하고 다른 기예(技藝)를 익히지 못하게 한다."[82]고 관찰하였다. 이 양반제도를 지탱하기 위해 조선왕국은 다시 또 어떠한 노비제도를 운용하기에 이르렀는가.

고려 말기인 14세기쯤에 와서는 농경(農耕) 방식에 발전이 일어나 구래의 휴경(休耕)농법을 지양하고 대체로 해마다 농사를 짓는 연작(連作)농법으로 전환하기에 이르렀다. 그에 따라 농경지의 상대 가치가 상승

---

82 『海東繹史』 권28, 「風俗志」, 雜俗 인용의 『조선부주(朝鮮賦註)』.

하고, 경작 노동력의 상대적 값어치 또한 크게 상승하게 되었다. 그래서 고려 말기에는 이전에 비해 전(田) · 민(民)의 쟁탈전이 걷잡을 수 없을 정도로 크게 일어났다. 그래서 그 결말은 곧 현재 경작하고 있는 '소경전(所耕田)'의 전주(田主) 1인만의 토지지배권을 인정하는 과전법(科田法)으로 구현되었고, 다시 정치적으로는 조선왕국이라는 새로운 왕조의 개창으로 귀결되기에 이르렀다.

그래서 조선왕조에 와서는 고려시대 '천자수모법(賤者隨母法)'의 경우보다도 훨씬 더 엄혹한 노비법이 제정되었다. 즉 부 · 모 가운데의 어느 한쪽이 노비이면 그 자자손손 모두를 노비로 삼는다는 '종천법(從賤法)'이 정착되기에 이르렀던 것이다.

이와 같이 한국사에서는 중국과 같은 '선진국'에서는 이미 소멸되고 없어진 지 오래인 귀족제도 및 그것을 사회경제적으로 뒷받침하기 위한 노비제도를, 새로운 왕조로 바뀔 때마다 새로이 재생산해 가면서 끈질기게 오래토록 유지하고 있었다. 그 같은 폐습을 국가가 새삼 법제로 규정하고 강화하면서까지 유지하고 있었다는 것은 곧 왕권과 귀족적 지배층의 상호 유착(癒着)관계를 통해 그들만의 영구 집권적 통치체제를 지속해 가고자 하는 시도가 왕조마다 간단없이 획책되고 작동하기에 이르렀다는 사실을 증언한다.[83] '해동' 지역에서는 각 왕조마다 500년 아니면

---

83 가령 조선 초기 專制王權을 추구한 世祖의 다음 말을 상기할 것이다. "傳敎하기를, '元勳大臣은 국가로 더불어 同體이다. 모든 백성은 모름지기 그들을 국가와 一體로 대해야 할 것이다.'"(『世祖實錄』, 세조 4년 8월 己卯). 그리고 함경도 李施愛의 반란을 제압한 직후 올려진 다음 疏章의 내용도 참조할 것이다. "中國은 堯임금으로부터 明나라에 이르기까지 무릇 23代 왕조인데, 우리나라는 檀君으로부터 지금까지 겨우 7代 왕조이다. 이는 단지 華 · 夷의 風俗의 순후함과 박함이 不同해서 그런 것이 아니다. 東方에는 大家世族이 中外에 布列해 있으므로 비록 姦雄이 나타나더라도 그 사이에서 틈을 엿볼 수가 없었기 때문이다. 대체 大家世族이 大家世族으로 행세할 수 있는 것은 그가 奴婢를 소유하고 있기 때문이다. 노비를 소유함으로써 內 · 外, 上 · 下의 分을 지킬 수가 있으며, 禮義廉恥

1천 년씩 오래 연명할 수 있었던 지반이 거기 있었던 것으로 이해된다.

그와 같은 귀족제도 · 노비제도의 폐습에 대한 근본적 반성과 개혁론이 일어난 것은 조선 후기 실학(實學)에 와서의 일이었다. 국가체제에 대한 근본적 개혁론이 일어나기에 이른 것도 실학의 역사적 문제의식에 와서였다.

『해동역사』가 중국 측 사료를 인용해 가면서 그 오래고도 끈질긴 귀족제도 · 노비제도 인습(因襲)의 특이성을 나열해 놓은 의도 또한 실학적(實學的) 문제의식의 발상에 속하는 것으로 추찰할 수 있겠다. 세계는 바야흐로 동서 문명이 조우하면서 새로운 변화의 시대를 맞이하고 있었던 것이다.

『해동역사』는 또한, 중국인의 눈에는 특이한 현상으로 파악된 고려인들의 경제적 생산관계가 특히 공가(公家)를 중심으로 하고서 운용되고 있었다는 사실을 기사화하고 있음도 주목된다. 이 역시 고려인들에게는 범상한 일이지만, 이국인의 눈에는 특이한 현상이어서 채록된 경우에 속한다.

> 고려는 공장(工匠)의 기술이 지극히 정교한데, 그 가운데 뛰어난 재주를 가진 자는 다 공가(公家)에 귀속된다. 복두소(幞頭所)나 장작감(將作監) 등이 그런 곳이다.[84]
>
> 고려는 …… 산림(山林)이 대부분이고 평평한 땅이 적다. 그러므로 경작하는 농민의 소득이 공장(工匠)의 기술을 따라가지 못한다. 주(州) · 군

를 양성할 수가 있고, 氣力을 왕성하게 유지하며 名望을 드러낼 수가 있다."(『世祖實錄』, 세조 13년 8월 己亥).

84 『海東繹史』 권28, 「風俗志」, 雜俗, "高麗, 工技至巧, 其絶藝, 悉歸於公, 如幞頭所 · 將作監, 乃其所也(『高麗圖經』)."

(郡)의 토산물은 다 공가(公家)로 들어가므로, 상인들은 멀리 나들이하지 않는다. 다만 한낮에 고을에 나아가 각자 자기가 가진 것을 가지고 자기에게 없는 것을 서로 바꾸면서, 이를 족하다고 여긴다.[85]

즉 고려에서는 공장(工匠)들의 산업기술이 지극히 정교한 수준을 지니고 있지만, 그들은 자기 기술을 자신의 의도에 따라 영업적으로 활용하는 독자적 생산주체로 자립하지는 못하고 모두가 공가(公家) 곧 국가기관에 귀속되어 있다.

또한 광활한 농경지가 없는 고려에서는 농가의 소경영 농업이 공장(工匠)의 산업기술의 이득을 따라갈 수가 없다. 그리고 각 지방 주(州)·현(縣)의 우수한 토산물은 모두 국가기관에 바쳐야 하는 까닭에, 상품(商品)으로 유통될 여지가 없다. 그러므로 상인들도 멀리 나다니면서 적극적으로 상품을 유통시켜 큰 이득을 취하고자 하는 일은 감행하려 들지 않는다. 겨우 가까운 읍내에 나가 물물교환이라는 소규모 생업에 종사하는 것을 족하게 여기며 살아간다고, 사료는 전한다.

'지극히 정밀한' 수준의 기술을 가진 장인(匠人)이라면 독자의 자립적 영업을 통해 더 큰 이득을 취하고자 할 것임이 명백한데도 고려의 기술자들은 의연 관역(官役)에 사역(使役)되는 관행을 지켜 가고 있었다. 그러니 그것은 그들 기술자를 국가가 제도적으로 국가기관에 예속(隸屬)시켜 두고 관역 위주로 사역시키고 있었다는 실상을 말해 준다. 무릇 생산기술의 동원을 국가기관 위주의 사역(使役)체계로 제도화한다는 것은,

---

85 『海東繹史』 권28, 「風俗志」, 雜俗, "高麗, …… 山林居多, 地鮮不曠. 故耕作之農, 不迨工技. 州郡土産, 悉歸公上, 商賈不遠行, 唯日中則赴都市, 各以其所有, 易其所無, 熙熙如也(『高麗圖經』)."

역사적 사리로 보아, 역시 왕권과 지배층의 강고한 유착관계로 말미암은 특이한 행태였다는 것으로 풀이할 수밖에 없다.

무릇 '해동'의 역사에서 그와 같은 국가기관 및 지배층 위주의 기술 사역체계에 대한 구조적 개혁론을 비로소 제기한 것이 조선 후기의 실학에 와서였다는 사실[86] 또한 여기서 깊이 참고할 필요가 있을 것이다.

그리고 고려에서는 각 지방의 우수한 토산물이 별도의 상품으로 전환될 여지도 없이 모두 국가기관으로 들어가고 있었다는 현상의 의미 또한 다시금 생각해 볼 필요가 있다. 그것은 고려시대뿐 아니라 조선 후기에 이르는 오랜 기간 동안, 각 지방의 우수 토산물을 공물(貢物)로 지정해 두고 그 독점적 강제 징수(徵收)를 통해 국가재정을 지탱하도록 강제한 공납제도(貢納制度)를 가리키는 것이었다.

공납제는 국가의 징세(徵稅) 형태 가운데서 가장 큰 비중을 차지하면서도 그 부과와 징납의 전 과정이 극히 애매한 관행으로 강제되고 있었다. 그래서 민생의 부담을 가장 크게 가중시키게 마련이요, 동시에 상품경제의 발전을 원천적으로 저해하는 강제 조항이었다.

그것은 조선왕조로 들어와 공물의 대납(代納) 권한을 장악함으로써 독점적 폭리를 취하는 소위 방납(防納)이라는 더욱 번폐스런 인습으로 변하였지만, 그 방납행위를 일삼는 세가(勢家) 등 지배층의 비호를 받으

---

86 『磻溪隧錄』 권1, 「田制」 上, "『經國大典』에는 서울 안의 工匠들에게서도 역시 稅를 받는다고 되어 있다. 그러나 지금(17세기)은 서울 안의 工匠들은 모두 일정한 稅가 없고, 다만 官에서 使役할 경우가 생기면 닥치는 대로 잡아다 일을 시키는데 그 代價로 주는 삯은 매우 적다. 더구나 外方의 경우는 稅가 있고 없고를 막론하고 所聞 나는 대로 잡아다 억지 일을 시킬 뿐이다. 官府가 이미 이같이 하니 勢家 兩班들 또한 그것을 본받아, 응당한 삯을 쳐 주지 않는다. 그러므로 工匠을 業으로 하는 자들은 오히려 자기 才能이 소문날까 봐 두려워한다. 그 때문에 온갖 工匠의 技藝에 法度가 없어지고 거칠어져 모양새를 이루지 못하게 되었다. 그것이 온 나라의 習俗으로 되고 말았으므로 사람들은 거기에 마음과 눈이 익숙해져 그것이 거칠고 조잡하다는 것을 알지도 못하게 되었다."

면서 군이 시행되어 갔다.[87] 또한 토산물 대신 토지 소유에 따른 미납(米納)으로 일괄 전환하고자 하는 변통책이 일어나기도 하였으나, 새삼 큰 부담을 안게 될 양반 지주(地主)층의 반대에 봉착하여 좀처럼 변통을 꾀하기조차 어려웠다. 그래서 마침내 임진왜란과 같은 전대미문의 참화를 겪고 나서야 그나마 점차 변통의 과정을 거친 끝에 드디어 대동법(大同法)으로 전환할 수가 있었다.

(2) 「예문지(藝文志)」의 고찰

『해동역사』가 「교빙지(交聘志)」와 함께 가장 많은 지면을 할애하여 서술한 분류사 분야는 「예문지(藝文志)」이다. 그런데 「예문지」는 『해동역사』의 권42(「예문지」 1)에서 권59(「예문지」 18)까지의 18권에 이르는 방대한 분량을 차지하고 있어, 단순 비교로는 오히려 「교빙지」의 두 배에 이르는 훨씬 큰 비중을 점하는 것으로 되어 있다. 그렇게 큰 분량을 차지하게 된 배경은, 전근대 한국의 외교관계가 오로지 중국만을 중심으로 해서 전개되어 왔고, 바로 그 같은 외교관계에서 상호 주고받은 문자들을 수습해서 편찬한 분야가 곧 여기 「예문지」로 귀속되었기 때문이다.

먼저 「예문지」 1 · 2는 '본국서목(本國書目)'이라 하여, 김부식의 『삼국사기』, 정인지의 『고려사』 등의 정사(正史)라든가 『경국대전』, 『대전속록(大典續錄)』과 같은 기본 법령집, 혹은 허준(許浚)의 『동의보감(東醫寶鑑)』과 같은 기본 의서(醫書)라든가 고려 및 조선왕국의 개인 문집(文集)들을 다수 수록하고 있다. 또 가령 『고구려비기(高句麗秘記)』라든가 『고려일력(高麗日曆)』과 같은 현전하지 않는 특수한 서목도 들어 있다.

---

87 朴道植(2011) 참조.

그런데 이 '본국서목'에 수록된 서명들은 무엇보다 중국 측 자료에 실려 있는 것들이므로, 대표적인 '본국서목'들을 망라하는 것이 결코 아니었다는 사실을 주의해야 할 것이다.

또 한 가지 주목할 만한 것은 '훈민정음(訓民正音)'에 관한 항목을 설정하여 새로운 고찰을 시도하였다는 사실이다. 훈민정음은 이미 서민들의 일상 생활에서는 보편적으로 사용되고 있는 문자였으며, 그래서 조선 후기의 실학에서도 이에 관한 새로운 연구가 일어나고 있었다. 신경준(申景濬, 1712~1781)의 『훈민정음운해(訓民正音韻解)』라든가 유희(柳僖, 1773~1837)의 『언문지(諺文志)』가 그것이다. 그러나 이는 아직도 훈민정음 자체의 국어학적 연구가 아니라 주로 한자(漢字)의 음성을 나타내는 음성기호로서의 기능을 우선적으로 연구한 것이었다.

『해동역사』 역시 훈민정음의 표음문자 기능을 크게 평가하고 있었다.

> 살피건대, 언문(諺文)은 바로 우리나라의 훈민정음이다. 세종(世宗) 병인년(1446, 세종 28)에 상(上)이, 외국에는 모두 그 나라 국음(國音)의 문자가 있어 그것으로 그 나라의 말을 기록하는데 우리나라만은 유독 없다고 하시면서, 드디어 전주(篆籒)를 모방하여 28자모(字母)를 만들고 이를 부연하여 여러 글자를 만든 다음, 대궐 안에 국(局)을 설치하고 정인지(鄭麟趾) · 성삼문(成三問) · 신숙주(申叔舟) 등에게 명하여 찬정(撰定)하게 하였다. 그때 황명(皇明)의 학사(學士) 황찬(黃瓚)이 죄를 짓고 요동(遼東)에 유배 와 있었는데, 성삼문 등에게 명하여 그곳으로 가서 물어보게 하였다. 그러나 글자를 만든 묘한 원리는 실로 우리 성상(聖上)의 생각에서 나온 것이다. 무릇 언서(諺書)가 나오면서부터 모든 나라들의 어음(語音)이 통하지 않는 것이 없으며, 또 삼경(三經)과 사서(四書)를 모두 언문으로 해석하여 금석(金石)과 같이 굳게 지켰다. 그러니 성인(聖人)께서 처음으로 글

자를 창제한 공이 크다고 하겠다.[88]

『해동역사』는 가령, 일본인이 한문으로 된 고전을 독해하는 과정에서 일어나기 쉬운 성음(聲音)의 착오를, 우리나라 『언문천자문(諺文千字文)』의 성음(聲音) 표기법에 의거하는 방법을 통해 해결할 수 있었다는 사례를 소개하고도 있다.

> 내가 정현(鄭玄)이 주(註)한 『효경(孝經)』을 판각하다 보니 발성(發聲)에 뜻이 다를 경우에는 으레 점을 찍었다. 그런데 근래에는 어린 선비들이 사성(四聲)을 읽는 법에 어두워 도치(倒置)되는 경우가 있다. 이에 내가 새로운 생각을 내어, 상성(上聲)과 거성(去聲)에는 점을 찍고, 뜻이 다를 경우에는 반점을 찍으려고 하였다. 그런데 근래에 조선에서 판각한 『언문천자문(諺文千字文)』을 보니, 내가 새로 생각한 것과 같이 상성과 거성에 점 찍기를 해 놓았다. 그래서 거기 따라 찍기로 정하였다(「일본인 『효경(孝經)』 범례(凡例)」).[89]

실로 훈민정음이 나온 이후로는 '모든 나라들의 어음(語音)이 통하지 않는 것이 없으며, 또 삼경(三經)과 사서(四書)를 모두 언문으로 해석하여 금석(金石)과 같이 굳게 지켜' 갈 수 있게 되었다.

그런데 훈민정음의 이 같은 활용 방법은 아직도 극히 작은 일부의 기

---

88 『海東繹史』 권42, 「예문지(藝文志)」 1, 경적(經籍) 1, 本國書目 1, 訓民正音.

89 『海東繹史』 권42, 「예문지(藝文志)」 1, 경적(經籍) 1, 本國書目 1, 訓民正音, "余刻鄭註『孝經』, 發聲例點其異義. 近來蒙士, 暗於四聲讀法, 用倒置也. 故余刱意, 點上・去兩聲, 異義用半點. 近時, 朝鮮所刻, 『諺文千字文』, 點上・去二聲, 如余刱意, 故定以從之(「日本人『孝經』凡例」)."

능만을 활용하는 단계의 수준에 불과한 것이었다. 그 전체적 기능은 앞으로 실생활에서의 활용 여하를 따라 더욱 개발되기를 기대할 수밖에 없는 일이었다.

그리고 나아가 「예문지」 3은 중국에서 간행된 경(經) · 사(史) · 자(子) · 집(集)의 여러 서목들을, 「예문지」 4는 수(隋) · 당(唐) 이래 청(淸)나라 초기까지 '해동'에 파견된 중국 사신들의 한국 관련 견문록을 엮은 서목들을 수록하였다. 그리고 「예문지」 5의 '서법(書法)'은 한국과 중국 사이의 서법(書法)의 수용 관계를, '비각(碑刻)'은 중국인이 주도해 세운 비석으로서 '해동' 지역에 남아 있는 것들을, '화(畵)' 역시 양국 사이에 수용된 그림들에 관한 서술이다.

「예문지」 6 · 7 · 8은 '본국시(本國詩)'라 하여 위로는 기자(箕子)가 주(周)나라에 조회하러 들어갈 때 '은허(殷墟)'를 지나면서 곡식 싹들이 돋아나 있음을 보고 읊었다는 「맥수가(麥秀歌)」로부터 이후 삼국 · 고려의 역대를 거쳐 조선왕조 후기 어느 기녀(妓女)의 영탄(詠嘆)에 이르기까지를 수록해 놓았다.

그런데 기자(箕子)의 출생은 중국인데도 그의 시가(詩歌)를 '본국시'로 분류해 놓은 것은 흥미로운 일이라 하지 않을 수 없다. 기자의 출생은 중국이지만 '조선' 땅에 봉해져 소위 '기자조선'의 군주로서 일생을 마쳤고, 따라서 그의 무덤이 조선 땅에 남아 있게 된 것은 지극히 당연한 일이었다. 『해동역사』의 '속편' 「지리고」를 서술한 한진서의 '기자묘(箕子墓)' 고증을 살피면 다음과 같다.

> 진서(鎭書)가 삼가 살피건대, 『평양부지(平壤府志)』에, "기자묘는 부의 성 북쪽 토산(兎山) 위에 있다. 묘 앞에 작은 철비(鐵碑)가 있는데, 전면에 '기자묘(箕子墓)'라고 제(題)하였다." 하였다. 두예(杜預)가 말하기로는 "양

> 국(梁國)의 몽현(蒙縣)에 기자총(箕子冢)이 있다."고 하였는데, 이는 틀린 말이다. 기자는 이미 조선에 봉해졌으니 어찌 몽현으로 귀장(歸葬)하였을 리가 있겠는가. 그러므로 『명일통지(明一統志)』에는 "몽현에는 기자묘가 없다."고 하였는바, 이것이 맞다. 『청일통지(淸一統志)』에는 이미 "평양에 있다."고 해 놓고서 또다시 이르기를, "기자묘는 귀덕부(歸德府) 상구현(商邱縣)의 북쪽에 있다."고 하였으며, 또 『수경주(水經注)』에 나오는 '몽현(蒙縣) 박성(薄城) 서쪽의 기자총(箕子冢)'과 『환우기(寰宇記)』에 나오는 '송성현(宋城縣) 북쪽의 기자총' 및 진복도(晉伏滔)의 『북정기(北征記)』에 나오는 '박(亳)과 몽(蒙) 사이에 있는 기자총'을 인용하여 변증하였다. 이것은 모두 잘못된 두예의 설을 답습하면서 앞뒤가 서로 모순된다는 것을 깨닫지 못한 것이니, 잘못됨이 심하다.[90]

물론 평양성 북쪽에 존재한다는 '기자묘'가 과연 객관적으로 '기자의 무덤'의 실체 그것인가의 문제는 별도로 고찰해야 할 과제이다.

그런데 기사에서 드러나는 그대로, '조선에 봉해진 기자'는 조선에서 군주로 오래 있으면서 이미 조선인이 되어 작고하였으니 조선 땅에 묻혔을 것임이 지극히 타당한 일이다. 무엇보다도 기자의 역사적 현장(現場)을 두고 논해 본다면, '기자조선'의 수도가 위치한 평양성 부근에 기자묘가 있을 것임이 이치상 필연적이라고 할 수밖에 없다. 이는 중국 측 자료를 가지고서도 결코 밝힐 수 있는 성격의 것이 아님이 명백하다

---

90 『海東繹史』 권21, 「禮志」 4, 喪禮, 附山陵, "鎭書謹按, 『平壤府志』, 箕子墓在府城北兎山上, 墓前有小鐵碑, 題曰'箕子墓.' 杜預云, '梁國蒙縣有箕子冢,' 此誤也. 箕子旣封朝鮮, 則寧有歸葬蒙縣之理? 故『明統志』云, '蒙縣無箕子墓'者, 是也. 『淸統志』, 旣云'在平壤,' 又云 '箕子墓在歸德府商邱縣北,' 又引『水經注』'蒙 · 薄城西箕子塚,' 『寰宇記』'宋城縣北箕子冢,' 晉伏滔『北征記』'亳 · 蒙間箕子冢'以辨證之. 此皆祖杜說之誤, 而不覺前後之矛盾, 誤甚."

할 것이다.

「예문지」 9는 중국에 있다가 귀국하는 본국인에게, 혹은 본국으로 파견되는 중국 사신에게 중국인들이 부쳐 준 시(詩)들을 모아 둔 내용이요, 「예문지」 10은 역대의 중국인들이 '해동'의 역사라든가 경물(景物)을 보고 감회를 읊은 내용으로 이루어져 있다. 그리고 「예문지」 11 · 12는 모두 역대 '해동' 각국의 국왕이라든가 대신들이 중국에 보낸 외교문서로 이루어져 있다. 「예문지」 13은 역대 중국의 황제들이 '해동' 각국의 국왕들에게 보낸 외교문서요, 「예문지」 14는 수(隋) · 당(唐)의 군주들이 고구려를 정토하겠다는 성토문을 수록하였다. 그리고 「예문지」 17은 송(宋)나라의 서긍(徐兢)으로부터 명(明)나라의 동월(董越)에 걸치는 중국 사신들의 기행록(紀行錄) 4편을 수습해 놓았다.

『해동역사』 권56 · 57의 「예문지」 15 · 16은 수(隋) · 당(唐) · 송(宋) · 원(元) · 명(明)의 중국 정신(廷臣)들의 '해동' 각국을 통제해야 한다는 논의라든가 혹은 '해동'의 인(人) · 물(物)을 찬양하는 글들을 싣고 있다. 그 가운데 송(宋)나라 소식〔蘇軾, 즉 소동파(蘇東坡)〕이 건의한 고려에 대한 억압적 외교정책 노선을 살펴볼 필요가 있다. 소동파는 항주(杭州)의 지사(知事)로 있을 때부터 예부상서(禮部尙書)로 현달한 후까지도 줄기차게 고려의 중국 사행(使行)을 억제해야 한다는 주소(奏疏)를 올린 바 있었다. 그는 심지어 고려가 거란(契丹)의 '심복(心腹)'이 되어 있다고 하는, 객관적 사실과 다른 근거까지 내세우면서[91] 배척 정책을 펼칠 정도로 국제 정세에 어두운 편이었다. 그리고 고려는 거란의 '여국(與國)'이므로 그 사신들의 출입을 극도로 제한할 것이며, 서적의 구매(購買)도

91 『海東繹史』 권56, 「藝文志」 15, 蘇軾論高麗買書利害箚子, "…… 況海外之裔夷, 契丹之心腹者乎?(『東坡集』)."

결코 허용치 말아야 한다는 논란을 끝까지 펼치고 있었다.

> 신이 우려하는 것은 서책이 고려에 들어가 쌓이고 북로(北虜)로 흘러 들어가, 적국 사람들로 하여금 우리 중국 산천(山川)의 험요(險要)와 변방(邊防)의 이해(利害)에 대해 두루 알게 하지 않을까 하는 점이 지극히 큰 걱정거리입니다. 비록 이전에 서책을 (고려에) 내려 주었다고는 하지만, 그것은 지난날의 잘못된 계책입니다. 그러니 지금부터라도 중단하는 것이 그들에게 계속 사 가도록 허용하여 전혀 금법이 없는 것보다는 오히려 나을 것입니다.[92]

물론 송나라는 국력이 약하여 중원 땅 전체를 통합하지도 못했을 뿐더러, 또한 끊임없이 북로(北虜)의 침략을 받고 변고를 당하는 처지여서 그 같은 경계심을 늦출 수가 없었을 것으로는 짐작된다. 그래서 더욱 국제 정세에 어두워졌는지도 모를 일이다. 그러나 고려가 거란의 '여국'이라거나 그 '심복'이라고 하는 논조는 객관적 사실과 완전히 어긋나는 것이었다. 거란의 부당한 침략을 전면적으로 격퇴한 고려의 귀주대첩(龜州大捷)과 같은 거대한 승전의 소식조차 전혀 알지도 못한 채, 거의 맹목적 곡해를 되풀이하고 있음을 보여 주는 일이었다.

더 나아가 『해동역사』의 「예문지」 가운데에는 조선과 명(明) 양국 각기의 정치적 변란 처리 과정에 관한 역사 기록을 대비하여 논란한 비교사적(比較史的) 기사를 싣고도 있어, 자못 눈길을 끌기도 한다.

---

92 『海東繹史』 권56, 「藝文志」 15, 蘇軾論高麗買書利害箚子 又, "高麗, 契丹之與國. 臣所憂者, 文書積於高麗, 而流於北虜, 使敵人周知山川險要 · 邊方利害, 爲患至大. 雖曾賜予, 乃是前日之失. 自今止之, 猶賢於接續許買, 蕩然無禁也(『東坡集』)."

즉 고려 말의 변란기를 맞아 신흥 세력으로 등장한 이성계(李成桂)의 제5자(子) 이방원(李芳遠)은 정치적 적대관계에 있는 정몽주(鄭夢周)를 격살(擊殺)하여 제거한 일이 있었다. 그러나 후일 그가 조선왕국의 3대 왕〔즉 태종(太宗)〕으로 등극한 후에는 곧 정몽주의 관작을 회복시키고 '문충(文忠)'이란 시호를 내림으로써, 사절(死節)로 충성을 다한 그를 숭앙하도록 하는 정책을 펼치기에도 이르렀다.

그런데 중국 명(明)나라 태조 주원장(朱元章)의 제4자인 연왕(燕王) 주체(朱棣)는 소위 '정난(靖難)의 변'을 일으켜 당시의 수도인 남경(南京)으로 쳐들어갔는데, 남경성의 함락 과정에서 그의 조카인 혜제(惠帝)〔즉 건문제(建文帝)〕가 자폭해 죽고 '연왕' 자신은 태종(太宗)황제〔즉 영락제(永樂帝), 나중에 성조(成祖)로 개칭〕로 등극하였다. 그런데 그는 '정난(靖難)의 변'을 추진하는 과정에서 자신의 '찬역(簒逆)'을 반대하는 방효유(方孝孺, 1357~1402)라는 거유(巨孺)를 처참히 살해했을 뿐 아니라 그 일족과 문인 등 수백 명을 처형하고 그 가속들을 적몰하였다. 그러고는 자신의 제위(帝位) 기간에는 끝내 조금도 사면하지 않았다.

그런데 후일 청(淸)나라 초기의 문인 주이존(朱彛尊)이 『고려사』를 읽어 보고는 조(朝)·명(明) 양국의 그와 같은 정치적 변란의 처리 과정의 차이를 대비시켜 서술해 둔 바 있는데, 그 후 『해동역사』가 그것을 인용하여 사실(史實)로 기사화하기에 이르렀다.

> (명나라의) 정난(靖難) 군(君)·신(臣)들이 『태조실록』을 개수(改修)한 것은 방효유(方孝孺)로 인해서인데,[93] 그 부친인 방극근(方克勤)은 순리(循

---

93 明의 『太祖實錄』의 編纂 總裁가 곧 方孝孺였기 때문이다(『明史』 141, 「方孝孺列傳」, "及惠帝卽位 …… 修『太祖實錄』及類要諸書, 孝孺皆爲總裁."). 『明史』, 「成祖本紀」를 보면 永

史)로 『명사(明史)』에 입전(立傳)되어 있는데도 방효유의 충의(忠義) 사실을 기록하지 않았다. 또 황관(黃觀)과 경청(景淸)이 『서전회선(書傳會選)』을 찬수(撰修)하면서 그 이름을 삭제해 버렸고, 또한 "방선생(方先生)이 머리를 조아리고 애걸하였다."라고 무훼(誣毁)해 놓았다. 그런데 (조선왕국의) 정인지(鄭麟趾)가 편찬한 『고려사』를 보면, 정몽주(鄭夢周)가 이성계(李成桂)를 죽이려고 도모하였으나 이루지 못하고 이방원(李芳遠)에게 피살되었다. 그런데 이방원은 오히려 정몽주의 관작(官爵)을 추증하고 시호(謚號)를 내려줄 줄 알았으며, 정인지 등도 역시 그 사실을 직서(直書)하였다. 이는 찬절(簒竊)한 이방원〔李芳遠, 즉 태종(太宗)〕이 장릉〔長陵, 즉 성조(成祖) 영락제(永樂帝)〕보다도 현명하며, 하국(下國)의 사관(史官)이 양사기(楊士奇)[94]의 무리에 비해 훨씬 더 나았던 것임을 보여 준다. 탄식할 만한 일이다.[95]

방효유(方孝孺)는 "문예(文藝)를 말단으로 여기며 항상 왕도(王道)를

樂 9년(1411) 冬10월에 "復修『太祖實錄』."이라 하였고, 다시 永樂 16년(1418) 夏5월에 "重修『太祖實錄』成."이라 하였다.

94 楊士奇(1365~1444)는 明나라 초기 文臣. 1399년 『太祖實錄』을 편찬할 당시 천거를 받아 翰林院에 들어가고, 成祖 永樂帝의 즉위(1403) 후 楊榮과 함께 內閣에 들어가 機務에 참획. 이후 永樂 · 洪熙 · 宣德 · 正統의 4朝에 歷仕. 그 사이 『歷代名臣奏議』를 편찬하고 특히 『太祖實錄』의 改修라든가 『太宗實錄』, 『仁宗實錄』, 『宣宗實錄』의 편수에서 언제나 總裁를 맡았다.

95 『海東繹史』 권43, 「예문지」 2, 經籍 2, 本國書目 2, 鄭麟趾『高麗史』, "靖難君臣, 改修明『太祖實錄』, 因方孝孺, 而其父克勤, 循吏也, 乃沒其實. 黃觀 · 景淸, 修『書傳會選』, 而削其名, 且誣方先生叩頭乞哀. 觀于〈鄭麟趾『高麗史』, 夢周圖李成桂, 不克, 爲芳遠所殺, 芳遠猶知贈官易名,〉 麟趾等亦直書其事. 是簒竊之芳遠, 賢于長陵, 而下國之史官, 勝于楊士奇輩多矣. 可歎也夫(『曝書亭集』)." 인용 가운데의 〈 〉부분이 『해동역사』에는 "鄭麟趾『高麗史』, 夢周猶知增官易名."으로 되어 있는데, 『曝書亭集』 권44, 「書『高麗史』後 又」에 따라 보충하였다. 그리고 '贈官易名'의 구체적 내용은 "大匡輔國崇祿大夫 領議政府事 · 修文殿大提學兼藝文 · 春秋館事, 益陽府院君, 謚文忠."(『高麗史』 권117, 「鄭夢周列傳」)이다.

밝히고 태평성대의 회복을 자신의 소임으로 삼은" 명(明)나라 초기의 독보적인 거유(巨儒)였다. 그가 성조(成祖)의 찬역(簒逆)에 결코 복종하지 않는다 하여 만약 그를 죽인다면 "온 천하의 독서(讀書) 종자(種子)가 끊어지고 말 것"이라고들 우려하는 부탁을 드렸고, 성조(成祖) 또한 그를 '선생'이라 경칭하면서 자신을 위해 즉위 조서(詔書) 써 주기를 부탁하였다. 그러나 그는 단연코 거부하고 죽음을 택하고 말았다.

이 '정난의 변'을 일으켜 영락제(永樂帝)로 즉위하는 과정에서 성조(成祖)는 방효유의 일족과 그 문인 수백 명을 처형하고 그들의 가속(家屬)을 모두 적몰(籍沒)하여 변경으로 내몰아 적수(謫戍)하도록 단죄하였다. 그러고는 22년(1403~1424) 동안이나 오래 통치하였지만, 변란에 관련된 어느 누구에게도 일체의 사면을 허용치 않았다.

단지 그 다음의 인종(仁宗, 1425~1426)이 즉위한 후 "건문〔建文, 즉 혜제(惠帝)〕의 제신(諸臣) 가운데 이미 현륙(顯戮)을 당한 사람들의 가속으로서 관(官)에 적몰되어 있는 자들은 모두 평민(平民)이 되도록 풀어 주고 그들의 토전(土田)도 돌려줄 것이며, 그 이외의 친척으로서 변경에서 적수(謫戍)하는 자는 1인만 수소(戍所)에 남기고 나머지는 방환(放還)토록 조처하였다. 그 후 150년이 더 지난 명나라 말기의 만력(萬曆) 13년(1580) 3월에 가서야 드디어 방효유에 연좌되어 적수(謫戍)하는 자들의 후예(後裔)를 석방하였는데, 절강(浙江)·강서(江西)·복건(福建)·사천(四川)·광동(廣東) 등지에까지 흩어져 있는 그들의 숫자가 무려 1천300여 명에 달하였다. 그러나 방효유는 대가 끊어져 무후(無後)하였다.[96]

명나라 성조(成祖)의 경우, 정치적 변란의 역사적 정리가 그렇게 편협

96 『明史』 권141, 「方孝孺列傳」. "神宗(1573~1619) 초에 詔書를 내려 建文帝의 忠臣들을 褒錄하여 南京에다 表忠祠를 세웠다."고도 덧붙여 놓았다.

하였을 뿐 아니라 다시 자기의 반역을 역사적으로 정당화하기 위해서 방효유가 총재로 되어 편찬한 『태조실록(太祖實錄)』을 개수(改修)하기까지에도 이르렀다. "영락(永樂)연간에 『태조실록』을 다시 편수한 것은 대체로 그 의도가 혜종(惠宗)의 군신(君臣)들이 죄(罪)가 있는 것으로 무훼(誣毀)하고, 정난(靖難)의 변(變)이 부득이한 것임을 밝히고자 한 것이었다."[97]는 기사가 그 사정을 적실히 전한다.

그런데 변란을 일으켜 제위(帝位)를 찬탈한 군주가 그렇게 사실(史實)의 왜곡을 감행하자 그 지배하의 식자층은 한 걸음 더 나아가 봉영(逢迎)하는 행태를 벌이고도 있었다. 즉 양사기(楊士奇)로 대표되는 당시의 문신들은 더 적극적으로 곡필(曲筆)을 휘둘러 사실을 날조적으로 무훼하기에 이르렀던 것이다. 그것은 곧 '하국(下國)의 사관(史官)'이 평상 지키고 있는 직서주의(直書主義)에 까마득히 못 미칠 뿐 아니라 오히려 자기 군주의 악(惡)을 더 깊게 하는 행태에 불과한 것이었다고, 위의 사료가 명백히 증언하는 바와 같다.

그런데 조선 초기에 『고려사』를 편찬하면서 천명한 '직서주의' 필법(筆法)이란 것은 대체 어떤 원칙을 기리킴인가. 실상 『고려사』를 보면, 원(元)나라 간섭 이전의 고려 국왕들은 스스로 '짐(朕)'이니 '조(詔)'니 하는 용어를 사용하고, 또한 신하가 왕을 호칭할 때에도 '폐하(陛下)'라는 용어를 사용하고 있었음이 드러난다. 이들 술어는 모두가 황제국(皇帝國)에서 사용하는 것들이다.

그래서 조선 초기 세종(世宗) 때 『고려사』 편찬의 원칙을 논의하는 과정에서는, 그와 같은 술어들의 사용에 관한 논란이 일어나지 않을 수

97 『欽定四庫全書』, 經部 二, 『書傳會選』, 「提要」, "蓋永樂中重修『太祖實錄』, 其意主於誣惠宗君臣以罪, 明靖難之非得已耳."

없었다. 더구나 세종임금은 국가 통치의 과정에서 중국에 대한 사대적 의례를 정성껏 시행하면서도 동시에 조선 만백성을 위한 독자적 문자인 훈민정음을 창제하고, 조선의 수도를 기준으로 하는 독자적 역서(曆書)를 제정하며, 조선 독자의 농서(農書)를 간행하는 등 주체적 국가제도를 한껏 정비하며 발양하고 있었다.[98] 그 같은 주체의식에서는 『고려사』 편찬 과정에서 부딛친 그 역사 술어의 용례에 관한 새로운 정리가 불가피한 일이었다.

그런 논의 과정에서 세종임금은 자신의 발의로 드디어 '직서주의 필법'의 원칙을 천명하기에 이르렀다. 즉 고려시대에 실제로 사용한 '짐(朕)'·'조(詔)'·'폐하(陛下)'와 같은 술어는 당시의 역사 사실 그대로를 살려 직서(直書)할 것이로되, 또 한편으로는 그 같은 술어를 사용한 당시 왕대(王代)의 '기사(紀事)'는 '본기(本紀)'로 쓸 것이 아니라 『고려사』를 편찬하는 현재(즉 조선 초기의 세종 당시)의 사관(史觀)에 의거해 '세가(世家)'라는 개념어로 통일해 씀으로써 역시 '직서주의'의 원칙을 관철하기로 한다는 내용이었다.[99]

세종 때 논의를 거쳐 천명한 그 같은 '직서주의'의 원칙은 주체적 사관(史觀)의 확립을 향해 크게 진일보한 것으로 평가된다. 사료에 드러난 명(明)나라 초기의 경우와 대비해 본다면, 객관적 역사인식을 위해서는 반드시 필요한 그 같은 원칙의 독자적 가치를 명백히 인정할 수 있을 것으로 짐작된다.

---

98 金泰永(1973) 참조.

99 『世宗實錄』 권22, 世宗 5年(1423) 12月 29日(丙子) 참조. 실상 『高麗史』 편찬은 金宗瑞가 總裁를 맡아 원고를 완성하고 인쇄할 단계에 이르렀으나, 世祖의 癸酉靖難(1453)에서 그가 희생된 관계로, 대신 鄭麟趾가 책임자로 등장하게 되었다.

(3) 「본조비어고(本朝備禦考)」의 검토

『해동역사』가 또 한편으로 강조해 서술한 분류사 부분은 「본조비어고(本朝備禦考)」라 할 것이다. 여기 '본조'란 조선왕조를 가리킨다. 그래서 '본조의 비어'라는 제목으로 서술할 과제는 크게 보아 임진왜란과 병자호란의 두 가지가 있는 편이다. 그런데 『해동역사』는 병자호란 이후 결국 중국 천하를 제패한 여진족의 청(淸)나라에 대한 '비어' 문제는 아예 언급을 하지 않고, 임진왜란을 일으킨 일본에 대한 '비어' 문제만을 여기서 자못 길게 서술하고 있다.

「본조비어고」는 『해동역사』의 권61에서 65에 이르는 내용을 각기 '어왜시말(馭倭始末) 1'에서 '어왜시말 5'까지의 부제(副題)를 붙이고 나누어 서술하였다. 그리고 각 권의 내용 분량 또한 상대적으로 큰 편에 속한다. 소위 '어왜'의 과제는 아직도 역사적 현실성을 띠고 있는 것으로 판단한 때문이었을까. 그 후 과연 세계사적 변동에 편승한 일본(日本)의 침략 행태가 거의 동아시아 전역으로 펼쳐지게 되었다는 객관적 사실을 두고 볼 때, 당시로서 이 문제는 아무래도 새로운 관심을 요하고 있었던 것이라고도 살펴진다.

그런데 이들 '어왜시말'을 서술한 근거 사료가 중국 측의 것을 위주로 하고 일부는 일본 측의 것에 의존하는 형세이고 보니, 그 내용상 우리나라 사료에서는 자세히 드러나지 않는 사실관계를 객관적으로 더 명백히 제시한 경우를 찾아볼 수가 있다. 그리고 또한 그와는 반대로 객관적 사실과 어긋나는 경우가 적지 않게 드러나고 있음을 주의하지 않을 수가 없다. 『해동역사』의 기사 가운데에는 미세한 사실 착오를 일으킨 곳이 적지 않은 터이지만, 어떤 사안은 전체 구성의 개념적 착오를 일으킨 경우가 더러 있다. 가령 임진왜란을 서술한 대목에서 그 적실한 사례를 발견할 수가 있을 것이다.

우선 임진왜란에서 명(明)나라는 조선에 침입한 왜군(倭軍)을 격퇴하기 위해 대규모의 병력과 재정(財政)을 동원함에 따라 국세(國勢) 자체를 크게 소모하고 쇠약해지게 되었는데, 그 같은 대규모 동원의 배경을 국내 사료에서는 직접 간파하기가 쉽지 않다. 가령 당시의 관계 사료를 집약해 서술하고 있는 『명사(明史)』의 경우, 그 배경을 다음과 같이 간략히 말하였다.

(명나라) 조정의 의견은, 조선이 중국의 울타리 구실을 하는 번국(藩國)이므로 반드시 (왜적을 상대로) 싸워야 한다는 것이었다. 이에 행인(行人) 설번(薛藩)을 파견해서 조선 국왕에게 대의(大義)로써 다시 군사를 일으킬 것을 유시(諭示)하고, 10만의 (명나라) 대군이 곧 도착한다고 널리 알리게 하였다. 그런데 왜병이 이미 평양에 도착하였으므로 조선의 여러 신하들은 더욱 급박해져 애주(愛州)로 나와 피난하였다. 유격(遊擊) 사유(史儒) 등이 군사를 거느리고 평양에 나갔으나 전사하였다. 부총병 조승훈(祖承訓)은 군대를 통솔하여 압록강을 건넜다가 겨우 목숨만 건지고 돌아왔다. 그러자 (중국) 조정이 크게 놀랐다(『명사(明史)』).[100]

그런데 그보다도 중국 측이 파악한 1차 사료를 보면 그 배경이 훨씬 더 명료히 드러난다. 가령 명나라 당국의 명을 받고 조선 땅에 직접 나와 왜란의 현장에서 전황(戰況)을 직접 파악한 왕명학(王鳴鶴)이란 관인이 계사(癸巳, 1693년, 선조 26, 명 만력 21) 2月에 「조선의 형세를 논하여 삼공(三公)과 석사마(石司馬)에게 올린 보고서(論朝鮮形勢報三相公竝石司馬書)」를 보면 다음과 같다.

---

100 『海東繹史』 권61, 「本朝備禦考」 1, 馭倭始末 1 인용. 愛州는 義州 가까이의 要塞.

저 자신이 조선(朝鮮)의 경내를 두루 둘러보고 겸하여 도첩(圖帖)을 상세히 고찰하고 역관(譯官)에게 자세히 물어보고 나서야 비로소 조선의 크기가 동서로는 2천 리이고, 남북으로는 4천 리라는 것을 알았습니다. 대개 조선 땅은 정북쪽에는 장백산(長白山)에서부터 산맥이 내려오므로 북쪽이 가장 깁니다. 부산진(釜山鎭)은 동남쪽 모퉁이에 치우쳐 있으면서 대마도(對馬島)와 정면으로 마주하고 있으므로, 일본(日本)의 병마(兵馬)가 조선으로 쳐들어오기 쉬운 곳입니다. 전라도(全羅道) 한 도의 경우는 정남(正南)쪽으로 곧장 향하면 중국의 소주(蘇州) · 상주(常州)와 서로 마주 보고 있습니다.

일본이 중국의 등래(登萊)와 천진(天津)을 침범하고자 하면 반드시 동북풍(東北風)을 타고서 전라도 해안을 끼고 돌아 또다시 동남풍(東南風)이 불기를 기다린 다음에야 능히 큰 바다에 닿을 수가 있습니다. …… 만약 조선에 도달하지 않으면 등래와 천진을 침범하기가 실로 쉽지 않습니다. 그러므로 하늘이 신경〔神京, 즉 중국의 수도 북경(北京)〕을 호위하느라 이 조선 한 나라를 동서남북 사이에 뻗쳐 놓아 흉악한 오랑캐인 일본으로 하여금 중국을 멋대로 침범하지 못하게 하였으니, 이는 천험(天險)으로 한계를 만들어 둔 것입니다…….

왜적들이 육로로 올 경우에는 요좌(遼左) 한 가지 길이 있어 산해관(山海關)에 닿으며, 수로로 올 경우에는 7개의 길이 있어 천진(天津) · 산동(山東) 등지에 닿을 수 있는데, 순풍(順風)이 불 경우에는 3일에서 5일 사이면 도달할 수 있어 그리 어렵지 않게 올 수가 있습니다. 그러므로 이 오랑캐들이 한번 조선을 차지하여 소굴로 삼은 다음에는 길을 나누어 침입해 오기가 아주 쉽습니다. 우리 측에서 육로를 막을 경우에는 수로가 지탱하기 어렵고, 수로를 막을 경우에는 적군이 육로로 침입해 오는 것을 면할 수 없어, 세 곳의 국경지방이 동요하고 경사(京師)가 두려워 떨 것이

> 니, 그 걱정스러움은 이루 다 말할 수조차 없습니다. 그러므로 (왜의) 관백(關白)이 조선을 차지하고자 도모하는 것은 실상 중국(中國)을 도모하는 것이며, 우리 군사가 조선을 구원하는 것은 실상 중국을 보호하는 것으로, 이웃 마을의 싸움을 구하는 것에 비길 바가 아닙니다. 항복해 온 왜인(倭人)들이 말하기를, "당초의 뜻은 조선에다 도읍을 세우고 요동(遼東)과 소주(蘇州)를 엿보면서, 30만의 군사로 절강(浙江)과 직예(直隸)를 침범하고, 30만의 군사로 민주(閩州)와 광주(廣州)를 침범하여 중원(中原)을 엿보려고 하였다." 하는데, 이 말이 헛소리가 아닌 듯합니다.[101]

이는 중국이 파견한 관인(官人) 1인의 '보고서'인 1차 자료이므로, 과연 관련 사안을 전체적으로 종합한 온전한 객관성을 띤 것인가 하는 의문을 갖게도 한다. 그러나 또한 당시 중국인의 견지에서 임진왜란에 대비하는 사안의 현장을 이만큼 다각도로 '물어보고 알아보고 관찰해서' 절실하게 파악한 보고서는 좀처럼 얻기 어려운 것이 아닌가 하고도 판단된다. 또 가령 정유재란(丁酉再亂, 1597)을 맞게 되자 명나라가 왜적 격퇴의 대군을 즉각 다시 파견한 것도, '보고서'가 가리키는 그대로 '조선을 구원하는 것은 실상 중국을 보호하는 것'이라는 절실한 이해관계의 인식에서였던 것으로 이해된다.

특히 위의 자료는 임진왜란 현장에서의 견문과 관찰, 거기서 유추되는 정치·군사적 견해까지를 집약한 보고서이지만, 실상 그 같은 견해

101 『海東繹史』 권62, 「本朝備禦考」 2, 馭倭始末 2, "…… 陸行, 則有遼左一路, 以抵山海, 而水行, 則有七路, 可達天津·山東等處. 若得順風, 三·五日卽達, 無甚難者. 故此奴, 一得朝鮮, 據爲巢穴, 分投入犯, 特易易爾. 吾禦於陸, 則水路難支. 再禦於水, 而陸路不免, 三境動搖, 京師震慴, 其患有不可勝言者. 故關白之圖朝鮮, 實所以圖中國, 而我兵之救朝鮮, 實所以保中國, 非若救鄕隣鬪者比也. 各降倭稱, '初意, 欲建都朝鮮, 睥睨遼·蘇, 以三十萬犯浙·直, 三十萬犯閩·廣, 以窺中原,' 似非虛語也(『登壇必究』)."

는 이미 남왜(南倭) · 북로(北虜)의 침략으로 언제나 경계를 게을리할 수 없었던 명(明)나라 조정의 평소 기본적 관방(關防)정책을 그대로 반영하는 내용이기도 하였던 것으로 해석된다.

그런데 또 한편으로는, 『해동역사』가 의거해 서술한 중국 측 사료 가운데에는 사실관계의 개념적 착오를 보이는 대목 또한 없지 않다. 가령 임진왜란 당시 조선 수군(水軍)을 지휘한 이순신(李舜臣)과 원균(元均)의 전공(戰功)을 잘못 서술해 둔 경우가 그러하다.

주지하듯이 왜란 때 왜적은 먼저 육로를 통해 조선 땅으로 침략하고, 뒤이어 수군(水軍)이 남해(南海)와 서해(西海)의 해로를 통해 북상(北上)하면서 육군(陸軍)과 합세하여 중국까지를 침략할 계획을 세우고 있었다. 그런데 왜의 수군이 남해(南海)의 한산도(閑山島) 해전에서 결정적으로 패퇴하게 되었기 때문에 아예 서해(西海)로는 진출할 수가 없어졌고, 따라서 그 원래의 전략(戰略)에 근본적 차질(蹉跌)이 일어남을 면치 못하게 되었다.

그런데 조선 수군을 지휘하여 한산도 해전을 승리한 주장(主將)은 주지하듯 삼도수군통제사 이순신이었다. 그러나 『해동역사』가 인용한 중국 측 사료에는 그가 원균(元均)인 것으로 드러나 있다.

임진년(1592, 선조 25, 명 만력 20) 6월 왜적(倭賊)들이 평양(平壤)에 모여 있으면서 조선(朝鮮) 전체를 쓸어버린 다음 중국(中國)으로 쳐들어오려고 생각하였다. 이에 두 왜추(倭酋)가 의논하기를, "우리들이 바다를 건너와 조선을 정벌하면서 다행히도 전승(全勝)을 거두어 삼한(三韓) 땅을 말채찍 한 번 휘두르는 사이에 평정할 수 있게 되었다. 그러나 전라도(全羅道)와 경상도(慶尙道)의 각 고을은 대부분 함락시키지 못하였다. 우리 군사가 압록강(鴨綠江)을 건너간다면 적들이 도리어 우리의 뒤를 추격해 올 것이니, 중병(重兵)으로 왕경(王京)에 주둔해 있느니만 못하다. 그러면서 수군(水軍)으로 하여금 서쪽으로 전라도를 진격해 들어간 다음 서해(西海)로 돌아나와 대병(大兵)을 일으켜 수로(水路)와 육로(陸路)로 동시에 진격하는 것이 가장 좋은 계책이다." 하였다…….

이 당시 비록 조선 8도의 태반이 약탈당하였다고는 하지만, 다행히 왜적의 수군과 육군이 합세하지는 못하고 있었다. 만약 전라도를 한번 잃는다면 조선 전토(全土)가 일본의 차지가 되었을 것이다. 그런데 다행히도 수군의 대장(大將)인 원균(元均)이 수군을 통솔하면서 한산도(閑山島) 앞바다에서 왜적을 막아 온 힘을 다해 들이치자, 왜적들이 배를 버리고 달아나 퇴각하였다. 이에 비로소 왜적의 수군과 육군이 합세하지 못하여 감히 대대적으로 진격하지 못하였다(『양조평양록(兩朝平攘錄)』).[102]

위와 같이 『양조평양록(兩朝平攘錄)』이라는 중국 측 자료는 한산대첩(閑山大捷)을 지휘한 주장(主將)을 원균(元均)으로 지칭해 놓았으며, 『해동역사』 역시 별다른 안설(按說) 없이 그대로 인용해 놓았다. 심지어는 「인물고(人物考)」에서까지 동일한 중국 측 자료를 인용하여, 한산대첩을 원균이 주도한 것처럼 기사화해 놓았다.[103]

그러나 『선조실록』을 비롯한 조선 측 사료에는 한산대첩의 주장이 이순신인 것으로 명확히 드러난다.

---

102 『海東繹史』 권61, 「本朝備禦考」 1, 馭倭始末 1, "…… 此時, 八道地雖搶掠過半, 尙幸其水・陸未合. 此(全羅道)一不守, 箕封悉倭有矣. 幸得水兵將元均, 統率舟師, 拒倭艦於閑山島前洋, 奮力齊擊. 倭兵棄舟奔還, 始不得兼水・陸之勢, 未敢大逞(『兩朝平攘錄』)."

103 『海東繹史』 권69, 「人物考」 3, 本朝・元均, "…… 水兵將元均, 統率水師, 拒倭艦於閑山島前洋, 奮力齊擊. 倭兵棄舟奔還, 始不得兼水・陸之勢, 未敢大逞(『兩朝平攘錄』)."

비변사(備邊司)가 아뢰기를, "경상수사(慶尙水使) 원균(元均)의 승첩(勝捷)을 알리는 계본(啓本)은 바로 얼마 전 이순신(李舜臣)이 한산도(閑山島) 등에서 승리한 것과 한때〔一時〕의 일입니다. 싸움에 임해서는 수(首)·종(從)이 있고 공(功)에는 대(大)·소(小)가 있는 것이어서 그 사이에 차등이 있게 마련입니다……." 하니, (王이) 답하기를, "그렇게 조처해야 한다. 원균에게는 가자(加資)를 하지 않는가." 하였다. (비변사가) 회계(回啓)하기를, "원균은 이미 높은 가자(加資)를 받았고, 또 지금 이 (한산)전첩(戰捷)의 공(功)은 이순신이 으뜸이므로, 원균에게는 가자할 필요가 없을 듯합니다." 하였다.[104]

주지하듯이 왜란의 소위 3대첩(大捷) 가운데서도 단연코 가장 큰 전과(戰果)를 올리면서 왜란 전체를 통해서 최대의 전기(轉機)를 마련하였던 한산대첩(閑山大捷)에는, 물론 경상우수사 원균도 참전하였다. 그러나 한산대첩 이전부터 왜란을 맞아 무릇 남해안의 해전에서 왜적(倭賊)의 수군과 싸워 연전연승을 주도해 왔으며 특히 '한산대첩'을 직접 지휘한 주장(主將)은 명확히 전라좌수사 이순신이었다. 실로 한산대첩을 비롯한 혁혁한 전공을 수립한 결과 그는 드디어 신설한 삼도수군통제영(三道水軍統制營)의 초대 통제사로 제배되기에 이르렀던 것이다(1593년 8월).

원균이 경상우수사 겸 경상도통제사로서 삼도 수군(三道水軍)을 총지휘하게 된 것은, 이순신이 무함을 받아 경옥(京獄)으로 압송된 이후인 정유재란(丁酉再亂, 1597)에서의 일이었다. 정유재란을 맞자, 그동안 이순신이 갖은 정성과 노력을 기울여 건설해 온 3도 수군(水軍)을 이끌고 원균은 그해 7월 왜적을 상대하는 도중 칠천량(漆川梁, 거제도) 해전에서

104 『宣祖實錄』 권29, 선조 25년 8월 24일(辛亥), "…… 且今玆戰捷之功, 李舜臣爲主……."

결정적인 참패를 당하고 말았다.

이 해전에서 원균 자신은 육지로 퇴각했으나 실종되고 말았으며, 전라우수사 이억기(李億祺), 충청수사 최호(崔湖) 등은 해전에서 전사하였다. 그래서 조선의 수군력(水軍力)은 사실상 와해되고 말았다. 겨우 경상좌수사 배설(裵楔)만이 12척의 전선(戰船)을 이끌고 한산도로 퇴각하여 통제영의 군사시설과 양곡(糧穀)을 불태우고 남아 있던 백성들을 피난시키는, 이른바 청야(淸野) 작전을 실행하였다.

그런데 『해동역사』가 의거해 서술한 중국 측 자료는 그 같은 객관적 사실과는 또 차이를 보인다.

> 이때(1597년 정유 7월)는 주사(舟師)가 편리하고 (육로의) 보병(步兵)과 기병(騎兵)이 불편하였으므로, 조선 수영장관(水營將官) 원균이 한산도(통제영)에 있으면서 몰래 거병(擧兵)하기로 모의하여, 중국(中國) 군사와 만나 부산(釜山)에 있는 왜적의 소굴을 치기로 약속하였다. 그런데 뜻하지 않게도 김응서(金應瑞)가 의령(宜寧)에 있으면서 육로(陸路)에서 허세를 부리다가, 원균이 중국(中國) 군사와 함께 (왜적의) 소굴(巢窟)을 유린하기로 약속한 날짜가 소서행장(小西行長)에게 누설되고 말았다. 소서행장은 남원(南原)을 공격하려고 하면서도 원균이 뒤를 습격해 올까 두려워하고 있었다. 그러던 차에 이 소식을 듣고는 그 안에서 계략을 꾸며 풍무(豊茂) 등을 파견해 군사를 거느리고 가서 원균의 수군(水軍)을 습격토록 해서 드디어 한산도(閑山島)를 빼앗았다.
>
> 한산도가 한번 함락되자 서울 서쪽의 바닷길에 왜적들이 통행하지 않는 곳이 없게 되었다. 이에 왜적들이 수로와 육로로 아울러 진격하였다. 왜선(倭船)이 2, 3일도 되지 않아 광양(光陽)의 두치진(豆耻津)에 정박하였는데, 두치진은 남원(南原)과의 거리가 아주 가까웠다. 부산(釜山)과 서산

(西山)의 왜적들이 또 경상우로(慶尙右路)를 경유해 모두 남원(南原)으로 몰려들었다.[105]

드러나는 바와 같이 중국 측 자료인 『양조평양록』은, '한산대첩을 주도'하였다는 원균이 계속 '조선 수영장관(水營將官)'으로 재직하다가 정유재란을 맞아 해전에서 패퇴하였다는 것이며, 또 한산도의 조선 수군 통제영이 직접 왜적의 손으로 격파되어 와해된 것이라고, 실상과는 다르게 서술해 놓았다. 그런데도 『해동역사』는 별다른 안설조차 없이 이를 그대로 인용해 놓았다.

즉 연전연승을 거듭해 온 조선 수군이 칠천량(漆川梁) 해전에서 대패하게 된 것이 정유재란 당시 새로 통제사를 맡은 원균의 책임 아래서 저질러진 일이며, 그 패전의 연장선상에서 결국 한산도 통제영까지 와해되지 않을 수 없었다는 사실의 전후 관계를, 중국 측 자료는 제대로 밝혀 서술하지 못하고 말았던 것이다.

(4) 「식화지(食貨志)」의 '기자(箕子) 정전설' 검토

『해동역사』는 「식화지」, 전제(田制)(권25)에서 기자(箕子)가 그 수도에다 구획해 시행하였다는 소위 '정전(井田)의 설'에 관해서 면밀히 고찰하면서, 이가 완연한 성인(聖人)의 제도였던 것이라고 확인해 놓았다. 그는 우선 15세기 성종 때 조선으로 사신 나온 명(明)나라 학사 동월(董

105 『海東繹史』 권63, 「本朝備禦考」 3, 馭倭始末 3, "…… 朝鮮水營將官元均 在閑山 密謀擧兵約會中國 搗釜山巢穴 不意 金應瑞在宜寧 陸路虛張聲勢 將元均約中國 搗巢日期 洩于行長 行長欲攻南原 正慮元均襲其後 一聞此信 就中用計 遣豊茂等 領兵襲破元均水兵 遂奪閑山島 閑山一失 京西水道 無處不通賊 於是 倭兵水陸竝進 賊船不兩三日內 泊光陽豆耻津 距南原甚近 ……(『兩朝平攘錄』)." 朝鮮 水軍이 격파된 이해(1597, 선조 30 丁酉) 8월에 南原城도 함락되었다.

越)의 기행문을 인용하여 자신의 확신을 뒷받침한다. "기자가 구획한 정전(井田)이 평양의 옛 성 안에 아직도 그 형태와 제도 그대로 남아 있는데, 곧은 길과 같은 류가 바로 그것이다."[106]

그러고는 특히 평양의 '기자 정전설'을 학술적으로 가장 면밀히 고증한 구암(久庵) 한백겸(韓百謙, 1552~1615)의 논의를 길게 인용하였다.

> 구암(久庵) 선생의 기전도설(箕田圖說)에 말하였다. "정전(井田)의 제도에 대해서는 선유(先儒)들이 논한 것이 상세하다. 그러나 그 설은 모두 맹자(孟子)를 조종(祖宗)으로 삼은 탓에 주(周)나라 왕실의 제도에 대해서만 상세할 뿐, 하(夏)나라 · 은(殷)나라의 제도에 대해서는 따져 보지 않았다. 주자(朱子)가 조법(助法)에 대해서 논한 것도 역시 추측해 헤아린 것일 뿐이요, 이것저것 참작해서 고증한 설은 아니다. 그러니 과연 원래 정전(井田)을 제작한 당시의 뜻과 완전히 합치하겠는가. 정전에 대해서는 밝히 알 수 없는 점이 있으므로, 옛것을 좋아하는 선비들이 대개 병통으로 여겼다. 정미년(1607) 가을에 내가 평양에 도착해서 처음으로 기자가 만든 정전의 제도가 남아 있는 것을 보았는데, 천맥(阡陌)이 모두 그대로 보존되어 있어 어지럽지 않고 질서 정연하였다. 그래서 옛 성인(聖人, 즉 기자)께서 계획하고 경영하여 오랑캐를 변화시켜 중화(中華)로 만들고자 한 뜻을 천년이 지난 지금에도 오히려 볼 수가 있었다…….
>
> 아, 관(關) · 민(閩)의 여러 현인(賢人)들이 모두 왕자(王者)를 보좌할 만한 인재들로서, 말세의 세상에 태어나 개연히 삼대(三代)를 만회하는 것으로 자신들의 임무를 삼았다. 그래서 잔폐된 경전(經傳)을 수습하고

---

106 『海東繹史』 권25, 「食貨志」, 田制, "箕子所劃井田, 在平壤舊城內, 形 · 制尙有存者, 如直路之類是也(『朝鮮賦注』)."

남겨진 옛 제도를 토론함에 있어 극진히 하지 않음이 없었다. 그런데도 오히려 공중에 말〔言〕을 매단 것 같은 탄식이 있고 의논을 귀일시키지 못하였다. 가령 당시 그들이 이곳에 와서 이 정전(井田)의 제도를 보았더라면, 선왕(先王)의 제작한 뜻을 해석하는 논의가 마치 손바닥에 놓고 가리키듯 분명하였을 것이다. 그런데 애석하게도 그렇게 하지 못하였다. 이에 내가 본 바를 기록해서, 후세에 지자(知者)가 나와 바로잡아 주기를 기다린다." 107

위와 같은 구암 한백겸의 '기전설(箕田說)'에 이어, 한치윤은 자기 자신의 해설을 다시 덧붙여 두었다. "후세 사람들이 평양에 있는 기자의 정전이 은(殷)나라의 제도라는 것을 알게 된 것은 구암(久庵) 선생에게서 비롯하였다. 옛 사람들이 알아내지 못하였던 것을 알아내고, 이어 도설(圖說)을 지어 후학(後學)들에게 남겨 주었다. 그런데 맹자(孟子)가 논한, '은(殷)나라 사람들은 70묘(畝)'라는 설과 더불어 마치 부절(符節)이 합쳐지듯 부합하고, 그 경계가 지금까지도 완연히 남아 있다. 그러나 아득히 먼 변방에 남아 있는 탓에 중국의 선유(先儒)들이 이에 대해 듣지 못하였으니, 탄식을 금할 수가 없다." 108

여기서 말하는 관(關)·민(閩)의 여러 현인(賢人)들이란 주지하듯이,

---

107 『海東繹史』 권25, 「食貨志」, 田制, "久庵先生「箕田圖說」曰, …… 丁未秋, 余到平壤, 始得見箕田遺制, 阡陌皆存, 井然不亂. 古聖人經理疇劃, 變夷爲夏之意, 猶可想見於千載之下. 『語』曰, 中國失禮, 徵在四夷, 豈不信然歟? …… 關·閩諸賢, 俱以王佐之才, 生丁叔季之世, 慨然以挽回三代爲己任, 收拾殘經, 討論遺制, 殆無所不用其至, 而猶有懸空之歎, 未得歸一之論. 倘使當時足此地·目此制, 則其說先王制作之意, 想必如指諸掌矣, 而惜乎其不得也. 因記其所見, 以求正於後來知者云."

108 『海東繹史』 권25, 「食貨志」, 田制. '殷나라 사람들은 70묘'라는 것은 『孟子』, 「滕文公」의 "夏后氏五十而貢, 殷人七十而助, 周人百畝而徹, 其實皆什一也."에서 인용한 것이다.

성리학적 도학(道學)의 창도를 통해 삼대 왕정(王政)의 만회를 추구한 장횡거(張橫渠) · 주자(朱子) 등의 선유(先儒)를 가리킨다. 만약 그들 선유가 평양에 와서, 기자(箕子)가 구획한 정전(井田)의 유제로서 현재까지 남아 있는 이 '형태와 제도〔形 · 制〕'를 실제로 관찰하기에 이르렀다면, 삼대 선왕들이 실현하였다는 정전(井田)제도의 실상(實相)을 곧바로 깨쳐 낼 수가 있었을 것이요, 나아가서는 그 제도를 현실에 실현할 수도 있었을 것이라고 함이, 구암 한백겸의 확신이었다. 그리고 구암의 '기전도설'을 『해동역사』에다 인용하고 해설한 한치윤 자신의 소신 또한 마찬가지였다.

그런데 '기자 정전의 유제'라고 일컬어지면서 평양에 남아 있는 이 토지구획은 과연 객관적으로 기자(箕子)가 구획한 것이며 또한 정전(井田)의 유제라고 할 수 있는 것인가. 가령 성호(星湖) 이익(李瀷)과 같은 실학자는 굳이 「기자전(箕子田)」이라는 제목의 글을 지어, 우선 이것이 정전(井田)은 아니라고 단언하였다. 그러나 이것이 삼대 왕정의 어떤 전칙(典則)을 간직하고 있는 기자의 유적(遺跡)인 것임을 믿고는 있었다.[109]

그런데 다산 정약용(丁若鏞)에 이르러서는 드디어, 그것은 기자가 구획한 것이 아니요, 물론 정전의 유제도 아니라고 하는 확신을 피력하기에 이르렀다.

> "위의 정전도(井田圖)는 고(故) 호조참의(戶曹參議) 한공 백겸(韓公百謙)이 제작한 것이다. …… 그런데 기자(箕子)가 평양에 도읍을 정했다는 것은 본래부터 명확한 근거가 없다. 평양이 만약 기자의 고도(古都)였다면

---

109 『星湖僿說』 권12, 「箕子田」, "箕子井田, 其實非井也. …… 一朝妄想, 使箕子之遺跡邃泯焉, 後世何從而尋其典則耶? 可慨也已."

응당 왕검성(王儉城)으로 이름하지 않았을 것이기 때문이다. 고구려(高句麗)가 망했을 때는 당나라 장수 이세적(李世勣)이 평양을 경리(經理)하였고, 백제(百濟)가 망했을 때에는 유인궤(劉仁軌)가 남원(南原)을 경리하였다. 그래서 두 곳에 모두 둔전(屯田)을 설치하였던 것인데, 그것을 가리켜 '정전(井田)'이라고 한 것은 (우리나라 사람들이) 지나치게 옛것을 좋아한 〔호고(好古)〕 탓이었다. 만일 그러한 것이 아니었다면 남원에 어찌하여 정전이 있을 수 있겠는가? 또 그 전지(田地)의 형태는 모두가 정(井) 자의 모양이 아니고 전(田) 자의 형태로 되어 있는 것이다."[110]

즉 정전(井田)도 둔전(屯田)도 제대로 시행해 본 적이 없는 우리나라에서는 과연 어느 것이 정전이고 어느 것이 둔전의 형태인지를 근원적으로 구분할 수 있는 안목을 갖추기가 어려웠다. 그런데 평양 땅에는 은(殷)나라 출신의 성인(聖人) 기자(箕子)가 와서 도읍을 정하고 오래 통치하였다는 것이요, 그래서 우리 동이족(東夷族)이 비로소 중화(中華) 문명의 은혜를 입을 수 있게 되었다 함이 오랜 역사적 사실 형태로 전승되어 왔다. 그런데 또한 평양 땅에는 언제부터인가 우리에게 전혀 익숙치 않은 전자(田字) 형태의 토지구획이 실재(實在)하고 있음을 알게 되었다. 그러니 이는 필시 기자가 옛 고국인 은(殷)나라의 경우를 따라 삼대 왕정의 기초가 되는 정전(井田)제도를 시행하였던 유제(遺制)인 것이라고 믿어 마지않게 되었다.

그와 같은 역사적 전승은 현실에서 벌어지는 갖가지 비리와 대비되

110 『여유당전서』 제1집 권14, 「跋箕子井田圖」, "右井田圖, 故戶曹參議韓公百謙之所作也. …… 然箕子之必都平壤, 本無明據. 平壤若係箕子古都, 則不應以王儉城得名也. 句麗之亡, 李世勣經理平壤, 百濟之亡, 劉仁軌經理南原, 故兩地皆起屯田. 其謂之井田者, 好古之過也. 如非然者, 南原何得有井田? 且其田形, 皆非井文, 乃田字形也."

면서 더욱 호고(好古)의 관념을 증폭시키게 되었고, 드디어 '기자 정전설'은 확고한 역사적 유산으로까지 굳혀지기에 이르렀다는 것이 다산의 고찰이다.

여기 다산의 역사 사실 고찰 방법은 좀 더 과학적이다. 명백한 객관적 증거를 갖지 못한 '기자 동래설'과 같은 역사 전승은 결코 믿을 것이 못된다는 견해이다. 또한 기자가 구획하였다고 전해지는 전제(田制)는 전자(田字) 형태에 불과하므로 결코 정전(井田)의 제도일 수가 없는 것이라고 확인한다. 그래서 믿을 바가 못되는 '호고(好古)'의 관념을 증폭시켜 굳이 역사 전통으로 간직하고자 하는 것은 하나의 인습에 불과하다. 그보다는 당나라 장수들이 전승지(戰勝地)에 주둔하면서 설치한 전제(田制)를 둔전 형태로 비정하는 것이 훨씬 더 합리적이라고 그는 해석한다.

그런데 한치윤은 『해동역사』의 편찬 당시 '기자 정전설'에 관한 다산의 새로운 해석을 아직도 접하지 못하였던 것일까. 혹 알게는 되었다 하더라도 역시 자신의 7대 종조(從祖)인 '구암(久庵) 선생'의 말씀을 더 신뢰하고 있었던 것인가.

한국사에서 '기자 정선설'은 실로 오래 전승되어 온, 그러나 언제인가는 근본적 고찰을 통해서 온전히 해명해야 할 역사적 과제였다. 그동안 새로운 고찰이 다소 시도되기는 하였으나, 여기 다산의 좀 더 객관적인 고증학적 해석을 통해서야 이에 비로소 새로운 해결의 단계로 접어들기에 이르렀던 것으로 살펴진다.

또한 여기 덧붙여 검토해야 할 항목의 하나는 가령 「병지(兵志)」에서 서술한 조총(鳥銃)의 현실적 유용성에 관한 내용이다. 『해동역사』는 임진왜란 초기에 우리가 크게 낭패한 이유가 '조총'을 몰랐기 때문이라 하였다. 그런데 그 후 우리도 이를 갖추게 되었다고 말한다. "지금은 훈련

도감의 포수들이 조총을 전적으로 익히고 있으며, 열읍(列邑)의 군기 가운데에도 역시 조총이 많다. 그렇지만 아직도 왜제(倭製)처럼 정교하고 빠르지는 못하다."[111]

그런데 이 『해동역사』의 논조는 무엇보다도, 전쟁에 대비할 만한 화기(火器)라면 아직도 조총을 유용하게 사용할 수 있다는 사실을 전제하고 있음이 명백하다 할 것이다. 그러나 다산 정약용에 의하면, 19세기 초 당시에 '조총'과 같은 화기는 이미 별로 쓸모 없는 구식이 되고 말았다. "지금 병기(兵器)나 화기(火器)는 모두가 새로운 제도이다. 일본의 조총도 지금은 구식(舊式)이다."[112] "이른바 홍이포(紅夷砲)라는 것은 그 속력과 파괴력이 대단히 맹렬하여 전고(前古)에는 비할 것이 없는데, 중국과 일본에서는 이를 사용한 지가 이미 오래다. 만약 불행하게도 100년 후에 남·북에 경보(警報)가 있게 된다면, 반드시 이를 가지고 쳐들어올 것이다. 그러면 손을 마주 잡고 땅에 엎드려 성(城)을 받들어 바치지 않을 자가 있겠는가."[113]

그런데 객관적 현실의 추이를 살핀다면, 다산이 말하는 '홍이포'조차 이미 '구식'으로 떨어지는 형세를 면치 못하게 되어 가고 있었다. 산업혁명 이후 점차 국제적 각축의 긴장이 높아지는 가운데에서 이에 거함(巨艦)·거포(巨砲)의 시대가 닥쳐오고 있었기 때문이다. 아무래도 『해동역사』의 기본 화기(火器)에 관한 정보수준은 이미 시의성(時宜性)을 잃은 것이라 하지 않을 수 없다.

---

111 『海東繹史』 권23, 「兵志」, 兵器, "自壬辰後, 都監倣其制爲鳥銃, 略施用於當時. 今則訓練都監砲手, 專習鳥銃, 列邑軍器, 亦多鳥銃, 而猶不若倭製之精巧捷利也."

112 『經世遺表』 권2, 「冬官工曹」, 利用監, "今兵器·火器, 皆是新制. 日本鳥銃, 今爲古調."

113 『與猶堂全書』 제1집 권11, 「軍器論」 2.

(5) 「물산지(物產志)」의 검토

『해동역사』는 다시 「물산지(物產志)」를 개설하여 '해동'인들의 역사적 생활사·문화사와 직결된 여러 분야 생산품들을 널리 수록하였다. 그 가운데에서도 먼저 눈에 들어오는 것이 '인삼(人蔘)'이다. 무릇 '해동'지역의 물산 가운데에서 가장 오래전부터 중국과 교류한 것은 아마도 인삼이 아니었는가 한다. 인삼은 이미 삼국시대부터 중국 측 문헌에 등장하고 있는 유명한 약재였으며, 그래서 각 나라별로 산품의 형태와 특성을 자세하게 채록해 놓았다.

> 신라국에서 조공하는 인삼은 손과 발이 있어서 모양이 마치 사람과 같으며, 길이는 1자 남짓 된다. 삼(杉)나무를 양편에 대고 붉은 비단으로 쌌다(『해약본초(海藥本草)』).
>
> 백제의 인삼은 희고 단단하면서도 둥근데, 이를 백조삼(白條蔘)이라고 하며, 속명(俗名)은 간각삼(芊角蔘)이다. …… 고구려의 인삼은 자색에 가까운 빛이 나며 몸체가 허하다. 신라의 인삼은 옅은 황색이며 맛이 약하다. 그 가운데에서 사람 모습을 닮은 것이 신기한 효험이 있으며, 닭다리〔鷄腿〕와 같이 생긴 것이 효력이 크다(『본초몽전(本草蒙荃)』).[114]

그것은 '해동' 삼국의 산물 가운데에서 중국과 교류할 만한 물산으로서는 인삼만큼 큰 비중을 지닌 것이 드물었다는 사실을 반영한 것이기도 하다. 동시에 '해동' 지역의 인삼이 그만큼 약재로서의 효과를 발휘하

---

114 『海東繹史』 권26, 「物產志」, 草類·人蔘, "新羅國所貢人蔘, 有手脚狀, 如人形. 長尺餘, 以三木夾定, 紅線纏飾之(『海藥本草)』). 百濟蔘, 白堅且圓, 名白條蔘, 俗名芊角蔘. …… 高麗蔘, 近紫體虛. 新羅蔘, 亞黃味薄. 肖人形者神其類, 鷄腿者力洪(『本草蒙荃』)."

고 있었음을 입증하는 사례라고도 할 것이다.

그런데 이들 인삼에 관한 자료는 모두 중국 측의 옛 문헌을 인용한 것이었다. 그런 사정이고 보니, 무릇 '동이(東夷)' 지역의 산물은 모두 중국의 대표적 인삼 생산지인 상당(上黨)이라든가 노주(潞州) 지역 산품의 우수한 질(質)에는 결코 미치지 못하는 것으로 서술하고 있음을 보게 된다.[115] 역시 세계 제국으로서의 긍지를 도처에서 발휘하고자 하는 대목이라 할 것이다.

그런데 '해동' 지역에서는 이미 고려시대부터 '숙삼(熟蔘)'이라고 하는 인삼의 특별한 제조 기법을 개발하여 널리 활용하기에 이르렀음도 드러난다.

> 고려 인삼은 …… 또한 생삼(生蔘)과 숙삼(熟蔘) 두 종류가 있다. 생삼은 빛깔이 희고 허(虛)한데, 약에 넣으면 그 맛이 온전하다. 그러나 여름이 지나면 좀이 슬기 때문에, 오래 둘 수 있도록 쪄서 익힌 숙삼만 못하다. 예로부터 전하기를, 숙삼의 모양새가 납작한 것은 고려 사람들이 돌로 삼을 눌러서 즙을 짜내고 찌기 때문에 그렇다고 하였다. 지금 물어보매 그런 것이 아니요, 삼을 찔 때 뿌리를 포개어 놓기 때문에 그렇게 된 것이라 한다. 숙삼을 달이는 데에도 그에 따른 법이 있다.[116]

---

115 『海東繹史』 권26, 「物産志」, 草類 · 人蔘, "人蔘은 百濟의 것을 重하게 치는데, 形體가 가늘고 단단하며 희다. 기운〔氣〕과 맛〔味〕은 上黨에서 나는 것보다 薄하다. 다음으로는 高句麗의 것을 치는데, 高句麗는 바로 遼東이다. (人蔘의) 形體가 크고 虛하며 軟하여 百濟의 것만 못하다(『名醫別錄注』).; 人蔘으로서 지금 사용하는 것은 모두 河北의 榷場에서 交易해 온 것인데, 이는 모두가 高麗에서 나는 인삼으로, 대부분이 虛하고 軟하며, 맛이 薄하다. 그러므로 潞州 · 上黨에서 생산된 것으로서 味厚 · 體肥하여 사용할 만한 근거가 있는 것만 못하다(『本草衍義』).; 人蔘 가운데 河北 · 閩浙에서 온 것을 新羅蔘이라 하는데, 모두 上黨에서 나는 좋은 것만 못하다(『本草圖經』)."

116 『海東繹史』 권26, 「物産志」, 草類 · 人蔘, "高麗人蔘, …… 亦有生 · 熟二等. 生者色白而虛,

사료에 나오는 '숙삼(熟蔘)'이란 것은 아마도 홍삼(紅蔘)을 가리켜 말하는 것인 듯하다. 주지하듯이 홍삼은 일반 인삼 즉 백삼(白蔘)보다도 그 약효가 극히 높은 효과를 낸다는 것이다. 고려인들이 이미 개발하여 널리 사용하고 있는 홍삼의 제조 기법이 중국인의 눈에는 전혀 생소하고도 특이한 비법(秘法)으로 여겨졌기 때문에 이에 관련 기록을 남기게 되었던 모양이다. 역시 '고려 인삼'은 역사적으로 유명한 산물이었다는 사실을 여기서도 짐작할 수 있겠다.

그런데 '고려 인삼'이 그와 같이 역사적인 산물이었던 만큼 거기에 대한 심한 곡해가 일어나는 경우도 생겨나게 되었다. 가령 일본인의 기록을 보면, 백두산에서 자생하는 인삼이 '최상(最上)'이라든가, 함경도에서 나는 것이 '극상(極上)'이라고 하는 독자적 정보를 기록해 둔 경우가 있다.[117] 그런데 또한 믿을 수 없는 곡해의 기사를 실어 둔 곳도 있음을 보게 된다.

> 조선의 인삼 가운데 가짜는 모두 더덕〔沙蔘〕· 잔대〔薺苨〕· 도라지〔桔梗〕의 뿌리로 만든 것들이다. 근래에는 인삼을 물에 담가 즙을 먼저 짜내어 자신이 마시고, 이를 햇볕에 말려 다시 팔기도 한다. 그것을 일러 탕삼(湯蔘)이라 하는데, 약재로는 쓸 수가 없다.[118]

入約則味全. 然而涉夏則損蠹, 不若經湯釜而熟者可久留. 舊傳, 形匾者, 謂麗人以石壓. 去汁作煎, 今詢之非也. 乃蔘之熟者, 積垛而致爾. 其作煎, 當自有法也(『高麗圖經』)."

117 『海東繹史』 권26, 「物産志」, 草類 · 人蔘, "…… 名白頭山 自然生人蔘 爲最上(『和漢三才圖會』)."; "出於咸鏡道者 潤白透明 爲極上(『和漢三才圖會』)."

118 『海東繹史』 권26, 「物産志」, 草類 · 人蔘, "朝鮮人蔘僞者, 皆以沙蔘 · 薺苨 · 桔梗采根, 造作亂之. 近有以人蔘, 先浸取汁, 自啜, 乃曬乾復售, 謂之湯蔘, 不任用(『和漢三才圖會』)."

그러나 『해동역사』는 바로 잇대어 안설을 붙여, 이를 전면 반박해 놓았다.

살피건대, 탕삼(湯蔘)이라는 것은 바로 강삼(江蔘)이다. 우리나라의 인삼 가운데 오직 강계(江界)의 숙삼(熟蔘)이 좋다. 숙삼을 만드는 법은, 인삼을 채취해서 솥에다 넣고 찐 다음 햇볕에 말려서 약에다 넣는다. 『고려도경』에서 이른 바, "고려의 숙삼은 좀이 스는 것을 피할 수 있어서 오래 보관할 수 있으며, 품질 역시 가장 좋다."고 한 것은 이 때문이다. 그런데 일본 사람들이 물에 담갔다가 햇볕에 말린다는 말만 듣고는 그 만드는 방법에 대해서는 상세히 모르면서, 이에 '즙을 짜서 자신이 마셔서 약재로 쓸 수가 없다.'고 해 놓았다. 가소(可笑)롭다.[119]

그런데 그 유명한 '고려 인삼'은 종래 모두가 자연산이었으나, 조선왕조의 어느 때인가부터 드디어 인간이 가삼(家蔘)으로 재배하는 방법을 개발해 내는 단계에 이르렀다.

고구려 · 백제 · 신라 3국은 지금 모두 조선(朝鮮)에 속하게 되었는데, 그곳에서 나는 인삼을 중국으로 가지고 와 교역한다. 또한 10월에 씨앗을 거두었다가 씨를 뿌려 재배하는데, 채소 씨 뿌리는 법과 같이 한다. 추(秋) · 동(冬)에 채취하는 것은 단단하고 실(實)하며, 춘(春) · 하(夏)에 채취하는 것은 허(虛)하고 연(軟)하다. 생산 지역에 따라 허하고 실한 구별이 있는 것은 아니다(『본초강목』).

---

119 『海東繹史』 권26, 「物産志」, 草類 · 人蔘, "按, …… 日本人但聞浸曬, 而不詳其法. 乃云取汁自啜, 不任用者. 可笑."

살피건대, 이는 우리나라 사람들이 가삼(家蔘)을 재배하는 법이다. 그 방법은 한식(寒食) 전후로 씨앗을 뿌리는데, 양지를 등지고 음지를 향한 깨끗한 지역의 단수(椴樹) 아래에 있는 오래 묵은 땅을 택해 뿌려서, 인삼 뿌리〔蔘根〕를 기른다. 또 삼〔麻〕 줄기로 발을 짜서 그 위에다 덮어 소낙비와 따가운 햇볕을 가려 준다. 10월이 되면 모두 채취하여 땅을 파서 움집을 만든 다음, 그 안에다 삼을 놓고 그 위를 흙으로 두텁게 덮어 겨울의 추위를 막아 준다. 다음 해 청명절(淸明節)에 다시 꺼내어 위에서 말한 법대로 심는다. 3, 4년이 지난 뒤에 씨앗을 맺는데, 크기가 뱀딸기〔蛇苺〕만 하다. 가을에 채취하여 햇볕에 말렸다가 약에 넣는다.[120]

주지하듯이 인삼이라면 종래 모두가 자연산을 일컬어 왔는데, 여기 『본초강목(本草綱目)』에 이르러 비로소 그 씨앗을 뿌려 가삼(家蔘)으로 재배하는 방법이 등장함을 보게 된다. 그 재배법을 전하는 믿을 만한 자료로서는 아마도 『본초강목』의 경우가 처음이 아니었는가 한다. 그러기에 『해동역사』는 당해 기사를 인용하고서, 그 현실적 재배법을 다시 더 상세하게 풀어 설명해 놓은 것이다.

『본초강목』은 16세기 명(明)나라 이시진(李時珍)이라는 학자가 30여 년의 갖은 노력을 기울인 끝에 집대성한 약학서(藥學書)로서, 1596년에 와서야 간행된 책이었다. 그러니 우리나라의 가삼(家蔘) 재배법은 조선왕조 전기(前期)의 어느 때에 와서 비로소 개발된 것으로 이해된다. 여

120 『海東繹史』 권26, 「物産志」, 草類 · 人蔘, "…… 亦可收子於十月, 下種如種菜法. 秋 · 冬採者堅實, 春 · 夏採者虛軟, 非地産有虛實也(『本草綱目』). 按, 此本國人種家蔘法也. 其法, 以寒食前後下種, 擇淨地, 背陽向陰, 取椴樹下久土, 以培蔘根. 又以麻竿編箔, 覆其上, 以避驟雨及烈陽. 至十月盡採, 挖地作窨, 置蔘其中, 厚封其外, 以禦冬寒. 及明年淸明節, 復出, 布種如上法. 經三 · 四年者, 乃結子, 大如蛇苺. 秋採, 陽根, 入藥."

기 인삼을 가삼(家蔘)으로 재배하기 시작한 시기를 조선 전기로 비정할 수 있게 하는 것도 『해동역사』가 『본초강목』의 기사를 정확히 소개함에 따라 가능하게 된 일이라 할 것이다.

그리고 19세기 초의 다산 정약용은 조선 후기 상업적 농업의 번성을 말하면서, "근년 이래로는 인삼 또한 모두 밭에다 심는다."[121] 하였다. 조선 후기에는 가삼(家蔘)의 재배가 이미 보편화하기에 이르렀던 것이다.

더 나아가 『해동역사』가 자랑스레 소개하는 '해동'의 물산으로는 고려의 청자(靑瓷)와 문방구로서의 붓〔筆〕과 종이〔紙〕를 들고 있다.

먼저 고려의 청자에 대해서는 중국인들조차 '천하 제일'인 것으로 이해하였다.

> 도기(陶器)의 빛깔이 푸른 것을 고려 사람들은 비색(翡色)이라고 하는데, 근년 이래로는 만듦새의 솜씨가 좋고 빛깔도 더욱 아름답다. 주준(酒尊)의 형상은 참외 같으며 위에 작은 뚜껑이 있는데, 연꽃이나 엎드려 있는 오리의 형태를 하고 있다. 또 주발 · 접시 · 술잔 · 사발 · 꽃병 · 탕잔(湯琖)도 만들 수 있지만, 이들은 모두 일정한 그릇의 모양을 모방해 만든 것들이기에, 만듦새를 생략해서 다 그려 넣지 않았다. 주준만은 다른 그릇들과 다르기 때문에 특히 갖추어 드러나도록 해 놓은 것이다.[122]
>
> 국자감(國子監)의 서책(書冊), 내온(內醞)의 술, 단계(端溪)의 벼루, 휘주(徽州)의 먹, 낙양(洛陽)의 꽃, 건주(建州)의 차(茶), 고려의 비색(秘色)은 모두 천하에 제일가는 산품이다(『수중금(袖中錦』). 살피건대, '비색(秘色)'

121 『經世遺表』 권8-17, 「田制」 11, 井田議 3, "近年以來, 人蔘又皆田種."

122 『海東繹史』 권29, 「宮室志」, 附器用 · 酒具, "陶器色之青者, 麗人謂之翡色. 近年以來, 制作工巧, 色澤尤佳. 酒尊之狀, 如瓜上有小蓋, 而爲荷花 · 伏鴨之形 復能作盌 · 楪 · 桮 · 甌 · 花瓶 · 湯琖, 皆竊倣定器制度, 故略而不圖. 以酒尊異於他器, 特著之(『高麗圖經』)."

은 (비색의) 자기(瓷器)를 말한다.[123]

무릇 자기(瓷器)라면 역사적으로 중국 대표 물산의 하나였고, 특히 송(宋)나라 때부터는 경덕진(景德鎭)을 중심으로 하는 독보적이고 전문적인 도자기 생산의 번영을 구가하게도 되었다. 그런데 그와 같은 오랜 역사의 전문성을 가진 송(宋)나라 산품이 있음에도 무릇 '천하 제일'의 위상에 값하는 '자기(瓷器)'라면 역시 고려의 청자(靑瓷)를 들 수밖에 없다고 하는 것이, 아마도 당시의 객관적 사실에 가까운 평가였던 모양이다.

한편, 문자생활을 위한 필수품인 종이라든가 붓도 일찍부터 중국인의 주목을 받고 있었다. 가령 『송사(宋史)』에는, "고려 지역에서는 낭미필(狼尾筆)이 생산된다."고 하는 기사를 싣고 있다. 이는 중국산과는 다른, '고려 낭미필'의 독자성을 인정하고 있었다는 사실을 의미한다. 그리고 '낭미필'이 지닌 품질의 독자성은 그 후 조선왕조로 내려오면서도 전승되고 있었던 모양이다. "조선에서는 여우 꼬리털〔狼尾〕로 붓을 만드는데, 붓끝이 잘 서고 뾰족해서 아주 좋다."고 하는 품평이 계속되고 있었던 것이다.[124]

그런데 15세기 말에 조선으로 사행한 명(明)나라 학사 동월(董越)의 견문을 통해 '낭미필'은 '여우 꼬리털'로 만드는 것이 아니라 '족제비 털'로 만드는 것임이 중국인들에게 알려지게 되었다. 그리고 『해동역사』는 안설을 달아 그 사실을 다시 확인해 놓았다.

---

123 『海東繹史』 권29, 「宮室志」, 附器用 · 雜器, "監書 · 內酒 · 端硯 · 徽墨 · 洛陽花 · 建州茶 · 高麗秘色. 皆爲天下第一(『袖中錦』). 按, 秘色, 瓷器也."

124 『海東繹史』 권27, 「物産志」 2, 文房類 · 筆, "高麗地産狼毛筆(『宋史』)."; "朝鮮以狼尾爲筆, 竪銳, 極佳(『三才藻異』)."

“『명일통지(明一統志)』에 조선의 토산으로는 낭미필(狼尾筆)이 있다고 실려 있다. 그 붓대는 가늘기가 화살대 같고, 붓털의 길이는 1촌 남짓이며, 붓끝은 뾰족하면서도 둥글다고 하였다. 물어 보았더니, 족제비의 털〔黃鼠毫〕로 만든 것이지 여우 꼬리털로 만든 것이 아니라고 한다(『朝鮮賦注』). …… 살피건대, 우리나라의 황서모필(黃鼠毛筆)은 중국에서 좋은 붓으로 인정되어 왔다. 족제비〔黃鼠〕는 일명 서랑(鼠狼)이라고도 하는데, 중국 사람들이 그것을 모르고 혹 ‘여우 꼬리털’이라고도 하고 혹 ‘성성이 털〔猩猩毛〕’이라고도 하니, 이는 모두 틀린 것이다. 규봉(圭峯) 동월(董越)이 우리나라에 사신으로 와서 비로소 그것을 알게 되었다.[125]

그리고 고려의 백추지(白硾紙) 또한 『송사』에 실려 있는 우수 품질의 종이였다. 11세기 송(宋)나라 왕운(王雲)이 편찬한 『계림지(鷄林志)』에 의하면, “고려의 닥나무 종이〔저지(楮紙)〕는 광택이 나고 희어서 참 좋은데, 이름을 백추지(白硾紙)라고 한다.”[126] 하였다.

그런데 이윽고 고려의 ‘백추지’는 워낙 질기고 좋은 품질이어서, 닥〔楮〕으로 만드는 것이 아니라 누에고치〔繭〕로 만드는 것이라고 전해지기에도 이르렀다. 명(明)나라 초기 육계굉(陸啓浤)이 수도권(首都圈)의 제반 정보를 집성하여 편찬한 『객연잡기(客燕雜記)』라든가 특히 도륭(屠隆)이 ‘서화 · 문방서(書畫文房書)’로 편찬하여 유명하게 된 『고반여사(考槃餘事)』 등에서 그와 같은 인식이 드러난다.

---

125 『海東繹史』 권27, 「物産志」 2, 文房類 · 筆, “『一統志』載, 朝鮮土産, 有狼尾筆. 其管小如箭簳, 髮長寸餘, 鋒鋭而圓. 詢之, 乃黃鼠毫所制, 非狼尾也(『朝鮮賦注』). …… 按, 我國黃鼠毛筆 取重於中國 黃鼠一名鼠狼 中國人不知 或稱狼尾 或稱猩猩毛 皆非也 董圭峰奉使本國 始知之耳.”

126 『海東繹史』 권27, 「物産志」 2, 文房類 · 紙, “高麗楮紙, 光 · 白可愛, 號白硾紙(『鷄林志』).”

> 지금 대궐 안에서 쓰는 종이를 고려의 견지(繭紙)라 한다.
>
> 고려지(高麗紙)는 금견(錦繭)을 가지고 만드는데, 종이 색깔의 하얗기가 명주〔綾〕와 같고, 질기기가 비단〔帛〕과 같아서, 여기에다 글씨를 쓰면 먹이 진하게 스며드니 아주 좋다. 이는 중국에는 없는 것으로, 역시 기이한 산품이다.[127]

고려에서 조선왕조로 전승된 이 종이는 곧 '글씨를 쓰면 먹이 진하게 스며들어 아주 좋은', '중국에는 없는 기이한 산품'으로서 '견지(繭紙)'라는 이름의 독보적인 지위를 오래 지켜 오고 있었다. 그런데 역시 15세기 말 조선에 나온 명나라 사신 동월(董越)이 직접 시험을 해 보고서야 실상 '견지(繭紙)'가 아니라 저지(楮紙)인 것으로 밝혀지기에 이르렀다. "예전에는 모두 조선에서 나는 종이는 누에고치〔繭〕로 만들었다고 전하였는데, 지금 이에 닥나무〔楮〕로 만든다는 것을 알았다. …… 내가 일찍이 불로 태워서 시험해 보고는 그런 줄을 알게 되었다."[128]

그러고는 더 내려와 청(淸)나라의 강희제(康熙帝, 1662~1722) 또한 조선 사신(使臣)에게 물어보고 난 후에야 그것이 닥나무 껍질로 만드는 것임을 확인하게 되었다고 토로하기에 이르렀다.

> 세상에 전하기를 조선국의 종이는 누에고치로 만든다고 하는데, 이는 닥나무 껍질로 만든 것인 줄을 알지 못한 것이다. 육기(陸機)의 「시소(詩

127 『海東繹史』 권27, 「物産志」 2, 文房類 · 紙, "今內用紙, 曰高麗繭紙(『客燕雜記』)."; "高麗紙, 以錦繭造成, 色白如綾, 堅靭如帛. 用以書寫, 發墨可愛. 此中國所無, 亦奇品也(『考槃餘事』)."

128 『海東繹史』 권27, 「物産志」 2, 文房類 · 紙, "舊皆傳, 朝鮮所出之紙爲繭造, 至乃知以楮爲之. …… 余嘗以火識之, 而知其然(『朝鮮賦注』)."

> 疏)」에는 그것을 일컬어 '저상(楮桑)'이라 하였고, 또 말하기를, '강남 사람들이 이것을 다듬이질하여 종이로 만드는데, 광택이 아주 좋다. 대개 형체가 뽕나무와 비슷하다.' 하였다. 짐(朕)이 사신에게 물어보고서, 조선 사람들이 닥나무〔楮〕를 베어다가 거친 겉껍질을 벗겨 내고 그 속에 있는 흰 껍질을 사용하여 찌고 다듬이질해서 종이로 만든다는 것을 알았다. 그런데 비단결같이 치밀하면서도 매끄러워 누에고치와 비슷하므로, 드디어 세상 사람들이 잘못 전하게 된 것이다(『강희기가격물론』).[129]

무릇 '해동' 지역에는 종이를 누에고치로 만든다거나 혹은 '저상(楮桑)'이라는 종이 만드는 별종의 나무가 따로 서식(棲息)하고 있는 것으로 중국의 식자층이 알고 있는 정도였다는 것은, 곧 중국의 산품과는 별도로, 이 지역의 종이가 독자적 품질의 우수성을 오래도록 유지해 오고 있었다는 사실을 증거해 주는 명확한 사례이다. 그것은 사료에 나오는 그대로, '광택이 아주 좋으며', '비단결같이 치밀하면서도 매끄러워 누에고치와 비슷하므로', 그렇게 오랫동안의 확고한 명성을 누려 올 수가 있었던 것으로 드러난다.

그런데 여기 붓이라든가 종이의 품질은 곧 그것을 생산하는 지역의 문자(文字)생활과 관련된 문명(文明) 수준을 드러내 보이는 하나의 척도가 된다. 18세기의 중국 강희제(康熙帝)까지 친히 나서서 굳이 그 품질의 우수성을 조사해 보고 확인하기에 이른 조선산 종이의 경우는 특히 그러한 사례에 해당하는 것으로 이해된다.

---

129 『海東繹史』 권27, 「物産志」 2, 文房類 · 紙, "世傳, 朝鮮國紙, 爲蠶繭所作, 不知卽楮皮也. 陸機「詩疏」, 謂之'楮桑.' 又曰, '江南人擣以爲之, 光澤甚好, 蓋以其形似桑也.' 朕詢之使臣, 知彼國人取楮樹, 去外皮之麤者, 用其中白皮, 搗煮造爲紙. 乃錦密滑膩, 有似蠶繭, 而世人遂誤傳也(『康熙幾暇格物論』)."

(6) 「인물고」의 검토

『해동역사』는 기전체(紀傳體) 사서로 편찬한 것이지만, 소위 '본기(本紀)'에 해당하는 '세기(世紀)'의 내용이 상대적으로 빈약한 편이었음은 앞서 살핀 그대로다. 그런데 '기전체' 사서의 내용 가운데에서도 통상 가장 정채(精彩)로운 특성을 가진다고 알려진 것이 '열전(列傳)'인데 『해동역사』의 「인물고(人物考)」는 더더욱 빈약한 내용으로 꾸며지고 있음이 큰 특징이다. 실상 여기 「인물고」가 수록한 내용 가운데에는 차라리 서술하지 않음이 더 나았을 것이라는 생각이 들 정도로 부실(不實)하거나 혹은 왜소한 묘사로 끝난 경우가 많다. 아마도 '해동' 각국의 인물들을 수록한 외국 측 사료의 내용 자체가 원천적으로 왜소하였기 때문인 것으로 살펴진다.

『해동역사』, 「인물고」의 서술은 먼저 극진한 정성을 다해 부모의 상례(喪禮)를 받듦으로써 공자(孔子)의 칭송을 듣기까지 하였다는 상고시대의 소련(少連) · 대련(大連)[130]의 경우로부터 시작한다. 이후 고구려의 을지문덕(乙支文德), 고려의 김부식(金富軾)을 거쳐 '본조(本朝)'의 김상헌(金尙憲, 1570~1652)에서 끝나고 있다. 전체가 대략 160명 정도요, '본조(本朝)'의 인물은 50명 가량이 수록되어 있다.[131]

그런데 가령 중국과는 다른 조선 독자의 성리학풍을 확립함으로써 이에 그 유종(儒宗)이라 일컬어지는 퇴계(退溪) 이황(李滉, 1501~1570)의 경우는 아예 「인물고」에 수록되어 있지도 않다. 그런가 하면, 기묘사화(己卯士禍, 1519)를 일으킨 장본인인 남곤(南袞)은 "『삼강행실(三綱行實)』

130 『海東繹史』 권67, 「人物考」 1, "孔子曰, 少連 · 大連, 善居喪. 三日不怠, 三月不解, 期悲哀, 三年憂, 東夷之子也(『禮記』)."

131 어떤 人物에 다른 이를 附記해 둔 경우도 있어, 보기에 따라 수록 인원이 달라질 수도 있다.

을 다시 수집(蒐輯)했다."[132]고 하여, 마치 대표적 도덕군자인 것처럼 수록되어 있다. 기이한 「인물고」를 설정하게 된 셈이다.

또 다른 인물지(人物志)에 해당하는 「석지(釋志)」, '명승(名僧)'의 내용 또한 기이한 편이다. 그나마 삼국 및 고려 시기의 경우는 중국에서도 불교가 번성한 시대였기로 자연히 '해동' 출신 승려들의 행적 또한 정사(正史)를 비롯한 여러 별전(別傳)에도 더러 전해진다. 더구나 관련 기사를 많이 수록한 『전등록(傳燈錄)』이라는 별도의 서책도 전해진다. 그래서 신라와 고려의 고승들의 본전(本傳)은, 좀 빈약하지만 그런대로 다소 서술해 놓은 내용이 있다.

그런데 한(韓) · 중(中) 양측에서도 불교가 쇠퇴한 후로는 의거 자료가 너무 빈약해졌던 모양이다. 가령 『해동역사』가 수록한 조선시대의 승려는 2, 3인에 불과한데, 그 가운데에서 대표적인 위상을 차지하는 송운대사(松雲大師)의 본전(本傳)은 전문(全文)이 다음 몇 글자에 불과하다.

> 일본 경장(慶長) 11년(1606, 선조 39)에 조선의 송운대사(松雲大師)가 와서 강화(講和)를 요청하였다(『이칭일본전』).[133]

송운대사 즉 사명당(四溟堂, 1544~1610) 유정(惟政)은 일본으로 건너가 '강화를 요청'하기 이전, 서산대사(西山大師) 휴정(休靜)의 문도로서 불도(佛道)에 극진한 공력을 쌓아 그 법맥의 한 줄기를 잇게 된 고승(高僧)이요, 왜란을 맞고서는 의승병(義僧兵)을 이끌어 남북 각지에서 왜적을 물리치고 민명(民命)을 살려 내는 일에 시종일관 진력하였다. 그가

---

132 『海東繹史』 권69, 「人物考」 3, 本朝, "南袞, …… 正德九年, 重輯『三綱行實』(『列朝詩集』)."
133 『海東繹史』 권32, 「釋志」, 名僧, "日本慶長十一年, 朝鮮松雲大師來請和(『異稱日本傳』)."

일본에 건너가 '강화를 요청'한 것은 비록 당로자의 요망에 따른 일이기는 하지만, 역시 왜란에서 포로가 되어 사지(死地)에 놓인 수다한 민명(民命)을 살려내기 위해 결단한 보살행(菩薩行)이었다고 해석함이 온당할 것이다.

『해동역사』가 의거한 외국 측 자료는 '해동'의 역사를 제대로 서술하기에는 소루(疏漏)함이 심한 상태인 것으로 판명된다. 그 가운데에서도 인물에 관한 전기적(傳記的) 자료는 구차스럽기까지 한 것으로 밝혀진다.

6. 맺음말

『해동역사』를 편찬한 기본 사료는 모두 중국을 비롯한 외국인이 채록해 둔 자료였다. 그것은 모두 그들 외국인이 '해동' 지역과 직간접으로 접하면서 관심을 가지게 된 범위 안의 사안에 한정되어 있는 자료들일 뿐이요, '해동' 지역의 역사적 사안들을 범주적(範疇的)으로 채록한 것들이 결코 아니었다.

그래서 찬자는 본인이 세운 독자적 원칙에 따라 『해동역사』를 서술하기보다는 수습한 자료를 분류 배열하는 방식으로 『해동역사』를 편찬함으로써 사료로 하여금 사실(史實)을 설명하게 하는 형태를 취하였다. 그것은 독자적 문자를 갖지 못했던 옛 '해동'인의 고대사 인식과 그 서술 내용을 다 징신(徵信)하기는 어렵다는 각성에서 취한 것이었다. 그리고 또한 찬자의 학술이 조선 후기 실학(實學)의 기본 방법론인 고증학적 실증주의에 깊이 숙련된 결과 취할 수 있는 서술형태이기도 한 것이었다.

기전체(紀傳體) 사서로 편찬한 『해동역사』가 역대 각국의 국왕 중심의 정치사인 '왕기(王紀)'를 '세기(世紀)'라는 술어로 표현한 것은, 곧 천자(天子)의 경우는 '본기(本紀)'라 하고 제후(諸侯)의 경우는 '세가(世家)'라 한다고 하는 구래의 두 가지 다른 층위의 개념을 이제 하나의 역사술어로 개념화해서 사용한 것으로 이해된다. 실상 '해동' 각국의 역사에서는 객관적으로 '본기'와 '세가' 따위로 층위를 구분해서 서술할 만한 역사적 실체가 실재(實在)하지 않았다는 사실이 명백하다. 그래서 '본기'와 '세가' 따위 상 · 하 층위의 구분을 일체 지양하고, 우리나라 역대 각국이 모두 저마다의 독자성(獨自性)을 가진 의미 있는 역사를 이룩해 오고 있었다고 하는 다원론적(多元論的) 사관(史觀)을 바탕으로 하고서 '해동' 각국의 정치사에 모두 '세기(世紀)'라는 개념의 술어를 일괄해서 적용하기에 이르렀던 것으로 해석된다.

더구나 동서 문화의 교류가 활발해진 16세기 이래 세계는 바야흐로 문화 · 문명의 다원화(多元化) 시대로 전환하고 있었다. 『해동역사』는 바야흐로 그와 같은 다원화하는 세계시대를 맞아서 편찬한 역사서였던 것이다.

그리고 '본기'니 '세가'니 하는 술어를 떠나 다원론적 사관에 따른 '세기(世紀)'라고 하는 독자적 개념의 술어를 사용하게 되자, '본기'라든가 '세가' 개념에 본래적으로 내재되어 있던 오랜 경학적(經學的) · 도덕적 가치 기준으로부터 벗어나는 결과를 구현하기에도 이르렀다. 그것은 곧 역사학이 경학적 규범이라든가 도덕적 가치 기준을 벗어나 사실을 사실 그대로 서술하는 독자적 학문으로 정립되는 단계에 이르렀다는 것을 뜻한다.

『해동역사』는 '해동' 지역 역사의 시초를 단군(檀君) 이전의 '동이총기(東夷總紀)'로부터 잡아 서술하기 시작한다. 또 그 다음으로는 '단군조선(檀君朝鮮)'을 먼저 서술하고, 그 다음에 '기자조선(箕子朝鮮)'을 서술하였다. 그리고 '기자조선' 다음에 '위만조선(衛滿朝鮮)'을 서술해 두었다.

『해동역사』는 '위만조선'이라든가 '부여'를 모두 한국사상에 존속한 독자적 국가로 인식하였다. '위만'은 중국 연(燕)나라 사람이라고 그 서두에서 밝혀 놓았지만, 그가 동이족(東夷族)의 중심을 이루는 '조선 지역' 안에 들어와 국가체제를 유지하면서 조선인들을 통치한 객관적 사실을 인정하였기 때문인 것으로 이해된다.

그리고 『해동역사』는 '부여(夫餘)' 역시 독자적 국가로 서술하면서 따로 안설을 달아 밝혀 두었다. "살피건대, 부여국(夫餘國)은 …… 본디 우리나라의 구역 안에 있었던 나라가 아니다. 그러나 부여(夫餘)는 고구려(高句麗)와 백제(百濟)가 일어난 근원이므로, 특별히 동일한 예로 기(紀)를 세운다."

한국의 사서는 통상 '단군조선'을 고대의 시초로 서술하는 편이지만, 『해동역사』는 굳이 그 이전에 '동이총기'라는 편을 설정하고 있음이 특징이다. 그래서 한국의 사서 가운데서 동이총기 · 단군조선 · 부여 등에 다 모두 독자적 '기(紀)'를 세워 서술한 것은 『해동역사』가 처음이 아니었는가 한다. 그것은 중국 측 사료들을 수습하여 이들 동이족 국가들의 역사를 편찬하면서도 중국 중심의 사관을 벗어나 한국 고대사의 상한선을 높이고 그 지배 영역을 그만큼 드넓게 파악하였다는 의미를 지닌다. 즉 중국 측 사료들에 실린 객관적 사실들을 통해, 동이족의 국가와 그 문화의 역사적 상한이 유구하며 그 강역(疆域)이 광대하였다는 사실을 객관적으로 드러나게 하였던 것이다.

유교(儒教) 자체가 워낙 그러하지만 특히 조선왕조의 지배이념인 신유학 즉 주자학(朱子學)은 중국 중심의 명분론적 역사관 · 가치관을 그 본질로 하고 있었다. 그런데 『해동역사』가 역대의 여러 국가들에 대해 모두 '기(紀)를 세워' 서술한 것은 소위 '정통론(正統論)'을 엄격히 따지는 주자학의 명분론적(名分論的) 역사인식을 지양하고, 우리나라 역대의 역사를 독자적 · 주체적인 것으로 이해하고자 하는 의도적인 인식의 소산인 것으로 이해된다.

그리고 『해동역사』는 한반도의 한수(漢水) 이남 지역에 위치하였던 삼한(三韓)이 '위만조선'을 대신한 사군(四郡)보다 더 앞선 국가체제인 것으로 이해한다. 이는 삼한 각국이 여러 개 부족들의 집합체로 되어 있어 아직도 국가체제로 성립하지 못한 상태에 머물러 있었다는 종래의 견해를 불식시키고, 한반도 남부의 각 종족들 또한 그만큼 일찍부터 정치적으로 성장하고 있었다는 새로운 역사인식을 피력한 것이었다.

『해동역사』는 또한 삼국(三國)의 건국을 고구려 · 백제 · 신라의 순으로 배열하고, 고구려 중심으로 삼국의 역사를 서술하고 있다는 사실도 이채롭다. 중국과 좀 더 가까운 위치에 있던 고구려가 더 일찍부터 중국과 상호 교류를 시작하였으며 더 먼저 국가형태를 정립할 수 있었다고 인식한 것으로 이해된다. 아마도 백제가 신라보다 먼저 발달할 수 있었던 배경도 마찬가지인 것으로 짐작된다.

『해동역사』는 또한 한(韓) · 중(中) 양국의 역사적 변란의 대처 방식 사례를 수습해 보여 주기도 한다. 가령 고려 말의 변란기에서 신흥세력 이방원(李芳遠)은 정치적 적대관계의 정몽주(鄭夢周)를 격살(擊殺)하였지만, 그가 조선왕국의 3대 왕으로 등극한 후에는 곧 정몽주의 관작을 회복하고 '문충(文忠)'이란 시호를 내려 그를 숭앙하도록 하는 정책을 펼치었다.

그러나 중국 명(明)나라 초기의 연왕(燕王) 주체(朱棣)는 소위 '정난(靖難)의 변'을 일으켜 황제로 등극하면서 자신의 '찬역(簒逆)'을 반대하는 방효유(方孝孺)라는 거유(巨孺)를 참살하고는 그 일족과 문인 수백 명을 처형하고 적몰했지만, 자신의 제위(帝位) 기간에는 끝내 조금도 사면하지 않았다. 뿐만 아니라 찬역을 정당화하기 위해 명나라 『태조실록』

을 개수(改修)하여 반대편 군(君) · 신(臣)들이 죄가 있는 것으로 무훼(誣毁)하는 행태까지 벌였다.

후일 청(淸)나라 초기 어느 학인은 이를 두고, "이는 이방원(李芳遠)이 영락제(永樂帝)보다도 현명하며, 『고려사』를 편찬한 '하국(下國)의 사관(史官)'이 명나라 『태조실록』을 개수(改修)한 자들에 비해 훨씬 더 나았던 것임을 보여 준다."고 탄식하였다는 사실을, 『해동역사』는 수습해 놓았다.

나아가 『해동역사』의 「교빙지(交聘志)」라는 제명 또한 이채롭다. 실상 수천 년 '해동' 역사의 전개를 통해 상대한 외국(外國)이란 것은 오로지 중국 위주였으며, 따라서 중국을 통해서만 세계(世界)로 연결되고 세계적인 선진 문물이란 것을 수용하고 있었다. 그래서 『해동역사』는 「교빙지(交聘志)」, '조공(朝貢)'이라는 제명으로, 우리나라 역대 각국이 중국에 사신을 파견하여 중국 군주를 '조현(朝見)'하고 '예물(禮物)을 공헌(貢獻)'해 오고 있었다는 사실을 직서해 놓았다. 그런데 그러한 외교관계는 '조공(朝貢)'의 형태를 띠었지만, 『해동역사』가 그 사실을 수록하면서 붙인 '지(志)'의 제명은 「교빙지(交聘志)」라고 하였다.

『해동역사』가 '교빙(交聘)'이란 개념을 사용한 것은, 역사적으로는 사대(事大)의 '조공(朝貢)' 형태를 취해 오고 있었다 할지라도 객관적으로는 '교빙'이라는 대등한 외교관계의 개념으로 정리해서 서술한다는 의지를 표명한 것으로 해석된다. 즉 각 시대의 외교적 내용 자체는 찬자 자신이 고쳐 쓸 수 없는 객관적 사실로 직서(直書)하면서도, 그 사실을 서술하는 개념은 찬자 자신의 사관(史觀)에 따라 대등(對等)한 외교관계를 나타내는 '교빙(交聘)'이라는 술어를 선택해 사용함으로써 '해동' 각국의 역사적 주체성을 긍정적으로 정립하고자 하는 의식을 드러내었던 것으로 풀이된다.

가령 18세기 말의 정조(正祖) 때까지도 대중(對中) 외교관계를 드러내는 국가적 술어는 아직도 상하 관계를 드러내는 '조빙(朝聘)'이란 말을 사용하였다. 소위 대한제국(大韓帝國) 시기에 들어가 세계 만방을 상대로 하는 근대적 외교를 펼치면서 이에 '교빙(交聘)'이라는 술어를 사용함으로써 대등(對等)한 외교관계를 표방하기에 이르렀다. 『해동역사』의 사관(史觀)은 그만큼 더 주체적이었다 할 것이다.

『해동역사』는 또한 '해동'인으로서는 일상과 관련된 범상한 것일지라도 외국인의 눈에는 특이한 현상으로 보임에 따라 채록해 놓은 사실들을 다수 수습하였는데, 이는 실상 한국사의 특징을 드러내 주는 사실(事實)들이었다. 가령 귀족제라든가 그 귀족적 지배체제를 지탱하기 위한 노비제도, 혹은 각 지역의 우수 토산물을 직납(直納)토록 강제하여 국가재정을 운용하는 공납(貢納)제도와 같은 역사적 현상들이 거기 해당한다.

귀족제도 같은 것은 고대 국가에서는 자못 보편적인 현상이었다. 그런데 중국의 경우는 당(唐) 말의 전란기를 거치면서 귀족층이 범주적으로 멸망하고 송대(宋代) 이후로는 과거(科擧) 출신인 사대부층의 지배시대로 전환하였다.

하지만 '해동' 지역에는 신라의 골품귀족이 다 멸망하고 변방의 호족이 세운 고려왕조로 내려오게 되었는데도 문벌(門閥) 귀족제도는 엄연히 지속하였다. 송나라 사신의 사행기(使行記)인 『고려도경』에 의하면, 심지어 귀족이 아니면 양고기 · 돼지고기조차 먹을 수가 없는 지경이었다. 귀족과 서민의 사이는 이질적(異質的)이라 할 정도로 신분의 격차가 큰 상태였다.

생산업과는 다른 학문 · 관직에 종사하는 귀족층이 별도로 존속하는 한 그것을 사회경제적으로 지탱하는 노비제도 또한 불가결한 장치였다. 귀족은 자기 노비를 대대로 세습하면서 사역 · 매매 · 증여 · 상속할 수 있다는 따위의 법제를 규정해 두고 있었다.

실로 한국사에서 그 같은 귀족제도 · 노비제도는 하나의 엄연한 구체적인 국가체제를 이루고서 영구적으로 존속하였으며, 조선 후기의 실학(實學)에 와서야 드디어 그 근본적 개혁론이 일어나기에 이르렀던 것이다.

역시 『고려도경』에 채록된 공납(貢納)제도 또한 특이한 현상이었다. 즉 고려에서는 각 지방의 우수한 토산물이 별도의 상품으로 전환될 여지도 없이 모두 국가기관으로 징납되고 있었다. 그것은 고려시대뿐 아니라 이후로도 오랜 기간에 걸쳐, 각 지방의 우수 토산물을 공물(貢物)로 지정해 두고 국가기관이 징납하여 국가재정(國家財政)을 지탱하도록 강제하는 제도였다.

공납제는 국가의 징세(徵稅) 형태 가운데서 가장 큰 비중을 차지하면서도 그 부과와 징납의 전 과정에 객관적 규정조차 애매하였다. 중간 농단이 끝없이 자행되게 마련이었다. 그래서 상품화폐경제의 발전을 근본적으로 저해하고 민생의 부담을 가장 크게 가중시키는 폐정(弊政)이기도 하였다.

『해동역사』는 실로 한국사의 특이한 역사적 현상으로서 거의 영구적이다 싶을 정도로 오랫동안 지속해 온 역사 사실들을 다수 수습하고 서술해 놓았다. 중국에 대한 극진한 조공(朝貢)외교라든가 중국 측의 기미(羈縻)정책, 또한 귀족제도 · 노비제도 · 공납제도 따위가 다 그러한 것이었다. 그런데 그와 같이 '상국(上國)에 대한 조공'을 신실하게 이행하고 혹은 중국의 기미정책으로 인해 독자적 발전에 장애를 받기도 한 '해동' 지역은 결국 '소아적(小兒的)' 세계관을 탈피하지 못하게 되고 말았는가.

『해동역사』의 편찬 당시는 서양문명의 수용과 더불어 실학(實學)이 전개된 시기였다. 실학에서는 한 개인이건 혹은 그가 소속한 공동체로서의 국가이건 그 현실적 실체, 즉 현실적 자아(自我)의 주체성에 관한 새로운 세계관적 각성이 활발하게 전개되고 있었다.

가령 신유학이라는 중세적 보편주의를 집대성한 주자(朱子)의 경우, 고려는 풍속이 좋다고는 하지만 "그래도 만이(蠻夷)의 풍습을 띠고 있다."고 규정하였다. 그러나 『해동역사』는 그 같은 중화(中華)와 이적(夷狄)을 이질적(異質的)으로 구분하는 낡은 세계관을 단연코 부정한다.

실상 『해동역사』는 세계의 최대 · 최선진의 문명국으로 군림해 오던 중국조차 이미 동서 문화 교류의 시대를 맞고서는 이제 좀 더 선진인 서양식 문물을 수용하지 않을 수가 없게 되었다는 사실을 직시한다. 중국은 이미 17세기부터 서양인이 제작한 시헌력(時憲曆)을 사용하게 되었는데, 그 까닭인즉 그 새로운 '역법이 극히 정밀'한 것이었기 때문이다. 세계는 바야흐로 문화 · 문명의 다원화(多元化) 시대로 전환하고 있었다.

'해동' 지역이라고 하여 동시대의 세계사적 전환의 추이와 무관할 수야 있겠는가. 더구나 동이족(東夷族)은 워낙 천성이 인선(仁善)하고 예의가 바른 데다 실상 중국 못지않는 독자의 문화적 성취를 이룩해 오고 있었다는 사실을 『해동역사』는 『한서(漢書)』를 이끌어다 증언한다. "중국에서 도(道)가 행해지지 않는 것을 애석하게 여긴 공자(孔子)는 뗏목을 타고 바다를 건너가 구이(九夷)의 땅에서 살고자 하였다." 『해동역사』가 전하고자 하는 것은, 원래 구이(九夷)의 고장인 조선(朝鮮) 땅이야말로 어쩌면 도(道)를 실현할 가망성이 있고, 따라서 인간이 인간답게 살아갈 수 있으리라고 기대할 만한 곳이라는 소신이 아니었는가 하고 살펴진다.

『해동역사』는 또한 명(明)나라 개국 당시의 으뜸가는 학자로서 명 대의 예악(禮樂)도 제정한 송렴(宋濂)의 인식도 전한다. "해동은 참으로 선왕(先王)의 유풍(遺風)을 간직하고 있다. 그러니 바로 그들을 중하(中夏)로 대하여야 마땅할 것이요, 다른 외국(外國)의 예로 말해서는 안 된다." 여기서 말하는 '선왕의 유풍'이란 곧 삼대의 선왕들이 구현한 왕도이며,

공자가 그렇게도 간절히 추구한 도(道) 그것을 말함이다. 그 유풍을 간직하고 있는 '해동' 지역은 진작(振作)하기에 따라 또 언제인가는 '선왕의 도'를 다시 구현할 수도 있을 것이리라.

그리고 『해동역사』는 15~16세기 중국 식자층의 조선 이해도 전한다. "조선은 기자가 옛날에 봉해졌던 지역으로서, 해외의 추·로지방(鄒魯之邦)이다." 즉 조선 땅이란 것이 비록 '해동'에 위치해 있다 하더라도, 바로 이곳을 기반으로 하여 공자와 맹자의 학술과 도덕이 다시금 정채로운 번영을 누릴 수 있게 되기를, 『해동역사』는 간절히 대망하고 있었던 것이다.

외국 측 자료를 기초로 하여 편찬한 『해동역사』는 '세기(世紀)'로부터 각종의 '지(志)'에 이르기까지 어떠한 분야에서도 찬자의 의도에 따라 사실(史實)을 조화로이 배열하고 서술하는 사서로서의 독자적 완결성을 구현할 수가 없었다. 채록되어 있는 자료 자체가 외국인의 관심 범위에 한정된 것들이므로 어느 분야이건 결코 범주적 완결성을 기할 만한 상태가 아니었기 때문이다. 그래서 소위 '기전체' 사서라고 하는 『해동역사』가 그 「세기」도 그러하거니와 특히 「인물고」조차 엉성한 서술로 끝낼 수밖에 없는 역설적 현상을 드러내기에 이르렀다.

그 밖에도 『해동역사』는 역사적 사실과 어긋나는 서술 부분도 상당수를 기록한다. 가령 왜란 당시 한산대첩(閑山大捷)을 이끈 주장(主將)을 이순신이 아닌 원균이라고 채록한 중국 측 사료를 그대로 인용하고 있는 것이 그 하나의 사례이다.

또 한편 『해동역사』는 다른 곳에서는 좀처럼 찾아볼 수 없는 객관적 사실을 수습해 둔 경우도 있다. 가령 명(明)나라 때의 저술인 『본초강목』의 기사를 이끌어다 조선 전기에 벌써 가삼(家蔘)의 재배가 이루어지고 있었다는 사실을 서술해 둔 사례와 같은 것이다.

參考文獻

『高麗史』, 延大 東方學硏究所 영인본.

『丹齋申采浩全集』, 全集刊行委員會, 1977.

『東文選』, 古書刊行會 영인보.

『磻溪隧錄』, 東國文化社 영인본.

『史記』, 『明史』, 『繹史』, 景印 大淵閣四庫全書本.

『星湖僿說』, 여강출판사 영인본.

『星湖全書』, 韓國文集叢刊本.

『世宗實錄』, 『世祖實錄』, 『宣祖實錄』, 『肅宗實錄』, 『正祖實錄』, 『純祖實錄』, 國編本.

『與猶堂全書』, 경인문화사 영인본.

『貞蕤閣文集』, 『靑莊館全書』, 『五洲衍文長箋散稿』, 韓國文集叢刊本.

『周禮』, 『易』, 『論語』, 景印 『十三經注疏』本.

『朱子語類』, 辛卯嶺營藏板 영인본.

『增補文獻備考』, 東國文化社 영인본.

『海東繹史』, 崔南善藏本 영인본, 경인문화사, 1990.

金泰永(1973), 「朝鮮초기 祀典의 成立에 대하여」, 『歷史學報』 58.

______(2006), 『朝鮮 性理學의 歷史像』, 경희대학교출판국.

朴道植(2011), 『朝鮮前期 貢納制 硏究』, 혜안.

李佑成(1966), 「李朝후기 近畿학파에 있어서 正統論의 전개」, 『歷史學報』 31집.

李泰鎭(1982), 「『해동역사』의 학술사적 검토」, 『震檀學報』 53 · 54 합호.

鄭昌烈(2006), 「實學의 세계관과 역사인식」, 『한국 실학사상 연구 I』, 연세대학교 국학연구원, 혜안.

韓永愚(1985), 「『해동역사』의 연구」, 『韓國學報』 38집.

______(1990), 「한국의 역사가 韓致奫」, 『한국사 시민강좌』 Vol. 7.

黃元九(1962), 「韓致奫의 史學思想 - 海東繹史를 중심으로 -」, 延世大 『人文科學』 7.

______(1970), 「實學派의 史學理論」, 『延世論叢』 7.

______(1982), 「『해동역사』의 문화사적 이해」, 『震檀學報』 53 · 54 합호.

『실학시대의 역사학 연구』 집담회

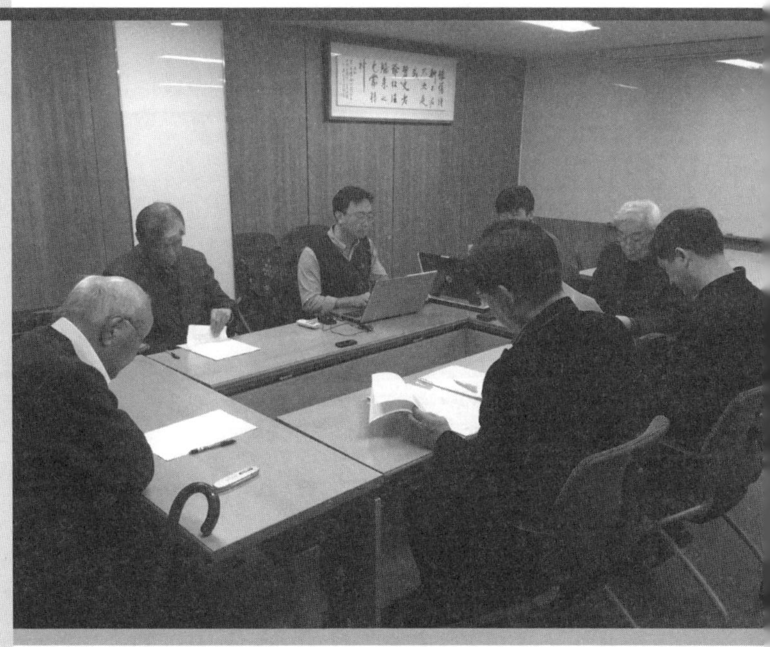

- **일 시** : 2015. 2. 2.(월) 오후 1시~4시
- **장 소** : 재단법인 실시학사 회의실
- **참석자** : 이우성, 정만조(사회), 김태영, 하우봉, 이강한, 정재훈

* 발표자는 '성명'만 제시하였고, 정만조 선생의 경우 '발표'와 '사회'를 겸하고 있어 '발표' 때에는 '성명'을, '사회' 때에는 '사회'로 표기하였다.

이우성
정만조
김태영
하우봉
이강한
정재훈

| 제1부 |

사 회 재단법인 실시학사에서는 실학사상에 대해서 연구계획을 세우고 연차적으로 국내 연구자 다섯 분씩을 선정해서 실학자 개인이나 실학파의 특정 분야의 연구를 수행하여 왔습니다. 오늘 저희가 이 집담회에서 논의하고자 하는 주제는 5년차 과제인 '실학시대의 역사학 연구'입니다. 이 작업을 위해서 한치윤의 『해동역사(海東繹史)』는 김태영 선생이, 원중거의 『화국지(和國志)』에 대해서는 하우봉 선생이, 이종휘의 『동사(東史)』에 대해선 정재훈 선생이, 순암 안정복의 『동사강목(東史綱目)』에 대해서는 이강한 선생이, 이긍익의 『연려실기술(燃藜室記述)』에 대해서는 제가(정만조) 검토하여 왔습니다.

이 사서들 가운데에는 이미 여러 학자들에 의해서 상세히 연구된 경우도 있고, 『화국지』처럼 이번에 실학적 사서로서 새롭게 조명된 연구도 있습니다. 어느 경우나 기왕의 연구성과를 토대로 연구대상의 사서를 재검토해서 종합적으로 정리한 위에 새로운 면모와 요소를 발굴함으로써 실학시대의 역사학 연구 전반에 걸친 이해를 새롭게 하려는 것이 우리 연구의 공통된 목표라고 생각합니다. 그래서 다섯 분의 연구자들이 각자 맡은 역사관련 저술을 분석하고 연구한 성과에 의거하여 그것이 갖는 성격과 공통점, 그리고 특징 등을 논의해서 실학시대에 이루어 놓은 역사학의 실체를 찾아보자는 것이 오늘 집담회를 갖는 목적이 되겠습니다. 순서에 들어가기 전에 벽사 선생님께서 한 말씀 해 주시면 고맙겠습니다.

이우성 나는 준비한 말은 없고, 다만 여러분들께서 그동안의 연구성과를 오늘 토의해 주실 것으로 믿고, 청자의 한 사람으로 나와 듣고 싶어서 자리를 함께하였습니다. 애초에 제목을 '실학파 사학 연구'라고 했는데, 지금 실시학사의 대주제가 '실학에 대한 전반적 연구'입니다. 실학파에 해당된다고 하는 이들의 문학작품들과, 실학파에 속한다고 생각되는 이들의 역사 저술에 대한 검토를 목적으로 여러분을 모시게 되었습니다. 다만 실학파 사학이라고 하는 것이 일반 사학과 어떻게 구분되느냐? 너무 따지고 들어가게 되면 여러 이론들이 서로 부딪칠 우려가 있으니 그 점에 대해선 너무 강조할 필요가 없지 않나 생각됩니다. 당시가 실학의 시대이고, 그에 직간접적으로 연관돼 있던 학자들의 역사 저술이어서 '실학파의 사학 연구'라는 시안(試案)을 붙인 것이지, 꼭 그분들의 저술 하나하나가 실학적인 것이라고는 생각지 않습니다. 다만 그 시대가 실학이 주류를 이루는 시대였고, 그 시대가 낳은 역사 저술이어서 종래의 일반 저술에 비해 점진적인 자세가 보이지 않을까 한 것입니다. 성호의 역사인식과 관련해서도 적지 않은 글들이 나오기는 했습니다마는, 역시 이 시대에 새로운 점들이 발견되지 않나, 그리고 그런 점들이 실학적 흐름과 연관이 깊지 않나 하는 생각을 하였고, 그런 점에서 역사학에서도 실학의 영향이 크지 않았던가 하는 생각이 들어서 실학파의 역사 연구라고 해 본 것입니다만, 다시 생각해 보면 "실학시대의 역사학 연구"로 제목 잡는 것이 더 좋을 것 같습니다. 그 점 양해를 하시고 토의를 진행해 주시기 바랍니다.

사 회 지금 벽사 선생께서 논의의 방향과 관련된 말씀을 해 주셨습니다만, 앞으로의 진행 순서는 연구자 개인별로 자신이 연구한 연구주제에 대해 먼저 편찬자 관련사항에 대해 말씀을 해 주시고, 다음으로는 편찬 동기, 그리고 세 번째는 사관 또는 역사편찬체제의 문제, 네 번째는 특징과 의의 등에 대해 10분 정도로 요약을 해 주시면 그것에 근거해서 토론을 해 나갈까 합니다. 전체적으로 실학파의 역사학이 어떤 것일까 하는 문제와 관련해서는 모두(冒頭)에 벽사 선생께서도 언급하신 것처럼 조심스럽기는 합니다만, 우선 역사를 보는 관점, 즉 사관과 관련해 정통론 · 화이론, 또 자국사 중심의 자주적인 역사인식, 또는 현실론적 역사인식 등을 다룰 수 있지 않을까 하며, 또 역사 방법론과 관련해서는 역사편찬 자료, 문헌고증적 · 실증적 자세, 또는 실사구시적 성격 등이 논의될 수 있을 것으로 생각합니다. 그러나 꼭 여기에 구애되지 마시고, 자신의 연구에서 검출한 특징이나 의의라고 할 만한 것을 자유롭게 개진해 주시면 고맙겠습니다. 그럼 우선 개별적 요약이 되겠습니다. 순서에 따라 한치윤의 『해동역사』에 대해서 김태영 선생께서 먼저 말씀을 해 주시기 바랍니다.

김태영 몇 줄 정리를 해 왔는데요, 읽어 나가면서 논의를 진행하겠습니다. 먼저 『해동역사』의 기본 저술 자세를 살펴봅니다. 『해동역사』는 해동 지역의 역사에 관한 고대 동이족 자신의 기록이 상대적으로 미비하고 부실한 상태였다는 기본 전제가 깔려 있습니다. 그래서 이 사서는 관련 기록이 상대적으로 일찍부터 갖추어졌던 중국 측의 기록 540여 종을 중심으로 하고 일본 측의 자료 20여 점도 직접 인용하여 저술하였습니다. 그리고 저자는 어디까지나 관련 자료들을 직접 배열해 제시함으로써 사료 자체로써 사실을 설명하게 하는 방식을 채택하고 있습니다. 그리고 찬자 자신의 견해는 최소한의 언설로 한정하고 있습니다.

찬자의 증손이 쓴 행장에 보면, '술이부작(述而不作)'의 원칙에 충실했다고 나와 있습니다. 더구나 찬자의 주관적 저술을 배제하고 관련 자료를 제시하여 자료로 하여금 사실을 말하게 하는 고증학적 편사 원칙을 일관하고 있습니다. 그렇게 함으로써 도덕적 명분론, 가치론적 역사인식, 다시 말해 중세적 역사학의 한계를 지양하고, 어디까지나 사실 자체를 추구하는 실사구시의 실학적 역사학 원칙을 충실히 하고 있습니다.

가령 『삼국사기(三國史記)』가 서술한 삼국의 본기와 『해동역사』의 각국의 세기(世紀)를 비교해서 관찰해 보면, 어떠한 차이가 있는가요. 『삼국사기』의 본기는 모두 소략하다는 비판을 듣고는 있지만, 모두 삼국 각 왕대의 사적을 연대별로 맞추어 기술하고 있습니다. 그러나 『해동역사』의 각국 세기는 단편적 사실조차 결코 제시하지 못합니다. 왜 그렇게 되었느냐 하면, 동원한 자료가 중국 측 자료이기 때문에, 중국인들이 해동 각국의 구체적 사료를 수습해 두지 않아서 그러한 결과를 낳게 되었습니다.

기전체 사서로 서술한 『해동역사』가 역대 각국의 왕조를 '세기'로 표현한 것은 『사기(史記)』 식의 표현인 '본기'와 '세가'라는 두 가지 다른 층위의 개념을 하나의 개념으로 통합해서 말한 것입니다.

그 다음으로는 기전체 사서로 편찬한 『해동역사』가 항용 기전체에 고유하면서도 가장 정채로운 특성을 살려 서술할 수 있는 당대 각 인물들의 활동의 전기, 즉 열전(列傳)은 그 내용이 극히 빈약한 상태입니다. 가령 이렇습니다. 조선의 퇴계 선생에 관한 전기는 아예 없는 반면, 기묘사화를 일으킨 남곤(南袞)에 대해서는 매우 상술하고 있는데, 마치 남곤이 도덕군자처럼 서술되어 있습니다. 즉 그렇게 된 이유는 단편적으로 남아 있는 중국 측 자료에 의존했기 때문입니다.

그 다음에 18세기 순암 안정복은 실학적 안목에서 『동사강목』을 쓰면서도 굳이 정통과 윤통을 구별할 뿐 아니라 다시 강(綱)과 목(目)을 구분해서 서술합니다. 가령 기자조선의 경우, 기자는 강으로 잡아 기자조선을 서술하고 단군은 하나의 목으로 잡아 서술하고 있으며, 양자를 서술하는 배열 또한 단군이 기자보다 한 칸 낮게 배열됩니다. 그래서 나중에 단재 신채호는 단군을 기자에 '부용(附庸)'으로 부속시켜 놓았다고 비판합니다. 그에 비해서 『해동역사』는 우리나라의 역사를 단군 이전의 동이총기(권1), 그리고 그 다음으로는 권2, 「세기」 2에 단군조선이란 명목을 세워 단군의 사실을 맨 먼저 서술하고 그 다음 차례로 기자조선·위만조선 순으로 서술합니다. 이 같은 배열은 당시로서는 주체적 사관의 면을 보인 것입니다.

『해동역사』는 위만조선이라든가 부여를 한국사에 존속한 독자적 국가로 인식하고 있습니다.

위만은 중국 연나라 사람이라고 그 서두에 밝히고 있지만, 그가 동이족의 중심을 이루는 조선 지역에 들어와 국가 체제를 유지하면서 조선민을 통치한 객관적 사실을 인정하였기 때문입니다. 그리고 그 다음의 부여에 대해서도 독자적 국가로 서술합니다. "부여국은 지금 봉천부의 개원현에 있었으니 본디 우리나라가 아니다. 그러나 부여는 고구려와 백제가 일어난 곳이므로, 특별히 동일한 예로 기(紀)를 세운다."라고 서술했습니다. 이 또한 주체적 역사인식의 발현이라 평가할 수 있습니다. 즉 실학시대에 와서 좀 더 진전된 주체적 역사인식을 보여 주고 있다고, 저는 그렇게 보고 있습니다.

더 나아가 중국에 대한 외교관계의 경우를 보면, 『해동역사』는 기본적으로 '교빙'이란 표현으로 개념화해서 쓰고 있는데요, 이게 좀 특징입니다. 『해동역사』와 비교할 수 있는 게 『연려실기술』이 될 텐데요, 『연려실기술』의 경우 외교관계를 다룬 별집 권5의 표제를 아예 '사대전고(事大典故)'라고 표현한 현상과는 좋은 대조가 됩니다. 또한 영조 때 편찬한 『동국문헌비고(東國文獻備考)』를 정조 6년부터 동 13년에 걸쳐 증보한 『증보동국문헌비고(增補東國文獻備考)』에서는 중국과의 외교를 '조빙(朝聘)'이라 표현하고 있습니다. 18세기 말의 정조 때까지도 대중외교에는 아직도 상하관계를 드러내는 '조빙'이란 용어를 쓰고 있었는데, 대한제국 시기, 세계만방을 상대로 하는 외교시대에 들어와서야 '교빙'이란 용례를 쓰고 있음을 살필 수 있습니다. 그러한 점에서 본다면 19세기 초에 편찬한 『해동역사』가 이미 '교빙'이란 표현을 사용한 것은 큰 주체적 의미를 갖는다고 할 수 있습니다. 역사 사실의 실상으로는 사대의 '조공 형태'를 취하고 있었다 하더라도, 그 역사를 편찬하는 찬자의 입장에서 '교빙'이라는 개념의 대등한 외교관계 문법으로 정리해서 읽는다는 의지를 표명한 것으로 해석되기 때문입니다. 즉 각 시대의 외교적 역사 내용 자체는 찬자가 고쳐 쓸 수 없는 객관적 사실을 서술한 것이지만, 그 사실을 서술하는 형식과 개념은 찬자 자신의 사관에 따른 술어를 선택하였다고 이해됩니다.

그리고 『해동역사』가 특히 강조하고자 한 것은 중국 사람들이 기록한 것을 가지고서 우리나라 사람에 대해 기술하면서도, 중국에서 이룩하지 못한 것을 해동 지역에서 실현할 수 있다는 점을 강조한다는 사실입니다. 예를 들어, 기자가 조선으로 가서 그곳의 백성들에게 예의와 전잠(田蠶)을 가르쳐 풍속이 인선(仁善)하게 변화하였으므로, 이곳 백성들은 집의 대문을 걸어 잠그는 적이 없고 부녀자들은 정숙하여 음란하지 않다고 합니다. 동이족은 천성이 유순해서 다른 여러 변방의 오랑캐와는 다르다, 그러므로 중국에서 도가 행해지지 않는 것을 애석하게 여긴 공자가 뗏목을 타고 바다를 건너가 구이(九夷)의 땅에 가서 살고자 하는 것은 그 까닭이 있는 것이라고 『한서(漢書)』에 나와 있습니다.

공자 같은 성인이 도가 실현되지 않는 중국 땅에서 살기보다는 구이(九夷)의 땅에 건너와 살고자 하는 것은 이 해동 땅에서는 도를 이룩할 희망이 있다고 하는 뜻을 피력한 것입니다. 이것을 공자는 『논어』에서도 여러 번씩 강조하고 있음을 볼 수 있습니다.

15~16세기의 명나라 진사 출신 사신들 사이에서 나온 얘기인데요, 조선은 옛날에 기자가 봉해졌던 지역으로서 '해외의 추로지방(鄒魯之邦)이다.'라고 거듭 나옵니다. 추로지방이란 의미도 곧 공자와 맹자의 도가 일어날 수 있는 지역이라고 하는 뜻이겠지요. 이 해동 땅이야말로 곧 도를 실현할 수 있는 곳이라고. 이것을 간절히 대망하고 싶었던 것이 『해동역사』의 기본적인 서술 이념인 것 같습니다. 이것도 일종의 주체적인 사관의 발현이 아닐까 생각하고 있습니다.

마지막으로 독특한 얘기인데요. 명나라의 정난군신(靖難君臣)들이 그 『태조실록(太祖實錄)』을 개수(改修)하였는데요. 이는 방효유(方孝孺) 때문에 그렇게 한 것인데, 방효유가 곧 『태조실록』의 원래 편찬 책임자였습니다. 방효유의 아버지 방극근(方克勤)은 순리(循吏)로 명사에 입전되어 있는데도, 방효유의 충의(忠義) 사실을 기록하지 않았습니다. 황관(黃觀)과 경청(景淸)이 『서전회선(書傳會選)』을 찬수하면서 그 이름을 삭제해 버렸고, 또한 '방선생(方先生)이 머리를 조아리고 애걸하였다.'라고 거짓으로 써 놓았습니다. 성조 영락제가 정난의 난을 평정하고 『태조실록』을 개수한 것은 역사를 거짓으로 꾸며 자기들의 정당성을 길이 전하고자 함이었습니다. 그런데 조선왕조의 정인지가 편찬한 『고려사』를 보면, 정몽주가 이성계를 죽이려고 도모하였으나 이루지 못하고 이방원에게 피살되었습니다. 그런데 이방원은 신흥 조선의 3대 태종 왕으로 된 후 정몽주의 관직을 추증하고 시호를 내려 주었으며, 정인지 등은 역시 이를 『고려사』에다 직서(直書)해 놓았습니다. 이는 '조선의 태종이 중국의 성조 영락제보다 더 현명하며, 하국(下國)의 사관(史官, 정인지를 가리킴)이 명나라 『태조실록』을 개수한 사관들보다도 훨씬 더 나았던 것'이라고 하는, 청나라 초기 사관의 기록을 『해동역사』가 인용하고 있습니다. 한치윤의 『해동역사』는 이와 같이 주체적인 역사인식을 보이고 있는 곳이 있습니다. 그러나 다른 한편으로는 사실관계의 착오도 적지 않습니다.

이우성 『해동역사』에 대해서 재미있는 좋은 얘기를 많이 해 주셨습니다.

사 회 구체적인 예를 들어가면서 『해동역사』의 역사서술에서 보이는 주체적인 태도와 인식 등 이런 것에 대해 좋은 발표를 해 주셨습니다. 나중에 찬자 문제에 관해서 얘기가 조금 나올 수 있을 것 같은데요, 남인 집안이지만 북학파와도 교류가 적지 않았다는 점에 대해서도 함께 말씀해 주시면 고맙겠습니다. 다음으로 하우봉 선생께서 원중거의 『화국지(和國志)』에 대해서 발표해 주시겠습니다.

하우봉 저도 편하게 정리해 온 것을 중심으로 논의하도록 하겠습니다. 저는 제출한 논문의 제목을 '원중거의 일본사회 이해와 역사인식－화국지를 중심으로－' 이렇게 하였는데, 제목의 체제를 통일할 필요가 있으면 제목을 약간 수정할 수 있겠습니다.

원중거(元重擧, 1719~1790)는 1719년에 태어나 영·정조 대를 살다 간 인물로서 1790년(정조 14)에 돌아가셨습니다. 본관은 원성인데 그의 가계는 대대로 무인 집안이었습니다. 족보에 명시되어 있지 않아서 언제부터 서얼이 되었는지 알 수 없지만, 서얼 출신인 것이 거의 확실하다고 보입니다. 그는 정치적으로나 학문적으로 아주 뛰어난 인물은 아니었고, 그의 행적으로 미루어 볼 때 대체로 처사적 인물이라 볼 수 있습니다. 그의 관력을 보면 31세 때 사마시에 급제하고 1763년 계미통신사행으로 일본에 가기 전에 장흥고봉사(長興庫奉事), 사행 후에는 종6품인 목천현감을 지냈습니다.

특히 원중거의 인생에 있어서 중요한 것은 통신사행의 서기로 수행한 일이었습니다. 공이 44세 때인데, 당시 그의 시재(詩才)가 널리 알려져서 여기에 선발되게 됩니다. 이때 제술관은 남옥(南玉, 1722~1770)이고, 정사 소속 서기는 성대중(成大中, 1732~1812), 종사관 소속 서기는 김인겸(金仁謙, 1707~1772)이었습니다. 이 네 명을 보통 사문사(四文士)라고 하며, 원중거는 남옥 · 성대중 · 김인겸과 함께 일본에 사행했는데, 사행 중 일본의 문사와 창화했던 시가 천여 수에 이르렀다고 합니다. 원중거는 목천현감을 지낸 후에는 지평(砥平)의 물천(勿川)에 내려가서 농사를 지으면서 은둔생활을 하였습니다.

원중거의 학문적 경향은 대체로 정통 주자학자로서의 입장을 견지하고 있었던 것으로 보입니다. 그러나 연암일파의 일원으로 분류할 수 있습니다. 박지원(朴趾源) · 이덕무(李德懋) · 이서구(李書九) · 박제가(朴齊家) · 성대중 · 유득공(柳得恭) 등 북학파 실학자들로 분류되는 인물들과 밀접한 교류를 하였습니다. 원중거가 북학파 실학자들과 어느 정도 사상적으로 공감하고 입장을 같이 했는지는 확실하지 않지만, 이들 그룹 내에서 장로(長老)로서 젊은 학자들로부터 존경을 받았고, 시와 문장을 같이 논하는 시우(詩友)로서 교류를 하였습니다.

일본 사행을 다녀온 후로는 북학파 실학자들에게 일본의 사정을 이야기해 줌으로써 그들의 일본 인식에 큰 영향을 주었습니다. 조선 후기에 대외인식을 굳이 당색별로 분류해 보면, 노론계에 속하는 북학파 그룹들은 주로 중국에 사행을 많이 했기 때문에 청 대의 문물에 밝았습니다. 일본의 통신사행에는 남인 계열이 좀 많았는데, 특히 17세기는 그러했습니다. 그래서 일본에 관한 연구는 남인 계열이 많은 관심을 보였습니다. 그런데 원중거가 일본에 다녀온 이후, 성대중도 같이 갔습니다만,

18세기 후반기에 가면 북학파 그룹 안에서도 일본에 관한 관심과 연구가 활발해졌고, 그 중심에 원중거가 있다고 할 수 있습니다.

얼마 전 동아일보에 보도가 되었습니다만, 최근에 한 · 중 · 일 동아시아 실학학회에서 동아시아의 실학자 99인을 선발하였는데(한 · 중 · 일 각각 33명씩 선발) 그리고 마지막 한 명은 공자를 실학의 비조로 하였습니다만, 그 가운데 원중거는 한국의 실학자 33인 중의 한 명으로 포함되었습니다.

『화국지』를 저술한 동기와 저술 태도를 살펴보면, 저술 동기에 대해서 명시적으로 밝힌 자료는 없습니다. 산견되는 기록들을 모아 정리해 보면, 첫째는 유사시에 정책당국자나 지식인들의 참고 자료에 대비하기 위한 것이다, 둘째는 국내에서 볼 수 없었던 일본 자료를 구했을 경우에는 올바른 역사편찬을 위한 자료로 이용하기 위한 것이며, 셋째로는 와신상담의 뜻에서 나온 것이라고 할 수 있겠습니다.

저술 태도를 보게 되면 고증학적 방식과 논리적 분석, 그리고 나름의 전망과 제안을 하고 있습니다. 원중거는 이것을 '조응(照應)과 핵실(核實)'이라고 표현했습니다만, 그 두 가지 태도를 겸비했다고 보입니다. 우선 고증학적 의미를 보게 되면, 원중거는 일본 사회를 알기 위해서 치열한 노력을 경주하였고, 본인의 체험을 종합하였으며, 사행 중에 일본의 문서를 구해 보고, 호행하는 승려들에게 집요하게 질문하기도 하였습니다. 그리고 『화국지』를 저술할 때에 다양한 서적을 참고하고 비교 검토하면서 고증학적 서술 태도를 보여 주고 있습니다. 다음으로 논리적 분석이라는 측면을 살펴보면, 『화국지』와 『승사록』에서 자신의 의견이나 논평을 많이 기술하고 있습니다. 또 일본에 대한 총체적 인식과 함께 복합적 평가를 내리고 있고요, 특히 독특한 전망과 정책적 대안을 제시하고 있는 게 특징이라 볼 수 있습니다.

『화국지』의 목차와 관련해서는, 앞서 정만조 선생께서 말씀하신 편사 체제와 관련됩니다. 『화국지』는 천 · 지 · 인 3권으로 되어 있습니다. 대체적인 내용을 보게 되면, 천권은 일본의 정치 · 역사 · 지리 · 대외관계를 중심으로 26개 항으로 구성되어 있습니다. 지권은 일본의 사회 · 경제 · 제도 · 문화를 중심으로 31개 항으로 구성되었고, 인권에서는 풍속 · 한일관계사 등을 중심으로 19개 항이 저술되어 있습니다. 전체로 76개의 항으로 일본의 방대한 여러 측면을 소개하고 있는데, 그런 면에서 『화국지』는 보통 일본사행록 안에 들어 있는 '문견록(聞見錄)'과 차이가 있고, 이름 그대로 '일본국지(日本國志)'로서의 저술이라고 할 수 있습니다.

보통 사행일기를 쓰게 되면 완비된 체제로서는 '사행일기'가 있고요, 시문을 창수한 '창수록', 그리고 보고 들은 견문을 적는 '문견록', 이 세 가지로 구성되어 있습니다. 그중에서 부분적으로 빠진 것도 있고, 하나로 구성된 것도 있지만, 그러나 완비된 체제로서는 이 세 가지를 갖추고 있습니다. 그런데 원중거는 이 세 요소를 각각 독립시켜서 하나의 독립된 저술로서 3부작으로 저술했기 때문에 내용도 충실하고, 형식면에서도 이러한 체제를 이루는 것은 유일한 것으로서 가치 또한 뛰어나다고 할 수 있습니다. 사행일기로서는 『승사록(乘槎錄)』, 창수록으로서는 『일동조아(日東藻雅)』, 문견록으로서는 『화국지』가 있습니다. 각각 독립된 저술로서, 『화국지』는 단순한 문견록이 아니라 일본국지로서의 독립된 저작이라고 할 수 있습니다.

그런데 『화국지』는 기본적인 역사책으로 보기에는 어려울 것 같습니다. 일본의 역사와 조일관계사를 많이 다루기는 했지만, 일본의 사회 전반에 대해 소개를 하는 책이기 때문에 기본적으로 사서라고 말할 수는 없습니다. 그러나 일본의 역사에 관해서 상당히 많은 분량을 할애하여 저술하고 있는 점이 특징입니다. 전반적으로 일본의 사회나 제도, 문물을 다루고 있어서, 『한서(漢書)』의 '10지(十志)' 형식과 상당히 유사하다고 할 수 있습니다. 『해동역사』에도 지(志)가 절반 이상의 비중을 차지할 정도이듯, 『화국지』도 지(志)의 성격을 띠고 있으면서도 나름대로 역사의식이 충실하게 반영되어 있다고 할 수 있습니다.

『화국지』의 특성과 의의로는, 첫째 원중거의 일본 이해 수준이 대단히 높다는 걸 들 수 있겠습니다. 1607년에 조선 후기 제1차 통신사가 간 이후로 150여 년에 걸쳐서 11회 갔는데, 『화국지』는 150여 년에 걸친 일본 이해의 축적된 결과라고 할 수 있고, 일본 인식의 최고봉이라고 해도 좋을 것 같습니다. 형식과 내용면에서도 가장 정제되고 풍부한 일본 국지라 할 수 있습니다. 또 일본의 『무감(武鑑)』을 이용했는데요, 이것도 유일한 사례이고, 그런 만큼 내용도 정확한 것으로 판단됩니다.

이우성 일본의 뭐라고요?

하우봉 『무감』이라고, 영주들의 족보만이 아니라, 영주와 무사들에 관한 사전적 성격을 지닌 책인데, 에도시대 최고의 베스트셀러입니다. 상인들도 필요하고 무사들도 물론 필요하지만, 모든 사람들이 『무감』을 알아야 권력에 접근할 수 있기 때문입니다.

이우성 한자로는 '거울 감' 자인가요? '호반 무' 자, '거울 감' 자?

하우봉 네, 그래서 이게 새롭게 보충되어 출판되었는데, 원중거는 명화(明和)연간에 나온 『명화무감』을 본 것으로 확인이 됩니다. 그러니까 일본의 다이묘(大名)들의 정치 · 경제적 인적사항을 매우 정확하게 파악을 하고 있습니다. 그리고 일본 측 자료를 많이 이용을 해서

조·일 관계사 이런 기록들도 사료적 가치가 상당히 높습니다.

둘째로는 원중거의 일본민족관·일본문화관에는 새롭고 독특한 내용이 상당히 많이 제시되어 있고요, 또 일본 국내정세에 관한 진단과 전망, 그리고 대마도에 대한 대책, 통신사의 개혁안 등 이런 정책적인 제안도 상당히 주목할 만한 부분이라 여겨집니다.

그리고 『화국지』란 명칭도 주목할 만한데요, 이덕무가 원중거의 『화국지』를 주로 많이 참고하고, 그 밖에 일본의 『화한삼재도회(和漢三才圖繪)』 등을 참조하면서 『청령국지(蜻蛉國志)』란 책을 만들거든요. 청령국이란 것은 일본의 지형이 잠자리처럼 생겼다 해서 붙였다는 설이 있습니다만, 청령국도 일본을 부르는 표현 중의 하나인데, 가치중립적인 표현이라 할 수 있습니다. 조선시대에는 외교문서를 제외하고는 일본을 대부분 '왜(倭)'라고 불렀는데, 비칭(卑稱)이죠, 그런데 원중거가 '왜'가 아니라 '화'로 부르면서 『화국지』로 책 이름을 지은 것은 조선시대 유일한 사례입니다. 원중거가 철저한 주자성리학자로서의 정체성을 유지하면서도, 일본 사행 후에 문화상대주의적 입장에서 객관적 인식을 하였음을 볼 수 있습니다. 원중거의 일본에 대한 이해와 지식, 정보는 홍대용·박지원·이덕무·박제가·유득공·이서구 등 북학파 실학자들의 일본 인식에 큰 영향을 주었습니다. 그뿐 아니라 18세기 말, 19세기 전반기 실학자들의 일본인식에 원중거의 영향이 적지 않음을 알 수 있습니다. 다산 정약용이라든지 추사 김정희, 이런 분들의 일본 문화에 대한 정보라든가 평가 등을 보게 되면 원중거의 영향이 상당했다는 것을 알 수 있습니다. 그런 점에서 원중거의 일본 문화와 정치에 대한 전망들은 18세기 말, 19세기 초 조선 지식인의 일본인식의 한 줄기를 이루었다고 할 수 있습니다.

이우성 그런 기록이 나오나요? 다산이 원중거를 원용했는지요?

하우봉 분명하게 인용했는지는 나오지 않는데, 내용을 보면 굉장히 논리가 비슷합니다. 다산의 「일본론(日本論)」이라든지, 「시이아(示二兒)」 등의 문장을 보면 원중거의 주장과 상당히 비슷합니다. 추사의 경우는 훨씬 더한데요, 거의 그대로 수용한 게 아닌가 싶을 정도로.

이우성 그런데 원중거를 인용했다거나 그런 것은 없어요?

하우봉 그 인적 관계를 보면, 다산 같은 경우도 원중거와 상당히 가깝게 지냈던 이가환·박제가와 가깝게 지냈고요, 추사의 경우도 연암일파인 원중거와 같은 영향권 아래 있었다는 것을 간접적으로 추정할 수 있을 것 같습니다.

요즘 적극적으로 평가를 하는 쪽에서는 이덕무의 『청령국지』와 원중거의 『화국지』 등의 저술을 근거로, 이 단계에 오게 되면, 조선의 일본학이라고 할까 왜학이라고 할지, 북학(北學)·서학(西學) 등과 비슷하게 형성되지 않았을까 하는 견해도 있습니다. 북학이나 서학에 비하면 질적·양적으로 적었을지는 몰라도 일본학 연구의 토대가 마련되었다고 볼 수 있지 않느냐는 적극적인 평가를 하기도 합니다.

셋째로는 해양에 대해서 나름대로 실학자들에게 자극을 제공했다고 볼 수 있습니다. 일본의 선박기술이나 해로(海路) 등을 『화국지』에 서술하는 한편으로 조선의 해금정책(海禁政策)을 신랄하게 비판합니다. 『화국지』 맨 마지막에 세 사람의 전기를 쓰는데요, 조선 후기에 해양활동을 주로 한 이순신·제만춘·안용복에 관한 전기를 붙인 점도 주목이 됩니다.

사 회 네, 하우봉 선생께서 『화국지』에 대해서 여러 가지 면에서 말씀을 해 주셨습니다. 맨 마지막의 일본학 연구의 토대를 마련했다는 평가는 굉장히 새롭게 다가오는 견해로 보입니다. 나중에 또 토론을 하겠습니다. 다음은 정재훈 선생께서 수산(修山) 이종휘(李鍾徽, 1731~1797)의 『동사(東史)』에 대해서 말씀해 주시겠습니다.

정재훈 우선 이종휘의 인물에 대해서는 종래 알려진 바와 같이 소론계의 역사학자로 보아 왔습니다. 전주 이씨로서 양녕대군의 후손이고, 백부가 이정건인데 명재 윤증의 제자였고요, 이종휘와 교류한 인물 가운데 소론계 인물이 많습니다. 특히 하곡 정제두의 손서인 신대우(申大雨)와 가까워서 문집의 후서를 신대우에게 맡겼습니다. 그래서 대체로 소론 계열의 역사학자라고 하는 것은 부인할 수 없는 사실이고요, 그 다음에 이종휘의 학문은 이계(耳溪) 홍양호(洪良浩)의 평가를 빌린다면, 경학을 체로 삼고 사학을 용으로 삼아서 경과 사에 모두 능하다고 하지만, 특히 역사에 대해서 관심이 매우 많았습니다. 그래서 이종휘의 역사서술은 『수산집(修山集)』에 적지 않게 표현되어 있습니다.

제가 주목한 『동사』의 경우는 따로 책이 나온 것은 아니고 『수산집』의 권11에서 권13에 있는 내용이 주를 이루고 있다. 이종휘가 대체로 경과 사를 얘기하면서, 경에서는 주자학적 언급을 많이 하고 있고, 역사에서는 양명학적 인식이 영향을 주어서 양명학적 역사인식을 갖추게 되었다고 평가하는 경향도 있었습니다. 그런데 『수산집』에 나오는 양명학 관련의 언급을 검토해 보면, 양명을 객관적으로 묘사하려는 두 가지 부분들이 보이는데요, 하나는 양명에 관해 무인(武人)으로서 왕양명을 주목하고 있고, 그리고 나머지 하나는 학술에 대해서는 비판적 언급을 하고 있습니다. 이런 측면은 더 이상 증거를 찾기는 어렵지만 왕양명을 객관적으로 파악하려고 시도했다는 점이 주목되고 있고, 또 하나는 양명학적 언급은 문집 편찬 과정에서 조금 삭제되지 않았나, 그런 측면도 고려해 보아야 하지 않나 생각을 합니다.

그래서 이런 것을 종합해 보면 역사에 대한 관심에서 크게 보아서는 양명학적인 부분과 관계되는 면이 있을 것 같습니다. 그의 학문과 저술을 검토해 보면 사학을 통해서 실용을 하려는 정신을 볼 수 있습니다. 그래서 양명학의 개방적 태도가 사학과 연결된 것으로 볼 수 있겠습니다. 왜냐하면 그가 지은 여러 가지 저서나 문장을 보면 대단히 박학하였고, 역사나 문학에 이르기까지 많은 저서나 선집을 남기고 있습니다. 그래서 이런 측면들이 반영되었습니다. 특히 이종휘가 주목을 한 사람은 『사기』를 지은 사마천인데요. 그래서 『동사』의 서술방식이 기전체의 역사서술을 따르고 있는 것도 사마천의 『사기』를 높게 평가했던 부분과 연결이 되고 있습니다.

그가 학문을 바라보았던 입장은 대체로 말씀드렸고요, 경세에 관한 입장을 살펴보면, 『수산집』의 '책(策)'에 나와 있는 부분을 검토해 보면, 역사인식과 연결되고 있습니다. 그래서 조선의 역사에서 기자를 높게 평가하고, 기자의 문화가 전수된 이후로 예의와 인연이 있던 나라로 불리다가 신라와 고려를 거치면서 풍속이 비루해졌다가 다시 조선에 와서 이적(夷狄)에서 화하(華夏)로 변했다고 보고 있습니다. 그리고 청나라가 들어서면서 우리가 예를 갖춤으로써 청과 비교되면서 더욱 조선이 성해졌다고 파악하고 있습니다. 이러한 방식은 이종휘가 우리 역사를 소중화(小中華)와 관련해서 해석을 하고 있다, 다시 말해서 동국(東國) 혹은 문화선진국으로서 조선을 이해하고 있다고 지적을 하고 있습니다. 한국사에 관한 입장은 대체로 책(策)과 같은 글에서 그러한 경향을 보여 주고 있습니다.

『수산집』에 '청구고사서(靑丘古史敍)'라고 하는 서문이 남아 있는데, 이 '청구고사서'가 바로 이 『동사』를 포함하여 한국사 전체를 재구성하는 맥락에서 쓰려고 하지 않았나 주목되어 왔는데, 본인 또한 크게 보아서는 '청구고사서'가 그런 역할을 했다고 생각이 됩니다. 그리고 앞서 말씀드린 대로 중국의 문화와 비교해서 조선의 장점들을 얘기하고 있습니다.

그리고 이종휘가 『동사』를 권11에서 권13까지는 주로 고대사에 관한 내용을 썼고, 권14에서 '동국여지잡기(東國輿地雜記)'라 이름하여 지리지에 관한 내용을 쓰고, 그리고 권6에서 '사론(史論)'에 관한 내용을 쓰는데, 사론에서는 주로 신라와 고려에 관한 얘기를 중심으로 쓰고 있습니다. 『동사』와 포함하여 이것과 묶어서 살펴본다면 주로 고대에서는 기자조선과 단군조선, 그리고 고구려로 이어지는 것을 주류로 파악하고 있고, 그 기저에는 기자문화를 발전시킨 입장이 확인되며, 종족적인 측면에서는 단군에서부터 고구려로 이어지는 부여족의 존재, 이 두 가지를 얘기하고 있습니다.

그런데 이것이 고구려가 주목이 되는 이유인데, 『동사』에서 고구려는 특별히 다른 나라보다 주목이 됩니다. 백제와 신라는 거의 나오지 않고, 지(志)에서도 고구려 '예문지(藝文志)', 고구려 '율력지(律曆志)'라고 해서 '고구려'가 앞에 붙여진 것은 주목할 만합니다. 즉 신라라든가 백제는 거의 언급을 하지 않고 있습니다. 그래서 고구려 중심의 역사인식을 보여주고 있는데, 바로 이 점은 고구려가 부여족에서 이어지는 종족이라는 점, 또한 고구려를 주목하는 것이 특이하게 고구려의 유학과 연관하여 얘기하고 있습니다. 유학을 통해서 고구려가 선진문화를 도입하였다고 하는 점, 이 두 가지 점을 지적하고 있습니다. 이것을 반대로 이야기하면 신라는 고구려에 비해서 그렇지 못했다, 신라는 유학을 충분히 소화하지 못했기 때문에 문제가 많았다고 지적하고 있습니다. 그렇다면 고려는 어떠했는가. 고려는 신라의 그러한 문제를 해결하면서, 고려 태조의 경우 유학을 존중하면서 문제를 해결하였지만, 또 다른 문제인 불교라든가 동성간의 결혼에 대해 문제 삼고 있습니다.

전체적으로 본다면 이종휘의 한국사 인식은 그런 방식으로 구성이 되어 있습니다. 이런 방식을 어떻게 이해할 것인지 말씀드리면, 앞서 말씀드렸듯이 크게 보아서는 이종휘의 『동사』를 포함한 전체적인 내용인데요, 이것이 조선 후기의 역사학에서 이종휘의 관심, 즉 단군에 대한 관심, 즉 단군조선을 기자조선에서 독립적인 것으로 높게 평가했던 것이 단재 신채호 이후의 인식이었는데, 최근의 연구사를 검토해 보면 이종휘는 그 문제보다 오히려 중국문화와 같은 계열에서 기자가 문화를 일으킨 것, 그리고 기자와 유교문화를 연계시킨 것을 높이 평가하는 경향이 최근에는 많아졌습니다.

그런데 이 두 가지 문제에 대해서 최근엔 이종휘를 소중화주의자로 보려는 시각이 있는데, 저는 꼭 그렇게 보아야 할 것인가에 의문이 있고요, 『동사』라든가, 전체적으로 이종휘의 역사인식을 검토해 본다면, 분명히 유교문화와 특히 기자문화를 중요시했던 점을 볼 수 있는데, 바로 이 점이 18세기 당대의 현실에서 조선의 문화를 어떻게 이해할 것인가라는 지점하고도 연결이 되어 있다고 생각합니다. 다시 말해서 이종휘가 이야기했던, 단군과 기자를 통합하려고 했던 입장이 이종휘의 특징적인 지점이 아닌가, 이는 당시에 당색과 학파를 넘어서서 소중화주의는 어쩌면 공통적으로 갖고 있던 측면이 있었던 것 같고요.

그런데 이종휘는 여기에서 더 나아가 특히 북방에 대한 관심, 고구려라든가, 이런 것은 기자문화로 대표되는 보편주의 위에 조선의 독자성을 내세우려 했던 입장이 아니었는가, 다시 말하면 중국의 소중화주의에 대비하여 조선이 가지고 있던 장점들을 얘기할 수 있었던 것이 아닌가 하는 생각이 듭니다. 이것을 실학파의 역사학이라고 하는 관점에서 다시 해석해 본다면, 제가 보기에는 종래 근대적인 관점에서 이러한 인식을 바라보려는 것에서 조금 벗어나 다른 각도에서 본다면, 이종휘를 비롯한 조선 후기 학자들이 한국사 탐구에서 종래에 없었던 점을 발견한 것, 예를 들면 고대사라든가 또는 고대사 공간으로서의 만주나 요동 지역, 그런 것들을 재발견한 측면이 있고, 또 기자의 경우처럼 종래에도 있었던 요소, 이것을 좀 더 새롭게 재인식이라는 측면으로 나누어서 이해해 볼 수 있지 않겠는가. 그래서 이러한 점에서 이종휘를 비롯한 조선 후기 학자들의 한국사 탐구라고 하는 것이 종래에 전혀 없었던 점보다는 조선 전기 이래로 꾸준히 탐구해 오던 것을 강화하거나 재인식하거나 다양화하거나, 이런 측면에서 이해될 수 있지 않을까 합니다. 만약에 이것이 가능하다면 한국사라고 하는 것을, 제가 해석해 본다면, 성리학이 갖고 있던 중화주의랄까 이런 것들과 완전히 떨어진 것이 아니고 그것과 연결이 되면서도, 또 한편으로는 독자적인 측면, 다시 말하면 보편 속에서 우리가 어떻게 연결될 것인가, 또 세계사와 한국사의 균형 있는 인식은 어떻게 가능할 것인가, 이런 관점에서 해석할 수 있는 힌트를 주지 않을까 하고 생각해 보았습니다. 이상입니다.

사 회 네, 다른 실학자도 그렇겠습니다만, 이종휘의 사학이 성리학의 중화주의적 요소와 연결을 가진 위에서 새로운 독자적 요소를 추구하였다는 결론이 흥미롭습니다. 나중에 또 같이 말씀을 나누도록 하겠습니다. 다음으로 이강한 선생, 『동사강목(東史綱目)』은 워낙 얘기가 많이 됐고, 아마 이강한 선생께서는 조금 힘드셨겠지만, 애초에 고려시대사 중심으로 말씀을 해 주십사 부탁을 드린 적이 있습니다. 발표해 주시지요.

이강한 예, 저는 사실 조선 후기사 전공이 아니고 실학에 대해서도 아는 바가 없는데, 그럼에도 외람되게 순암 안정복 선생의 『동사강목』에 대한 발표를 맡게 됐습니다. 조선 후기의 대표적인 실학자이자 역사학자, 그리고 개혁사상가로 평가되는 순암의 면모에 대해서는 별도의 소개가 필요하지 않으리라 생각됩니다.

조선 후기 사회문제에 대한 순암의 날카로운 분석은 다양한 목민서의 기술로도 이어졌지만, 그의 역사기술에도 반영되어 결국 『동사강목』이 편찬되었습니다. 명분론에 기초한 포폄, 그리고 고증 위주의 과거사 기술 등 그의 역사학 연구의 특징이 망라된 결집체가 바로 실학자 역사기술의 대표적 사례로 거론돼 온 『동사강목』인 것 같습니다.

제 경우, 전공이 고려시대사이기도 해서, 『동사강목』의 내용 그 자체를 분석해 보고자 하였습니다. 역사서로의 『동사강목』이 과연 어느 정도의 정보를 망라했는지, 그리고 어떠한 기준 아래 기사들을 취사선택했는지를 검토해 보고자 한 것입니다. 그러한 검토를 위해 『삼국사기』와 『고려사』의 기술을 편년화한 『동국통감』을 『동사강목』과의 비교분석 대상으로 선정하고, 5~6년 정도의 샘플 시기들을 15~20개 정도 정해 양쪽의 서술을 비교해 보았습니다.

『동사강목』은 엄밀히 말해 세 가지 정체성을 가지고 있다고 생각합니다. 정보전달서 즉 '사료'로서의 속성을 가진 저술이자, '역사적 관점'이 내재된 역사연구서이고, 동시에 포폄과 목민 등 특정의 목적의식을 가진 '목적서'였기 때문입니다.

그러한 각각의 영역에서 일정한 성과와 한계가 느껴집니다. '정보전달서', 즉 '사료'로서의 『동사강목』은 다양한 문헌 섭렵 및 치밀한 고증을 통해 사료집으로서의 역할에 충실하려 했고, 경우에 따라 이전 사서들이 활용한 전거들의 오류까지 시정했으며, 정보를 '통합적'으로 제시하려 하였습니다. 다만 그 과정에서 기술 내용의 '시점'을 정확히 제시하는 것에 소홀했던 측면을 보였고, 정보를 축약 소개하거나 생략하는 과정에서 역사적 사실들을, 비록 의도한 바는 아니었겠지만 '왜곡'해 전달하기도 하였습니다.

'역사연구서'로서의 『동사강목』도 마찬가지입니다. 이를 검토함에 있어 저는 순암이 취했던 것으로 보이는 여러 다양한 관점 중 두 가지를 임의로 택해 보았습니다. 한반도의 '내부'에 대한 그의 시각과 관련해서는 그가 삼국의 '통일 후 융합' 과정에 지대한 관심을 보였음에 주목해 보았고, 한반도의 '외부'에 대한 그의 시각과 관련해서는 그가 한반도 제도의 연원이었던 여러 중국 제도를 부각시키려 했음 또한 확인할 수 있었습니다. 반면 '통합 한반도'에 대한 거시적 관점이 지나쳤는지 여러 기층 행정단위들에 대한 미시적 관심이 지나치게 부족했고, 고려인의 외교 및 대외접촉에 대한 기사는 대부분 누락해 대체로 중국 위주의 관점에 그쳤던 것이 눈에 띄었습니다.

마지막으로 '포폄서', 또는 '이상적 목민관상'을 추구하는 실학자의 저술로서 『동사강목』의 모습에서도 유사한 장단점이 보입니다. 윤리적 사안들에 대한 순암의 포폄, 각종 제도 · 정책에 대한 그의 평가, 그리고 사회현실에 대한 그의 인식 정도와 개혁의지가 이 책에 많이 담겨 있음은 부인할 수 없습니다. 다만 그러한 요소들이 책의 전체 분량에 비추어 봤을 때에는 그리 많다고 하기가 조금 어려울 것 같습니다. 순암의 자체적 안설 외에 기존의 사평을 인용한 경우들이 더 많고, 순암의 현실개혁 의지에 비해 관련 기사들의 수록 비율도 상당히 낮아 보입니다. 『동사강목』이 과연 고대 · 고려의 역사에 대한 효과적인 논평서 즉 '사론(史論)'으로서의 소임을 다하고 있는지, 그리고 일종의 '경세서(經世書)'로서의 면모 또한 충분히 담고 있는지에 대한 '재평가'가 필요함을 시사하는 대목이라 생각됩니다.

이렇듯 『동사강목』은 다양한 강점과 개성을 지닌 한편으로, 보기에 따라 한계도 지니고 있었던 것으로 생각됩니다. 앞으로 더 많은 연구가 필요하다고 생각됩니다. 당시 사람들의 고대 · 고려사 인식수준을 더 정확히 확인하기 위해서라도 그렇습니다.

사 회 정보전달서 · 역사연구서 · 목적서, 세 가지를 말씀해 주셨고, 마지막으로 안정복의 역사의식의 재평가가 필요하다는 의견을 내어주셨습니다. 예정보다 시간이 조금 지났는데요, 제가 맡은 부분을 간단히 말씀드리고, 휴식시간을 갖도록 하겠습니다.

정만조 저는 『연려실기술(燃藜室記述)』에 대해서 살펴보았습니다. 찬자 관련해서는 이를 활자본으로 처음 간행한 광문회본에 이긍익(李肯翊, 1736~1806)이라 밝혔습니다만, 19세기에 나온 다산이 아들에게 보낸 편지글이라든가 홍한주(洪翰周, 1798~1868)의 『지수염필(智水拈筆)』에 보면 그의 아버지 이광사(李匡師, 1705~1777)라 하였고, 이규경(李圭景, 1788~1863)의 『오주연문장전산고(五洲衍文長箋散稿)』에는 그 동생 이영익(李令翊, 1738~1780)이 지었다고 해 놓기도 했습니다. 그러나 저는 다음에서 말씀드릴 그 집안의 형세와 같은 몇 가지 요소를 고려해 볼 때 이긍익으로 파악하는 것이 옳다고 보았습니다.

『연려실기술』 외에 이긍익이 남긴 다른 글은 아직 보이지 않습니다. 뿐만 아니라 이긍익의 인적사항에 관한 자세한 정보도 광문회본의 간략한 해제 이상은 찾기 어렵습니다. 그 부친 이광사의 『원교집(圓嶠集)』에도 둘째 아들인 이영익에게 보낸 편지는 몇 종류 있으나, 큰아들인 이긍익(이때는 집안의 다른 항렬자인 '효(孝)' 자를 넣어 긍효(肯孝)로 되어 있음)에게 보낸 편지는 없고, 단지 두어 편 정도 지어 보낸 시가 있는데, 내가 귀양살이 하는 동안에 네가 집안을 돌본다고 애 많이 쓴다는 정도의 내용일 뿐 『연려실기술』의 편찬 관련 이야기는 전혀 나오지 않습니다. 다만, 이광사가 『동국악부(東國樂府)』라고 하는 저술을 남겼는데, 이 책은 단군에서부터 조선 초까지의 역사를 악부 형태로 정리해 놓은 것입니다. 이로 미루어 본다면 아버지의 뜻을 이어받아서 그 아들 이긍익이 조선시대의 역사를 정리해 놓은 것이 아닌가 짐작을 해 볼 수 있겠습니다.

다음은 편찬목적입니다. 대체로 편찬목적은 18세기 전반적인 역사학의 공통된 요소로서, 앞서 이강한 선생이 '정보전달서'라는 말씀을 하셨는데, 이 시기도 현실정치에 필요한 정보가 상당히 부족한 상황이었기 때문에 숙종 후반기 이후에 국조(國朝)의 전고와 활동한 인물들을 파악해 정리하려는 움직임이 나왔고, 이것이 영조 때 『동국문헌비고(東國文獻備考)』와 정조 때의 『국조인물고(國朝人物考)』 편찬으로 일단락됩니다. 이렇듯 현실정치에 필요한 정보를 제공한다는 점과, 다음 두 번째로는 『연려실기술』 편찬의 직접적 동기가 아닐까 싶은데요, 사대부를 위한 국조사의 편찬이 어느 때보다도 강하게 요구되고 있던 시대였다고 말씀드릴 수 있을 것 같습니다. 즉 탕평의 시대를 맞아 각 붕당의 당론이 어디서부터 출발했으며, 또 그런 당론이 어떤 과정을 통해서 전개되어 나갔는가를 알아야 했습니다. 탕평이란 각 붕당의 인재를 불러들여 함께 정치를 해 나간다는 것인데, 그들에게 조정에 나오는 명분을 주기 위해서는 먼저 이해가 서로 다른 붕당간의 당론을 절충하는 과정이 반드시 필요합니다. 따라서 각 당의 주장이 어떠한가를 분명히 인식해야 할 필요성이 있고, 그러한 맥락에서 당시의 사대부들을 위해 『연려실기술』이 편찬되었다고 보는 것입니다.

이 시기에 『조야기문(朝野記聞)』, 『조야회통(朝野會通)』, 『조야집요(朝野輯要)』, 『조야첨재(朝野僉載)』, 『춘파일월록(春坡日月錄)』과 같이, 종래에 있어오던 기록류를 함께 모아서 종합적인 야사 형태로 묶어서 책으로 내는 것이 성행한 이유도 이러한 데에 있었다고 봅니다. 『연려실기술』은 제가 보기에 이처럼 야사로 된 국조사 편찬의 종합적인 완결편이라는 생각입니다.

세 번째는 앞의 선생님들께서 말씀을 많이 해 주셨는데요, 자기 역사와 자기 문화에 대한, 자국사에 대한 관심이 높아진 결과라고도 생각할 수 있겠습니다. 아무튼 편찬동기에 대해서는 같은 시기에 나온 다른 야사서와 큰 차이를 찾기는 어려웠습니다.

다음은 편찬체제에 대한 것입니다. 저는 『연려실기술』이 다른 야사서와 구별되며, 실학적 역사서로 손꼽히게 된 가장 큰 특징은 바로 이 편찬체제에 있다고 생각을 했습니다. 그것은 네 가지 면으로 말해질 수 있습니다. 이 시기의 다른 역사가들도 그랬겠지만, 이긍익 역시 국조사에 대한 사대부들의 지적 갈증을 풀어 줄 역사서 편찬의 가장 좋은 방식이 어떤 것일까에 관해 고민하였을 것입니다. 『연려실기술』의 맨 앞에 있는 의례 제1조에 『대동패림(大東稗林)』, 『소대수언(昭代粹言)』 같은 기록류를 모은〔裒輯〕 총서 형식이나, 편년체를 쓴 『춘파일월록』, 『조야첨재』, 그리고 기사본말 방식을 모방했다는 『청야만집(靑野謾輯)』 등의 결점을 비판한 것에서 그가 기존의 국조사 편찬체제에 대해 자세히 검토하며 이해가 깊었음을 알 수 있습니다. 뿐만 아니라 중국으로부터 각종 서적의 수입이 활발해지면서, 함께 들여온 명말청초와 18세기 역사고증학파 계통의 역사서를 통해 중국 사서의 편찬방식이나 체제에 대해서도 관심을 가졌을 것입니다. 이러한 검토와 연구의 결과 편찬된 것이 우리가 보는 『연려실기술』입니다. 흔히 『연려실기술』을 기사본말체 사서의 전형이라고 말합니다만 좀 더 자세히 검토해 보면 반드시 그렇다고만은 할 수 없지 않나 생각됩니다.

우선 『연려실기술』은 형식면에서 크게 '기술(記述)'과 '전고(典故)'의 두 부분으로 구성되어 있는데, '기술'에서는 각 임금 즉 열조(列朝)별로 왕의 인적사항 및 가족관계를 간단하게 서술하고, 그 다음에 그 임금 치하에 일어났던 중요한 역사적 사건들을, 적은 경우는 2~3가지, 제일 많은 경우는 선조 때로, 대략 70가지 정도로 표제(標題)를 내세워서 대체로 배경과 경과 · 결과, 그리고 그에 대한 평가 순으로 기술을 해 놓았습니다. 이 부분이 바로 기사본말체로 되어 있으며 때로는 필요에 따라 학안(學案) 또는 당적보(黨籍譜) 형식의 표제를 삽입해 놓기도 했는데, 바로 이어서 해당 임금의 시기에 활약한 인물들을 부록 형태로 갖다 붙여 놓았습니다. 이 인물들은 묘정배향신(廟庭配享臣) · 상신(相臣) · 문형(文衡) · 명신〔名臣, 이 외에 유현(儒賢) · 유일(遺逸) · 역신(逆臣)이 간혹 설정되기도 했음〕으로 분류된 항목 속에 들어 있는데 대체로 그 생애를 위주로 일화를 곁들이고 인물평을 넣는 전기체(傳記體)를 썼습니다.

그리고 이와는 별도로 정치사를 이해하는 참고 자료로서 '전고'라고 해서 조선시대를 중심으로 한 문물제도에 관한 설명을 '별집'으로 두었는데, 그 체제는 『통전(通典)』, 『통지(通志)』와 같은 유서(類書) 형식〔중국에서는 전지체(典志體)라고 함〕입니다. 이렇게 보면 사건 설명은 기사본말체 형식을 취하면서도 학안 · 보첩의 방식을 원용하기도 했고, 거기에 인물조는 전기체로, 또 문물제도는 전지체로 했다고 하겠습니다. 이것은 우리가 기사본말체의 전형으로 알고 있는 『통감기사본말(通鑑記事本末)』에서는 찾아볼 수 없는 형식입니다. 『연려실기술』의 이런 사체(史體)는 16세기 말 허봉의 『해동야언(海東野言)』(정치적 사건들을 편년체로 기술하면서 동시에 해당 왕대에 활동한 인물과 제도 관련 고사를 함께 수록했음)과 18세기 초에 나온 서문중의 『조야기문』〔앞부분에 국조년표(國朝年表)와 전고(典故)를 붙이고 국조사(國朝史)를 모두 34개의 표제(標題)하에 기사본말체로 기술했음〕에서 선구를 찾을 수 있고, 또 실제로 이들 책이 인용되고 있어서 이를 계승해 발전시켰을 개연성은 충분히 인지됩니다. 그리고 중국 사서로부터 받은 영향도 있었다고 봅니다. 그런 사례는 『해동야언(海東野言)』 편찬에 명나라의 역사를 편년체로 쓴 이묵(李默)의 『고수부담(孤樹裒談)』이 직접적 계기가 된 것이라든가, 정효(鄭曉)가 찬한 『오학편(吾學篇)』〔사건기사는 편년체, 명신기(名臣記)는 열전체, 문물제도는 전지체(典志體)로 구성〕, 그리고 17세기 후반에 나온 마숙(馬驌)이 쓴 『역사(繹史)』의 편사체제에서 찾아집니다. 특히 『역사』는 기사본말체를 기본으로 하고 편년 · 기전(紀傳) · 전제(典制) · 학안(學案) · 도표(圖表) 등 기존의 사체를 녹여 담아서 스스로 새로운 사체를 창안하였다(特創自爲一家之體, 『四庫全書』, 繹史提要)고 높이 평가되며, 『연려실기술』이 막 편찬되던 시점인 정조 2년(1778)에 수입되어 급속히 보급되었다고 하는 만큼, 그 상호 관련성을 검토해 볼 가치는 충분합니다. 물론 위에서 말씀드린 것처럼 『연려실기술』의 사체가 위의 여러 사서들의 그것과 동일하지는 않습니다. 그것은 아래에서 말씀드리는 특징들이 위의 사서들에서 어떤 것에는 보이고 다른 것에는 보이지 않기 때문입니다. 그러나 『연려실기술』이 당시 사대부들에게 나라의 정치사에 대한 지식을 가장 효과적으로 전달하고 이해시키기 위하여 기존 사서의 여러 사체를 참고하고 이를 종합 발전시킨 새로운 편찬체제, 즉 기사본말체를 기본으로 하여 학안 · 보첩 · 전기체 · 전지체를 융합한 종합적인 사체를 수립한 것만은 분명한 사실입니다. 그런 의미에서 『연려실기술』은 『사고전서』에서 새로운 사체를 창안했다고 극찬한 『역사』에 뒤지지 않고, 그 편자인 이긍익은 기전체에 기사본말체를 도입하는 사체를 개발함으로써 건가(乾嘉)시대〔건륭(乾隆) · 가경(嘉慶) 연간(1736~1820)을 이름〕의 역사고증학을 대표하는 사학가로 손꼽혔던 장학성(章學誠)에 비견될 만하다고 해도 지나친 말은 아닐 것입니다. 아마도 실학시대의 역사학에서 갖는 『연려실기술』의 가장 큰 의의라 한다면 여기에 있지 않나 생각합니다.

다음 두 번째는 역사를 기술하는 방식입니다. 『연려실기술』은 찬자인 이긍익이 자기 나름의 주관에 따라 기사를 작성하지 않고, 그때까지 나온 여러 기록류, 야사나 문집 등에서 자료를 뽑고 난 뒤, 사건별로 표제를 확정하고 뽑은 자료들을 표제에 따라 분류하며 이를 모아서〔裒輯〕 인과관계 순으로 배열하고 맨 끝에 기사의 출처〔典據〕를 밝히고 있습니다. 이런 방식은 『춘추』 이래 '술이부작(述而不作)'이라 하여 역사편찬의 한 갈래로 내려온 것인데 객관적 사실에 대한 실증적 역사이해라고 말해져 왔습니다. 다시 말해서 사실로 하여금 말하게 한다고 하는 실증주의 역사학의 한 방식이라는 것이지요. 이런 평가는 『연려실기술』에도 해당된다고 하겠습니다.

세 번째는 광범위한 사료수집입니다. 『연려실기술』에 전거로 인용된 자료의 출전을 조사해 보면 문집만으로도 100여 종에 이르고, 필기 · 일기 등의 기록류로 된 야사와 이를 부집했거나 한꺼번에 같이 묶어 편찬한 총서 형태의 야사〔별집(別集)의 문예전고(文藝典故)에 실린 야사 명목만 해도 153종(種)임〕, 심지어는 『국조보감』, 『동국문헌비고』와 같은 관찬사서나 『실록』까지도 인용을 하고 있습니다. 『실록』은 비사(秘史)가 되어서 허락받은 사관만이 볼 수 있는 것인데, 「중종조 고사본말」의 '김안로 복입조(金安老復入朝)'에 『실록』이라고 출전을 밝힌 장문의 기사를 중종 실록의 해당 기사와 대조해 보면 글자 하나 다르지 않게 똑같습니다. 이런 예는 다른 곳에서도 더 찾아집니다. 아마 이것은 『실록』 기사를 누가 전사해 놓은 것을 참조하지 않았나 생각합니다만, 이런 것을 통해서도 그 사료수집의 열의를 볼 수 있습니다. 선행된 연구에 의하면 약 400여 종의 문적에서 자료를 수집했다고 합니다.

다음의 네 번째 특징으로 각 표제마다 여백을 남겨 놓고, 독자라든가 뒷사람들이 미비한 점에 대해서 '추보(追補)'할 수 있도록 하는, 다시 말해서 독자의 역사편찬 참여를 장려하고 있다는 것입니다. 이것은 역사의 현재성을 강조한 것이라고 저는 보았습니다. 이와 관련해 특히 당론적 이해가 얽힌 사건기술에서는 서로 상반되는 각 당의 주장이나 당론서의 기록을 나란히 수록해 놓은 점도 주목해야 할 것 같아요. 자신에게 돌아올 비난을 피하며 공정한 사필을 표방한다는 면으로도 볼 수 있지만, 그것보다는 독자인 사대부들에게 각 당의 입장과 주장을 변호한 당론서의 기록을 직접 제시해 현실의 독자로 하여금 사건의 진상을 스스로 구명하여 시비를 판단하게 하는 방안이라고 하겠습니다. 이를 역사의 현재성을 강조하는 실사구시적인 특징을 보이는 것이라고 한다면 견강부회적인 평가라 할까요?

『연려실기술』의 이러한 편찬체제와 방식은 그때까지 나온 여러 사서의 장점을 모아서 조선시대 역사를 정치사 중심으로 효과적으로 편성, 기술함으로써 역사서 편찬의 새로운 국면을 개척했고, 실증주의적 역사학의 기초를 마련했다는 점에서 당시에 나온 다른 국조사로서의 야사를 제치고 조선 야사의 결정판이라고까지 평가받게 된 것이라고 봅니다.

다음 마지막으로 『연려실기술』의 역사서로서의 성격이나 의의(意義)에 대해서 말씀드리겠습니다. 한마디로 『연려실기술』은 사림(士林)적 기준으로 정리된 국조정치사이며 경세적 야사서라고 할 수 있지 않을까 합니다. 채취한 자료가 사림이 남긴 기록류이고 당초 목적이 사대부의 국조사에 대한 이해를 위한다는 데에 있었기에 사림적 성격은 더 말할 것도 없겠지만 내용을 분석해 보면 더욱 분명히 드러납니다. 예컨대 「태조조 고사본말」을 보면 표제는 모두 11개로서 '태종정사(太宗定社)'와 같은 중요한 정치적 사건이 있음에도 가장 큰 비중으로 분량이 많은 것은

‘고려정난 왕업조기(高麗政亂 王業肇基)’와 ‘정릉폐복(貞陵廢復)’입니다. 전자에서는 우왕의 신씨(辛氏) 여부와 이색 정몽주의 예를 들어 절의를 논한 부분에 초점을 두었고, 후자는 복릉(復陵) 과정을 중심으로 기술한 것인데 이들 주제는 모두 선조 이후 사림들의 공통된 관심사로서 조야에서 크게 논란이 되었던 사건들이었습니다. ‘태종정사’가 왕실과 국가의 차원에서 중요하였다면, 절의와 의리명분은 사림의 입장에서 반드시 드러내어야 할 과제였고, 그래서 『실록』이나 『국조보감』과 달리 『연려실기술』에서는 여기에 강조점을 두었다고 봅니다. 16세기의 각종 사화나 당론의 시비가 얽힌 문제, 의병 · 폐모론 같은 문제가 압도적인 분량으로 기술된 것도 사림적 사고나 가치관의 반영이라고 생각됩니다. 그래서 저는 그 성격을 사림적 기준으로 정리된 조선정치사라고 규정한 것입니다.

의의와 관련해 경세적 야사서란 표현은 당시의 실학적 분위기와 관련해 생각해 본 것입니다. 영 · 정조 대의 탕평은 임금의 황극권(皇極權)에 기초한 당론의 조정(調停)과 각 당 인재의 수용을 통해 정치적 안정을 가져오기는 했지만, 사대부의 눈으로 보면 비판하고 개혁해야 할 대상이기도 했습니다. 이렇게 본다면 『연려실기술』은 비록 구체적인 정치개혁론을 전개하지는 않았지만, 역대의 정치사 이해를 통해 현실을 비판할 수 있는 안목과 방향을 제시함으로써 사대부들 스스로 개혁을 모색할 수 있는 기반을 조성했다는 면에서 경세적 성격을 갖는다고 보았습니다. 물론 사학 자체가 경세와 분리될 수는 없고, 그래서 강목체 사서도 의리명분의 현실적 구현을 도모한다는 면에서 경세적이라 할 수 있겠습니다. 그러나 『연려실기술』은 의리명분의 인식보다는, 정치적 사실의 이해에서의 실사구시를 통해 현실정치에서 그 활용을 추구한다는 면에 차이가 있습니다. 같은 경세서라도 전자가 관념의 현실적 구현을 좇는다면, 후자는 실사구시를 통해 얻은 역사적 사실의 현실적 적용을 추구하는 셈입니다. 바로 이 점이 경세치용적 실학사상에 영향을 받아 나타난 『연려실기술』이 갖는 독창적인 편사체제와 함께 갖는 또 하나의 의의가 아닌가 합니다. 말이 될는지는 앞으로 좀 더 고민을 해 보아야 하겠습니다만, 다산이 그 아들에게 반드시 읽어야 할 사서 중의 하나로 『연려실기술』을 꼽았고 19세기 중엽 탁월한 사안(史眼)으로 역대의 사서를 비평하던 홍한주(洪翰周)가 경세의 사서라고 호평한 것을 보면 그렇게 무리는 아닐 것 같습니다.

18세기에 기록류에서 뽑은 자료의 부집 형태로 성행하던 국조사 관련 야사서 편찬의 경향은 19세기에 들어가면 거의 사라지고, 그 대신 수백 종을 헤아리는 기존의 야사서(기록류 포함)를 수집해 그대로 전재하는 거질의 총서 형식이 발달하게 됩니다. 김려(金鑢)의 『한고관외사』와 『창가루외사』, 그리고 편자 미상의 『광사』, 『패림』 등이 그것인데, 『연려실기술』에서 보이는 현실을 중시하는 경세적 성격은 약화되고, 사실고증 쪽으로만 흘러갑니다. 아마도 외척벌열의 세도가 심화되면서 사대부의 정치참여 희망이 줄어든 상황을 반영한 것이겠지요. 그런데 이 시기에 김려와 가까웠던 심로숭(沈魯崇)이 72종의 야사를 모아 『대동패림』(125책)을 편찬하면서 그 앞부분에 열조기사란 제목으로 '전고'를 제외한 『연려실기술』의 '기술' 부분을 그대로 옮겨 놓았습니다. 이것을 본다면 심낙수와 김려 같은 분들이 야사총서를 만드는 과정에서 『연려실기술』의 가치를 그만큼 높게 평가했다고 볼 수 있습니다. 저는 그런 면에서 경세적 야사학에서 고증적 야사학으로 넘어가는 매개체 역할을 『연려실기술』이 했던 것이 아닌가 하여 또 하나의 의의로 들고 싶습니다.

사 회 예상보다도 30~40분 정도 초과했습니다. 그러면 10여 분 정도 쉬었다가 2부를 시작하도록 하겠습니다.

제2부

사 회 앞서는 다섯 분께서 각자 연구하신 내용을 요약해 주셨습니다. 그러면 다음으로는 사관이라든가, 역사방법론에 대한 이야기가 될 것입니다. 다섯 명의 찬술자에 관해서 공통된 특징이라든가, 상호 관련성, 이런 점이 말해질 수 있을 것 같습니다. 지금까지의 연구에서 집안 성격이 어떠하고 당색이 어떠하다든가 하는 이런 요소들이 역사 편찬에 상당한 영향을 주었다고 말해져 왔는데, 거기에 대해서 선생님들께서 순서와 무관하게 토론을 해 주시면 되겠습니다.

김태영 제가 맡은 『해동역사(海東繹史)』는 조금 특수하다 할 수 있을 것 같습니다. 이 집안이 남인인데, 조부 대까지는 사간원 정언도 지내고 그럭저럭 사환을 하였는데, 한치윤의 아버지 대에 서출로 떨어진 것입니다. 이덕무(李德懋, 1741~1793)의 『청장관전서(靑莊館全書)』에 보면 한치윤의 백씨가 한치규라는 사람인데, 한치규가 규장각 검서로 천망되고 있습니다. 자세히 보면 그 아버지 대에 와서 서얼 출신으로 된 것을 알 수 있습니다. 그래서 이 사람들이 소과만 하고 대과는 볼 수 없었고, 그래서 이들이 할 수 있는 게 공부밖에 없었습니다. 공부를 하다 보니 책 읽는 걸 좋아해서 어렸을 때부터 책을 많이 본 것으로 드러납니다. 당시 중국 책을 중시했지만, 그래도 중국 자료와 일본의 자료를 갖고 우리나라 역사를 쓴다는 것 자체가 굉장히 어려운 일이었습니다. 또한 이 같은 작업을 처음에는 『발해고』를 쓴 유득공이 하려고 했는데, 결국 한치윤이 완성하게 되었고, 오히려 『해동역사』의 서문을 같은 서얼 출신이기도 한 유득공에게 청하여 싣게 됩니다.

그리고 한치윤은 철저하게 사료를 통해서 사실을 말하게 하는 '술이부작'의 기조를 유지합니다. 그래서 안설도 최소한에서 그치고 있는 게 아닌가 생각됩니다. 그리고 정만조 선생께서 지적하셨듯이, 이 분들이 남인 집안인데 북학파의 이용후생학과 가깝다고 하셨는데, 물론 물산과 관계되는 내용을 많이 서술하고는 있지만, 그렇더라도 이용후생학의 별다른 내용은 나오지 않습니다. 아마도 중국 측 자료를 전적으로 이용하다 보니까 그러한 '이용후생' 관련 내용은 나오지 않는 게 아닌가 하고도 여겨집니다.

찬자인 한치윤, 이 사람은 조금 독특해요. 자기가 서얼인데다가 외국 자료를 가지고 우리나라 역사를 서술하다 보니까 굉장히 많은 한계를 안고 있습니다. 『해동역사』는 70권에 이르는 방대한 책이지만, 독자적인 체계를 갖추고 해동의 역사를 제대로 서술했다고는 할 수 없습니다. 외국 측의 현존하는 자료만을 가지고 쓴 것이기 때문에 그런 한계에 부딪친 것은 도리가 없는 일이지요. 그래서 가령 '세기(世紀)'라는 말도, 본기 혹은 세가라는 개념보다는 각국의 왕기(王紀)를 다 평등한 말로 표현한 것이라고 보아 왔는데, 그러한 면이 없지는 않지만 가령 삼국 중 고구려를 보더라도 (자료가 많으니까 우선적으로 해 놓았는데) 그러나 고구려조차도 왕기를 갖추어 서술할 수가 없었고, 고구려 세기를 대체로 연대별로 엮어 인용하고 있을 따름입니다. 한계가 너무 뚜렷하지요. 그래서 제대로 된 자기 완결적인 체계를 갖추지 못했습니다.

「인물고」도 마찬가지입니다. 가령 승려들의 전기도 있는데요, "조선 사명대사가 와서 강화를 요청했다." 이것 한 줄 있습니다. 앞서 말한 열전에 조선 성리학의 유종이라 할 수 있는 퇴계 선생은 나오지 않고, 기묘사화를 일으킨 남곤은 서술하고 있는데, 그것만 보면 남곤은 도덕군자가 되어 있고요. 실상 이것은 말이 안 되는 것이지요. 외국 사료를 인용하다 보니까 구차하기 짝이 없는 이런 내용이 많습니다. 결코 완결된 독자적인 역사서로 보기에는 어려운 책입니다. 참고는 되겠지만.

사 회 한치윤의 경우도 아버지 때 와서 서자였다는 그런 얘기입니까?

김태영 그렇습니다. 아마도 『해동역사』의 서문을 유득공에게 써 주도록 의뢰한 것도 그렇고, 발해를 정식으로 우리나라 왕조로 인정한 것도 그렇고. 양자는 분명히 사회적 약자로서 서로 이끌리는 게 있었을 것으로 이해됩니다. 자세히는 모르겠습니다만.

사 회 유득공의 경우도 서자이지 않습니까? 그런데 그 집안은 원래 북인 집안이거든요. 원중거는 어떻습니까?

하우봉 원중거는 당색은 나오지 않는데요, 연암을 비롯한 북학파 학자들과 밀접하게 교류한 것으로 보아서는 노론으로 봐야 하지 않을까 합니다. 또 언제부터 서자인지 아직 확인은 안 되지만 서얼인 것은 거의 확실하다고 생각합니다.

사 회 가문적인 배경이 거의 서얼 쪽으로 설명이 되는데요.

하우봉 17세기 또는 18세기 전반기는 모르겠지만, 18세기 후반으로 오게 되면, 물론 역사책의 경우에도 정치적인 목적이나 정치와 연관된 부분들이 있기 때문에 각 당색별로 사서들이 많이 만들어지고, 그래서 찬자별로 보면 당색이 다양해지는 것 같습니다. 18세기 후반기에 가면 서얼들이 대거 사서 편찬에 참여하고 있다는 것이 하나의 경향을 보이고 있습니다. 또 하나는 한치윤도 그러하지만, 소북에서 남인으로, 남인이면서 노론하고 많은 교류를 갖게 되고, 유득공도 노론이지만, 당색보다 신분, 즉 서얼이라는 신분에 더 친숙감을 느끼는 것도 있는 것 같습니다. 또 하나는 신분이나 당색을 넘어서서 자연스럽게 교류를 하는 그런 분위기도 있었던 듯합니다.

김태영 이덕무는 당색으로는 아마 노론일 텐데 유득공과 매우 친했거든요.

하우봉 그러니까 한치윤 같은 경우는 연행을 갔다 온 것이 큰 계기가 되었고, 그 이후에 교류나 사고에 큰 영향을 끼치지 않았나 생각됩니다.

사 회 이긍익의 경우도 서얼이라고 보는 견해가 있습니다. 이광사의 첫째 부인이 죽고 나서 둘째 부인이 들어오면서 이긍익과 그 동생 이영익을 낳았거든요. 그런데 이영익은 문집도 남겼고 묘도문자도 있지만, 이긍익에 대해서는 전혀 그런 이야기가 없어요. 그래서 이긍익은 아마 서얼이 아니냐고 생각할지 모르지만, 족보에 보면 분명히 후처 소생의 맏아들이 맞습니다.

정재훈 그런데 서얼이라 해서 역사인식에 영향을 끼친다, 이렇게 볼 수는…….

사 회 서얼이라는 신분적 요소가, 예를 들어서 역사인식에 어떤 영향을 미칠 수는 없었겠느냐 하는 점에 대해 이야기가 조금씩 있어 왔거든요. 그래서 한번 찬자를 고려해 보자 한 것입니다.

김태영 아무래도 사회적 약자니까…….

사 회 성리학적인 명분이라든가 정통론과 좀 거리를 두지 않았겠느냐 뭐 이렇게…….

김태영 한치윤은 중세적 사고방식인 가치론적 인식이라든가 도덕적인 명분의식들을 많이 배제해 버리거든요. 그럼으로써 오히려 결과적으로는 근대적인 것에 가까워지는.

사 회 수산 이종휘의 경우는 어떠합니까.

정재훈 이종휘는 서얼은 아니고, 양녕대군의 후손이고, 아버지도 관직을 하고, 백부도 세자시강원에서 관원까지 하다가 사도세자 때 잠시 물러났다 병조참판까지 했습니다. 그리고 이종휘 자신은 40세에 음직으로 나아가서 66세에 돌아가셨는데, 그 사이의 관직은 알려진 게 없고, 그래서 현달하지 못했음을 알 수 있고, 지방관을 전전한 정도로 보입니다. 이종휘도 역사에 대해 관심을 가질 수 있는 충분한 시간이 있었죠. 중앙에서 바빴으면 그런 관심을 가질 수 없었을 텐데.

사 회 이 선생님, 안정복의 경우는 가계가 뚜렷하고 해서, 서얼이란 그런 면이 없지 않습니까. 이것과 관련해서 혹시 사관이라든가 역사인식 같은 면에서 말씀할 만한 것은 없는지요?

이강한 읽어 본 안설들에서, 그가 번듯한 집안의 자제였던 점에서 비롯됐다고 볼 수 있을, 뭐랄까 '관대한' 시선을 읽어 내기는 좀 어려웠습니다. 다만 아까 말씀드린 것처럼 『동사강목』에 순암의 안설이 600여 개 실려 있다는 점이 이미 강세구 선생님 등의 연구에서 자주 평가돼 왔음에도 『동사강목』에 실린 타자들의 사평 수에 비추어 볼 경우, 순암 본인의 안설이 상대적으로 적다는 점은 말씀드려야 할 것 같습니다. 김부식의 입장이라든가, 다른 기존 사서의 사평을 재인용한 것이, 제가 다 세어 본 것은 아닙니다만, 일단 검토한 부분만 놓고 말씀드린다면 적어도 3~4배 많은 것 같아요. 그래서 저는 순암 안정복의 『동사강목』을 사론을 근거로 높이 평가하는 것에는, 물론 안설을 실었다는 것 자체가 중요하고 개중에는 내용적으로도 탁월한 안설 등이 많긴 하지만, 조금 신중해야 하지 않을까 그렇게 생각이 되고, 지금 말씀해 주신 부분에 대해 바로 견해를 드리기는 어려울 것 같습니다.

김태영 순암의 조부가 벼슬했고, 무주에서 꽤 오랫동안 살았고, 순암이 자기 마을로 돌아와 살면서는 동약을 만들어 가지고, 동네에서도 왕도를 일으킬 수 있다 하면서 주자를 인용하기도 합니다. 다소 복고적이지만 이상적인 생각을 갖고 노력한 부분이 있습니다. 자기 집안이 상대적으로 가난하고 그러니까 오히려 그런 관념적인 데로 더 깊이 들어간 것이 아닌가, 저는 그렇게도 생각해 봅니다.

사 회 이긍익 같은 경우에 일체 사관 같은 입장을 겉으로는 드러내지 않고 있거든요, 아까는 주로 가문적인 배경을 말씀드렸는데 그와 함께 정치적 측면과도 관련되지 않을까 생각이 듭니다.

하우봉 시대적인 요소와도 관련이 되겠고요. 지금 선생님께서 말씀하신 것처럼, 저도 상당히 가능성이 있다는 생각이 듭니다.

사 회 유득공의 『발해고』라든가 이런 것처럼. 일반적 사대부들의 가문 의식과는 조금 다른 면을 보여 주지 않나, 그런 생각이 드는군요.

하우봉 19세기 중반쯤 가면 중인사학이 성행하기도 하는데요.

사 회 그 중인하고는 조금 또 다른 것 같습니다. 그 중인은 완전히 그야말로 직업적인 중인을 말하는 것이고요. 지금 말하는 것은 중·서 중에서 서얼을 말하는 것입니다. 그 문제는 그 정도로 하고 넘어가도록 하겠습니다.

다음은 사관과 관련해서 정통론·화이론·역사인식의 문제를 중심으로 이야기를 나눌까 합니다. 실학시대의 역사학과 관련해서, 그 특징으로서 지금까지 가장 자주 언급된 부분은 성호 이익, 담헌 홍대용, 순암 안정복, 다산 정약용 등을 대상으로 해서 그들의 사론이 주로 거론되었고, 또 단재 신채호가 이종휘의 사학에 주목한 이래 그에 대한 논의도 적지 않게 있어 왔습니다. 또 경학으로부터 역사의 독립이라든가, 자주적 자국사 인식의 측면에서도 많은 논의가 있었고, 조선중화주의적인 측면에서의 접근도 있었습니다. 그러나 안정복을 제외하고는 성호라든가 다산이라든가 담헌 등이 사론은 남겼지만 구체적인 저술은 남기지 않았습니다. 그래서 사론 관련 글을 통해서 지금까지 그들의 사관이 이야기되어 왔습니다.

지금 여기 선생님들은 사서를 직접 분석을 하셨기 때문에, 사서 분석을 통해서 봤을 때 사관 문제, 정통론, 화이론, 자주적 역사인식의 문제 등이 어떻게 전개되는지 말씀을 해 주시면 재미있지 않을까 생각됩니다. 우선 이 선생님이 먼저 얘기를 해 보겠습니까?

이강한 네, 일단 화이론적 시각을 소지하고 있었는가, 그리고 자주적 역사인식의 소유자였는가, 이 두 부분이 있는데요, '자주적 역사인식을 소유하고 있었다'고 여길 수 있을 부분이 없지는 않습니다. 예컨대 몽골 원제국에게 당했던 부분들에 대해 몽골의 침공 및 그에 대한 항전뿐 아니라, 원제국 정부가 정동행성을 설치해 고려의 모든 기존 질서를 바꾸고 고려 국왕의 지위를 제후보다도 못하게 만든 부분들이 있었는데, 일단 그에 대한, 즉 정동행성에 대한 서술은 싹 다 뺐다고 해도 과언이 아닙니다. 그를 보면, 순암이 고려를 '자주적이지 못했던 나라'로 보이게 할, 그런 상황으로 빠져들었음을 드러낼 만한 부분들은 모두 제거하려 한 것이 아닌가 하는 느낌이 있습니다. 그러나 이를 '자주적 역사의식'의 소치로 보거나, 그렇게 표현하기는 사실 어렵다고 생각합니다. 오히려 극단적 화이론적 시각에서 비롯된 면모라는 생각이 듭니다. 야만족에 의해 당한 부분을 모두 뺐다는 점에서 말씀이죠.

아울러 고려인들이 원을 상국, 황제로 칭하는 부분들도 모두 빼버립니다. 그런 부분들을 두고 '고려인들이 비자주적인 상황에 처해 있었음을 보여 주는 상황을 묘사하지 않으려고 뺀 것'이라 평가할 수 있겠지만, 몽골 원이나 여진 · 거란 등 모든 '오랑캐'들과의 교류는 일체 삭제해 버린 걸 보면, 그러한 서술이 '화이론적 인식'에서 비롯됐던 것으로 보는 것이 좀 더 적절한 것 같습니다.

한편 그러한 인식이, '고려인들과 거리를 두려 하는 모습으로' 나타나는 것도 재미있는 대목입니다. 당시 조선인들에게 '소중화주의적' 의식이 있었다는 것이 오늘날의 대체적 인식인 것 같은데, 순암 안정복도 당시 사람이었으니, 그러한 그의 관점에서는, 고려인들에게도 그러한 의식이 존재했을 가능성을 수긍하고 싶지 않은, 또 고려인들 역시 중화에 비견될 만한 문명을 구축했을 가능성을 인정하고 싶지 않은 심리가 있었을 것 같습니다. 예컨대 『소화집(小華集)』을 썼다고 얘기되는 박인량(朴寅亮, ?~1095)에 대한 묘사에 있어서도, 박인량의 면모는 자세히 소개하고 있습니다만 『소화집』이라는 책을 썼다는 부분은 빼고 있음을 볼 수 있습니다. 또 여진이 고려를 상국으로 간주하고 내조, 내투하고 있는 기사도 모두 제거하고 있고요. 나중에 정리를 좀 더 해서 말씀드리겠습니다.

사 회 화이론과 관련해 18세기에 들어오면 일본에 대한 이적관(夷狄觀)이 달라지고, 심지어 19세기의 다산은 일본을 상당히 긍정하고 평가하는 부분도 보인다고 들었거든요. 그런 면과 관련지어서 하우봉 선생, 말씀을 부탁드립니다.

하우봉 원중거의 경우는 사론(史論)이라고 할 만한 것은 없다고 보입니다. 『화국지』도 기본적으로 역사책은 아니니까 그렇게 선명하게 이론적으로 정리되어 체계화되어 나타나지 않습니다. 다만 화이론과 관련해서 보면 그 분이 교류했던 북학파 학자들이 대부분 중국에 사행을 다녀온 사람들이니까, 이런 사람들이 전통적인 화이관을 탈피하고 상당히 개방적인 세계관으로 바뀌지 않습니까? 그런데 원중거는 그 안에서도 성리학에 대해 충실한, 상당히 보수적 입장에 서 있는 사람이었어요. 그래서 일본에 사행 가서 일본의 고학파 유학자나 문사들과 굉장히 많이 싸웁니다. 당시 함께 사행을 갔던 사람들이 말리는 정도였으니까요. 원중거는 부산에서 출발하기 전에 "나는 창수는 안 하겠다. 필담을 통해 이단에 빠진 일본인들을 정통 주자학으로 교화를 시키겠다."라고 선언할 정도로 스스로 주자학의 전도사를 자임합니다. 그 정도로 철저한 마음의 각오를 하고 일본에 간 것입니다. 일본에 가서, 그 당시 일본의 고학(古學) 있지 않습니까, 특히 오규 소라이〔荻生徂徠, 1666~1728〕의 제자인 고문사학파들이 잔뜩 포진해 있는데 가는 곳마다 부딪쳐요. 나중에는 주선해 주는 일본 측 문사들이 굉장히 곤란해지고, 제발 그만하라고 중재를 할 정도였죠. 처음엔 그러다가 본인도 생각이 조금 달라지고, 나중에 돌아올 때쯤에서는 오규 소라이의 문집을 구해서 보기도 합니다. 18세기 중반기에 이르면 일본의 한문학도 상당히 발전했습니다. 17세기까지는 통신사행원들에게 한 수 배우려는 자세였다면 18세기 들어서는 고학이 넓게 퍼지고 한문학도 발전하면서 그들의 자신감이 커집니다. 원중거는 일본 문사들과 시문창수를 하고 필담을 하면서, 아 이거 우리가 오히려 갇혀 있는 게 아닌가, 우리가 고루하다는 생각을 하게 되는 것 같아요. 그래서 기존의 전통적인 화이관에 대해서 상당히 회의를 갖게 되고요, 나중에 귀국해서 『화국지』를 지을 때는 거의 벗어난 것 같습니다. 실질적 체험을 통해서 말이죠. 전통적인 화이관에서는 일본은 오랑캐죠. 일본은 이적으로 간주되었는데, 그런 일본이적관(日本夷狄觀)을 청산하게 되는 것입니다. 그건 여러 군데서 확인됩니다. 유득공이나 이덕무와 주고받은 편지글에서도 확인됩니다.

사 회 영조 40년(1764)인가요? 조엄(趙曮)이 통신사로 가지 않습니까. 그때 가기 전에 일본에 대한 사전지식을 얻기 위해 이전에 나온 『해사록(海槎錄)』 등을 모아서, 책으로 엮지요(『해행총재(海行摠載)』). 이에 앞서 영조 24년(1748)에 홍계희(洪啓禧)가 다녀오는데, 그때 갔다 올 때 일본 사람들이 저술한 책을 가져오는데〔하우봉 선생이 이 당시 막내아들인 홍경해(洪景海)가 따라가서 일본책을 많이 가져왔다고 보충하여 줌〕, 처음에 감춰 놓고 내놓지 않다가 영조 40년 이후에 조금씩 내놓거든요. 그런 내용이 어디에 나오느냐 하면 『이재난고(頤齋亂藁)』입니다. 그래서 이때쯤 오게 되면, 일본이 중국과 직접 거래를 통해 책을 수입하니까 지금까지 일본을 조금 우습게 보던 상황이 반전되어, 일종의 위기의식이나 경계의식이 생겨나지 않았을까, 이런 생각이 들거든요. 그런 분위기 속에서 원중거가 일본을 다녀온 다음 인식이 달라지면서 『화국지』가 나오게 된 것이 아닌가 생각됩니다.

하우봉 전반적인 분위기가 있었죠. 기본적으로는 우리의 주관이 아주 중요했다기보다는 일본 자체가 그 정도로 바뀌고 발전했거든요. 현실을 인정한 것이라고도 볼 수 있습니다.

정재훈 원중거 개인의 변화가 체험 후 변화도 중요하지만, 아까 말씀하신 대로 같이 얘기하던 사람들의 생각이 비슷해지는 거죠. 그리고 그걸 객관적으로 바라볼 수 있는 눈들이 생긴 것으로 볼 수 있을 것 같습니다. 전통적 화이관이라 한다면 그렇게 정확하게 묘사하지 않았을 것입니다. 그러므로 전통적 화이관에서 벗어난 것으로 평가할 수 있을 것 같습니다.

하우봉 책 이름에서도 일본을 오랑캐로 보았다면 붙일 수 없는 제목이었습니다.

정만조 제가 『연려실기술』에 대해 잠깐 말씀 먼저 드리고, 김태영 선생 말씀을 들으면 사관에 관한 종합적인 정리가 될 것 같습니다. 『연려실기술』도 『해동역사』와 마찬가지로 사론이 발견되지 않기 때문에 자세히는 알 수가 없습니다. 다만 현실 개혁을 위해서 과거의 역사적 사실을 구명하고, 이를 통해서 비판과 개혁의 논리를 찾아내어서 제시하려고 했던 것이 『연려실기술』을 편찬한 동기의 한 부분일 수도 있다고 앞에서 말씀드렸는데요, 그것과 관련해서 이런 것이 있습니다.

인조 때의 고사본말 표제에 '독보(獨步)'에 대한 이야기가 나옵니다. 독보란 승려의 이름인데 임경업을 통해서 최명길과 연결됩니다. 그래가지고 최명길이 병자호란 이후에 조선이 청나라에게 군신관계를 맺게 된, 그러니까 명과는 관계가 단절될 수밖에 없는 것이죠. 독보를 시켜서 비밀리에 조선의 말 못할 이런 사정을 알리게 하여 명과의 관계를 유지하려 했습니다. 그런데 밀무역관계로 문초받던 선천부사 이계(李烓)로 인해 청나라에 이 일이 발각이 됨으로써, 최명길도 청에 잡혀가고 독보와 임경업, 이계도 끝내 죽임을 당합니다. 이계는 남인이었습니다. 남인들은 서인들이 자신들의 불리한 상황을 반전시키기 위해 이계를 희생시켰다고 해서 숙종 때 남인 정권에서는 이계를 신원하자는 움직임도 나왔습니다. 이 사건관계로 표제를 잡는다면 남인 쪽에서는 독보보다는 이계를 잡을 수 있을 것 같고요. 그런가 하면 서인, 특히 존명사대와 관련해 「임경업전」을 지을 정도로 높이 평가하는 노론 쪽으로 보면 임경업을 내세웠을 것입니다. 그런데 그렇게 하지 않고 최명길의 밀사였던 독보를 표제로 잡은 이유가 어디에 있었을까 생각해 보면, 이것은 노론의 명분론 중심의 존명사대에 비해, 소론 측의 현실론적이고 시세 변화에 대응하는 사대외교를 드러내고자 한 것이 아닌가. 그런데서 이긍익의 현실론적인 사관의 일단을 여기서 찾아볼 수 있지 않을까 합니다.

또 하나의 예를 들면, 역시 인조 때 '대명망(大明亡)'이라는 표제가 있습니다. 거기에 『통문관지』와 『연행일기(燕行日記)』를 전거로 밝힌 두세 개의 기사가 실렸는데요. 『연행일기』는 노가재 김창업(金昌業)이 숙종 38년(1712) 그 형 김창집을 수행해서 북경에 다녀와 남긴 기록입니다〔『연려실기술』에 김창흡(金昌翕)의 언서연행일기(諺書燕行日記)라고 해서 처음에는 그렇게 말했는데, 정재훈 선생의 지적으로 김창업으로 고쳤으며 『연행일기』 원문에서 확인하였음〕. 거기에 보면 청나라 장수 도르곤〔多爾袞(다이곤), 1612~1650〕이 산해관(山海關)을 공격할 당시에 수비하던 장수가 오삼계(吳三桂)였어요. 그때 마침 이자성(李自成)이 반란을 일으켜서 북경이 함락되고 숭정황제는 자결해 사실상 명나라가 멸망한 셈인데, 여세를 몰아 오삼계 군을 뒤에서 위협하게 되었습니다. 그러니까 오삼계는 앞뒤로 적을 맞이하게 된 셈인데, 그래서 아예 산해관 문을 열어서 청나라 군대를 맞이해 그들과 연합해서 이자성의 군대를 깨트리거든요. 이 사실을 기록하면서 김창업은 졸지에 맞이한 위기에서 오삼계가 슬기롭게 대처해서 의리에 알맞게 판단을 잘했다고 평가했습니다. 왜 그런가 하면 문을 열어 청나라 군대를 맞아들인 것은 비판을 받을 수 있지만, 그러나 황제에 대한 복수를 위해서 신하의 절의를 지킨 옳은 행동이라고 판단했기 때문이죠. 대명의리의 화신인 김상헌의 증손자 김창업이 이런 글을 남긴 것도 주목되지만, 이런 글을 뽑아서 '대명망'에 수록한 이긍익의 의도에서 그의 현실론적 역사인식의 일면을 찾아볼 수 있습니다.

그런 것은 『연려실기술』 도처에서 발견되고 있습니다. 그중 가장 대표적인 두 가지를 예를 들어서 말씀을 드려 봤던 것입니다.

사 회 그러면 화이론 · 정통론과 관련해서 정재훈 선생께서 말씀이 있을 것으로 기대됩니다.

정재훈 이종휘의 경우는 처음에는 단군에 대한 주목, 단군본기에 대한 주목이 단재 신채호가 강조한 이후에 주목이 됐는데, 그 이후의 연구사를 검토해 보면 이종휘의 사관은 유교사관에 입각한 정통을 인식하고 있다는 것이 대체로 해명이 되었고요, 최근에 와서 1970년대 이후 선생님들의 연구한 바에 따르면, 조선 후기에 고대사에 대한 관심이 일어난다. 유득공의 『발해고』나 이종휘의 『동사』가 대표적인 연구이긴 하지만, 고대사에 대한 것을 도대체 어떻게 이해해야 되느냐, 이런 연구와 연계가 되는 것 같습니다. 최근의 연구에서는 고대사를 연구하게 된 계기를 어떤 선생님들은 중화계승의식 · 중화회복의식과 연결시켜서 설명을 하고 있고요, 또 어떤 분은 소중화주의 · 소중화의식의 발현 속에서 이루어진 것으로 이해해 볼 수 있다고 얘기를 합니다. 자세한 내용은 아시겠지만, 임진왜란과 병자호란 이후에 명 · 청이 교체가 되고 나서 청을 내면적으로 받아들이기 어려운 상황에서, 명나라의 회복을 기대하거나 혹은 명나라가 회복이 안 되는 경우에는 명나라를 대신하여서 조선이 그 역할을 대신할 수 있다고 하는 그런 인식을 얘기한 것 같습니다. 그럴 때 고대사에서 중국과 맞섰던 고구려, 또는 그 이전의 단군과 기자가 주목이 되는 것 같고, 이종휘의 경우에는 단군과 기자에 대한 관심이 앞선 선배들에게 영향을 받았던 것 같고요. 그래서 단군과 기자가 서로 연결이 되고, 그게 만주나 요동까지 지역적으로도 연결이 되고 하는 이러한 인식이 이종휘에 의해서 처음으로 된 것은 아니고 홍만종(洪萬宗, 1643~1725)이라든가, 신경준(申景濬, 1712~1781) 등에 의해서 같이 연결이 되었던 것 같고요. 그런데 제가 본 느낌으로는 종래에는 이

문제를 당색별로 구분되는 측면에서 다루었는데, 최근에는 (저도 그렇게 생각하는 측면이 있는데) 당색으로 나누어지는 측면도 있지만, 또 공통되게 그런 인식이 공유되는 측면도 있지 않았나 하는 생각이 듭니다. 그래서 18세기에는 다양한 경향이 있기는 한데 이종휘의 경우는 그런 점을 고려해 본다면 기자의 재인식이랄까, 기자를 높이는 시각으로 본다면 상당히 보수적인 측면이 보이는 것이죠. 이종휘가 전혀 새로운 것이 아니고 기존에 그렇게 평가하는 방식이 있기 때문에 그런 측면에서 한국사를 재구성하고, 특히 고구려사를 높게 두는 것은 분명히 그런 측면이 있는 것 같습니다. 이종휘만 그랬던 것은 아니고 노론 계열도 그러한 면이 있고, 소론 계열도 이종휘가 대표는 아니지만 있었고, 남인 계열에서도 『동사강목』이 기본적인 화이론의 입장을 여전히 유지하고 있었던 것이 아닌가 하는 생각이 들고. 저는 아까 『해동역사』에서도 선생님 발표하실 때 약간 화이론적인 시각이 온존되는 것이 아닌가 하는 느낌을 받았었는데.

김태영 『해동역사』에는 그런 시각은 적은 것 같습니다.

정재훈 아, 네. 그건 없습니까? 제가 보기에는 이 시기에 고대사를 강조하는 맥락에는 그런 측면이 있는데, 문제는 이종휘의 관념적인 부분들, 보수적이면서 관념적인 부분들이 기자에 대한 재평가를 통해서 나타나는 것이, 또 한편으로는 단재 신채호가 강조하였던 단군과 연결되었던 맥락도 이종휘는 갖고 있었던 것 같습니다. 그래서 이것을 소중화라고만 (그 입장에서만 본다면) 평가해 버리면, 이종휘가 갖고 있는 자국사에 대한 관점이 없어져 버리는 것 같습니다. 그래서 저는 그렇게는 보지 않고요, 왜냐하면 그 이전에 단군에 관한 문제, 기자에 관한 문제를 이종휘 혼자서 다 세운 것이 아니고, 분명히 그 앞에서 홍만종의 영향이라든가 이런 것들을 분명히 갖고 있거든요. 그래서 이런 흐름들을 놓고 볼 때, 자국사에 대한 어떤 자존의식이랄까. 이런 부분들이 분명 있는데, 이것을 종래 실학자의 틀은 기자를 얘기하면 그것을 반대적으로 해석했던 것이 아니고, 그런 틀보다는 이종휘가 얘기했던, 유교의 기자문화라고 하는 것을 얘기하면서도 단군과 결합이 되어서 그것이 당시의 청과의 관계에서도 적용이 된 측면이 있습니다. 사실 이종휘는 영조 후반쯤 되면, 아까 말씀하신 대로 원중거의 경우 화이가 객관적으로 바뀐 것과 비교해 본다면 이런 인식은 약간 보수적인 측면이 있다고 생각을 합니다. 그런데 유교적 자존이라는 측면에서 봤을 때는 그런 면이 있었고요. 이것이 당시 오히려 원중거가 사행을 가기 전에 갖고 있던 인식이었기 때문에 이종휘의 인식이 앞서가지는 않지만 그 시기에 평균적이면서도, 기존의 문화를 배경으로 하고 있었던 측면이 있고, 또 자존이랄까 이런 것들을 이런 방식으로 가지고 갈 수 있는 형태가 아니었는가 하는 생각이 듭니다.

정조 때까지 합치면 영조 말에 대개 이종휘의 역사인식은 앞섰다고 보기에는 어려운데, 다만 양자의 측면이 있었던 것이 아닌가. 그것은 오히려 차이라는 측면보다는 이종휘가 보수적이긴 하지만 그런 측면에서 공통점을 많이 가지고 있으면서 논의할 수 있는 부분이 있지 않을까, 그런 생각을 했습니다.

이강한 선생님께서 그렇게 말씀을 하시니까 이어서 얘기를 드린다면, 순암 안정복은 좀더 '보수적'인 쪽으로 넣어야 될 것 같습니다. 당시 사람들이 화이론적 의식을 가지고 있었던 것을 전제로 하고, 그런 인식의 소유자가 고려를 어떻게 보았을까를 고민하는 게 제 역할

일 텐데, 일단 순암의 서술양태를 보면 기본적으로 두 가지 심리가 그에 깔려 있는 것 같습니다.

그가 보기에, 고려는 기본적으로 '조선이 순암 안정복의 시대에 구축했던 정도의 문명'을 구축하지 못했던 나라였을 것이기 때문에, 고려가 중화적 양상을 취하거나 중화적인 것을 추구하려는 태세를 보인 것 자체가 굉장히 '참람한' 일이었을 것 같고, 한편으로는 순암이 '조선의 전신'으로서의 고려에 대한 애정도 갖고 있었던 터라, 고려가 오랑캐에게 당했던 것에 억울해하는, 또는 분개하는 맥락의 감정도 지녔던 것 같습니다.

첫 번째 심리의 경우, 아까 말씀드리지 못했던 부분까지 같이 말씀드린다면, 고려가 황제국에 준하는 의전을 취했던 부분들은 아예 서술하지 않는 모습, 또 여진을 동번(東蕃)·서번(西蕃)으로 만들어 그들로부터 내조와 내투를 받는 입장을 취한 것에 대해서도 일체 서술하지 않는 모습, 그리고 스스로를 '작은 중화'로 간주했던 고려 관료나 학자들의 특정 문집명(『소화집』)까지도 노출하지 않는 모습 등 여러 대목에서 첫 번째 심리가 나타났던 것이라 생각됩니다.

반면 두 번째 심리의 경우, 고려의 각종 질서가 강압적 환경 아래에서 어쩔 수 없이 바뀌어 갔음을 상징적으로 보여 주는 존재로서의 정동행성에 대한 서술을 일체 하지 않는 것으로 나타나거나, 세조 쿠빌라이가 고려의 관료들을 신뢰하거나 칭찬하고 고려 관료들한테 원제국의 무산계를 하사하면서 그들을 원제국의 질서 내로 천천히 흡수해 들이고 있었음이 드러나는 대목들을 일절 서술하지 않는 것으로 나타났던 것이 아닌가 합니다.

그러니까 순암은 고려를 바라봄에 있어, '화(華)를 취하면 안 되는 나라'로 보고 있지만, 동시에 '오랑캐' 정도는 아니라고 본, 다시 말해 중간적 입장을 취한 것으로 보입니다. 그렇게 두 가지 심리를 지닌 상태에서 고려의 역사를 기술하다 보니, 즉 철저히 이 두 가지 심리에 근거해 기사를 취사(取捨)하다 보니, 앞에서 말씀하신 이종휘의 경우보다 더 화이론에서 빠져나올 생각이 없었던, 그런 심성의 소유자였다고 말씀드릴 수 있지 않을까 합니다.

하우봉 정통론 문제와 관련해서는, 처음에는 정통론을 주장하는 자체가 보수적이라고 꼭 비판할 문제는 아닌 것 같고, 그 자체가 중국에 대해서 우리의 자주성이나 개별성을 서술한 것이니까 진보적인 측면이 있습니다. 뭐, 진보나 보수란 용어가 딱 들어맞는 개념은 아니지만. 정통론이 전개되고 확립되는 과정에서 수산 이종휘와 순암 안정복에 가서 최종적으로 완결판을 이루는 것이라고 판단되는데, 그 자체가 실학파 역사학의 중요한 흐름이라고 말할 수 있을 것 같습니다.

그 다음에는 현실과 좀 동떨어졌다는 비판, 즉 현실적으로는 청나라에 정치적으로 사대를 하면서 청나라나 일본도 우리가 무시하고 교류도 하지 않는 사이에 상당히 발전한 사실을 18세기 중반 이후에 젊은 친구들이 북경에 가서 보니까 우리가 무시했는데 엄청나게 발전한 사실을 확인하였죠. 또 일본도 가서 발전한 현실을 확인하니, 우리가 가지고 있던 인식 자체가 현실과 동떨어진 허구적인 것이라고 자각한 것 같습니다. 그래서 그 흐름이 문화주의적 화이관이랄까요, 이런 쪽으로 흐름이 바뀐 것 같고요, 그런데 그 자체가 동떨어졌다 해서 해체한다고 할까, 탈피해 가는 과정이 18세기 중반 이후에 보입니다. 그런 점에서 시간적 변화상을 고려해야 하지 않을까 생각합니다.

김태영 한치윤 보니까 정통론 배격하거든요. 그런 의미에서는 더욱 근대적인 사유에 가까운 면모를 보이긴 합니다.

정재훈 그런데요, 한치윤의 경우 중국의 사서를 주로 활용하지 않습니까. 사실 중국의 사서는 중국의 시각으로 재단된 측면이 있을 건데요, 그런데 앞서 설명하실 때 자주성이라고 하는 측면을 얘기하셨는데, 그런 것을 어떤 방식으로 해결하려고 했는지에 대해 부연 설명을 부탁드려도 될까요.

김태영 한 자도 고치지 않고 자료 그대로 인용해 제시하는 것, 그러면서도 독자적인 사유로 평가할 만한 것은 잘 끄집어내고 있는데요, 예를 들어 공자도 이쪽(해동 지역)에 와서 살려고 했다는 식으로 얘기를 하고 있습니다. 그런 자료를 끄집어내어 제시하고 있습니다. 그러니까 지속적으로 고려시대의 것이나 조선시대의 것을 끄집어내어 제시하고 있다고 생각됩니다.

하우봉 사료 선택의 문제가 항상 있었을 것입니다. 일본 사서의 경우도 『일본서기(日本書紀)』를 인용하다 보니까 임나일본부 문제를 인정하지는 않지만 '인용'을 안 할 수 없는데, 당시의 한치윤으로서는 『일본서기』에 대해 사료를 비판할 실력까지는 없었죠.

정재훈 그중에서도 우리에게 좀 더 좋은 것을 선택을 하지만 한계는 있었다?

김태영 일본 사람들이 홍삼 얘기를 하거든요. 조선 사람들이 홍삼을 파는데, 인삼의 엑기스는 빼먹어 버리고, 쪄가지고 홍삼을 판다고 하는 이런 얘기들에 대해, 안설로 즉각 반박하는 것을 볼 수 있습니다.

사 회 저는 잘 모릅니다만 대체로 조선 중기 전까지는 신라를 정통으로 많이 넣지 않습니까. 그런데 수산 이종휘도 그렇지만 고구려 쪽으로 정통을 돌리게 되는 것이 당시 분위기와 특별히 관계되는 것이 있습니까.

정재훈 앞서 잠깐 말씀드렸는데요, 고대사에서 북조하고 남조하고, 이분법적으로 말하는 게 조선왕조에 나타나게 되고, 그중에서 마한정통론이 나오게 되고, 그 다음에 역사에서는 고구려사에 대한 주목, 그리고 단군과 기자의 강역에 대한 관심, 그리고 발해에 대한 관심, 이런 것들이 조선 후기의 역사에 대한 특징이라고 대체로 선학들이 지적한 바 있습니다. 그런데 이런 것들을 민족주의적 관심으로 해석을 했는데, 최근에는 이런 것을 단군에 대한 단순한 관심이라기보다는 명·청 교체의 영향을 얘기하기도 합니다. 일단은 청이 완전히 명을 장악하기 전에, 바뀌긴 했지만 남명〔남명홍광제(南明弘光帝), 1607~1646〕의 존재가 아직 살아 있을 때, 숙종 대 후반의 경우는 명이 살아날 수 있다, 그런 관점에서 보았을 때 중국을 이겼던 경험, 그것이 이제 고구려에 대한 주목으로 나타났다고 볼 수 있습니다. 그런데 고구려가 힘만 강해서 그런 것이 아니고 기자의 문화가 고구려로 전해졌다는 식의 얘기를 합니다. 이게 유교성리학이라고 하는 정통이 신라로 간 게 아니고, 오히려 신라가 문제가 있는 것은 (이종휘는 이렇게 설명을 합니다) 신라가 유교를 제대로 못했기 때문이고, 오히려 고구려가 잘했던 것은 유교를 제대로 했다. 그래서 전혀 그 앞의 방식과는 다르게 나타나는데, 그렇게 인식하는 것 자체는 사실적인 측면보다도 현실을 설명하는 방식으로서 고구려가 중국에 맞섰고, 청을 극복하는 방편으로써 그러한 방법이 가능하지 않은가라는 의식이 있었던 것 같습니다. 여기에서 좀 더 적극적으로 평가하는 사람들은 이종휘를 아예 소중화주의자다, 문학 쪽에서 그런 평가는 하는데요, 저는 그것에 대해서는 동의가 조금 어렵구요. 그러면 이종휘는 보편주의자냐, 조선의 현실을 고려하지 않았냐 이렇게 보기에도 조금 어렵다는 말씀을 드리고요. 그것은 이종휘에 영향을 끼친 선배 사학자들의 영향을 받아들이고 있었고, 그리고 단군을 교화의 선조로 보면서도 종족의 선조로도 보기 때문에, 이것이 상당히 묘한 지점이긴 하나 (근대의 민족주의와는 또 다르지만) 여하간 조선은 중국과는 다른 뭔가의 독자적인 근거로서 의지하였고 인식하고 있었다. 이것을 약간 조심할 필요가 있다고 생각합니다. 이전에는 실학에 대한 의미 부여를, 조선 후기의 실학을 근대와 직접적으로 연관시키려는 측면이 있었다고 저는 생각을 하는데, 요즘은 물론 근대와 연결은 되지만, 근대의 여러 모습 중의 하나인 것으로 보는 경향도 있습니다. 다시 말해, 성리학적 방법을 차용하면서도 독자적인 것을 연결시켜 설명하고 있다고 보입니다. 의미를 얘기할 때 고대사의 시공간에 대한 탐구, 그 의미라고 하는 것이 이 시기에 성리학이라는 보편주의적 측면이 있었지만, 우리가 갖고 있던 자존의식과 연결시켜서 설명을 취했던 것이 아닐까. 이런 측면에서 고대사 영역과 이종휘랄까 문화적 측면들이 결합이 되어 나타난 것으로 보고 있습니다.

성호도 고구려 · 발해에 대한 관심을 가지고 있었고, 마찬가지로 안정복 · 이긍익도 모두 영향을 주긴 하죠. 고대사, 만주에 대한 관심에서도 말이죠.

사 회 그러면 결국 고대사 영역에 대한 관심에서 출발했다고 볼 수 있겠습니까. 아니면 문화적인 변화와 같은 것으로 보아야 합니까?

정재훈 조선은 이제 오히려 현실을 극복하는 하나의 방편으로서 고대사에 대한 관심이 확장되었다고 보이고요. 북벌은 실제로 가서 정복을 하겠다, 이런 것은 아니었던 것 같습니다.

사 회 왜냐하면 숙종 말년에 보면 정계비 문제도 그러하고, 앞서 소론이라 말씀하셨기 때문에 덧붙입니다만 남구만(南九萬) 같은 경우는 폐사군(廢四郡)의 부활을 주장하거든요. 또 그때 보면 영고탑(寧古塔) 회귀설과 같은 소문이 조야간에 상당히 큰 위기감을 불러오기도 하고, 그리고 청나라 역사에서 그 먼 조상이 신라인의 후예였다는 말도 나오고 해서, 그런 것이 발해라든가 하는 북방 쪽의 관심을 촉발시킨 계기였다고는 할 수 없을까요?

정재훈 현실적으로는 그런데, 북벌처럼 가서 막 할 수는 없으니까.

하우봉 북벌은 실제 못하니까 역사 연구 쪽으로 반영될 수 있는 거죠.

사 회 특히 소론 쪽에서 그런 얘기를 했다고 하는 것이에요. 노론의 경우는 관념적인 면으로 나가는데, 이 사람들은 구체적인 하나의 예로써 얘기해 볼 수 있는 것이 아닌가 합니다.

정재훈 그런 면이 있습니다. 구체적인 지역에 대한 관심. 그런데 노론 쪽에서도 지도에 관해서 관심이 있었던 것 같고요. 관방지도 같은 거. 그러니까 제 생각에는 너무 당색으로 구분하는 것보다는, 물론 차이는 있었겠지만요.

사 회 그런 국경선 쪽에 관심을 두는 것이, 고구려 고토라든가 발해라든가에 대해 관심을 촉발하는 계기가 되지 않았을까 이런 느낌입니다.

하우봉 당연히 그랬을 수 있을 것이라는 생각이 듭니다. 오히려 북벌을 못하니까, 장래를 보고 준비하는 차원에서 그런 것이 아닐까. 역사지리 연구가 발전하고 전반적으로 만주에 대한 고토 회복을 얘기하고, 상당히 많은 사람이 연구한 사실로 미루어 보면 일정 정도 개연성이 있었다고 할 수 있을 것 같습니다.

사 회 그 문제는 결론을 내리기는 힘들 것 같군요. 이러한 문제가 있었다는 문제 제시로 마치도록 하지요. 하나 더 남은 문제는 역사편찬의 자료문제라든가, 역사서술 방식과 관련된 것이 되겠습니다. 이 시기가 되면 많은 자료가 새로 수집이 되고, 또 고증을 거쳐서 재구성되기도 하며, 우리나라의 자료뿐 아니라 중국 · 일본의 자료도 함께 수집되기도 하는데, 특히 일본 자료에 대한 관심이 깊어지는 것 같습니다. 이런 것들과 관련해서 18세기에 왜 이런 경향이 일어났는가? 또는 이것이 그 이후의 시기와 어떻게 연결되는가? 또 역사편찬의 유형으로서 정립될 수 있었던가 하는 문제도 함께 논의가 되면 좋겠습니다. 전부는 얘기하지 못하더라도 부분적으로 관심을 두시고 말씀을 부탁드립니다.

김태영 한치윤의 『해동역사』에는 특히 중국 측 자료 540여 종, 일본 측 자료 20여 종이 보이는데, 그것을 바탕으로 해서 『해동역사』를 쓰고 있는데요. 이것은 그전의 『삼국사기』에 대한 반성에서, 가령 김부식이 의존한 자료보다 좀 더 근원적으로 소급해서, 그야말로 원천을 찾아서 우리의 고대사를 써 보자는 생각으로 중국 측 자료를 그렇게 많이 인용한 것 같습니다. 이것은 아마 실학의 실사구시적인 사고방식에서 나온 것이 아닌가 생각합니다. 앞서 말씀드렸듯이 자료로 하여금 사실을 말하게 하고, 자신의 말은 최소한으로 취하고 있습니다. 그러다 보니까 결과적으로 자신의 독자적인 완결된 사서를 이룩하지 못하고, 착오도 많고, 연결도 부족한 부분이 많은 것으로 끝나고 말았던 게 아닌가 합니다. 그러나 추사(秋史) 김정희(金正喜, 1786~1856)가 쓴 '만장(輓章)'에 아주 자세히 나오는데요. 이 만장은 지금까지 연구된 게 적은데, 추사의 만장 덕에 한치윤이 실사구시적으로 고증한다고 얼마나 고생했는지 하는 찬탄이 크게 드러납니다. 그런 걸 해보지 않고서는 그 고심참담함을 알기는 너무나 어렵다는. 그 많은 자료를 동원해서, 비록 완결적이지는 못하지만 이 정도로 엮어 낸 것 자체는 올올하게 수십 년 간 노력을 기울이지 않으면 성취하기 어려운, 많은 노력의 결실로서 『해동역사』가 이루어졌다는 점은 추사의 만장으로 인정할 수밖에 없을 것 같습니다. 다시 말해 추사가 한치윤의 올올한 그러한 노력에 대해 극히 찬탄해 마지않았다고 보입니다. 추사가 한치윤하고는 상대가 안 될 정도로 좋은 집안이고, 연배는 후배지만 학계에서는 얼마나 큰 인물입니까. 그런데도 그는 많은 부분에 대해서 경복하고 있습니다.

이강한 제 말씀을 드리기 전에, 하나 여쭤 보고 싶은 것이 있는데요, '술이부작'이라는, 전통적으로 긍정시되는 편찬태도를 '실사구시적' 태도라 할 수 있을까요? 보통 그렇게 보실 것 같은데요.

김태영 바로 통하지는 않지만, 통할 수 있는 것이 있다고 봐야 할 거 같네요.

이강한 저도 그렇게 생각합니다. 그리고 바로 그런 점에서, 순암의 역사서술을 어떻게 평가해야 할지 조금 애매한 부분이 생깁니다. 순암의 역사서술에 대해서는 대체로 "'술이부작'하였다"고 평가하는 추세가 지배적이고, 거기에 '고증을 철저히 했다'는 점이 덧붙어 순암의 역사서술을 긍정적으로 평가하는 근거가 되고 있습니다. 그런데 주지하는 바와 같이 고증이라고 할 부분들은 모두 고대사와 관련돼 있고, 고려시대의 사적에 대해서는 고증이라 할 만한 기술이 별로 없습니다. 아울러 순암이 고려시대의 역사를 기술하면서 과연 '술이부작'의 자세를 취했는가라는 질문을 던지게 되면, 그렇지 않았다는 평가가 가능할 것 같습니다. 두 가지 부분에서 그러할 것 같습니다.

하나는 이렇습니다. 정보를 포괄적으로 제시하는 과정에서, 생략되는 사실들이 있습니다. 예를 들어 1년여의 기간 동안 정부에 의해 반복적으로 내려지는 조치들의 경우, 강목체로 기술된 순암의 『동사강목』은 그중 일부를 임의로 생략하고 있습니다. 또 정책의 시행 시점을 표기하지 않는 경우도 많습니다. 유사하거나 동일한 조치가 3월에 한 번, 9월에 한 번, 이렇게 단행됐으면, 그 사이에 6개월의 간극이 있지 않습니까. 그러한 조치가 만약 중대하거나 민감한 것이었다면, 첫 번째 조치로 인해 일정한 사회적 반향이 발생했을 수 있고, 그에 따라 9월 조치가 좀 더 강화된 형태로 단행될 수도 있고 약화된 형태로 단행될 수도 있는데, 첫 번째 것만 제시하고 두 번째는 제시하지 않는다든가, 반대로 첫 번째 것은 생략하고 두 번째 것만 싣거나, 또는 두 조치 모두 기록은 했으되 한 조치의 시점을 생략해 버릴 경우, 해당 조치들을 포함한 정부의 정책 방향이 일정한 시간을 두고 진행된, 나름의 연속성을 갖고 진행되었을 것임에도 그러한 정황이 전혀 드러나지 않거나, 상황의 고유한 맥락이 사상돼 버리게 됩니다. 중요한 것은 『동사강목』에 이런 식의 서술이 적지 않다는 점입니다. 이러한 서술을 '술이부작'으로 보기는 어려울 것 같습니다. 찬자가 뭔가를 임의로 덧붙인 건 아니지만, 반대로 '생략'을 함으로써 의도하지 않은 역사상의 '왜곡된' 제시가 이루어진 경우들이 꽤 있습니다.

두 번째의 경우도 그와 비슷합니다. 『동사강목』은 역사서이니만큼 인물의 일생을 묘사하거나 관직 개편에 대한 기술을 통해 각종 관부의 설치, 폐지, 인원수 변화 등을 제시하는 경우가 많은데요, 인물 소개의 경우 『동국통감(東國通鑑)』 등 이전 사서에서 제시된 각종 인물 일대기 묘사 및 인물평들을 갖고 오면서도 가끔 변조를 줍니다. 김유신의 경우가 대표적인 예인데요, 『동국통감』에서 김유신의 일생을 묘사한 부분 중 아주 일부분만 남기고 나머지는 모두 버린 후, 『삼국사기』의 다른 부분에서 확인되는 김유신의 다른 면모들을 끌고 와서 김유신의 일생을 보여 주는 일화들로 소개하고 있습니다. 활용한 일화들 자체의 내용과 맥락이 『동국통감』에서 열거된 일화들과는 달라서, 『동사강목』이 전하는 김유신이라는 인물의 상도 『동국통감』에서 기술한 김유신 상과는 다르게 제시돼 버립니다. 『동국통감』의 찬자가 보았던 '김유신'과는 다른 '김유신'을 제시하고 싶어 일화들을 교체했다는 것이 보입니다. 그런 부분들은 찬자의 사관이 엿보이는 부분이기도 해서, 왜곡에 해당하는 사례로까지는 평가할 수 없겠지만, 다른 부분에서도 유사한 경우들, 상황에 따라서는 좀 더 심각하다고도 할 수 있을 사례들이 발생합니다.

예컨대 한 시점에 두 개의 관부가 설치됐다는 기사가 『동국통감』에 있는데, 『동사강목』의 경우 오늘날 우리가 보기에 더 중요한 기관은 빼 버리고, 상대적으로 말단 기관은 기술한 경우가 있습니다. 관부의 변동 사항을 기재하면서, 그를 포괄하는 상위의 사적이 '강'에 배치되고 각론에 해당하는 관부 변동 사항은 '목'에 배치되는 경우들이 많은데, '강' 부분에 서술된 역사적 사실에 부응하는 사항들을 '목'에 배치하려는 과정에서, 그에 부응하는 말단 관부의 치폐기사는 수록되고, 우리가 보기에 더 중요했을 것으로 보이지만 해당 '강'과는 좀 거리가 있을 수도 있겠다 싶은 관부의 치폐기사는 수록되지 않은 것이죠. 좋게 말하면 자신의 신념에 따른 역사서술이라고도 하겠지만, 나쁘게 말하면 강목체 기술을 하겠다는 자신의 신념을 무리하게 고수한 결과로도 보여서, 이 또한 '술이부작'의 태도에서 이탈한 경우로 평가할 수 있는 게 아닌가 하는 생각이 듭니다.

김태영 그건 실사구시에 어긋나고, 말도 안 되는 부분인 것 같습니다. 순암처럼 소위 강목체적 명분론 이런 거에 걸면, 실사구시의 원칙을 관철하기 어려운 것이 일어날 수 있습니다.

이강한 처음엔 조금 의심했던 게, 순암이 전체를 기술하지는 못했을 가능성입니다. 순암이 국왕에게 『동사강목』 초벌을 제출하기 직전의 시점까지도, 고려 중엽 때까지밖에 저술이 안 돼 있는 상태여서, 교류하는 인근 명유들의 후손을 급히 불러와 같이 기술했다는 얘기도 있으니까요.

사 회 '술이부작'이라 하는 것에 대해, 저도 표방만 그렇게 했지, 자기의 입장과 할 이야기를 이면에 깔아 놓은 것이라고 생각합니다. 똑같은 사건을 기술하는데 어떤 책에서 어떤 사료를 선택하고 무슨 기사를 넣느냐에 따라서 달라지거든요. 원래 『춘추(春秋)』의 '술이부작'이란 말 자체에 그런 의미가 있다고 생각합니다.

정재훈 ‘술이부작’ 그 자체로는 어떤 실학의 특징이라고 보기에는 그렇고, 원래는 전통적인 유학의 방법론이니까요. 어떻게 편집하면서 실증성을 확보할 것인가, 어떤 방식으로 객관성을 담보하면서 (‘술이부작’이라고 표방했지만) 접근하느냐의 문제인 것 같습니다.

하우봉 ‘술이부작’이라는 말을 실학파 역사학의 특징으로 얘기하기에는, 너무 범주가 큰 의미로 쓰이는 경향이 있기 때문에, 그냥 문헌고증이나 실증에 충실했다 정도로 표현하는 것이 낫지 않을까요. 이전 시기에 비해서 많은 외국 자료를 참조하고 인용하면서 전거도 밝혀 주었다는 점 등에서 이전 시대보다는 진보적 측면이 있었다 정도로 정리가 가능할 것 같은데요.

정만조 『연려실기술』에서도 ‘술이부작’과 사실에 의거해 기사를 싣는다는 ‘거실수록(據實收錄)’이 표방되었고, 실제로 이 점이 다른 국조사에 비해 뛰어난 『연려실기술』이 갖는 큰 장점으로 말해집니다. 하지만 이 원칙이 일관되지는 않습니다. 예컨대 기묘사화 당시 구화자(構禍者)라는 남곤 · 심정의 주장이나 그들의 입장을 변호하는 기록(『중종실록』에 적지 않게 나옵니다.)은 아예 제외되었으며, 광해군 대의 폐모론(廢母論) 관련 기사에도 ‘왕신모설(王臣母說)’처럼 폐모를 뒷받침할 수 있는 대북(大北) 일각의 논리는 보이지 않아요. 거기에다가 폐모 여부에 대한 백관 의견 수렴결과를 정리하면서 이긍익 자신의 기준에 따라 사론(邪論) · 정론(正論) · 집양단(執兩端) · 묘당선처(廟堂善處) 등으로 명단을 분류했습니다. 이렇게 본다면 ‘술이부작’ · ‘거실수록’이라는 표방도 사림적 기준에 맞춘 것이라는 전제 아래에서 말해진 것이지, 농공상까지 포함한 국가 전체의 입장은 고려되지 않은 것이라고 하겠습니다. 이런 뜻에서 '술이부작'이 갖는 의미는 한정되어야 할 것입니다.

정재훈 이종휘의 경우도 야사를 적극적으로 활용해야겠다는 언급이 있거든요. '적극적'은 아니지만 '활용'하겠다는 것이 있습니다. 어떻게 보면 『연려실기술』 같은 입장을 취하고 있고요. 또 한편으로는 마테오 리치(Matteo Ricci, 利瑪竇, 1552~1610)를 언급한 얘기가 있는데, 거기에 보면 이이명(李頤命)이 중국 다녀오잖아요. 거기 가서 그런 책을 봤다 얘기하고 있어요. 그럼에도 그걸 모두 받아들이지는 않는 것 같아요. 아까 말씀드렸듯이 관료적인 성격이 있다는 측면이 있지만, 그렇지만 사료의 취사에서는 조선 전기의 야사는 활용하면서 밖에서 본 자료는 이미 실질적으로 보았음에도 그걸 절실하게 이용하지 않고 있는 걸 볼 수 있습니다.

사 회 네, 시간이 많이 지나서 말씀드리기 그러하지만, 야사는 말이죠, 숙종 후반기 이후에 들어오면, 예를 들어서 임금의 잘못을 간쟁하면서 국사에 이렇게 쓰고 야사에 저렇게 써 놓을 테니 임금님 그렇게 하면 안 됩니다 하는 대목들이 실록에 자주 나오거든요. 그러니까 국사와 야사가 동등하게 교훈적 역사서로서 말해지고 있다는 것이죠. 뿐만 아니고 『승정원일기』에 보게 되면 영조 같은 경우엔 심심하면 야사를 꺼내어 읽고 있어요. 예를 들면 그런 것도 나오거든요. 연산군 때 김처선(金處善)이란 내관이 있습니다. 연산군의 잘못을 간하다가 화가 난 임금으로부터 화살을 맞으면서도 사람을 이렇게 하는 데가 어디 있느냐며 임금의 도리를 말하다가 죽은 인물이거든요(『소문쇄록(謏聞瑣錄)』에 실려 있음). 영조가 신하들과 이 이야기를 하다가 광해군으로 잘못 말했어요. 그때 입시해 있던 홍계희가 '임금님 그것은 광해군이 아니라 연산군을 말합니다.'라고 하니, 영조가 '아, 내가 그전에 읽었는데…… 내가 기억이 잘못되었나 보다.'라고 고치는 대목이 나옵니다. 그러니까 야사를 상당히 많이 읽고 있었어요. 심지어는 차천로(車天輅) 가 쓴 『오산설림(五山說林)』도 자기가 읽었다 하거든요. 『오산설림』은 구하기가 상당히 힘든 것인데도 읽어 보고 있어요. 그러니깐 야사가 영조 이후에는 상당히 보급되어 조정에 있는 관리들도 다 읽어 볼 정도로 이야기되고 있는 것으로 보면, 상당히 자료로서의 가치를 인정받고 있는 것 같습니다.

사 회　네, 그러면 한 가지만 더 말씀을 드리고 정리를 해 볼까 합니다. 뭐냐 하면 중국 고증학의 영향 같은 것은, 아마 18세기 후반 정도 가면 꽤 이야기가 될 수 있을 것 같은데요, 그런 요소는 말할 수 없겠습니까.

김태영　실학 자체가 중국 고증학의 영향을 많이 받으니까 아마 18세기쯤 되면 영향을 받지 않은 실학자가 없을 것 같고요.

사 회　그러니까 18세기 후반에 저술이 많이 이루어지고 있는 것 같은데요.

김태영　아마 다 받지 않았나 생각됩니다.

정재훈　제가 『연행록』을 본 느낌으로는 18세기에서도 중반 이후가 더 활발한 것 같습니다. 저는 중국에서도 좀 더 적극적으로 통제를 하고, 노가재(老稼齋) 김창업(金昌業, 1658~1722) 정도의 단계에서는 밖에 나가서 환담을 하지 못하는데, 거의 뭐 홍대용(洪大容, 1731~1783)

단계에서는 청에서 풀어 주는 영향이 있기도 하고, 그래서 아마 제 느낌으로는 18세기 중반 이후에 훨씬 더 고증학의 영향을 광범위하게 받지 않았나 생각하고 있습니다.

사 회 자, 그러면 마지막으로 다섯 사람의 역사학의 공통된 특징을 논의할 수 있다면, 어떤 점을 주로 말할 수 있을 것 같습니까? 그것이 아마 전체적인 논의를 마무리 짓는 것이 되겠습니다. 김태영 선생께서 먼저 간단하게 말씀해 주시기 바랍니다.

김태영 뭐, 실증적인 고증학의 영향을 띠었다고 보입니다.

하우봉 그것과 연결해서 본다면, 역사학의 관심 대상이 확대되고 다양화되지 않았나 생각됩니다. 동이족에 대한 여러 나라들이나, 기존의 정통에서 조금은 소홀했던 것에 대한 관심 대상이 확대되는 현상을 볼 수 있습니다. 그런데 이것을 방법론적 측면에서 본다면 고증학 때문에 많은 자료를 보는 측면도 있고요, 또 '관심'이란 측면에서 보게 되면 민족의 영역을 확장해 보려는 그런 의식도 있겠죠. 또 하나는 '박학' 지향적인 실학의 경향과도 조금은 통하지 않을까 생각됩니다.

정재훈 저도 이종휘를 보면 이종휘가 다양성에 관심이 있었고, 자존의식의 고양이라고 하는 요소가 있었다고 보입니다.

김태영 다원주의, 다원주의…… 중국 중심의 사고방식이 지금까지 흐름의 주류인 것이었는데, 이때 이르면 세계 각국의 문명을 받아들이면서 그러한 다원주의적 인식이 고양되지 않았나 생각됩니다.

이강한 제가 보기엔 『동사강목』이 뭐랄까, 굳이 다른 사서들과의 공통점을 따진다면, 강도는 다르겠지만, 화이론적 시각과 명분론적 시각을 어느 정도 공유하고 있다는 점을 들 수 있을 것 같고요. 다른 책들과 다른 점을 꼽으라면, 한치윤이나 원중거처럼 외국 자료를 많이 구사하면서도, 관점이나 시각 자체는 한반도에만 쏠려 있는, 즉 한반도의 외부(동아시아?)에는 그리 시선을 돌리지 않는, 다분히 고립주의적인 시각이 순암의 『동사강목』에 있는 것 같습니다. 외국과의 교류에 대한 종전 사서의 기술들을 거의 60% 이상 뺐다고 해도 과언이 아니거든요. 굉장히 내향적인 관점을 갖고 있다고나 할까요. 그런 점에서는 다른 네 분께서 연구했던 저서들 중 일부와 좀 다른 점이 보입니다.

정재훈 꼭 그렇게만 볼 게 아니라, 내향적이란 게 물론 보수적인 측면도 있지만, 또 한편으로는 자존의식과도 관계가 되니까요.

이강한 전조(前朝)의 역사를 다루는 책이다 보니, 순암의 관점도, 그를 바라보는 후대인들의 관점도, 제3자인 제가 보기에 평가하기 애매한 지점들을 담고 있습니다. 어렵습니다.

하우봉 순암 안정복이 성호 이익(李瀷, 1681~1763)하고 대마도 문제나 일본 문제와 관련해서 토론을 많이 하는데요, 순암이 『동사강목』에서 대마도를 부용국으로 설정한다고 하니까 성호는 반대를 합니다. 허목이 『동사(東事)』에서 설정한 「흑치열전(黑齒列傳)」에 대해서도 반대하고, 대마도 부용국론에 대해서 두 사람이 여러 차례 굉장히 격렬하게 논쟁을 해요. 그런데 순암이 끝까지 스승의 설에 승복하지 않고, 『동사강목』과 「동사문답(東史問答)」에도 본인의 주장을 굽히지 않는 걸

볼 수 있습니다. '내향적'이란 점에 대해서는 잘 모르겠지만, 굉장히 명분에 투철한, 그래서 원칙적이고 강경론적인 자세가 엿보입니다.

사 회 다섯 분께서 연구하신 역사책이 18세기 후반에 이루어졌거든요. 그러니까 18세기 후반이라 하면, 정치 · 경제 · 사회 · 문화적으로 큰 변화가 있던 시기가 아닌가 생각합니다. 그런 사회적 변화라고 하는 것과 관련지어서 이분들이, 어떤 분들은 사료를 통해 실증을 하고, 또 어떤 분은 현실 개혁 정신의 근거로 제시하려 했던 것으로도 볼 수 있을 것 같고요. 현실 변화라는 것과 관련지어서 역사저술을 하려고 했던 것이 아닌가. 역사저술 자체에 현실문제가 상당히 많이 반영되어 있다고 할 수 있겠습니다. 그런 면에서 역사학이라고 하는 것이 어느 시기나 모두 비슷한 성격을 가지고 있습니다만 그런 요소가 특별히 더 강하게 드러나고 있었던 것, 바로 이것이 실학의 시대에 역사학의 특징을 하나 보여 주는 것이 아닌가, 다섯 분들의 역사학에 공통적으로 볼 수 있는 것이 아닌가 이렇게 생각을 해 보았습니다.

장시간 동안 정말 여러모로 고맙습니다. 나중에 좀 더 정리할 기회를 가졌으면 하고 희망해 봅니다.

부록

찾아보기

가

나

다

아

자

집필진(원고 게재 순)

이강한 · 한국학중앙연구원 교수
하우봉 · 전북대학교 사학과 교수
정재훈 · 경북대학교 사학과 교수
정만조 · 국민대학교 명예교수
김태영 · 경희대학교 명예교수

실시학사 실학연구총서 11

실학시대의 역사학 연구

1판 1쇄 인쇄 2015년 11월 25일
1판 1쇄 발행 2015년 11월 30일

편집인 | 재단법인 실시학사
집필진 | 이강한 · 하우봉 · 정재훈 · 정만조 · 김태영

펴낸이 | 정규상
펴낸곳 | 성균관대학교 출판부 · 사람의무늬
등록 | 1975년 5월 21일 제1975-9호
주소 | 110-745 서울특별시 종로구 성균관로 25-2
전화 | 02)760-1252~4 팩스 | 02)762-7452
홈페이지 | http://press.skku.edu

ISBN 979-11-5550-138-2 94150
978-89-7986-923-1 (세트)
값 30,000원